房地产项目开发全程实操系列①

专业市场项目开发全程策划

ZHUANYE SHICHANG XIANGMU KAIFA QUANCHENG CEHUA

余源鹏　主编

中国建筑工业出版社

图书在版编目（CIP）数据

专业市场项目开发全程策划/余源鹏主编. —北京：
中国建筑工业出版社，2009
（房地产项目开发全程实操系列①）
ISBN 978-7-112-10762-9

Ⅰ. 专… Ⅱ. 余… Ⅲ. 房地产-开发 Ⅳ. F293.3

中国版本图书馆 CIP 数据核字（2009）第 022166 号

本书讲述了专业市场项目开发全程策划的指导理论和全程操作，重点介绍专业市场项目的市场分析、项目定位、产品规划、投资分析、整合推广、租售执行、经营管理等关键步骤的策划。本书是全国专业市场项目开发和经营各相关企业的从业人士的必备工具型实战参考图书，是广大房地产从业人士和房地产策划师职业提升的实用读本。

本书十分适合房地产开发公司、房地产顾问策划公司、房地产租售代理公司、房地产市场调研公司、商业经营管理公司、房地产广告公司的从业人士阅读。

同时，本书也是工商管理专业和房地产专业师生必选的优秀教材。

责任编辑：封　毅
责任设计：郑秋菊
责任校对：兰曼利　梁珊珊

房地产项目开发全程实操系列①

专业市场项目开发全程策划

余源鹏　主编

*

中国建筑工业出版社出版、发行（北京西郊百万庄）
各地新华书店、建筑书店经销
北京嘉泰利德公司制版
北京云浩印刷有限责任公司印刷

*

开本：850×1168 毫米　1/16　印张：28　字数：790 千字
2009 年 8 月第一版　2013 年 2 月第三次印刷
印数：4501—5500 册　定价：**56.00** 元
ISBN 978-7-112-10762-9
（18008）

作者简介

余源鹏，国内知名实战型房地产研究策划人，广州鹏起房地产代理有限公司执行董事。20世纪70年代出生于广东省潮州市黄冈镇，本科毕业于哈尔滨工业大学土木工程学院建筑工程专业，结业于中山大学企业管理（营销管理方向）研究生进修班。

以专业可用理念，创建并领导广州鹏起房地产代理有限公司，业务涉及居住及商业房地产项目的信息咨询、调查分析、可行性研究、前期发展策划、整体定位、营销策划、租售代理、物业管理顾问、二手房屋租售以及房地产企业内部管理顾问等领域。主编出版了30多本房地产和物业管理相关实操型专业书籍。

其中近几年陆续出版的“房地产实战营销丛书”，包括《房地产广告策划与创作》、《房地产包装推广策划》、《房地产实战促销300例》、《房地产实战定价与销售策略》、《房地产实战市场调研与优秀案例》、《中国楼盘实战命名三万例》、《售楼尖锋》、《房地产公关活动促销方案56例》、《三天造就售楼冠军》、《房地产实用营销图表大全》、《房地产一线销售管理》、《问鼎房地产》、《中小户型开发与设计》、《促动楼盘》、《房地产项目可行性研究实操一本通》、《房地产中介经纪人实用业务知识两日通》和《三天造就二手房租售冠军》等。

此次推出的“房地产项目开发全程实操系列”延续“房地产实战营销丛书”的特点，侧重实战，突出营销，设有四本分册，分别是《专业市场项目开发全程策划》、《旅游房地产项目开发全程策划》、《社区商业街项目开发全程策划》和《酒店式公寓项目开发全程策划》。

网站：www. eaky. com

邮箱：eakykh@ 126. com

本书编委会

前　言

自从进入21世纪后，我国的房地产得到了长足的发展。国家宏观经济形势良好，经济增长势头强劲，工业企业生产效益明显好转，居民收入增加，消费信心增加，这些无可非议地成为房地产市场活跃的基础。

商业地产作为房地产的一种重要开发类型，随着人们生活水平的提高也得到了快速的发展，许多商场、广场、商贸大厦拔地而起。随着商业地产的发展，商业地产项目的开发出现细分市场化、专业市场化、商圈区域化的特征。正是由于商业地产的细分市场化和专业市场化这两个特点，全国各地的专业市场如雨后春笋般涌现。

专业市场是指在一定区域里形成的，由市场所有者或投资者提供销售场地和服务，有众多经营者销售具有互补和替代关系的商品，商品销售以批发为主兼顾零售的商品交易场所。按不同的分类方法，专业市场可以有不同的类别。如：按商品类别划分，专业市场可分为家居装饰类、服饰类、日用百货类、电信电器类、交易工具类、文化类和农贸类等；按商圈规模划分，专业市场可分为全国性专业市场、区域性专业市场和地方性专业市场；按交易形式划分，专业市场可分为摊位制形式、交易所形式和配送形式；按是否零售划分，专业市场可分为专业批发市场和专业零售市场。

专业市场是商品市场体系的一个重要组成部分，在活跃商品、方便居民生活、繁荣市场、扩大就业人口、推动国民经济发展等方面发挥了积极的作用。

如何成功开发专业市场并成功经营是专业市场项目运营企业最关心的问题。要想解决好这个问题，做好市场调查、项目定位、产品规划、投资分析、整合推广、租售执行、经营管理等关键步骤的策划是最关键的。由于专业市场项目开发的实操相关专业人员比较短缺，而且市面上没有一本专门介绍专业市场项目开发全程实操策划的书。因此为了让广大从业人士对专业市场全程实操策划有更深入的认识，为了促使各专业市场项目开发运营能够顺利进行，经过近两年的研究探索，我们特别策划编写了这本书——《专业市场项目开发全程策划》。

本书用九章的内容全面讲述了专业市场项目开发全程实操策划的指导理论和全程操作，这九章内容包括：

第一章，专业市场概论，除了介绍了房地产、商业地产、市场、专业市场的相关知识外，还介绍了专业市场的发展现状、开发要诀并提供了一份完整的专业市场项目开发全程策划模板。

第二章，专业市场项目开发市场分析，主要讲述专业市场项目的投资环境分析、区域商业地产分析、自身情况分析、客户群分析、竞争者分析和SWOT分析等内容。

第三章，专业市场项目定位分析，主要讲述专业市场项目的整体定位、客户群定位、形象定位、价格定位和业态定位等内容。

第四章，专业市场项目产品规划建议，主要讲述如何对专业市场项目的规划设计原则、功能规划、总平面规划、建筑风格设计、商铺格局规划、内部通道设计、外部道路规划、装饰装修设计、配套设备、配套设施和软件配套等作出恰当的建议。

第五章，专业市场项目投资分析，主要讲述专业市场项目的建设周期估算、投资估算、资金筹措、收入估算、效益分析、敏感性分析、风险分析、开发建议和整体开发策略等内容。

第六章，专业市场项目整合推广策划，主要讲述专业市场项目的整合推广总策略、广告策划、媒介策划、包装策划、活动策划和推广策划等六个部分的内容。

第七章，专业市场项目租售执行策划，主要讲述专业市场项目的租售执行策略、租售执行人员组织策划、租售价格制订、招商执行策划、销售执行策划、优惠促销策划、租售执行物料准备和租售执行费用估算等内容。

第八章，专业市场项目经营管理策划，主要讲述专业市场项目的经营管理现状调查、经营模式的确定、经营管理公司的确定、物业管理模式建议、经营利润估算和经营中的宣传推广等内容。

第九章，典型专业市场项目全程策划要点，分别详细介绍了服装专业市场、建材专业市场、汽配专业市场、家居装饰专业市场、农产品专业市场和纺织品专业市场这六类专业市场项目开发全程策划的要点。

本书是一本理论与案例相结合的内容全面的专业市场项目开发全程实操的工作指导书和案例参考书，具有以下七个特点：

第一，针对性。本书有别于一般的房地产策划理论图书。它是一本针对专业市场项目这一特定房地产项目类型而“量身定做”的针对性极强的书。同时，本书中对专业市场的概念、分类、观点都是经过严谨地推敲而得出来的，与市面上的房地产策划类图书相比，更具有专业性和针对性。

第二，实操性。本书的编写人员全部来自多年从事房地产开发的一线专家，实操经验丰富，力求通过全面实用的理论和众多成功的案例，使读者可以在最短的时间内吸收前人的实操经验。同时，本书一如既往地保持了我们编写房地产图书的实操性风格，力求体现现实工作的内容、要求和深度，并尽量使每一位读者在仔细阅读本书后能独立操作专业市场项目。

第三，先导性。本书以我们的工作经验为基础，总结了近年全国专业市场项目全程操作的成功案例和成功经验，走在时代发展的前列，能反映专业市场的发展动态。

第四，全面性。本书的全面性体现在以下两个方面：其一是本书包括了项目开发全程实操策划所需的全部内容；其二是本书中的案例来自于全国各地，覆盖面广，具有很好的代表性。

第五，工具性。本书按照全程实操的顺序分章编写，具有流程化和模块化的特征，每章就是一个模块，并引用了许多国内专业市场全程实操策划的成功案例。读者在工作上遇到问题时，可以直接找到本书中相应的章节进行参考借鉴。另外，本书的最后一章是专门针对六种类型的专业市场的特点来编写的，读者可以针对自己所要操作的专业市场类型进行有选择地参考借鉴。

第六，案例性。为了说明实际专业市场项目开发全程实操策划的内容和形式，本书对任何一个细致的要点都以国内相关的优秀案例进行说明，并且对每一个案例都作出了参考点评。这些案例涉及内容全面，分析到位，能代表国内最高水平。

第七，易读性。本书中的理论和案例点评在语言表达上尽量做到通俗易懂，即便是刚进入这个行业的人员也能充分理解编者想表达的意思，从而更好地掌握专业市场项目开发的要诀。

本书是全国专业市场项目开发相关企业的从业人士的必备参考图书，是广大房地产从业人士和策划师职业提升的实用读本，十分适合房地产开发公司、房地产顾问策划公司、房地产租售代理公司、房地产市场调研公司、商业经营管理公司、房地产广告公司的从业人士阅读。

本书编写过程中，得到了广州鹏起房地产代理有限公司相关同仁以及业内部分专业人士的支持和帮助，才使得本书能及时与读者见面。本书是我们编写的“房地产项目开发全程实操系列”中的一本，有关房地产营销和全程策划的其他相关实操性知识，请读者参阅我们陆续编写出版的书籍，也请广大读者对我们所编写的书籍提出宝贵意见和建议。对此，编者们将十分感激。另外，为感谢广大读者的长期支持，请购买过余源鹏主编的房地产和物业管理图书的读者登录盈地网 www. eaky. com，在网页右上角的“客户留言”处留下您的邮箱和联系方式，之后我们将每月为您免费发送《盈地网中国房地产情报》一份。

目录

第一章　专业市场概论

专业市场是指在一定区域里形成的，由市场所有者或投资者提供销售场地和服务，有众多经营者销售具有互补和替代关系的商品，商品销售以批发为主兼顾零售的商品交易场所。

专业市场是市场按照商品复合度划分的一种分类。专业市场是商业地产的一种类型，而商业地产又属于房地产的范畴。为了让读者更好地了解专业市场，本章在介绍专业市场的相关知识之前先分别讲述了房地产的相关知识、商业地产的相关知识、市场的相关知识等。在讲述完这些知识后，本章再讲述专业市场的相关知识、专业市场的发展现状、专业市场项目的开发要诀，最后附上专业市场项目开发全程策划模版供读者参考借鉴。

一、房地产的相关知识

1. 房地产的概念

房地产是房产和地产的有机结合体。它是指地上建筑及其附着物和承载房屋建筑和附着物的土地，以及由他们所衍生的各种权利。在中国香港、中国台湾地区和国外其他地区，房地产又被称为“物业”、“不动产”等。但严格来说，“房地产”、“不动产”、“物业”是三个不完全相同的概念。房地产按其功能用途可以分为居住地产、商业地产、旅游地产和工业地产。

2. 不动产的概念

不动产该词译自英语“real estate”或“real property”。在英语中，“real estate”具体指土地及附着在土地上的人工建筑和房屋；“real property”具体指“real estate”及其附带的各种权益。房地产由于其位置固定，不可移动，常常又被称为不动产。从广义的“房地产”概念来说，“房地产”与“不动产”是同一语义的两种表述。房地产的表述倾向于表明这种财产是以房屋和土地作为物质载体，而不动产的表述则侧重于表明这种财产具有不可移动这一独特属性，但两者所指乃同一对象。英语中，“real estate”和“real property”可互译互称，两者关系可见一斑。

3. 物业的概念

物业该词译自英语“property”或“estate”，是指已建成并具有使用功能和经济效用的各类供居住和非居住的屋宇及与之相配套的设备，市政、公用设施，屋宇所在的建筑地块与附属的场地、庭院。“物业”一词在国外，特别是在东南亚地区是作为房地产的别称或同义词而使用的。

物业是单元性的房地产。物业既可以指单元性的地产，也可以指单元性的建筑物。物业有大小之别，它可以根据区域空间作相对分割，整个住宅小区中的某住宅单位可作为一物业，办公楼宇、商业大厦、酒店、厂房仓库也可以被称为物业。

4. 房地产业的概念

房地产业是以土地和建筑物为经营对象，从事房地产开发、建设、经营、管理以及维修、装饰和服务的集多种经济活动为一体的综合性产业。它属于第三产业，是具有先导性、基础性、带动性和风险性的产业，具体内容包括：

（1）国有土地使用权的出让；

（2）房地产的开发与再开发：征用土地，拆迁安置，委托规划设计，对旧城区的开发与再开发；

（3）房地产经营：土地使用权的转让、出租、抵押以及房屋的买卖、抵押等经济活动；

（4）房地产中介服务：房地产咨询中介，房地产评估中介，房地产经纪中介；

（5）物业管理：房屋公用设备设施的养护维修并为使用者提供安全、卫生、优美的环境；

（6）房地产的调控与管理：建立房地产市场、资金市场、技术市场、劳务市场、信息市场，制定合理的房地产价格体系，建立健全房地产法规，实现国家对房地产市场的宏观调控。

5. 房地产开发的概念

房地产开发是指在依法取得国有土地使用权的土地上进行基础设施、房屋建设的行为。房地产投资开发是指除了取得土地、建造房屋，预售或出售新建的房屋这种方式外，还有购买房屋后出租，购买房屋后出租一段时间再转卖，或者购买房地产后等待一段时间再转卖；开发也不仅仅是建造新房屋，还有把土地变为建设熟地之后出售，以及对旧房进行装修改造，另外还有接手在建工程后继续开发等。

二、商业地产的相关知识

1. 商业地产的概念

商业地产是商业房地产的简称，是指用于各种零售、餐饮、娱乐、健身服务、休闲等经营用途的房地产形式，从经营模式、功能和用途上区别于普通住宅、公寓、写字楼、别墅等房地产形式。商业地产是一个具有地产、商业与投资三重特征的综合性行业，它兼有地产、商业、投资三方面的特征，既区别于单纯的投资和商业，又有别于传统意义上的房地产行业。

2. 商业地产的分类

商业地产具有多样化的功能，它既有能满足市民购物、饮食、娱乐、休闲等需求的社会功能，又有能满足商家经营、商务活动、市民投资等需求的经济功能。正是由于商业地产的多样化特点，使得商业地产的分类也有多样化的特点。按不同的分类方法，商业地产有以下几种分类：

（1）按市场形式分类

按市场形式分类是商业地产项目最常用的分类方法。市场形式受物业的开发方式制约，根据物业的整体规模和开发方式形成三种市场形式：大型商厦、专业市场和小区商铺。

1）大型商厦

大型商厦是购物中心形式的大型商业地产项目。商厦由多个百货公司、超级市场、专卖店、连锁店组成，是城市商业的重要活动场所。

2）专业市场

专业市场是指以专门经营某一特定类别商品或服务的交易场所，形成以专业性经营为最大特色兼营批发及零售。专业市场选址不论是在城区或是郊区，兼营均讲究是否能“成行成市”，市场上成熟的龙头市场可以转变和带动周边连片商铺的经营方向，如在广州火车站附近一带，现已形成以白马服装大厦为龙头的服装批发中心区域，业务辐射全国各地。

3）小区商铺

小区商铺是住宅小区的配套设施，商业规模较小，无具体的经营规划。

（2）按物业用途分类

按物业用途分类是一种传统的分类方法。将物业按用途分类在项目营销过程中，仍然具有很重要的指导意义，不同的物业用途有不同的目标客户，营销推广策略也有所不同。按物业用途分类可将商业地产分为：购物中心、小区配套商铺、专业市场、批发及商贸中心和餐馆及美食广场等五类。

1）购物中心

购物中心是指由开发商统一规划，在经营机构的统一管理下，由众多商户集中经营多种商品或服务的大型的、多功能的、综合性的商业物业。购物中心是社会发展和经济发展的必然产物。在西方发达国家，购物中心已是一个国家经济发展的重要组成部分，能满足消费者购物、休闲、娱乐、观光、社交等多种社会活动需求。规模较大的购物中心项目因有吸引和聚集人流的功能，能带动区域商业的发展，形成以购物中心为核心的区域商业中心，甚至会影响到一个城市的规划格局。现阶段我国的购物中心多建于城区的大型商厦内，这点与欧美国家的购物中心选址方式截然不同。

2）小区配套商铺

小区配套商铺基本是小型店铺，服务对象以小区住户为主，开发商建设商铺的目的是满足住户的日常生活需要。

3）专业市场

目前，市场上各种各样的专业市场大行其道，基本上包括了各类商品，最典型的专业市场莫过于装饰材料城、家具城、电器城、电脑城、服装城、皮革鞋类市场、食品市场、文具玩具市场、汽车市场项目，其经营品种均具有非常明显的专业性特色。

4）批发及商贸中心

这类商业地产规模宏大，主营批发业务或贸易业务，经营上具有专业市场性质，物业多建于近郊的交通要道附近，以便应付大批量物流配送运输。

5）餐馆及美食广场

这类商业地产主要集中在人流量大的地方，提供全国甚至世界各地的美食，满足不同人的需求。

（3）按经营方式分类

按经营类别划分，可将商业物业分为统一经营物业和分散经营物业。

1）统一经营物业

统一经营方式以产权酒店和商务公寓采用较多，商场只有由开发商返租经营的物业才采用统一经营的方式。

2）分散经营物业

大部分商业物业（除开发商返租外）都采用分散经营方式，由商铺业主或商家按各自的经营理念独自经营。

(4) 按经营类别分类

按经营类别划分，可将商业地产项目分为综合经营项目和单一经营项目。

1）综合经营项目

综合经营项目如大型商厦、购物中心、小区商铺，经营品种丰富，包罗万象，是功能综合的商业物业。

2）单一经营项目

单一经营项目是经营某一类型商品或服务的项目。如专业市场和餐馆及美食广场物业经营品种单一性业务。

(5) 按销售方式分类

按经营类别划分，可将商业物业分为销售物业、租售物业和出租物业。

1）销售物业

不同的销售方式，商铺的营销方式和经营方式也有明显的区别。在我国，开发商要尽快回笼资金，有产权的商铺多以销售为主。现阶段大部分物业的开发商都是地产开发商，开发项目往往不是以商场经营盈利为目的，而是以销售物业盈利为目的。开发商既不是物业的业主，也不是商场的经营管理商，物业销售完毕，开发商即抽身离去。

2）租售物业

为了达到更好的销售水平，开发商介入到商场的经营事务中，在商场还没有竣工的时候，提前开始了招商引租的工作，通过租户商家的积极参与，以带租约的商铺来吸引更多的投资者来买商铺，于是便产生了既售又租、租售结合的物业。其实，租售物业最终的目的还是销售物业，带租约发售是商业地产营销中最有效的方法之一。

3）出租物业

国外大部分商业物业基本不进行销售，都是以租为主，开发商是地地道道的商业经营管理者。开发商业物业的目的是通过物业租赁，收取物业租金来达到盈利的目的。开发商本身就是经营管理商，是商场的所有者，与所有商户一起开展经营活动。目前，北京、上海、广州、深圳等地一般资金实力雄厚的开发商，将商业物业发展作为长线投资，以收租为业，如果商场经营得法，一般在几年内即可收回全部投资，以后还有长期的、不断增长的租金收益，比销售商业物业短期获取的利润多得多。

(6) 按物业产权分类

按物业产权划分可将物业分为产权物业和非产权物业。

1）产权物业

这是经有关部门（如规划、建设、房管等部门）批准开发建设的商业物业，置业者拥有合法产权，商业物业按规定拥有40年产权，开发商可以将产权商铺通过销售快速回笼投资，也可以将产权商铺出租赚取长线投资收益。

2）非产权物业

临建或以其他建筑物改建的商铺和露天的铺位都是没有产权的商铺。这些商铺多以经营专业市场、批发市场或跳蚤市场为主。非产权物业不能销售，只能出租。

3. 商业地产的价值影响因素

“物以稀为贵”。要让商业地产的售价或租金高，或者使商业地产在以后的经营管理中能够保值升值，就必须使它具有稀缺性的特点，而这种稀缺性可以通过以下几个方面来营造。

（1）地段

在商业地产市场上，地段因素成了衡量项目价值最重要的标准，“地段核心论”有一大批支持者。相信没有人会否认，商业地产比居住地产对地段的依赖程度更高，地段好的商铺即使售价再高，也有很多投资者购买，稍差的地段售价虽然吸引，却购买者甚少。可以说，找到好的地段，项目成功了一半。商业地产项目所处的地段因素通常包含有商业区域地段和交通便利地段，商业区域地段包括有商业步行街、传统商业街、经营专业街、近郊商业区、居住区。交通便利地段包括地铁沿线、口岸、公交汽车线路交汇地段、拥有大型停车场的地段、道路网络完善的地段，不管是商业区域地段还是交通便利地段，都是人流、物流、信息流集中的地区，所以在这些地段上的商业地产价值都比较高。

（2）功能定位

占据有利地段的商业地产是否就已经具备绝对的竞争优势？事实上，我们不难发现，某些拥有地段优势的商业地产在开业后，在短期内基本仍能营运正常，但在一两年之间便会急转直下，经营场面冷清，难以对市场形成影响力，从而导致该商业地产的价值下降。

项目除了占据地段优势外，功能定位还要符合所在区域的商业氛围和商业特色。整个区域的商业特色并不是由一两个商场在短时间内即可形成，通常要经过几年，甚至十几年众多商场和众多经营者的共同努力。任何一个项目千万不要有以一家之力改变市场环境的奢望。

商业地产项目的开发必须顺应潮流、顺应时势才能推波助澜，才能在市场上大有作为。任何一个项目妄想去改变所处环境的商业态势，最终将只能是螳臂挡车。商业地产项目的开发与营销策划，必须对项目所在区域商业特点及分布情况进行详细的调查研究，并了解政府未来几年对该区域的发展规划，从而使项目定位能与区域商业特点相符，能配合市政规划发展，获取最佳的社会效益和经济效益。

（3）项目配套

项目配套包括项目设备设施的硬件配套和商场管理的软件配套。硬件配套是项目产品力的重要支持点，是继地段因素之后，在产品的可感性方面能直接让目标客户感知的内容。商业地产项目的主要配套如下表。

项目	大型商厦	专业市场
硬件配套	载客电梯、载货电梯、手扶电梯、停车场、中央空调、智能化保安系统、消防系统、电子商务平台、电子通信系统、仓储空间等	载客电梯、大型物流停车场、消防系统、电子商务平台、电子通信系统、大型仓库、大型计量工具等
软件配套	物业管理、商业管理、配送中心、租赁服务中心等	物业管理、商业管理、运输服务、商务服务、组织行业协会商会等

配套设施并不是越多越好，过多配套只会造成开发成本上升，经营成本上升，从而导致售价上升、租金上升，最后变成“有价无市”；配套不足显然不足以支撑商业地产的运作。建议开发商在规划配套设施时，认真考虑以下要求：

1）适度性，各种类型商业地产对于配套设施的要求也不相同，设施的配套应符合商场档次水平，每一个类型的项目要配套与之相适应的设备设施。

2）实用性，设施配套要遵循适用、适量原则，避免无谓的浪费。如大型商厦的配套设施可能是针对大量的人流设计配备的，而专业市场除了需要考虑人流之外，更要考虑物流的配套。

3）超前性，要使商场经营能够持续兴旺，并在一段时期内保持市场的竞争水平，设施配套必须具有超前意识，开发商应对未来几年商业地产市场的发展趋势作出准确的预测，制定适当的超前策略。

（4）商业经营管理

商场管理是项目的软件配套，包括商业经营管理和物业管理两大部分，是商铺保值、增值的保证。其中商业经营管理是商场的规范化经营模式，是商场持续兴旺的关键所在。

绝大部分的商铺业主都是投资者，而非真正的经营者，阻碍投资者决策的一个重要因素是，投资者对于以销售为主的商业物业，害怕开发商销售完毕后会对商场撒手不管，不参与商场经营和管理，致使商场经营像一盘散沙，对商场能否做旺缺乏信心，担心无法实现其投资目的。投资者的这种担心是一个普遍现象，当其他条件相差不大的时候，投资者的决策天平将向规划有专业商场经营管理的项目倾斜。以成都新城市广场租售畅旺为例，有不少投资者和经营者是冲着“商业由专业的经营管理公司统一管理、统一经营”而来的。现在越来越多的投资者已意识到商场的兴旺与否与商业经营管理这个问题有很大关联，开发商必须适应市场需求，在项目开发、销售阶段即规划好商业经营管理运作模式，早日筹组商业经营管理机构，在商场开业前介入商铺的营销，为投资者提供多一个购买理由。一个好的商业管理机构的诞生不是一朝一夕的事情，需要多方面条件的配合。在中国，商业经营管理在借鉴国外先进经验的基础上不断成长，也逐渐适应商业地产发展的需要，其中不乏成功的管理案例。从目前市场情况来看，商业经营管理存在两方面的滞后，一方面，虽然每个项目基本上都有提供物业管理服务，但是由于我国的商业地产发展较晚，目前还没有形成像物业管理那样专业的商业经营管理体系；同时，目前仍有个别开发商的经营管理意识落后，只是笼统地将物业管理与商业经营管理混为一谈，对商业经营管理的认识还仅仅是停留在物业管理阶段。

三、市场的相关知识

1. 市场的概念

本书中“专业市场”或“综合市场”中的“市场”是指各种（类）用于某类或综合商品批发、零售、经营的商业建筑或场所，它是一种有形的市场。而市场营销学中所指的“市场”是指客户群数量的总和，是一种无形的市场。

2. 市场发展的一般规律

（1）国外早期的市场发展情况：

1）欧洲：欧洲的集市最早出现在希腊。希腊最初的集市是交换买卖奴隶的集市（公元前600年～800年）；欧洲集市在15世纪失去国际贸易的功能，出现了专业化的倾向；1894年由传统的集市转变为样品博览会，1918年发展成工业技术博览会。

2）美国：最早的贸易市场是1915年在旧金山建立的西部商品市场。

3）贸易展览会的兴起：贸易展览会在全球范围内的大发展是在20世纪的60～80年代，以展示商品为主，交易为辅。

从欧洲和美国市场的发展来看，市场总会逐步地发展成主要功能的批发市场。政府不干涉市场的发展，市场自由选择自己的流通中介，在组织上发展到了一定的高度。这就是欧洲和北美早期的市场发展情况。

（2）国内市场的发展进程：

国内市场发展的历史阶段如下表。

阶段	时期	特征	典型形式	性质	规模	组织方式
原始	原始社会	原始	市	市场	地方	自然
古代	奴隶社会～17 世纪	农业	集市	市场	地区	松散
近代	1667 年～1894 年	工业	工业展览会	展示	国家	组织
现代	1894 年～现在	贸易	贸易展览会和博览会	市场与展示	国际	组织

1）国内古代的集市

国内的市场其实起源得更早，在古代经历了从市——集市——庙会的过程。如下表。

形式	市	集市	庙会
地方	城邑	乡间	城邑
主要从事者	商人	生产者（农民、小生产者）	生产者、商人
地点	固定	相对固定	相对固定
时间	每日定时	定期或临时	定期或临时

2）国内近代的市场

到了近代，市场经历了计划经济体制、有计划的市场经济体制和市场经济体制三个阶段。在这个过程中，我国政府对市场的管制也在变化：从市场起步时的鼓励支持，到市场初具规模后，政府开始进行调整和控制数量，在一些地区，当地政府选择让市场自发形成规模，自发提高功能。

3）国内近代市场的几个特定阶段：

第一代是集市、批发交易市场。由众多需求者集中在某个场所来完成某项交易。批发市场就是完成这个功能，供应者把货卖给需求者，需求者再运给生产地和零售商。这是低级的市场形态。

第二代是专业批发市场加物流服务。随着组织化程度的提高，采购者或供应者数量的增多，规模的增大，过去的批发市场已经不能胜任这个变化，于是开始出现拥有物流功能的专业批发市场。

第三代是以展示为主的交易批发市场。这类批发市场往往是规模比较大，在国内刚刚起步。以展示为主的交易批发市场，以国际贸易作为背景，为国内众多的企业提供一个走向国际市场的平台，为众多的国外企业向中国展示其产品。

第四代是虚拟市场。由于中国人传统文化和思维方式的限制，不见面的生意不敢做。这在一定程度上限制了虚拟市场的发展。因此，要发展虚拟市场首先要求人们观念的转变。另外，企业的诚信问题、电子计算的安全等问题也要相应解决。

流通业未来发展的趋势主要有两个：一个是连锁零售业的出现；另一个是销地批发市场逐步向产地批发市场转移，对销地批发市场的依存度下降。

3. 市场的分类

市场的分类可以按照商品的复合度划分，也可以按照建筑形式划分。下面按这两种分类方式对市场进行分类。

（1）按照商品的复合度划分

按照市场经营的商品是单一类别，还是综合类型，将市场分为专业市场和综合市场。专业市场往往集中经营某一类（种）商品，如建材市场、电子市场等；综合市场经营的商品虽然也有范围，但基本上覆盖的是某一大类商品，如北京万通新世界商品交易市场等。

（2）按照建筑形式划分

市场按照建筑形式可以分为无建筑地面市场、单层市场和多层市场。

无建筑地面市场，主要是指蔬菜批发、粮油批发等市场。这类市场并无商业建筑，而是将市场里面的地块按照需求租给经营者，经营者以运输商品的机动车等直接作为交易设施。这类市场一般出现在农村和城镇，在大城市里几乎不存在。

单层市场，指采取单层建筑结构的市场。单层市场和地面市场经营的商品主要是粮食、蔬菜等日常生活用品，所以这两类市场的租金往往比较低，而且基本上都是由市场的开发商、管理商投资兴建，并统一出租，以吸取交易管理费的方式进行管理。该种市场对于投资者来讲，投资价值不大。

多层市场，指建筑形式为多层建筑的市场。多层市场因商铺所处楼层的不同，存在租金水平和价值的显著区别，所以投资者在投资判断时有必要搞清楚不同楼层、不同位置商铺的合理价格。

4. 市场与商品经营的关系

（1）商品经营

商品经营的目的是购进商品，然后再将商品销售出去，从而获取商品销售的差额利润。也就是说，获取商品销售的差额利润是商品经营活动的根本目的。

商品经营方式：是指在商品经营活动中所采取的商品购销形式，包括商品批发与零售，经销与代销，直供与直销，连锁经营，联合经营等。其中连锁经营包括正规连锁、自由连锁、特许连锁。选择合理的商品经营方式，对加速商品流通，降低流通费用，提高经营效率和经济效益具有重要意义。

（2）市场与商品经营的关系

1）市场是商品经营的重要物质条件。

2）商品经营是市场价值衡量的标准。

3）市场是商品经营成败的关键要素。因为商品经营成败的关键是吸纳消费人流，而市场对消费人流的吸纳是由市场本身的条件决定的。

四、专业市场的相关知识

1. 专业市场的概念

专业市场是指在一定区域里形成的，由市场所有者或投资者提供销售场地和服务，有众多经营者销售具有互补和替代关系的商品，商品销售以批发为主兼顾零售的商品交易场所。专业市场所呈现的是特定的客户定位，特定的经营行业定位，这是区别于其他商业形态的主要特征。由于其主题明确，系列商品配套齐全，且又相对价格低廉，专业市场长期呈现出繁荣的现象。专业市场是大进大出、大流通、大辐射的代表性商业业态。成熟、火旺的大型专业市场的年成交额都是以亿计算，其辐射区域更是以百公里、千公里计算，远非普通大型商场十几、二十几公里的辐射半径所能比拟。

专业市场是商业地产的一种，除此以外商业地产还包括大型商厦、小区商铺等。专业市场是仅卖同一类具有互补和替代关系商品的市场。专业市场按是否零售可以分为专业批发市场和专业零售市场，专业批发市场又简称为批发市场。

2. 专业市场的分类

(1) 按商品类别划分，可以将专业市场分为家居装修类、服饰类、日用百货类、电信电器类、交通工具类、文化类、农贸类。

1) 家居装修类

例如家居专业市场、灯具专业市场、建材专业市场和各种家居装饰用品专业市场等等。

2) 服饰类

例如服装专业市场、各种服装配件、配饰专业市场等等。

3) 日用百货类

它包括各种日常生活用品的专业市场。

4) 电讯电器类

例如各种通信设备专业市场、电器专业市场等等。

5) 交通工具类

例如各种交通工具专业市场、汽车配件专业市场等等。

6) 文化类

例如文具专业市场、体育用品专业市场等等。

7) 农贸类

例如水产类专业市场、粮油类专业市场、副食类专业市场和其他农副产品专业市场。

(2) 按商圈规模划分

按商圈规模划分，可以将专业市场分为全国性专业市场，区域性专业市场，地方性专业市场三种类型。

1) 全国性专业市场

形成条件：依托当地商品生产的产业优势，当地同类商品生产企业的数量多，规模大，品种齐全，具有绝对的竞争优势，并且在全国市场中占有较大的比重，能够产生强大的辐射力和吸纳力，吸引全国各地客商前来进货。

如广州流花地区服装批发市场，顺德乐从家具批发市场，中山古镇灯饰批发市场都是著名的全国性专业市场。

2) 区域性专业市场

区域性专业市场一般是销地专业市场，主要是满足本区域中消费者的购买需求，通常在某一中心城市里形成，是周边地区的经济中心，交通枢纽中心，对周边具有强大的影响力，辐射力。

如广州沙河濂泉路、十三行，山东济南泺口、通乾服装广场。

3) 地方性专业市场

地方性专业市场通常在一些二、三线的小城市中形成，其对周边的影响力、辐射力不及区域性专业市场强。一般只能吸引周边城镇的客商前来进货。

(3) 按交易形式划分

按交易形式划分，专业市场可以分为摊位制形式、交易所形式和配送方式。我国目前阶段最为普遍、应用最广泛的是摊位制形式。摊位制交易形式按营业时间的特征可以分为短时交易和长时交易。如蔬菜、鲜花、水产品、市场为短时交易。服装、鞋类、玩具等专业市场为长时交易。摊位制交易形式按商流物流是否同步又可以分为即时交易形式和非即时交易形式。非即时交易一般是指进货商向批发商下订单的一种交易形式。

（4）按是否零售划分

按是否零售划分，可以将专业市场分为专业批发市场和专业零售市场。对于一些规模较大的专业市场来说，他们只做批发业务。对于一些中小型的专业市场来说，既做批发，也做零售。因为他们的规模不大，批发业务不多，为了增加收入，他们也做零售买卖。

3. 专业市场的特点

（1）规模的特点

专业市场规模的大小和经营的商品的类型没有关系，而往往和市场所处地域的市场支撑能力、投资商的实力以及市场经营的方式等因素密不可分。比如，同样是电子市场，专业经营电脑、配件、耗材及辅助设备的北京中关村的海龙电子市场，规模庞大；而位于北京东南三环的“亿客隆南城电子总汇”则规模较小，其规模差别的原因在于中关村和北京南城电子消费市场需求的差别。不同实力的投资商即使在同一个地区投资建设同样类型的专业市场，专业市场的规模也会差别很大，当然盈利能力也会差别很大。这种情况一旦摆在商铺投资者面前，选择是不可避免的。经营同样商品的专业市场，批发、零售的投资形式对其规模的影响很大。比如位于北京南城沙子口的办公用品批发市场，其规模约 1 万平方米，专业批发办公所需各类用品，在北京有很高的知名度，这种规模对于办公用品零售来讲一定是不恰当的。

（2）规划的特点

专业市场的规划设计并不复杂，开发商往往将每层合理分区或分成几条步行街，商铺沿街布置或商铺按照“岛”型布置。步行街的长度建议不要太长，当超过 600 米时，消费者同样可能产生疲劳、厌倦的感觉。

（3）名称的特点

专业市场的名称体现所在的位置和所经营的商品类型两大要素，例如“潍坊金龙国际珠宝饰品城”。这种名称方式可以给消费者提供尽可能多的信息。

（4）商铺形式的特点

从商铺的形式来说，专业市场商铺的主要形式为铺位形式，极少铺面形式，而综合市场商铺主要是铺位，铺面商铺数量较少。

（5）营销成本的特点

由于专业市场经营商品的统一性特点，整个市场的营销成本比较低，只要该市场的开发商对整个市场的定位准确，那么所有的商铺就可以享受开发商统一市场宣传所带来的市场效果。

（6）投资回收的特点

专业市场的投资回收形式有采取商铺出租的，也有些采取商铺出售方式的。从上述内容可以看出，专业市场的投资回收形式差别较大。比如，东方家园、英国百安居、德国欧倍德都属于专营家居建材用品的专业市场，这类专业市场基本上都是由经营商统一经营管理；北京沙子口办公用品批发市场，属于批发类专业市场，经营商采取出租经营的方式；北京碧溪家居广场也属于专业市场，开发商就采取商铺出售、经营商接受业主委托统一经营管理的方式。

4. 专业市场的作用

我国专业市场经过近三十年的发展，在配置资源、扩大内需、引导生产、搞活流通、形成价格、推动经济发展等方面发挥了重要作用。主要表现在以下几方面：

（1）在扩大内需、开拓市场和宏观调控中发挥了重要作用。专业市场是为满足不同层次消费需求而发展起来的，农产品批发市场，特别是蔬菜批发市场正成为城市“菜篮子”供应的重要载体，通过南菜北运等绿色通道的建立，调节了应季节变化的蔬菜需求，丰富了城乡居民的生活。各地小商品市场以农村居民为主要消费群体，基本上满足了广大农村对日用工业消费品的需求。生产资料市场为工农业生产提供了必不可少的原材料。粮食批发市场在国家粮食宏观调控中正发挥着积极的作用。

（2）在规范市场秩序方面发挥了重要作用。专业市场改良了市场投资环境，收缩了假冒伪劣产品的市场空间，提升了市场的管理和服务。

（3）在丰富商品流通模式，促进大市场、大流通的形成方面发挥了重要作用。专业市场的建立，突破了我国传统的仅靠商业零售和一、二级批发站的流通模式，实现了通过专业市场进行批发、零售的新模式，有效地解决了分散的小生产与大市场之间的矛盾，成为我国现行流通模式中不可缺少的组成部分。

（4）在活跃地方经济、推动相关产业发展方面发挥了重要作用。通过建立专业市场，一方面为农产品与乡镇企业产品找到了销售渠道，另一方面又为农业与乡镇企业调整产品结构提供了市场需求等方面的信息。通过建立专业市场，还带动了交通运输、通讯、旅游、商业服务业、加工业的发展。专业市场也已成为当地财政税收的重要来源。总之，真正起到了“建一个市场，带动一片产业，搞活一方经济，富裕一方人民”的作用。

（5）在指导生产、形成价格方面发挥了重要作用。随着专业市场中信息网络的建立，各类专业市场通过市场供求信息的传递，及时向生产厂家提供了市场供求动态，为生产厂家调整产品结构提供了依据。一些农产品批发市场的商品价格已成为各地同类商品的参考价格，而且成为国家制定价格政策的重要参考依据。

（6）在吸收下岗人员再就业和解决富余劳动力，促进社会稳定方面发挥了重要作用。近年来，在国有生产、流通企业经营困难，普遍出现亏损的情况下，批发市场通过不断完善其功能，不但没有出现亏损，而且还保持着良好的发展势头。一些地方政府提出“退二进三”的措施，以发展第三产业尤其是流通产业为重点，来解决国有企业下岗职工再就业问题。据初步统计，各类批发市场的从业人员超过1000万人，其中相当一部分来自下岗职工。

（7）在提高生产效率，降低交易费用方面发挥了重要作用。专业市场作为交易流通的中介，支撑起一个地区用于所谓的“迂回生产”所需的物流。企业无需花费成本进行上游产品的采购和产品的销售，即降低了本地企业的交易费用，从而达到较高的生产效率。同时，专业市场作为一种贸易活动的空间集聚现象，也会产生流通的规模效应，即加入经营的人越多，交易效率就越高则市场交易费用也就越少。

（8）在为企业产品提供品牌展示的平台，为消费者提供方便方面发挥了重要作用。在专用市场形成的同时，专业市场本身的专用属性为企业产品营造了一种品牌宣传的机遇和品牌提升的机会，促进企业产品创新和提高品牌认知度；专业市场为消费者提供了产品质量的保证，专业市场的业态规划为消费者带来了相关产品的方便购买的特性。

（9）在解决企业转型时的瓶颈问题和拉动企业产品差异化发展方面发挥了重要作用。在企业体制转轨时期，特质人力资本和资金往往成为企业发展的瓶颈。而专业市场的成长促进了民间资本积累和人力资本的形成；在专业市场提供产品的企业众多，生产能力强，内部竞争激烈，迫使企业选择差异化竞争策略，使产业区内企业所生产的产品具有品种多样化的优势，而产品品种种类恰恰是专业市场形成竞争优势的关键因素之一。

综上所述，专业市场的良性发展，对城市经济的发展有着直接的推动作用。各大中型城市的建设，改善投资环境，节约经营成本等因素，为专业市场的发展提供了宽广的空间。

五、专业市场的发展现状

1. 专业市场的形成过程

我国的专业市场起源于20世纪80年代初期，从20世纪90年代开始，我国的专业市场进入了一个快速发展时期，成为中国经济发展的一个新的增长点。

（1）专业市场的形成原因

专业市场的形成原因有很多，但总的来说可以归结为以下4点：

1）经济发展的需要。义乌历来就有农民在农闲时把义乌特产红糖加工成糖块，走街串巷，进行糖换鸡毛的传统经商行为。后来有人先走一步，做点小买卖，结果被抓了。显然，这种计划经济体制下的商业模式，业态已不能满足我国实施市场经济发展的需要。这是专业市场形成的第一个原因。

补充知识：计划经济体制下对商品的流通有严格的规定，其中就有三个不允许：a. 不允许农民弃农经商；b. 不允许在集贸市场出售工业品（包括日用工业消费品）；c. 不允许个体从事商品批发经营。计划经济体制下对商品流通的基本宗旨是：保证生命生存，保障生活必须。商品的流通是严格控制在“8111”之内进行的。其中“8”指的是8个大公司：食品公司、饮食服务公司、副食品公司、粮烟酒公司、百货公司、五交化公司、医药公司、燃料公司。三个“1”指的是一家新华书店、一家供销社、一个粮食系统。

2）国民对生活质量的追求。从吃饱、穿暖、有房住的生存型向吃讲营养口味，穿讲品牌款式，用讲时尚，住讲宽敞舒适的发展型转变。生存型是维持人们生存的需要。就穿而言，一件衣服是新三年，旧三年，缝缝补补又三年。发展型是人们在生存领域的各方面追求品位。计划经济体制下人们的这一追求受到了抑制。在我国实施改革开放后，人们摆脱了对这一追求的抑制。这是专业市场形成的第二个原因。

3）农村富余劳动力的增加。我国在农村实行大田承包责任制后，农民的积极性得到了充分发挥，热情高涨，劳动效率大幅度提高，生产效率倍增。致使农村有大量富余劳动力产生。农闲时这批富余劳动力就进城或打短工、或谋其他营生。这些大量农村富余劳动力的转移，既是专业市场的催生剂，又是专业市场从事经营活动的主力军。专业市场初期的经营主体，绝大多数是来自农村富余劳动力转移者。从这种意义上讲，专业市场是劳动人民的伟大创举。

4）工业的兴起和发展。20世纪70年代后期，沿海地区的一些乡镇企业、个体加工业的兴起及快速发展，在一些地方形成了一村一品，一乡一品的产品特色。虽然这些产品多为低端、初级产品，但在当时专业市场的商品结构中，却成了最为适销的产品，而且所占比重较大，对专业市场形成了支撑。专业市场的成因诸多，也较为复杂，但上述四个方面是专业市场的主要成因。

（2）专业市场的形成过程

建国后，我国的专业市场经历了从无到有到发展壮大的过程。我国专业市场虽然起步晚，但发展迅速，大体呈现出如下几个阶段：

第一代是集市批发交易市场（1979年之后，称为“地摊式”）。20世纪70年代末，经济体制开始改革，随着经济体制改革进程的加快，商品流通量的迅速增长，商品批发经营者自发地汇集在一起形成的，也就是说早期的批发市场多数是自发形成的。由众多需求者集中在某个场所来完成某项交易，批发市场就是完成这个功能。供应者把货卖给需求者，需求者再运给生产地和零售商，这是低级的市场形态。特点是市场自发形成，没有所有者；以露天摊位形式为主，设施简陋，配套设施缺乏；交易的产品档次低，质量差，满足人们低层次、大批量的需要。1978 年全国第一家专业市场是温州市永嘉县桥头镇农民自发形成的路边简易竹棚市场。之后全国各地出现了大大小小的自发市场，结合农村传统的农产品集市，大大促进了商品的流通。目前这种第一代专业市场，在某些地区还存在，但大多受到当地政府的认可和重视，设施条件有了很大提升，有了固定摊位和固定地点。

第二代是专业批发市场加传统商业服务（1991 年之后，称为“鸟笼式”）。这类市场主要是政府投资兴建。随着组织化程度的提高，采购者或供应者数量的增多，规模的扩大，过去的批发市场已经不能适应这个变化，于是开始出现拥有物流、工商、税务等功能的市场。这一代的特点是市场企业化，成为独立的经济实体；拥有大规模的交易场所，基本上为室内店面形式，配套设施如消防、餐饮、治安等齐全；有专门的管理人员及管理组织，并由专职人员提供劳务服务；产品较第一代更加丰富，质量好，式样新。这一代市场以 20 世纪 90 年代被称为我国三大小商品市场的义乌中国小商品城、武汉汉正街、河北白沟箱包市场为代表。1998 年统计这三大市场年交易总额在 440 亿元人民币，成为我国众多商品的集散中心和配送中心。

第三代是综合功能性市场（1998 年之后，“下店上室”式）。这种市场主要是由地产开发商或投资商投资兴建。这类专业市场往往是规模比较大。在发挥平常的商品流通功能之外，还拥有产品展示、信息传播、产品检测、研发、信用监督、业务咨询等功能。这一代在产权方式上出现了股份制，并产生了上市公司；在店面设计上更加先进；经营的品种注重品牌，注重质量。以无锡东方国际轻纺城为例，浙江商团为其总共投资约 30 亿元，其总建筑面积超过 100 万平方米，一楼采用前后双门面式店铺设计，店面挑高达 4.5 米，空间可以自由组合，大大方便了经营者的店面布局处理，楼上采用公司化办公设计，每个店铺都铺设了电信、网通两个宽带网络，并埋入光纤线路，内置可视电话，营造了“一楼商铺、二楼展示、三楼公司化经营”的经营新格局，突出了产品展示、业务洽谈、商务办公、电子商务的功能，符合现代商务“公司化、信息化、专业化”的交易趋势，为经营者提供了良好的经营环境。

第四代是虚拟市场（2000 年之后）。随着近年来互联网技术的普及，网上交易变得越来越普遍，各种电子商务模式纷纷涌现。随着企业的诚信问题、电子计算的安全等问题的逐步解决，加上人们观念的转变，使得虚拟市场的火焰越燃越烈。这一代特点是或者依托实体市场，或者完全虚拟化，信息充分，买卖双方都节省搜寻交易成本，既发挥实体交易场所作用，又发挥中介作用和第三方结算作用。同时特色明显，在互联网全球经济时代有特色是成为网站生存的必备条件。目前国内涌现出许多的 B2B 的成功网站，比较出名的虚拟专业市场有中国化工网、中国棉花网等等。

（3）专业市场演变升级的动力

我国专业市场经历了四代的演变升级，其内在动力可以归纳为以下几点：

1）产品需求结构的不断变化是专业市场不断升级的主要拉动力。回顾四代专业市场的发展历史，可以看到每一次市场的升级都与我国经济发展的阶段性相联系。

改革开放初期，居民间的收入没有拉开，总体消费水平低，消费偏好以数量型需求为主。在这种数量型的社会消费需求拉动下，专业市场由于投资小、交易成本低而成为商业制度创新的一种新选择。进入 20 世纪 90 年代，我国经济经历了快速发展的十年，经济实力稳步提升，我国居民消费能力有了显著提升，消费需求旺盛，同时消费需求呈现多元化、层次化的特点。同时，由于我国的民营经济发展迅速，生产资料的交易成为新的需求。因此，此时的第二代专业市场产品种类拓展到生产资料，从而更加丰富，而且质量更好、式样更新，此外物流配送设施齐备，能满足大规模交易。20 世纪 90 年代后期，我国工业水平继续上升，民营经济进一步发展，生产资料的需求更加旺盛。此时的第三代专业市场呈现出规模大，注重品牌效应，服务功能齐备，国际化的特点。20 世纪 90 年代后期到现在，网络经济的繁荣带动了我国的第四代专业市场的发展。我国的网络建设的飞跃发展，催生了中国数以亿计的网民。消费者的需求呈现了个性化、虚拟化的特点。网络销售中间商少，无需店铺，可以节省销售成本，让消费者获益。对于作为卖方的企业来说，网络虚拟市场同样能够给他们推广产品，节省交易费用的好处。此时的第四代专业市场，呈现出虚拟化、个性化、信息化、实时化的特点。

2）民营经济提供内在动力。民营经济作为传统计划经济体制的外生物，它一开始出现就游离于计划之外，以国有商业为主的传统流通体制对它们有着极高的“体制壁垒”；民营经济又无力直接动用传播媒介、公关手段等现代营销方式。因此，民营经济的发展要求进行与其发展相适应的交易方式的制度创新。于是大量集散、信息畅通、大大节省交易费用的专业市场成了民营经济的舞台。

3）政府的经济政策的推动力。自从我国实行改革开放后，政府提出了一系列有利于我国经济发展的政策，这为专业市场的升级起到了加速的作用。

4）专业市场竞争的加剧为专业市场的升级推波助澜。

a. 现有竞争对手之间的竞争。一些著名的专业市场，虽然地域分布不同，但由于经营产品相似使得他们之间也存在着竞争关系。

b. 新的竞争对手入侵。据统计，全国范围内由义乌人得到当地政府支持建立起来的分市场就达 30 多个，分市场与义乌主市场之间的矛盾逐渐凸现出来。市场的分流，导致了小商品利润的摊薄。而且，受义乌经验的启发，很多地方都准备建立同一模式的小商品市场，虽然义乌中国小商品市场具有先动优势，但受交易成本因素的影响，本地化的专业市场也有一定优势。上述两点，直接导致了我国专业市场的从第二代向第三代的升级。

c. 替代品的威胁。专业市场面临两大替代品的威胁：一是企业的纵向一体化趋势。随着企业规模的不断扩大，一体化程度的提高，许多专业市场因企业内部化而趋于消失。二是零售业革命带来的影响。随着居民消费偏好的改变、服务业的对外开放和国内商业改革步伐的加快，以及越来越多的企业组成一体化分工的协作体系，大企业逐渐建立自己的销售网络，连锁、仓储等新型零售业态不断涌现，零售业革命带来的“批发危机”不可避免。这一点催生了第四代专业市场。

总结：我国的专业市场在以上四大原因的驱动下，不断升级，繁荣了各地的经济，丰富了人们的生活，成为国民经济不可缺少的一部分。因此各地专业市场的建设应该遵循其升级发展规律，不能忽视四大驱动力形成的环境而盲目建设，更不能固步自封。

2. 专业市场的现状

（1）专业市场的发展情况

随着零售业在我国的发展，全国各地出现了大量从事某种（类）商品经营的专业批发和零售市场，比如，超市、大卖场、家居主力店、药材批发市场、图书交易市场、电子市场、家用电器市场、家具城、建材城等。

从数量、品种上讲，我国专业市场已得到了迅速发展，批发市场体系初步形成。据统计，在工商部门登记的各类商品市场有95000多家，管理相对规范的有5~6万家。在5~6万家中大约设有1300万个摊位，年交易规模超过亿元的市场有1000多家，其中山东、浙江各有200多家，江苏、安徽、河南、湖北、湖南、广东等省各有100多家。上规模的各类批发市场有10000多家，其中农产品批发市场4000多家，工业消费品批发市场2400多家，生产资料批发市场5000多家。小商品批发市场是发展最快的一类批发市场，年交易规模过百亿元的就有十几家，交易规模最大的义乌中国小商品市场1998年成交额突破了200亿元。目前，中国已初步形成了包括粮油、农副产品、日用工业品、生产资料在内的，以农副产品批发市场为重点的，有形市场和无形市场相结合的，门类齐全的批发市场体系，成为有中国特色社会主义市场经济体系的重要内容。

（2）制约专业市场发展的因素

1）专业市场法制建设严重滞后，不适应我国市场经济发展的要求。我国专业市场走过20多年的发展历程，至今仍没有一部国家统一的法律来进行规范制约，甚至连一部统一的法规性文件都没有，这使我国专业市场的市场准入与运作不规范，无序竞争、盲目重复建设也给各地专业市场的有效管理带来了困难。有些地方的专业市场处于一种自由、无序、盲目发展的状况。假冒伪劣商品在专业市场仍然比较严重。

2）部门分割，多头管理依然存在。随着专业市场的进一步发展，由各职能部门的介入而产生的问题也日益突出。从中央到地方，许多部门都参与专业市场的建设和管理，致使对市场的监督管理存在“五龙治水”的现象，即工商、税务、消防、技术监督、卫生防疫等多头管理。这都造成专业市场在管理上、政策上的不统一，看起来有关部门都在管专业市场，一到需要解决问题时，谁都不能负责到底。

3）重复建设现象严重。由于办批发市场旱涝保收，一些单位与企业纷纷把目光转向批发市场，造成了批发市场的大量重复建设。低水平的重复建设，导致竞争激烈，造成竞争性成本剧增。一些地方专业市场建设缺乏总体规划，往往出现多家专业市场在同一层次上重复建立，造成了资源的极大浪费。如北京市大大小小建材类专业批发市场就有40多家，郑州市食品批发市场就有9家，大大超过了城市的需求，各专业市场为了争夺有限的经营客户而陷入恶性竞争之中，结果谁也发展不起来，出现了不少“空壳市场”。

4）体制问题和内部控制机制的缺失。作为专业市场的创办机构来说，按组织机构划分，存在着个体企业、民营、股份制、国有企业等类型，个体、民营、股份制性质的专业市场，由于所有制、经营机制的特点，对于自身的成本控制具有较强意识。而国有企业性质的专业市场，它有着国企同样的弊端，费用变动随意性太大，很难真正做到“增收节支”。另外，由于市场内部控制的不完善，必然导致企业内部成本失控。而作为内部控制机制的主要操作者——会计人员的工作地位较低，更使成本控制失去监督。而且很多预算是以历史作基础，其观念是“将来是过去的延伸”。按财务管理的观点，就是“零基预算”。这种预算很难适应环境的剧烈变化，而且计划赶不上变化。而财务管理的另一个观点是“增量预算”，工作量大，编制预算需要投入很多的人力，预算越搞越精细，用的人也越多。天长日久，由于怕麻烦，越搞越形式主义。当预算管理与实践一旦脱钩，成本支出就像挣脱了缰绳的野马，很难驾驭了。

5）市场发展缺乏创新，发展后劲不足。一是只重视市场数量的发展，不注重市场质量的提高；二是重建设、轻管理。市场投资主体对市场的管理仅仅停留在物业管理的层次上；三是交易方式落后，许多市场仍停留在原始的“一手钱，一手货”的交易模式上，摊位制仍是大多数市场普遍采用的办法；四是面对日益激烈的市场竞争，市场缺乏适应性，对经营品种不能及时作调整；五是市场缺乏发展资金，不能及时有效地完善市场功能；六是市场管理机制缺乏创新，在激烈市场竞争中仍采用过去老一套管理办法和营销方式。

6）一部分市场管理人员和交易人员素质低，市场网络化建设缓慢。管理人员虽然熟悉集贸市场的运作，但对现代流通模式和现代企业管理方式了解得少。市场交易人员素质更是参差不齐，只注重眼前利益，缺乏长远的发展眼光。市场网络化建设缓慢，更是制约大多数市场发展的重大因素。

（3）对策与建议

1）实现专业市场统筹规划，向依靠政府搭台发展转变。专业市场的健康发展，必须建立在统筹规划的基础上。各地专业市场发展实践证明，凡是注重、加强统筹规划、合理布局的，专业市场就能够健康有序发展。同时要根据当地经济发展的需要和资源优势，认真做好市场发展规划，严格按照规划，建设和发展市场。

2）实现专业市场制度创新，向投资多元化转变。实践已经证明，专业市场的单一投资主体的管理模式，已不适应专业市场发展的要求。我国的一些市场在股份制改造方面进行了探索，为市场注入了新的活力。如深圳布吉农产品中心批发市场、绍兴轻纺城等通过股份制改造，一方面解决了企业办市场面临的资金困难的问题，另一方面也促进了经营机制的转变。西南建材中心批发市场、武汉武泰闸农副产品中心批发市场、义乌中国小商品市场、合肥长江批发市场等也在股份制改造方面进行了积极探索，有效地实现了批发市场管理机制创新。

3）实现专业市场的组织创新，向质的提高转变。市场建设的重点要放在市场功能的完善上，通过对现有市场的改造、扩建和软件设施的配套建设来扩大市场规模。专业性市场要重点培育代表市场特色的品种，形成市场自己的特色，建立起各具特色的市场群体。要大力培育有影响力的交易商，特别是一级批发商，大力培育市场中介组织与经纪人队伍。要根据市场需求，及时调整商品结构，增强市场的竞争能力，努力实现专业市场与产业基地的有机结合，走市场连基地，基地促市场的发展路子，形成贸工农、产供销一体化的市场发展模式。

4）实现专业市场交易方式的创新，向集约型转变。专业市场不是简单的商品中转站，从世界专业市场发展趋势来看，专业市场必须具备“商品集散、财务结算、信息传播和形成价格”四大功能。因此，我国专业市场的发展必须围绕上述四大功能的实现来进行完善，逐步把专业市场建设成为商品的集散中心、信息中心、价格形成中心和统一结算中心。要逐步走出千篇一律的摊位制的对手交易模式，积极把连锁、代理、配送、拍卖等现代营销方式引入到专业市场中来，通过办分市场和连锁经营，实行总经销、总代理，大力开展配送业务等形式来丰富市场交易模式，大胆探索网络交易、仓单经营等符合专业市场运作的交易方式。要积极促进专业市场信息网络建设，逐步形成全国联网的信息网络体系，实现有形市场与无形市场的有机结合，推动专业市场朝着适应现代流通改革要求的方向发展。目前，我国已有为数不少的专业市场在这些方面进行了有效探索，如一些专业市场通过举办展览会、展销会、交易会、博览会等，使市场得以快速发展与升华；一些专业市场通过在外地办分市场，扩大了规模；一些市场在现货仓单交易方面上进行了大胆探索，如中国商品交易市场、华通有色金属中心批发市场、昆明商品中心批发市场等，都取得了较好的效果，有的已开始在电子商务方面进行积极探索；一些专业市场在拍卖、计算机网络交易方面进行了尝试，为市场发展注入了活力；一些市场积极引进现代营销方式，已把连锁经营、代理、配送等新型流通形式引入专业市场。

5）实现专业市场管理和服务的专业化，向完善的市场功能转变。

市场的竞争，很大程度上可以说是管理与服务的竞争。办市场并不是简单的物业管理，而是要不断创新服务手段和方式，一切以客户的利益为前提，为客户提供最优质的服务，增强市场的凝聚力。

六、专业市场项目的开发要诀

1. 专业市场的开发要点

繁荣发展的城市市场环境是否意味着投资开发专业市场轻而易举？事实并非如此，由于消费市场单一的缘故，投资开发专业市场面临的风险较大，但是其带来的高利润也是无可比拟的。要成功开发专业经营市场就要注意以下几点：

（1）选址

首先，要选择在原有专业市场的商圈内。商业各业态都有自己的选址标准，如人流、交通等等。有些业态也会选址在一些商业网点不足地区，看中的是未来的发展和人流。但专业市场不同，尤其是专业批发市场不同，它不再是市场的空白点。新的专业市场的生存和发展必须依赖原有专业市场在若干年的发展中所培养起的商圈氛围，离开这些成熟商圈去打造新的专业市场大多命运多舛。

其次，要选择交通便利的地方。因为专业市场商品的流动性强、量大，对物流环节有着较高的要求。一些看似繁华的地段其专业街经营情况并不理想，主要还是受到交通的制约。随着私家车的增多，城市中心区域路面不容乐观，中心商业街的物流成本也就较高，所以中心城区不宜开设专业市场。专业市场不同于其他商铺，选址必须要充分考虑到物流的方便性、经济性，宜设于闹市区附近，地段不能太热闹也不能过于偏僻，同时也要注意专业市场对人气的聚集能力。

所以，要解决选址的问题，不仅要考虑原有专业市场的所在地问题，还要考虑交通是否方便和物流的问题，找出他们之间的交叉点。

（2）类型定位

对于专业市场来说，类型定位非常重要，它决定了这个专业市场是一个怎么样的专业市场，市场内卖哪一类商品。专业市场并不是随便卖哪一类的商品都行的。必须要有行业的支撑，而且要关注这个行业有没有发展前景。如义乌的小商品交易市场、绍兴的中国轻纺城等专业市场，无不是以当地产业为支撑，通过建立完整的上下游产业链条取得成功。没有产业支撑，或集中产业区距离市场较远时，信息成本、物流成本、时间成本的增加，都会带来经营成本的增加。产业条件不足的市场或者商圈就会在竞争中落伍或者被淘汰出局。在解决选址问题的时候，类型的定位也同时解决了。因为你所选址的地段它的商圈氛围早已决定这里适合什么专业的市场，否则这个专业市场大多命运坎坷。

（3）政府支持

专业市场的发展壮大往往离不开当地政府的大力支持。一方面专业市场的交易额较大，是政府税收的重要一块，各地政府较为重视其发展。另一方面，专业市场在发展中需要政府在政策、交通、配套等方面提供大力支持，这些支持是市场手段替代不了的。另外，专业市场的生存也常常受到城市发展和区域产业政策的影响，产业政策的调整对专业市场的发展往往是致命的。

（4）规划设计

目前，在一些三线城市，专业市场的空白点也已不多，那种一个大棚子或简易加盖子的专业市场时期已过。升级的专业市场对软硬件如电梯、停车、空调、防火等指标要求也越来越高。由专业市场业态性质所决定，以摊档为主，人流动线的要求也较高，在建筑产品的规划设计时必须充分考虑到。另外，随着以人为本的观念的深入，专业市场还要在配套服务如餐饮、休闲、酒店住宿等方面加强。最后，为适应商业国际化、信息化发展趋势要求，新建专业市场的宽带配套也是必不可少的。

（5）宣传推广

专业市场与其他商业形态不同，它所服务的对象比较单一，但客户范围比较广泛。知名度是商铺投资的一个重要因素，知名度就是品牌的体现，对吸引客源具有相当大的作用。如何提升专业市场的知名度呢？这就要靠宣传推广了。宣传推广做得好，就会提升专业市场的知名度，增加投资者和经营者的信心，从而使更多的人想在此专业市场投资经营。

（6）经营管理

统一的经营、良好的管理同样是成功打造专业市场，并可持续经营发展的必要条件之一。当市场建好后，这个项目只完成了一半，剩下的一半就是商业招商和经营管理。进入商业运作阶段，开发商想不找商业圈里的专业机构和人才都不行了。开发商若想自己把这后面的事情做起来就涉及跨行业发展，多半会失败。专业市场对经营管理的要求非常高，即使前面几个要点都具备了，也不一定就能长期经营。管理不行，租金上不去，商家照样走人。

2. 专业市场的盈利方法

随着更多的地方政府的重视，更多的投资开发商的进入，以及其他商业流通业态（如大型零售超市）的出现，专业市场面临的竞争日趋激烈，在这种竞争的态势下，专业市场向何处发展？尤其是如何实现企业的根本目标——盈利，就成为业界共同关注的课题。下面介绍几种利用专业市场盈利的方法。

（1）在原有的专业市场基础上，开发更高档次的同类型专业市场

我国专业市场的形成和发展，虽然已有近三十年的时间，但发展还不够完善。因此，对这类专业市场从硬件、软件和环境等几方面进行改造、升级、换代，或者就近开发更高档次的同类商品专业市场，就成为专业市场在未来能否赢得竞争优势的当务之急，也是各地政府大力提倡、全力支持的投资项目。许多地区，如山东临沂市，这种市场改造已如火如荼的进行，开发商的盈利前景十分可观！

（2）开发更大规模的同类型专业市场

我国专业市场的特点，是众多的同类产品商家，集中在一地经营，商家成行成市，买家货比三家，非常符合中国人的经商习惯和采购共性，这也是专业市场在中国之所以形成并蓬勃壮大的原因。在市场经济发展到一定时期的今天，商品已经相对“过剩”，由供不应求已经转变为供过于求，因此，只有买家的集聚才能形成商家的集聚。而吸引买家的只有更为丰富的商品，更为低廉的价格以及更有保障的商品质量。换句话说，就是更大的选择余地或空间！要做到这一点，更大规模的专业市场更具有竞争优势！最近，一些地方一批超大规模（占地几百亩甚至几千亩）的专业市场的开发建设成功，就是对这一模式的最好诠释。

（3）在原有专业市场基础上开发相配套的专业市场

任何一个专业市场，一旦形成了相对固定的客源和由此带来的较旺的人流，其影响力就不仅仅局限于这个市场的产品或行业。其影响所及的是与该市场产品或行业相配套的产品或行业；

如服装市场周边往往容易开发出辅料、布料市场；建材市场周边往往容易形成货运、物流市场。所以在原有的专业市场基础上开发相配套的专业市场，将会有很大的盈利空间。

（4）开发超市制专业市场

我国专业市场目前仍以摊位制为主流，这种专业市场的最大弱点，是商家素质参差不齐，商品实行议价，商品质量得不到保障，商家信誉不高，市场自身的品牌也难以形成。相比之下，各种大型零售超市之所以大行其道，除了价格便宜之外，很大原因是买家面对的是零售超市一个商家，其信誉在买家看来更可靠，商品质量更有保障。超市制的专业市场是摊位制市场与零售超市的结合，即将众多商家集中在类似大型零售超市的建筑物内，商品分类分区分商家摆放，商品明码标价，顾客（买家）自由挑选，市场统一收银，以一定比例与商家分成，按日、周或月与商家结算，市场对商家有销售保底要求。这样，市场即保障了租金（保底分成额）收入，又随商家生意水涨船高，实际收入更多。

（5）开发以铺位销售为主的同类型专业市场

一些专业市场在开办之初，由于当时的投资开发商的资金实力和环境条件的限制，许多市场从用地、建筑到铺位，都是出租为主，有的更是临时建筑。在市场运行一定年限后，市场的人气有了积累，市场内商家的资本也不断增大，这种情况下，租赁的铺位，临时的建筑，不断上涨的租金，随时可能面临市场不续约的风险，这都使有一定实力的商家希望拥有属于自己的天地——商铺。如果一个出租铺位的专业市场已经形成了人气和规模，则在其邻近开发出销售铺位的同类型专业市场，将坐收渔翁之利。

（6）在销地或供地开发相关专业市场

专业市场涉及的行业、产品种类很多，大多数地区都不可能形成涵盖众多行业或产品的专业市场，类似浙江义乌、山东临沂、广东广州这样的可以形成几十个种类的专业市场的地区是少之又少的。但有许多地区，对某些产品（如手机、电脑、工业原料等）形成了较有规模的需求，或者已经形成了一定的工业集群（如家具工业镇、服装专业镇、陶瓷专业市场等），则可以开发相应的专业市场，如手机市场、电脑市场或者家具市场、服装市场、陶瓷市场等。随着我国人民生活水平的不断提高，以及各地产业发展的规模扩大，以这种模式开发成功的专业市场将不断增多。

（7）在新的交通要道和客货枢纽站开发专业市场

专业市场开发成功的一个重要条件之一是交通便利。随着我国经济建设的向前推进，城市和交通发展的步伐加快，过去的普通公路网逐渐被星罗密布的高速公路网所替代；过去的城中汽车站、火车站无论是规模、硬件还是地理位置，都不能与城市发展相适应，许多已进行改建，大多已经或准备迁址。这种交通网线和客货站场的变化，为专业市场的开发带来了商机，在新的交通要道和客货枢纽站场、码头、机场、地铁站开发专业市场，将是一个不错的选择。

（8）利用闲置物业或廉价地皮开发专业市场。

专业市场的竞争，除了受地段、市场需求，产业集群基础、商品种类和质量、交通状况等因素影响之外，商家的经营成本高低也是一个重要的因素，其中铺位租金是经营成本的一个重要方面。而闲置物业或廉价地皮所带来的租金低成本，不仅可以为商家带来更大的价格竞争优势，也可为市场开发商创造更多的盈利。

（9）在城市新的边缘区域开发同类型专业市场

随着我国国民经济的持续、稳定发展，城市和区域经济的发展也十分迅猛，其所带来的明显变化之一就是城市边缘的不断扩大。这对专业市场的影响十分明显。一是原来许多位于城市边缘甚至近郊的专业市场，忽然发现自己已身处闹市之中。交通拥挤、噪声污染、消防隐患、仓库奇缺、地租（地价）暴涨等都形成强大的压力。二是政府在权衡专业市场的利与弊的过程中，更多的是从城市的整体利益出发，在此前提下，牺牲某一个或某几个专业市场的利益，将这些市场拆除或搬迁至城市新的边缘，更符合政府的愿望。所以，在政府采取行动之前，提早有预见性地在城市新的边缘区域，开发与城市中具有一定影响力和人流的专业市场同类型的专业市场，将成为许多开发商的投资热点和新的盈利模式。

(10) 利用原有专业市场的品牌、管理和客户资源，通过品牌和管理输出，形成连锁经营

专业市场一旦形成规模和影响力，其品牌将逐渐深入人心，如浙江义乌的中国小商品城，已形成国际性的影响力；广州的白马大厦，虎门的富民服装城，已成为国内服装批发市场的翘楚；天津的环渤海建材市场已成为国内建材市场的龙头。这类市场，无论是品牌、管理，还是客户资源，都具有极大的可重复利用的价值，这是市场开发商积累的无形资产。市场开发商可以通过以下几种方式使之产生价值，为企业带来盈利：一是输出品牌、管理和客户资源，不投入资金与资金投入方合作，占有一定比例的股份，在新的地区开办或托管同类型市场，实现品牌连锁或加盟连锁；二是输出客户资源和管理，不投入资金，为资金投入方进行市场策划、招商，可占有股份或不占股份（另行收费）；三是自己投资（开发、兼并、收购、参股），自己经营，实现自营连锁。

(11) 在原有的专业市场基础上，开发相配套的服务设施和项目

专业市场是一个良好的综合平台，一旦形成规模和人气，其可整合的资源就十分之多。首先，它是一个商品交易的平台，商品的展示和广告、宣传成为市场不可或缺的组成部分，在专业市场内定期或不定期召开产品展示交易会（博览会），设立展览馆，设置广告牌，都可成为市场的盈利项目；其次，它是一个信息发布的平台，商品的信息，运输的信息，商品价格的信息等等，都可以通过现场或在网上开办的专业网站发布出去；第三，它是一个提供服务的平台，停车、住宿、餐饮的服务，通信、邮政、运输的服务，仓储的服务，甚至人才培训服务以及住宅房地产开发等等，都是市场可从事的项目。

(12) 通过为专业市场内信誉良好的商家提供有关的金融、担保服务

在专业市场中经营的商家，大多为中小企业，而中小企业发展的难题，往往不是产品、项目和市场需求，而是资金少、融资难。而金融机构之所以谨慎对待中、小企业的贷款，主要原因是难以准确地把握商家的信誉和产品的市场需求。目前，专业市场可以为商家提供的较好的金融服务形式，就是通过担保，为商家向银行进行仓单质押，提供融通仓的服务。这项新型服务，吻合当前的政策形势，以及金融业的发展方向，将具有广阔的盈利空间。

(13) 根据政策导向节约成本或增加收入

我国专业市场历来很受政府重视，但大多数地方政府局限于在用地、税收、行政事业收费等方面给予市场支持，而其他方面的扶持则涉及较少甚至没有。而且许多政策是随着经济形势的发展逐步出台的，市场的开发商知之甚少或毫不知情，有的开发商更是从不研究，错失许多良机。其实许多地方政府甚至国家主管部门所制订的许多扶持政策，都可为专业市场所用，如科技部门的开发资金、商业部门的贷款贴息、电信部门的运营合作、水电部门的优惠价格、税务部门的收税方式等。有的可以增加市场开发商的收入，有的可以节省市场开发商的开支费用。有的可以降低商家的经营成本，有的可以提高市场的信誉和影响力，这对专业市场的开发商都是直接或间接的盈利。

（14）通过搞旺专业市场，带动周边地皮、物业升值

“旺场”是任何一个专业市场追求的现实目标。场不旺，则铺（位）不好租，租（金）不好收！但如何“旺场”，则各有各法，其中惯用的手法之一就是免租或减租，通过价格战赢得租户。然而许多专业市场的开发商目光短浅，总是将眼睛盯着租金收入这一块！其实“堤内损失可以堤外补”，任何一个专业市场，一旦“旺”起来，带来了人流、车流、商流、资金流和信息流，其周边的地皮和物业必然升值，有的甚至比市场本身的物业升值幅度更大、更快！因此，如果根据这一普遍规律，预先在市场周边购置或租赁一定的地皮或物业，在“旺场”之后适时出手，其盈利将相当不菲。

（15）开发相关配套的工业园区，向上游延伸

专业市场对经济的促进作用，不仅仅表现在市场本身的繁荣上，更多地表现在对当地产业的带动作用。市场的繁荣带来产业集聚的例子数不胜数。如浙江义乌，其为专业市场配套的工厂大大小小何止千家！“销地产”比“产地销”更接近市场需求，因而也更具竞争力。专业市场开发配套的工业园区，不仅对供货厂家有吸引力，对有实力准备投身实业的商家也有吸引力。这种“前店后厂”模式可以降低商家成本，扩大商品销售，保障供货及时，提高厂家和商家的竞争力。工业园区带来土地变现、税收和经济增长，也会得到当地政府的大力支持。专业市场开发商可以从中开辟新的收入来源，市场地位更加稳固。

（16）组建相关的采购联盟，向下游延伸

专业市场即是供货商（商家）的集中之地，也是采购商（买家）的集聚之所，众多的买家虽然总体采购量巨大，采购金额高，但各自为政，其采购价格没有优势。如果将部分有长期需求且数量较大的买家联合起来，组建采购联盟，通过统一价格，集中采购，将具有极大的议价优势，采购价格将会有较大幅度的降低，这对买家、商家和市场三方均有利：一是买家获得了低价和相关的服务，减少了相关采购成本、人员以及物流费用；二是商家一次出货量大，且有长期需求保障，薄利产生多销；三是市场帮商家做成了生意，帮买家提供了服务，自己又获得了利益。

（17）将股权（部分或全部）转让，引入战略投资者，使投资（部分或全部）变现

专业市场作为一种企业形式，盈利是其目标。自己投资，自己经营，收益虽大，但风险也大。如果在专业市场经营成功一段时间后，适时向战略投资者转让（部分或全部）股份，收益可能会降低，但风险亦会减小。收益提前变现后，开发商再去开发新的专业市场或者投资其他项目，资金的收益可能会更大，资金的安全性也更高。在转让时，可以将经营权和股权分离，也可以品牌入股，总之要使开发商的资金收益尽可能放大，以获得理想的投资回投率。

（18）顺应全球经济一体化的潮流，到国外去开发以中国商品为主的专业（批发）市场

中国改革开放和经济发展的结果之一，是让世界重新认识了中国，并开始重视中国。中国的商品早已进入世界各地，每年的出口量不断攀升，世界各国的采购商都十分看好中国商品的国际竞争力，仅美国沃尔玛超市，2004 年在中国采购的商品总额已超过 180 亿美元，并以每年 25% 以上的速度递增。而在中国国内，厂家和商家面临的竞争已趋白热化，亟须寻找产品的出路，而把生意做到国外去，是众多厂家和商家苦寻的出路之一。顺应这种潮流，到国外去开发专业市场，把中国的厂家和商家以及他们的产品带到国外，将是有远见的专业市场开发商可以迅速付诸行动的投资项目。目前，在俄罗斯、中东、东欧甚至欧洲等地的中国城，即是这一盈利模式的成功案例。

七、专业市场项目开发全程策划模板

这是一份从某房地产代理有限公司所做的专业市场项目开发全程策划报告当中提取的模板。该策划报告分为八大部分，具体为：专业市场项目概况分析、专业市场项目开发市场分析、专业市场项目定位分析、专业市场项目产品规划建议、专业市场项目投资分析、专业市场项目整合推广策划、专业市场项目租售执行策划、专业市场项目经营管理策划。该策划报告模板注重策划流程的完整性和全面性，非常值得参考借鉴，模板中所提到的具体内容，读者可查阅本书的相应章节。

第一部分　项目基本情况介绍

1. 项目土地状况分析
2. 项目地理位置分析
3. 项目总投资额分析
4. 项目建设规模分析
5. 项目开发涉及企业分析

第二部分　项目市场分析

一、项目投资环境分析（内容可选）

1. 经济环境分析

(1) 生产总值分析
(2) 三大产业分析
(3) 对外贸易分析
(4) 社会消费水平分析

2. 政策环境分析
3. 技术环境分析
4. 自然资源环境分析
5. 人口情况分析
6. 行业前景分析
7. 城市条件分析（内容可选）

(1) 城市总体情况分析
(2) 城市地理位置分析
(3) 城市发展规划分析
(4) 城市行政区划分析
(5) 城市交通运输分析
(6) 城市水电供应分析
(7) 城市邮电通讯分析
(8) 城市科技教育分析

二、项目区域商业地产分析（内容可选）

1. 区域商业分析

(1) 区域商业总体情况分析
(2) 区域商业营商环境分析
(3) 区域商业结构分析
(4) 区域商业特征分析

(5) 区域商品销售情况分析
(6) 区域商业面临问题分析
(7) 区域商业发展趋势分析
2. 区域商圈分析
3. 区域商业地产分析（内容可选）
(1) 区域商业地产开发热点分析
(2) 区域商业地产开发模式分析
(3) 区域商业地产开发特点分析
(4) 区域商业地产供应量分析
(5) 区域商业地产需求量分析
(6) 区域商业地产发展趋势分析
4. 区域专业市场分析
(1) 区域专业市场分布情况分析
(2) 区域专业市场供应特点分析
(3) 区域专业市场供应量分析
(4) 区域专业市场需求量分析
(5) 区域专业市场存在问题分析
(6) 区域专业市场发展趋势分析
三、项目自身情况分析
1. 项目建设条件分析
(1) 地质条件分析
(2) 水文条件分析
(3) 气象条件分析
(4) 通平条件分析
2. 项目周边环境分析（内容可选）
(1) 项目周边建筑物分析
(2) 项目周边景观分析
(3) 项目周边环境污染状况分析
3. 项目周边配套分析（内容可选）
(1) 项目周边交通运输配套分析
(2) 项目周边金融服务配套分析
(3) 项目周边餐饮服务配套分析
(4) 项目周边休闲娱乐配套分析
(5) 项目周边医疗卫生配套分析
(6) 项目周边文化教育配套分析
(7) 项目周边其他配套分析
四、项目客户群分析
1. 项目客户群细分
2. 项目客户群调查（内容可选）
(1) 项目终端消费者调查

(2) 项目经营者调查
(3) 项目投资者调查
3. 项目客户群分析
五、项目竞争者分析（内容可选）
1. 基本指标分析
2. 总体规划分析
3. 功能分区分析
4. 铺位分割分析
5. 租赁情况分析
6. 客户群分析
7. 综合性分析
六、项目 SWOT 分析
1. 项目优势分析
2. 项目劣势分析
3. 项目机会分析
4. 项目威胁分析
5. 项目 SWOT 整合分析

第三部分 专业市场项目定位分析（内容可选）

1. 项目类型定位
2. 项目产品定位
3. 项目功能定位
4. 项目档次定位
5. 项目规模定位
6. 项目建筑形态定位
7. 项目客户群定位
8. 项目名称定位
9. 项目形象定位
10. 项目价格定位
11. 项目业态定位

第四部分 专业市场项目产品规划建议（内容可选）

1. 项目规划设计原则
2. 项目功能规划建议
3. 项目总平面规划建议
4. 项目建筑风格设计建议
5. 项目商铺格局规划建议
6. 项目内部通道设计建议
7. 项目外部通道规划建议
8. 项目装饰装修设计建议
9. 项目配套设备建议
10. 项目配套设施建议

11. 项目软件配套建议

第五部分 专业市场项目投资分析

一、项目建设周期估算

二、项目投资估算

三、项目资金筹措

四、项目收入估算

五、项目效益分析

1. 项目经济效益分析

(1) 项目盈利能力分析

(2) 项目盈亏平衡点分析

2. 项目社会效益分析

六、项目敏感性分析

七、项目风险分析

八、项目开发建议

第六部分 专业市场项目整合推广策划

一、项目广告策划（内容可选）

1. 项目广告目的分析

2. 项目广告受众分析

3. 项目卖点分析

4. 项目广告核心概念提炼

5. 项目广告语制作

6. 项目广告策略制定

7. 项目广告文案创作

8. 项目广告设计建议

9. 项目宣传物料制作

二、项目媒介策划（内容可选）

1. 各种媒体分析

2. 项目媒介选择

3. 项目媒介策略制定

三、项目包装策划（内容可选）

1. 项目包装调查

2. 项目形象包装

3. 项目工地包装

4. 项目租售中心包装

5. 项目卖场包装

四、项目活动策划（内容可选）

1. 项目宣讲活动策划

2. 项目展示活动策划

3. 项目开盘活动策划

4. 项目拍卖活动策划

5. 项目客户联谊活动策划
6. 项目节日活动策划
7. 项目展会活动策划
8. 项目文化表演活动策划
五、项目推广策划（内容可选）
1. 项目推广目标分析
2. 项目总体推广策略制定
3. 项目推广区域确定
4. 项目营销阶段划分
5. 项目各营销阶段推广策略制定
第七部分　专业市场项目租售执行策划
一、项目租售执行策略
1. 项目租售模式确定
2. 项目租售区域划分
3. 项目租售执行总策略
4. 项目租售执行阶段划分
二、项目租售执行人员组织策划（内容可选）
1. 人员构架
2. 人员分工
3. 人员要求
4. 人员培训
5. 人员考核与薪酬
三、项目租售价格制订
1. 项目租金制订
2. 项目售价制订
3. 项目付款方式
四、项目招商执行策划（内容可选）
1. 项目对手招商策略分析
2. 项目招商现状分析
3. 项目招商目标制定
4. 项目招商原则确定
5. 项目招商对象确定
6. 项目招商策略制定
7. 项目招商时间安排
8. 项目招商工作安排
9. 项目招商流程确定
10. 项目招商问题预测
五、项目销售执行策划（内容可选）
1. 项目销售前准备工作
2. 项目销售现状分析

3. 项目销售目标制定
4. 项目销售原则确定
5. 项目销售时间安排
6. 项目销售策略制定
7. 项目开盘策略制定
8. 项目销售现场工作流程

六、项目优惠促销策划

1. 项目打折优惠
2. 项目减免租金优惠
3. 项目其他变相优惠

七、项目租售执行物料准备

八、项目租售执行费用估算

第八部分　专业市场项目经营管理策划

1. 项目经营管理现状调查
2. 项目经营模式的确定
3. 项目经营管理公司的确定
4. 项目物业管理模式建议
5. 项目经营利润估算
6. 项目经营中的宣传推广

第二章　专业市场项目开发市场分析

市场分析是市场调查与环境分析的简称。市场分析有广义和狭义之分。狭义的市场分析是以科学方法收集消费者购买和使用商品的动机、事实、意见等有关资料，并予以研究。广义的市场分析则是针对商品或劳务，即对商品或劳力从生产商到达消费者这一过程中全部商业活动的资料、情报和数据做系统的收集、记录、整理和分析，以了解商品的现实市场和潜在市场。因此，广义的市场分析不仅是单纯研究购买者的心理或行为，而且是对营销活动中所有阶段加以研究。

房地产市场分析，就是以房地产为特定的商品对象，对相关的市场信息进行统一地收集、整理、记录和分析，进而对房地产市场进行研究与预测。房地产市场调研具有以下作用：一是有助于房地产项目的正确定位；二是有助于房地产企业发现新的市场机会；三是有助于房地产企业适时开发新产品；四是有助于房地产企业制定正确的营销策略；五是有助于房地产企业规避风险。从市场调研的作用可以看出，市场调研在专业市场的投资开发中起着举足轻重的作用。本章分别从投资环境分析、区域商业分析、项目自身情况分析、客户群分析、竞争者分析、SWOT 分析等角度来讲述专业市场的市场调研。

第一节　项目投资环境分析

投资环境是指大的经营环境，它除了经济环境、政策环境、技术环境、自然资源环境、人口环境外，还包括行业前景和城市条件。这些投资环境都对专业市场的投资开发起着关键性的作用。

一、经济环境分析

经济环境分析主要是了解财政、金融、经济发展状况和趋势等影响着大的经营环境的因素。可以从国民生产总值、国内生产总值、三大产业的发展、对外贸易、固定资产投资、土地财政收入、社会消费水平的角度去分析经济环境。其中社会消费水平又包括人均可支配收入、居民储蓄余额、居民消费价格指数、消费品零售总额等等。这些因素都决定着专业市场投资开发的成功与否。

1. 生产总值分析

生产总值包括国内生产总值和国民生产总值，国内生产总值（GDP，Gross Domestic Product）

是指一个国家或地区的所有常住单位在一定时期内（通常为1年）生产活动的最终成果，即所有常住机构单位或生产部门一定时期内生产的可供最终使用的产品和劳务的价值。

国民生产总值（GNP，Gross National Product）是指一个国家或地区的所有常住单位在一定时期内在国内和国外所生产的最终成果和提供的劳务价值。它等于国内生产总值加上来自国外的净要素收入。可见，国民生产总值与国内生产总值之间的区别就在于国外的净要素收入。生产要素的提供者不一定都是本国居民，有时也有外国居民，本国居民也有向外国的经济活动提供要素的。

在分析GDP和GNP时，可以先分析国家的，再分析区域的。可以将GDP和GNP分开来分析，也可以将两者合在一起进行比较分析。在分析手段上面，可以用文字描述，可以用图表表达，也可以将两者结合在一起。

（1）从国家的范围分析

【优秀案例2－1】 某家居装修类专业市场的GDP与GNP分析

参考点评：该案例对我国国民生产总值和国内生产总值的分析有很多值得我们借鉴的地方。从内容上讲，它从国民生产总值、人均国内生产总值、国民生产总值指数、人均国内生产总值指数、国民生产总值指数、人均国内生产总值指数这六方面去分析。

2005年上半年，我国地区经济运行态势良好。经济总量平稳增长，地区间增长速度差距缩小；工业增加值稳定增长，西部地区产销率提高显著；固定资产投资增速放慢，大部分地区增幅回落；东北地区出口增速领先，绝大多数省份实现进出口贸易增长。自2000年以来，我国国民生产总值与指数如下表：

年份	国民生产总值（亿元）	人均国内生产总值（元/人）	国民生产总值指数（1978＝100）	人均国内生产总值指数（1978＝100）	国民生产总值指数（上年＝100）	人均国内生产总值指数（上年＝100）
2004	136584.3	10561	1032.2	760	109.9	108.8
2003	116741.2	9111	939.2	698.5	110.2	108.8
2002	103935.3	8214	852.3	642	108.9	107.6
2001	95727.9	7651	782.6	596.7	107.2	106.7
2000	88254	7086	730	559.2	108.4	107.1

从上表可以得出结论：自2000～2004年，我国国民生产总值，人均国内生产总值，国民生产总值指数，人均国内生产总值指数，国民生产总值指数，人均国内生产总值指数均呈现出稳步上涨的良好势头。

（2）从地区的范围分析

【优秀案例2－2】 某农贸类博览交易中心的国民生产总值分析

参考点评：该案例最大的特色是分析的层次比较多，先分析省的国内生产总值，再到市，再到县，最后到区域。

1）湖南省国内生产总值

2）本市国内生产总值

3）本县国内生产总值

2003年本县全年完成国内生产总值（GDP）399039万元，比上年增长10.5%。其中，第一产业增加值124572万元，增长4.2%；第二产业增加值132657万元，增长17.1%；第三产业增加值141810万元，增长10.8%。

据最新统计公报，今年上半年，全县实现生产总值198759万元，比上年同期增长12%，增速比上年同期上升1.9个百分点，其中一产业完成39449万元，同比增长4.4%；二产业完成79032万元，同比增长15.7%；三产业完成80287万元，同比增长11.9%。一、二、三产业比重分别达24.5∶40.4∶31.1。

4）区域产业结构构成

本县的区域产业结构不断趋于合理化，目前基本上是三次产业各占1/3的程度。就发展趋势来看，第三产业的比例还在不断上升。

2003年一、二、三产业产值占国内生产总值比重由上年34.2∶30.4∶35.4发展到31.2∶33.3∶35.5。

2. 三大产业分析

在分析三大产业时，可以将三大产业分开来分析，也可以将三大产业合在一起分析，将他们进行对比。例如：

本市2004年经济总量快速增长，产业结构进一步优化。2004年全市实现生产总值588.86亿元，比上年增长13.2%，增幅为1996年以来最高水平。三大产业全面发展，其中：第一产业增加值102.75亿元，增长5.9%；第二产业增加值184.97亿元，增长18.1%；第三产业增加值301.14亿元，增长13.1%。三大产业结构由上年19.03∶29.54∶51.43调整为17.45∶31.41∶51.14，第一、第三产业比重分别下降了1.58和0.29个百分点，第二产业比重上升了1.87个百分点，第二产业对经济增长的推动作用进一步增强。全市人均生产总值9126元，比上年增长11.9%。

【优秀案例2-3】　某家居装修类专业市场项目的三大产业分析

参考点评：该案例着重于分析产业结构，而不是着重于分析各产业的产值，与一般的分析角度不同。而且该案例将三年的产业结构放在一起进行比较，可以分析出产业结构的发展趋势。在分析手段上，该案例采用了柱状图，而且不同的产业它的柱采用不同的颜色这也是值得借鉴的。

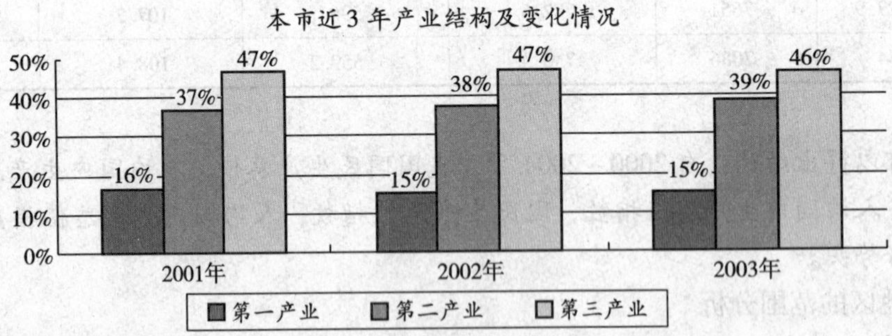

产业结构对比图

目前本市的产业结构第一产业产值只占到了15%，第二产业居中，占到了39%，第三产业所占比例最高，占到了46%。这些数据表明本市经济实现了“三、二、一”的结构，是本市经济相对发达的重要表现。

（1）第一产业分析

农业是安邦定国的基础。一个国家如果没有农业这个基础，社会就很难稳定，更不用谈如何发展经济了。只有经济得到发展，才能促进内需，专业市场才能有它存在的意义。所以在投资开发专业市场时，有必要分析第一产业的发展情况。而对于农贸类专业市场来谈，由于农贸类专业市场内所交易的商品与第一产业有密切的联系，所以在投资开发农贸类专业市场时，对第一产业的分析更具有必要性。

【优秀案例2－4】　某贸易类专业市场的第一产业分析

参考点评：该案例从农、林、牧、渔、农业服务业五个方面去分析农业的发展情况，而且分析了他们之间比重的变化情况。最后还分析了农作物种植结构的变化。很有借鉴的价值。

农业生产稳步发展，农业结构调整进一步深化：2004年，全年实现农林牧渔业总产值174.25亿元，比上年增长6.52%。其中，农业产值99.77亿元，增长5.47%；林业产值4.75亿元，下降0.26%；畜牧业产值57.01亿元，增长9.31%；渔业产值10.74亿元，增长8.0%；农业服务业产值1.99亿元，增长9.64%。农林牧渔业各业的比重分别为：农业57.26%，下降4.37个百分点；林业2.72%，下降0.19个百分点；畜牧业32.72%，提高4.31个百分点；渔业6.16%，提高0.27个百分点；农业服务业1.14%，下降0.02个百分点。农作物种植结构调整出现新变化。粮食种植面积呈恢复性增长，全年粮食种植面积621.3万亩，比上年增加11.75万亩，增长1.93%；全市蔬菜种植面积206.66万亩，比上年增加6.73万亩，增长3.36%；各类经济作物种植面积（含其他农作物面积）635.20万亩，比上年增加13.25万亩，增长2.13%；各类经济作物种植面积占农作物总播种面积的比重为50.55%，全年粮食作物和经济作物的种植面积比例为1∶1.02；水稻优良品种覆盖率上升，水稻优质品种种植率62.61%，比上年提高3.44个百分点。畜牧业、渔业生产稳步发展。粮食、甘蔗产量受夏季洪涝和秋季干旱的严重影响有所下降，其他主要农产品产量增加。

（2）第二产业分析

第二产业是指工业。一个城市的第二产业的发展状况直接反映该城市的经济情况。除了农贸类专业市场是依赖于第一产业——农业外，其他绝大部分的专业市场都是依赖于工业的。所以在投资开发专业市场时，有必要对第二产业进行分析。

在分析第二产业的发展状况时，可以从整体上去描述该市的工业发展情况，例如："近年来，本市政府坚持以大开放为主的战略，以工业化为核心，积极发展高新技术产业，大力改造传统产业，主动承接产业梯度转移，全面提升工业经济的运行质量和水平，全力加快工业化进程，全市工业生产快速发展。2002年全市完成工业增加值210.35亿元，增长17.6%。"

另外，也可以分国有企业和非国有企业来进行分析。

【优秀案例2－5】　某交通工具类专业市场的第二产业分析

参考点评：该案例分析了该市的工业体系，可以根据该市的工业体系发展具有产业优势的专业市场。

本市依托大工业企业优势，发展与之配套的产业，形成了以汽车和摩托车配件、纺织服装、饲料加工、机械制造、食品等为主的工业体系。五年来国有及年销售收入500万元以上的非国有企业工业总产值累计完成19.86亿元，年均递增13.6%，2002年完成4.90亿元，比上年增长9.2%。为进一步构筑本市工业发展平台，增强工业经济基础实力，推进了占地340多公顷的工业园建设，已完成一期基础设施建设工程，引进了香港和宝公司、宁波华翔集团、江铃汽车集团、洪都集团等28家知名企业和上市公司，出让土地面积已达1023.2亩，引进资金7.87亿元。

（3）第三产业分析

第三产业的发展程度反映了一个国家或地区的经济发展水平，专业市场是从事批发零售的，而批发零售业是属于第三产业，所以专业市场的开发经营与第三产业的发展程度息息相关，在开发专业市场前，有必要对第三产业进行分析。

【优秀案例 2－6】 某服饰类专业市场的第三产业分析

参考点评：该案例的可鉴之处在于它从行业构成的角度分析了哪些行业对第三产业的贡献较大。这对专业市场的类型定位、功能定位和产品规划都有参考的价值。

本市第三产业发展迅速，每年都以较大力度支持全市经济快速增长。1999 年第三产业增加值总量达 506.7 亿元，比 1993 年增长 65.3%，平均增速达 9.9%，第三产业对 GDP 的贡献率稳步增加。从行业构成看，批零贸易餐饮业、运输邮电仓储业及金融保险业是推动我市第三产业发展的支柱产业。其中，批零贸易餐饮业作为第三产业发展的传统行业，1999 年增加值总量达 180 亿元，在第三产业中高居榜首，以批零贸易为主的第三产业的持续发展既有利于推动居民消费水平的提高，同时也预示了本项目在本市地区的行业潜力。

3. 对外贸易分析

一个地区的内在需求毕竟是有限的，所以在分析一个地区的经济环境时，有必要对该地区的对外贸易情况进行分析，往往对外出口对该地区的经济发展的促进作用是巨大的。

【优秀案例 2－7】 某服饰类专业市场的对外贸易分析

参考点评：分析对外贸易时，不仅要写出年贸易总额，而且还要分析进口的主要商品是什么，出口到哪些国家和地区等等。

本市是我国北方经济比较发达的一个地区，是全国出口商品综合基地之一。现在全市有粮油、食品、五矿、抽纱、服装、纺织、轻工、化工、机械、进出口公司、××开发区进出口公司、××市对外经济技术贸易公司、××国际经济技术合作公司及牟平、蓬莱、龙口、招远、莱州、栖霞、莱阳、海阳、长岛等县市外贸进出口公司和××市北极星钟表集团、××台张裕等 170 多家企业拥有进出口经营权。出口商品达 17 大类、600 多个品种，销往世界 110 多个国家和地区。年均进出口贸易额在 30 亿美元，其中出口 23 亿美元，进口 7 亿美元。

自 1984 年实行进一步对外开放以来，对外经济技术合作的领域和规模日益扩大，现已同美国、加拿大、日本、法国、德国、中国香港、中国澳门等近 50 个国家和地区开展了国际上通行的各种经济技术合作。截止 1997 年底。本市共成交利用外资项目 5042 个，合同外资额 62.2 亿美元，实际利用外资 33 亿美元。兴办外商投资企业 3928 家，其中有 1830 家企业投产运营，绝大多数取得了良好的经济效益。在积极实施万家企业对外开放战略的同时，注重构筑“大高外”经济格局。

4. 社会消费水平分析

社会消费水平所反映的是居民的购买能力。对于专业市场来说，它虽然有时面对的是中间的零售商，但它最终面对的还是终端消费者。社会消费水平高，意味着专业市场的终端消费者购买力强，专业市场投资开发成功的几率大。所以对社会消费水平的分析也是非常有必要的。

社会消费水平是高还是低，可以从三个方面去反映：一是市场价格水平；二是人民生活水平；三是社会购买力。

（1）市场价格水平分析

在分析市场价格水平时，主要是通过今年的消费价格水平与上一年的消费价格水平比较，来反映出消费价格水平的变化。在分析商品价格的变化情况时，应该按商品的类别来分析，这样思路比较清晰。

(2) 人民生活水平分析

在分析人民生活水平时，可以从工资水平、人均可支配收入、纯收入等指标入手。

【优秀案例 2-8】　某农贸类专业市场的人民生活水平分析

参考点评：该案例的亮点除了用图来表述该市城镇居民人均收入三年来的增长情况外，还用了“恩格尔系数”。“恩格尔系数”是反映人民生活水平的一个重要指标，也是国际通用的一个指标。该案例还有一个比较好的地方是在用数据和立体柱状图来说明后，再来一个分析结论。

1) 市民年人均可支配收入不断提高

全市职工年平均工资 7708 元，比上年增长 10.8%，其中，在岗职工年平均工资 9953 元，增长 13.7%。据抽样调查，城市居民人均可支配收入 6206 元，比上年增长 8.3%；2001 年本市人均消费性支出为 4293.65 元，比 1996 年的 3211.03 元，增加了 1082.62 元，增长了 33.72%。恩格尔系数首次降至 40% 以下。2002 年，本市城镇居民人均收入 7021 元，比上年同期增长 13.1%，居民生活水平不断提高，进一步推动了本市经济的快速发展。

2) 分析结论

近年来，本市经济持续稳定增长，人民生活水平及消费水平也得以不断提升，从而带动了本市商贸业的发展。这充分体现了本市政府所采取的一系列如流通改革的逐步深化、结构调整力度加大等措施已初见成效。

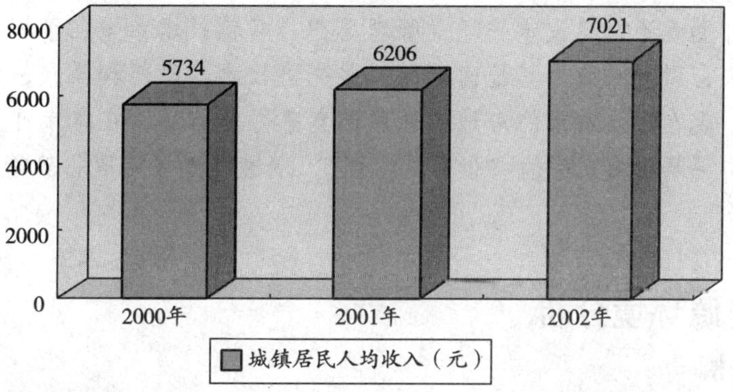

(3) 社会购买力分析

在分析社会购买力时，可以从人均可支配的收入来分析，也可以从社会消费品零售总额来分析。实践证明，将两者结合在一起来反映社会购买力是最好的。某服饰类专业市场对社会购买力的分析如下：

本市国民经济增长稳中加快，经济效益趋向好转，人民生活进步改善。1999 年全年实现社会消费品零售总额 263.2 亿，同比增长 10.1%。城乡市场分别实现不同程度的发展，市区实现社会消费品零售总额 230.1 亿元，增长 11.2%；县及县以下实现社会消费品零售总额 13.1 亿元，增长 4.5%；吃、穿、用商品销售分别增长 9.6%、11.7% 和 9.6%。人民生活得以改善，预计城市居民人均可支配收入达 4950 元，增长 61%；全市农民人均纯收入可达 2870 元，增长 19.7%。

二、政策环境分析

良好的政策环境对专业市场的投资开发具有促进作用，所以在进行市场调研时，有必要对政策环境进行分析。政策环境包括政治形势、方针政策和国家对房地产行业管理的有关法律法规。而方针政策主要包括招商政策、金融政策、土地政策、税收政策等。

1. 土地政策

土地的稀缺性决定了土地供应受政府政策的影响。房地产的开发建设离不开土地，专业市场也不例外。当土地供应量较少时，相对来说本项目的竞争对手减少了。

2. 金融政策

金融政策影响着经济的发展，而且在专业市场投资开发时也涉及资金筹措的问题，所以有必要对金融政策进行分析。

3. 招商政策

地方政府为了促进本地区的经济发展，往往会推出一系列的优惠政策，来吸引外地企业或外资企业进驻本地区。

在写招商政策时，可以从优惠政策、提供人性化的服务、优化法制环境、配套设施的建设几个方面去写，而优惠政策又包括减免土地出让费和税费优惠两个方面。

三、技术环境分析

专业市场的开发往往涉及技术水平的问题，这不仅包括产品规划设计水平、营销策划水平、建设水平，还包括经营管理水平等。例如某贸易类专业市场对技术环境分析有以下描述：

本市的房地产开发无论是建设水平还是管理思想、营销技术水平、策划水平均很落后，如果在这几方面下工夫，引入沿海尤其是南方的一些先进技术、思想和模式，就会挖到本市房地产开发的第一桶金。现在进入本市的房地产开发，竞争力非常小，在本市开发一个大型水产品专业市场，等于是打一场没有对手的“世界杯球赛”，取胜就如探囊取物般简单，最后的赢家必然是自己。

四、自然资源环境分析

1. 环境资源分析

对于某些类别的专业市场来说，对自然环境的要求很高，例如农贸类专业市场。因为环境的污染会影响农产品的质量。所以投资开发专业市场，尤其是农贸类专业市场，有必要对环境资源进行分析。

2. 土地资源分析

房地产开发离不开土地，土地资源的数量影响着房地产的投资开发。对于农贸类专业市场来说，分析各种土地类型的数量尤为重要。因为各种土地类型的数量直接影响着农产品的供应量。

3. 矿产资源分析

对于建材类和交通工具类专业市场来说，矿产资源的拥有和分布对该两类专业市场影响较大。因为建材专业市场和汽配专业市场一般都是产地专业市场，而建材和汽配生产厂家一般都为了减少运输成本而在原料生产地设厂。所以在投资开发建材类或交通工具类专业市场时，对矿产资源的分析显得尤为重要。

在分析矿产资源时，可以只是概括性的描述该市的矿物资源是否丰富，如：

本市矿产丰富，全市已发现矿物38种，产地250余处。其中：已探明储量的28种、产地146处，可开发利用的28种，已开发利用的21种，分为能源矿、金属矿、非金属矿等。

但这种概述性的描述往往是不够的，还应该对一些含量比较多的矿产一一列出。

4. 特产资源分析

由于地理位置、气候环境的不同，致使不同的地区拥有自己的特产。可以利用这种特产资源，开发相关的专业市场，而这些专业市场往往较多属于农贸类专业市场。例如某农贸类专业市场项目在分析特产资源时，作了以下描述：

本市依山傍海，自然条件得天独厚。物产资源十分丰富。沿海有广阔的渔场，全市海岸、海岛曲线长达900多公里，15米等深线内的浅海水域有60多万公顷。盛产对虾、海参、鲍鱼、扇贝等海珍品。这里还是著名的苹果和大花生的集中产区，柞蚕丝绸、龙口粉丝、莱阳梨、大樱桃等土特产品，也都闻名遐迩。

五、人口情况分析

策划人员在写策划报告时，往往注重于人口情况分析，因为人口的多少在某种程度上意味着需求量的大小。例如：

本市人口为负增长。年末全市总户数21.47万户，总人口53.99万人。计划生育率达99.08%；人口自然增长率为-1.48%。

【优秀案例2-9】　某家居装修类专业市场项目的人口分析

参考点评：该案例的亮点在于它是从人力资源的角度去分析，而不是从人口数量的角度去分析。它分析了该市人口的文化程度和劳动力数量等情况。

全市630万人口，其中：大专以上文化程度的有4.82多万人、中专以上文化程度的有5.57多万人，具有高级职称者1600多人、中级职称的有2.4万多人。农村劳动力有266万以上，除满足本地种养业和工副业外，常年剩余劳动力有100多万人。目前，外出务工人员在110万以上，遍及全国30个省、市、自治区及非洲、东欧、东南亚等地，每年为本市创收26~29亿元。

六、行业前景分析

每个行业都有它的发展周期，对于朝阳行业来说，其发展前景是无可限量的，而对于一个夕阳行业来说，其必定会走向衰亡。所以在投资开发专业市场之前，有必要对这个行业进行分析。

在进行行业分析时，应先对这个行业状况进行总体的描述，例如广东省某电讯电器类专业市场项目对我国电子行业进行以下描述：

目前我国已成为仅次于美国的全球第二大消费电子市场，并拥有世界最大的消费电子生产制造基地。技术进步带动产品成熟和价格下降，降低购买门槛成为促进目前国内消费电子市场快速发展的主要原因。其中，数码产品仍是消费电子市场中增长最快的群体之一，而智能手机、汽车电子、数字电视等产品则成为消费电子市场新的增长点。

在分析完行业的整体状况后，就应该分析该行业在全国的分布状况，从而得出在本地区开发该行业的专业市场是否有发展前景。例如河北省某家居装修类专业市场项目对五金行业分布进行如下分析：

中国的五金市场主要分布在长江中下游地区，由于江苏、浙江等省的发展基础较早，最早时期受上海经济发展的影响，首先出现一批家庭作坊式的手工业生产者，主要生产一些日用小商品类的东西，改革开放以来受外来经济的冲击，慢慢地在技术革新上、产品档次上、生产规模上、管理思想上都形成了比较成熟的模式。而其他中部各省的五金经济虽然发展也早，但受地理位置的限制，信息流通上较慢，产品的技术革新方面难以吸收一些先进的技术，生产过于落后，都是受江浙五金经济的影响而借鉴来的一些技术及管理思想，相对来说，总体发展还落后于江浙一带。综上所述：中国的五金市场主要以长三角形成的经济圈为中心，而长三角主要以浙江为中心。

各个行业都有其自身的特点，只有了解其特点后，才能对该行业进行一个总体的把握。下面是上海市某建材类专业市场对五金行业的特点进行分析：

（1）生产规模以小型为主，暂时形成规模企业的较少。普遍都是以定量生产为主。

（2）创新应变能力差，由于企业规模小、设备落后，对市场变化的适应能力较差，容易被淘汰。

（3）产品档次偏低。

在分析完行业特点后，可以再分析这个行业的发展瓶颈。因为如果这些瓶颈不能突破，那这个行业就不能发展壮大，从而制约着该类专业市场的发展。某服饰类专业市场项目对服饰行业的发展瓶颈作出了以下分析：

（1）企业规模小，实力弱，市场应变能力差，新产品开发速度慢。

（2）设备陈旧，工艺装备落后，技术人员缺乏，技术档次低。

（3）产品档次低，品种少，配套能力差。

（4）产品质量标准定位低，在市场上难以形成竞争力。

在分析完这个行业在我国的状况后，接着应该分析该行业在本市的情况，因为有时在我国发展得不错的行业，在本市或者本省就不一定能发展起来。所以在开发该类型的专业市场时，有必要分析该行业在本市的发展情况。下面是对某市IT业的分析：

自1998~2000年辉煌之后，在本市沉静了许久的IT业近来捷报频传。10月初，假日E时代刚刚启动，10月末，上海百脑汇即携巨款来本市圈地，要在本市打造大型IT卖场。山雨欲来风满楼，业内人士众说纷纭，期待着本市IT走上高速跑道、开始自己的加速度。

如何知道这个行业是朝阳行业还是夕阳行业，关键是要看这个行业有没有发展前景。而该行业的发展前景决定着该类专业市场日后的命运。分析行业的发展前景，可以从以下三个角度去分析：

一是经济意义上分析。因为一个城市整体经济的发展必将带动相关行业的发展，而相关行业的发展业也会促进该城市的经济发展，这是目前城市发展的普遍规律。所以从经济意义上分析，可以判断该行业的前景如何。

二是从市场需求分析。市场是由供求关系构成的，当一个城市对某类商品的需求量足够大时，该行业就可以在城市上立足并发展。当供应量不能满足市场的需求时，在当地开发该类专业市场就有很大的利润空间。

三是从发展趋势分析。每个行业都有其发展趋势，从其发展趋势可以判断该行业的前景，从而判断该类专业市场的前景如何。下面是从发展趋势分析五金行业及五金专业市场在天津的发展前景：

产业结构调整促使天津五金市场走向规模化、品牌化发展。由于市场竞争越来越激烈，小规模、低档次的五金市场已经很难在市场立足，相对于一些大型品牌五金市场来说已经不具备竞争力，在以后的市场竞争下将面临淘汰出局的危险。所以目前国内小五金市场只有不断加强自身的核心竞争力，走规模化、品牌化、特色化路线才能在激烈的市场条件下站稳脚跟，形成核心竞争力。

从目前现有的五金市场看只有浙江永康五金城在中国一枝独秀，形成以浙江为中心的长三角五金经济圈。而在珠三角和环渤海经济圈这么大的地方却难以找到一个能与之抗衡的五金城，本项目的出现无论在规模上还是在经营模式上都是环渤海经济圈首屈一指的五金城，本项目的投入使用将会打破浙江永康五金城独霸天下的局面，局时将会形成与永康五金城二分天下的良好形势。

七、城市条件分析

专业市场一般都建在城市的边缘，利用城市的配套。其中城市的道路规划和物流配套对专业市场的投资开发起关键作用，因为道路网和物流直接影响着专业市场的辐射范围。所以在专业市场投资开发前，有必要对城市条件进行分析，特别是对道路交通进行分析。

1. 城市总体情况分析

在进行城市条件分析时，可以在这部分的最前面先对项目所在的省、市、区作一个总体情况的概述。

【优秀案例 2－10】　某建材类专业市场的城市总体描述分析

参考点评：该案例先描述项目所在的城市，言简意赅，接着再描述项目所在的区。该案例在描述区时，写得比较详细，面面俱到。

沈阳是辽宁省的省会，东北的中心城市之一，中国工业重镇和历史文化名城，目前已成为全国的重要工业基地，综合配套改革的试点城市和辽东半岛对外开放的腹地。

铁西新区是沈阳市五城区之一，是中国著名的工业区。铁西新区由铁西区和沈阳经济技术开发区（沈阳经济技术开发区是国家级开发区，总规划面积 34.5 平方公里，经过 14 年的发展建设，已具备优秀的城市功能和符合国际标准的管理服务机制，世界 500 强企业 40 多家在开发区投资）联结起来的“S”形区域组成，总面积 74 平方公里，人口 85 万。铁西新区北临皇姑区，西接于洪区，东与和平区接界。区内交通发达，基础设施完备，工业文化浓厚，城区环境优美。

铁西新区建设大路以北原为工业企业聚集地，面积有 20.04 平方公里。按照铁西新区的整体规划，将用 3～5 年的时间，通过合资、合作、重组等方式实现企业搬迁，将企业全部搬迁到以开发区为主的铁西工业带中，腾出的土地建设现代商贸生活区，植入物流中心、会展中心、星级宾馆、商业广场、大型超市、汽车“4S”店一条街等新兴业态，发展流量经济和税源经济。2002 年已经完成 50 家企业搬迁，腾出土地 100 万平方米，有 17 块土地挂牌上市交易。2003 年仍计划搬迁 50 家。

目前，铁西新区正在加大城市基础设施的投入，打造崭新的城市环境。不久，一个适合创业发展、具有良好人居环境的新城区将展现在人们面前。

2. 城市地理位置分析

地理位置有绝对位置和相对位置之分。绝对位置一般用经纬度来描述，如“某市地处东经 103°29′～108°23′，北纬 30°92′～32°20′之间”。相对位置一般通过描述城市或区域的东、南、西、北与什么相连来反映。例如：“上海市某区，位于上海市西北角，东与宝山、普陀两区接壤；西与江苏昆山市毗连；南邻吴淞江，与闵行、长宁、青浦三区相望；北依浏河，与江苏省太仓市为邻。”

【优秀案例2-11】　某农产品批发市场的城市地理位置分析

参考点评：该案例把绝对位置和相对位置结合在一起，值得借鉴。该案例的另一个特色就在描述完地理位置后，还分析了该市的地势、河流和交通状况，这些信息都与农贸类专业市场息息相关。最后，该案例还描述了城市的地位和作用，点评了地理位置的优越性，具有参考借鉴的价值。

本市位于东经107°45′~108°51′，北纬22°13′~23°32′之间。地处中国东南沿海和西南腹地的结合部，东邻粤、港、澳，南临北部湾，背靠云、贵、川大西南，毗邻越南。地势东北高西南低，以丘陵为主。市区居于广西四大盆地之一的本盆地，平均海拔81米，最高处为496米。境内主河流为西江最大的支流郁江，穿城而过的一段称为邕江，汇入珠江水系。本市是广西壮族自治区首府，全区的政治、经济、文化、科技、教育、金融和信息中心，是中国南部对外开放的重要城市。本市是连接东南沿海与西南内陆的重要枢纽，在国家实施西部大开发中，具有承东启西，连南接北的区位优势。本市不仅是我国西南出海大通道枢纽城市，也是中国走向东盟的前沿城市。

本市地理位置优越，处于我国华南、西南和东南亚经济圈的结合部，是环北部湾沿岸的重要经济中心，面向东南亚、背靠大西南、东邻粤港澳、西接印度半岛，具有得天独厚的区位优势和地缘优势，是华南沿海和西南腹地两大经济区的结合部以及东南亚经济圈的连接点，是新崛起的大西南出海通道枢纽城市。具有“两近两沿”的特点，“两近”：一是近海，距钦州港、防城港、北海港仅104千米、173千米和204千米；二是近边：距中越边境的东兴市、凭祥市只有204千米和230千米。“两沿”一是沿线，湘桂、黔桂、黎湛和南昆铁路在本市交汇，是西南地区重要的铁路枢纽；二是沿江，邕江是西江的支流，而西江又是珠江的干流，待西江二期整治工程完工后，一千吨级内河船舶可以从本市直达港澳。本市对广西沿海城市发挥着中心城市的依托作用，对华南、西南经济圈发挥着枢纽城市的连接作用，对东南亚各国发挥着中国前沿城市的开放作用。

3. 城市发展规划分析

从城市的发展规划可以预见城市未来的发展方向。例如从城市的发展战略规划可以知道今后政府着重于发展三大产业中的哪个产业。对于土地利用规划来说，政府一般把城市划分为几大板块，每个板块都有它的特色与功能。从这些特色和功能可以预见城市未来的商业区、行政区和居住区的分布。只有符合城市规划的专业市场，才有长期经营的基础。

【优秀案例2-12】　某工业博览城的城市发展规划分析

参考点评：一个城市的发展战略直接影响着该城市的产业结构，而专业市场的投资开发又需要有产业支撑，所以城市的发展战略规划决定了专业市场开发与经营的成功与否。该案例的可取之处是从江西省的发展战略——三个基地一个后花园，找出了本项目的现实意义。

2001年以来，江西明确了要建成“三个基地一个后花园”的发展战略，即把江西建设成为承接东部产业转移的基地、优质农副产品供应的基地、劳动力输出的基地和旅游观光的“后花园”。这对加快江西经济发展有着极为重要的意义。凭政策利好，借现有资源，为经济腾飞搭建良好的平台，这就是本项目的现实意义。

【优秀案例2-13】　某家居广场的城市发展规划分析

参考点评：该案例首先写出了该市是规划为100万以上人口的城市。从规划的人口可以预测未来市场需求大。接着该案例写到了旅游经贸区和城市市区的规划范围，这些都会影响城市未来商圈的分布。该案例最可取的地方是分别从长期的总体规划和目前短期的规划来分析城市未来的发展。

1997 年，湖南省委、省政府正式提出了实施长株潭三市经济一体化的发展战略。本是融城金三角之一，规划自然朝着融城的方向发展。

本市 2001 ~2020 年总体规划是按照 100 万以上城市人口发展规模勾画城市发展蓝图，将韶山地区 17 平方公里规划为旅游经贸区，定位为长株潭共享公共绿地。本城市规划区范围为现在本市区及现在本县涟水——湘江以北的响塘乡、响水乡和姜畲镇辖区土地范围，总面积将扩大为 670 平方公里，20 年内全市实现国内生产总值翻两番的目标。

目前短期的规划目标是在河东沿江开辟新城区，向北发展，连接株洲和长沙。本市近 5 年的城市发展整体规划就是让政府及其职能部门迁往河东，使本市城区从河西向河东转移，并在河东新城区规划了几个较大的商业及住宅项目，加快城区的东移。

4. 城市行政区划分析

一个城市一般由区或县组成，而县又由镇组成，镇下面还有街道办、居委会和村委会等等。在分析行政区划时，可以从这些方面着手。如某服饰类专业市场的城市行政区划分析如下：

全区共有 14 个镇、3 个街道、1 个市级工业区、1 个新区。总面积 458. 8 平方公里，其中耕地 2. 4 万公顷。总户数 15. 9 万户，户籍人口 48. 64 万人。

5. 城市交通运输分析

交通网的布局是否合理，直接影响到专业市场日后的经营，因为这与物流配套有关。正所谓“路通，财通”，但这个“路”不仅是指公路，还包括其他方面。交通运输可以分成海、陆、空三大方面来分析，而陆又可以分为铁路、公路、地铁三个方面。在我国目前来说，最常用的货物运输是铁路运输。在分析交通运输时，可以对海、陆、空三个方面作详细的描述分析，也可以用几句话作概括性的描述。

6. 城市水电供应分析

对于一些南方或沿海城市来说，水资源比较丰富，但由于经济比较发达，用电量也比较多，往往出现电量不足而要错峰用电的现象。而对于一些内陆城市来说，电量比较充足而水资源缺乏。若城市的水电供应不足，将会影响专业市场的开发与经营。

对于专业市场来说，尤其是对于农贸类专业市场来说，城市的水电供应非常重要。因为对农产品进行加工时，需要用大量的水，并要使用许多大功率的机器。

7. 城市邮电通讯分析

随着科学技术的进步，买家不需要到专业市场进行买卖交易，他们往往只需要打个电话或在网上下订单，然后卖家就根据订单通过邮局或其他物流公司把货送到买家手中。因此，城市的邮电通讯是否发达，信息传输网络是否完善，直接影响到专业市场的开发与经营。

8. 城市科技教育分析

一个城市的教育状况直接反映该市劳动者的素质。专业市场的开发与经营需要各种各样的人才，所以有必要对科技教育进行分析，特别是文化类和 IT 类专业市场很有必要进行城市科技教育分析。

第二节　项目区域商业地产分析

本节中所指的区域并不是一个特定的范围，它是一个相对的概念，它可以包括省、市、区。在不同的策划报告中，因报告所面向的地区范围不同，区域所指的范围也不同。所以在写策划报告时，应当对区域所指的范围灵活运用。

本节主要分成四个部分，分别是区域商业分析、区域商圈分析、区域商业地产分析和区域专业市场分析。专业市场是商业地产的一种类型，商业又与商业地产、专业市场具有密不可分的关系，所以对区域的商业、商业地产、专业市场等情况进行分析，将有利于市场的投资开发。

一、区域商业分析

若一个地区的商业气氛平淡，人们消费欲望不高，那将会影响到专业市场日后的经营，所以在投资开发专业市场之前，有必要对区域的商业情况进行分析。

对区域商业现状进行分析时，应该按照先总后分的思路来写策划报告。也就是先对区域的商业现状作一个总体描述，然后再详细地分析区域商业的各个方面。

1. 区域商业总体情况分析

这部分是对区域的商业现状作总体的描述，内容灵活，这部分主要是起到总体的作用。

【优秀案例 2-14】　某专业市场的区域商业总体描述分析

参考点评：该案例涉及的内容比较多，有经济、商业、经营范围，还有政府措施等等，也值得参考借鉴。

近年来，本市经济出现了持续、快速、健康发展的新局面、新气象。商业的发展更为人喜——大商场快速发展、大市场不断成长、新业态纷纷抢滩、外资投资突破性发展。按照“城内大商场、城郊市场、城外大流通”总体思路，正逐步发展成现代区域经济中心城市。

商业网点星罗棋布，系统产业涉及多项领域。据统计，本市现有3万多个商业网点，经营范围涉及商品批发零售、粮油机械、物资建材、汽车销售、化肥农药、进出口贸易、房地产开发、餐饮服务、仓储运输、技术培训等多项领域。

政府大力扶持，本地大型龙头企业朝规模化、连锁化方向快速发展，并成为商贸发展的重要支柱。政府按照“抓大扶强”的思路，以产权制度为突破口，组建了百货大楼、洪城大厦、良友、物资、肉联食品、华鑫、绿叶七大商贸业、食品加工企业集团，2001年百货大楼销售额增长69.3%，洪城大厦增长35.2%，业绩骄人。大型龙头商业企业已俨然成为本市商贸发展的支柱。

2. 区域商业环境分析

对区域商业营商环境的分析，主要是分析该区域的人流量和商业氛围，商业氛围浓厚的区域，开发专业市场比较容易成功。

【优秀案例 2-15】　某专业市场的区域商业环境分析

参考点评：该案例最可取之处在于它分路段来进行商业环境分析。其次该案例还分析了各商铺的经营范围，这对于专业市场的定位有参考作用。

××路段是金府片区最有发展潜力的区域，人口密集，商业氛围浓厚，区内已形成不少灯具城以及银行、医院和五金配件城、机电城等，商业与居住环境不断成熟，该路段的五金配件交易相当发达，逐步往××大道北周围发展已成为成都五金机电配件商铺集散地，甚至两边商场的铺位也都被五金机电配件经营者占据。专业市场发展历史，积淀确立其在成都专业市场首席地位和称得上“前辈”，其中以金府灯具城、万贯五金城等成为在全国颇有名气的“老字号”。其历史、规模、营业面积，以及在全国的影响力和知名度都是其他区目前所不能及。尽管成都其他区域已经出现并且规划建设专业市场，但业内不少人士仍非常看好金府路板块在专业市场方面的发展前景，认为该区域专业市场在今后20~30年乃至半个世纪，仍然是成都专业市场的领衔主演。

3. 区域商业结构分析

对区域商业结构的分析，主要包括档次规模和商业形态两个方面。这些分析都是为专业市场的档次规模定位、业态作准备的。某专业市场的区域商业结构分析如下：

（1）文化路以中高档商品销售为主，集中了××县主要的商场和品牌店。天山路以中低档商品销售为主，形成集贸市场、超市等商业形态。

（2）随着城市经济发展和大面积商业开发，以商城和大型综合市场为代表的商业物业大量供应市场，××县商业形态由传统商业向现代商业转型，但由于商业消费市场增长和消费水平提升有限，导致部分商业物业出现滞销，经营户的盈利能力开始下降。

4. 区域商业特征分析

对区域的商业特征进行分析，可以起到借鉴的作用，做到扬长避短，促进专业市场投资开发的成功。

【优秀案例2-16】　某装饰用品类专业市场的区域商业特征分析

参考点评：该案例分别从档次规模、经营品种、商圈形象、规划布局这几个方面突出了该区域的商业特征，思路比较清晰，内容比较全面，值得我们参考借鉴。

（1）档次低、规模小，经营品种不全

这也是造成以往南山商业气氛平淡的一个重要原因。南山商服商场，包括人人乐、家乐福、愉康仓储商场，总体商业规模不大，这三家商场经营面积加起来才2万余平方米。加上各类商铺门店，总的商业面积约20~30万平方米，由于商业不集中，分布在从南头到南油的广阔区域，十分分散，又大都采用地铺式经营，因而经营的各种商业品种较少，档次较低，显得比较零乱。以服装为例，无论是已经倒闭的金太阳商业城，还是南新时装商场，登良路的登良自选商场，都以经营低档时装为主，除人人乐购物广场和新开业的女儿国南山分店、海雅百货外，很难能见到较高档的商品。除此之外，就只有近千家经营饮食、日用百货、鞋帽服饰、珠宝钟表、五金交电器件、低档家私的商铺门店，如常兴路商业街等。

（2）商圈形象未能深入人心，人气不旺

滨海大道通车后，“罗湖上班，南山居住”成为一部分人的梦想。而现在“南山居住，福田、罗湖购物”却是活生生的现实。由于几个主要大商场相隔较远，中间的小商铺又不成气候，使得相当一部分人不得到市中心甚至罗湖去购物。特别是科技园的中高收入者，大部分身居南山，却很少为南山的商业发展作贡献。除了必要的日常用品外，购买衣物、电脑、家电、家具等，南山均不是首选，甚至压根儿就没想到南山。据统计，到华强北和东门购物的南山人比例达到25%以上。这部分有相当购买力的消费者的分流，无疑是南山商业发展的一大损失。

（3）整体规划分散零乱，无统一布局

在南山购物，有可能遇到这家卖皮鞋，而紧邻的那家却在卖五金配件，再过去是饮食店，而饮食店隔壁却在卖陶瓷建材的情况，由于没有统一规划，这些大都是由住宅楼的底层改建的商铺就给人一种特别零乱的感觉。

5. 区域商品销售情况分析

区域商品交易总额直接反映该区域的商业经济发展态势是否良好。若商业经济发展态势良好，将有利于专业市场的经营。

【优秀案例2－17】 某家居广场的区域商品销售情况分析

参考点评：该案例从社会商品零售总额的角度去分析，并用立体柱状图来列举了该市三年的社会消费品的零售总额，该案例还将城区社会商品零售总额独立出来，其亮点在于用饼状图分析了社会消费品零售额的结构，这对专业市场的类型定位有帮助。

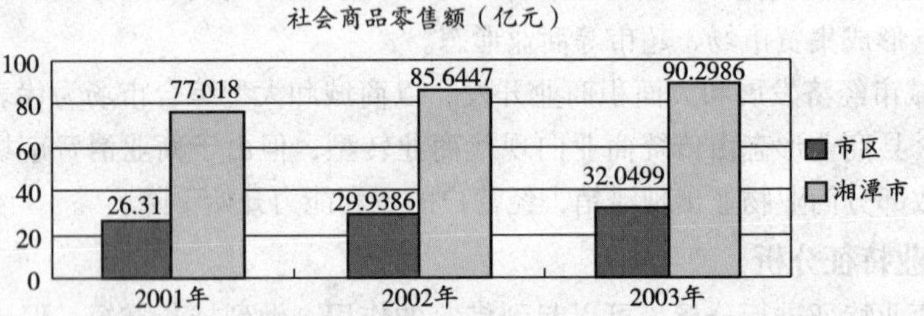

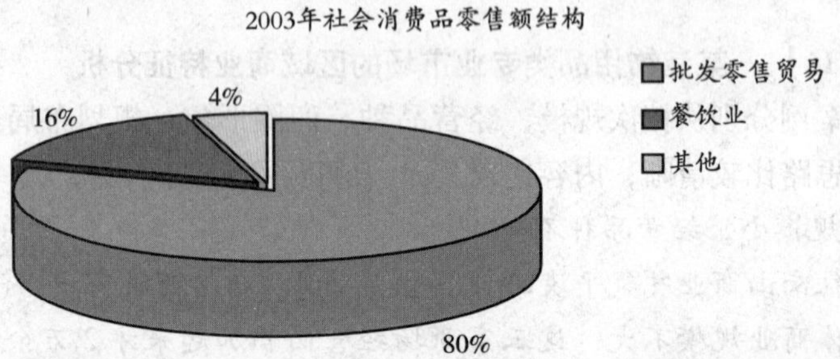

统计数据表明，本市2003年社会商品零售总额为90.2986亿元，同比上年85.6447亿元上涨了5%；其中，城区社会商品零售总额为32.0499亿元，同比上年29.9886亿元上涨了7%。

6. 区域商业问题分析

在对区域商业作了以上分析后，接下来就应该对区域商业面临的问题作出总结。

【优秀案例2－18】 某专业市场的区域商业问题分析

参考点评：该案例先指出了现在存在的问题，然后再提出了这些问题可能带来的机遇。这种方式值得我们借鉴。

（1）产业结构不均衡，第二产业中高新技术产业的比重低，未来发展的带动型产业、方向性产业发展不充分。第三产业比重提高慢，只占生产总值的33.9%，仅相当于国内平均水平，远低于同类发展水平的沿海城市。

（2）城市化水平较低，制约了市场繁荣和工业结构的调整。全市四个区和开发区虽然人口总数达到了200万，但真正的城市化人口较少，聚集性较差。

以上的不足，是本市化发展需要解决的问题。也正因为如此，本市商业空间发展潜力巨大。未来，类似沃尔玛、家乐福等零售商业巨头，麦当劳、必胜客等国际快餐巨头都会参与其中，本市的商业环境将会有大的改善，商业的投资正逢其时。

7. 区域商业发展趋势分析

区域的商业发展一直处在变动当中，抓准了商业的发展趋势，专业市场的投资开发就成功了一半。如某服装类专业市场的区域商业发展趋势分析：

（1）各大型主题商城粉墨登场。

（2）大型综合类商场问世，惨淡经营。

（3）品牌商家大举抢滩登陆。

（4）本地商圈架构被重组。

（5）本地商业将向中高档方向发展。

（6）竞争激烈导致商家不断有新的促销手段。

二、区域商圈分析

商圈是人流、物流、信息流、资金流汇集的地方，而专业市场的开发与经营离不开这“四流”，所以在投资开发专业市场时，要对区域商圈进行分析。

1. 区域商圈分布现状分析

区域的商圈一般呈现出两种形状，一种是圆圈状，另一种是带状。圆圈状的商圈多以大型的购物中心或广场为中心，然后向周围扩大。带状的商圈一般沿着一些繁华的道路分布。

【优秀案例2-19】　某建材专业市场的区域商圈分布现状分析

参考点评：该案例在分析区域商圈分布时，还分析了商圈的发展历程和商圈的优势和劣势，这是值得借鉴的。

××商圈范畴东起×尚路、西到×禾路、北到×山路，南到×岭路。辖区面积10.41平方公里，据不完全统计，××现有各类企业3000多家，2004年实现税收2.6亿元人民币。

××商圈发展历程：××商圈的发展兴起始于建材。目前××商圈的建材城、台湾街两边的国联建材等建材专业一条街，整个建材家居店铺几乎超过了××商圈总数的一半，建材行业不愧是××的“龙头老大”。

这几年来随着市政道路的延伸与拓展，随着大片住宅区的开发，一幢幢高楼的建设，加上越来越多的商家在SM、台湾街、吕岭路一带驻扎，特别是国美、永乐思文和苏宁三大家电巨头在嘉禾路上扎堆，××商圈已经具备一定规模竞争力和几大业态亮点：

（1）以××邮电局为中心的周边区域手机、电子市场发展迅速；

（2）××美食城的开业，特别是海港、俏江南等的入驻，有效带动了该区域及周边地区餐饮业的发展；

（3）沃尔玛的入驻，形成了一个富有生机与活力的SM商圈；

（4）××建材市场逐渐走向成熟，规模不断扩大，档次不断提升。

但是，整个××商圈环境较差，各业态产品定位低，档次不高，这些都制约了今后的发展：

（1）发展空间有限，可供开发建设的项目少。××街道基本属于建成区，现有地块大都已统筹安排了，可供开发利用之地已经不多。

（2）台湾街开发建设的严重滞后已经对台湾街的商贸发展产生负面影响。

（3）台湾街建设密度和容积率高，而道路窄小，不利于周边一带商贸业的进一步发展。

（4）××片区四个较有特色的经济亮点呈孤立现状，没有连成一片，难以形成集群效应。

【优秀案例2－20】　某日用百货类专业市场的区域商圈分布状况分析

参考点评：该案例的可取之处在于其分析得比较全面，思维很清晰。先分析商圈的概况，再分析商圈内的商业物业及配套，最后还分析了该商圈的不足之处。

（1）河西商圈

1）该商圈以原人寿天桥为中心，该商圈范围包括：往东至基建营；往南到雨湖路；往西与白石广场搭界；往北则把霖园天桥包含在内。该商圈汇聚了韶山路、建设路等主干道，数十条公交线路在此停靠。

2）主要商业物业及配套

类型	主要商业物业及配套
百货	康星百货
超市	步步高民主路店、步步高基建营店、心连心粮贸店
家居广场	
餐饮	万利隆潭城店、桂林人、上岛咖啡店、罗莎蛋糕、麦当劳、多美丽、塔克堡
宾馆	莲城宾馆、潭城宾馆、湘亚宾馆、粮贸宾馆、中荣大厦、湖湘宾馆
银行	建设银行、农业银行、商业银行、工商银行
公交	1、南路、2、6、9、10、11、13、20、23、24、105等线路

3）缺点：该区域由于缺乏整体商业规划，目前形成了商业带过于狭长和分散的现状，不利于人气聚集，该商圈目前人流主要集中在民主路和基建营附近。

（2）河东商圈

1）建设路与河东大道交汇处是目前河东新城区最繁华的地段，该商圈以建设路口步步高华隆店为中心向四周辐射，辐射范围为河东地区。

2）主要商业物业及配套

类型	主要商业物业及配套
百货或超市	步步高华隆店
餐饮	肯德基
宾馆	岚园宾馆、华都大酒店、盘龙山庄大酒店
银行	建设银行、农业银行、工商银行
公交	1、南路、3、5、10、15、19、23、105、101、118等线路

3）缺点：由于处于本市新城区，商业氛围不浓，缺乏成熟的配套设施及环境。步步高华隆店孤立于此，尚未形成一个集中的商圈。

（3）小结

1）本市商业中心仍然是河西商圈；

2）河西商圈集中了本市主要的休闲、购物场所，形成了规模，商业氛围浓郁；

3）河东建设路口商圈是近几年发展成长起来的，步步高百货的入驻提高了河东商圈的商业氛围，使河东商业渐渐繁荣起来，开始形成河东商圈。

2. 区域商圈发展规划分析

区域的商圈分析并不是固定不变的，随着经济的发展，城市的扩大，商圈也在慢慢的迁移。同时政府对城市的规划也是商圈迁移的重要因素之一。专业市场的投资开发要有前瞻性，这就要求我们要了解商圈的发展规划。

另外，分析时最好引用当地政府的商业网点规划，对城市和区域的现有和未来的商圈进行分析。专业市场的投资开发商离不开政府的支持。不符合城市规划的专业市场一般很难长期经营下去。

【优秀案例2－21】　某专业市场的区域商圈发展规划分析

参考点评：该案例最大的特色在于分析的面很广，除了分析商业中心的规划外，还分析了三大物流集散中心的规划，这对专业市场的投资开发非常重要。最好是通过示意图表示现有商圈的范围和未来商圈的分布情况。

（1）市级商业中心，近十条名副其实的专业特色街。

1）市级商业中心。

以八一广场上的“财富广场”和“万达购物广场”作为本市市级商业中心，并以中山路为商业主干道辐射周边。

2）专业特色街。

××区将培育建设8条专业街，××区将培育建设6条特色街。珠宝、钟表、服饰街的胜利路；旅游、休闲、餐饮的孺子路：鞋类一条街的渊明南路；餐饮一条街的站前西路；仿古旅游的绳金塔街；人文景观仿古一条街的滕王阁、后墙路；旅游、休闲、餐饮一条街的抚河中段；八一大道段的宾馆一条街；休闲旅游一条街的福州路等。

（2）四个区域性商业中心。

区域性商业中心将改变旧商业格局，形成以现代多功能购物中心、大卖场、大酒店、品牌专卖店广场为中心的现代商业群体，适应新的消费需求。

1）城东片区商业中心；

2）城南片区商业中心；

3）朝阳片区商业中心；

4）牛行片区红谷滩新区区域性商业中心。

（3）五个卫星区域商业中心。

在莲塘、望城、湾里、乐化、罗家建设五个卫星城区商业中心。这五个卫星城区人口较少、离核心区较远，建成以基本消费品为主体的属地型商业中心。

（4）社区商业配置。

社区商业配置必须以便民利民为目标，是现代商业的重要组成部分。按不同人口规模和功能、形成居住区商业中心、居住小区商业、社区商业中心。以多功能社区购物中心为主体形成块状商业群。部分商业中心可与区域性商业中心和卫星城区商业中心合并建设，以发挥双重功能。

(5) 城郊结合部建设十个大市场。

现在中心城区的大市场将逐步撤出，并向城郊结合部发展。大市场管理应由粗放、综合、低层次市场走向规范、专业、高层次的大市场本市大市场建设的重点在南部青云谱区和东部青山湖区，外环路周边，可利用其交通优势进行集散。

(6) 城外大流通建设三大物流集散中心。

按本市的交通布局规划及物流去向，从商业角度可以建设三个以上物流集散中心，分别是向南和向东的青云谱物流集散中心；西部西客站物流集散中心；北部昌北物流集散中心。

三、区域商业地产分析

商业地产与专业市场是上级与下级，包含与被包含的关系。若区域的商业地产发展情况良好，则说明该区域的商业气氛浓厚，人们消费欲强。在商业地产发展情况良好的地区投资开发专业市场比较容易成功，所以在开发专业市场前，有必要对区域的商业地产情况进行分析。

1. 区域商业地产开发热点区分析

商业地产的开发建设往往会集中在区域内的商圈或商业带。由于这些商圈或商业带人流量大，吸引更多的房地产开发商在此开发商业地产。渐渐地，这些地区就变成了商业地产开发热点区。在投资开发专业市场前，有必要了解这些热点区的分布，尽量借助它们的优势。

【优秀案例 2-22】 某灯具城的商业地产开发热点区分析

参考点评：该案例的亮点在于按照商圈来对开发热点区进行分析，在一般情况下，商圈就是商业地产的开发热点区。此外，该案例还点出了哪个开发热点区是本项目的竞争区域，很有参考借鉴的价值。

(1) 东大街商业地产带：主要以商业住宅综合性项目为主，体量有大有小。典型项目有第三地、春熹时代，以及蓝光集团的商业项目，如郁金香花园、时代华章等，项目均为小型街铺，推广则主要以不夜城、夜生活广场、吧世界作为推广主题；

(2) 城北区域：这是项目的竞争区域，以专业性市场开发为主，兼有住宅其他物业。典型项目有金荷花、大正鞋城、荷花池东区市场、荷花金池等现房项目，以及一些拟建项目，如西南精品饰材城二期、东方家园、禾嘉项目等，项目均为商业上万平方米独立或产权式商铺，推广则主要以区域和行业物业的升级换代及各种业态的整合规划作为推广主题；

(3) 城中心区域：主要以写字楼、商住办公、小户型住宅、商业卖场等开发为主。代表项目有熊猫城、时代广场等。

2. 区域商业地产开发模式分析

目前，商业地产的开发模式已经摆脱了传统的单一模式，向多元化、综合化、复杂化发展。在开发专业市场时，有必要对当前商业地产的模式进行研究分析，防止出现开发出来的专业市场不符合市场需求的现象。下面是某汽配专业市场的商业地产开发模式分析：

在我们的市场研究中发现，本市目前的商业地产开发模式，已经摆脱了传统的单一模式，具有多元化、综合化、复杂化的特征。临街商铺、社区商业、商业步行街、购物中心、专业市场等各种商业形态的物业纷纷涌现，开发商与投资者共同把这个市场推向了高潮。

(1) 模式一："复合化"商铺

综合了购物、餐饮、娱乐、健身等各种功能，体量巨大，规划先进，可以满足人们种种需求的商业物业。

主要特征：购物+餐饮+娱乐+健身+办公+居住+剧场+会议等。

(2) 模式二："一站式"商铺

满足人们追求"时尚"、"便捷""休闲"的购物追求。商业物业可以尽可能地满足人们一站购足的要求。

主要特征：大型购物中心，总建筑面积在10万平方米以上，各种业态齐全，消费环境舒适，货物品种充足，人气旺盛。

(3) 模式三："地域化"商铺

注重商业物业的地方情调和风格，成为开发商新的开发思路，政府在城市规划中也异常重视对地域情调的保护地开发。

主要特征：商业物业与片区历史文化、风情结合，业态形式较为单一，满足区域消费者的消费习惯。

(4) 模式四："享乐化"商铺

购物中心的园林化，给人们提供舒适开放的休闲交往空间，延长顾客滞留时间，形成"商业聚集效应"。

主要特征：建筑配套了休闲广场、建筑小品、雕刻、喷泉、休闲椅等。

(5) 模式五："个性化"商铺

塑造购物中心的独特个性，树立主题，形成独具特色的商业空间。以及各类专业商城，市场定位独特，商业个性突出。

主要特征：商业定位清晰，个性突出，业态单一但专业，满足消费者特定消费需求。

(6) 模式六："招租化"商铺

商业地产开发与经营相联系结合，确保行业的投资信心。商业地产开发只租不售的项目大量出现，招租化倾向明显。

主要特征：招租经营，只租不售。

3. 区域商业地产特点分析

不同的区域，其商业地产都有不同的特点。在分析区域商业地产的特点时，可以从两个角度去分析。

一是从开发的角度去分析商业地产的特征，例如某建材专业市场的区域商业地产特点分析如下：

2004年，被称为本市的"商业地产年"，2005年继续凯歌高奏。商业地产项目的开发出现专业化、市场细分化、商圈区域化的特征：细分市场化；专业市场化；商圈区域化。

二是从现状的角度去分析商业地产的特征。例如某家电专业市场的区域商业地产特点分析如下：

(1) 供大于求

根据"购买半径"理论，即每1000人的居住区，所需购物场所及商业面积大致在800平方米左右比较理想，但事实上本市市区每1000人的购物面积达到1000平方米以上，商业用房在总体上呈现供大于求的态势。

(2) 区域发展不平衡

尽管本市市区商业地产在供应总量上过剩，但在区域上呈现饥饱不均的现象。其中有区域发展相对成熟的原因，也有人们对传统口岸的信赖的原因。

(3) 错位的市场供应需求

据我们对本市市场的200位投资者的抽样调查后发现：62%的投资者仍然希望买到传统的沿街铺面，因为保险系数高；同时大多数投资者还把目光放在闹市区的成熟口岸上，而对成长过程中的社区商铺缺乏相应的认识和投资信心。换句话说，目前本市市场的投资者还不成熟，对于产权式商铺并没有很深的认识，相应的加大宣传推广的力度，是项目成功销售的保证。

(4) 经营面临诚信危机

销售中的承诺与后期经营中体现出两种不协调，打击投资者的预期已成为不争的事实。从调查结果发现，有60%的投资者持不肯定态度，12%的人干脆就不相信开发商的承诺。

(5) 专业市场期待新的经营模式

我们从本市商业格局来看：诺玛特进驻泰隆商业城是依赖成熟的商业口岸和本市中心生活区的巨大消费力；华联超市进驻德铭阳光商业城同样是依靠传统商业口岸长久积聚的人气商气以及与多种业态形成的互补；凤凰小区家饰佳建材市场则是依靠周围的高档住宅小区勉强生存。但是我们看到，就在传统的黄金商业圈内，专业市场的存在已经与市政府的长远发展规划冲突，以什么样的新兴模式来顺应政府的规划需要，是摆在我们面前的新课题。

4. 区域商业地产供应量分析

对供应量的描述，可以用文字加数字来表示，也可以通过调查区域各商业地产的状况，用表格的形式来表示。在分析区域商业地产供应量时，可以将商业地产分成几大类，再分别对每大类商业地产的供应量进行分析。

【优秀案例2－23】　某日用品百货类专业市场的区域商业地产供应量分析

参考点评：该案例的特色在于它先对区域内的连锁经营公司进行研究，再分析这些公司旗下的商业物业。这种分析手段很特别，值得参考。由于本项目为日用百货类专业市场，所以有必要对区域内的大型超市供应量进行分析。

(1) ××步步高连锁超市

××步步高连锁超市有限责任公司成立于1995年3月，是××市第一家民营连锁商业企业，发展至今已拥有2座现代购物中心，7家大型综合超市，22家社区超市，总营业面积12万平方米，网点遍布××省9个地州市，在××市就有基建营店、广云店、易俗河店、解放路店、金海店、猛矿店、江南店、棋子桥店、双星店、华隆店、岳塘店、板塘店。年销售额15亿元，2000年至2002年连续三年位居全国连锁业100强，是××省“十五”规划流通领域重点扶持企业。公司还拥有占地200亩的物流配送中心，年吞吐量达50亿元。

经过调查，步步高超市基建营店整体的租赁价格在2000年开业时为8元/（平方米·月），之后为12元/（平方米·月），现在已转为自有资产。

(2) ××心连心实业有限公司

××心连心实业有限公司1997年涉足零售连锁经营领域，是一个以连续超市为主体，食品生产和多种经营并存的大型民营商业企业，也是继步步高之后兴起的××市第二家民营连锁商业企业。公司有员工4800多人，生产、仓储和营业面积5万余平方米，在××各地拥有24家大型超市，年销售额8.5亿元。

心连心粮贸店的整体租金是100万/年，面积5000平方米，折合单价16.5元/（平方米·月）。

超市名称	位置	规模（m^2）	租金［元/（m^2·月）］	经营方式（扣点租金）	楼层	经营种类	经营费用（物管税收促销费）	配套
步步高	基建营	7500	12	扣点（依品牌而定）或固定租金	3	家用百货，日用品，食品，服装超市	促销可不收，若收只收少量的费用	2台自动扶梯 小型休息区
	解放路	1300	8	自营	1	日用品，食品	促销可不收，若收只收少量的费用	无
	华隆	2300	16	超市自营	4	家用百货，日用品，食品，服装	促销可不收，若收只收少量的费用	6台自动扶梯 小型休息区 肯德基快餐
心连心	粮贸店	5000	16.5	扣点（依品牌而定）或固定租金	1	日用品，食品，服装	促销可不收，若收只收少量的费用	小型餐饮店 麦当劳快餐 休息区

（3）总结

1）本市的超市从经营理念、经营方式上比传统的商业业态更科学，均采用了扣点的方式，并收取一定的进店费用来创收；

2）几大量贩超市主营日用百货，从产品质量、价格优势以及诚信服务等方面赢取市场份额；

3）目前本土超市的管理与卖场人流设计相对国际、国内其他大规模连锁超市来说还有较大差距，竞争力较弱；

4）超市本身的租金普遍较低，一般均价为17元/（平方米·月）以下；

5）步步高超市已成功收购基建营店、解放路店、华隆店的产权，确定了它在本市百货和超市业的龙头地位。

5. 区域商业地产需求量分析

由于投资开发商业地产的利润空间大，导致很多开发商或投资者盲目地开发商业地产，致使商业地产供大于求，出现招商困难的现象。在开发专业市场前，要对区域商业地产的需求进行分析，只有开发有市场需求的专业市场，才可能有盈利的空间。某日用品百货类专业市场的区域商业地产需求量分析如下：

随着××市经济发展水平的强劲增长，人民生活水平日渐提高，也决定了对商业地产需求的加大，而且由于城市建设步伐的不断加快，大量的城市改造和拆迁又造成了消费者市场的重新组合。因此，××市商业地产的需求量一直处在供不应求的局面，目前，该局面虽然有所缓解，但是供求矛盾仍然未得到根本的解决。

6. 区域商业地产发展趋势分析

商业地产将走进冬天还是迎来新的春天，这将会影响专业市场的投资开发。在投资开发专业市场时，有必要对区域商业地产的发展趋势进行分析。

【优秀案例2-24】　某五金专业市场的区域商业地产发展趋势分析

参考点评：该案例的特色在于通过对商业地产的发展潜力分析得出商业地产的开发模式将由分散变得集中，投资者将由本地投资者转向多地投资者，这些都对专业市场的投资开发有指导性的作用。

(1) 呈“分散变集中、平面变立体”的发展趋势

(2) 商业地产发展潜力很大

(3) 商业地产成为市场焦点

(4) 外地经营者占主流

据了解，在本市投资商铺的人群大致分为四种。有购买小量商铺出租或待其升值后转手获利的小业主；包租客以批发价的租金“吃”进相当数量的商铺，经过适当包装后，再以零售价分租，赚取其中的差价利润；也有人自营商铺；还有的投资养老。

(5) 商业地产迎来新的春天

最近本市的商业用房持续升温。本市商业地产大有“忽如一夜春风来，千树万树梨花开”的势头。在较短的时间内涌现出众多的商业房地产项目，现在正在实施的商业地产项目已达400多万平方米。商业房地产项目不断加大宣传推广力度，频频展露于各大媒体之上，以上种种事件，无不为本市的商业地产加温。随着本市商业地产新项目的不断涌现，商业地产态势也在逐步改变着随处可见零散商铺门面的旧形式，取而代之的是大型综合类商场、购物中心。当然，从目前的状况看，本市的商业地产市场发展明显还处于初级阶段，这与本市城市经济发展的大环境是分不开的，更与本市市民的消费水平和消费观念有关。不过继本市商委率先在10月份举办首届商业房交会，为本市商业地产预热后。近期本市各大媒体都纷纷推出了商业地产项目系列报道以及有关商业地产开发投资研讨会。引起了本市及外地投资者对本市商业地产投资更为关注。本市商业地产又迎来了一个绚烂的春天。

四、区域专业市场分析

对区域的专业市场进行分析，主要分析专业市场的分布情况、供应特点、供求状况以及区域专业市场存在的问题和发展趋势。其中应重点分析区域专业市场的供求状况，因为它直接影响着本项目的投资开发。

1. 区域专业市场分布情况分析

由于专业市场对物流配套的要求较高，所以专业市场一般集中在火车站和汽车站周围。同时，专业市场分布在城市边缘较多。分析时，可以先指出了专业市场分布的主要区域，然后分别对每个区域进行分析，并列出了该区域内主要的专业市场。

【优秀案例2－25】　某纺织品专业市场的区域专业市场分布情况分析

参考点评：该案例的特色在于它不仅分析了专业市场的分布状况，还分析了专业市场聚集在该地方的原因。

从分布的地点，我们可以看出广州的专业市场有三种不同的布局。一种是布局在旧城区当中的专业市场，如一德路的海味、文具批发市场，高第街服装批发市场，而且以一德路最为著名。一德路的一边马路全是干鲜海味，另一边则全是玩具、文具精品。这些专业市场有着悠久的历史，交通方便，其名声已经深入民心，外地人也乐意到此处取货，另一种是布局在城市出入口处的专业市场，这些市场看中的是当地便捷的交通条件，特别是外地货车进出不受限制的优势，而且价格低廉，可大大降低经营成本。如机场路上的兴发广场，芳村的花卉市场等。第三种介乎于前两种之间，分布在人流、车流较为集中的旧城区边缘的专业市场。这些市场利用充足、庞大的人流，及较为接近城市出入口的交通条件，给商家带来的商机。如位于珠江边的黄沙大道华南最大的海鲜批发市场，火车站附近的天马、白马、黑马几个大

型服装批发市场。

2. 区域专业市场供应特点分析

不同区域的专业市场供应特点不全相同，在投资开发专业市场时，有必要了解本区域专业市场的供应特点。例如某通讯类专业市场的区域专业市场供应特点分析如下：

(1) 市场出现龙头效应；(2) 大众消费品行业独领风骚；(3) 专业市场优势初显；(4) 非大众消费品市场出现瓶颈。

3. 区域专业市场供应量分析

供求关系决定着专业市场的命运，在供不应求的情况下投资开发专业市场，将使投资开发成功率大大提高。在分析区域专业市场的供应量时，可以直接指出该区域目前各类专业市场的个数。

除了直接用数字说明该区域的专业市场供应量外，还可以分别列出该区域所有的专业市场，并对这些专业市场进行对比分析。

【优秀案例 2 -26】　某汽车专业市场的区域专业市场供应量分析

参考点评：该案例的特色在于除了指出专业市场的个数外，还对各专业市场进行了分析。内容上讲，该案例主要分析了专业市场的规模，这个规模包括专业市场的规模和从业人员的规模两部分。从形式上讲，该案例运用了图表来表示。从分析手段上讲，该案例将市区和各县分开来分析，这些都是值得借鉴的。

1990 年本市共有市场 231 个，成交额在 9.94 亿元左右，到 2001 年全大市场发展到 263 个，总面积 138 万平方米，成交总额达到 168 亿元。

本市县主要大市场一览

	市场交易额（元）	市场管理费（元）	营业面积（m^2）	摊位容量（个）
××洪城大市场	709990	1942	107500	7500
××农产品市场	185882	263	81600	520
佛塔生猪交易市场	63901	34	13600	23
××长运商贸城	12051	157	26025	400
万寿宫商城	62494	160	50000	3800
××装潢建材市场	183500	1111	42722	607
××果品批发市场	52735	43	35000	160
贤士湖农副产品批发	12155	59	20000	158
××集贸市场	1087	112	8271	1580
墩子塘集贸市场	13073	90	3145	400
××摩托车市场	11503	84	4800	213
××市建材大市场	28300	30	70000	1400
××县莲塘综合市场	18640	410	7600	710
新建县集贸中心市场	23600	90	19000	665
进贤县凤凰街市场	11030	30	6300	321
进贤县集贸中心市场	4355	22	7000	731
安义商城	6345	30	20000	850

本市个体批发贸易业从业规模

	户数		从业人员	
	1999 年	2000 年	1999 年	2000 年
市区	14835	16908	45899	45074
南×县	5488	5078	14843	12324
新建县	2933	2935	4850	4528
进贤县	3427	2728	6846	4650
安义县	1423	1191	2723	2552

【优秀案例 2－27】　某电脑类专业市场的区域专业市场供应量分析

参考点评："全面细致"是该案例的最大特色。该案例先把专业市场分成几大类，然后列出区域内各大类所包括的专业市场，最后才对各专业市场进行分析。分析的内容包括地理位置、市场规模、店铺平均面积、出租情况、租金、商铺形式、已经营年限、经营状况、经营范围、市场配套等等。

4. 区域专业市场的需求量分析

在专业市场的全程策划中，策划人员往往只重于供应量分析，因为这涉及竞争的问题，而对需求量的分析则很少。但实际上，需求量分析与供应量分析同样重要。当供不应求时，就算竞争者很多，开发完的专业市场还是可以很顺利地推出市场的。

例如当项目周边有大量的房地产项目正在投资兴建时，可以得出该区域的装修材料需求量大推论，从而说明在该区域投资开发建材类专业市场是可行的。

5. 区域专业市场存在问题分析

不同的区域专业市场存在的问题并不一样，通过在区域专业市场存在的问题进行分析，可以做到趋利避害，促进专业市场成功开发。下面是某家电专业市场的区域专业市场存在的问题分析：

(1) 摊位制为主、档次较低、设施简陋；
(2) 交易方式简单、原始、交易行为不规范；
(3) 个体户为主、企业和品牌产品参与少；
(4) 投资商资金能力有限，不注重经营，只是租赁摊位，经营能力较差甚至没有经营；
(5) 投资能力不足，只注重硬件投入，不注重软件的投入，更不注重配套服务的功能；
(6) 缺少专业市场必备的物流、配送、包装等服务；
(7) 管理技术落后，管理人员素质低。

6. 区域专业市场发展趋势分析

任何事物都处在不断变化发展中，专业市场也不例外。在竞争越来越激烈的情况下，专业市场的发展难免会出现"瓶颈"，为了寻找更好的出路，有必要对区域专业市场的发展趋势进行分析。

【优秀案例 2－28】　某汽配专业市场的区域专业市场发展趋势分析

参考点评：该案例的亮点在于在分析完区域专业市场的发展趋势后，指出了本项目要选择具有市场潜质的商品门类，并要考虑依托区域优势和本地产业特色。

本市主要批发市场情况一览表

经营类别	市场名称	地理位置	面积		租用状况		已经营年限	商铺形式	经营状况	经营范围	配套
			规模（m^2）	店铺平均面积（m^2）	出租情况	租金（元/m^2）					
综合类	洪城大市场	洪城路	120000	15～50	95%以上	40～250	7年	店铺	规模大，便捷的交通，市场一片繁荣，商贾云集。经营状况：很好	皮具、小五金、小百货、鞋类、服饰、副食品、布匹、毛线、生活用品等	银行、酒楼、停车场、货运中心、桌球城、客运中心
综合类	万寿宫	中山路	35000	10～100	95%以上	25～120	近20年	柜台店铺	市场经营早，已发展为小有名气的小商品集散地。经营状况：良好	皮具、服饰、小百货、鞋类、布、生活用品、塑料用品、毛线、小家电等	停车场（四五十个）、配电间、仓库
电脑类	新大地电脑城	展览馆	4000	5～60	95%以上	200～300	5年左右	柜台店铺	目前市场整顿，生意较清淡。经营状况：一般	国内外各品牌整机和耗材、软件等	银行
电脑类	科技大市场	长途汽车站隔壁	4500	3～100	80%以上	80～150	2年左右	店铺	多家知名品牌进驻。经营状况：良好	国内外各品牌整机和耗材、软件等	多功能会议室、产品展示厅、音乐茶座、快餐、仓库及停车场
农产品类	农产品批发市场	井冈山大道中段	40000	50～100	100%	一楼15/二楼5	6年	摊位	是省重点商品市场，人流量大，辐射广。经营状况：良好	经营品种：各种肉类制品、水果、蔬菜等	商务中心
农产品类	赣昌水产大市场	赣江大桥南桥头	80000	72、64.8	正在招商	售价：4000元/平方米	预计2003年10月1日开业	店铺	未经营	经营品种：各类鲜活水产品、海鲜、干货	综合楼、广场、停车场（170个）、酒楼、餐饮街等

续表

经营类别	市场名称	地理位置	面积		租用状况		已经营年限	商铺形式	经营状况	经营范围	配套
			规模（m^2）	店铺平均面积（m^2）	出租情况	租金（元/m^2）					
家电类	省家电市场	建设西路	20000	30~100	90%	30	3年	店铺	行业利率较低。 经营状况：一般	国内外各个品牌家电	仓库、停车场、商务楼
建材类	洛阳路建材市场	火车站旁	20000	60~100	出租98%以上	20~35	4年左右	店铺	专业性强，品种多且丰富。 经营状况：良好	建材	税务所、大仓库、货运设施
建材类	省装璜建材大市场	沿江南路539号	60000	40~90	出租95%以上	30~260	4年左右	店铺	该市场规模大、品种全、地理位置好。 经营状况：良好	建材	银行，快餐、仓库及停车场
汽配类	洪城汽配市场	迎宾大道	60000	150	60%左右	20~30	2年	店铺	邻近有洪城汽配中心，竞争激烈。 经营状况：一般	经营品种：国内外各品牌的汽车配件	银行、停车场、大型沿街广告牌
汽配类	红谷滩汽配城	南昌大桥收费站北侧	30000	100	10%左右	60左右	3个月	店铺	配套不完善，同类市场较多，竞争激烈 经营状况：不良	经营品种：国内外各品牌的汽车配件	仓库及停车场
服装鞋帽类	华东商贸城	联信大市场隔壁	22000	20~25	90%	一层：68 二层：48 三层：18	2003年9月中旬开张	店铺	经营状况：一般	服装	写字楼、会议室、展示厅、银行、工商、税务、邮电
服装鞋帽类	王家巷皮鞋市场	渊明南路	8000	30	95%	100~200	20多年	街铺	经营状况：良好	皮具、鞋类等小商品	毗临中山路成熟商业街，周边生活配套成熟

续表

经营类别	市场名称	地理位置	面积		租用状况		已经营年限	商铺形式	经营状况	经营范围	配套
			规模（m^2）	店铺平均面积（m^2）	出租情况	租金（元/m^2）					
灯具类	辉煌灯具大市场	洛阳路建材市场内	5000	50~200	30%	一层38 二层30	半年	店铺	7月28日试营业 目前经营状况：不良	灯具	借助洛阳建材市场的配套
灯具类	洪城灯具市场	省家电市场	6000	50~100	65%	25	半年	店铺	租金较低，入住率较高，经营状况：较好	灯具	借助家电市场的配套
家居类	香江家具城	青山路	40000	10~400	100%	38~110	4年	卖场 店铺	规模大，品种齐全 经营状况：良好	家具	停车场、银行
家居类	迎宾国际家具广场	迎宾大道	30000	50~300	95%	40~50和 10~15	3年	卖场 店铺	具有一定的规模、档次。主营中高档家具的定位，限定了客源，经营状况：一般	国内外高档家具	停车场、仓库
皮具	鸿顺德国际商贸城	洪城大市场家电市场	30000	—	出租率100%，一期出售率100%	租价：一层65 二层35 售价：一层9800 二层5600	2003年6月竣工，8月开业	店铺	产权旺铺、销售一空、招商良好	一楼男女品牌鞋；二楼皮件、箱包	—
即将上市	豪威大市场	抚生路518号	100000	—	销售率在25%，出租率30%左右	售价：3000 租赁：15~20	明年9月左右开张	店铺	未开业	花鸟、农资、化工、名优商品专业市场	—

纵观本市专业市场的分布现状及未来发展格局：一方面以洪城大市场为龙头的各大综合及专业市场涵括了各门类商品，其市场容量趋于饱和，部分综合市场供应偏大，这就意味着本市专业市场必须从量的扩张走向质的超越；另一方面从××省市场贸易额调查统计来看，食品、烟酒、家电、化工制品、建材、汽车、摩托车、有色金属等行业的发展呈现明显的上升势头，我们可在上述具有市场潜质的商品门类中进行选择，同时提升竞争力，扩大目标市场辐射面，市场的建设还要朝专业化、集约化、现代化的方向发展，才能适应专业市场的变革趋势，确保经营的持续发展。

另外，本项目所处区域为本市重点建设以汽车、飞机、拖拉机等行走机械制造为主的工业区和大中转仓储区，本项目还可以考虑依托于其区域优势和本地产业特色走产地型市场路子。

第三节　项目自身情况分析

项目自身情况分析是对项目自身的进一步了解，为后面的SWOT分析作准备。它主要包括项目基本情况分析、项目建设条件分析、项目周边环境分析和项目周边配套分析4个部分。

一、项目基本情况分析

项目基本情况包括项目土地状况、项目地理位置、项目总投资额、项目建设规模和项目开发涉及的企业名称等。在分析时，可以采用排列的形式表示，也可以采用表格的形式表示。

1. 项目土地状况分析

项目土地状况分析包括项目土地形状分析和项目土地使用性质分析。如某农产品专业市场的项目土地形状分析：

项目地块的用地现状是总用地面积160亩，合106672平方米，项目地块形状为“Z”形，地块沿新添大道长473米，纵深70~130米，周边林木葱郁、环境优美。

2. 项目地理位置分析

在分析项目地理位置时，可以用道路和门牌号来描述项目的位置，也可以通过描写项目的四至和距离市中心的车程来反映项目的地理位置。

3. 项目总投资额分析

这里的项目总投资额分析仅需指出总投资额为多少，它是由哪几部分组成，每部分各要投资多少就可以了，详细的分析过程应放在后面的投资分析。例如某日用百货类专业市场的项目投资总额分析：

投资总额：其中征地价格313.2万元，土石方工程5.82万立方米，单价11元/立方米，合计64.02万元，建筑物为全框架长跨度两层结构，造价约550元/平方米，合计1768万元，其他不可预计费用为65万元，流动资金100万元。项目总投资为2300万元。

4. 项目建设规模分析

项目建设规模分析包括宗地面积、建筑占地面积、建筑总面积、地上建筑面积、地下建筑面积、容积率、绿化率、覆盖率等等。若项目是分几期开发的，还要列出各期的开发面积。

【优秀案例2-29】　某灯具专业市场的项目建设规模分析

参考点评：该案例的特色在于指出了该项目将要建设的车位数。对于灯具专业市场来说，除了零售商来进货外，更多的是家庭因装饰来购买灯具，因客户比较零散所以需要的车位较其他专业市场多。

本项目用地面积34公顷，地上建筑面积949300平方米，地下建筑面积295000平方米，容积率2.76，绿化率22%，覆盖率43%，地面停车位300个，地下停车位2300个。

5. 项目开发涉及企业分析

开发专业市场所涉及的企业主要包括投资商、开发商、设计单位、承建商、营销单位和经营单位等等。在分析开发所涉及的企业时，最好用表格的形式一一列出。

在分析完开发所涉及的企业后，有必要对开发商进行分析。因为开发商的知名度和美誉度直接影响着专业市场日后的招商和出租。

二、项目建设条件分析

项目的建设条件包括四大部分，分别是地质条件、气象条件、水文条件和通平条件等。其中通平条件有“三通一平”和“五通一平”两种。只有当建设条件达到一定指标时，专业市场才可以动工建设。

1. 地质条件分析

地质条件分析包括地形地貌分析、地质构造分析和地震烈度分析三个部分。其中地形地貌和地质构造直接影响着专业市场的开工建设，若条件不符合，就不能动工。而地震烈度影响着专业市场的规划。

（1）地形地貌分析

地形地貌分析分为地形分析和地貌分析两个部分。

地形分析一般分析地块的高程和坡度，这部分一般交给有关单位去测量。下面是某汽车城的地形分析：

Ⅱ号地块地面标高最低179.00m，最高点253.40m，相对高差74.4m。场地主要位于二冲沟内，其一为场地北部的冲沟（流水沟），大致为东西走向。其二为南侧的冲沟，大致为东西走向，两冲沟在场地中部交汇后，向西流出场地，场地东北角外侧现为垃圾填埋场，其场顶标高在220m左右，场底标高在184m左右，高差约36m。

对地貌的分析没有地形分析那么复杂，但也要交给有关单位去鉴定。某水产品专业市场的地貌分析：

场地位于××市东部，地貌上属河流与海冲积形成的冲积海滩地貌。表层现状为建筑物及回填土层。

（2）地质构造分析

地块的地质构造影响着专业市场的规划设计，这部分的分析也应该交由专业人员去勘察。

（3）地震烈度分析

不同的地区所规定的地震烈度不同，应该根据《中国地震烈度区划图》来规划专业市场的防震烈度。下面是某文具专业市场的地震烈度分析：

根据建设部建抗（1993）13号《关于执行“中国地震烈度区划图（1990）”有关规定的通知》，本工程防震烈度为8度。

2. 水文条件分析

水文条件包括地上水和地下水两部分，地上水将影响到日后排水管道的布设，而地下水将影响到专业市场地基的建设。这部分也是交给专业人员去勘查。下面是某农产品专业市场的水文条件分析：

该区大部分地区位于丘陵斜坡上，大气降水排泄径流条件较好，经调查无泉水流出，浅部无地下水存在。但冲沟、沟谷段局部有上层滞水或基岩裂隙水。沟谷内水流主要受大气降水和人类生活排水的补给。评估区水文条件简单，但应当注意的是场地内的所有排水均通过Ⅱ号地块中部的冲沟向西排出，故工程建设中应当注意保持、恢复和加强此冲沟的作用。

3. 气候条件分析

对于一般专业市场来说，当地的气象条件会影响专业市场的施工进度。而对于农贸类专业市场来说，气象条件不仅影响其施工进度，还会影响其日后的经营，因为气候会影响到农产品的供应和保鲜。这部分的分析资料一般到当地的气象局获取。下面是某农副产品专业市场的气象条件分析：

根据有关气象资料，本市属于中亚热带湿润季风气候，气候温和，四季分明，热量丰富，雨量充沛，季风明显。气候具有明显随海拔高度变化的立体规律，是典型的山地气候。

绝对最高温度	42.2℃
绝对最低温度	-1.8℃
历年年平均气温	17.8℃
最冷月平均气温	7.2℃
最热月平均气温	27.4℃

项目拟建场地位处亚热带，气候温暖潮湿，雨量充沛，多年平均降雨量1100mm以上，降雨多集中在5~9月份，占全年降雨量的三分之二。

4. 通平条件分析

通平条件包括“三通一平”、“五通一平”和“七通一平”。其中“三通一平”是指：通路、通水、通电和土地平整。“五通一平”是指：通路、通水、通电、通气、通讯和土地平整。而“七通一平”是指：通路、通水、通电、通气、通讯、通邮、通暖和土地平整。“三通一平”是最基本的条件，只有符合“三通一平”或以上条件的地块，项目才能动工。下面是某汽配专业市场的通平条件分析：

本项目使用水由南坪××自来水厂供应，由于本规划区沿××路展开，故本规划区可由××路市政管网供水，××路上敷设有DN600市政给水主干管，市政供水压力可达到高程300米。根据现状地形条件，规划从市政给水主干管引入本规划区。本规划区拟由××路市政给水主干管DN600上接一根管径为DN200的给水管，沿展场道路布置一条DN200的环状给水管。

根据本规划区总平面布置及负荷分配情况，规划区内设二座10kV配电房，二座10kV配电房电源通过敷设在××路上的600×600的电缆沟引入。变配电房设备均采用成套设备，具有占地面积小，经济技术性能指标优越等特点。二座配电房采用电缆环网供电方式，以提高供电的可靠性。各变配电房采用放射式向各用电单元配电，各用电单元内配电采用树干式和放射式结合的方式配电，低压配电半径不超过300米。

天然气供应来自××市天然气公司，由用户楼栋调压装备调压。

市话需求量预测，办公楼按1.5线对/100平方米，整个规划区预计市话总需求量约450线对。本规划区市话系统拟由××路上24孔的市话电信排队管敷设一条3孔的电信排管引至本规划区。整个规划区设 1 个电话交接箱。

项目综上所述，该项目拟建地能源、通讯等基础设施基本满足该项目建设的需要，交通条件良好。

三、项目周边环境分析

项目周边环境分析应该包括项目周边的建筑物分析、景观分析、环境污染状况分析和其他不利的干扰因素分析等。其中景观分析又包括绿化景观、自然景观、历史人文景观三个部分。

1. 项目周边建筑物分析

对项目周边的建筑物进行分析，可以分析项目东、南、西、北四个方向的建筑物状况，并且可以针对性地分析项目周边是否有同类或不同类的专业市场。如某农产品专业市场的项目周边建筑物分析：

目前本项目周边近距离内几乎没有什么建筑物，主要是对面××公路旁有一排自建房，一般为三四层砖混结构，一楼多为门面和车库、杂屋，二三层为主人居家自用。项目的南面有一个收费站，以及该站所属的一个较高的水塔；项目东面紧靠公路，这一面基本上还没有什么建筑物。西面有一个变电站。再往西南，就是该镇老集镇，有不少居民住宅及配套建筑。项目东面有青山，再往东为著名的东山古寺，大约 7、8 公里。特别注意的是，距离本项目不到一公里远的北面为××市工业园，这是××市工业发展的重点园区，为省级工业园，已有 18 家企业入驻该园，目前发展形势良好。

2. 项目周边景观分析

虽然景观分成绿化景观、自然景观、历史人文景观三个部分，但在很多情况下三者是结合在一起的。项目周边有较多的景观，也会间接为各类型的专业市场提供有利的因素。

3. 项目周边环境污染状况分析

项目周边的环境污染状况将影响着专业市场日后的经营，尤其是对于农贸类专业市场，水污染严重的地方不适合开发水产品专业市场。下面是某水产品专业市场的项目周边环境污染状况分析：

本项目周边 10 公里内均无较大的环境污染。即使将来有污染，也可能只会是 1 公里外的××市工业园的工厂污染，而就调查研究，该工业园属××省级，在引进项目和企业时，就将环境因素放在了第一位。因此，本项目周围的自然环境保护得很好，空气、水等环境均属良好。

四、项目周边配套分析

对项目周边的配套进行分析时，可以从以下几个方面进行分析，分别是交通运输、金融服务、餐饮服务、休闲娱乐、医疗卫生、文化教育、生活服务和其他配套。在分析时，可以用表格的形式将以上内容一一列出，也可以将各内容分开来作详尽描述。

1. 项目周边交通运输配套分析

专业市场对交通运输的要求较高，因为这会影响到人流和物流，从而影响到专业市场的辐射范围。交通运输的方式主要包括海、陆、空三种，其中“海”包括河上运输和海上运输；“陆”包括公路运输、铁路运输和地铁运输；“空”是指飞机运输。还可以分析哪种运输方式是对本项目有利的，哪种运输方式是有待完善的。

2. 项目周边金融服务配套分析

金融服务除了银行外，还应该包括保险和邮政。随着科学技术的进步，商家再也不用亲自到专业市场进行交易，取而代之的是在网上进行买卖。买家一般在网上订货，然后通过银行或邮局支付货款，卖家在收到货款后通过货运公司或邮局发货给买家。对于一些贵重的货物，买卖双方都会给货物购买运输保险，从而降低风险。由此看来，金融服务对专业市场经营的作用越来越大。下面是某纺织品专业市场的项目周边金融服务配套分析：

项目周边金融设施较完备，有银行、保险公司、信用社、邮政等，为居民提供了便利的生活配套。

银行：邮政储蓄（2家）、中国农业银行、建设银行（2家）、商业银行、工商银行（2家）、交通银行。

信用社：青云谱农村信用社、黄溪农村信用社、万溪农村信用社、佛塔农村信用社。

邮政：各个街道、村落都有各自的邮政所。

3. 项目周边餐饮服务配套分析

专业市场是人流密集的地区，在专业市场的周边应该有足够多的宾馆和饭店，以满足买家和卖家吃饭和住宿的需要。某二手专业市场在对项目周边餐饮服务进行分析时，写到该项目周边有："唐人美食街、新创大酒店、三店食府、旺旺大酒店等。"

4. 项目周边休闲娱乐配套分析

休闲娱乐配套包括购物场所和电影院、茶楼、休闲商业街等等。

5. 项目周边医疗卫生配套分析

大型的专业市场由于经营者较多，往往会在专业市场的周围形成生活配套，为专业市场的经营者提供生活需要。有人居住的地方就应该有医疗卫生配套，所以有必要对项目周边的医疗卫生配套进行分析。如某建材专业市场的项目周边医疗卫生配套分析：

300米左右为县三医院。据调查，本地若有重病急病，一般都喜欢往××市或××市看医生，因为距离并不远，加之高速开通后，只要半个多小时就可到达，既方便又可保证治疗效果。

6. 项目周边文化教育配套分析

文化教育配套对专业市场的作用体现在两个方面。一是解决在专业市场周围居住的经营者孩子上学的问题；二是若在专业市场的周围有高校，将为专业市场的日后经营提供人才。

【优秀案例2-30】　某文具专业市场的项目周边文化教育配套分析：

参考点评：该案例有几个值得参考借鉴的地方。一是采用表格的形式，做到一目了然；二是内容比较全面，包括了学生人数、校职工人数、办学形式和教工月收入四个方面；三是对学校的生源进行分析。

项目周边的学校一览表

校名	学生人数	校职工人数	办学形式	教工收入（元/月）
包佛小学	100~150人	10左右	村办小学	约为600~700
青云谱中学	900多人	40余人	青云谱的初中	约为1000左右
赣江大学	2000余人	100余人	民办大学	约为1500~4000
××市技工学校	500~600人	40余人	职业技工学校	1000左右

本区域相对最为完善的配套就是学校，但教学质量一般，总共有师生人数近7000人，教育设施较为齐全，大学和技校的生源主要来自省其他地市，中学生源主要来自本区域内。

7. 项目周边其他配套分析

除了以上提到的配套外，还有其他生活配套。例如加油站、消防站、肉菜市场、美容美发店等等。这些配套都是生活所需要的，所以有必要对其进行分析。

第四节　项目客户群分析

进行客户群分析，目的就是要对客户群有一个全方位的了解，从而确定本项目的目标客户群，然后根据这些目标客户群的特征、喜好进行产品规划。同时，目标客户群的特征、喜好也是制定项目营销策略的基础。对客户群进行分析的步骤为：首先对客户群进行细分，然后针对各类客户群进行问卷调查，接着根据问卷调查的结果进行分析，最后确定本项目的目标客户群。

一、项目客户群细分

专业市场的客户群按照不同的分类方法可以有不同的分类，在进行客户群细分时，应根据本项目的特色采用不同的分类方法。

1. 按客户群性质细分

按客户群性质进行分类，专业市场的客户群可以分为终端消费者、经营者和投资者，这是最常用的分类方法。

【优秀案例2－31】　某文体用品专业市场的项目客户群细分

参考点评：该案例的亮点在于分类的方法比较新，分成了隐性客户群和显性客户群，并同时对两种客户群进行分析。本书中的显性客户群是指策划人员可以事先预测到的，并可以针对这些客户群制定营销推广策略的客户群，它包括绝大部分的投资者、经营者和终端消费者。隐性客户群是指被本项目某些因素吸引而来的人，它主要包括原本在其他方面（如股票）进行投资而现在想投资本项目的投资者和以前从事某一行业现在想换行的经营者。

另外该案例的亮点在于其在对客户群细分后，还很详细地对每类客户群进行分析。不但分析了各类客户群可能包括的客户，还分析了各类客户群的行为特征。除此之外，该案例在手段上采用了方框加箭头的形式，既清晰，又生动，非常值得我们借鉴。不足之处在于其忽略了终端消费者。

本案商业物业的目标客户群，可划分为投资客户群和经营客户群两大部分：

投资客户群：是针对被本案的投资价值与利润回报与商业的长期发展而吸引的投资群体而提出的。

经营客户群：是被本案所能提供的良好经营场地和创新的商业氛围，以及大量的商流量等先决条件所吸引购买或租赁本案商场来经商的各类型商家和经营户。

（1）隐形投资客户群

这部分主要是拥有投资计划的人群，包括了各种社会层面的投资人群：国家公务员、普通居民、白领阶层、私营业主等。而且本案要达到的目的是，使了解本案的人，有投资计划的人，都能够成为现实的投资客。

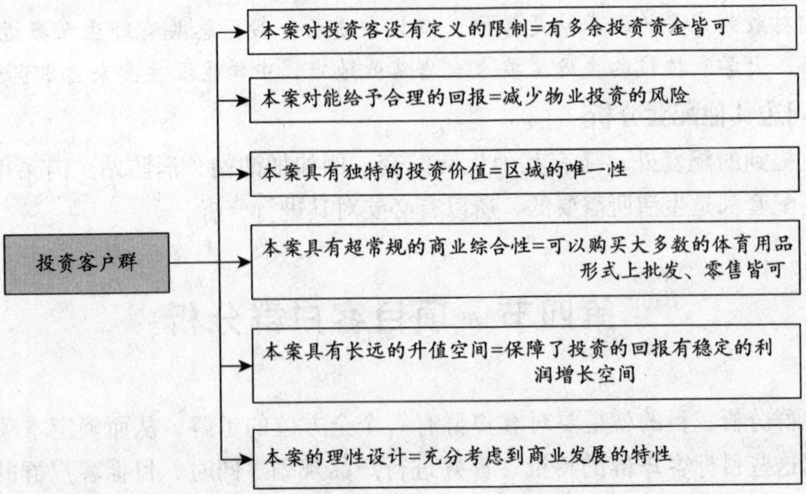

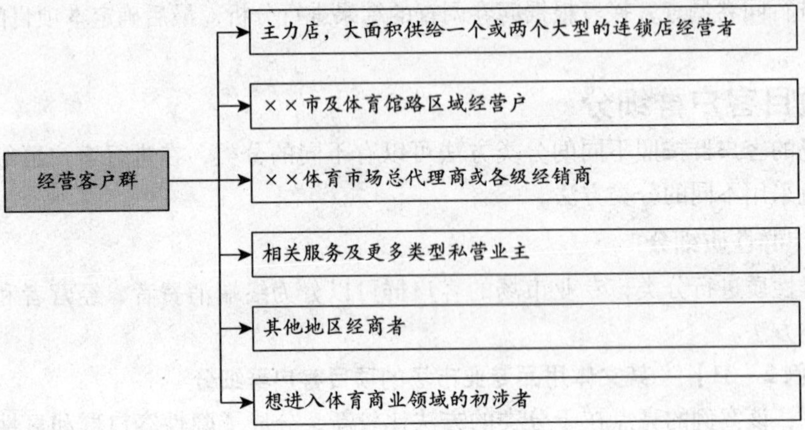

在销售市场上建立良好的口碑效应，是显性目标客户群进入市场经营的前提和基础。

投资客职业类型细分

客户类型	特征
国家公务员	有稳定的收入，寻找可行的投资对象
普通居民	多余的闲钱实现增值；
白领阶层	置业储备，考虑稳定的回报；
私营业主	考虑物业的投资可行性，实现物业的最大利润化。

投资型客户的行为特征

注重因素	行为及心理特征
投资目的	主要用于投资，待价而沽，期盼商铺的增值；
宏观经济环境	整体市场投资氛围、银行利率和交易费用等因素会影响其投资决策；
物业升值潜力	规划良好、商业气氛浓厚、成熟度高的地段所建物业往往成为投资客的首选；
资金周转及风险	为方便其资金周转及规避风险，迎合本市人一般的付款习惯，五成首付，10~15年银行按揭。

(2) 显性经营客户群

××市的投资客户群心理特征较为务实，偏向于理性的投资回报率。一个新的商业投资项目如果要吸引众多的投资客青睐，项目其主打的商业内容上就要吸引相关类型更多的商家进驻。而且在商业类型的选择上要不拘一格，适度超前的引入新商业类型，积极丰富市场的发展空间，吸引更多的消费者入场消费。市场的发展也将带动商家的经营，商家的经营有稳定的保障后，投资客的信心也相对应的增长。

本案经营客户群主要是由：主力店经营集团、原有区域大小经营户、本市体育市场省级总代理商或各级经销商、相关服务及更多类型私营业主、其他地区经商者、商海初涉者等组成。

1) 主力店经营集团

主力店经营集团的类型是由知名度高的集团公司经过多年的精心经营，品牌形象已深入大众消费者心中，有着极大的影响力度，本案可引入的建议是1到2家的大型体育商业机构或体育超市。主力店的档次，品牌风格对本案的价格水平和影响力至关重大，有利于本案的人流聚集，市场影响力以及其他中、小型商家的进驻和投资客的购买。另外，由于本案的面积大，引进主力店可以避免风险，减少资金压力，同时也因面积大，使得引进主力店后，主力店在租金价格的方面也不会有太多的收益。只是希望主力店的进驻能在商铺的销售推广上给予投资客回报的信心。

2) 原有区域大小经营户

此类商家属于原体育馆路区域体育商业骨干力量的构成，其实力和经验都比较雄厚，其进入本案一般以中等规模的店铺面积进驻，其经营货品以体育大众消费品为主，价格在中等左右，类型以体育服装及体育相关用品等为主。该类商家的进入，有利于本案计划和目标客户的对接，将极大地完善商场的构成，使整体的商业号召力更强。

3) 相关服务

如娱乐、时尚消费等类型。此类型商家的规模有中小型业者，有集团经营也有小型公司经营，娱乐经营者主要为经营中小型娱乐城的业主，也可以引入大型的健身机构。

4) 其他地区经商者

其他地区经商者多为私人经营店铺的个体生意人，有多年的经商经验，有前瞻的商业眼光，认为风险与机会并存，为了利益可以跨地区经营。此类商家多为地区代理或厂家直销，且商品丰富，消费大众化，将为本案起到锦上添花的效果。

自用型经营户的行为特征

注重因素	置业行为特征
价格	反复比较，反复权衡，有自己一套价格体系
地理位置及周边配套	考虑地理位置是否优越、地段商业气氛是否浓厚、交通配套设施是否齐全
物业质素	需高于市内同类型物业档次，能在市场内形成一定的规模效应
其他	购买重点以商铺为主，住宅辅之

2. 按置业次数细分

按置业次数进行分类，可以分为一次置业者和多次置业者两种。对于很多专业市场的经营者来说，由于资金不足，通常选择租赁商铺来经营，随着经营时间的增加，这部分的经营者因资金充足而成为一次置业的潜在客户。

【优秀案例 2－32】 某文体用品专业市场的项目客户群细分

参考点评：该案例的特色在于将客户群分为一次置业者和二次置业者后，还分别对他们的特征进行了详尽的分析。

以置业次数划分：一次置业者和多次置业者

在持续的市场调研中我们了解到，有80%的经营户表示现有门面为租赁门面，他们是潜在的一次置业群体，有可能转化为一次置业的主流；

（1）一次置业者的主要特征

1）讲求实惠、实用、物美价廉；

2）对价格敏感，偏好灵活的付款方式；

3）经营批零兼营，以批发为主，零售辅之；

4）注重物业周围商业气氛；

5）决策较为慎重，观望期较长。

在调研中，拥有现在商铺产权的经营户只占到被调查经营户的12%左右；

（2）二次及多次置业者的基本特征

1）从商多年，为某一体育品牌或多个体育品牌的本市代理经销商；

2）支付能力较强，对价格不敏感，不在意付款方式；

3）对商铺的位置非常重视；

4）购买商铺主要为了扩大目前经营规模；

5）需求面积主要做样品的展示之用；

6）对交通要求较高，货车进出场地方便；

7）注重产品的质量以及代理公司的信誉；

8）有相当丰富的社会阅历，有充分的市场信息；

9）注重商铺的发展前景；

10）熟悉项目地理及商业情况，不会受外界干扰轻易改变主意。

二、项目客户群调查

对客户群的调查有多种方法，有面对面的访谈、电话访问和问卷调查等等。应根据不同的客户群在不同的时间采取不同的方法。在进行客户群调查时，应分别对每类客户群进行调查，做到逐类击破。一般情况下，专业市场的客户群分为终端消费者、经营者和投资者三种。终端消费者是指专业市场所销售的商品的最终购买者。经营者是指通过购买或租赁专业市场的商铺进行商品买卖活动的人。投资者是指通过购买专业市场的铺位再将铺位出租来获取利润的人。

1. 项目终端消费者调查

对项目的终端消费者进行调查，最常用最有效的方法是街边拦截调查，地点可选在项目周围的繁华商业街，时间应选在人流高峰期。下面是某电子产品专业市场的项目消费者调查：

由于时间有限，我们于5月10日随机抽样了几位电子一条街上的消费者做了简短的访谈。虽然涵盖面有限，也有不少有价值的信息，整理后的记录如下：

“多少年来，一直习惯到电子城、电脑城买IT数码产品。虽然×北路聚集了众多IT大小卖场，占据××市80%的市场份额，但购物所追求的舒畅似乎难以达到。各种店面挤挤挨挨，多少有些混乱。”（张先生）

“如果这样的专业街上有大型广场，广场周周有丰富的主题活动，如数码节等，可能是公益性、娱乐性、服务性的，不一定作商业促销，可能会成为更多××市人周末休闲的去处。”（李女士）

“应该把常用的、价高的商品放在醒目的位置，突出一站式购物主题；合理分区、合理布局，在不同分区中，要让顾客很容易找到所需要的商品，特别是商场入口处的指示牌要好好的进行设计，让顾客一目了然。”（柯先生）

“指示牌醒目很重要，客用通道要预留充足。”（黄先生）

“在门口挂一个大型电视用来介绍商家发展历程及内部购物指南，在门口做一对吉祥物，可用“××”来命名。”（陈先生）

“建议以主题区分不同的商品馆，建议设置导购图示及音乐广播。”（谢女士）

“利用小台液晶显示器的自助商品介绍代替人工介绍，各产品的服务商在专门的地方统一设置购洽区。”（叶先生）

“商品陈设可设置无障碍柜台，便于客人挑选，也方便客人扩大目光范围寻找商品，在各专区内设置休息席。”（韦先生）

“是否可以增加一些商品的配套用品及某些消耗品一起出售”。（陈先生）

“商场内布局指示要清晰，不能像迷宫。”（刘先生）

“可设计一套家居式高档样品房，摆上高档电器，让顾客观赏后有种购物欲望，也可供顾客摆放家电时做参考。”（林先生）

“在传统的IT分类布局之外，应增设消费者亲身体验的专门区域。”（陈先生）

2. 项目经营者调查

经营者是专业市场最重要的客户群，它与消费者、投资者不同，它是专业市场的使用者。这些经营者有可能是原来从事其他行业，现在想换行的商户，也有可能是正在其他同类型专业市场经营的商户。由于前者是隐性客户，我们很难对其进行调查。因此，我们主要是针对后者进行调查。对这部分的经营者进行调查，最好采用调查问卷的形式到项目周围同类型专业市场经营者的商铺进行面对面的交谈。这样做的好处有两个，一是了解同类专业市场经营者的真正需求，并试探其有没有兴趣到本项目经营；二是借这个机会向经营者介绍本项目。

【优秀案例2－33】　某二手专业市场的项目经营者调查

参考点评：该案例有很多值得借鉴的地方。首先它问的问题很有针对性；其次它对每个问题所得到的答复都做了统计，并对统计的结果进行分析；第三在分析手段上既采用了表格的形式，也采用了立体饼状图、立体柱状图等；最后一个是该案例对经营者进行了两次调查，每次调查的目的都不同，由此看来此调查目的性很强。

（1）问卷一成功调查人数：95人。

1）请问您目前租用商铺的面积多大？

$5m^2$ 以内	$5m^2$ 以外
80%	20%

分析：目前旧货市场的商户租用的商铺面积相对较小。由于是专业市场，所谓的商铺其实就是柜台的形式，因此有80%的商户的经营面积在5平方米以内，另外有20%的商户在5平方米以外，主要是拥有独立铺面和数个柜台的商户。

2）请问您目前商铺的月租金是多少？

150~200元/m^2	201~250元/m^2	251~300元/m^2	301~350元/m^2	350元/m^2以上
25人	20人	15人	5人	30人

分析：租金水平出现两极分化，租金在350元/平方米以上的商户和租金在150~200元/平方米的租户比例最高，说明了整个专业市场的租金水平比较参差、位置理想，人流集中的市场能够与位置相对较差，人流稀少的市场拉开较大的差距。

3）请问您商铺的租金在过往三年是否有升幅？三年累计起来的升幅金额在多少元/平方米？

20~30元/m^2	31~40元/m^2	41~50元/m^2	51~60元/m^2	60元/m^2以上	没有
29人	13人	4人	2人	2人	45人

分析：有47%的商户表示自己的柜台在过去三年没有升幅，另外有31%的商户表示升幅幅度大约在20~30元/平方米之间，升幅的幅度不大，说明目前的旧货市场经营情况相对稳定，并且能够轻微的上扬，另外由于现时的旧货市场装修环境一般，也成为制约租金上升的原因之一。

4）请问您平均每日的营业额是多少元？（以一个月计算）

5000元或以内	5001~6000元	6001~7000元	7001~8000元	8001~9000元	9001~10000元	10001~11000元	11000元以上
20人	14人	8人	6人	4人	25人	13人	5人

分析：商户每日的营业额情况比较零散，其中比例相对较高的是营业额在9001~10000元的商户，但根据现场了解，有相当一部分的商户从事批发，因此这个金额未能充分说明现时商户的实际营业额，充其量只是代表了零售的金额。

5）请问您对您目前经营的商铺满意吗？如回答满意，请选出你最满意的几项（多选）。如哪些方面不满意，也请选出不满意的几项

满意：

层高足够	客流足够	有足够的停车位	商场配套齐全	空调足够	物管服务好	有茶水间	人流引导科学	租金合理	管理费合理
2人	31人	7人	24人	11人	16人	9人	2人	15人	14人

分析：商户最满意现时旧货市场的客流足够，其次是配套齐全。由于旧货市场经过一

段长时间的健康发展，所以客流方面是十分充足，也成为商户安心经营的关键，随着港湾广场的建立，相信商户最担心的是大沙头旧货商圈是否延续以前的状态，客源是否依然足够。

不满意：

商场配套不足	客流少	同行竞争大	没有足够的停车位	层高压抑	空调不足	物管服务差	没有茶水间	人流引导不科学	租金贵	管理费高
22人	16人	33人	13人	5人	51人	6人	10人	4人	23人	16人

分析：现时许多商户不满意的选项主要集中在商场的硬件配套不足、没有空调、同行竞争大、租金贵等几个方面，其中空调不足是最多商户不满意的，因此现时正在招商的几个市场都安装了空调，相信拥有舒适、明亮的经营环境，对于经营这来说，是最大的保障。

6）听说目前××旧货市场要搬迁，您会搬迁吗？

会	不会
71人	24人

分析：通过上表可以看出，7成左右的商家表示会搬迁，而也有2成左右的客户表示不会搬迁，不会搬迁的客户主要是有部分拥有熟客，主要通过电话形式可以进行交易，而有一部分是因为竞争激烈，希望能够转换行业。

7）如果××三马路准备规划一个手机专业市场，包括一手和二手（可以描述介绍项目情况），您有兴趣租用吗？

有	没有
59人	36人

分析：约有6成左右的客户表示对本项目有一定的兴趣，这个数量相对理想，由于没有透露太多的信息，这批客户主要是看到大沙头三马路的理想位置而表示有兴趣的，从这里看出地理位置是本项目的最大优势。

8）您准备租用多大面积？

$10m^2$以内	11~20 m^2	21~30 m^2	31~40 m^2	41~50 m^2	51~60 m^2	61~70 m^2	71~80 m^2	81~90 m^2	$90m^2$以上
26人	16人	15人	2人	1人			2人		1人

分析：在59个表示有兴趣的商户当中，有26个商户，接近一半的比例表示要租用10平方米以内的商铺，说明客户对于大铺面的形式不太接受，没有太高承受度。目前柜台形式最符合他们的需求。

9）您可以承受的租金是多少？

201~250元/m^2	251~300元/m^2	301~350元/m^2	350元/m^2以上
25人	19人	8人	7人

分析：旧货市场的商家对于本项目租金的接受程度维持在201~300元/平方米，由于二手旧货是大众化的商品，因此租金的幅度应该与商品利润挂钩，并且与市场贴近。

10）您期望该市场有哪些配套或服务？

中央空调	洗手间	茶水间	促销活动服务	定期展示
46人	41人	32人	25人	16人

分析：旧货市场商户对于空调的需求是最明显的，其次是洗手间等设施。

11）假如该市场能够提供一个舒适、理想的交易环境、而且档次相对较高，租金合理。但需要上5~6楼经营？您是否接受？（舒适、理想的交易环境是指有空调、电梯等配套和完善的管理等）

接受	不接受
34	61

分析：大部分商户对于要到5、6楼经营不太接受，其主要是担心客流不足，客源成为其最担心的问题。而且旧货市场一直以来是以首层经营，充其量都是到二层，因此他们认为上楼经营存在相当大的风险。5、6楼的经营问题成为我们思考的重点。

（2）问卷二成功调查人数：147人

1）据我所知，目前政府已经决定对××旧货市场进行搬迁，而附近已经有三个手机市场正在进行招商，请问您的打算是？

处在观望比较中，未有定夺	已经选择好了
82人	65人

已经选择的二手专业市场：
已有定夺的旧货市场商家去向比例图

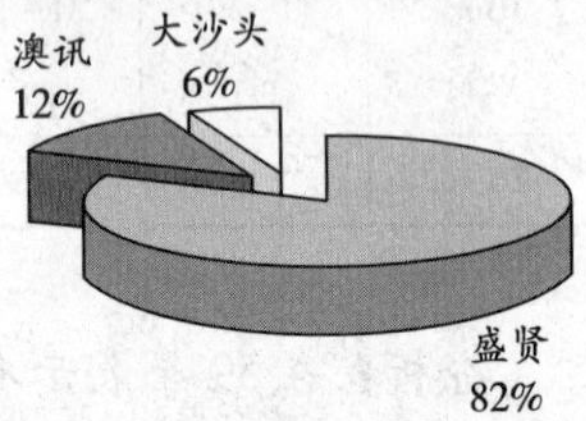

分析：已经选择的客户比例仅为44%，说明目前仍有充足的客源供我们进行吸纳。在××旧货市场即将结束营业之际，把握市场先机，吸引商户的视线将对我们的招商有很关键的作用。目前已选择的商户中大部分在盛贤二手市场，而从目前的市场状况分析，盛贤的档次最高，而且盛贤已经开始签约，签约行动对其余未落实场地经营的商户将产生一定的追捧效应。

2）目前××三马路与××马路交接处正准备规划一个手机专业市场，包括一手和二手，您有兴趣入场经营吗？

有	没有
105人	42人

分析：从以上的反馈信息可见，本案的地理位置优势相当有力。对于长期在××经营的商家而言，地理位置好的专业市场将是他们选择的首要因素。

3）这个手机专业市场拥有6层高，假如二手业务主要在5、6楼经营，而1~4楼主要经营一手业务，包括①引入知名销售商的品牌形象店，例如龙粤、峰星等；②设置中国移动营业厅；③引入著名手机品牌的客户服务中心，例如诺基亚、索尼爱立信等，您是否有兴趣进驻呢？

有	没有
57人	90人

分析：超过六成的商户表示若有一手业务则不会进驻。分析原因是由于一手与二手业务必然会产生一定的冲突，尤其是二手业务的消费群体更着重价格因素，而且二手手机对一手手机的销售亦存在一定的影响，两者相冲而不能形成互补。

4）假如二手业务主要在5、6楼经营，但是其租金相对便宜，您认为租金的幅度控制在多少为止适合（以一个柜位每月计算），从而让您有兴趣进驻呢？

451~500元/月	401~450元/月	350~400元/月
18人	31人	98人

分析：接受租金水平在350~450元/月的接近九成，而大部分商户选择350~400元/月。可见5、6楼的租金很大程度上受到楼层的影响而上升空间有限。

5）您认为这个新的手机市场的管理费在多少您能够接受？（每个柜位全包计算：包括水电、空调、卫生、保安等）

301~350元/月	251~300元/月	201~250元/月	150元/月
5人	8人	109人	16人

分析：普遍商户选择200~250元/月区间，与现在的经营场的管理费水平相当。

6）同样是这个市场，如果二手业务改在其他楼层经营，有可能是1、2楼、又或者是3、4楼，您认为5、6楼可以经营什么才能让该市场层层旺场？

手机配件、美容	手机维修	动漫游戏	沐足保健	餐饮
72人	51人	13人	6人	5人

分析：普遍商户认为5、6楼经营手机配件及维修可以带动下层商业的兴旺。分析原因，手

机配件及维修对于二手手机市场有一定的互补，需要维修手机及购置配件的消费客源是二手手机的潜在客户之一。

【优秀案例2-34】 某五金专业市场的项目经营者调查

参考点评：该案例也是对项目周围其他同类型专业市场经营者进行调查，不同之处是该案例是一个调查结果，而优秀案例一包括了问卷的问题。总体上来说，该案例分析得比较全面，也有值得参考的地方。

经市场调查小组对××路五金城原有经营者进行了深度访谈，以此了解其对五金市场的看法及消费心态，更好地为本项目的开发提供具有参考价值的市场依据。

（1）从商铺层数分析：

层数要求	一层	二层	三层	四层	五层
接受百分比	35%	40%	20%	5%	0%

（2）

商铺规格	30~50m²	50~70m²	70~100m²	100~140m²	140m² 以上
接受百分比	30%	40%	15%	10%	5%

分析：受传统观念及经营规模的制约，人们易接受底层面积为40~80平方米左右的商铺。

A. 从投资能力分析，如果商铺面积过大，总价也就越高，而经营者承受能力有限，所以多数投资者只能在自己的经济范围内做相应的投资。

B. 从经营规模分析，多数经营者为个体经营，一般情况没有太多的资金来经营大型的商铺，受传统观念的影响，也比较喜欢从小型经营开始，因为可以降低风险。

（3）对商铺门前过道的要求

过道规划	6~8m	8~10m	10~12m	6m 以下或 12m 以上
接受百分比	15%	25%	50%	10%

分析：经营者过道8~10米的占有一半人数，他们认为过道适中最好，太窄了会太过拥挤，汽车难以通过，会给运输带来一定困难。如果太过于宽敞，会让人感到人流不足，商业氛围较淡的印象。

（4）对进深、开间的要求

进深规格	5~7m	7~9m	9~11m	11~13m	13m 以上
接受百分比	20%	40%	20%	10%	10%
开间规格	3~4m	4~5m	5~6m	6~7m	7m 以上
接受百分比	20%	20%	40%	10%	10%

分析：40%的经营者认为开间为5～6米最好，认为门面宽对于做生意有很大好处，可使顾客产生商铺较宽敞，规模较大的印象。

（5）对配套的要求

配套要求	停车场	仓库	餐饭	金融机构	商业街
接受百分比	90%	90%	100%	100%	100%

（6）对商铺门前设广告牌的看法

广告牌的看法	设广告牌	无设广告牌
接受百分比	20%	80%

分析：多数投资者反对商铺前面设广告牌。反对设广告牌的经营者认为商铺门前设广告牌影响了商铺形象，占用了大量空间，挡住了客户的视线，使人产生一种压抑感，使经营受到了影响。

（7）付款方式的要求

购买方式	银行按揭	一次性付清	带租出售	无所谓
接受百分比	70%	20%	10%	

分析：随着社会的进步，人们的消费观念发生了根本性的转变，逐渐摒弃了以前保守的消费方式，追求一种用未来钱的消费方式。再就是，现在工薪一族买房的也很多，这些人往往经济基础较为弱，月供是他们最好的选择。

（8）对购买动机的分析

购买动机	选择购买自营	选择投资	选择租赁
接受百分比	40%	10%	50%

（9）对总面积的要求

总面积要求	50～80m²	80～120m²	120～160m²	160～200m²	200m² 以上
接受百分比	20%	30%	30%	10%	10%

（10）对商业总价的要求

总价的要求	30～50 万元	50～80 万元	80～120 万元	120～160 万元	160 万元以上
接受百分比	20%	40%	20%	10%	10%

（11）主要信息来源渠道

主要信息来源	报纸	电视	口碑	户外	广播电台
百分比	30%	20%	30%	10%	10%

分析：40%受访的人士认为楼盘的信息是通过口碑传播的，分析其原因是因为每一个想购买房子的人都习惯性地向别人打听哪里的楼盘好，听别人说某个楼盘好，他会记住这个楼盘，从而使他产生了解楼盘的想法。30%受访人士认为楼盘的信息是通过报纸广告获悉，分析其原因是因为许多有商业地产欲望的人，都首先想到在报纸上寻找地产的基本信息，他们先对众多地产进行初步比较，然后有重点地进行选择。

（12）影响购买的因素

因素	地理位置	商业环境	物业管理	总价
重要程度	第一位	第三位	第四位	第二位

分析：他们在投资商业地产过程中，考虑的前几位因素主要是：地理位置、总价格、商业环境、物业管理。其中，他们对地理位置和总体价格的关注程度明显高于对其他因素的关注，主要涵盖了项目周边的自然环境、经济环境、社会环境以及基础设施等比较直观的因素，同时也隐含了地产的单位价格和业主构成等方面的因素。

3. 项目投资者调查

随着经济的发展和在房地产投资回报率高的促使下，越来越多的人转向房地产投资，因此投资者在专业市场客户群中也占有很大的比重，有必要对其进行调查。

投资者除了本地投资者外，还有外地投资者。在我国，温州人在外地投资房地产是出了名的，对于某些项目来说，有必要对温州投资者进行调查分析。下面是某数码科技专业市场对温州投资者的调查分析：

据5月1日下午2:00~3:00在温州市中心商业区：公园路、第一桥、五马街、解放路、广场路、府前大街范围内调查显示，主要有以下几点：

1）温州人对××市了解程度比不及上海，但知道后仍表示对××市感兴趣。

2）对一些是到过××市的人来讲，新街口给他们的印象很深，知道新街口是××市的商业中心和辐射的地域。

3）在知道××市有地铁时，多数人觉得很不得了，对××市的印象更深。

4）价格是温州人投资商铺的比较在意的一个指标，许多人听完介绍后立即询问了租金的价格。

5）有20%的人明确表示可以接受目前一到九楼的平均售价，其余的表示房展当天会来现场。

6）有10%左右的人比较关心楼层布局，这部分人多为自营业主，调查显多数自营业主希望自己所经营的商品能够布局在一楼。

三、项目客户群分析

经过前面对客户群的细分和调查后，已经对项目的客户群有一个整体的把握，接下来就要确定本项目的目标客户群，并对他们进行更进一步的分析。

【优秀案例2-35】 某茶叶专业市场的项目客户群分析

参考点评：该案例先将本项目的目标客户群分为主流客户和辅助客户两类，然后分别对两类客户的需求特征、承租心态和承租动机进行分析。该案例的内容和角度都是值得我们借鉴的。

（1）主流客户

片区中经商的商户；

外地茶协驻本地经商的商户。

1）需求特性

现实经商条件不能满足其需求，

不满足于现状，想寻求突破、发展。

想扩大经营。

2）承租心态

项目环境偏好，具备主题式建筑特点，有良好的购物及营商环境。

配套设置，规划完善，具良好营商环境，优良的物业管理服务。

产品偏好，复式商铺，面积在30~40平方米为主流。

3）承租动机

对原有经商环境有所不满，希望在新场寻求新的突破。

经营成熟，希望增大成果。

旧场发展已有一定的局限性，投资新场创造商机。

（2）辅助客户

对该行业有一定兴趣并有志投身的客户；

现经营与茶叶相关行业产品，有门路从事批发或更具规范化的零售产业的一群。

1）需求特性

由于对行业认识不深，因此并不会投入大成本。

希望卖场能有良好的行业指引性。

能提供一定的散客支持。

2）承租心态

环境偏好，有良好的购物及营商环境。

配套设置，规划完善，具良好营商环境，优良的物业管理。

产品偏好，整体项目必须有良好的行业及市场引导。

3）承租动机

对该行业有一定的兴趣。

手头上有闲置资金。

被卖场所营造的前景吸引。

【优秀案例2-36】 某灯具专业市场的项目客户群分析

参考点评：该案例的优点在于把灯具专业市场的目标客户群分得很细，分为灯具经营者、商业地产投资者、灯具生产商和经营性商业集团四类，还对商业地产投资者进行再细分。该案例的分析内容有：投资能力、投资注重点、投资形式、针对性引导等。这些都是值得参考借鉴的。

（1）灯具经营者

这是本项目的主打客户，他们对市场了解透彻，清楚成都灯具市场行情。长期从事灯具经营，对成都灯具市场的热点区域和市场极为清楚和敏感，其投资欲望较强，但同时相当重视市场的商业氛围和财富气质。投资额有高有低，一般在20万~80万之间。但多数采用租赁经营的方式。对待这类客户，项目的经营效益是最好的说服因数，其次解决好租金成本与购买成本之间的阶段性利益冲突，采用多方位的销售手段、付款方式、降低入市门槛是拉动此类客户产生购买行为的关键。

(2) 商业地产投资者

这是成都近年来商业地产火爆的主要因素，投资者构成复杂，投资原因明确，升值或收租金是其主要追求。其中包括：改变银行存款方式的投资者、拥有大量闲置资金并且无自主经营能力或主观愿望者、专门从事不动产购买及出租者、私营企业主、国企及大公司高层管理者、部分政府官员（灰色收入者），投机投资者、职业炒家，有境外资金支持的个人、有稳定且高租金回报者、周边县市的投资者（单位、个人）、等。他们看中的是项目的良好出租率，自己的稳定投资回报和市场兴旺的经营效果，以及项目的升值潜力，因此以物业品质、市场招商为主体，合理划分商铺面积，设定多总价区段的商铺，满足不同资金实力客户的投资需求是项目能否成功销售的关键。

因商业地产投资者在本项目销售过程中所占比例较大，以下对这部分客户群中的大部分主体进行个体研究并提出实行针对性引导的方式：

1）改变银行存款方式的投资者（拥有大量闲置资金并且无自主经营能力或主观愿望者）。

投资能力：15~40万元之间。

投资注重点：投资总额，稳定的投资回报，项目的升值潜力，良好的市场出租率，在情急状况下能否物业迅速转让或抵押。

投资形式：按揭较多，部分采用一次性付款。

针对性引导：突出低总价高回报商铺，项目的租售两旺的状态。宣传推广中引导其改变存款方式并选择本项目，引导无投资欲望的人群产生投资冲动。

2）专门从事不动产购买及出租者

投资能力：15万~60万元之间。

投资注重点：是否具有可投资的一般特征及与其他可投资型地产项目的比较优势。而且更看重其比较优势，进行选择式投资。

投资形式：多以按揭方式，以租养供并尽量追求租大于供。

针对性引导：突出优势点，并将主优势点放大，用本项目在具有一般特征的基础上所具有更优势的点去吸引其投资。

3）私营企业主，个体工商户业主

投资能力：30万~80万元之间。

投资注重点：在项目具有可投资一般特征的同时，拥有更大的升值空间和短时间内升值的预期，项目的市场知名度、认可度及热销度。

投资形式：期待升值类投资者一般采用按揭方式，便于转让，并且可以增大其投资额，部分会采用一次性付款方式将其做为不动产长线投资。

针对性引导：运用对升值空间的大胆预期和阶段性的升值宣传，让其既能听到又能看到升值的现在进行时。在推广过程中加大并渲染市场知名度、认可度、热销度的宣传，聚集更多的此部分意向客户，并增大下单率。

4）国企及大公司高层管理者、部分政府官员（有灰色收入者）

投资能力：30万~200万元之间，或者更大。

投资注重点：具有可做为不动产投资的一般特征，有升值空间及独立产权，易转让套现，前景看好。

投资形式：多以一次性付款为主。

针对性引导：推广独立产权式的商业大卖场及成都市少有的灯具类独立产权的专业市场，使其对项目前景充满信心。

5）职业地产炒家

投资能力：30万～200万元之间，或者更大。

投资注重点：项目的升值空间和升值速度，短期内能够获得较大收益，易转让，变现能力快。

投资形式：少量投资多以一次性付款为主，大量投资则多以按揭为主。

针对性引导：项目售价提高的迅速告知，热销形势的放大描述，营造热销场景及热销氛围的强烈视觉效应。

6）投机投资者、小型炒家

此部分虽不是项目的准客户，但对于商业地产项目，有其存在的必要性，而且此部分人群的存在会对现场气氛及下单速度产生明显有利影响，但销售方要注意绝对控制此部分客户的比例，以免对正常销售产生负面影响。

投资能力：一般只参与前期排号阶段的炒作，投资额度较小。

投资注重点：项目极大的市场需求及热销度。

投资形式：购买排号优先权或获得活动优惠权。

可不进行故意式引导，但要进行绝对控制。

(3) 灯具生产厂商

这类客户主要是一些国内外不同档次的灯具品牌生产企业，为了更好地进入成都市场和更多的抢占市场份额，它们选择有影响力的专业性商场进行品牌展示和宣传。其办事处一般也设置于该商场内。这类客户的投资额在50万～200万元之间。他们看中的市场品质感，经营水平，市场档次，以及市场的基础配套等，因此以物业品质、市场招商为主体，解决品质化、低成本、高效率经营是引导其购买的关键。

(4) 经营性商业集团

主要是商业经营公司，代理多个品牌和产品，在多个市场都设有门市，选择新的市场门市是为了扩大经营，获取更大的经营利润。他们一般采用租赁商铺的模式，如果一定要购买商铺，看中的是商铺的升值潜力和商场的整体经营水平。其投资额在30万～100万元之间，同灯具生产厂商一样，以物业品质、市场招商为主体，解决品质化、低成本、高效率经营是引导其购买的关键。

在对目标客户群进行定位分析后，可以对目标客户群的心理状态进行分析，这都有利于后面的产品定位和宣传推广。下面是某手工艺品专业市场的目标客户群分析。

目标客户群心理状态分析：

有较强的事业心，对工艺品市场充满信心；

富于挑战精神，有一定的虚荣心，要求产品档次与知名度；

具有一定的投资意识以及较好的房地产投资眼光；

钟爱工艺品行业，打算长期从事并在行业中得到充分的发展；

有意到中国投资，看好××市以及××市未来发展。

第五节　项目竞争者分析

在前面的第三节已作了项目自身情况分析，对自身有了更深入的了解，本节将对项目的竞争者进行分析。只有做到知己知彼，专业市场的投资开发才能迈向成功。

本节主要分成三个部分，第一部分为项目竞争者分析的内容；第二部分为项目竞争者分析的思路；第三部分为项目竞争者分析的表达形式。其中第一部分是针对项目竞争者的调查，第二部分是针对项目竞争者分析的过程，而第三部分是针对策划报告的撰写方面。

一、项目竞争者分析的内容

项目竞争者分析的内容主要包括基本信息、优势和劣势三个方面。其中基本信息又包括地理位置、建筑面积、档次、绿化率、容积率、道路宽度、总户数、业态分布、各种业态面积、目标消费者、租金、管理费、开业时间、出租/出售比率、配套设施、经营状况等等。在进行项目竞争者分析时，应根据项目自身的情况选择分析的内容。总的来说，分析的内容越多，分析得越详细，越有利于专业市场的投资开发。

在选择完分析的内容后，应根据分析的内容制作相应的调查表。调查表的制作原则是清晰明了，可参考余源鹏主编的《房地产市场调研与优秀案例》这本书后所附的《商业物业最全面的市场调研表格》来制作适合本项目的调查表。下面是某专业市场的调查表：

<table>
<tr><td colspan="2">商业功能</td><td colspan="2"></td><td colspan="2">商铺总数</td><td colspan="3"></td></tr>
<tr><td colspan="2">商铺实用率</td><td colspan="2"></td><td colspan="2">管理费及推广费</td><td colspan="3"></td></tr>
<tr><td rowspan="3">项目整体规划</td><td>层数</td><td colspan="2"></td><td colspan="2">总建筑面积</td><td colspan="3"></td></tr>
<tr><td>电梯设置</td><td colspan="7">升降式客梯数量：　容量：　手扶式客梯数量：　货梯数量：　容量：
观光梯数量：　容量：</td></tr>
<tr><td>外立面与外观</td><td colspan="2"></td><td colspan="2">中庭设置形式</td><td colspan="3"></td></tr>
<tr><td colspan="9">各层租售及经营状况</td></tr>
<tr><td>层数</td><td>商铺数量（间）</td><td>商铺租金（元/平方米）</td><td>开业经营状况</td><td>商铺间隔及面积</td><td>层高</td><td>业态分布及档次</td><td>主力店</td><td>代表品牌</td></tr>
<tr><td></td><td></td><td></td><td></td><td></td><td></td><td></td><td></td><td></td></tr>
<tr><td></td><td></td><td></td><td></td><td></td><td></td><td></td><td></td><td></td></tr>
<tr><td></td><td></td><td></td><td></td><td></td><td></td><td></td><td></td><td></td></tr>
<tr><td colspan="2">商户性质及经营要点</td><td colspan="7">货源来源地：　批发目的地：
经销商比例：　代理商比例：　厂家比例：</td></tr>
<tr><td colspan="2">广告装饰</td><td colspan="7">门牌编号方式、招牌布局方式、地砖颜色及尺寸、商铺开门及间隔材料、天花装饰方式等</td></tr>
<tr><td colspan="2">主力店调查</td><td colspan="7">层数、面积、经营业态、档次等</td></tr>
<tr><td colspan="2">点评</td><td colspan="7"></td></tr>
</table>

1. 基本指标分析

基本指标分析包括经济技术指标和实际建设指标两种，它们包括占地面积、建筑面积、层数、绿化率、容积率、建筑密度、道路宽度、铺位数、铺位总面积、展示厅面积、仓储面积、停车场面积等等。这些都是专业市场竞争者分析中最基础、最必要的分析内容。

2. 总体规划分析

通过对专业市场竞争者的项目总体规划进行分析，可以借鉴对方的优点，发现对方的缺点，做到扬长避短，避免规划失误。

3. 功能分区分析

专业市场的功能分区合理、科学，不仅能为消费者提供一个良好的购物环境，还能引导消费者往专业市场的高层走去，增加专业市场高楼层的人流量。通过对项目竞争者的功能分区进行分析，可以起到参考借鉴的作用。

【优秀案例2-37】　某专业市场的项目竞争者功能分区分析

参考点评：该案例的特色在于先写出了各专业市场的基本信息，然后用表格的形式将各专业市场的功能分区进行对比，最后总结各专业市场竞争者的特点。

（1）××大市场

该市场负一层经营家具和鞋，一层经营服装、床上用品、灯具，二、三层经营家具。负一层和一层铺面规格为2.5×3.5=8.75平方米，租金为40~70元/（平方米·月）之间。

砂子岭建材市场总建筑面积1.5万~1.6万平方米，单铺规格为4.5×11=49.5平方米，租金在400~500元之间，租金10元/（平方米·月）左右。

（2）××商贸城

一楼租金为10~12元/（平方米·月），二楼租金为8~10元/（平方米·月）。铺面面积都在400~500平方米左右。

（3）××布市

一楼铺面从6平方米到20平方米不等，以3.2×4.5=14.4平方米的铺面为主，租金为400~500元/月，单位租金为30~40元/平方米左右，摊位租金200元/月，二楼铺位面积为8、9平方米，租金在220~240元/月，单位租金为27元/（平方米·月）左右。

（4）××商厦

××商厦共两层，一层面积300平方米，二层面积150平方米，目前是河西地区购买家电的首选市场。

（5）××通信市场

××通信市场是集整机展示、零件购配、手机维修于一体的手机专业市场，商业面积共500平方米，以柜台形式出租，租金达到533元/（米·月）。

（6）各专业市场功能分区的对比

序号	市场名称	位置	营业面积（m^2）	功能分区	经营模式	总体评价
1	××大市场	砂子岭	16000	负一层家具和鞋；一层服装、床上用品、灯具；二层、三层家具	租赁	中低档批发市场

续表

序号	市场名称	位置	营业面积（m^2）	功能分区	经营模式	总体评价
2	××商贸城	河东大道	20000	家具广场 建材市场	租赁	营业面积大、品种较齐全、管理规范、位置较偏
3	××布市	建设北路	30000	一至二层布匹与窗帘	租赁	有一定规模，但已老化，配套、装修、管理落后
4	××商厦	解放中路	5300	一层和夹层经营电器	租赁	规模不大，但位置不错
5	××通信市场	民主路	500	通信器材	租赁	品种齐全、规模大

1）专业市场布局较为分散，除布匹、通信、家电专业市场分布在河西核心商圈，其余都离核心商圈较远。

2）整体经营档次悬殊较大，中低档批发市场占据了很大的比例。

3）××市中低档专业市场已具备一定的规模效应，并且人气很旺，但消费力一般。由于缺乏对专业市场的经营与管理，整体形象较差。

4. 铺位分割分析

对于不同类型的专业市场，其铺位分割的面积大小也不相同。例如对于家具专业市场来说，由于其要摆放家具进行展示，故其铺位面积相对来说比较大；而对于手机专业市场来说，由于手机所占的位置较小，故其铺位的面积相对来说也比较小。在进行产品规划之前，有必要对同类型的专业市场的铺位面积进行调查分析，了解该行业铺位的主力面积是多少。

【优秀案例 2－38】　某家居专业市场的项目竞争者铺位分割分析

参考点评：该案例是从铺位分割的角度去分析专业市场竞争者的产品规划。它除了指出铺位分割面积的范围外，还点出了项目竞争者的经营模式、主力面积和商业展示方式。该案例在最后还总结出竞争者的产品规划特征。该案例不管是在分析内容上，还是在形式、方法上都是值得借鉴的。

序号	商场名称	经营模式	铺位面积分割（m^2）	主力面积（m^2）	商业展示
1	康星百货大楼	保底扣点	20～60	40、50	店中店，柜台
2	步步高华隆店	一楼自主经营 2300 平方米，200 平方米对外出租其他为保底扣点	40 左右	40 左右	店中店，超市，柜台

（1）各大商场铺位分割方式较为灵活，客户选择空间较大。

（2）主力面积集中在40平方米左右。由此可见，××市商场铺位分割以中型面积为主，也体现××市商场铺位经营产品的规模与档次。

（3）分割的形式主要为店中店，柜台。

【优秀案例 2－39】　某纺织品专业市场的项目竞争者铺位分割分析

参考点评：该案例的亮点在于对于同一个竞争者，分开每层来分析其铺位分割情况，做得比较细。

序号	市场名称	铺位面积分割（m^2）	主力面积（m^2）	商业展示
1	××大市场（地下）	6～12	9	店中店
2	××大市场（一层）	6～12	9	店中店
3	××大市场（二层）	80～100	90	店中店
4	××大市场（三层）	80～100	90	店中店

5. 租赁情况分析

分析竞争者的出租情况，可以从侧面反映市场的需求，从而确定该专业市场是否有市场。

【优秀案例 2-40】　某专业市场的项目竞争者租赁情况分析

参考点评：该案例的特色在于分析得比较细，主要体现在：一是按专业市场的每一层来分析；二是在分析租金价格时，同时列出了最高价、最低价和均价。其次，用出租率这一指标来反映专业市场各竞争者的出租情况。

序号	市场名称	租金价格［元/（m^2·月）］			出租率（%）	付款方式（押金）	其他费用
		最高	最低	均价			
1	××广场（一层）	12	10	11	100	无押金，年签合同	工商税费另交 租金含管理费
2	××广场（二层）	10	10	10	80	无押金，年签合同	工商税费另交 租金含管理费
3	××广场（三层）	8	8	8	60	无押金，年签合同	工商税费另交 租金含管理费

（1）各大专业市场租金支付方式从时间上来讲较为灵活，月交、季交、年交多种方式并存，并且很大部分专业市场对押金要求不高，其他经营费用较低。

（2）建材、家具市场租金价格平均在12元/月·平方米，服饰批发市场租金价格平均在60元/月·平方米。

6. 客户群分析

专业市场的客户群可以分为两类，一类是经营者，另一类是终端消费者。在对专业市场竞争者进行分析时，有必要分析竞争者的客户群，因为竞争者的客户群在很大程度上也是本项目的潜在客户群。

【优秀案例 2-41】　某专业市场的项目竞争者客户群分析

参考点评：该案例可借鉴的地方在于通过分析竞争者的经营者结构和目标消费群体来反映竞争者的客户群。最后还总结出绝大部分的专业市场都采取租赁的经营方式，这可为后面租售比率的制定提供参考。

序号	市场名称	经营方式	经营者结构	目标消费群体
1	××大市场	租赁	私营业主	中低收入者
2	××商城	租赁	厂商、私营业主	中等收入者
3	××批发中心	租赁	私营业主、品牌代理商	中等收入者
4	××商厦	租赁	厂商、代理商	家庭消费
5	××通讯市场	租赁	品牌代理商、私营业主	中等收入者

各专业市场绝大部分采取了租赁的经营形式，其经营者主要由厂商、代理商、私营业主构成。

7. 综合性分析

在通常情况下，对本项目的竞争者进行分析时，都是通过表格列出竞争者各方面的情况，很少像上面那样采取各个方面单独分析。通过表格列出竞争者各方面的情况这种方式比较简单明了，建议多采取这种方式。

【优秀案例 2-42】　某小商品批发市场项目竞争者综合性分析

参考点评：该案例的亮点在于对各个竞争者的分析内容比较全面，分析得也很详细，同时采用表格的形式，清晰明了。不足之处在于将各个竞争者的情况分开不同的表格，缺乏比较性。

市场名称	×日广场			地址	新×路站前街北
产权单位	××置业有限公司			经营模式	承诺统一经营管理
管理模式	卖场+步行街模式，下沉式商场			联系电话	
占地面积	100亩	经营面积	3万平方米	市场类别	下沉式商场商业+步行街模式
功能规划	火车站广场将规划为永久性中央商务区 本地唯一的市政形象广场和市民休闲广场 两大卖场+四条步行街模式 休闲，购物、娱乐、餐饮于一体的综合性下沉式商业广场				
总户数	700户	经营类别户数	暂无业态细分		
摊位面积	30~200m²	租售方式及价格	只售不租，售价为：地下4500~4600元/m² 地上：3000元/m² 均价		
出租/售率		经营环境			
经营状况		冷暖情况			
良性分析	本地唯一大规模的综合性商业广场 空间价值使用率最大化，部分商铺6m层高 新×路改造在即，吸引了部分原经营户的进驻	抗性分析	无统一招商，实行先售的传统操作模式		

【优秀案例 2-43】　某电脑城的项目竞争者综合性分析

参考点评：该案例的优点在于将各个竞争者的情况集合在一个表格中，容易看出各竞争者之间的差异，不足之处在于它分析的内容比较少，不够全面。

广州各个电脑城虽然存在较激烈的竞争，但在竞争过程中，具体经营业态风格定位及消费对象还是略有不同，一定程度上也形成了互补效应，促进了电脑城市场的繁荣与发展。以下为各主要的电脑城分析：

电脑城名称	营业面积（m²）	经营业态风格	目标消费者	备注
太平洋电脑城（一、二期）	32000	综合性电脑IT产品集散地	批发及零售各占一定比例，批发进货者来自全国各地及东南亚	全国最大及最著名的电脑城，交易货量占华南地区70%
天河电脑城	约9000	集个性化购物、休闲、娱乐等于一体的大型IT商城	以零售消费群为主，客源主要来自广州地区	经营定位别具风格，自2000年开业至今已站稳市场
新概念电脑城	约6000	以电脑配件及耗材为主	批发为主，零售为辅，客源来自全国各地	经营状态中等

二、项目竞争者分析的思路

对专业市场项目的竞争者进行分析，思路要清晰，常用的分析思路主要有以下几种：

1. 按直接和间接竞争对手的思路来分析

这种分析的思路是先将竞争对手分成直接竞争对手和间接竞争对手两种，先分析直接竞争对手，后分析间接竞争对手。下面是某日用百货专业市场的项目竞争者分析：

（1）直接竞争对手——××商业批发城

1）项目概况

××商业批发城位×一路和天×路的交汇处，由××房地产开发公司开发，总投资4000万元，建筑面积近4万平方米约2000个铺位，售价2700~3700元不等，门面售价5000~7000元，沿天×路门面售出80%以上，其他楼层销售率不足20%。

2）项目优势

区位优势：位于天×路和五×路交汇处，沿街面较长；

商业环境优势：直面本市最大和人气最旺的××百货，背靠××农贸市场，人流量大，商气旺盛；

规划优势：板式条楼，便于商品分区和定位，且分割摊位面积小，总价低，符合本市市场购买力；

3）项目劣势

定位问题：项目市场定位过低，不利于与天五农贸市场形成错位经营，导致市场间的竞争；

工期问题：现处于基地施工阶段，预计交付时间在明年8月以后，丧失了今年有利的销售时机；

价格问题：价格定位偏高，和周边楼盘相比不具备竞争力；

销售问题：采用简单的拉客方式，价格混乱，承诺难以兑现，一旦市场出现不利，现阶段依赖定金（无预售许可证）产生的销售将很难保全。

（2）间接竞争对手——国贸购物中心

国贸购物中心位于解放路和文化路交汇处，由国贸房地产开发公司开发，项目地上三层，地下一层，总建筑面积1万平方米。负一层定位为超市，一、二层定位高档百货（一层沿街为门面），三层定位为高档餐饮。售价2500元~3800元/平方米，门面售价5000~7000元。门面房现已售出70%以上，三层整体租赁给温州大酒店，其余物业销售不足15%。

2. 按地段不同的思路分析

这种分析思路是以地段为主线，分析各地段所存在的本项目竞争者的各个方面。

【优秀案例2-44】　某灯具专业市场的项目竞争者分析

参考点评：该案例是以路段为主线，分析各路段的专业市场。该案例对各专业市场的分析内容比较全面，这也是值得参考的。

金府路路段专业市场调查表

市场名称	地址	经营规模（m^2）	租金（元/m^2）	出租率（%）	面积（m^2）	管理费（元/m^2）	经营品种	经营状况	经营特色	备注
金府灯具城	金府路528号	60000	1楼：50 2楼：30	90%	80起	5	灯具	3楼经营状况不理想	统一管理	A区经营状况良好（1~7） B区三楼经营状况差（1~4）

续表

市场名称	地址	经营规模（m^2）	租金（元/m^2）	出租率（%）	面积（m^2）	管理费（元/m^2）	经营品种	经营状况	经营特色	备注
万贯五金机电城	金府路与二环路	510000	20～50	98%	100起	3	五金、机电市场	有相当大空置率	会展、物流、超市、配件为一体	
数码港五金机电城	金牛大道与三环路交汇处	24750	25～30	未交房	76.64起	2以下	五金、机电市场	未交房		

3. 按现有和未来竞争者的思路分析

专业市场的经营年限一般有几十年，因此在分析竞争对手时，不仅要分析目前现有竞争者的状况，还要分析即将出现或未来一段时间内将要出现的竞争者。如某数码专业市场的项目即将开业竞争者的分析：

2005年10月29日，经营面积达11000多平方米的君立数码广场将在湖滨南电子商圈隆重开业。君立数码广场紧挨电子城旁，坐享电子城成熟的商业氛围和消费群。君立数码广场营业面积超15000平方米，选址定于金源大厦一至三层及大厦裙楼，并将建成厦门首家“4C数码城”。所谓4C，即电脑、网络产品、通讯产品及数码产品。君立数码广场已与惠普、英特尔等品牌企业达成深层次合作，并将以专业化、规模化及品牌化的经营取代“柜台＋铺位”的经营模式。

1）招商政策：

免租期2005年10月～2005年12月。

租金价格（按建筑面积）：一楼100元/（平方米·月）起，二楼70元/（平方米·月）起，三楼50元/（平方米·月）起。

免收费用项目：物业管理费、摊位租金税、水费、门前宣传表演展示场地费、门前车位停车费。

2）优惠服务条款：

宽带月租、市内电话通信费、长途电话通信费由商场与电信公司商洽，提供最优惠的价格。

3）引入“商场化”布局：

君立数码广场卖场设四大事业区及客户服务中心：a. 消费电脑事业区，运作消费电脑及相关产品，为客户提供数字家庭解决方案。b. 移动数码事业区，提供数码影像等消费电子产品，为客户提供移动办公、生活的全新数字方案。c. 电脑套件事业区：提供高品质的电脑配件及相关产品；为客户制订个性化的电脑，形成有特色的电脑组装及服务业务。d. 商用业务事业区：以客户需求为中心，提供电脑、外设、网络产品及其他办公设备；为客户提供OA、ERP、CRM等应用方案；专业从事网络基础建设及信息化应用服务。

卖场设有品牌形象展示中心、数码生活体验中心、DIY世界、配件批发中心、耗材软件中心等，涵盖了IT品牌产品、配件、耗材、DIY、数码、外设、通讯产品等绝大多数IT整机及周边产品。

4）在细节和服务上下工夫

君立数码广场追求提供最好的经营环境和消费氛围，致力于营造功能完善、人性化、富于亲和力的卖场环境。商场化的装修布局，人性化的导向系统，以营造一个一流的商场化的消费环境：极具数码质感的高品位装修，将全面提升卖场档次；低隔断、大空间的卖场柜位，将有效消除视觉死角；开放式档口，构造最具体验价值的量贩式卖场形态；个性化品牌形象店群星闪亮，造就最具档次IT—MALL；友好导向指示界面，清晰布局尽收眼底。

5）走全新经营路线

在分析各种厦门市场的优势、劣态后，君立认为数码城的经营模式要跟随市场的需求进行转变，通过结合国美、苏宁的有序管理、卖场消费形象的优势，利用传统电脑城的规模效应，在价格、服务、品质、物流形成有序的竞争模式。

据介绍，吸取了赛博、万城、英惠等众多IT同行的前车之鉴后，君立数码广场通过对国美、苏宁与传统电脑城各自优势的分析，将整个数码城的经营模式清晰地定义为：本岛首席大型综合4C数码城。既实行国美、苏宁、永乐等电器连锁卖场统一收银、统一配送，通过各产品功能区的清晰划分来实现使消费者轻松的一站式购物；又实行与厂商联营的方式相结合，选择厦门具有代理权的厂家和代理商入场，来保证商场所售产品在价格、品质方面具备优势，并兼顾了销售人员的专业性、产品的丰富性等特点。

4. 按其他的思路分析

除了以上3种分析思路外，还有其他的分析思路。每种思路都有其优劣势。策划人员应先选择适合本项目的分析思路，同时也可以根据本项目的特点创造出适合本项目的思路。

【优秀案例2-45】　某电脑城的项目竞争者分析

参考点评：该案例的亮点在于没有对所有的同类型专业市场都进行分析，而是选择几个对本项目有影响的同类型专业市场进行分析，这样做节省了人力和物力。在分析思路上，该案例先对项目竞争者进行总体的分析，然后对项目竞争者的每一层数分别进行分析，这种分析思路也是值得借鉴的。在分析内容上，该案例与其他案例的不同之处在于它多分析了项目竞争者的人流量、租售比例和实用率，这些都是值得参考的。

（1）××鸿运电脑城

1）总体资料

地址	佛山汽车站大楼
总层数（层）	2
营业面积	约8000平方米
商铺总数（间）	200间左右，租户约140个
空置商铺数量（间）	3间
配套手扶电梯数量（部）	2
配套乘客电梯数量（部）	1
人流量	较多
租售比例	全部租，二手出租
优劣势	地理位置好、市场内空间比较宽敞、但目前交通拥挤，缺乏车位，外观包装状况一般、业态布局一般

2）各层资料　　　　　　　　　　　　　　　　　　　　　实用率：54%

层数 内容项目	2层	3层
商铺数量（间）	105间	148间
空置商铺数量（间）	无	4~5
商铺套内面积（m^2）	10	10
商铺规格（长×宽）	4m×2.5m	4.2m×2.3m
主通道宽度（m）	1.9	2.5
辅通道宽度（m）	1.8~1.9	1.9
经营范围	主机及配套产品	配件及耗材软件
经营档次	中	中
经营状况	较好	较好
租金［元/（m^2·月）］	150~200	100~120
管理费［元/（m^2·月）］	50	40
租赁管理（租赁服务、投资服务等）	全部由管理处统一办理租赁	

××鸿运电脑城于1996年10月正式开业，是××市首家大型的电脑科技城，位于××汽车站综合大楼内，面积8000多平方米，拥有200多家商铺。其位于市中心，距火车站、飞机场仅十几分钟车程。鸿运电脑城专门批发零售各类原装品牌电脑、兼容机、电脑零配件、电脑消耗品、各类电脑应用软件及软件开发、网络设计安装、电脑维修等。场内并设有电脑培训中心及清华大学出版社主办的电脑科技图书城，配套完善、设施齐备，是××市人流最多、商业气氛最浓的一个电脑产品及信息集散地。

（2）××太平洋电脑城（具体分析略）

三、项目竞争者分析的表达形式

项目竞争者分析的表达形式是指在进行项目竞争者分析时，这部分的策划报告应该怎样编写。笔者总结了5种最常用的表达形式，分别如下：

1.“项目优势+项目劣势”形式

该形式主要是分别对各个竞争者的优势和劣势进行描述。这种形式的优点在于可以清楚了解竞争者的优劣势，为接下来要进行的项目SWOT分析作准备，缺点在于分析的内容不够全面，难以涉及一些基本信息和各种指标。

2.“统计表格”形式

统计表格形式是最常用的形式，因为该形式具有清晰明了的特点。统计表格形式分为两种，一种是仅使用一个表格，将所有竞争者的信息全都列在表格内。当对竞争者分析的内容不多时常采用这种形式，其优点是可直接将各个竞争者进行对比，易找出竞争者的差异。另一种是使用多个表格，每个表格反映一个竞争者的情况。这种形式的缺点是不利于竞争者间的比较，但分析的内容和排版相对来说比较灵活。我们建议先对每一个竞争者列表分析，再对重点内容列一个或几个表进行对比分析。

3.“基本信息+表格”形式

该形式中的基本信息一般采用排列的形式将竞争者的基本信息一一列出。该形式的特色在于既有排列的形式，又有表格的形式，使策划报告看上去不会太单调。

4. “基本信息+评论”形式

该形式的亮点在于“评论”那部分。它不再像前面的两种形式那样仅仅是陈述竞争者的信息，而是加入了策划人员对项目竞争者的看法。下面是某工艺品城的项目竞争者个案分析简评：

个案简评：“城阳商贸城”位于规划中商贸中心区域，周边大小市场汇集，人流量大，预计将于2005年10月份开业；本案总体量较大，交通方便，产品规划比较合理，出入口设计科学，面积分割定位适中，价格定位略微偏高；本案宣传、推广力度较大，报纸形象、软文广告频繁。推案时机有利，正值城阳地产投资迅猛增加的时期，但是销售周期过长，至今仍有10%剩余，错过了最有利的销售时机。商场以小面积铺位、店中店形式为主，主要经营男女服装、童装、鞋帽、箱包、日用百货；产品定位档次偏低，管理公司资质不高，后期经营利润无法保障；同时整盘操作模式单一，后期操作方法不够有力。

5. “分布图+调查表格+评论”形式

笔者认为，这种形式是相对来说最好的。因为分布图可以很形象地表示各项目竞争者的地理位置，而表格可以简单明了地反映各项目竞争者的大量信息，至于评论则可以反映策划人员的专业意见，并对上面的分析作总结。下面是某旧货专业市场的项目竞争者分析：

（1）××沿线专业市场分布图（图略）

（2）大沙头现正招商的二手手机市场情况分析

商场名称	澳讯旧货市场				盛贤大沙头旧货市场				海印大沙头二手城			
位置	大沙头三马路，盛贤旧货市场对面。门面宽180m				大沙头三马路与东华南路之间				东华南路			
装修档次	风格较为简洁，立面设计较为时尚				装修相对二手交易市场较豪华				装修一般，较为简单			
经营层数	一层		二层		负一层		一层		一层		二层	
经营面积（m^2）	2300		1200		约3750		约3750		2300		1900	
	柜位	铺位	柜位	铺位	柜位	铺位	柜位	铺位	柜位	铺位	柜位	铺位
租金（元/月）	1000	2000	700	185元/（m^2·月）	800、1300、1600	1400、1700、1900	1000、1300、1600、1900	1900	柜位800、1000元/月；固铺为1400～1800元/月			
柜面尺寸	柜台80cm×95cm×50cm，铺位门面2m				100cm×50cm×90cm				柜位分1.2m及1m长两种			
柜位及铺位数量	160		50		-1F柜位约700个，1F柜位约300个；档口数约有200个，固定档位约70间							
管理费（元/月）	300	600	300	60元/（m^2·月）								

续表

商场名称	澳讯旧货市场	盛贤大沙头旧货市场	海印大沙头二手城
配套设施	收费停车场、中央空调、货梯、电话（宽带）、喷淋装置、监控摄像头、无天花吊灯式灯光、双向手扶电梯	收费停车场、中央空调、货梯、喷淋装置、监控摄像头、双向手扶电梯、豪华天花吊灯	收费停车场、货梯、喷淋装置、监控摄像头、单向手扶电梯
预计开业时间	2005年9月试业	2005年9月试业	2005年9月试业
备注	管理费包括水电费、中央空调及卫生费，铺内电费自负；商户从大沙头搬迁后开始计租，前半年5折租金	租金已包含管理费、中央空调费、公共水电费、保安（24小时）、卫生广告推广；由开场日起，一年5折计租	租金已包含管理费
负责人			

从上表可以看出，这三个新的市场无论从档次、规模、配套等几个方面都比原来的“大沙头旧货交易市场”有着较大的提升。而且其位置都集中在原来的二手旧货市场的北面，希望延续原来大沙头二手旧货市场的商业环境，形成一个新的二手旧货商圈。

（3）小结：

1）盛贤大沙头旧货市场

其档次在新的三个市场里是最高的，同时经营面积也是最大的。完全摆脱了二手旧货市场的感觉，但是租金相对其他两个市场要昂贵一点，而且首次需要二手手机商家到负层经营，对其心理有一定的影响。从现场的销控情况所看和根据其招商人员的介绍，目前其经营二手手机的首层和负一层均已达到95%的出租率，整体出租率处于一个相对理想的状态。

2）澳讯旧货市场

主要延续其旧场的经营模式，走中低端路线，其最大优势是临近大沙头三马路路面，而且有原来旧场的资源。首层出租率也达到90%左右，二层出租率大概在70%左右。

3）海印大沙头二手城

海印集团的又一出品，品牌知名度成为其最大的亮点，而且其经营范围与规模对比“盛贤大沙头旧货市场”毫不逊色。但是其位置相对偏离原来的二手旧货交易市场商圈，严格来说，其位置已经不属于大沙头的范围。其首层出租率相对其他两个市场要差，维持在85%左右。

第六节　项目SWOT分析

项目SWOT分析中的“S”是指优势（strength）；“W”是指劣势（weakness）；“O”是指机会（opportunity）；“T”是指威胁（threat）。项目的SWOT分析是建立在前面五节分析的基础上的，只有通过前面五节的分析，才能从本质上了解本项目的优势、劣势、机会和威胁。

本节分为五个部分，分别是项目优势分析、项目劣势分析、项目机会分析、项目威胁分析和项目SWOT整合分析。其中前面4个分析是为最后的项目SWOT整合分析服务的。

一、项目优势分析

项目的优势因分析的角度不同而不同，最常见的优势有：大环境优势（包括经济优势和政策优势）、行业支撑优势、市场需求优势、区域优势、道路交通优势、城市规划优势、建筑规模优势、定位优势、产品规划优势、配套设施优势等等。同时，不同的项目其优势也不相同，应根据项目自身的特点寻找项目独有的优势。

1. 大环境优势

大环境优势是区域内所有项目的共同优势，它主要包括经济优势和政策优势，但可以根据项目自身的情况，寻找出本项目的其他大环境优势。

（1）经济优势

经济优势可以反映项目所在区域经济发展迅速、人们投资欲和购买欲强，有利于专业市场的投资开发。下面是某五金专业市场的经济优势分析：

随着“三五八十”四大奋斗目标的推进，本市的经济发展步入了全国发展较快地区行列。与10年前相比，国内生产总值由1992年的411.2亿元增加到2022.6亿元，年均增长12.2%。财政收入由63.05亿元增加到375.8亿元，年均增长19.5%。社会消费品零售总额由181.2亿元增加到941.4亿元，年均增长17.9%。

（2）政策优势

对政策优势进行分析时，可以从两个角度去开展。其中一个是地方政府对本区域的所有项目所出台的一系列优惠和扶持政策，这是区域内所有项目的共同优势。

除了详尽地列举地方政府出台的政策外，也可以用一句话简单地点明本项目享受的优惠政策。此外，还可以点出这些优惠政策给本项目带来的好处。

另一个是地方政府给本项目所独享的优惠政策，其他项目并不享受这些政策。造成这种情况的原因可能是本项目是地方的重点招商引资项目，也可能是因为本项目吻合区域发展战略。

【优秀案例2-46】 某生产资料专业市场的政策优势分析

参考点评：该案例的亮点在于将政府对本项目所提供的优惠政策一一罗列。在内容上不仅指出地方政府对本项目投资开发所给出的优惠，还指出专业市场建成后地方政府对进入市场的经营户所给出的优惠。

1）为繁荣市场，项目建成前，政府成立由国土、规划、工商、城管、公安等部门联合工作组，协调拆迁事宜，地块实现“三通一平”；市场建成后，将×前街、×山路、×民街占道经营、影响市容市貌的摊点请政府给予取缔，引导至本市场进行经营；

2）对进驻××生产资料市场的经营户经营所得税和营业税5年地方留部分全额退还；

3）对进驻××生产资料市场的经营户免5年以上工商管理费；

4）项目建设的各类配套费、手续费全免；

5）项目土地价款：按底于36万/亩执行；

6）教育部门对进驻××生产资料市场的经营者的子女入托、入学就近安排或优先安排进入知名学校，有关规费与城镇居民同等待遇；

7）市场重点管理，允许边开展边营业，边办理有关手续，办理证照只收取工本费并实行“一站式收费”；

8）办理相关手续时，在办理各种证照除收取工本费和代国家、省、市收取的行政事业性收费以外，免收其他行政事业性收费；

9）所需的水、电、气、热、运输、通讯条件等，有关部门优先安排，收费标准按本地企业标准执行；

10）政府不再审批与本项目业态定位相同的市场；

11）优惠政策的兑现，由县政府指定部门负责协调财政、税务、物价、国土、公安等部门负责办理兑现。

（3）其他大环境优势

除了上述两个大环境优势外，还应根据本项目自身的特点，寻找其他的大环境优势。如某灯具专业市场的大环境优势分析：

城西经济的逐渐升温，形成了区域良好的发展前景和投资前景。城北整体经济、生活环境的改善，会促使消费者目光的转移。必将推动城北城市的发展进步。项目的建设，顺应了城西城市化发展的潮流。

2. 产业支撑优势

对于专业市场来说，产业支撑显得尤为重要。对于农产品专业市场来说，要求当地的农产品产量较多，对于其他如建材等专业市场来说，主要是靠第二产业的支撑。

3. 市场空间优势

市场空间优势的分析可以从以下的角度分析：

（1）市场需求量大

可以从城市的人口和项目所在区域的人流量大来反映市场需求量大。如某建材专业市场是用项目所在区域的人流量来反映市场需求量大：

项目所在的×府区域是本市传统的建材消费商圈，具有很好的市场口碑和知名度，具有很多固定的忠实顾客；原三电建材市场更是有很好的客户基础；同时该区域处于××火车交通枢纽、川陕公路等穿境而过，人流可以很好的送达。

又如某小商品市场是用项目所在区域的人口密度来反映市场需求量大：

项目在人口居住稠密区和机关单位集中的地区，市场需求大，同类产品竞争压力小。

（2）区域内同类型专业市场不能满足需求

当区域内没有本项目类型的专业市场或同类型专业市场不能满足需求时，本项目的市场空间大，有利于本专业市场的投资开发迈向成功。如某小商品专业市场的市场空间优势分析：

就×海经济区来讲，虽然×州有××批发市场，×沂有专业小商品批发市场，但由于该经济区市场空间较大，这两个市场远远不能满足市场需求，而且现有市场经营品类不够全，经营管理水平较低，商品价格偏高的问题普遍存在，也为本市小商品市场发展留出了较大空间。从本市的实际情况来看，虽然在老城区有兼营小商品的新昌批发市场、振兴批发市场、鲁南商城、振北批发市场等市场，但绝大部分都是以零售为主，布点分散，交易额低，缺乏市场竞争力，至今也没有一个以批发业务为主，大吞大吐大辐射的小商品批发市场。因此域内市场的潜力也很大。为此，建议政府规划一个品牌叫得响的大型小商品批发市场。

（3）其他角度分析

除了以上两个角度外，还可以从其他角度去分析市场空间优势。如从临街铺位的供应量这个角度去分析。对于专业市场来说，人流量决定着日后经营的成败，而首层临街商铺的人流量是最多的。当本项目的临街商铺足够多来弥补市场供应不足的情况时，这就成为本项目的一个优势。

4. 区位优势

区位对专业市场投资开发是否成功起决定性的作用，因为区位直接影响到人流量、交通状况和市政配套等等。

可以用项目所在地的道路交通状况来反映项目的区位优势，又如某专业市场的区位优势分析：

项目位于204国道与城市主干道的交汇处，204国道是连接×城与×云港及周边城市的交通要道，政府规划中的×海县新城区正沿国道两侧同时展开建设。国道东侧×宾西路北侧是新的行政区域，南侧则是新的大型工业开发区；国道西侧的规划将是新型现代大型居住区和商业区。规划中的客运总站位于项目北侧不到东300米。本项目正处在国道西侧商业区的最中心，位置极其优越，交通极为便利。

也可以从项目位于同类型专业市场的商圈内这个角度来反映区位优势。如某灯具专业市场的区位优势分析：

项目所处区域为传统的五金商圈，近年来×府路区域的灯具市场更有长足发展，形成了很高的口碑传播。项目地处×府商圈与×大商圈的交界之处，更可以共享人流，形成良好的人气、商气。

5. 道路交通优势

专业市场不同于其他的商业地产，其辐射范围广。当项目所在的区域交通比较便利时，将进一步扩大专业市场的辐射范围。在分析项目道路交通优势时，主要是分析项目所在地周围的道路分布状况和周围的客、货运站。又如某茶叶专业市场的道路交通优势分析：

本项目旁边的××大道为双向六车道，是连接广州“西联”发展策略的中心点，周边有地铁站、长途汽车总站等，物流空间广阔。

6. 建筑规模优势

当项目的建筑规模足够大时，容易引起更多消费者的注意，增加项目的知名度。同时当建筑规模足够大时，将有充足的空间来建其他配套设施。如某数码广场的建筑规模优势分析：

项目临街长度超过200米，有利于展示项目自身专业形象，吸引消费群关注，内部也有充足的空间来建设更好的硬件条件，如停车场及休闲设施。

又如某五金专业市场的建筑规模优势分析：

本项目占地面积34公顷，建筑总面积110万平方米，能容纳4000余家商家，规模十分庞大，建立后将会成为全国最大的五金专业市场之一。

7. 定位优势

定位优势包括产品定位优势和经营定位优势两种。产品定位准确，将有利于专业市场日后的招商和销售。如某服装专业市场的经营定位优势分析如下：

经营定位合理，差异化经营竞争压力小，所选产业承租力强，经营灵活。

8. 产品规划优势

产品规划合理，不仅有利于专业市场的招商和销售，更便于消费者进入市场消费。

某工艺品专业市场的产品规划优势分析如下：

商铺面积小、总价低。产权清晰，为投资热点产品。

某家具专业市场的产品规划优势分析如下：

项目整体规划科学、合理、先进、现代，采用内街式设计，车辆可以进入内街，形成了

‘全临街’商铺的格局，弱化了普通卖场的‘角落商铺’难题。同时主入口采用‘天梯’形式，模糊了楼层概念，营造了轻松的购物环境。

9. 配套设施优势

配套设施是否完善，将影响到专业市场日后的经营。如某建材专业市场的配套设施优势分析如下：

经济技术开发区规划面积较大，随着经济技术开发区其他开发项目特别是××国际物流园陆续开工建设，配套设施规划相当齐全且有适当规模，可作为本项目的依托条件。

10. 专业管理优势

若聘请到有实力的公司对专业市场进行统一的管理，将大大增加经营者的信心，有利于专业市场的招商。如某家具装饰专业市场的专业管理优势分析如下：

项目由专业经营管理公司进行统一的招商以及后期经营管理，在统一管理的模式下，市场严格采取定位招商、错位经营、整合品牌的品牌经营战略，从家具品牌的集合到饰材品牌的集合，形成高档有型、中档有量、特色分明、错位营销的新模式，避免了同质化经营所带来的风险。

11. 增值潜力优势

对于有增值潜力的专业市场，将吸引更多的投资者对其进行投资，而这种增值潜力除了项目本身所带来以外，也有可能是由于区域的经济增长所带来的，如某珠宝专业市场的增值潜力优势分析：

随着城西整体环境的升级换代，城西区域的城市经营将使得区域的土地、不动产等市场价值发生变化，项目良好的市场形态和区域经济优势，将使得项目具有不可比拟的升值优势。

12. 其他优势

除了以上所提到的优势外，还应根据项目自身的特点，挖掘项目的其他优势，如现铺发售，产权清晰，商铺经营权长达50年等。某水产品专业市场的其他优势分析如下：

IMC资源优势：即‘整合营销’优势，由于项目的营销过程中，集中了开发商、专业咨询机构、专业媒体等的所有强势资源，所以可以形成良好的市场推广和项目形象，可以对潜在的投资型目标客户群体有好的传播作用。

又如某家居建材专业市场的其他优势分析如下：

业态整合优势：项目多种经营业态的融合，是一种全新意义上的业态功能与业态整合的具体展现，这个崭新的平台将产生宏大的规模效应，适应不同产品种类特点及营销需求，充分发挥个性经营特长，实现经营方式多样化，成为本地区经营业态最丰富，动态策划力、营销运作力最强的家居建材市场。

二、项目劣势分析

1. 市场需求劣势

市场需求劣势主要体现在项目所在区域人口不多，消费力不高，不能消化本专业市场等方面。如某手工艺品专业市场的市场需求劣势分析如下：

项目所在区域整体消费力有限，短期内无法支持市场的快速发展，本案建成后将需要众多商业形态和经营群体的消化。

2. 区位劣势

当专业市场所在的区域繁华程度不够，人流量不大，将影响未来专业市场的经营。如某服装专业市场的区位劣势分析如下：

虽然项目所在区域存在一定的发展潜力，但是目前区域配套缺口仍然较大，物业稀少，人气尚未聚集，区域的认知度较低。

区位劣势除了由繁华程度不够导致以外，也可以由项目周边的物业导致，如某体育用品专业市场的区位劣势分析：

周边的物业环境陈旧，影响本项目的整体形象和档次，同时对本项目的价格和价值定位造成一定的障碍。

3. 道路交通劣势

道路交通劣势将严重制约着专业市场的辐射范围，从而影响到专业市场的经营。某汽配专业市场的道路交通劣势分析如下：

目前与市区的交通情况尚无法得到解决，交通线路的单一将有可能会影响到项目的升值潜力。另外项目位于单行线路段，交通导向的限制使客户的易达性受到一定程度的影响。

4. 地块形状劣势

项目地块形状不规则或地块过于窄长，将影响着产品的规划和内容的布局。

5. 规模劣势

规模过小的专业市场在与大盘竞争时存在着一定的劣势。如某水产品专业市场的规模劣势分析：

商场规模小，广告投入不大，宣传力度不能和大盘相比。

当专业市场的规模不小，但建设的层数过多时，也不利于专业市场高楼层商铺的招商。如某二手办公用品专业市场的规模劣势分析：

项目的商业层数有六层，商业运营的空间高度过高，四层以上的商业经营将面临严峻的考验与压力。

6. 配套劣势

配套包括设备和设施，专业市场配套不足或设备陈旧将影响着专业市场日常经营的运作。某家具专业市场的配套劣势分析如下：

本案在配套资源上缺乏停车场或可供商家及客户临时使用的户外空间，这是项目在推广招商及日后经营过程中所无可避免的硬伤。

7. 开发商劣势

开发商劣势主要体现在开发商实力不足或缺乏开发专业市场的经验。某二手专业市场的开发商劣势分析如下：

本案的开发商初次介入二手专业市场，对二手专业市场的经营模式与“行业游戏规则”方面相对处于弱势，而未来数个新兴的二手专业市场都是由一直在该区域运营二手市场的“庄家”操盘，因此本案在竞争上处于较为不利的位置。

8. 管理劣势

聘请有实力的经营管理公司对专业市场非常重要。若经营管理公示实力不足或缺乏经验，就算专业市场开业时生意火爆，最终也有可能因经营不善而关闭。某手工艺品专业市场的管理劣势分析如下：

管理公司经营管理风险较大。在本市乃至国内，不少外来的商业管理公司出现了“水土不服”的现象，本土管理公司水平又出现问题；本项目面对国内、国外的业主，对管理公司水平提出了更多的要求，既要做好商业管理，又要充分了解市场，满足国内、国外客户的要求。

9. 其他劣势

除了以上所提到的劣势外，策划人员还应从多个角度去思考本项目可能存在的劣势，做到扬长避短。某家具专业市场的其他劣势分析如下：

因项目的规划设计使得项目公摊率在50%之间，折算单位面积绝大部分集中在50平方米，面积划分档次过于集中，间隔形式单一，客户可选择性小，首层标准单位平均售价集中在70万~85万之间，总价偏高，对投资及经营客户的购买行为均会产生一定影响。

三、项目机会分析

专业市场项目的机会是由某些外部因素的改变而带来的，这些机会能增加开发商成功投资开发本项目的几率，所以有必要对项目进行机会分析。可以从以下的角度去分析项目的机会：

1. 需求量增大带来的机会

当需求量增大时，预示着专业市场的前途将一片光明。致使需求量增大的因素有很多，而且不同类型的专业市场其导致因素也不一样，有时就算是同一类型的专业市场，其导致因素也有可能不一样。

如某五金专业市场根据城市化建设的加快得出对五金的需求量增大的结论，某化妆品专业市场根据消费观念的改变得出对化妆品的需求量增大结论，某服装专业市场根据老城区拆迁改造得出对商业物业的需求量增大的结论。

2. 商圈带来的机会

商圈所带来的机会有多种，有的是商圈内有多个同类型专业市场聚集，可借助他们的优势，为本项目创造机会。如某五金专业市场的项目机会分析：

项目所在地的×府市场，是××历史悠久的五金市场，有很好的影响和口碑，项目可以借助原市场的口碑优势，借势宣传推广，形成很好的口碑销售。

3. 投资需求带来的机会

市民投资需求高涨，将大大有利于专业市场的销售，能快速回收资金，减少开发商的经济压力。如某日用百货类专业市场的项目机会分析如下：

本市部分市民投资产权商铺的热情仍然高涨。产权商铺作为一种新型的投资对象，受到本市市民的青睐。尽管多数已售出产权的商铺迟迟不能进入正常经营状态，一定程度地打击了市民的投资热情，但是，由于这些商铺产权售出后的时间并不算久，还不能算是经营失败，所以，部分投资人的投资热情依然较高。

四、项目威胁分析

项目的威胁也是由于外部因素导致的，这些威胁将影响着专业市场的投资开发和经营，策划人员必须要清楚意识到这些威胁的存在，并就这些威胁提出相应的对策。下面列出几种常见的威胁以供参考：

1. 供应过多带来的威胁

供应过多的威胁主要是体现在两个方面。一个是不同类型的专业市场供应过多，这将会影响到专业市场的销售，因为可供投资者选择的空间变大了；另一个是同类型专业市场供应过多，这将会影响到专业市场的招商，因为可供经营者选择的空间变大了。所以在分析供应过多的威胁时，要充分考虑这两个方面。

2. 商圈变化带来的威胁

商圈并不是固定不变的，它可以随着城市规划或某些大型商业物业的搬迁而变化。商圈的变化意味着商业气氛和人流量的改变，这些都会影响到专业市场的招商和日后经营，所以要正视商圈的变化带来的威胁。

3. 投资意识低带来的威胁

不同地区市民的投资意识都不相同，投资意识的强弱将影响到专业市场的销售，有必要对其进行分析。下面是某珠宝专业市场的项目威胁分析：

内地政府和市民，思想观念还比较传统和保守，营商环境不太理想，投资意识也很薄弱。

4. 租金不涨带来的威胁

对于以租赁为主的专业市场，开发商的收入主要来源于租金，若租金水平不高，涨幅较少，将增加开发商成本回收的时间，从而降低开发商的利润空间。下面是某二手专业市场的项目威胁分析：

目前二手市场铺位的租金水平上升幅度较少（各场都采取首年或半年减半租金的招商策略），未来项目的利润空间可能有所影响。

5. 其他因素带来的威胁

除了以上的威胁外，还有其他的威胁，如消费者的消费习惯所带来的威胁、竞争格局变化的威胁等等，策划人员应从多个角度、多个方面去考虑本项目可能存在的威胁。

某汽配专业市场的项目威胁分析如下：

行业产品消费的习惯性威胁：批购者已经形成购买习惯，新的经营场所要进入良性的经营循环，需有大力的宣传推广才能实现。

某体育用品专业市场的项目威胁分析如下：

市场原有经营大户有感于现有环境的局限性，寻求另外发展的空间，在体育馆路以外的区域开辟新的市场，将对项目形成影响，造成一部分客源的流失，新成立的市场也将与本案项目形成恶性竞争的态势。同时一旦本案市场建造完毕，经营环境改善，许多经营户为了实现利润的最大化，将继续留在体育馆路段原店铺处经营，与项目市场形成‘一街两市’的竞争格局。

五、项目 SWOT 整合分析

在分析完项目的优势、劣势、机会和威胁后，应该对这四个方面进行整合分析，做到强化优势、改善劣势、把握机会、避免威胁，找出本项目开发的出路。

【优秀案例 2－47】　某家电专业市场的项目 SWOT 整合分析

参考点评：该案例的特色是将优势和机会结合分析、将劣势和威胁结合分析，让人清楚地看到本项目的有利地方在哪里，不利地方在哪里。不足之处在于没有将优势、劣势、机会和威胁四者结合在一起分析，找出本项目的出路。

1. 优势和机会点：

（1）商业背景优势：地处以前成熟的商业区；

（2）地段优势：三面邻街，直面×山路、左邻×一路、右邻×结路；

（3）价格优势：比周边同性质的楼盘价格低5%～10%；

（4）规模优势：总开发面积接近七万平方米，便于形成集聚效应；

（5）宏观经济和城市经济发展机会，使本项目投资开发潜力巨大，经济发展前景良好，为商业经营和商业投资创造了巨大的市场机遇。

2. 劣势与威胁点：

（1）商业规划无序，区域不清晰，功能不明确；

（2）主体二层和部分三、四层的结构布局，既不利于形成同一层整体大市场格局，也不利于商业垂直人流问题；

（3）市场前期销售未考虑市场定位，致使现阶段市场没有明确的经营定位，随意招商，随意入住，对整个市场定位形成障碍；

（4）至今没有建立起基本的销售基础，销售制度不明确，销售队伍素质较低，没有充分利用国家软、硬政策，导致现阶段出现巨大的销售压力；

（5）面临商业过剩威胁，经营和投资户信心不足，持币观望心态严重。

【优秀案例2－48】　某文体用品专业市场的项目SWOT整合分析

参考点评：该案例的特色在于采用矩阵的形式将优势、劣势、机会、威胁整合在一起，清晰明了。最后还对本项目的SWOT整合分析进行总结，找出本项目成功开发的决定因素。这是最常用的形式。

S（Strength）：优势 优势明显，在区域内可以建立领先商业地位的优势。	W（Weakness）：劣势 本案市场建设有先天的不足； 商业的大环境有待改造。
O（Opportunity）：机会 宏观环境看好，归行划市势在必行， 定位出彩是最大的机会点	T（Threat）：威胁 文体用品销售市场竞争激烈； 存在诸多不确定因素。

通过上述SWOT分析以及矩阵组合比较，可以基本掌握对本项目的总体评价，总体而言，本项目优、劣势因素明显并且存在不确定的威胁因素，因此产品（包括规划设计、市场定位以及现场环境展示）最终是否出彩成为本项目的最大机会因素。以下市场定位内容将以“强化优势、改善劣势、避免威胁、把握机会”的策略为出发点，提出系统的、适用的解决方案。

第三章　专业市场项目定位分析

专业市场的定位是一项花时间、花心力的工作，但是这项工作非常重要。专业市场定位清晰明确，将对接下来开展的项目规划设计、宣传、推广、形象设计等都会有一个明确的指导意义。

本章分成六个部分，分别是项目整体定位、项目客户群定位、项目形象定位、项目价格定位、项目业态定位和项目整体定位分析。根据项目自身的特点，在写策划报告时也可以把项目主题形象定位分析并入到项目整体定位分析中。

一、项目整体定位

项目的整体定位包括产品定位、类型定位、功能定位和档次规模定位。策划人员应根据本项目的需要选择定位的内容。

1. 项目定位四要素

专业市场由于大面积开发，进行准确定位成了项目开发一大难题。面对竞争激烈的市场格局和动态的市场因素，如何才能对专业市场进行准确有效的定位成了关键性的问题。对专业市场进行定位，应注意以下四点：

(1) 考虑城市的产业基础

很多城市都有显著的产业基础，产业基础的形成一方面是历史原因沉积的结果，另一方面是新兴市场蓬勃发展的结果。对城市的产业基础进行透彻的调查、分析并依托产业优势创造的市场机会使项目能够成为城市优势产业链中的一环，解决了专业市场的后期的经营、招商问题。

(2) 考虑物流交通网络

作为专业市场，首先要具备完善优质的交通网络。交通是流通的基础，只有大交通才有大流通。专业市场要红火，每天就必须有巨大的“钱货”交易量，而这些都离不开优质完善的交通网络，只有具备这些基本条件才能为专业市场的进一步繁荣提供保障。

(3) 考虑市场中、长远需求

市场需求永远是产品的生命力。作为专业市场，是消费者与生产商沟通的平台，是他们的中转站，不仅要解决谁来经营的问题，更要解决谁来消费的问题。只有以长远眼光考虑市场的中、长远的市场需求为导向，为专业市场建立完善的配套服务体系，专业市场才能做强做大。

（4）考虑市场辐射能力

通常来说，作为一个真正意义上的专业型市场，其辐射力要求相当高。大型的专业市场已经由简单“中转”功能迈向集“中转”“积聚”的复合型功能。只有建造高起点的平台，才有专业市场的高标准发展。

总而言之，大型专业市场的定位，一定要综合考虑以上诸多因素才能够为以后的良好经营打下基础。

2. 项目整体定位目标分析

对项目进行整体定位时，要先确定项目整体定位要达到的目标。只有把目标确定下来，后面的定位才能围绕这一目标发展，同时才能根据这一目标对项目整体定位进行评估。某玉石专业市场的项目整体定位如下：

（1）由外到内，由动到静，由低档到中高档，由目标消费到休闲消费；

（2）内外有序、划行归市、整体统一、相对独立；

（3）中高、中档、中低档价格互补，多种商品品类齐全，形成专业性综合市场；

（4）实现一、二期商业的互补、互促。

3. 项目整体定位指导思想分析

在确定了项目整体定位的目标后，接着就应该确定项目整体定位的指导思想，以这些思想指导其他项目定位。

【优秀案例3-1】　某文化用品专业市场的项目整体定位指导思想分析

参考点评：该案例的优点在于提出的指导思想比较全面，既站在开发商的角度上去思考问题，同时也考虑到目标客户利益。

（1）把握区域特征：定位的基础建立在市场调查分析的结论之上；

（2）强调扬长避短：根据本项目的优劣因素提出适用的解决方案；

（3）提倡可盈利性：以项目盈利在最短时间内得以最大体现为出发点；

（4）带动品牌衍生：通过产品的实现提升开发商及项目本身的品牌效应；

（5）体现可操作性：定位内容必须通过可操作的手法最终展现予目标客户；

（6）坚持以客为本：在保障开发商利益的基础上体现客户利益最大化；

（7）引导产品出彩：定位的核心内容在于酝酿产品的最佳设计方案。

4. 项目类型定位

项目整体定位主要包括类型定位、产品定位、功能定位、档次定位、规模定位、建筑形态定位和其他定位。在进行项目整体定位时，不一定要对以上的全部内容进行定位，可以根据本项目的要求选择某几种进行定位。

对于专业市场来说，类型定位是指要建哪种类型的专业市场。专业市场的类型定位要考虑项目周边的商业环境、产业优势和道路交通分布状况等。

【优秀案例3-2】　某专业市场的项目类型定位

参考点评：在拿到一块地后，往往不是马上就决定用这块地来建什么类型的商业物业，而是从几种类型定位方案中选择一种最适合的类型定位。该案例的亮点在于策划人员先确定了三种类型定位，然后通过对每一种类型定位进行详细的分析，最后才决定适合该项目的类型定位。这种思路值得我们参考借鉴。

项目可能成功的定位及理由

序号	定位	机会	风险	备注
1	日常消费零售业态	1. 本县商业业态及结构层次有待于改善 2. 商业主街改造，300余经营户面临二次选址	1. 本县的商业开发面积已饱和 2. 本项目的地段不属于核心商圈，项目周边2万人口不能支持4.5万商业零售面积 3. 人均消费性支出5639元，消费力较弱	地段及人口属不可控因素，因此，成功几率在40%以下
2	住宅+底商	1. 农民进城购房形势明显 2. 项目周边小范围无住宅楼盘	1. 项目地段不是理想居住区域 2. 地块价格相对较高，但住宅售价不高 3. ××路最新规划，不允许沿街普通商业	风险率为40%以下，但利润较少
3	生产资料市场	1. 市场空白，目前符合本业态的经营杂乱，影响市政发展 2. 市政规划可为项目带来置业户 3. 地块优势	1. 现有商业地产操作不成功，使投资市场疲软 2. 符合定位的现业态经营户的经营成本较低，相对本项目置业门槛较高	风险的可控因素大于不可控因素，成功几率在65%以上

三种定位详细分析如下：

定位一：日常消费品零售业态，建筑模式为卖场+步行街。

定位理由：消费品零售额占整个消费需求的60%以上，因此吃与穿永远是社会消费的主流。

定位二：住宅为主+少量底商。

定位理由：据调查，2004年全市城区居民人均可支配收入7538元，人均消费性支出5639元，其中人均居住支出827元，其他支出634元。人均居住支出占总支出的10.3%，随着居民收入的增长，生活水平的提高所占比重还会进一步增加。农民人均收入3643元，人均生活消费支出2275元，农民进城买房也成为可能。从以上数据可以看出，人民随着收入的增加，生活水平的改善，购买力越来越强。

此定位成功的理由：

1. 本县新一轮总体规划万户农民进城的政策，必然使住宅地产增加；

2. 县城建成了科技工业园，并有几十家企业入驻园区，当地居民都希望改善目前的居住环境，对住宅的需求迫切。目前政府对科技工业园区没有安排居住用地，随着园区的建设发展，区内人口将进一步增加，住宅需求较大。

3. 从住宅地产的发展态势图看出，本区域1公里范围内无住宅楼盘。

定位三：专业市场（二层建筑、商业步行街模式，业态上以五金、机电、汽修汽配、摩修摩配、农资批发为主）。

定位的理由：

1. 本县城无此类专业市场，按照国内城市发展的规律和城市消费需求来看，国内70%以上的城市有自己的能够满足居民生产、生活需求的专业市场，且此类市场能够较大程度上推动当地经济的快速发展。此定位填补了本县专业市场开发的空白。

2. 随着经济的发展和居民的收入增加，居民对生活质量的需求进一步提高，因此无论是消费者还是与此类定位相关的经营者，迫切需求有专业的市场。

3. 项目周边现商业业态符合就地改造商业操作

沿×山路、×民街、×前街目前的经营业种为：五金机电、建材、汽摩修（配）、装饰材料、农业生产资料（塑料薄膜）等，共300个经营户，经营面积约30000余平方米。

【优秀案例3－3】　某二手专业市场的项目类型定位

参考点评：该案例的亮点在于从项目位置、经营种类、项目档次和专营这四个角度对项目进行定位。虽然阐述不是很详尽，但言简意赅，恰到好处。

基于我们对××旧货商圈的调查研究，以及与开发商进行过多次的深入沟通，结合现时的市场状况，并综合考虑未来区域的发展，我们为项目确立以下定位：

（1）项目位置——××传统二手贸易腹地。

（2）经营种类——二手手机批发零售以及办公设备租售。

（3）项目档次——中档次大众化经营。

（4）专营≠专业，专营更是在专业的基础上的进一步深化，是集中了某种产品经营的规模与优势，产品的规模化经营将更有利于市场的竞争。

【优秀案例3－4】　某灯具专业市场的项目类型定位

参考点评：该案例可借鉴的地方在于策划人员根据前面的市场调查和本项目自身的特点，对本项目作出了两种类型定位供开发商选择。

（1）建议："一站式"灯具用品及配套服务专业城

定位阐述：

1）一站式——是指从灯具消费客户进入市场开始，即可全面的购买到自己的货物，商户将提供送货、安装、维修等全套服务。

2）成行成市——体现在灯具相关消费品的品种齐全，服务周到。

3）配套服务——是指针对于灯具的一系列的配套服务（清洗、维修、保养、更换、升级等）。

4）以商品类别及功能划分商铺的规模大小，以敞开式品牌专柜展示与DIY商品自助式服务相结合，统一商铺规格包装、统一营销推广的新型商业模式。

（2）建议：五金、建材、门窗专业城

市场基础：由区域市场调查资料分析得出，该区域五金、建材、门窗、布艺、装饰材料、灯饰、家私家具等大型专业市场和零散临街独立小商铺并存，商铺面积及租金价格受到规模及地段的影响，有一定的差异性，整体经营较为良好。如果项目首层商铺作为该行业的市场定位，也有一定的市场基础。但商铺开间间隔相对较小为宜。四层商铺以伙食团、仓库行业招商为主。

5. 项目产品定位

在做专业市场的产品定位之前，先要清楚明白专业市场产品定位的原则。笔者认为专业市场的产品定位有两条最基本的原则，一是要从目标客户群出发，做市场认同、消费者接受的产品；二是要有自己的风格，做别人难以克隆的产品。下面是某茶叶专业市场的产品定位：

（1）能为商户提供更有效的市场引导，为市场提供茶文化的平台。

（2）更好地营造×村茶文化作为支持点的特色茶叶批发市场。

6. 项目功能定位

功能定位是指该专业市场能够提供怎么样的一种功能，满足怎么样的一种需求。

【优秀案例3－5】　某体育用品专业市场的功能定位

参考点评：该项目为"住宅配套＋底商"的物业。该案例根据项目自身的特点给该项目的功能定位为：商业功能为主，居住功能为辅。另外该案例的特色还在于提出了商业功能要考虑的因素。

根据本市的城市规划设计要点，以及结合本项目的用地性质，可基本确定本项目的功能定位为：

主导功能以满足商业活动为主，同时兼容住宅配套服务功能。对于居住功能而言，物业类型将是高层建筑；对于商业功能而言，将以部分商贸城内的形式以街铺与内街铺面为主，建立影响力和规模大的体育商品批发零售中心。

值得一提的是，商业功能除了满足项目本身的主题服务之外，还有如下重要的考虑因素：

（1）开发利润的体现；（2）商业氛围的营造；（3）居住休闲功能的增加。

7. 项目档次定位

从严格意义上来说，专业市场的档次是由建筑物、商业形式和购物环境等要素综合反映的。专业市场的档次定位要符合市场的需求，定得过高或过低都不利于专业市场的经营。

【优秀案例3-6】　某体育用品专业市场的档次定位

参考点评：该案例值得参考借鉴的地方在于先对区域内的其他同类型专业市场的档次进行调查分析，然后再根据它们的情况和市场的特点对专业市场进行档次定位。同时指出了为了展示这一档次，专业市场的外观和内部环境应该怎样设计，形象包装、主题推广、价格定位应该怎么样等。

主要借鉴项目的商业类型及商业档次

名称	商业类型	建筑设计	购物环境	商业档次
运动一百	零售为主。主要经营体育用具、配件、体育休闲服装、鞋类	现代建筑、时尚休闲	交通便利 舒适、全天候	中高档
环动体育	零售为主。主要经营体育休闲服装、鞋类	运动、时尚、青春、互动	交通便利 舒适、全天候	中高档
运动流行语	零售为主。主要经营体育用具、配件、体育休闲服装、鞋类	运动、时尚、青春、互动	交通便利 舒适、全天候	中高档
龙之杰	零售为主。主要经营体育休闲服装、鞋类	现代、时尚	交通便利 舒适、全天候	中高档
体育馆路	批零兼营，主要经营体育用具、配件、体育休闲服装、鞋类	建筑陈旧、经营落后	消费不便 有天气阻碍	中低档

×育馆路市场在与××市具有代表性的相似商场作出对比后，现有的资源和市场发展状况是不容乐观的。为了使本案未来的发展空间更加辽阔，本案的建筑建设从卖场的外观上就首先要超越×育馆路的现有店铺。体现专业文体用品批发商城的商业霸气，给投资客和消费者很有实力的感受，激发潜在的投资和消费欲望。在内部商业环境的构建上，建设通透明亮的购物交易环境，给予经营户人性化的商业关怀。切实可行的档次定位，不是去追求过于超越本案区域的高档商业，但也不能完全被现有的环境所束缚，而毫无自身的商业档次和品味。

符合本案的商业档次应是中档定位，适度超越同区域内的商业档次。考虑本案市场的未来经营状况，高档的商业明显与该区域的消费实力不符。在包装表现的形式上可以现代时尚的主题进行推广，在商业价位上以中档的姿态入市，为本案市场创造发展的空间。

8. 项目规模定位

专业市场的规模定位应该根据市场的需要，规模定得过大，市场很难消化，规模定得过小，又很难形成规模效应。如某小商品专业市场的规模定位：

市场总面积10多万平方米，经营摊位1万个，市场经营人员2万余人，日均客商流量6万。市场要汇聚28大类10万余种商品，日货物吞吐量1000多吨。

9. 项目建筑形态定位

专业市场的建筑形态定位是指专业市场层高多少，各层的主要功能是什么。如某灯具专业市场的建筑形态定位：

按公司暂定规划，本项目共十四层，其中地上十一层，地下三层。地下三、二层为仓储、设备用房、物业管理及部分停车场；地下一层至地上六层为经营用商铺；七至十一层提供其他配套服务功能。

二、项目客户群定位

第二章的第四节已经对项目客户群进行了分析。本章的项目客户群定位是指根据本项目的档次、产品等定位确定本项目的目标客户群。

1. 目标客户群的确定

在对项目整体定位结束后，策划人员应在这些定位的指导下确定本项目的目标客户群。

【优秀案例3-7】　某服装专业市场的目标客户群定位

参考点评：该案例目标客户群定位的思路是“投资者——经营者——终端消费者”这是最常用的思路。该案例除了确定目标客户群外，还对这些目标客户群进行简单的描述。

(1) 投资收租者

×湖区，尤其×贝四路区域或其他区域的地产投资客投资地产收租，不自己经营，以原居民居多。

(2) 自购经营者

×湖区，尤其×贝、水×片区的生意主，自己购买铺位进行经营。大规模、专业化的商场统一经营对小规模的散铺式经营是一个巨大的冲击。因此，该区域的小店经营主会转变经营方式，加入到大商场中来。

(3) 租赁经营者

×湖区、尤其×贝区域的生意主，由于经济能力或其他原因不能购买商业面积，但还是会租赁一定的商业面积来进行商业活动。

(4) 终端消费群体

1）专业市场吸引来的目标消费群；2）×贝、水×区域里的工薪阶层；3）×贝区域附近的原居民及暂住居民；4）×贝四路其他片区商业分流客户群。

【优秀案例3-8】　某建材专业市场的目标客户群定位

参考点评：该项目的目标客户群定位除了涉及生产商、经营者外，还包括一些配套的银行和公司，如钢材供求信息公司、物业管理公司、物流公司和结算银行。这也是值得参考的。

(1) 钢材进口贸易公司。

(2) 国外钢材生产厂。

(3) 国内钢材生产厂。

(4) 吸引本市及其他地区钢材经营公司进场经营等。

(5) 钢材经营户，将每个单元产权出售给经营商户。

(6) 钢材制作加工企业进区经营，如板材卷开平、钢结构件、代下料切割等。

(7) 钢材供求信息公司，信息是交易的先导与基础。信息充分、及时反映国际国内钢材供求价格信息、货运配载信息，吸引势力强的信息公司进入运营。

(8) 结算银行，提供资金快捷、安全结算。

(9) 物业管理公司，提供优质的物业管理服务。

(10) 物流公司，将钢材按用户要求快速、高效、经济、安全配送。

【优秀案例3-9】 某婚纱摄影专业市场的目标客户群定位

参考点评：该案例是一个针对于招商客户群定位的案例。该案例的特色在于它的目标客户群定位的思路是按照经营产品的品种来定位，指出各类产品的目标客户群是什么，并对这些客户群作出分析。

本项目招商的主要针对目标是：照相机厂商、婚纱礼服生产厂家、照相机配件生产厂家、影楼消耗材料厂家、数码产品、培训和其他一切与摄影、婚纱影楼相关的产品的生产厂家和经销商。

(1) 照相机（包括摄像机）厂商尤其是专业照相机的产品齐全度和价格竞争力是任何一个摄影器材市场的重中之重，照相机是整个行业赖以生存的最基本的工具。国内照相机厂家很少，绝大部分为国外厂家，招商就只能针对当地的区域经销商。厂家对照相机经销要求的资金实力等各方面都比较高，而且已经存在了很长时间，所以他们也不可能轻易改变店铺地点，除非确信市场比较稳定持久，所以这在招商中是难度最大的。

(2) 婚纱礼服的生产厂家因为绝对数量多、需要营业面积大等原因成为了绝大多数批发市场的主要利润来源。婚纱礼服的生产等同于服装生产，单件利润相对服装较高，近两年来众多服装厂家涉足婚纱礼服生产，厂家数量急剧增加。婚纱礼服的充分展示至少需要六十平方米以上，相对照相器材等营业用地需求较大。婚纱影楼作为流行产品的生产车间，对婚纱礼服的更新也比较快，一般的影楼每年的采购更新要达到五十件以上，商家利润可观。这部分人群在市场中占有的比重最大、面积最大、对市场的房租贡献率最大、对人气带动较大、最容易招商进场。

(3) 照相机配件包括照相机本身的各种附件，如镜头盖、绿色镜、脚架、影视灯等相关物品，也包括暗房用品和感光材料等。这部分生产厂家大多不以这些产品为主营收入，而是以机械配件、光学器材等为主，当然也有少部分厂家专注摄影器材行业。总体数量比较多，全国估计有400家左右，但是大多不会直接进市场设点经营，而是找区域经销商或者与其他厂家配套或者直销。这部分厂家对市场的房租贡献率很低，但是对市场的吸引力确实很重要，照相机配件的多少往往标志着一个市场招商经营的成功与否，对于顾客来讲标志着货品是否齐全，对其他厂家来讲也是影响其是否进厂的主要影响因素之一。

(4) 影楼的消耗材料包括美工用品、相框相册、化妆造型用品等各个方面，这个方面的美工用品和化妆品厂家较少，产品可替代性较强，产品利润率较好，经销商数量一般，很多婚纱、相册厂商可以兼营，对于市场招商来讲可以忽略不计。相框相册最近三年生产厂家较多，有若干知名品牌，产品利润很低，消耗量很大，仓库需要多，很多装饰材料的作坊可以顺利切入，招商难度主要在知名厂家。影楼消耗材料商家的多少会直接影响影楼客户的心理和采购，而影楼客户是市场成立后最主要的大客户，也是大多商家的利润来源。

(5) 数码产品主要包括传统照片的电脑处理、数码相机、摄像机、数码耗材等。这个方面是国内大多照相器材批发市场欠缺的部分，随着整个社会的数字化，婚纱影楼与数码产品的融合是必然趋势，数码产品的多少和经销商的多少体现了摄影器材市场的可持续发展潜力和活力，是市场现代化气息和产品门类齐全的象征。但是由于摄影行业的从业人员经历、职业习惯、消费习惯等，数码产品仍然以电脑城为主，在摄影器材招商存在一定难度。

【优秀案例3-10】 某小商品专业市场的目标客户群定位

参考点评：该案例是一个针对投资客户群定位分析的案例。该案例的特色在于它的目标客户群定位思路是按照区域来分的，先对本地的投资客户进行定位，再对外地的投资客户定位，这也是值得参考借鉴的。

(1) 本地投资客户

1) 生意者：乡镇的中产阶级，手头经常比较充裕，喜欢做些投资。

2) 城镇富裕阶层：大量的流动资金，是不动产投资的常客，有较强的投资眼光和市场洞察力。

3) 公务员（有灰色收入）：商业房地产投资上的一股隐力军，是出手大方的投资客。

4) 有投资理念的家庭：有一定的收入，但经济实力不强，所以在投资上较为谨慎小心。

(2) 外地投资客户

周边市县的富裕阶层，一些生意人或较高收入者，也是项目的目标客户。

2. 目标客户群的分析

在对目标客户群定位完后，有必要对这些目标客户群进行针对性的分析，分析的内容可以包括：年龄、行为特征、购买偏好、需求面积、区域来源等等。如某体育用品专业市场的目标客户群分析：

(1) 年龄：30~50岁。

(2) 行为特征：有相当的经济能力；注重商铺周围的商业环境；了解本市的商业环境和背景；熟悉商业动态；了解商铺价位；有较成熟的判断行为能力；投资较为谨慎。

(3) 购买偏好：宁愿选择成熟的商业圈地带，物业管理到位，市场布局合理，实际价位与心理价位相距不远，投资前景可以预见的商铺，注重物业素质，尤其是整体的商业潜力。

(4) 需求面积：面积在20~30平方米或30~50平方米之间。

(5) 物业选择：实用型的客户选择位置好，面积适中的商铺。

三、项目形象定位

形象是受众对该项目的感知。项目形象主要是指该项目视觉识别，其核心部分包括项目的名称、标志、标准色、标准字体等。要求造型设计既要富有意境，又要突出个性，形象鲜明，便于记忆，便于宣传，以统一运用于项目形象包装。这部分内容主要介绍项目名称定位和项目形象定位这两个部分的内容。

1. 项目名称定位

一个好的项目名称使人有亲切喜爱之感，让人印象深刻，让人们注意、记忆、喜爱、传播。好的项目首先要有一个响亮易记的项目名称，因此，项目名称的确定对专业市场来说非常重要。

项目的命名一般有两种格式，第一种格式是“地名＋项目”，如“广丰县王洋大市场专业市场建设项目”。由于在刚开始时项目的名字还没有确定下来，所以一般会在项目名称后面加上“暂定名”三个字，如“成都五块石商业地产项目（暂定名）”。第二种格式是“地名＋类型＋专业市场”，如“南宁金桥农产品专业市场”。

【优秀案例3－11】 某体育用品专业市场的项目名称定位

参考点评：该案例的亮点在于策划人员给该项目定了两个项目名称供开发商选择，增加了与开发商的互动。同时策划人员又对每个项目名称作出详尽的解释，让开发商明白这样命名各有什么好处。

项目名称一：运动第五季商业城

核心词：“运动第五季”，是项目对所处区域的代名诠释，完全改变消费者对原有商业市场的印象。

第五季是运动四季的延伸，也是商业思想的解放。没有老旧的商业禁锢，新规划当中的市场将完全改变过去老××路段街区的商业不良形象；

××路区域是传统体育商业的核心部分，本身商业氛围浓厚，历史积淀充分，市场潜力无限，从商业的角度上讲，“运动第五季”这个名字，具有极强的号召性和想象空间；

继承老街区的体育商业底蕴，深层次的引导消费者和经营户，完全取代现有的老街市场。“运动”这个名称会带给人一种情绪上的归属感，从而向往更高层次的商业形态蜕变；

“运动第五季”商业城，不仅体现在商业环境的营造上，更多体现在商业人文关怀上，人文关怀是“商业”的延伸内容；

“运动第五季”商业城将营造一个自然、惬意的商业环境，和建设休闲，舒适的生活方式。

项目名称二：体育大世界

对于体育大世界这个项目名称我司认为它的意义不仅仅是新市场的商业概括，也将完全替代和延伸××馆路现有商业模式和环境，使用这个项目名称将加速原有××馆路经营环境的衰败，使现有的经营户转移进入本案的市场内经营，可以做到完全替代体育馆路原有市场。

【优秀案例3－12】 某装饰材料专业市场的项日名称定位

参考点评：该案例与案例3－11一样给出了几个项目命名方案供开发商选择，也同样对各个名称进行了分析。唯一不同的是分析的角度不一样。该案例是从项目名称中每个字的含义去分析，并指出了该命名的优势与劣势。

项目命名一：博兰迪地面装饰材料品牌专卖城

释义：博兰迪是“品牌”英文brand的英译。从品牌的角度来看，这个名字的最大优势是借用目前最为流行、最备受商家重视的“品牌”作为它的卖点，brand译成中文后为“布蓝迪”，名字有点洋化意蕴，且易记、易于传播。

项目命名二：新绿地地面装饰材料品牌专卖城

释义：“新绿地”起名的角度是延续楼盘名称“××春天”环保、健康的概念。“新”字突出时尚，“绿”字紧跟环保、自然潮流，“地”有空间、地方之意，整个命名言简意赅，并与××春天有互补之意，其缺点是不能体现比较浓的商业气息。

2. 项目形象定位

专业市场项目形象定位的意义在于指引楼盘Ⅵ设计、指引广告创意表现、指引广告诉求内容、指引现场环境布置风格和甄选营销手法等。所以项目形象定位起着举足轻重的作用，将影响着日后工作的开展。

对项目的形象进行定位，可以用一句话简单地说明本项目的形象定位。

【优秀案例3-13】 某体育用品专业市场的项目形象定位

参考点评：该案例的亮点在于其在确定本项目的形象定位后，针对该形象定位指出了需要从哪几个方面去努力才能达到这一形象，非常值得参考借鉴。

为了能在目标客户中建立鲜明而且统一的物业形象，从而达到与其他竞争楼盘实现差异化的策略目标，在符合上述物业定位总体把控的原则基础上，本项目的形象定位锁定为：市规模种类最大的综合性体育商贸批发市场。

(1) 建筑完美性

1）体现在总体规划设计以及建筑、环境的完美追求；2）在细节的处理上体现对商品经营者的关注。

(2) 商业亲和力

1）充满人性化的商业设计理念；2）商业与建筑、环境的和谐统一；3）业态布局的精心安排。

(3) 个性

1）体现在建筑风格以及空间使用的个性特征；2）市场内部环境的个性要求；3）提倡个性化的物管服务，尊重业主，以客为本；4）广告诉求的商业个性化。

(4) 服务

1）精全的配套商业服务；2）自成体系，不假外求。

(5) 引以为豪

1）引领性的商业物业，足以代表商业地位；2）展现物业本身的自信特征；3）管理顾问，其管理手法最好在销售现场能予以销售展现：如专业的保安人员、精致的配套建设、细致周到的物业服务、温馨的商业提示。

四、项目价格定位

价格是影响投资者购买、经营者租赁的关键因素。因此，价格的制订除了取决于成本以及利润因素之外，更重要的是取决于市场和竞争对手。项目价格定位是指确定项目的价格范围或均价，至于细到每个商铺的价格应该在营销执行阶段才确定。

1. 价格策略的确定

在制定项目价格策略之前，有必要先对各种价格策略进行分析，了解各种价格策略的特征和适用范围。

某专业市场的项目价格策略分析如下：

(1) 低价策略：入市或淡市下常被采用。

(2) 一口价策略：不分楼层朝向统一价格。

(3) 步步高价格策略：低价入市，逐步提高。

(4) 客户定价策略：客户在底价的基础上任意出价。

(5) 优惠价策略：以让利来吸引客户。

(6) 差别定价策略：如将某些部分单位故意抬高价格，目的是促销相邻的其他单位。

(7) 高价策略：市场需求大时常被使用。

以上价格策略应根据市场反馈信息，灵活运用组合，以达到最佳之效果。

在了解完各种价格策略后，接下来就应该选择一种适合本项目的价格策略，并对所选的价格策略进行适当的分析。如某家居装饰市场价格策略的确定：

根据我们对目标市场的仔细调研和深入分析，本项目的入市定位应采取低开高走的价格策略，入市定位应当较具弹性空间，入市时富有较强的市场竞争力，能让先购者的物业升值，同时使投资人士的投资具有炒作的空间。但也应当注意入市价格太低并非好事，这样会使购买者认为开发商对物业没有足够的信心，所以定价适当与否是影响销售至关重要的因素。

【优秀案例3－14】　某纺织品专业市场的价格策略

参考点评：该案例着重于确定价格动态调整策略，不仅确定了每次的涨幅范围，还指出了提价的时机，值得参考。对于很多商业物业，特别是专业市场，多采用低开高走的价格策略。目的是以优惠甚至震撼的价格入市，以优质优价的形象打入市场，抢占份额，获得市场的积极关注，聚集人气。实践证明，这种价格策略是最为保险而且容易造成项目热销效果的方法。

（1）价格动态调整策略

1）中后期微利提价

经过一段时期销售，消费者对商业物业有了充分的认识，加上物业工程进展越来越显示优势，这时可进行适当的提价，但这种提价必须慎之又慎，必须是渐进式地、平稳地上扬，要小幅递增，一般每次涨幅在2%～5%之间。

2）时机选择

当某个商业物业出现抢购，价格走高是大势所趋，及时提价能取得更好的收益。提价要精心策划、高度保密，才能收到出奇制胜的效果。但在提价后要加大对已经购买的客户的宣传，让其知晓所购物业已经升值，他们会向亲戚朋友宣传，起到口头传播的作用。

3）提价幅度适中

平开高走策略若提价速度过快或幅度过大，会使购铺者停滞观望，后期预留的提价空间较早失去，从而让竞争者夺走客户。消费者对价格的细微变化都是非常敏感的，一般来说每次提价应不超过总价的3%，否则客户会有所顾忌，反而不愿购买。

（2）价格推广策略

1）总体策略

考虑到物业整体销售推广过程中的高价阻力（商铺售卖过程中如出现高价阻力点，整个物业营销进展将因此产生巨大打压），实现商铺平价入市，高走收盘的销售目标，应尽可能地采用灵活多变的方式促进销售进程，为目标客户群减压，提供六成（有待协商）按揭、分期付款等方式。

2）提价策略

提高销售价格的前提是：当旺销的状态持续半个月以上。其目的是为了聚集客群的购买需求，促进销售；随时统计分析客群感兴趣的热点、焦点，准确把握宣传的切入点，为提价做有理有据的广告支撑；小幅度阶段性提价，每次提价幅度在2%～5%之间；升值信息宜同时在各种传播媒体发布。

3）销控

掌握好销控节奏，分批推售，提价以销售阶段和效果作为依据。

2. 价格定位的原则

专业市场的价格定位，除了要考虑物业本身的特点，如工程造价、楼层、位置、造型、装修、年限、用途等现实条件以外，还要根据市场状况、买家心理、发展预测等因素加以确定，即从开发成本和市场价值两个方面综合考虑。

专业市场的价格定位有以下几大原则：

(1) 以工程造价为基础；

(2) 以项目的附加值、稀缺性和唯一性等为依据；

(3) 考虑合理利润；

(4) 考虑市场影响因素。

3. 价格定位的方法

价格定位的方法有多种，最常用的方法有成本核算法、市场比较法、租金反推法和客户心理定价法。策划人员在进行价格定位时，应从这四种方法中选三种对项目进行价格初定，然后从这三个价格中确定适合本项目的均价。

(1) 成本核算法

成本核算法是考虑成本回收的基础上兼顾适当的目标利润而得出的价格。在一般情况下，用成本核算法得出来的价格并不能作为专业市场项目的定价。因为在现实生活中，专业市场的价格是由市场供需情况决定的，所以用成本核算法得出的价格只能作为参考。

(2) 市场比较法

市场比较法也叫做综合品质定价法或市场比较加权系数法。市场比较法一般适用于房地产发展比较成熟的区域，以可比对象的价格作为参考依据，结合项目自身情况制定价格。对于专业市场的价格定位，市场比较法是最常用的一种方法。

市场比较加权系数法是通过对项目具有可比性的物业的价格分析比较，以一种较科学和客观的方式计算项目的参考价格的方法。下面是市场比较法的一般步骤：

第一步：选取具有可比性的物业资料，以其均价作为原始数据的基价，然后根据实际情况，定出各参照项目引起差异的各因素的修正系数，用以调整本项目与参照项目因上述因素的对比度而产生的价格上差异，从而得到更具可比性和参考价值的相对基价。相对基价 = 基价/修正系数。

第二步：权衡各参考项目在销售等方面对本项目的影响程度，定出不同的加权系数，从而综合各项的相对基价，得出本项目较客观的定价参考值——项目基价。项目基价 = (相对基价 × 加权系数) 求总和。

附加说明：

基价：与对比的物业，在付款方式、装修标准均相同的平均售价；

相对基价：扣除各种因素后而得出的平均售价；

权重：同时进行对比的楼盘各自所占的比重；

系数标准：以项目本身为100%基准，如果比项目好则高于100%，相反则低于100%。

根据项目实际情况的可比性，分三个级别，分别为：

第一级：2至10百分点（即102%~110%），好；

第二级：-1至1百分点（即99%~101%），中；

第三级：-2至-10百分点（即98%~90%），差；

以上系数并不是永久固定的，而是根据各物业各因素的变化，其系数标准亦不断变化。

【优秀案例3-15】　某汽配专业市场的市场比较法定价

参考点评：该案例的亮点在于计算价格的思路很清晰，而且在计算均价前先说明市场比较法所运用到的数学方法，让人更容易明白这种定价法的原理。唯一不足之处在于它所确定的权重要素不够多，只有地段、交通、规模、档次、规划、配套和经营7个方面，不够全面。

各要素权重统计表：

地段	交通	规模	档次	规划	配套	经营
20%	15%	10%	10%	15%	10%	20%

项目综合品质评定：

编号	名称	地段	交通	规模	档次	规划	配套	经营	综合品质
1	××物商城	95	95	95	90	85	85	95	92
2	××豪庭、丽景苑	85	85	75	80	75	75	75	79
3	××路精品街	85	85	75	80	75	75	75	79
4	××华庭	85	85	75	80	75	75	75	79
5	××国际汽车城	75	80	95	80	85	85	80	81.75
6	××国际	75	75	80	90	80	80	80	79.25
7	×和、星国际	80	80	75	80	75	75	75	77.25
8	××商业中心	80	80	80	85	80	80	80	80.5
9	本项目街铺	85	90	95	80	85	80	80	84.75

通过对本项目的各权重因素打分并计算得出本项目的综合品质为84.75

项目可比均价统计表：

编号	项目名称	销售均价（元/m^2）	综合品质	可比均价
1	××购物商城	30000	92	326
2	××豪庭、丽景苑	10000	79	127
3	××路精品街	二层连售：6000	79	76
4	××华庭	二层连售：7000	79	89
5	××国际汽车城	6000	81.75	73
6	××国际	四层连售：5000	79.25	63
7	×和、星国际	三层连售：6000	77.25	78
8	××商业中心	二层连售：6500	80.5	81
9	本项目街铺	9662	84.75	114

可比均价＝各项目均价/各项目综合品质。

本项目的可比均价＝各项目可比均价之和求平均值＝114。

本项目的销售均价＝本项目综合品质×本项目可比均价＝84.75×114＝9662。

由综合品质评定法得出：本项目的街铺销售均价应在9662元/平方米左右。

（3）租金反推法

租金反推法是按照项目周边相同或相似项目的租金水平通过反推的手法来推算出本项目的

销售价格。具体的算法是用周边租金水平除以周边项目投资回报率平均值。

【优秀案例3-16】 某纺织品专业市场的租金反推法定价

参考点评：该案例值得参考的地方在于先用表格的形式写出周边项目的租金，然后根据这些租金得出项目周边的租金水平，再计算出项目的均价。值得注意的是，其商铺销售采取返租的策略，则要考虑返租的年限计算出项目的实际销售均价。

本项目周边相同或相似项目内铺的租金水平如下：

编号	项目名称	月租金［元/（m^2·月）］
1	×纺织市场	东区、中区：25/北区：20 西区一层：20/西区二层：15
2	×商品城	一层：20~45/二层：18~35/三层：15~25
3	××家居	一层：65~80/二层：40~50/三层：35~40
4	××汽配城	22~30
5	××香港汽配城	二层连租：18

相对来讲项目周边的商铺租金还是比较接近的，只有×商品城由于建成时间较早知名度较高，且经营状况一直良好，所以租金水平要高于其他项目。项目周边平均租金在25元/（月·平方米）左右。但由于本项目为新建成的项目，需要一定的市场培育期，所以在收取租金方面应有相应的优惠。如果按照现有市场租金的9折计算，即25×90%=22元/（月·平方米），即每年每平方米的租金为264元，故：

本项目商铺（一层）的销售价格=周边租金水平/周边项目投资回报率平均值=264/8%=3300

由于本项目商铺销售将建议采取返租的策略，具体回报率为8%连续返5年，总共回报40%。

因此本项目商铺的实际销售均价=3300/（1-40%）=5500

因此通过租金反推法计算得出的本项目商铺实际销售均价在5500元/平方米左右。

（4）客户心理定价法

如果说市场比较法和租金反推法是按照供应市场来定价的，那么客户心理价位则是从需求角度去考虑客户对价格的承受能力。客户心理定价法是专业市场价格定位必须要使用的一种方法。下面是某服装专业市场的客户心理定价：

通过来电来访登记，上门拜访等方式，我们对潜在客户进行了拉网式的调查，调查客户总量在300个左右，以下为客户对街铺售价的接受意见。

均价范围	8000元以下	8000~9000元	9000~10000元	10000元以上
客群数量	45	79	161	15
所占比例	15%	26%	54%	5%

由上表可以看出，可接受街铺均价在9000~10000元之间的客群占到了半数以上，而这一部分也是本项目的主力客群。均价在8000~9000元以下的客户群比例也占到了近1/4左右。均价

在8000元以下的客户群比例占到15%，这一部分客户群主要是受主观意识影响接受价位较低，但随着对本项目的深入了解相信在实际销售过程中他们也是可以接受更高一点的价位。均价过万元对于大多数客户都不太能接受，能够接受的仅占到5%，可以说10000元对于客户来讲基本是上限了。

4. 项目价格定位分析

在项目价格定位前，要对项目周边商铺的售价和租金进行调查，了解项目周边商铺的售价和租金水平，为项目的价格定位作准备。

【优秀案例3-17】　某家居广场的商业物业售价分析

参考点评：该案例对项目周边商业物业售价进行调查的目的除了解它们的售价外，还要分析价格水平和销售率的关系，同时还调查了各商业物业的折扣优惠。该案例先对项目周边的商业物业进行调查，用表格表示出来，再分析该区域的售价水平。这种分析思路很清晰，值得借鉴。

项目周边商业物业售价分析

序号	楼盘名称	楼层	均价（元/m^2）	销售率	折扣	
					按揭	一次性
1	×景公寓	一层 二层	5600~6200	80%	9.9折	9.8折
2	×景MALL	四层	一层3980	70%	9.8折	9.7折
3	×蓉商业广场	一层 二层 三层	4100 2600 1800	60%	9.9折	9.8折
4	×湘商业广场	一层	3800	80%	不打折	不打折
5	×丽文化广场	一层 二层	3380~8800	90%	9.9折	9.8折
6	×安居商业广场	一、二层 单一层	7800 13000	60%	9.9折	9.8折
7	×园新城	一、二层 三层	5000 1300	60%	9.9折	9.8折
8	×业品市场	一层 二层	7000 4600	无		
平均		一层 二层	7573 2930	69%	1%	2%

由于临街商铺主要是以套铺的形式销售，整体面积偏大，价格偏低，没有可比性，对套铺只能采取价值分割方法计算售价。市场调查结果显示，××市同类商业物业一层平均价格水平维持在7573元/平方米，二层平均价格水平维持在2930元/平方米，销售率达到69%，折扣一般在1%左右。

在对专业市场周边商业物业的租金和售价调查完后，接下来就应该运用上面所介绍的价格定位的方法对专业市场进行定价。专业市场的价格定位并不是用这四种方法中的任何一种方法算出来的价格，而是这几种定价方法综合分析的结果。

【优秀案例3－18】　某纺织品专业市场的项目价格定位分析

参考点评：该案例是一个销售价格的定位案例，它是根据市场比较法、租金反推法和客户心理定价法三种方法得出该项目的销售均价。该案例的特色在于提出二、三层暂时不要销售，这种销售策略值得参考借鉴。

定价方法	市场比较法	租金反推法	客户心理价位
街铺均价（元/m^2）	5460	5500	5000～6000

由上表可以看出，无论是市场比较法还是租金反推法得出的结果都是符合客户心理价位的。

综合三种定价方法的结果，内铺一层定价为5500元/平方米。二、三层建议暂时不要销售，可采取放水养鱼的方式，待市场作旺后再考虑销售。不过如果前期需求量大，二层也可销售一部分，售价可采用常规的定价原则，即二层销售均价＝一层销售均价×（50%－60%）＝5500×(50%－60%)，即二层销售均价在2750～3300元/平方米之间。

【优秀案例3－19】　某建材专业市场的项目价格定位分析

参考点评：该案例是一个租金价格定位的案例。该案例的特色在于对每类商铺的租金都作出了定位，同时还指出了未来四年各类商铺的租金调整幅度，目光比较长远，考虑比较周到。

租金价格定位：

采取科学严密的市场调查后，在本市各大建材卖场、沿街商铺的现执行价格的基础上，对××建材广场制定价格政策。为了吸引大量的重要交通路段的沿街商铺，使本项目在业态集中、区位等优势的基础上更具竞争力，前期招商价格定位较低，此价位的租赁合同期限限定在6～12个月。

一层沿街商铺40～50元/（平方米·月），非沿街部分35元/（平方米·月）；

次层商铺30～35元/（平方米·月）；

三层商铺25～30元/（平方米·月）；

四、五层20元/（平方米·月）。

价格调整幅度：

单位：元/（m^2·月）

楼层 \ 时间		第一年	第二年	第三年	第四年	………
首层	沿街	40～50	48～60	58～72	70～86	
	非沿街	35	42	50	60	
次层		30～35	36～42	43～50	52～60	
三层		25～30	30～36	36～43	43～52	
四、五层		20	24	29	35	

项目正常运营时，将适当的调整租赁价格，主要是逐渐缩小各个楼层、业态区之间的价格差。全面小幅度的提高项目的租赁价格。

五、项目业态定位

专业市场业态定位也就是要确定专业市场的具体经营产品品种和范围。在专业市场项目业态定位前，要先对专业市场周边项目的业态种类进行分析；在专业市场项目业态定位后，要对专业市场各楼层或各区域进行业态规划。

1. 业态调查分析

这部分主要是针对项目周边区域或项目竞争者的业态进行调查分析，从而寻找出存在着市场空间的业态，为专业市场的业态定位作准备。如某专业市场的区域业态分析：

楼号	经营主题	商品规划
A座	×兰皮具商城	中低档皮鞋、箱包
	×花文体超市	文化办公用品、体育器材、乐器
B座	×花小商品市场	中低档服饰、百货、小商品
	××民品市场	民族布料、服饰
C座	××家具广场	各种家具、灯具、装饰材料、床上用品
D座	××家电超市	各种家用电器
E座	××时尚名街	中高档男女服饰、皮鞋、日用品、妇女用品
	××儿童世界	童装、玩具、儿童用品
F座	××布料、针纺织品市场	布料（艺）、窗帘、针纺织品、婚礼用品
G座	××休闲空间	美容休闲、茶吧、棋牌室
H座	××精品广场	化妆品、精品配饰
I座	××珠宝商城	黄金、珠宝、钻石、玉器、眼镜
J、K座	××数码通讯广场	手机、相机、计算机硬件、软件及电信、铁通、移动、联通营业厅
L座	××小家电批零市场	各种小家电、厨卫电器、音响器材、音像制品等

【优秀案例3-20】　某生产资料专业市场的区域业态分析

参考点评：该案例可参考借鉴的地方在于其分析了各业态所需的经营面积，这将有利于后面将要进行的业态规划，同时该案例还通过调查分析得出目前存在着市场空间的业态。

现有业态情况分析统计表

序号	业态	现经营面积	体量统计	所需面积（市场超前建筑按现有面积的20%计，单位：m^2）
1	汽修配、摩修配	30～200m^2，仅配件经营面积单层为30～70m^2，修理车间为80m^2左右	103个经营户	10000+2000=12000
2	装饰材料	75～250m^2	30家	3600+720=4320
3	五金、机电	30～98m^2	38家	2660+532=3192
4	农资	50～80m^2，但需要经营面积2～3倍的仓库	15家	900+180=1080
5	汽饰、家饰	80～200m^2，洗车车间	28家	3360+672=4032
6	灯具	45～87m^2	5家	360
备注	1. 派生的经营户包括目前现有业态的经营户的20%，另外还有目前××市场空白，但有着市场需求空间的业态（陶瓷、洁具、卫浴设备、地板等），此类业态超前建筑面积按同类经营面积的40%～50%计，即有2150m^2 2. 其他市场辅助业态预计面积为市场总建筑面积的8%～10%，即3000m^2			

2. 项目业态定位

经过前面的区域业态分析，接下来就应该对本专业市场进行业态定位。对专业市场进行业态定位只需用简单的语言表述专业市场的经营范围即可，某地面装饰专业市场的项目业态定位：

集木地板、复合地板、块毯、抛光砖等地面装饰材料，形成××四路地面装饰材料品牌专卖城。

3. 项目业态规划

在对专业市场项目进行业态规划前，必须先了解业态规划的原则：

（1）业态相近原则：即符合同一类消费的业种就近规划；

（2）业态互补原则：即消费者购物的便利性，各业态要按消费者购物习惯进行业态规划组合。

除了以上的两条原则外，专业市场的业态规划还应考虑各门面间的人流量分布，解决上下的通路引导，尽量消除商业死角，建立便于引导消费者购物和经营户日常活动的有效通路。

（1）按楼层规划

按楼层进行业态规划是使同一楼层的业态都是相同或相似或互补的。这种规划方式比较清晰，方便消费者购物。如某美容化妆品专业市场的业态规划：

一至四层：化妆品销售展示中心；

五楼：大型专业美容中心；

六楼：大型健身美体中心；

七楼、八楼：名牌化妆品经销商写字楼。

除了像上面的案例那样直接写出各楼层的业态外，还可以用表格的形式表示。

【优秀案例3－21】 某手工专业市场的项目业态规划

参考点评：该案例的亮点在于除了对各楼层进行业态定位外，还确定了各楼层的经营模式和目标客源，值得我们参考借鉴。

根据我们对××商圈的研究，我们为项目制定的业态定位为：

楼层	商业业态	经营模式	目标客源
1层	二手手机零售	以柜位经营为主，规划1～2间铺位引入主力商户	以在×讯经营的商户为主
2、3、4层	二手手机团批，兼顾零售	柜位、铺位经营相结合	以二手通信总汇的批发商户为主
5、6层	二手办公设备租售	以铺位经营为主	以经营办公设备的商户为主

【优秀案例3－22】 某灯具专业市场的项目业态规划

参考点评：该案例的特色在于指出了专业市场每一层的分隔模式和该楼层的主要租户，它是通过所确定的租户的不同来反映专业市场的业态规划，具有参考借鉴的价值。

楼层	分隔模式	市场租户	备注
1层	独立商铺，店中店的形式	灯具市场品牌商户	店面分隔采用玻璃幕墙
2层	开放式的模式	灯具市场样板展示区域、公司形象展示点、灯具维修点、消费者消费协会	在该楼层的多设计空心柱作为商品的展示点，给人幽雅、高贵的感觉
3层	采用半开放式的模式	灯具市场二、三类档次商户	以商品价格来吸引消费者产生淘宝的冲动
4层	开放式的模式	茶楼、餐饮、休闲、娱乐	将会所提到4层，为住宅的销售埋下伏笔（会所效益）

(2) 按区域规划

按区域规划是指将每一层楼划分为几个区域，每个区域的业态都不一样。这种业态规划应在专业市场的主入口或楼梯口设立平面布局图。

【优秀案例3-23】　某专业市场的项目业态规划

参考点评：该案例的特色在于先把专业市场分成外街、中城和内街三个区域，再对各区域的业态进行定位，值得参考借鉴。

1）外街——日用百货一条街

经营商品：日用百货、小商品、针纺织品、床上用品、布料、民族商品。商品档次：中低档、低档。

2）中城——精品购物广场

经营商品：大、小家电、数码通信、精品配饰、黄金珠宝、化妆品。商品档次：中档、中高档。

3）内街——服装鞋帽一条街

经营商品：服装、鞋帽。商品档次：中档、中高档。

(3) 按其他方式规划

除了以上所提到的两种规划方式外，还有其他的规划方式，如将按层规划和按区域规划结合在一起。下面是某服装化妆品专业市场的业态规划：

一层：A区进口日本化妆品，包括法国香水；B区韩国进口化妆品

二层：A区进口日本名牌女装；B区进口韩国以及欧洲女装包括色彩咨询中心

三层：A区进口女士用品；B区进口皮具，精品

此外，还可以按各个商铺进行业态规划，如某专业市场的业态规划：

A1、B1：汽配、汽车美容

A2、A3、B2、B3、B4：五金

A4、A5、A6南面、B5、B6、B7、B8南面：陶瓷

A6北面、B8北面、B9南面：洁具

A7南面、B9北面、B10南面：厨具、热水器

六、项目整体定位分析

在对专业市场的整体定位完后，要对这些定位进行分析，分析这种定位成功的理由和存在的风险，并对这些风险能否避免进行分析。

1. 定位成功的理由分析

定位成功的理由可能有多种，但市场是由供求关系决定的，因此是否存在着市场空缺成为专业市场定位是否成功的关键。

【优秀案例3-24】　某专业市场的定位成功理由分析

参考点评：该案例的借鉴之处在于它是从招商和销售的角度去分析该项目的定位是可行的。

(1) 本县规划改造道路包括：×山路、×前街。

据调查，项目周边，即转盘向东××街两侧和转盘北××路上共有汽修配、摩修配、五金机电经营户126个。××路为本县城规划重点道路，沿街经营户70%以上属于规划拆迁范围，基本解决了汽摩修配的招商问题。

(2) ×前街两侧共有装饰材料、五金、建材、农资等经营户74个，×前街也属改造范围，通过政府引导也能成为项目的经营客户。

(3) 汽修配、摩修配经营户年利润在5～20万之间，且有20户以上经营年限在8年以上，积累了大量资金；另外，装饰材料、五金经营户年利润为3～10万之间，且有10余户经营年限在3年以上，有着较强的购买力。

2. 定位存在的风险分析

任何定位都会存在风险，当这些风险发生的几率大于定位成功的几率时，必须放弃该定位，否则专业市场的投资开发必然会走向失败。

【优秀案例3－25】　某汽配专业市场的定位存在风险分析

参考点评：该案例在开始时把项目定位为日用消费品专业市场，但经过分析后，发现该定位存在的风险很大，成功几率不高最后放弃该定位。该案例分析定位风险的角度有：消费能力、消费习惯、投资意识、地段等。这是值得参考借鉴的。

(1) 2004年本县的人均可支配收入7538元，日常消费品商业地产开发饱和，消费支持力较弱；

(2) 长期形成的本地消费排斥的心理，影响商业地产的开发；

(3) 本县房产投资消费意识淡薄，且由于××假日广场、××步行街、××商城等项目的运作不成功，使得消费意识受挫；

(4) 项目位于城东，属城市稍偏区域，周边固定人群约2万人，不是核心商圈，不能支持4万余平方米的零售商业；

(5) ××路、××街等街道改造的客户被分散至现房××步行街、××广场、××商城、××商场等。

综合分析：地段决定定位，此定位成功几率在40%以下，风险大于机会，故应该放弃此定位。

【优秀案例3－26】　某汽配专业市场的定位存在风险分析

参考点评：该案例的亮点在于不仅写出了该定位存在的风险，还指明了这些风险是否可控，并对某些风险提出了避免的方法或建议，这是非常值得借鉴的。

此定位风险在于：项目定位的各业态目前租金范围：0.16～0.8元/平方米·天，15%以上租金为0.5元/(平方米·天)以下，另有1/3属自有房产。低廉的租金及自有房产经营户成为项目的最大风险点。

风险避免：

1) 通过与政府对城区的改造规划结合，获得政府支持，对占道经营，影响市容市貌及城市规划的符合本市场的业态的经营户引导至本市场进行经营。

2) 目前此类经营户的租金虽然不高，但所交纳的税费较租金较高，通过获得政府的支持，对进驻本市场的经营户在税费上减免，将能够吸引租赁经营户。

第四章　专业市场项目产品规划建议

专业市场项目的产品规划主要是指对专业市场进行功能规划设计。专业市场项目产品规划得好坏，直接影响到专业市场日后的招商和经营。

本章的主要内容有：项目规划设计原则建议、项目功能规划建议、项目总平面规划建议、项目建筑风格设计建议、项目商铺格局规划建议、项目内部通道设计建议、项目外部道路规划建议、项目装饰装修设计建议、项目配套设备建议、项目配套设施建议、项目软件配套建议。

1. 项目规划设计原则

在进行专业市场产品规划前，要先写出项目规划设计的原则，然后按照这些原则对项目进行规划设计。下面是某电子产品专业市场的项目规划设计原则：

（1）整体性：项目整体统一考虑，功能分区相对独立、合理，各区间通过景观、建筑形态进行有效的连接。

（2）档次感：规划在控制成本前提下，必须有适当的超前性，体现出具有较高的档次感。

（3）持续性：整体规划必须考虑分期开发的合理，有利于项目滚动型开发的持续性。

【优秀案例4－1】　某纺织品城的项目规划设计原则

参考点评：该案例的项目规划设计原则写得比较全，涉及各个方面。同时可以看出，该案例在产品规划设计方面比较注重生态环境的保护，这是值得我们学习的。

（1）与自然和谐共存原则

园区应与区域自然生态系统相结合，保持尽可能多的生态功能。对于现有工业园区，按照可持续发展的要求进行产业结构的调整和传统产业的技术改造，大幅度提高资源利用效率，减少污染物的产生和对环境的压力。新建园区的选址应充分考虑当地的生态环境容量，调整列入生态敏感区的工业企业，最大限度地降低园区对局地景观和水文背景、区域生态系统以及对全球环境造成的影响。

（2）生态效率原则

在园区布局、基础设施、建筑物构造和工业过程中，应全面实施清洁生产。通过园区各企业和企业生产单元的清洁生产，尽可能降低本企业的资源消耗和废物产生；通过各企业或单元间的副产品交换，降低园区总的物耗、水耗和能耗；通过物料替代、工艺革新，减少有毒有害物质的使用和排放；在建筑材料、能源使用、产品和服务中，鼓励利用可再生资源和可重复利用资源，使园区各单元尽可能降低资源消耗和废物产生。

（3）生命周期原则

要加强原材料入园前以及产品、废物出园后的生命周期管理，最大限度地降低产品生命周期的环境影响。应鼓励生产和提供资源、能源消耗低的产品和服务；鼓励生产和提供对环境少害、无害和使用中安全的产品和服务；鼓励生产和提供可以再循环、再使用和进行安全处置的产品和服务。

（4）区域发展原则

尽可能将园区与社区发展和地方特色经济相结合，将园区建设与区域生态环境综合整治相结合。要通过培训和教育计划、工业开发、住房建设、社区建设等，加强园区与社区间的联系。要将园区规划纳入当地的社会经济发展规划，并与区域环境保护规划方案相协调。

（5）高科技、高效益原则

大力采用现代化生物技术、生态技术、节能技术、节水技术、再循环技术和信息技术，采纳国际上先进的生产过程管理和环境管理标准，要求经济效益和环境效益实现最佳平衡，实现“双赢”。

（6）软硬件并重原则

硬件指具体工程项目（工业设施、基础设施、服务设施）的建设。软件包括园区环境管理体系的建立、信息支持系统的建设、优惠政策的制定等。园区建设必须突出关键工程项目，突出项目（企业）间工业生态链建设，以项目为基础。同时必须建立和完善软件建设，使园区得到健康、持续发展。

2. 项目功能规划建议

在专业市场项目产品规划前，应分别对本项目潜在经销商、消费者和投资者进行调查分析，了解他们对本类型专业市场的需求特征。从而根据他们的需求特征来进行专业市场产品规划。下面是某电子专业市场对项目潜在经销商、消费者和投资者的调查分析：

（1）中小电子经销商对电子商城有如下需求特征：

1）希望电子商城有较大的知名度，并且喜欢扎堆，这样才能以众多的卖家来吸引众多的中小买家；

2）希望占据商城的低楼层，最好在主要入口的醒目位置；

3）希望电子商城有较好的公共空间、专用的货梯，柜台内有专用的电源、电话线路等；

4）希望电子商城内有行业协会、政府相关职能部门等配套服务机构，并能经常有一些展示、交流等活动；

5）希望市场管理者不仅能提供一个展示交易的柜台，更能提供良好的物业管理、信息交流、技术创新、产权交易、金融担保等软环境。

（2）消费者对电子商城有如下需求特征：

1）希望电子商城交通便利、规模大、知名度高；

2）希望电子商城商品种类丰富、价格便宜；

3）希望电子商城有较好的硬件环境，诸如有统一的中央空调、自动扶梯、宽敞的公共空间等；

4）对于消费类电子的终端消费者而言，希望电子商城有良好的信誉度，有统一的送货、保修、售后服务等保障体系。

（3）商铺投资者对电子商城有如下需求特征：

1）要求专业市场的定位要准、概念要大；

2）要求开发商要有较高的知名度和信誉度，最好项目有政府大力支持；

3）要求商铺价格不能太高，有一定的升值空间；

4）要求开发商或以后的市场管理者设有专门的招商部门，能代其招商、租赁。

在对目标客户群调查结束后，接下来就应该根据目标客户群的需求进行项目功能规划。对专业市场进行功能规划，可以按照不同的楼层来规划，也可以按照不同的功能来规划。

【优秀案例4-2】　某数码产品专业市场的项目功能规划建议

参考点评：该案例是按照不同的楼层来进行功能规划。此外，该案例还把各楼层划分为几个区域，每个区域都是卖同一类型的商品，划分得比较详细，值得参考。

一楼主题为产品展示区（可以分为几个大区，如：新款手机区、掌上电脑区、数码产品区、信息家电区、新款外设区、流行软件区）；

二楼主题为时尚电脑（各类电脑以及笔记本电脑，可按照电脑品牌来划分大区）；

三楼主题为音像及文化中心（家用电器、还可以设置小型影视放映厅、图书馆、休闲咖啡馆、时尚艺术吧、网吧等）；

四楼主题为美食（各种主题特色餐饮）。

【优秀案例4-3】　某建材专业市场的项目功能规划建议

参考点评：该案例是按照功能来分区的，其亮点在于对各区域的功能作出详细的说明。

交易大厅：与国际国内各大钢厂、对外贸易公司、钢材交易中心、用钢材大户在线联网，提供便利，及时提供供求信息、价格信息，部分实行网上结算与交易。设洽谈室，为商务谈判、签约提供服务。为客户提供快捷安全的结算服务、资金担保融资服务。

加工中心：根据客户要求，对钢材进行初级加工和分包装。

分拨配送中心：利用配货物流网络进行高效低成本配送。

服务中心：提供餐饮、生活服务。

仓储中心：提供仓储服务。

运输配载调度中心：每年1000万吨交易量，需要大型运输车10000辆。组织运输车队，提供运输服务。

3. 项目总平面规划建议

项目总平面规划是由各种指标来体现的，包括总占地面积、总建筑面积、建筑密度、容积率、绿化率等。

【优秀案例4-4】　某水产品专业市场的项目总平面规划建议

参考点评：该案例的亮点在于除了用文字描述项目的总平面规划外，还用规划平面图来表示，直观明了。此外，案例还写出了该项目规划设计的优势，同时该案例用表格的方式列出各种指标，这些都是值得我们参考借鉴的。

项目总平面呈斜梯形布局，西向紧靠××风景区，东向紧靠××河渔港，沿项目四边建筑低层商铺，中心建造渔产品专业市场，项目东南角建度假酒店。项目设主入口一个，次入口三个，其中，商铺布局主次分明，各有优势，并处于××镇两条主路之间。项目总体布局合理，突出体现了功能性与实用性。本项目规划设计的优势在于：

（1）商业服务配套设施齐全。

（2）商铺户型设计适应“商住两用”需求。

（3）体现独特的渔港建筑风格。

（4）注重渔港渔码头的景观设计。

附项目总体规划平面图

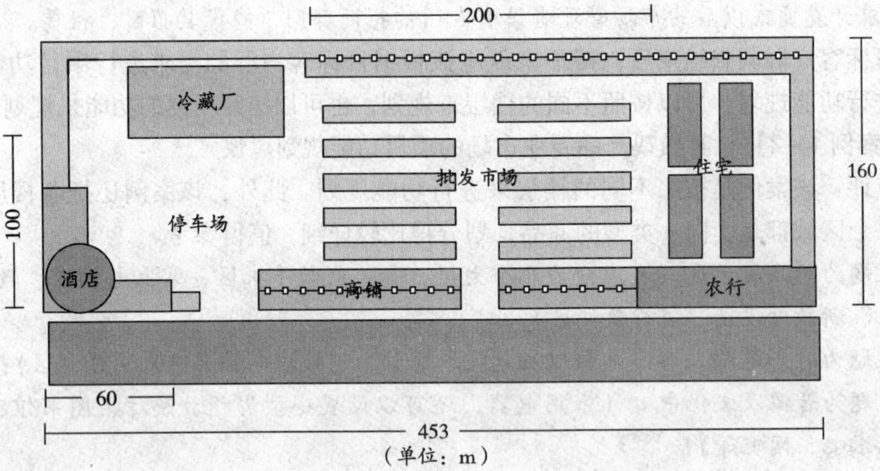

附建设技术经济指标

序号	项目	指标
1	总用地面积（m^2）	72480
2	总建筑面积（m^2）	110000
3	地下建筑面积（m^2）	7680
4	地上建筑面积（m^2）	104000
	其中：度假酒店	12000
	低层商铺	22000
	市场	60000
	住宅	10000
5	建筑总高（m）	
	其中：度假酒店	50
	低层商铺	10
	市场	8
	住宅	20
6	建筑层数（层）	
	其中：度假酒店	15
	低层商铺	3
	市场	2
	住宅	6

4. 项目建筑风格设计建议

项目建筑风格的设计应以前面项目主题形象定位为基础，设计符合本项目主题形象定位的建筑风格。建筑风格一般由外立面来体现，对于专业市场来说，其建筑外立面多以简约型为主。如某专业市场的项目建筑风格设计建议：

建筑外立面力求简洁明快、挺拔峻朗，显示出中高档物业的形象，不仅要体现较本地区其他物业明显的提升性，而且要极力展现本案地标性建筑的独特气质，树立“××集团”企业整体形象。

又如某服饰博览中心的项目建筑风格设计建议：

建筑外立面设计需有艺术性，使项目成为景点式的建筑物，使建筑本身成为重要的卖点。

5. 项目商铺格局规划建议

专业市场的一些细节对消费者心理来说有很大的影响，如铺位间隔大小、长宽比例、开门方式、通道宽度等。若消费者心理舒适度不佳，必将影响到经营者的实际经营。

专业市场楼内格局规划与其他商业地产楼内格局规划有着本质上的区别，下面是某专业市场项目楼内格局规划的建议：

（1）商铺建筑规划的建议：

1）实用、利润、形象的统一

商场铺位划分的科学合理与否，不仅仅是体现商品组合的丰富多样，它还必须考虑到经营商家的实用性与合理性，同时也更兼顾独立铺位与整体市场的协调性与互动性。

2）尊重消费者行为

科学合理的铺位划分将使经营商家的经营利润得以充分体现，使商场的形象更为鲜明、层次更为丰富，同时也将会使消费者的消费行为过程显得更加自然顺畅和轻松愉快。

3）实用面积适中

众所周知，居住类物业的使用率是越高越好的，因为以同等的价格，业主能够获得更多自己实际使用的面积，而商铺却不一样。

附：不同用途物业的使用率比较

类型	使用率
住宅	80% ~90%
商铺	50% ~60%

实用面积的高低是为了创造更多的销售利润，同时也要为市场营造舒适的购物环境，照顾消费者的购物习惯。越是高档商场，其公共空间就会越多，比如走廊、通道在满足建筑规范要求的基础上尽量让人感觉舒适，市场还会设计一些相关区域做一些便民设施、公共卫生设施等，还有局部挑空空间，这些公共面积的设计都是为了使购物环境更舒适。一个舒适的购物环境会极大地刺激消费者购物的冲动，而一个嘈杂、拥挤的购物环境只会让人望而却步。市场实用面积的使用率决定了消费人群的容量和人流量，市场的空间是有限的，当实用面积变高时，可容纳的消费者的空间就减少，其人流量就会受到限制，从而影响商场的经营效果。商铺面积实用率不能太低也不能太高，经过科学的论证和长期的市场实践证明，60%左右的实用率是较为合适的。

（2）人流动线规划建议：

1）注重内外沟通

市场的人流动线设计不仅仅是市场内部的人流交通与疏散问题，更是商场内部人流与外部街区人流的交流与沟通关系，是商场平面、立体人流的自然顺畅、平均分配关系。

2）避免商业盲区

最大限度地避免专业市场的盲区与死角问题，同时更加考虑到消费者在商场内购物的自然、舒适、轻松的行为过程和心理感受。

在对专业市场项目进行楼内格局规划之前，有必要对项目周边的商铺进行调查分析，特别是对商铺面积的调查，了解不同业态商铺的面积范围。

【优秀案例 4-5】 某家居广场的项目周围商铺面积调查分析

参考点评：该案例值得参考的地方在于其调查分析的思路很清晰。它先是分路段来调查，然后在同一条路内还把商铺按不同的方位进行分类调查，做得很详细，最后还总结出该路段的主要面积范围。

华山路临街铺面面积分析（其他路段临街铺面面积分析略）

路段 / 方位	华山路					
	华山西路		华山中路		华山东路	
	店名	面积（m^2）	店名	面积（m^2）	店名	面积（m^2）
南面临街	服装	30	药店	6	烟酒	40
	餐饮	50	电器	35	电器	40
	五金	28	艾菲特	16	药店	56
北面临街	美容	15	皮具	10	招牌	36
	复印	20			车行	90

华山西路的临街铺面面积集中在30平方米左右；华山中路的临街铺面面积集中在20平方米左右；华山东路的临街铺面面积集中在40平方米左右。

在对项目周边的商铺调查分析完后，接下来就应该根据调查分析的结果，对专业市场进行楼内格局规划。

【优秀案例 4-6】 某灯具专业市场的项目楼内格局规划建议

参考点评：该案例是一个针对商铺开间和面积规划的案例。其优点在于它是在调查分析的基础上才对该项目进行规划设计。此外，该案例还对首层和二层的商铺分开来规划，很有针对性，这些都是值得参考借鉴的。

由上述对项目周边商业市场的调查、统计、分析得出：区域商铺分割租售建筑面积由10~200平方米不等，但最受商家欢迎的临街商铺建筑面积为40~100平方米。因此，建议项目铺位在推出市场租赁时，根据商家的实际需求，采用统一规划、商铺面积灵活间隔，可适当扩大或左右打通相连，达到快速租赁的目的。

1）首层商铺结构建议

原有商业铺面的层高为4.5米，建议采用半复式商铺设计，层高设置为5.5米，底层3米，阁楼2.5米，为保证门面的高度及档次，建议门面占商铺的进深1/3，复式部分占商铺的进深2/3。

2）首层商铺的门面开间建议

门面开间以4米为一个基本单位（条件允许可间隔为8米），可根据经营商家的实际需求，选择连通使用。但是，为保持首层商铺统一形象的经营优势，商铺租用时尽量不拆散给小的商家进行经营，以免影响商铺的整体招商。

3）首层商铺的面积建议

根据项目定位和今后入场经营客户的层面，分为50~200平方米基本单位间隔，商铺的类型大致分为中心店和主力店。

4）二层商铺建议

二层商铺层高4.5米，定格为商务会议室、样板展示区、灯具体验区、品牌直递点等，视线较为清晰，采用全开放式的模式，不设间隔，在有租赁需求时可相互联通，间隔是可以自由组合的，以体现该层的档次和气派。

【优秀案例4-7】　某婚纱摄影专业市场的项目楼内格局规划建议

参考点评：该案例的特色在于将专业市场按经营的商品不同划分为几个区域，然后根据各区自身的特点确定面积范围。另外，还用简单的图表示了专业市场的楼内规划。

在专业市场的楼内布局上一定要按同类产品最邻近布局的原则，按照产品类别划分招商区域。比如：婚纱礼服区、照相器材区、背景区、相框相册区、数码区、培训区等。背景区必须紧靠墙边（背景轴安装），背景区和培训区可以安排在最不好出租的角落。

5m×8m	5m×7m	5m×6m	5m×8m
6m×8m	6m×7m	6m×6m	6m×8m

从面积上讲，婚纱经营一般都要60平方米以上的面积，个别的相册和化妆品需要的面积可能不超过30平方米，背景区面积每间也要不低于40平方米和不超过80平方米，照相器材前期需要面积小而后期需要面积大。从总体格局上讲最小面积25~30平方米，主要集中在50平方米左右，个别的要超过100平方米。

6. 项目内部通道设计建议

对于专业市场来说，内部走廊、过道的规划设计同样很重要。通道过窄，消费者就会感到拥挤，从而影响购物心情；过道布局不合理，将会产生购物死角。因此，专业市场内部交通的布局和设计将影响到专业市场日后的经营。

【优秀案例4-8】　某家居装饰专业市场的内部通道设计建议

参考点评：该案例可参考借鉴的地方在于把专业市场内的通道分成主通道和次通道，并分别对它们的宽度作出了规定。

商场布局紧凑，过道适当，不宜过宽，否则不易积聚人气，这是成功商场的“必杀招”。因此，本商场过道设计为：

1）临大门及电梯口的主通道宽度为2.0米，视消防要求。

2）其他过道（也即次过道）宽度为1.2米。

这样做既使得购物者觉得商场商品集中，人气鼎旺，又可以提高商场面积使用率，增加商场的租金收入。

【优秀案例4-9】　某服饰专业市场的内部通道设计建议

参考点评：该案例是以建议的形式对内部通道进行规划设计。这些建议提得比较好，值得我们参考。

内部交通通道设置建议：

1）每楼层的平面及各楼层之间符合现代的购物消费习惯，方便自由的行走及上下。

2）尽量避免独角巷的产生，基本使每个铺位均有一定的展示面。

3）通道的规划及设计不宜过于复杂，中庭的形式及形状可以有较多的变化，形成通道的景观带。

4）部分通道可处理成内部街道，避免项目变成综合性商场的普遍设计。

7. 项目外部道路规划建议

专业市场辐射范围广，其业务遍布周边省市甚至全国各地，因此项目旁边的道路规划对专业市场的影响也是不可忽视的。下面是某生产资料专业市场的道路规划建议：

汽配、摩配街：街宽为6~8米；五金机电街：街宽为6~8米；装饰材料街：街宽为10~12米；农贸街：街宽为10~12米。

下面是某农产品专业市场的道路规划：

本项目主要道路车行道宽12米，次要道路车行道宽8米。采用混凝土面层（20厘米），砂垫层（2厘米），片石碎石嵌缝（20厘米）的混凝土道路。

8. 项目装饰装修设计建议

专业市场的装饰装修同样要以项目主题形象定位为依据，根据项目的主题形象定位，对专业市场的装饰装修进行设计。在对专业市场进行装饰装修设计时，要从购物者的角度出发，注意美感和视觉效果。同时装修时最好采用可以随时变动的材料，方便商户根据需要把大的面积分割或者拆除隔墙合并小铺面。下面是某二手专业市场的项目装饰装修设计建议：

（1）本项目装饰装修建议：

1）打造大众化档次的整洁经营场所；

2）营造简约、整洁的大众化档次的经营环境，在经营不同种类业务的楼层以不同的色调显示，以突出专业经营的形象；

3）营造绿色健康的经营氛围，在经营场所以及公共通道多放置绿色植物，墙身点缀塑料绿化装饰，以营造以人为本的健康氛围，体现项目的个性，并形成与区内其他竞争对手的市场区隔。

（2）室内的灯光设计建议

室内顶棚安装吊顶射灯，以明亮炽光灯为主要室内光源，尽可能使用节能灯或节能灯与炽光灯混合使用。在建筑的立面处理上尽量将室外的自然光引入室内，力求控制灯光布局的密度与数量，节约日常经营成本。

（3）柜台设计建议

目前市场上的经营柜台尺寸主要为100厘米×50厘米×90厘米。建议本案的柜台尺寸以此为参考，并根据现场的具体尺寸与装修设计对柜台尺寸进行微调。

9. 项目配套设备建议

专业市场的各种配套设备必须与市场容量相匹配，同时要具有一定的超前性。专业市场常用的配套设备包括：电梯、货梯、中央空调、消防系统、监控系统等。策划人员应根据专业市场的类型来确定本项目的配套设备。下面是某二手专业市场的项目设备配套情况：

室内中央空调——设置中央空调，改善通风设备，以优化室内的空气质素，营造舒适的经营环境。

垂直电梯、货梯——由于本案有六层高，若设置手扶电梯将占据较多的空间，一定程度上缩减了本案每层的经营面积，而且手扶电梯上楼需要的时间较长，不利于高层商业的客源引流。而且在高楼层经营办公设备需要货梯作为货物运输工具。

茶水间、洗手间——为经营商户提供便利的设施服务，让商户在行内形成良好的口碑传播。

休息区——在部分楼层或天台设置休闲区，供客户（主要针对批量交易或办公设备消费客户）在此休息或与商家进行洽谈，又可起到引流客户上楼的作用。

视像大屏幕——在部分楼层安装视像屏幕，定期滚动播放场内商家信息与经营种类，亦可适量播放宣传广告，营造氛围。建议可联系相关的经营者（例如分众传媒），成为其下的室内媒体宣传成员，提供场地由经营者负责广告投放。

背景音乐——日常播放些流行歌曲及电台节目，有需要时可用作管理处广播使用。

10. 项目配套设施建议

专业市场的配套设施主要包括卫生间、茶水间和仓库等。此外，还可以根据专业市场自身的需求配套其他设施，如展览中心、休闲广场等。

【优秀案例4-10】　某二手专业市场的项目配套设施

参考点评：该案例的主要配套设施有仓库、临时停车场、茶水间、洗手间和休息区等。该案例的亮点有两个。一是将附楼改为仓库和临时停车场，做到物尽其用，并弥补了该专业市场无停车场的劣势；二是将休闲区设在天台，起到引流客户上楼的作用，减少了经营户对高楼层人流量不足的忧虑。

本着控制成本，建立项目形象个性化与服务差异化的原则，有效区隔市场竞争，建议本案的配套设施为：

仓库、临时汽车停放点——将附楼改建成仓库，既为本案的商户提供货仓场地，又可对外租赁经营，以降低附楼因处于凹位而不利于经商的影响，提高附楼的使用率。在附楼的首层划拨临时停车场地，让需要装卸货物的商家或客户使用，尽量降低本案无停车场的劣势。

茶水间、洗手间——为经营商户提供便利的设施服务，让商户在行内形成良好的口碑传播。

休息区——在部分楼层或天台设置休闲区，供客户（主要针对批量交易或办公设备消费客户）在此休息或与商家进行洽谈，又可起到引流客户上楼的作用。

11. 项目软件配套建议

对于专业市场来说，软件配套主要是指建立各种信息服务平台，方便经营者与消费者的信息交流。下面是某二手专业市场的软件配套情况：

针对二手手机批发以及办公设备的经营商户，搭建与外界的信息交流平台，成为本旧货商圈首个信息化二手专营商城。本项目将建立专属门户网站与服务中心，为每个经营商户建立ID身份信息库，并针对目标客户市场定期进行推广宣传，为商家及客户提供专业的二手交易咨询服务。

【优秀案例4-11】　某农产品专业市场的软件配套

参考点评：首先，该案例信息系统的建设包括三大部分，比较完善；其次该案例对各个平台的内容和作用都作了详细的说明，这些都是值得参考借鉴的。

本项目信息系统建设主要包括：市场业务运行平台、信息采集发布平台、信息基础平台。

1）市场业务运行平台：是对市场综合业务的管理，包括电子结算系统、电子商务系统、综合管理系统、电子监控系统、物流配送系统。

2）信息采集发布平台：是对市场内外用户的信息发布管理，包括数据交换系统、LED显示屏与触摸屏信息发布系统、市场门户网站信息采集发布系统。

3）信息基础平台：信息基础平台是整个批发市场信息系统的基础工程，它承担着整个网络架构，整体信息系统的安全及网络基础设施的建设。主要由网络基础设施、机房、硬件设备、网络管理及安全、系统运行平台构成。

第五章　专业市场项目投资分析

项目投资分析也叫做项目可行性研究，它是通过预测项目总投入和总收益来判断项目是否具有良好的盈利空间和较低风险性的过程。当预测的总投入大于或等于预测的总收益时，说明项目不可行。本章分成九个部分，分别是：项目建设周期估算、项目投资估算、项目资金筹措方式、项目收入估算、项目效益分析、项目敏感性分析、项目风险分析、项目开发建议和项目整体开发策略。这九个部分就像链条那样一环扣一环。缺了其中任何一个部分，都有可能导致专业市场的投资开发走向失败。

有关房地产项目可行性研究实操方法，请读者阅读由余源鹏主编的《房地产项目投资可行性研究实操一本通》一书。

一、项目建设周期估算

项目建设周期估算的作用除了确定工程进度以外，还可以为后面的项目投资估算服务。项目建设周期的长短不但影响着资金的回笼，还影响着项目的总投入，因为建设周期越长，资金回笼越慢，交付给银行的贷款利息就会越多。因此，要严格控制工程进度，尽量避免其他无关紧要的因素而拖慢了工程进度。

在专业市场项目投资分析报告的开头，策划人员应写上本报告的依据，如某农产品专业市场的项目投资分析依据：

(1) 1996 年建设部《市政工程可行性研究投资估算编制办法》；

(2) 1996 年建设部《全国市政工程投资估算指标》；

(3) 2001 年《全国统一市政工程预算定额广西壮族自治区单位价目表》；

(4) 2002 年《广西壮族自治区市政工程费用定额》；

(5) 1998 年《全国统一建筑工程基础定额广西壮族自治区单位估价表》；

(6) 2002《全国统一安装工程预算定额广西壮族自治区单位价目表》；

(7) 1998 年《广西壮族自治区土建工程费用定额》；

(8) 2002 年《广西壮族自治区安装工程费用定额》；

(9) 2005 年第三期《南宁建设工程造价信息》。

在写完本项目投资分析的依据后，接下来就要估算本项目的建设周期。对项目建设周期的估算应从实际出发，避免估算得过长或过短。

【优秀案例 5－1】　某水产品专业市场的项目建设周期估算

参考点评：该案例的亮点在于其用表格的形式来表示项目工作进度，清晰明了。同时该案例的特殊之处在于其规定了每项工作的负责部门，防止部门间的责任推托。但是有些工作是同步进行的，用这种表格的形式很难体现哪些工作是同步进行的，这是该案例的不足之处。

本项目计划在两年零九个月（33个月）左右的时间内全部建成。项目工作计划进度如下表：

阶段划分	时间	实施项目	工作内容	负责部门
项目建设准备阶段	2004年3月~4月	组建公司	成立项目公司，部门设置，人员招聘，培训	××公司
		项目手续申办	前期考察，项目可行性报告编制，项目策划，建筑方案设计，综合管网设计，施工图设计，办理建设规划许可证等	项目公司 建筑公司
		销售准备	项目策划方案的实施，项目宣传炒作，项目形象推广，销售接待中心的设置，东西城售楼处的设置	项目公司
项目建设与销售阶段	2004年4月~10月	一期工程建设	相关景观的建设，沿街商铺的开发建设	项目公司 建筑公司
		项目销售	内部认购，招商招租，项目预售，资金回笼	
	2004年9月~2005年12月	二、三期工程建设	市场和住宅的开发建设	项目公司 建筑公司
		项目销售	内部认购，招商招租，项目预售，资金回笼	
	2006年1月~2006年12月	四期工程建设	酒店的开发建设	项目公司 建筑公司
		项目销售	产权销售，资金回笼	
		项目招商	招商会议的举办，客户洽谈，招商成功	
市场经营	与项目销售同步进行	市场经营	市场经营公司的组建或对外合作，商铺招租、市场招商，市场经营	项目公司
物业管理	根据项目建设进度和业主入住情况	物业管理	物业管理公司的组建或对外合作，项目物业管理工作开展	项目公司

二、项目投资估算

项目投资估算分为静态和动态两种，动态是考虑到资金的时间价值，将发生在不同时点的费用进行折现，而静态是没有考虑资金的时间价值。虽然项目投资动态估算比静态估算要复杂很多，但其准确度更高。笔者提倡在进行项目投资估算时，采用动态估算。

专业市场投资开发所涉及的费用主要包括：土地出让金、拆迁安置费、固定资产投入、各种税费、资金筹措费、营销推广费、营销执行费和项目流动资金等。在估算专业市场开发的投入时，要全面考虑有可能产生的各种费用，避免因漏掉某些费用而影响项目可行性研究的结果。

【优秀案例5-2】　某小商品专业市场的项目投资估算

参考点评：该案例的亮点在于其把每部分的费用都清晰明了地写了出来，各部分费用所包括内容和投入也写得很清楚，细化做得很足，非常值得参考。

（1）拆迁安置费用测算

1）居民住宅部分：共95户，其中公产18户，私产77户，建筑面积3359.48平方米。

货币安置费：3359.48×3800元/平方米=1276.60万元。

过渡费：3359.48×20元/平方米=6.72万元×3月=20.16万元。

搬家费：3359.48×20元/平方米=6.72万元。

2）非住宅部分：共10户，单位产权9个，公产权1个，建筑面积20425.72平方米，1303.48万元。

若全部回迁经营性面积：18794平方米。

过渡费按18个月：18794×20元/平方米×18个月=676.58万元。

停产停业工资：1495人×18个月×650元/月=1749.15万元。

搬家费：18794×20元/平方米=3759万元×2次=75.18万元。

办公面积：1631×5000元/平方米=815.5万元。

搬家费：1631×20元/平方米=3.3万元。

3）其他政策性收费：

拆迁管理费：33×1.5万元/亩=49.5万元。

拆迁劳务费：33×3.5万元/亩=115.5万元。

清运费：23785.45×20元/平方米=47.57万元。

清场验收：2.38万元（每平方米1元）。

市政赔偿：6万元。

管网赔偿：39.6万元（1.2万/亩）。

电拆除：10万元。

不可预见费：1000万元。

合计：5893.74万元。

（2）前期准备费：

可研报告费：3万元。

规划测量费：3万元。

规划设计费：10万元。

勘察费：10.36万平方米×5元/平方米=51.8万元。

设计费：200万元。

预算审定费：30000万元×2‰=60万元。

工程监理费：30000万元×1‰=300万元。

建筑工程质检费：30000万元×0.5‰=15万元。

小计：642.8万元。

（3）城建费：

市政配套费：103600平方米×42元/平方米=435.12万元。

中学增建费：103600平方米×5元/平方米=51.8万元。

墙改费：103600平方米×5元/平方米=51.8万元。

渣土处置费：103600平方米×0.5立方米/平方米×5元/平方米=25.9万元。

小计：564.62万元。

（4）建安费：

土建：103600平方米×1100元/平方米=1.14亿元。

内外装修：103600平方米×900元/平方米=0.933亿元。

各专业系统：103600平方米×450元/平方米=0.466亿元。

设备总计：0.5亿元。

小计：3.035亿元。

（5）配套工程费：0.15 亿元

总计投资：3.89 亿元

若全部货币安置，初测 1.5 亿元

总计投资：4.81 亿元

三、项目资金筹措

专业市场的投资开发是一项要投入大量资金的工程，对于很多投资商或开发商来说，没有足够的资金去支撑专业市场的整个开发建设过程。因此，专业市场的投资开发就涉及资金筹措的问题。开发商向银行或其他金融机构借入资金，按偿还期限的不同，可分为短期贷款和长期贷款两种。其中短期贷款必须在一年内偿还，一般作为企业短期资金周转；而在房屋建设到一定的阶段时，开发商可用其作为抵押，筹集长期贷款。

从还贷的方式来看，抵押贷款主要存在以下几种形式：

一是渐进式还款。这种方式往往由借贷双方协商确定，并不一定是平均地分期还贷，可能会根据借贷方的收益水平规定合理的偿还期，或者每次还款额相同但还款的时间间隔逐渐变小。

二是递减式还款。这种还款方式的特点是每个还款期的偿还本金一定，但应付本息逐期减少，这种方式在个人购房抵押贷款中运用非常普遍。

三是定息抵押。此种还款方式是商业银行规定的整个还款期内抵押贷款利率固定的做法。这种情况下，银行则可能要承担未来利率变动的风险，但银行为降低风险，通常贷款利率均定在一个较高的水平。

四是重新协议利率抵押。这种还款方法是借贷双方考虑利率变动因素的影响，为保护各自的利益，允许双方在还款期限内每隔一定年期（三至五年）重新协议抵押贷款利率的做法。

开发商进行银行贷款，一般可采取以下几种方式，即短期透支贷款、存款抵押贷款和房地产抵押贷款。一般情况下，应优先考虑以开发项目土地使用权或在建工程作抵押的房地产抵押贷款。房地产抵押贷款是房地产开发商（抵押人）以一定的房地产或其他固定的、有价值的财产或有价证券作为如期偿还贷款的保证物，向商业银行进行抵押从而取得贷款的融资方法。房地产抵押贷款的好处是当开发商没有足够开发资金时，可利用其土地使用权向银行借款，确保有充裕资金周转；或开发商本身虽已有足够资本，但无需全部投入，而通过这类融资途径，使其更能灵活运用自有资金发展其他业务。

一般来说，房地产开发商获取抵押贷款时要经过申请、银行审核、协议签约、公证几个阶段才能落实。通常情况下，银行方面根据开发商的资信程度、经营收益、申请借款余额和时间长短，以及抵押物价值评估的结果来定，一般不超过抵押物现时价值的 70%，对住房按揭贷款最高为七成按揭。银行为项目投资的抵押贷款，期限通常不超过 5 年，而为房地产消费市场上的购房抵押贷款，期限通常在 10 年以上，最多不超过 20 年。

房地产开发商向商业银行提出贷款申请时，要提供的材料主要包括：

（1）企业的基本情况、法人和法人代表的证明文件；

（2）财政部门或会计事务部门审核通过的上年度的及近期的财务会计报表，主要经营状况和经营利润报告表、信用等级证明和资质等级证明；

（3）基本账户开户银行开户证明和贷款证明；

（4）项目用地土地使用证明和计划局、城建部门、土地管理部门批准的立项、规划和施工文件；

（5）项目设计草图和资信机构的预算（匡算）说明书；

(6) 项目开发可行性研究报告;

(7) 担保人的基本情况及担保人拟同意担保的有关证明文件，或抵押单、质物清单。

【优秀案例5-3】　某水产品专业市场的项目资金筹措

参考点评：该案例的亮点在于其分别对每一期工程所投入资金的来源作出了详细的分析。此外，由于二期工程有两种开发方案，该案例分别对每种开发方案的资金来源和融资方案进行了说明，这都是值得参考的。

该项目开发投资的资金来源有三个渠道：一是自有资金，二是银行贷款，三是预售收入用于投资部分。资金运作方式如下：

自有资金全部用于投资；预售收入扣除与销售的有关税费后用于投资；此外若还缺资金，则向银行贷款。具体工程资金投入、需求与资金筹集方式如下：

(1) 一期工程：

公司自筹资金及工程总包单位融资。其中第一部分，即完成全部规划区土地的平整、绿化、亮化，停车场、“××之歌”广场及市场大门的修建、地上附着物的拆除等前期造景工程，同时建设售楼处和相应广告宣传、炒作约需200万元，由公司自有资金解决。第二部分即22000平方米上下双层商铺的开发建设，公司自筹资金投入300万元及工程总包单位融资，完成进度至商铺封顶，约1540万元。由于一期工程所需资金量较大，建设单位如垫资300~500万元，加上内部认购的部分资金（暂定为100万元）可以全部投入，则还有将近700~900万元的资金缺口，该资金缺口可以用企业目前所有的开发项目土地所有权或在建工程作抵押向银行申请房地产抵押贷款。

(2) 二期工程：

此期工程由于受规划限制，目前暂定两种方式可供选择，一是先期建设200个交易摊位，建筑面积为10000平方米；二是一次建设600个摊位，建筑面积30000平方米。两种方式各有利弊，前者虽可降低风险但不容易形成规模，后者容易形成规模但风险相对较大，资金需求量也较大。在此分别进行估算。

首先计算10000平方米交易摊位的建设资金投入和资金来源：

资金投入：700元/平方米×10000平方米=700万元

资金筹措：上述700万元可由一期工程建设所产生的利润解决，按照惯例，700万元的工程，企业只需要出资30%，即210万元左右即可开工建设，此210万元资金来源为售出第一期的部分商铺利润。

其次计算30000平方米交易摊位的建设资金投入和资金来源：

资金投入：700元/平方米×30000平方米=2100万元

资金筹措：上述2100万元可由一期工程建设所产生的利润解决，按照惯例，2100万元的工程，企业只需要出资30%，即630万元即可开工建设，此630万元资金来源为售出第一期的部分商铺利润。

(3) 三期工程：

资金投入：700元/平方米×10000平方米=700万元

资金筹措：上述700万元可由二期工程建设所产生的利润解决，按照惯例，700万元的工程，企业只需要出资30%，即210万元即可开工建设，此210万元资金来源为售出第二期的交易摊位利润。

(4) 四期工程

以三期工程回款作为四期工程的建设投入资金，完成四期工程的建设。

四期工程视前三期开发实际效果暂不进行具体估算，只假定一个1000万元的利润目标。

四、项目收入估算

项目收入估算是指预测专业市场在建成后销售或出租所带来的总收入。通过项目收入估算与项目投资估算的比较，可以得出本项目是否有利润空间。

【优秀案例5-4】　某服装专业市场的项目收入估算

参考点评：该案例的特点在于其运用两种方式来计算项目未来可能达到的年收益。通过两种计算结果的比较，更能准确地估算出专业市场未来的年收益。

（1）甲方计算

楼层	摊位面积（m^2）	摊位数（个）	单价（万元/个）	年收益（万元）
一层	6	258	1.3	335.4
二层	9	250	1.5	375
三层	9	250	0.8	200
备注	1、2层合计710.4万元	合计		910.4

（2）数据库计算（应甲方资金回收要求标准下制定）

楼层	摊位数（个）	租金基价（元）	年收益（元）
一层外门脸	10	150	904428
一层内部摊位	248	120	2725258
二层	250	110	3717416
三层服务业态		30	152280
三层摊位	200	60	1260000
		总计	8607102

注：两种收益方式押金总额相同，为150万元左右，特不做比较；两种比较方式均没有计算四层餐饮摊位。

根据两种资金回收测算可看出，数据库核算价值略低，主要在于三层摊位价格核算没有计算系数，具体视招商情况再作调整。

押金总收益按标准摊位2000元/个，约150万元。

项目总收入约1060万元左右（数据库核算价格在1000万元左右）。

【优秀案例5-5】　某工艺品专业市场的项目收入估算

参考点评：该案例有两个地方值得我们学习。一是该案例分别算出了保守估计和理想估计时该项目的总收入，让开发商对该项目的收入范围有更清晰的了解。二是该案例分析到了资金回笼的进度，这是开发商极想知道的事情，因为资金回笼快能减缓开发商的资金压力。

若按照所拟订的销售策略进行推广，预估每个阶段都可以达到预订的销售目标，按照本案商铺49660平方米，写字楼34280平方米计算，那么：

（1）保守估计整盘商铺销售均价6500元/平方米，写字楼销售均价4300元/平方米，则总

销金额 =6500×49660×60% +4300×34280 =3.41 亿元。

历经 4 个月，可以回笼资金约 4160 万元；

历经 7 个月，可以回笼资金约 13600 万元；

历经 10 个月，可以回笼资金约 28900 万元；

历经 12 个月，可以回笼资金约 32300 万元。

（2）理想估计整盘商铺销售均价 6700 元/平方米，写字楼销售均价 4500 元/平方米，则总销金额 =6700×49660×60% +4500×34280 =3.53 亿元。

历经 4 个月，可以回笼资金约 4330 万元；

历经 7 个月，可以回笼资金约 14100 万元；

历经 10 个月，可以回笼资金约 3 亿元；

历经 12 个月，可以回笼资金约 33500 万元。

【优秀案例 5－6】　某家居装饰专业市场的项目收入估算

参考点评：该案例值得我们参考借鉴的地方在于其思路：先分别写出各楼层的建筑面积和可使用面积，然后根据使用面积和租金算出各层的月租金收入，最后根据 35% 的行业毛利润算出专业市场的年毛利润。

（1）本项目各楼层建筑面积及可使用面积估算：

楼层	建筑面积（m^2）	可使用面积（m^2）
一楼	2566	1802
二楼	2824	2035
三楼	3442	2705
四楼	3442	2705
合计	12274	9247

（2）本项目各层单位面积月租金额估算：

楼层	各层单位面积月租金单价（元/m^2）	各层单位面积月租金额估算
一楼	800	$1802m^2$ ×800 元/m^2 =1441600 元
二楼	700	$2035m^2$ ×700 元/m^2 =1424500 元
三楼	600	$2705m^2$ ×600 元/m^2 =1623000 元
四楼	500	$2705m^2$ ×500 元/m^2 =1352500 元
合计		5841600 元

本项目年租金额估算：5841600 元×12 =70099200 元。

按行业毛利润 35% 计算，年毛利润为：（70099200 元×35%）－14770000 =9764720 元。

五、项目效益分析

项目效益分析是专业市场项目投资分析的核心部分。前面所做的项目投资估算和项目收入估算都是为项目效益分析服务的。专业市场项目效益分析主要包括以下两个部分：

1. 项目经济效益分析

专业市场的项目经济效益分析除了要对专业市场的盈利能力进行分析外，还应该分析专业市场的盈亏平衡点。

（1）项目盈利能力分析

专业市场项目盈利能力分析的思路是：分别估算出专业市场开发建设的总投入和总收入，然后将总收入减去总投入，当它们两者之差大于零时，说明本项目具有盈利能力。

【优秀案例5－7】　某婚纱摄影专业市场的项目盈利能力分析

参考点评：该案例的亮点在于其用表格的形式来分析项目的盈利能力，避免过多的文字表述，清晰易懂。

1）基本指标

土地面积：83 亩，55300m^2。
容积率：0.8；容积率最大可能增加至最大限度
建筑面积：4.4 万 m^2

2）预计销售收入

商业：4.4 万 m^2 ×2800 元/m^2 =1.23 亿元
仓库：待定、不计
总收入：1.23 亿元

3）成本测算

序号	项目	单位成本（元/m^2）	总成本（万元）	备注
1	楼面地价	847	3727	按48万/亩
2	前期开发费用			
	勘察、设计、监理	30	132	设计15，勘察5，监理8
	配套费	80	352	尽量减免至80以下
3	建安成本	800	3520	
4	室内外总体	30	132	道路、围墙
5	后期配套	30	132	水、电、暖、智能化
6	资金成本	80	360	2000万6%期限为3年计
7	销售费用	84	369	总销售额的3%
8	税费	224	984	总销售额的8%
9	不可预见费	10	44	
10	合计	9752（单位成本：2217元/m^2）		

利润预测：
a. 总收入：1.23 亿元
b. 总成本：2217 万元
c. 预计利润：2548 万元

4）备注：a. 建筑面积尽量增加
b. 可减免事项争取减少最低值（建安＋配套费＋税费共计减少150元以上）
c. 成本尽量控制在2100元以下
d. 可降低的项目为颜色标注部分

（2）项目盈亏平衡点分析

盈亏平衡点是指利润为零的情况，也叫做保本点。专业市场的盈亏平衡分析可以有多种表示方式，如达到盈亏平衡点时的出售平面、出租摊位个数、出租率和租金水平等。专业市场的盈亏平衡点分析，应根据项目的需求选择适合项目的表示方式。

【优秀案例5－8】　某汽配专业市场的项目盈亏平衡点分析

参考点评：该案例的分析思路是分别估算出专业市场的年总收入和年总费用，然后再根据这些资料推算出该项目的盈亏平衡点，思路很清晰。此外，该案例还分别算出了出租率盈亏平衡点和店面租金平衡点，让开发商更加容易清楚地了解该项目的盈利能力。

1）年收入预测

a. 生产规模：建设营业面积30平方米的交易点1000个。

b. 产品销售收入估算：根据我县旺市店面出租租金水平，估计每个店面的租金为6000元/年，现有1000个店面即年租金收入为600万元，本项目在建设期第一年出租率为0，第二年出租率为45%，以后每年20%递增，直到第五年达到稳定为95%，即年租金收入为475万元。

年效益预测表

年度	出租店面数（个）	租金收入（万元）	年度总收入（万元）	税后总收入（万元）
1	0	0	0	0
2	450	270	115	108.675
3	650	390	235	222.075
4	850	510	355	335.475
5	950	570	415	392.175
6	950	570	415	392.175
7	950	570	415	392.175
8	950	570	415	392.175
合计				1842.75

前4年每年营业额上增，第5年开始稳定，直到第七年税后总数为2445.1875万元，由于前期100万元为流动资金，其财务费用已在每年费用中支收，故七年总收入为2445.1875万元，上交税金142.3125万元，收回资金全部成本还有245.1875万元盈利。

2）年总费用估算：

a. 人员费用：本项目建成并正常运行需要劳动定员20人，人均工资及福利按劳取按10000元/年计算，一年人员费用为20万元。

b. 固定资产折旧：由于固定资产为永久性建筑物，具有增值的趋势，能与固定资产折旧费用对销，故固定资产折旧费用为0。

c. 维修费用：维修费用是对市场的大、中、小维修费用，每年按期归还25万元计算。

d. 财务费用估计为100万元，其他费用估计为10万元。

3）盈亏平衡点分析：

综上所述，每年费用总和为155万元。由此得出：

出租率盈亏平衡点 BEP = 155/（600 - 115 - 600 × 6.5%）= 34.8%。

即每个店面的租金为 6000 元/年，只要租出 348 个店面就能保本。

店面租金平衡点 BJ = 1550/（6000 - 6000 × 6.5%）= 27.34%。

即只要店面全部租出，每个店面租金为 1640 元就能保本。

【优秀案例 5－9】　某服装专业市场的盈亏平衡点分析

参考点评：该案例先列出了项目成本的明细账目，再算出该案例在保本点所出租的摊位。该案例的亮点在于还分析了当实现目标利润时所要出租的摊位数，非常值得借鉴。

每年上缴租金：1500 万元/年。

前期推广费：形象宣传、媒体宣传、公关等费用，计 100 万元。

每年工资：按月平均工资 1000 元/（人·月）计，管理人员 30 人，保洁员 60 人，保安 80 人，勤杂工 60 人，共 230 人，合计年工资总额 276 万元。

每年办公费用：15000 元/月，全年共 18 万元。

每年总固定成本 = 上缴租金 + 前期推广费 + 管理费用（工资、办公费等）= 1500 + 100 + 276 + 18 = 1894 万元。

每摊位每月租金 3200 元，每摊位每年租金为 38400 元。

每摊位每年变动成本 = 3200 元/（摊位·月）× 12 月 × 税金及附加率 5.55% = 2131.2 元/摊位。

保本点每年出租摊位 = 每年总固定成本/（每摊位每年租金 - 每摊位每年变动成本）= 1894 万元/（38400 元/摊位 - 2131.2 元/摊位）= 522 个摊位。

实现目标利润 1000 万元的每年出租摊位数 =（1894 万元 + 1000 万元）/(38400 元/摊位 - 2131.2 元/摊位）= 798 个摊位。

2. 项目社会效益分析

项目社会效益是指专业市场开发建设后除了带来经济效益以外的其他效益，它可以包括：促进经济的发展、提高城市的地位、拉动相关产业的发展、增加社会就业率等。

由于项目社会效益分析并不是开发商最关心的内容，故在写策划报告时，对专业市场的社会效益作简单的分析即可。如某建材专业市场的项目社会效益分析：

项目启动后，对当地经济、社会的发展会产生积极影响。提供部分社会人员和毕业学生就业的机会，创造政府税收，促进区域经济的增长。在××镇竖起一块高起点、有特色、聚人气、高品位的建材超市新品牌。

又如某农产品专业市场的项目社会效益分析：

项目建设不仅可使××市拥有先进的农产品专业市场，促进经济的发展，而且将进一步拓宽农产品的流通渠道，使本地及周边地区的农产品交易提高到一个新的水平，促进当地商品流通向大宗化、规范化方向发展，也有利于国家对商品交易的引导、监督和管理。项目正常运转后，将依托本地的资源优势，逐步提高知名度，成为促进本省地区商品流通繁荣的“窗口”市场。

六、项目敏感性分析

专业市场敏感性分析的思路一般为：先写出可能影响本项目预期效益的主要因素，然后分别分析每个因素朝有利的方向或不利的方向变化，对项目可盈利性的影响。

【优秀案例5－10】　某服装专业市场的项目敏感性分析

参考点评：该案例是分别分析每个因素增加10%时，对项目利润的影响。该案例的亮点在于在分析完后，还分析了出租摊位个数的盈亏平衡点，最后还指出年实现1000万元利润是可行的。这都非常有参考价值。

（1）固定成本增加10%，利润将下降19%；

（2）每个摊位租金增加10%，利润将增加30%；

（3）摊位数增加10%，利润将增加29%。

从以上分析可以看出，只要出租522个摊位便可实现盈亏平衡，按平均每个摊位9平方米计，共4698平方米，只占总面积的16%；而只要出租798个摊位，就可实现利润1000万元，而798个摊位共7182平方米，只占总面积的24%，完全有可能租出去，因此一年实现1000万元的利润是可行的。

【优秀案例5－11】　某汽配专业市场的项目敏感性分析

参考点评：该案例是一个土地销售价格变化的敏感性分析。该案例的特点在于其分别算出最好设想和最坏打算两种情况下的利润，根据最坏打算时成本和利润基本打平得出该项目成功性较大。

（1）土地价格变化（除楼面地价外，按1260元/平方米测算）：

序号	土地价格（万元/亩）	楼面地价（元/m^2）	单位总成本（元/m^2）	总成本（元）
1	30	563	1923	80649520
2	35	657	1917	84808080
3	40	750	2010	88922400
4	45	844	2104	93080960
5	50	938	2198	97239520

（2）销售价格变化：

序号	商铺销售单价（元/m^2）	总收入（元）
1	2200	97328000
2	2400	10617600
3	2600	11502400
4	2800	12387200

（3）利润分析：

1）假设1：最坏打算土地50万/亩，销售价格2200元/平方米，基本持平。

2）假设2：最好设想土地35万/亩，销售价格2800元/平方米，利润4000万元。

备注：商铺售价含配套费，最小风险最好土地价格在40万/亩以下。

（4）结论：本项目成功性较大，土地价格和配套费用的减免情况要做好。

七、项目风险分析

对于专业市场来说，风险主要来源于政策风险、市场风险、经营管理风险和金融财务风险等几个方面。政策风险主要来自政府的相关政策的调整。解决办法就是加大公关力度，对政府在项目建设过程中出现的不利政策及时进行了解和掌握，并指定专人进行及时跟进，加强公关和协调，保证将此风险降到最低限度。市场风险主要来自市场，最主要的还是销售风险，而销售风险又来自对市场的营造和把握能力问题。经营管理风险主要来自于企业内部，为了避免经营管理风险，企业应加强市场考察工作，加强员工培训，以市场方式运作整个项目。金融财务风险主要来自国家利率的调整和财务成本、费用的变动。解决途径主要是加强成本控制和管理，聘请专业会计、审计人员加强企业财务全流程管理和控制，最大限度地降低此种风险。

【优秀案例5－12】　某农产品专业市场的项目风险分析

参考点评：该案例最值得参考借鉴的地方在于其分析思路：先分析该项目主要存在的风险，然后分析其风险程度，最后分别分析各个风险并提出相应的防范措施。该案例另一个值得参考借鉴的地方在于它的风险程度分析，采用表格的形式，列出四级的风险程度，然后根据各风险因素的具体情况选择相应的风险程度。这种分析手段既新颖，又简单易懂。

（1）项目主要风险因素识别

本项目实施的风险主要有工程风险、资金风险、外部协作条件的风险。项目运营后，经营风险主要有市场风险、技术风险、政策风险。针对本项目而言，项目建设地水文地质条件明确，水电、交通、通信等外部协作条件良好，基本没有工程和外协条件风险，本项目实施符合国家政策，我国社会稳定，国家政策稳定，在可以预见的将来，政策不会有重大变化或调整，因此，基本不存在政策风险。所以，本项目风险主要集中在市场风险、技术风险、资金风险。

（2）风险程度分析

根据项目具体情况，风险评估详见下表：

序号	风险因素名称	风险程度				说　明
		灾难性	严重	较大	一般	
1	市场风险					
1.1	市场需求量				★	市场需求稳定增长，风险较小
1.2	竞争能力				★	是本省最大、最先进的专业市场，竞争能力强
2	技术风险					
2.1	先进性				★	电子交易、结算系统，处于国内先进水平
2.2	实用性				★	农药残余等检测设备实用性好
3	资金风险					
3.1	利率					利率稳定，没有风险
3.2	资金来源中断			★		由于种种原因，配套资金可能出现中断
3.3	资金供应不足			★		由于种种原因，配套资金可能出现不足

(3) 主要风险及防范措施

1) 市场风险及防范措施

a. 市场风险：专业市场建成后将是本省交易量最大、设施最完备的、技术最先进的交易场所，因此，竞争力较大，市场风险较小。

b. 防范措施：解决市场风险的措施就是要有高素质的人力资源，只有具备了高素质的人力资源，才能运用现代化信息系统，以信息化服务社会，指导农户发展种养业，从而赢得市场。建立专业市场，重要的是物质资源的丰富，专业市场建成后，必须以市场为导向，以此信息为本源，以“公司+基地+农户”的方式，围绕区域优势产业，从产前、产中、产后和产业链进行系列开发，实行产供销、农工商结合，把农民、龙头企业和市场结合起来，形成经济利益共同体，增强市场竞争能力。一是面对分散的一家一户小农经济和传统落后技术，把规范化高新技术传授给农民，使其按照规范化技术操作，生产出符合市场，特别是符合国际标准的高质量产品；二是面对龙头企业技术不规范、产品质量低、市场竞争力弱、经济效益低的实际，进行技术改造，实行规范化、标准化生产。同时对职工每年进行技术培训，到成功的专业市场学习管理经验，提高自身素质。

2) 技术风险及防范措施

a. 技术风险：现代电子技术发展较快，本项目采用目前成熟的电子交易、结账系统以及农药残余检测系统，随着技术的发展更新，存在一定的技术风险。

b. 防范措施：该项目在实施过程中为了防范技术方面的风险，应加强信息收集，不断更新技术，以适应时代的发展。

3) 资金风险与防范措施

a. 资金风险

a) 资金到位不足的风险：在项目投资过程中由于资金不按计划到达有可能影响项目的实施过程，错过时机，造成项目的投资失败。

b) 资金到位中断的风险：

在项目投资过程中，由于项目本身规模较大，配套资金的压力较大，如配套资金不落实，会造成项目的投资失败。

b. 防范措施

项目投资过程中，与有关部门密切合作，确保自有资金、国家配套资金按时按计划足额到位。

八、项目开发建议

在进行完上面一系列的分析后，接下来应对专业市场的投资作出总结，判断该专业市场是否可行。若专业市场是可行的，在总结完后，策划人员应就本项目的开发提出一些有用的建议。

某服装专业市场的运作方案建议如下：

本项目前期启动资金初步估算约需1.5亿元，主要支付前期手续、设计及拆迁安置补偿等费用。施工期间，施工单位垫资建设至主体三层，材料供应商垫资供应三大主要材料用量的50%。拆迁过程中，完成设计平面图，全面招商，预定销售地上主体二层完成后，每月预计实现销售收入2000万元，用以滚动开发，支付后续工程款，直至竣工验收。保守考虑工程竣工时，地上一至四层应全部售出，工程建筑周期为二十个月，回收资金4.8亿元，不考虑出租、其他楼层的销售部分，资金回报利润体现在两年之内，两相对比，投资利润率显而易见。

如营销回收资金不理想，可考虑分阶段开业，完成主体工程、全部外装修、三层以下及配套设备、设施工程，先将三层以下开业，而后在进行全面招商销售，回收资金。

九、项目整体开发策略

若专业市场投资分析通过后，接下来就应该进行项目组织机构的设置、制定项目管理制度和项目招投标方案。

1. 项目组织机构的设置

项目组织机构的设置主要是指确定组织构架、人员编制和确定各部门的主要职责等。组织机构的设置是专业市场投资开发迈向成功的保障。

【优秀案例 5－13】　某汽车专业市场组织机构的设置

参考点评：该案例的亮点在于组织机构的设置采用“组织机构图”来表示，能够很清楚地反映上下级的关系，形象易懂。同时还确定了各部门的职责，分工清晰。此外，人员编制中对每个季度的员工数目都有所计划。这三点都是值得我们参考借鉴的。

（1）组织机构

1）组织架构

公司严格按现代企业制度建立组织机构，设置董事会，实行董事会领导下的总经理负责制。机构设置详见“组织机构图”。

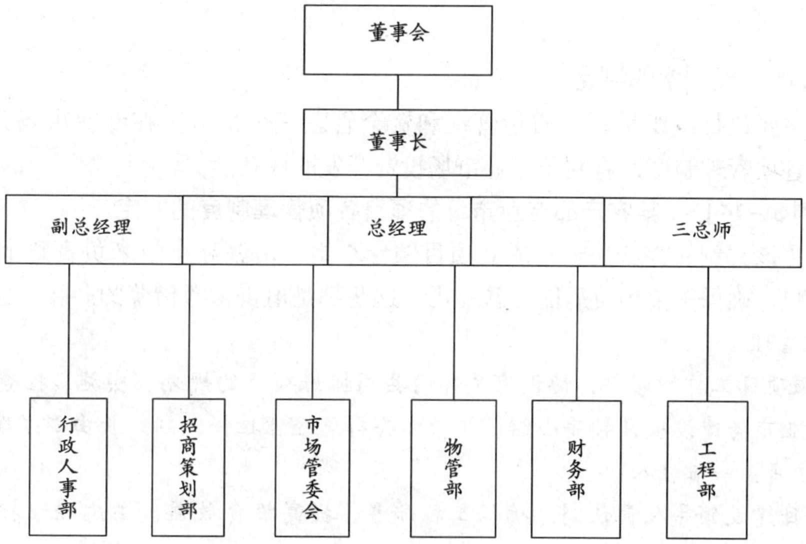

组织机构图

在公司组织机构图示中，计划当工程完工后，工程部随即撤销，并入物管部；招商部并入市场管理委员会。

2）各部门主要职责

行政人事部：负责公司行政、办公、人事等工作；同时负责协调公司各部门的关系。

招商策划部（后期并入市场管理委员会）：负责项目策划招商设计、实施。

市场管理委员会：负责市场日常经营、管理，协调各用户之间关系、帮助办理有关证件等。

物管部：负责整个小区的物业管理工作，即：维修、保洁、保安、防火、保持良好的生活、经营环境。

财务部：负责公司的会计核算、监督、划拨款项、报销、资金计划制定、财务预决算编制，协调银行、税务机关关系。

工程部：负责项目建设、组织设备采购、审阅图纸、预算、现场监督、办理拆迁、征地手续，设施设备运行，维护。

3）经营者素质

公司对经营班子成员的选聘实行高标准、严要求，副总经理及以上职位，要求本科及以上学历，大型企业、公司相关职位5年以上工作经验，并且取得突出成绩者。

（2）人员编制

该项目由××国际汽车城有限公司负责整个工程的建设、招商及管理，其人员采用聘用制。公司员工的福利待遇根据国家有关规定执行。公司按税后利润的一定比例提取奖励基金，对有重大贡献的员工实行特别奖励，形成公司长期的凝聚力。

员工计划为：

时间	2002年四季度	2003年一季度	2003年二季度	2003年三季度
人数	30人	40人	60人	100人

注：员工人数应分阶段增加，项目竣工后将基本保持员工队伍稳定。

2. 项目各项管理制度的制定

项目管理主要包括组织管理、质量管理和资金管理三个部分。在专业市场开发建设之前，先制定项目的各项管理制度，有利于专业市场投资开发的成功。

【优秀案例5-14】　某农产品专业市场的项目各项管理制度的制定

参考点评：该案例的特点在于其成立项目领导小组，由领导小组来负责整个项目。其次还设立了专门账户，确保资金到位后能专款专用，这些都是值得参考借鉴的。

（1）组织管理

1）为加强项目工作的领导，协调有关部门共同抓好项目的规划、实施、检查落实，特成立××农产品专业市场建设项目领导小组，组长由公司总经理担任，副组长由副经理担任。

2）落实项目第一责任人：

为加强项目建设领导人责任制，确保工程质量，提高投资效益，由总经理担任项目的第一责任人。

3）设立专门账户：

为了确保资金到位后能专款专用，设立专门账户，并按工程实施进度拨款，保证工程实施，按期完成。

4）建立工程检查、审计制度：

为了促进工程建设的顺利进行，建立工程实施检查和审计制度、保证工程质量，按期施工、竣工及发挥其效益。

5）建立项目实施情况汇报、请示制度：

根据工程进度情况，办公室人员特别是项目第一责任人要经常向领导小组汇报工程进展情况，以及资金使用情况，并以书面报告形式向上级有关部门汇报或请示。

6）在上级部门的领导和统一布置下，按照《××农产品专业市场建设项目实施方案》，严格按照基本建设程序，抓好项目的实施与管理。

7）严格按照国家现行的施工验收规范进行检查验收，合格后方可交付使用，发挥投资效益。

（2）质量管理

项目将按《建筑法》、《建设工程管理条例》、《建设工程监理管理规定》的有关规定，委托有相应资质的监理公司负责对该工程进行施工全过程监理。项目建设必须坚持专家审核和领导审核制，严格把好质量关，项目领导小组组长应做到每月到工地检查一次，并要求项目领导小组办公室将本项目实施进度报表和文字材料每月呈报一次到自治区有关部门，以利于上级主管部门及时掌握本项目实施进度和莅临现场指导项目实施。

（3）资金管理

该项目资金将建立专门户头，随时接受省审计厅的监督。项目建设资金由××农产品专业市场建设项目领导小组办公室统一管理，集中使用。在资金上先使用建设单位自有资金，再使用市财政配套资金，最后使用国债资金。项目资金结算实行单位工程报账制，并采取土建工程先施工和主要设备先购置，后到项目领导小组办公室报账，确保本项目按质按量完成，充分发挥效益。

3. 项目招投标方案的制定

开发商在决定开发专业市场后，一般会面向社会进行各工程的招投标，故策划人员应根据开发商的需求为其制定招投标方案。

【优秀案例5－15】　某汽配专业市场的项目招投标方案

参考点评：该案例用文字来描述项目的招投标方案，言简意赅、内容全面，值得参考借鉴。

根据《中华人民共和国招标投标法》、国家发展计划委员会第3号令以及××市有关工程招标文件规定，确定施工单位和监理单位。

（1）招标形式：

由业主按国家招标投标法及有关规定，此项目拟采用邀请招标形式确定施工单位和监理单位。

（2）招标范围：

项目的设计、施工及监理部分为全部招标、设备及重要材料采购为部分招标。

（3）施工及监理单位资质要求：

施工单位资质须为二级以上企业；

施工监理单位须为甲级以上。

（4）招标信息发布：

向预先选择的若干家具备承担招标项目能力、资信良好的特定法人或其他组织发出投标邀请函，请他们参加竞争。

（5）招投标工作组织

由业主负责组织实施该项目的招标工作，招标须按公平、公开、公正的原则组织完成编标、公告、资审、评标等工作。参加投标的施工单位不得少于五家，参加投标的监理单位不得少于三家。

【优秀案例5－16】 某建材专业市场的招投标方案

参考点评：该案例的特色在于用一个表格就能涵盖了各工程项目的招标范围、招标组织形式和招标方式。此外该案例还对各工程项目的招投标金额进行了估算，做到心中有底。

招标基本情况表

项目	招标范围		招标组织形式		招标方式		招标估算金额（万元）	备注
	全部招标	部分招标	自行招标	委托招标	公开招标	邀请招标		
建筑工程	★			★	★		63657.44	
安装工程	★			★	★		9172.12	
勘察	★			★		★	150	
设计	★			★		★	2114.30	
监理	★			★	★		874.93	
设备	★			★	★		14662.97	

第六章　专业市场项目整合推广策划

整合推广是指整合所有能利用的资源对本项目进行推广。整合推广一般包括广告策划、媒介策划、包装策划、活动策划和推广策划五个部分。这五个部分是一个有机整体，缺了其中任何一个部分都有可能影响专业市场的成功推广。

本章分为六个部分，分别是项目整合推广总策略、项目广告策划、项目媒介策划、项目包装策划、项目活动策划和项目推广策划。

本章可能出现的专有名词有：POP 广告（Point Of Purchase Advertising 购买点广告）、VI 系统（Visud Identity 视觉识别系统）、DM 单（Direct Mail Advertising 直接邮寄广告，即通过邮寄、赠送等形式，将宣传品送到消费者手中、家中或公司所在地）、SP 活动（Sales Promotion 销售促进活动）、NP 广告（News Paper 报纸广告）、CM 广告（Commercial Message 电视广播广告）。

一、项目整合推广总策略

在进行专业市场整合推广策划前，要先确定专业市场整合推广的总思路和总策略，从而给后面的广告策划、媒介策划、包装策划、活动策划和推广策划起纲领性的指导作用。下面是某汽配专业市场的项目整合推广总策略：

本项目的营销推广思路为：在预热阶段先进行形象宣传，利用 2 ~ 3 个月的时间最大限度地聚集人气，提升项目的神秘感；完善营销队伍，实行专业化、品牌化营销，树立品牌形象和专业形象；公开阶段进行直接销售，通过前期的客户积累，加之开盘时的促销现场，最大程度地实现热销；营销中期通过采取公关活动、公益活动等方式提高项目的品牌形象；同时通过宣传经营户对项目的青睐，将项目营销推向高潮；营销后期，将剩余房源进行分析，推行 30% 首付置业计划，市场逐步成熟，最大限度地吸引投资、经营户。

专业市场项目整合推广总策略主要包括：总策略原则、总策略思路、总策略目标和总策略设计等等。专业市场项目可以根据自身的需求减少或增加项目营销总策略的内容。

【优秀案例 6 -1】　某家居广场的项目整合推广总策略

参考点评：该案例包括了总策略原则、总策略目标、总策略设计和总策略说明四个内容，内容比较全面。该案例的亮点在于“总策略设计”这部分。通过用箭头表示，既形象又清晰地表达了各个阶段的策略。

（1）总策略原则

1）充分利用现场环境，形象包装先行。售楼处主题包装，提升楼盘市场形象。

2）前期进行新闻造势，以政府的经营城市战略为主导召开“经营城市与建材经济论坛”，配合现场包装，大打形象广告，树立××家居广场在××市建材行业“掌舵者”的形象。

3）软性文章铺垫，进行市场预热，引发舆论讨论和口碑传播。

4）侧重区域性的广告媒体使用，现场广告、户外广告、POP广告、几个重要路口导视牌等。

5）捕捉与利用热点新闻事件，即展开“事件行销”的实施原则。

(2) 总策略目标

1）短期内形成市场热点以达成销售，于2005年10月左右完成全部销售任务。

2）短期内提升物业鲜明个性形象，提升物业品牌的市场号召力。

3）树立物业品牌知名度，力争成为2004年度××市楼市的明星楼盘。

(3) 总策略设计

第一阶段	推出物业形象 刺激引发关注 营造抢购气氛	成功推出	(2004年10月~2005年1月)
第二阶段	引导阶段 强化阶段	建立和进一步培养形象 扩大知名度 强化销售主张	(2005年2月~4月)
第三阶段	调整阶段	完善形象，形成美誉度 修正主张解决存在问题 减弱物业决策压力	(2005年5月~6月)
第四阶段	形象记忆与调整 优惠促销	消化存量 成功完成销售	(2005年7月~8月)

(4) 总策略说明

1）总策略以现场包装形象推广先行，先以精神感召，卖一种品位、档次、价值，进行形象塑造。

2）总策略各环节设计是将××家居广场项目总体推广思路进行规划，使之有秩序、有规律、有节奏地全面推向市场，在主题脉络的贯通下，其操作思路明晰，最终达到广告效果的最大化和广告资金的节约化。

3）总策略设计将使项目在整体推广中始终保持热度，使各卖点在优化组合后在不同阶段先后有序进入推广各环节中，使项目在不同阶段都能形成热点。

4）总策略设计能使推广进行到不同阶段，其广告运动诉求不会发生冲突，使各阶段广告运动卖点诉求产生互动，相得益彰。

5）总策略环节的时间安排上充分考虑到以下因素：

a. 抢占先机，率先拉开2004年最后一次市场争夺战。

b. 配合工程形象进度，依次进行不同阶段的重点推广。

c. 配合工程进度和热点事件，为展开事件行销留有极大发挥空间。

d. 抢占本区域大型项目在下半年推出之前，集中消化。

二、项目广告策划

广告是广告主有计划地通过一定的媒体将商品和服务信息传递给大众，而起到促进作用的一种非人员推销的信息传递方式。而广告策划就是对广告的整体战略与策略的运筹规划，是对于提出广告策划、实施广告策划、检验广告决策全过程作预先的考虑与设想。广告策划的一般步骤为：从项目的优势和机会中得出本项目的N个卖点，然后从这N个卖点中提炼出一个作为本项目的核心价值，根据项目的核心价值得出广告的核心概念，根据核心概念制作主题广告语，接着制定本项目的广告策略，并根据广告策略进行文案创作和广告设计，最后制作各种宣传物料并进行广告效果评估方法。有关这方面的知识，读者可以阅读由余源鹏主编的《房地产广告策划与创作》一书。

1. 项目广告目的分析

在进行项目广告策划前，先要明确本项目做广告的目的，从而根据目的进行广告策划。下面是某服装专业市场的项目广告目的：

（1）让温州的客户了解本市，了解××街口在本市“一小时都市经济圈”中的核心商圈地位，××商城在其中的黄金地段。

（2）让温州的客户了解××广场的经营模式、投资与回报的模式。

（3）让温州的客户深谙现阶段××广场的最佳适热机会（开业前后升值期将上升到快车道）。

2. 项目广告受众分析

广告受众是指广告所传达信息的接收者。明确广告受众，有利于根据受众的特点与爱好进行广告策划，同时也为后面的媒介选择作准备。项目的广告受众要根据项目客户群定位和产品规划进行选择。某建材专业市场的广告受众如下：“国内外知明品牌的各类建材生产厂家和具有实力的建材经销商。”

3. 项目卖点分析

专业市场项目的卖点一般都是指项目SWOT分析中的优势和机会以及项目产品规划突出的亮点，故专业市场的卖点一般有多个。

对于很多专业市场来说，由于先天的条件并不具有明显的优势，为了促进本项目招商和销售的成功，必须通过一些手段和方法来营造出本项目的卖点。

【优秀案例6-2】　某文体用品专业市场项目广告卖点的营造

参考点评：该案例是从自身素质的塑造、卖点的营造以及卖点附加值的提升三个方面来增加该项目的核心竞争力。该案例增加项目核心竞争力的方法具有很好的参考价值。

总体而言，目前本市商业地产市场竞争日趋激烈，尤其是在近两年，由于商业地产的供应量增多，市场竞争更是呈现白热化状态。作为在先天自然资源并不占据优势的本案项目来说，如果在后天的产品营造上不具有差异化的核心竞争能力，那么将不能预期地实现最终的销售目标。基于对本项目竞争态势的分析，我司认为，如何营造产品的商业核心竞争能力是取得项目成功运作的关键问题，以下将在自身素质塑造、卖点营造以及卖点附加值提升等方面提出针对性的解决方案。

（1）卖点营造

“注意力”的经济时代已经来临，优质的产品也需要优质的包装，尤其在信息膨胀竞争态势下，如何最大程度地获取客户的关注度成为现代房地产营销的重要活动。在设计和施工上提升产品的自身素质是项目成功的基础条件，但在影响消费者的购买诱因中，产品之外的“卖点”同样举足轻重。

1）可营造的销售卖点

a. 成为本市的体育主题商业引领项目；b. 标榜本项目为××区的代表性商业地产、体育产业的门户商业；c. 投资有极高的利润回报；d. 引进著名商业管理公司或经营顾问；e. 营销中心销售环境的营造；f. 卖场环境的诱导；g. 展望性的商业目标；h. 现场活动的造势。

2）卖点附加值

a. 专业化市场的优势；b. 细分市场的利润空间高；c. 规避投资市场风险就要减少投资盲目性；d. 本市体育商业市场的唯一性门户地产。

在一般情况下，专业市场项目更多的是从项目的各种价值来提炼出本项目的卖点。

【优秀案例6-3】　某纺织品专业市场的项目价值分析

参考点评：该案例从产品规划和项目定位两个方面来寻找专业市场的价值，然后根据专业市场的价值来提炼出项目的卖点。这种提炼卖点的方法值得我们学习。

（1）突出功能诉求，以项目功能特点来提升卖点（集中纺织市场优势、全框架结构，任意分割组合）；

（2）高位嫁接，从形象上提升卖点；

1）时尚性（外观设计的前瞻性）；2）舒适性（远离了城市的喧嚣，独享宁静生活）；3）高贵性（生活品质的全面提升）；4）文化性（将教育嫁接于本项目）；5）便利性（交通的便利，生活的便捷）。

4. 项目广告核心概念提炼

从专业市场项目的卖点中提炼出项目的核心价值，然后根据项目的核心价值提炼出广告的核心概念。核心概念是广告策划者将项目核心价值转化为可供传播推广的某种概念，是项目核心价值与主题广告语的桥梁。

【优秀案例6-4】　某工业博览城的项目广告核心概念

参考点评：该案例的亮点在于其提出了广告的核心概念后，还对其进行了解释。

核心概念：财富、出发。

（1）项目奠基、招商、推广出发。

（2）本区籍本项目地方收入增加，插上财富的翅膀。

（3）本省的工业产品有了这个平台而加大了对周边省份的辐射力度，成为工业财富之都。

（4）客商有了这个平台从此走上财富的道路。

（5）主动式的结构，易于传播，有煽动性。

5. 项目广告语创作

广告语分为主题广告语和非主题广告语两种。主题广告语也分成两种，其中一种是贯穿于项目始终的一个主打广告语，另一种是项目在某一推广时期所采用的主打广告语，但每个时期的主打广告语只有一个。独特销售主张（USP——Unique Selling Proposition）是每次广告的主题，不一定与各时期的主题广告语一致。广告语一般从专业市场项目的卖点中提炼出来，既要做到言简意赅，也要做到很好地体现本项目的卖点，吸引客户。

（1）项目主题广告语

主题广告语一般比较简短，易记，读起来朗朗上口。如某二手专业市场的主题广告语：

“信誉经营，信心保证”。又如某美容化妆品专业市场的主题广告语：“城市中心，魅力之都”。

【优秀案例 6-5】 某工业博览城的主题广告语

参考点评：该案例的亮点在于主题广告语言简意赅，同时对该广告语进行了阐述，让开发商更好地理解、接受该主题广告语。

广告语：让工业插上财富的翅膀。

阐述：

1）紧扣“工业与财富的转换器”这一项目定位；

2）是“财富出发”这一核心提炼的更直观表达；

3）生动形象，易于延展，理解和记忆。

（2）项目非主题广告语

项目非主题广告语一般有多个，在广告中多以排比句的形式出现。

【优秀案例 6-6】 某服装专业市场的非主题广告语

参考点评：在制作广告语时，通常要用到谐音，如该案例中的“钱”与“前”。该案例的特色在于广告语全部围绕着“钱”为中心，抓住了投资者和经营者的心理。

小投资，大“钱”途。

铺面一开，黄金万两。

数钱数到你手软。

买旺中旺铺王，做英明财主。

6. 项目广告策略制定

在确定完项目广告的目的、受众、卖点、核心概念和广告语后，接下来就应该制定适合本项目的广告策略。广告策略是指配合各个营销推广阶段，对项目的广告目的、广告风格、广告元素等进行策划，从而指导广告文案的创作，以及广告的设计制作。广告策略包括广告设计策略和广告投放策略两种，但在很多情况下，这两者是合在一起写的。

【优秀案例 6-7】 某服装专业市场的项目广告策略

参考点评：该案例可借鉴的地方在于将广告的投入分成两个阶段，并对每个阶段制定相应的广告策略。唯一不足的地方在于它分的阶段不够多、不够细。

以新闻稿与软稿为前奏，辅之专场活动，完成项目在本市场的导入过程，适度硬性广告轰炸，强化本项目的知名度。

第一阶段：2003 年 3 月 15 日至 3 月 30 日，市场导入，新闻预热。

这一阶段以软文为主进行系列报道，可采用有咨询电话与××字样的报花的专栏形式，将专场活动内容、××街的地理资源优势展现出来，以新闻预热完成项目在本市场的导入。

第二阶段：2003 年 3 月 30 日至 4 月 30 日，销售升温，热点跟踪。

这一阶段以硬广告为主，将本项目优势与销售措施传播于目标群。

【优秀案例 6-8】 某汽配专业市场的项目广告策略

参考点评：该案例的优点在于将广告的投入分成四个阶段，分别是公开期、炒作期、强销期和清盘期，分得比较细。同时它还写出了各个时期所投入的广告量占广告总投入量的比例。这些都是值得参考借鉴的。不足之处在于缺乏对每个阶段广告投入的必要说明。建议与优秀案例结合在一起，做到优势互补。

	第一轮	第二轮	第三轮	第四轮
所占比例	60%	20%	15%	5%
阶段	蓄势、公开期	炒作期	强销期	清盘期

项目广告的制作策略主要是指如何制作广告才能达到想要的宣传效果。在很多情况下，广告的制作策略与广告的投放策略都是联系在一起的。

【优秀案例6－9】　某农产品专业市场的广告策略

参考点评：该案例既包括了广告投放策略，也包括了广告制作策略。该案例包括三点，一是广告的内容——要突出项目核心竞争优势；二是操作节奏——要配合营销的进度；三是广告风格——要统一明确。案例虽然文字不多，但已言简意赅地体现了项目的广告策略，值得参考。

（1）将项目核心竞争优势美观、清晰、准确的传达给目标对象，产生鲜明印象；

（2）在具体操作上，注意掌握节奏，配合营销创造快速的销售成绩；

（3）在传播中形成项目统一、明确并具有延展性的广告风格。

7. 项目广告文案创作

在制作了专业市场项目的广告策略后，接下来就应该对广告文案进行创作。广告文案是指广告中所包含的文字。由于广告有软广告、硬广告、电视广告、户外广告、围墙广告、布幅广告、楼书等，其相应的广告文案也应有所不同。同时，应该按照不同的推广时期制定不同的广告文案。广告文案一般由正标题、副标题、广告正文、广告口号等组成。同时应注意各种宣传物料内的文字也属于广告文案，应该也要在这一时期制作各种宣传物料的广告文案。

（1）项目软广告文案创作

软广告是指通过一些新闻事件和新闻报道来增加本项目的曝光率，从而起到宣传本项目的作用，而不像硬广告那样为了打广告而打广告。对于软广告来说，新闻报道的标题显得尤为重要。好的新闻标题能够抓住阅读者的眼球，吸引阅读者继续往下阅读新闻的内容。下面是某农产品专业市场的新闻稿标题：

1）蓉都的实话实说。

2）一铺养三代的新思维。

3）成功的商人是因为他们选择了成功。

4）谁在跟蓉都较劲？是蓉都自己。

【优秀案例6－10】　某纺织品专业市场软性宣传文章的标题

参考点评：该案例的特色在于其不仅拟定了各宣传文章的标题，还对文章的内容作出简单的阐述，值得参考。

标题一：×街口扣率商场：商场的扣率经营是反映商场营业额高于租金收入的一个重要参数，×街口周边商场均以扣率经营由此折射出此地商场的高效益。

标题二：21世纪江苏是中国东部经济发展的重心：20世纪80年代广东是中国东部经济发展的重心，20世纪90年代浙江是中国东部经济发展的重心，进入21世纪，东部经济的发展重心重新转移到以外向型企业居多的江苏省。

【优秀案例6－11】　某小商品专业市场的广告软文

参考点评：该广告软文的亮点在于从十个方面来体现该项目的优势，对该项目有一个很好的推广作用，值得参考借鉴。

超一流市场经营理念；

超一流大型商家支撑；

超一流硬件环境设施；

超一流商业经营管理理念；

超一流便捷交通组织体系；

超宽政府政策面支撑。

××小商品交易城，全面颠覆传统批发市场模式与超越传统批发市场，打造新一代小商品批发基地，创造中国领先型大型小商品批发市场的样板工程。

1）卓越的地理位置

××小商品交易城位于本市规划中的物流基地中的核心位置，江北西部新城中心南桥寺区域。项目紧临本市景观大道—100米宽××大道，与××河外环高速公路仅一公里之遥。项目与××新农贸市场主体大楼与××农贸市场连成一片，形成了本市集中性物流批发基地，一举成为西南地区占地面积最大，交易量最大，交易额最大，交易商品品种最齐备，交易商品类别最为丰富的巨型批发基地。

2）开发商雄厚的资金体系保障

项目由本市大型民营企业集团××实业集团与××集团联合打造。两家企业雄厚的资金，可以确保市场的永续经营，打造百年诚信市场。

3）先进的铺面布局体系

市场占地201亩，采用半围合的形式，创新地以开放式街区布局来组织整个市场铺面，且市场采取区别于传统专业市场铺面分布的模式，创新地采取门面与集中性商铺联合布局的格局，来打造新一代专业市场的样板工程。这种新型布局，将彻底改变原来市场对大商家的与知名品牌展示空间不足的局面，赢得市场上大商家大厂家的青睐。

4）市场内便捷的内外部交通组织体系

市场内交通组织体系便捷通畅，整个市场以三重循环体系来组织整个市场的内外部交通组织体系。沿××大道的纵向交通组织体系，直接连通城市外部交通体系，商家的货运车辆可以在2分钟之内，上外环高速公路；以F区与A区的横向交通组织体系，可以直接接通×石路，直接连接到沙区×角碑与×音桥核心商圈；以铺面门外的停车位置到市场的仓储系统的短交通组织系统，可以让商家在最短时间内，完成项目的内部货运组织系统。

5）超一流的硬件设施配置

a. 市场拥有2.5万平方米的外部卸货区，拥有600多个停车位，以及4万平方米的常规仓储区以及2.5万平方米的地下恒温仓储系统。

b. 市场配有先进的智能化管理系统与信息系统，全面连接全国十大市场的信息，及时反馈各大市场的供需行情与价格行情。

c. 市场完善的安保系统，电子巡更，红外线报警系统，以及政府专为市场配置的治安值勤点，全面保卫市场的安全。

d. 充足的金融配套，为市场经营户提供完善的交易服务体系。本市场内有中国邮政所，有本市商业银行等金融单位为市场商家提供经营管理配套服务。

e. 另市场设有公平秤，网络查询系统、网上交易系统以及远程办公系统等先进的配套设施，确保市场建成全国同类市场中，最为先进的专业市场的样板市场。

6）打造百年市场的永续经营理念

a. 为确保市场的永续经营，打造百年市场。市场特地聘请××农贸市场管理处对本市场进行运行管理，同时自己成立了经营管理公司，来定期对本市场进行推广。

b. 为了保证本市场的集成效应，商业管理公司将定期编制市场期刊，发布市场的商家与商品的动态信息，同时将期刊投放到本市以及西南地区所有星级酒店与中高档消费娱乐场所进行发布。

c. 商业管理公司将充分调动各类资源系统，对市场进行定期招商推广，将本市场的名优特产品以及新产品定期在各大城市进行推广，确保本市场的市场知名度最大化。

d. 借鉴苏宁、国美配送货模式，对在本市场来采购商品的商家，进行交通运输补贴以及组织专门的运输队伍帮助其运输。

7）专业与诚信并重，塑造全新经营管理理念

市场为确保其全新的经营管理理念，同时借鉴欧美发达国家市场经营理念和国内义乌市场的先进经营管理理念，连接厂家商家同时进驻本区域，形成产供销一条龙的××小商品市场模式，同时完善市场内部经营制度与经营体系，确保市场的正常健康发展。市场专门设置诚信窗口，负责处理市场中短斤少两行为与假冒伪劣行为，市场将对此类商家进行罚款或者驱逐出市场的办法，确保市场成为人们心中的放心市场。

8）超宽政府政策支持面

为了确保市场健康正常的发展，本市市政府、××区政府及各大政府职能机构，将全面在政策面对本市场进行扶植与倾斜。本市商业银行将对入驻本市场的商家提供100~500万额度的信用贷款，来支撑商家的经营，同时市区工商税务也将做出对本市场政策性支持。

9）超一流大型商家支撑

本市场有来自本市各大市场的大商家与来自本市市内，四川、云南、江西、湖北、安徽、广东等市场的知名厂家现场办事机构。雄厚的厂家与商家将确保本市场货品充足，货源充分。以及扩大本市场在全国范围内的影响力，以确保本市场争做全国同类市场领头羊的地位。

10）美好的市场前景与投资前景

我们完全可以充分相信，在政府政策的支持下、在投资商强大的资金支持下，以及在先进的市场经营理念与管理理念指导下和在大型商家厂家的带动下，本项目将全面超越本市现有的所有小商品交易城，成为本市，西南，乃至全国交易量最大、交易次数最频繁、商品数量最多、品种最丰富的一个全国小商品批发的样板市场。

在商家良好的效益下，商铺自身资产必然将节节攀升，从而达到甚至超越本市所有现有小商品专业市场的市场价值，商铺的租金回报也必然将全面超越本市现在所有专业市场的租金回报，成为商铺主人一个世袭财富金矿。

投资××小商品交易城，创千秋财富，立万代家族基业。

（2）项目硬广告文案创作

硬广告是专业市场项目最常用的一种广告形式。相对于软广告文案来说，硬广告文字比较简短，语言比较优美。

【优秀案例6-12】　某纺织品专业市场的硬广告文案

参考点评：该案例的亮点在于其除了写出广告标题和广告文案外，还写出了广告的画面设计，做得比较细。

（1）广告一：

1）标题：本市消费者委员会首个指定推荐外地楼盘——××广场

2）画面：3.15标志与项目实景

3）文案：

a. 推荐的理由

（a）外资银行投资运作：由东南亚最大的私人银行——××银行投资运作，而且为外资银行入股百货商场中国首例；

（b）“中华第一商圈”：位于强大区位力的××街口商圈，面积不足1平方公里，却林立了沃尔玛、大洋百货，金陵、金鹰购物中心、苏宁电器、中央百货等十余家国内知名商场，日均客流量100万人次，商业集中程度与消费人流为国内罕见，号称“中华第一商圈”。

（c）现房发售，看得见的繁荣：裙楼1~9层为商业用房与店铺，总建筑面积近30000平方米，将全面装潢规划为娱乐休闲与购物中心，地下是红火的莱迪购物中心，月租金最高2000元/平方米，地面主楼为写字楼已爆满入驻。

（d）“商业遗产”不可再生：本案雄踞×街口××路步行街，地下是红火的莱迪购物中心和规划中的×街口地铁出口处，现代化的交通与成熟市场使本案犹如“文化遗产”，具有不可再生性与类比性。

（e）“2+1”商场全新概念：即“男人陪女人逛商场不会闷，孩子陪大人逛商场不会烦”与×街口的百货业态互补互进，打造该地商圈新消费亮点。

b. 理性投资

（a）合情：连续三年租约出售，年租金为总铺价的7%；

（b）合法：代办公司合购店铺，由专业人员打理公司，以小搏大，以专搏赢；

（c）合理：首付20%，60%银行按揭，20%一年后即付（限额5名）；

（d）合意：指定铺位，仅须半价购买，另一半从经营所得中扣除，包您满意。

（2）广告二：

1）标题：位于中国四大步行街的接班人——××街口步行街。

2）画面：以表明×街口的繁荣昌盛的×街口人头攒动实景为整个画面，而以撕开下露出标题。

3）文案：北京王府井、苏州观前街、广州北京路、上海南京路为人气旺盛的中国四大步行街，是中国商业的典范。××街口及其周边的×州、×江等城市形成的经济圈，及位于地铁出口处的人气地段将成为步行街的接班人。

【优秀案例6-13】　某农产品专业市场的硬广告文案

参考点评：该案例是有关围墙、户外喷涂广告、布幅、展板和宣传单的广告文案。该案例的亮点在于其根据不同阶段的不同媒介来制作不同的广告文案。这一点是非常值得我们学习的。

1）告知阶段

a. 围墙：

无须寄人篱下，三万元轻松做老板（能买）。

购放心食品，必须去专业农贸市场（必买）。

取缔以街当市，精心打造北城最大的农贸市场（必买）。

b. 大的户外喷绘广告：

主题为：投资××巷大市场，买一个世代相传的铁饭碗

民以食为天，投资宁××大市场无风险。

民以食为天，××巷大市场更赚钱（愿买）。

c. 布幅

美化街道形象，提高生活水平。

规范市场秩序，造福本市人民。

成熟生活社区，涌现巨大商机。

热烈祝贺××巷大市场隆重动工。

取缔以街当市，提升城市形象。

d. 展板：

工商局及政府相关部门公告。

2）说服阶段

a. DM 单：

市场简介，规划，政府文件摘要、优惠措施、投资分析。

b. 布幅：

为经营者营造一个人财两旺的大市场。

建好××巷大市场，让经营户不再寄人篱下。

入驻××巷大市场，实现街边经营户到市场老板的大转变。

强化市场管理，让百姓吃上放心食品。

入驻大市场，政策所需，大势所趋。

投资××大市场，买一个世代相传的铁饭碗。

（3）项目楼书文案创作

楼书也是广告的一种媒介，进入销售中心取得楼书的客户一般来说都是有一定意向购买的客户。楼书文案策划人员应根据这些潜在客户的心理来制定楼书文案。专业市场楼书的制作要注意文字的优美，同时要抓住客户的购买心理。笔者建议可以将楼书文案分成城市篇、区位篇、业态篇、规划篇、消费篇、投资篇、潜力篇、管理篇等。

8. 项目广告设计建议

在创作广告文案结束后，接下来就要进行广告设计。无论户外媒体、平面广告还是楼书、折页等宣传物料，都要做得大气、耀眼，凡事都应当彰显出实力，以增强客户的信心和决心。在设计广告前如某汽配专业市场，要先确定各种广告的设计要求，做到带着目的去设计广告。

【优秀案例 6－14】　某纺织品专业市场的项目广告设计建议

参考点评：该案例的可取之处在于其写得很全面，包括了电视专题片、MTV、CF 形象广告、宣传画册及折页、路牌广告、横幅广告、展板等各种各样广告的设计。

（1）电视专题片

对本县的地理位置、历史、风俗人情及本项目的规模重要性和意义进行全方位的介绍，并制成影碟，广泛赠送。

（2）拍摄 MTV

邀请全国著名的词曲家和歌唱家进行填词，作曲，拍摄 MTV。以改革开放为主题，表现本县风情及本案。在中央电视台、凤凰卫视、山东卫视进行新闻炒作。

（3）拍摄三十秒 CF 形象广告（略）

（4）宣传画册及折页（略）

（5）路牌广告

除工地现场的大型电脑喷绘广告牌外，在本市及项目周围的主要路口设置广告牌。

（6）横幅广告

配合促销公关活动在市内繁华路段做横幅广告，内容视具体活动而定，来营造热烈氛围。

（7）展板制作

展板制作要求豪华美观，大方得体，既可拆开组合，又可以是一个完整的构成，以便于移动迁移，适合“南打——北打——海外打”招商宣传推广活动。

【优秀案例6-15】　某服装专业市场的项目广告设计建议

参考点评：该案例涉及报纸硬性广告、报纸软性广告、电视媒体广告、户外车体广告和广播广告的设计建议，具有一定的参考价值。该案例用了大量的文字去写报纸广告，足以见报纸广告在宣传推广中的地位举足轻重。

（1）广告设计

1）报纸广告：

报纸是现阶段商铺宣传的常用媒体，其优点主要有：时效性强、反应及时；覆盖面广，遍及社会各阶层，读者稳定；发行有一定区域性或行业性，针对性强；形象视觉佳，印象深刻，易于收藏；制作灵活，费用低；信息量大，周期短，易于控制。据CMMS2000（中国市场与媒体研究2000）调查的20个城市的居民消费者，通过报纸获取房地产信息的人占60.2%，并且49.9%的人经常阅读报纸及杂志中的广告。在深圳，商铺的投资者获取有关的商铺信息，80%是靠报纸广告。

a. 硬性广告：前期形象宣传为主，然后紧跟卖点、销售信息等系列广告。制造强烈的视觉效果，主题鲜明冲击力强。从而吸引阅读者对项目的关注。

b. 软性广告：结合各种新闻事件、公众视点进行炒作、宣传。

2）电视媒体广告：

以物业形象展示为主，表现形式应该突出气势庞大、高平台、高起点、高档次、高品位的物业特性。内容以项目介绍、经营理念、发展前景为主。

3）户外、车体广告：

以形象展示为主，体现现代化的商业形象，产生强烈的视觉冲击力。内容主要是诉求卖点及销售信息。

4）广播广告：

广播的传播方式具有启发性和促进性，应该兼顾经营性客户群和投资型客户群共同的消费诉求。目的是聆听群众打电话咨询或到访。语言精练、简短，语调富有吸引力。通过对项目前景的描绘导引出经营、投资利益。

9. 项目宣传物料制作

在广告设计结束后，就应该着手制作各种宣传物料，特别是各种纸质印刷宣传品，为后面的营销执行作准备。某电脑专业市场的项目宣传物料制作如下：

（1）海报（对开双面彩页），作为项目销售推广的主要宣传物料，用于现场推介和派发、张贴；

（2）宣传单（4开双面彩页），与海报配合使用，在售楼现场和各宣传点派发；

（3）招商说明书（长3开四折页），作为项目招商的主要宣传物料，用于市场招商；

（4）楼书（长16开、共16P），作为整个项目的宣传物料，用于项目一、二期的销售推广。

【优秀案例6-16】 某美容化妆品专业市场的项目宣传物料制作

参考点评：该案例的亮点在于其不仅指出了应准备的各种宣传物料，还指出了各宣传物料所需要的数量和时间，并对各宣传物料的设计提出了要求，值得参考。

（1）彩旗：300面（印制：内容项目名称、核心广告语）。

（2）横幅：40条垂直广告语。

（3）印刷类宣传品：

1）宣传单张：10000份，6月15日完成印刷，6月20日到位。

2）楼书：8P全彩色高级铜版纸印刷，7月10日完成设计，7月16日到位。画面设计要求大气、醒目、稳住、字体粗而不呆、视觉冲击力要强，要表现出浓厚的商业氛围与开发商的强大实力。

10. 项目广告效果评估

一套好的广告计划最后的贯彻实施在很大程度上取决于在计划进行过程中对广告效果的评估是否及时、准确。经过分析、思考、取舍、确认的广告计划和策略不应一成不变地墨守成规，而必须根据客户反应，竞争环境的改变，销售情况等加以修正，使广告计划“活”在现实的环境中。

对广告进行评估的方法有：

（1）现场观察：

广告发布后，售楼处或展销会现场的销售人员会通过观察及与客户的沟通，了解前来咨询客户的基本情况，策划人员可根据前来咨询客户人数的变化及他们所关心的问题，对广告效果和策略做客观的评估并作出及时的调整。

（2）问卷法：

在开盘或展销会期间，选择看楼人员密集的时段，用设计好的问卷方式对潜在消费者做调研，以便于科学地分析和把握消费者的心态，测算广告信息的到达率。

在对广告效果评估完后，应及时地作出相应的调整，广告策略可以根据以下几个方向进行调整：

1）依据工程进度进行调整；

2）依据节假日进行调整；

3）依据竞争情况进行调整；

4）依据特殊事件进行调整。

三、项目媒介策划

专业市场的媒介策划是指在广告活动推出之前，针对本项目媒介的选择。媒介的刊播时间和广告语在各媒介上的分布等做出通盘性的计划。策划代理公司、广告公司应与传媒建立良好的公共关系，利用媒体传递信息迅速、传播面广、可信度高等诸多优势，树立项目在公众心目中的良好形象。

1. 项目媒介目标确定

媒介策略目标的确定，有利于指导后面的媒介选择和媒介投放策略的制定。下面是某家居专业市场的项目媒介目标：

（1）选择适当媒介，为创意提供最佳的演出舞台与发挥空间，使广告对消费者产生最佳的说服效果。

(2) 通过科学的媒介投放组合策略，制造声势，在保证足够的有效到达率，避免不必要浪费的前提下，吸引消费者前来咨询，感受现场氛围，产生购买欲望。

(3) 树立开发商及楼盘形象，增强消费者的信心，发挥口碑宣传的优势，提高项目的知名度和美誉度。通过广告宣传，有力配合销售，使本项目在尽可能短的时间内进入销售沸腾期，迅速回笼资金。

2. 各种媒介分析

在选择媒介前，有必要对专业市场所在区域的各种媒介进行调查分析，从而选择适合本项目的媒介。

【优秀案例6－17】 某美容化妆品专业市场的媒介分析

参考点评：该案例先写出了项目所在城市的主要媒介，然后通过分析确定适合本项目的媒介。该案例选择的媒体包括了报纸、广播电台和户外广告媒体三大类，可以通过它们之间的优势互补，达到更好的推广效果。

本市主要媒体有《××晚报》、《××日报》、《××广播电视报》、××电视台三大频道、××广播电台交通频道、《××都市报》、公交车、路牌广告位等多种媒体。

(1)《××晚报》：发行量2万份左右，基本覆盖本市市区，是本市市民常读报刊，其中各大服装批发市场的客户有经常读该报的习惯，影响度相对最高，因此我们根据本项目的定位、实际销售思路及房地产广告投放的一般规律，将此报定位为项目主要宣传媒体。

(2) ××广播电台交通频道：是目前本市有效覆盖面最大的媒体，栏目多且灵活，深受市民喜欢，辐射本省南半部。主要听众为驾乘人士，本市几大服装市场均装有广播设备，该媒体对本项目的目标客户群体有很大的影响，而且广告费用最低，广告频率最高。我们还可享受该媒体相关节目的免费跟踪报道，是报纸广告最有效的补充。

(3) 户外广告媒体：由于户外广告媒体有很大的信息传递局限性及极强的针对性，我们建议选择4辆在主干道运营的公交车作为主要户外广告媒体，宣传时间为3个月，主要辐射范围为城区，加强铺垫期及尾铺销售期广告宣传支持，费用相对最低。

【优秀案例6－18】 某服装专业市场的电视媒介分析

参考点评：该案例对电视节目的分析做得很到位。不但分析了电视广告对该项目的好处，还针对几个收视率较高的电视节目进行详细的分析。策划人员可以根据这些信息在收视率高的电视节目前、中、后播放本项目的广告。

电视节目特别是电视剧越来越为人们尤其是妇女（包含具备购买力的群众）所喜爱，随着家庭收入的增加，她们手头可支配的闲置资金很多，这群人中不乏投资客，投放电视媒体并可为对手疏忽的而投放其中增加受众。因此，电视和报纸广告媒体组成的立体广告最有效的提高信息传达率。

×视主要栏目简介：

《×州新闻联播》×州电视台的一档标志性节目，是以本区域时政要闻为主的综合类新闻节目，自创办以来，准确迅速报道时政要闻，深入宣传方针政策，客观反映社会热点，科学评析经济现象，在本市地区树立了良好的口碑，拥有广泛的收视群体，主要特征为22到60岁之间的男性。

首播：每日18:30；重播：次日7:36；栏目长度：15分钟。

《今晚30分》是一档融综合性、服务性于一体的新闻版块节目。以新闻主播“说”新闻的风格，通过全新的视角解读新闻，体现“整合信息，梳理观点”的功能，是一档老少皆宜的信息大餐。

首播：每日21：55；重播次日8：11；栏目长度：30分钟。

《社会纵横》是本市拥有相当知名度的新闻评论节目，节目针砭社会时弊、弘扬时代正气，在社会各阶层中享有突出的声誉。有本市的“焦点访谈”的美誉。

首播：周一至周六19：35；重播：当晚1：23次日11：29；栏目长度：15分钟。

3. 项目媒介选择

在选择媒介之前，应分析目标客户群的阅读习惯和信息来源，做到有针对性地选择媒介。

【优秀案例6－19】　某纺织品专业市场的广告受众特征分析

参考点评：该案例可参考借鉴的地方有两个。一是将目标客户群按两种分类方法进行分类，再分别分析每种目标客户群的特征。二是该案例的分析内容，既包括了阅读习惯，也包括了主要的信息来源。

（1）本项目客群按区域大致可分为

1）本地范围目标群体

阅读习惯：×坊晚报、×坊电视台为主，其次是省内其他地区。

主要信息来源：如同行业介绍。

2）全国范围目标群体

阅读习惯：当地报刊、广播、电视媒体为主。

（2）按购买的性质可分为

1）经营型客户

分布：主要在×坊地区，其次为淄博、青岛、烟台、威海、临沂、济南、滨州、东营，还有部分省外各专业市场的客户资源。

主要信息来源：报纸、广播、电视、同行业介绍。

阅读习惯：除了关注大众媒体的特点外，还会关注各专业报刊及网站。

2）投资型客户

分布：主要在×坊地区，其次是省内其他地区。

主要信息来源：报纸、广播、电视、房展会。

阅读习惯：时事、经济、新闻、娱乐等。

除了知道目标客户群的阅读习惯外，还要了解媒介选择的标准。专业市场项目常用的媒介选择标准有：选择项目所在地区对消费者最有影响力的媒介；选择目标消费者接触最多的媒介；选择成本较低的媒介，以节省宣传推广费用。

在选择媒介时，应尽量包括各个种类的媒介，使各媒介之间可以优势互补。此外，还要确定哪些是主要媒体，哪些是辅助媒体，做到重点突出。

【优秀案例6－20】　某水产品专业市场的项目媒介选择

参考点评：该案例的特点在于其按照不同的媒体类型来选择媒体，同时还确定了各类媒体的投放形式和目标区域。

根据不同的目标客户群体，调查了解各种媒体的受众情况和价格，综合受众比例和媒体价格后组合选择广告媒体，以较小的广告投入起到最大的宣传效果。

媒体选择（项目公司可根据实际情况选择运用）如下表所示：

媒体分类	媒体选择	投放形式	目标区域
现场广告	工地围墙、接待中心室内外、参观路线、项目入口	喷绘广告和展板、导视牌	到现场参观的客户、×利港当地居民、停靠渔民
户外广告	在西城显著位置、人群聚集之处或主要交通干道设置单立柱广告	巨幅形象广告	受众面广，媒体费较高
报纸杂志	××日报、××利日报、电视周报、××晚报、××晨报等	形象广告和软性文字资料，按销售周期分阶段发布	受众面广，价格相对便宜
电视广告	××电视台、××广播电视台、有线台等	专题片、形象广告分阶段发布	受众广泛，广告效果明显
电台广告	××广播电台交通频道和新闻时段	黄金时段投放	乘坐出租车的顾客
直邮资料	印刷品和信函	邮寄到达或专人投放	目标明确，有车族和重点客户，如餐饮经营业主、水产品经营业主、停靠渔船等
宣传画册	楼书、宣传单页等	接待中心、销售网络、展销会、及专人定点发送	来访客户、重点客户
网络宣传	公司网站、××信息港、××局域网及国内招商网站	项目网页	受众广泛、价格优惠
其他宣传	自备看楼车，车上喷项目广告	流动广告、发放宣传单页、组织活动用	重点客户

4. 项目媒介策略制定

专业市场项目的媒介策略包括媒介组合策略和媒介投放策略两种。在制定项目媒介策略时，应先制定项目媒介组合策略，后制定媒介投放策略。

在制定媒介投放计划前，应先写出专业市场项目的媒介总策略，不用写得太详细，只要写出大概的总思路即可，如某家具专业市场的媒介总策略：

鉴于本县媒体的特殊性，缺乏强势媒体。因此本项目广告媒介策略为：平面印刷媒体为主导，展开项目功能和特色的宣传；户外媒体全面支持，渲染商业气氛，扩大宣传影响面和持续力；电视媒体配合，进行项目形象宣传；报纸媒体辅助，侧重于×克苏地区的宣传和促销。

（1）项目媒介组合策略

在确定了专业市场项目的媒介总策略后，接下来就应该根据媒介总策略制定媒介组合策略。一般来说，不同的推广时期它的媒介组合策略也应不同。

【优秀案例6－21】　某家居专业市场的媒介投放策略

参考点评：该案例的特色在于思路清晰，先把整个推广时期分为三个阶段，然后分别对每个阶段的媒体投入作出规定。

该项目整体推广分为三个阶段，每个阶段将分三期进行媒体投放组合：

1）启动期：

a. 以报纸广告为主，以软、硬报纸广告结合。

b. 直效媒体（楼书、购楼指南、DM 单）的直观宣传作用。

2）强化期：

a. 运用大众媒体（以报纸为主，事件行销为辅），提升形象，强调服务。

b. 增开看铺直通车，提供更多便利购铺条件，吸引投资者前来咨询、看铺。

c. 针对主要卖点做纯销售式广告，与现场销售有力配合，促成更高的成交额，减轻收尾工作的压力，同时发挥软性文章与新闻炒作的理性诉求配合宣传，创造抢购商铺热潮。

3）清盘期：

a. 以报纸广告为主，以证言方式、催促式广告形成投放促销广告，同时配合短程促销活动，解决销售中存在的问题与矛盾。

b. 利用 DM 单直邮或电话的针对性的区域性宣传手段，扩大消费层面。

c. 利用报纸做一些感谢广告，同时利用工程形象的收尾阶段，增强置业者的购铺信心，消化存量。

（2）项目的媒介投放策略

专业市场项目媒介投放策略分成两种，一种是各个推广时期媒体的投放力度和频率；另一种是指每个指定的媒体在投放时所需要表现出来的效果，如媒体的广告形式、广告风格等。

【优秀案例 6-22】　某纺织品专业市场的项目媒介投放策略

参考点评：该案例分别对 TV、报纸、广播和 DM 直投等媒介的投放应用作出了明确的要求，有一定的参考价值。

1）TV

电视媒体应结合三维动画制作，将多媒体及活动组合成立体的宣传手段予以应用。

2）报纸

集中宣传上述物业卖点，建议每次至多突出两个卖点。

3）广播

体现物业宏大的规模，优秀的设计等良好的形象。

4）DM 直投

应有针对性地选择目标，（投资性客户群，还是经营性客户群）并定向发放。

四、项目包装策划

专业市场项目的包装策略是指通过对施工现场和租售中心的包装来全方位展示公司实力、项目定位、理念与优势，同时为销售工作营造良好的洽谈环境。

具体详细的项目包装策略，读者可以参考由余源鹏主编的《房地产包装推广策划》一书。

1. 项目包装调查

在给专业市场项目制定包装策略之前，有必要先对周边竞争对手的形象包装进行调查。如某二手专业市场的项目包装调查：

形象包装是本案有效区别其他竞争对手，展示个性，凸显优势的有力手段。我们通过调查了解到现时新兴二手旧货市场的形象包装情况如下：

商场名称	×讯旧货市场	×贤旧货市场	×印二手城	×达电器城
位置	×马路，×贤旧货市场对面。门面宽180米	×马路与×华南路之间	×华南路	×马路
装修档次	风格简洁，立面设计较为时尚	装修相对二手交易市场较豪华	装修一般，较为简单	规模不大，装修较简陋，环境与大沙头旧场相似

我们亦对二手行业的经营状况进行了一次调研，统计分析后发现：

二手经营商户对商场的经营环境不需过高级过豪华，装修一般，但较为整洁明亮的经营环境选择意向最高。商户对商场的配套需求最多的是停车场地、茶水间以及仓库。经营办公设备的商户以需求铺位或较大经营面积的居多。

2. 项目形象包装

专业市场的项目形象包装是指以项目的形象定位为依据，通过各个方面来营造本项目在消费者心目中的形象。

【优秀案例6-23】　某二手专业市场的项目形象包装

参考点评：该案例的亮点在于其确定了该项目的形象包装要达到的目标后，还分别对其进行了阐述，值得参考借鉴。

综合市场现状，对本案的形象包装我们提出——大众信息化二手手机及办公设备专营品牌商城。

形象包装阐述：

(1) 大众信息化——项目的档次及市场形象；

(2) 二手手机及办公设备专营——项目经营业态定位；

(3) 品牌商城——项目给予市场上的商户及消费者的信誉保证。

3. 项目工地包装

专业市场项目的工地包装主要包括建筑物主体外立面的包装和工地围墙的包装两个部分。如某珠宝专业市场的工地围墙包装：

围墙看板尺寸及材料：3块（主题板）50米×3米喷绘画面，每块主题可分成若干画面。安装要求：墙板基底离地1米。

又如某家居专业市场的建筑物主体外立面的包装：

(1) 建议外立面挂一个醒目的大广告牌，列明各层的经营品种、功能分区等，形成良好的导示系统。

(2) 一层的外玻璃幕墙保持通透，在适当高度悬挂0.8米高的灯箱，统一装修格式，上面写着各大入驻品牌的名称，既为品牌打了广告，又提升了商场档次，增加了吸引力。

【优秀案例6-24】　某农产品专业市场的项目工地包装

参考点评：该案例的特点在于其不仅写到了建筑物主体和工地围墙的包装，还写到了主路网和参观路线的包装，考虑得很周到。

(1) 建筑物主体包装

开工建设后，在建筑物主体框架或建筑脚手架上悬挂醒目的项目喷绘巨幅广告，突出项目整体形象，吸引到现场参观人群的注意力。

(2) 工地围墙包装

工地围墙现在通用的方式是用彩钢围墙，设置项目喷绘广告，宣传项目公司情况、项目卖点、项目整体形象、渲染现场气氛。

(3) 主路网及参观路线包装

在通向项目工地的主要交通路线设置宣传项目的路标或广告牌，在项目入口设置醒目广告牌，在路两侧灯杆上悬挂宣传项目的彩喷吊旗。

4. 项目租售中心包装

作为体现楼盘整体形象的窗口，客户对租售中心包装设计的直观感受如何，将直接影响其对整个项目的认识和评估。因此，租售中心的包装设计显得尤为重要。整个租售中心根据工程部及装修设计的平面安排总体要求宽敞、明亮，典雅气派，个性突出。好的楼盘会说话，好的租售中心同样也会吸引顾客。租售中心作为最容易激发顾客购买欲望的地方，统领整个楼盘，是整个楼盘的缩影。精美细致的租售中心，可有效烘托售楼现场的气氛，有力促进物业的租售，起到事半功倍的作用。

【优秀案例6-25】　某家具专业市场的项目租售中心包装

参考点评：该案例的亮点在于其所包装的内容很全面，包括售楼部位置的选择、售楼处的分区、销售道具的制作、导视系统的强化和现场气氛的营造等。同时，该案例对每一部分的描述都很详细，非常值得参考。

(1) 售楼部策略

1) 售楼部位置

根据目前的工程进度以及项目所在地自然地理环境，售楼部可以选择项目临××三路一层(3楼)的A区和E区。经过反复的现场实地勘探和征询建筑工程师的意见，我们建议售楼部设置在E区比较合理。理由如下：

a. 如果将售楼部设置在A区，因为周围的建筑遮挡的原因，售楼部内部的光线不是很好，要靠内部灯光来弥补。

b. A区所在的位置是建筑的一角，周围的大环境不理想，虽然可以通过内部装饰来弥补，但是楼盘的整体形象在这个区域无法提高。

c. 临××三路一层建好后，A区楼面会高于××三路路面2~3米，售楼部设置在A区，除了要拆除遮挡在前面的临时售楼部外，还要搭建楼梯，从消费者的习惯来说，他们是不愿意爬楼梯的。整体来说，售楼部设置在A区，将是一个封闭的空间。

d. 如果将售楼部设置在E区，因为紧挨休闲广场，售楼部内部的光线非常好，面对××大道和××三路的楼体比较好包装。

e. 临××三路一层建好后，E区楼面会低于××三路路面1~2米，但是售楼部主开口面对的是休闲广场，从建筑风水的角度来说，避免了大门直对路口以致财气外泄，也不会与消费者的习惯冲突，引起消费者心理上的不快。整体来说，售楼部设置在E区，将是一个开放的空间。

2) 主题卖场包装

建议售楼处应该分成7个区域，动静分明，功能区分明确，便于销售人员在同一区域的工作开展。

a. 接待区：

接待区位于售楼处的大门开口，直对休闲广场，设置接待台和项目形象墙。接待台相对要有一定的亲和力，建议以曲线条为主，LOGO墙（形象墙）简洁明了，色调以金色和橙色为主

（暖色调），高贵典雅，整个形象墙画面不宜复杂化，使客户一进门就能感受到项目以商为本的设计，及人性化的服务，感受到项目高档次的整体形象，从而很快的接受项目的价格。接待台可分前后两层，一层为接待销控台，二层为主控台，二层的建造比一层要高。分两层的目的是给客户形成压迫感，造成心理压力，有利于销售人员的销售说辞。

b. 参观区：

a）模型：便于客户可以很直观地看到，精细的呈现项目的规划。这样精致的制作，对于客户而言，可以从模型中挑选自己满意的位置，另外要注意的是因为该项目模型较高，故建议模型周围用玻璃材质垫高15cm，垫高部分内部用彩灯装饰，便于客户多角度参观而且还可增强美观大气的视觉效果。

b）展板：项目整体介绍；开发介绍；投资模式介绍；物业、经营管理模式介绍；多种投资模式投资分析表；铺面销售控制表；购铺流程图；银行按揭流程图。

将以上内容制作成展板形式，分不同推广阶段展出，使业务员在与客户洽谈时，方便向客户解释。

c. 洽谈区：

洽谈区的整体风格突出热烈、欢快的氛围，设计以大面积色块为主，暖色调为主，大气高贵，色彩明快。让人一进入就有买铺的冲动。洽谈区配备洽谈桌椅，色彩明快。

d. 签约区：

签约区的风格要简约，设计以线条为主，但要不失高贵。同时，将开发商、投资商所获荣誉证书等在此处彰显，体现出公司实力雄厚及信誉度极高，从而更大地增强客户的购房信心。

e. 现场建材展示厅（样板铺）：

a）样板铺策略思路：人是感性的，其对于任何美好事物的认同感都是一样的，所以请客户参观以展示品牌家具为主的样板铺，通过其在参观过程中微妙的心理变化来巩固项目楼盘在他心中的大气、高贵、商业价值高的印象，这样非常容易在参观完以后得到消费者对于项目楼盘商业价值的认同感，进而产生购买欲望。

b）样板铺的策略：根据对目标客户群的分析，及其特性的了解，来制定相应的装修样式，以便在第一时间内争取到客户的好感，在此建议采用不同风格的装修样式。

c）样板铺分类：

品牌墙地砖展示区，品牌洁具展示区，品牌木地板展示区，品牌家私展示区。

f. 办公区：

办公区是整个营销部的核心，设置在售楼部内，能及时进行现场管理，现场指挥，现场调节，现场控制，并合理调整后期的营销策略。办公区装修风格简洁明快，装修以冷色调为主，使办公人员时刻保持清醒的头脑。

g. 品位廊：

售楼部可布置一些软装饰，如装饰画、绿化、工艺摆设等，此处为品位廊，应营造一个轻松、舒适的购房氛围。给客户参观时丰富视觉，同时也使销售倾向于和谐、自然，烘托现场销售气氛。

售楼部建筑面积：15 米 ×18 米 =270 平方米，样板区（含通道）：12 米 ×18 米 =216 平方米。

售楼处的地面：建议采用浅色调，可衬托出背景墙、接待台、洽谈桌椅等的欢快色彩。

3）销售道具的建立及作用：

a. 楼书：作为销售的主要道具，制作精美，楼书中呈现的卖点均是该楼盘的优势，也使客户清晰的知道该楼盘的优点，使其对楼盘产生好奇心，从而促成其购买。本次建议楼书印刷数为2000本，楼书的内容包括本项目卖点的优化，购房须知、业态划分、物业管理等，内容的充分便于客户深入了解本案的细微之处。

b. 海报：海报通常以单张的形式出现，便于携带，阅读方便，能很快的得知楼盘的最新消息。

c. 销售进度一览表：与楼层平面图合二为一，使客户清楚选购商铺所在位置，给人以真实的感觉，增强客户信心。

d. 名片：名片上的地址及电话号码，便于客户与业务员联络，提高销售率。

e. 销售人员制服：统一的制服给人以整洁的感觉，使客户觉得公司整体形象很好，使销售人员在与客户洽谈时留下好印象。

f. 中央广播系统：播放开发商及其合作方行业背景、公司概况、项目开发历程，使客户对本项目有更深刻的认识，同时也增加售楼部的热闹气氛，加快销售人员讲解速度，以增强客户购买欲望、投资信心，从而制造售楼部抢购氛围。

g. 特别建议：一条龙的售后服务：签约律师到场，公证处到场，签约现场银行当场办理按揭手续或一次性付款手续，方便客户，增强客户信心，加强现场逼定，同时也增快了销售速度，使销售速战速决。

（2）强化导视系统：

1）位于本项目售楼部在××三路所处位置，需要强化导视系统，方便引领目标客户群到达售楼部现场。

2）所在××三路、××大道段布置道路布置彩旗，以及荧光色道路指示牌。

3）在××三路连接××二路、×划街、×民街入口处、××岗大桥出口等位置显要处树立看楼指示牌，道路指示牌。

（3）现场气氛营造：

1）E区所在楼层从顶层挂彩灯到底楼，面朝××江北一面楼体悬挂巨幅红底金字布标，含意为：喜气开盘。从×阳村看过来能有很好的视觉效果。

2）现场彩旗、条幅、横幅。进入本项目的通道布彩旗，建立CI导视系统。

3）对售楼部现场进行合理功能分区，对细节部分（空调、饮水机、柱子）进行修饰，突出项目高档商业楼盘形象。

4）建议售楼处外部的配电房尽快拆除，并搭建能供人车共行的桥梁至售楼处旁边的休闲广场，以避免时间过于仓促而延误其他工作的开展。

【优秀案例6-26】 某专业市场的项目租售中心包装

参考点评：该案例的特点在于其先用文字来描述售楼接待中心的设置，然后用表格来表示各个部分的设计要求，值得参考借鉴。

在项目现场临时建设或利用原来建筑改建项目销售接待中心，要求内部环境明亮整洁，里面设置项目展示区、客户洽谈区、大客户接待处、销售管理人员办公区等。在项目展示区内设置项目整体沙盘、房子模型、户型结构图等，展示整个项目的建成效果，建筑布局等；客户洽谈区要有座位和饮水机等设施，便于客户休憩和详细了解项目情况；客户接待中心墙面悬挂项目宣传展板、项目平面图、项目销售情况表等，要表现出项目红火的销售状况，引发客户的购买欲望，增强客户的购买信心（公司有条件的话，对于商铺和公寓楼的销售可以设置样板间，给客户身临其境的感觉，增强客户购买信心）。

附：接待中心的设计要求详表

序号	内容	设计要求
1	接待中心室内外展示	室外巨幅喷绘广告、灯箱、导视牌等
2	接待中心功能分区	项目展示区、客户洽谈区、大客户接待处、销售人员办公区
3	接待中心大门横眉	项目公司名称和醒目的接待中心标志
4	接待中心形象墙	项目公司标志
5	台面设计	项目视觉标准色的利用
6	展板设计	分类展示商业街、市场、酒店、公寓的形象和项目的详细介绍
7	接待中心导视牌	标志字体醒目
8	销售人员服装	与项目标准色的协调和统一
9	销售用品系列	手提袋、水杯、椅子、茶几等都作为项目视觉系统的运用
10	样板房的设计	结构、面积、装饰与建成后符合

【优秀案例6－27】　某纺织品专业市场的项目租售中心包装

参考点评：该案例的亮点在于其对招商中心的面积大小有所规定。租售中心面积的大小也会影响到租售气氛。租售中心面积过大，很难积聚人气；租售中心面积过小，会让客户感到拥挤而影响心情。

招商中心要设立相应的办公设施，公司标志，现场包装布置重在突显交易中心的气势和产品气质，并且尽量做到因地制宜，充分利用已有的资源。同时，如果交易中心外观暂时欠缺美观，可以用现场的包装淡化客户的负面观感。面积约100平方米，小面积利于积聚人气；招商中心内布置形象背景板，左右布置喷绘，突出项目综合卖点。

5. 项目卖场包装

对于一些出售或出租现楼的专业市场来说，对专业市场本身卖场的包装同样很重要，卖场包装做得好，将会吸引更多的客户下订。

【优秀案例6－28】　某手工艺品专业市场的项目卖场包装

参考点评：该案例既包括专业市场内气氛的营造，也包括专业市场外气氛的营造，值得参考借鉴。

（1）划分出一定区域，允许商家把商品摆放在店前，使市场更有生气；

（2）增加现场的绿化（盆景）、小品、休闲椅等设施，丰满市场；

（3）适当引进民间艺人和小工艺品，在本项目卖场表演或售卖，吸引人流，成熟的时候可以定期举办“墟集”；

（4）外街加强现场灯光效果，特别是在晚上；

（5）建议本项目的标志建筑“××腾飞”再做大做高尽显气势，将基脚改建即可；

（6）加强动静态管理，营造气氛，主入口建立古典庄严的威武大门，各次入口设立“道闸”。

【优秀案例6－29】　某装修用品专业市场的项目卖场包装

参考点评：该案例的亮点有两个。一是所选的背景音乐与装修材料专业市场有关；二是楼下为楼上的商品做广告的做法很有创意，值得参考。

（1）背景音乐：刘德华演唱的《马桶》。

（2）商场内装修标准：天花部分只装修大厅，其余部分不吊顶，空调管、喷淋系统裸露，空调管简单用锡纸包装，天花统一喷白；1～2层地板只铺大厅和通道，铺位部分由商家自行处理；3～4层地板可全部铺浅色防滑釉面瓷砖，全场色彩明快大方，给人视觉空间开阔、通透之感。

（3）商场用电：地面预留用电插座。

（4）广告灯箱：柱子简单刷白，并做广告灯箱；在大堂醒目的位置，做几个灯箱广告位，可租可送。

（5）标识、导示系统：每层于电梯口设功能分区、经营品种牌、洗手间指示、电梯及紧急出口指示等。

（6）休闲设施：于电梯附近或位置较宽松的地方设置休闲椅，供购物者休息之用。

（7）促销气氛营造：几种颜色的彩带装饰，形成色彩缤纷、热闹喜庆的气氛，有利于销售和良好购物心情的培养。

（8）楼下为楼上的商品做广告：一层用三种不同颜色的彩旗代表二、三、四层的商品，并标明："××商品请上×楼"以此来推销上面的产品；二层则用两种颜色的彩旗；三层用一种颜色的彩旗推荐四层的产品。

五、项目活动策划

这里的活动指房地产公关活动。其目的旨在改进开发商及其所开发的物业与社会各界公众特别是目标客户群的关系，提升开发商及其所开发物业的知名度和美誉度，最终达到促进物业顺利销售的目的。更多的活动策划方案请读者阅读由余源鹏主编的《房地产实战促销300例》、《房地产公关促销方案56例》和《促动楼盘》。

1. 项目宣讲活动策划

专业市场举办宣讲活动的形式可以有多种多样，常见的形式为举办招商说明会、新闻发布会等。

【优秀案例6－30】　某服装专业市场的项目宣讲活动策划

参考点评：该案例对活动策划得很详细，包括活动目的、活动内容、活动时间、活动地点、现场布置、活动流程和经费预算七个部分，值得参考借鉴。

招商活动：××新街口××广场引进温州品牌商务洽谈会。

（1）活动目的

1）利用总商会在温州的影响为本案招商工作带来实惠；

2）利用温州人对温州企业信任和从众心理，促进项目的销售；

3）引起新闻媒体关注；

4）吸引目标购买群关注。

（2）活动内容

1）在温州举行××广场招商说明会或新闻发布会，通过总商会动员和广告宣传邀请温州品牌企业参与；

2）招商会现场同期进行项目介绍，邀请有意向客户参加，在聚集人气的同时增加抢手氛围；

3）组织温州品牌企业保证在本案经营的前提下或派员去××市或委托××公司参加盘××广场商场商务洽谈大会，通过温州总商会××分会动员和当地的广告宣传邀请××市当地的经销商参与会议，与温州企业进行经销洽谈并享有一定的租金优惠与优先权；

4）同期组织意向客去本市实地考察。

（3）活动时间：2003 年 3 月 29 日下午 2：00～4：00。

（4）活动地点：××国际大酒店。

（5）现场布置（略）。

（6）活动流程：

1）来宾签到，分发资料；

2）总商会领导讲话；

3）××商场负责人介绍项目；

4）来宾发言提问；

5）招商洽谈。

（7）经费预算：

1）户外横幅：450 元/条（含审批）×4 条＝1800 元；

2）室内横幅：200 元/条×2 条＝400 元；

3）礼仪小姐：150 元/位×4 位＝600 元；

4）投影仪：350 元/场次；

5）总商会协办费：3000 元；

6）请柬制作费：10 元/份×200 份＝2000 元；

7）小计：8150 元。

2. 项目展示活动策划

对于专业市场来说，要不定期地举办各种展示活动来增加新闻炒作点，吸引消费者对本项目的注意。如某纺织品专业市场的项目展示活动策划：

定期举办各种商贸交流会和产品博览会。这样做的目的是：

1）增加项目新闻炒作点及影响力；

2）扩大项目在纺织行业内的知名度。

【优秀案例 6－31】　某小商品专业市场的项目展示活动策划

参考点评：该案例到不同的城市举办专场展示活动，提高该项目的知名度，这种做法非常适合以外地招商为主的专业市场。

活动：温州及周边地区专场展示。

（1）温州专场

1）时间：2006 年 3 月 29 日～3 月 31 日

2）地点：××国际大酒店

3）经费预算：

a. 场租（含洽谈会场地）：18000 元/3 天；

b. 模型制作：25000 元；

c. 单页制作：2800 元（5000 份）；

d. 布展费用：3000 元；

e. 小计：约48800元。

(2) 义乌专场

1) 时间：2006年4月26日~4月28日。

2) 地点：××大酒店。

3) 经费预算：

a. 场租（含洽谈会场地）：15000元/3天；

b. 运输费用：1000元；

c. 布展费用：3000元；

d. 住宿费用：800元；

e. 户外条幅：300元（含审批）×30条=7500元；

f. 公关审批费用：5000元；

g. 小计：32300元。

总计：193250元

3. 项目开盘活动策划

开盘不管对于居住地产还是商业地产来说，都是非常重要的一刻。第一炮打得响，将有利于接下来工作的开展。可以在专业市场开盘前一天的晚上，举行一个开盘晚会的活动。其重要性在于使目标商户和犹豫不决的商户，通过开盘晚会的预热，造成心理上的一种默认和冲动，从而使之在第二天的开盘交定金阶段能够有盲目冲动，烘托气氛。下面是某服装专业市场的开盘晚会策划：

广泛送发请柬，向所有登记商户和××路步行街，外埠市场内商户（外埠可专车接送）发请柬，务必使参加晚会人数达到1200人左右。晚会还会邀请明星和政府相关领导出席。

在专业市场开盘的当天，一般会搞一些抽奖、表演等小型的活动，增加现场热闹的气氛。如某文体用品专业市场的开盘活动：

(1) 活动目的：前期蓄水积攒的商户，通过此活动使其对市场具有极强信心，并且对开发商无条件信任，促成招商。

(2) 活动时间：定在开盘当天（具体时间根据当地情况决定）。

(3) 活动规模：邀请商户不少于500人，当地官员10人，异地或北京嘉宾5人，当地媒体3家，主要演员（知名）2人，节目6个，整个活动时间控制在两个半小时以内（具体活动流程等略）。

4. 项目拍卖活动策划

选择几个位置较好的商铺进行拍卖，一方面可以制造新闻事件，另一个方面也可以通过拍卖营造商铺的供不应求，促使整个项目销售价格的提高。

【优秀案例6-32】　某纺织品专业市场的活动策划

参考点评：该案例通过内部认购后，将最受欢迎的商铺拿出来拍卖，不但可以了解目标客户群的心理价位，还可以在客户心目中形成一种稀缺感，促使客户群购买。这种铺王拍卖活动比较新颖，而且效果比较明显，值得参考借鉴。

铺王拍卖引爆方案。

(1) 拍卖铺位的选定：

经过四周（5月1日~5月28日）的内部认购，统计最受关注的街铺和内铺。根据关注的程度来确定是否街铺和内铺都要拿出一个或几个拍卖单位。街铺的拍卖有利于测试目标客群的心理价位，内铺的拍卖除了可以测试价位以外，还可提升内铺的追捧程度。

（2）时间：2005年5月28日（暂定）。

（3）地点：售楼处。

（4）道具：活动背景板、拍卖桌、拍卖槌。

（5）人员：接待人员，拍卖主持人。

（6）操作方法：

1）提前三天报纸信息发布，并对重点客户电话传达。

2）安排××电视台进行现场拍摄和采访，进行电视媒体新闻发布。

3）安排被采访人对记者的问题进行回答，内容主要涉及：

a. 项目的优势及对项目的信心；

b. 对这个活动的感想。

4）设置铺位均价为拍卖基价。

5）分别对街铺（街铺+内铺）的拍卖活动安排两个（四个）内线人员，如果目标客群对于均价响应度低，那么内线人员应配合叫价，将价钱抬高到定价，此铺位开发商将暂时保留。

6）拍卖机构的选择。

（7）拍卖应当制作拍卖笔录，载明下列事项：

1）案号、案由及主持人；

2）拍卖的时间及场所；

3）拍卖铺位的位置、面积，以及其他应当记明的事项；

4）买受人的姓名、住址及其所出最高价额；

5）拍卖不成立或者停止的，其原因；

6）制作拍卖笔录的时间和地点。

注：拍卖笔录应当由拍卖主持人、买受人签名或者盖章。

（8）拍卖说明：

1）逐次加价最少50元。

2）认真核对铺位的位置、面积。

3）参加拍卖的客户凭身份证先登记，并交纳保证金，保证金的数额不得低于拍卖保留价的百分之十，凭收据索取牌号。

4）应当预交保证金而未交纳的，其应买无效。拍卖成交后，竞买人预交的保证金充作价款。喊价拍卖的，竞买人的最高应价经拍卖主持人以落槌的方式敲定后，为拍定。

5）请认真听取主持人宣布拍卖的法律依据、拍卖规则。

6）拍卖价金的交付期限为一天。

7）拍卖物应当在拍卖价金全额交付的同时或者之后，向买受人交付。

8）投标拍卖的，公开宣读标书后，拍定给出价最高者。

5. 项目客户联谊活动策划

定期为客户举办一些联谊活动，如举行经销商联谊会，既有利于客户间信息的交流，又有利于开发商或营销人员了解客户的需求。

【优秀案例6-33】　某纺织品专业市场的项目客户联谊活动策划

参考点评：该案例的亮点在于其不仅写出了要举办什么联谊活动，还写出了举办这些活动的目的，值得参考借鉴。

(1) 前期可以通过调研和客户来电筛选大客户，组织大客户恳谈会。这样做的目的是：

1) 可以直接达成购买意向；

2) 可以更加清晰的了解这些具有代表意义的客户的需求；

3) 通过这些需求，适时调整我们的各种营销推广策略；

4) 通过大客户的影响带动散户，促进销售。

(2) 邀请生产厂家和准客户组织一次酒会。这样做的目的是：

1) 让厂家和商户形成互动，为客户进行上下游市场的开拓，增强他们的经营信心；

2) 从经营层面为项目增加可操作度，为项目提升口碑，扩大影响面；

3) 为招商创造条件。

(3) 组织有意向客户到南方成熟市场进行考察，这样做的目的是：

1) 提高意向客户的经营信心；

2) 吸引潜在客户群的关注，提高项目的认知度。

6. 项目节日活动策划

我国是一个传统节日较多的国家，适时的节日促销，为不同的节日制定不同主题的活动，既可以增加专业市场项目的知名度，也可以促进租售。

【优秀案例 6-34】　某建材专业市场的节日活动策划

参考点评：该案例涉及母亲节、中秋节、国庆和元旦这几个比较重要的节日，在这些节日中所举办的活动值得参考。

(1) 世纪爱心——情系西部共享母爱大型义演晚会

时间：5 月（母亲节）。

地点：××剧场。

晚会将西部风情、母亲、绿色三个主题串联在一起，唤起社会的爱心。晚会切合西部大开发、母爱、绿色三大世纪主题，将吸引众多商家及市民的注意，媒体的转播及报道将扩大市场知名度，形成良好的社会舆论及口碑，建议部分门票收入捐给希望工程，树立企业形象及品牌。

(2) 中秋、国庆文艺游园晚会

时间：10 月 1 日（农历八月十五）。

地点：××建筑装饰材料市场。

今年的中秋、国庆汇于同一天，又逢国庆假期，大型的文艺、游园活动将吸引众多市民的参与，是炒作热点，既提升市场的知名度及人气，又丰富市民的节日的文娱生活。同时又将吸引各大媒体的采访及报道，既利于市场品牌及形象的传播，又能避免与市内各大商家、媒介活动的冲突，营造出企业及社会的良好效益。

活动内容：1. 精彩文艺表演；2. 服饰表演；3. 灯会猜谜；4. 游园活动；5. 杂技表演；6. 点放焰火；7. 其他。

策略：1. 派发市场导购图；2. 市场精品介绍（宣传册）；3. 建材市场介绍（宣传册）；4. 广告衫；5. 各种小礼品发放；6. 荧光棒；7. 条幅；8. 其他。

建议：1) 届时 13 路、22 路、公车晚 8 时至 12 时车票免费，以吸引市民参与。2) 增加现场治安及消防设施。

(3) 元旦主题晚会

主题："金色回忆"民歌名曲精品音乐会

时间：12 月 30 日。

地点：××广场。

晚会以建国五十七年来全国及××著名的民歌名曲为主，配以歌舞文艺表演，必将吸引商家及市民的关注与参与热情，同时媒体也会竞相报道。晚会既丰富了群众的文化娱乐生活，又宣传了市场，扩大了市场的知名度和美誉度。

（4）效果预测：

整体的市场动作和推广必定以多方面的内容集合而成。媒体广告的宣传、公关活动的促进及各种形式的推广方法，配以炒作各种大众话题进行整合，丰富了市场的品牌内涵，将扩大市场的知名度及美誉度，激活市场，带动市场人气，拉动了市场的销售，同时又为市场的各项工作开展创造良好条件。

7. 项目展示活动策划

常见的展会有展览会和展销会两种。对于任何房地产来说，每次举办的展览会或展销会都是一个重大的日子，专业市场项目也应该要好好把握这个机会，除了参加本地区的房展会以外，还要参加周边城市所举办的各类展销会，吸引更多的客户。

【优秀案例6－35】　某手工艺品专业市场的展览会活动策划

参考点评：该案例的亮点在于其根据历次参加房展会的经验得出参加房展会的弊端，从而创新地举办独家展览会，非常值得参考。

（1）展览会推广活动：

目前，业内普遍以集市型的群体参展为主要的营销模式，其实从这一形式在实际的效果反映来看，并不具明显表现。因为在活动的过程中，面对如此大量的物业项目及现场熙熙攘攘的热闹氛围，作为客户如何能静下心来洽谈呢？而在众多的看客中，业内同行又占了相当比例，因此从历次的参展经验证明，此类活动仅能称为展示。

本案项目在尚未与市场作任何接触前，必须在强势的广告配合及选点正确的基础上，配合举办独家推广会。由于其目标明确，展会现场并无可比项目的干扰，现场观客在通过广告宣传的作用下，事先对本案有了初步的了解，当其亲临展会时已成为带有明确洽谈意向的准客户，在面对如此众多潜在客户集结的时刻，同时在人气急聚的现场气氛造势下，必定会起到良好的促进作用。另一方面，也较客观地反映出市场对本案的综合评价。

如能再充分利用海外展示会的宣传力量，吸引外资机构的关注，在增强良好企业形象之际，更可增加本案项目的出售或出租率。

（2）展览会场地选择考虑因素：

选择位于本市知名度高的建筑及俱乐部，具有较大的社会影响力的场所。展场拥有100平方米以上的面积及大型彩色投影机等展销器材等，加上精心布置的会场，定能吸引大量的目标客户群，而取得租售佳绩。

1）展场应选择交通情况较好的地点。

2）通过独家展会的形式，对市场各项数据进行全面的了解，深入透彻地分析，将对本案项目起到实质性的指导作用。

3）长期展览厅——设于项目之销售、租务中心。

4）海外展厅或办事处——租用酒店会议厅以配合展销会宣传，及利用当地租售代理作长期追踪服务。

8. 项目文化表演活动策划

专业市场项目举办文化表演活动，既可以增加租售人员与消费者的互动，也可以丰富市民的文娱生活，一举两得。

【优秀案例6-36】　某家具专业市场的文化表演活动策划

参考点评：考虑到该案例以销售为主、同时儿童节快要来临、父母都想着如何为自己的孩子积累一点财富等三个因素，该案例举行少儿才艺表演大赛就能很好地把三者结合在一起，这是本案例的亮点所在。同时，该案例对少儿才艺表演大赛计划的得很周全，值得参考。

“××MALL杯”少儿才艺表演大赛

(1) 活动构思

在“黄金周购物节”结束后，“××MALL杯”少儿才艺表演大赛将作为5月份的主要活动。“××MALL杯”少儿才艺表演大赛的举行一来可以衔接“6.1儿童节”；二来可以体现××MALL商业社区的人文色彩，借势炒作SHOPPING MALL；三来可以让更多的家庭关注孩子的未来，使得“家庭理财计划”更具有针对性。

(2) 活动目标诉求

“孩子的辉煌未来，需要您独到的家庭理财。”

“你有为你的孩子辉煌未来做准备吗?”

(3) 参加对象

凡是有一定表演天赋和才艺的中小学生，均可参加。

(4) 活动时间

5月8日~6月1日，共23天。

(5) 活动办法

活动分组进行，按年龄段划分为少年组和儿童组，各参加者表演节目不限，按各自的爱好特长进行发挥，邀请相关专家进行评分。报名时间从5月8日（登报当日）开始，截止时间为5月16日。活动分初赛和决赛2个阶段，初赛时间为5月17日，5月18日，5月24日，5月25日，4天时间，决赛入围人数为20人（根据参加人数而定），决赛时间为6月1日（儿童节），在少年组和儿童组中最终产生共5名最佳获胜者。

(6) 奖品设置

决赛中，根据不同的表演类别，设置奖项：

1) 最佳获胜奖5名，分别是：

最佳创意奖：1名，奖价值800元的大礼；

最佳表演奖：1名，奖价值800元的大礼；

最佳天赋奖：1名，奖价值800元的大礼；

最佳才智奖：1名，奖价值800元的大礼；

最佳人气奖：1名，奖价值800元的大礼。

2) 鼓励奖：15名，奖200元的礼品。

六、项目推广策划

专业市场项目的推广将影响到专业市场日后的招商和销售，进而影响到专业市场日后的经营，故策划人员要十分重视专业市场项目的推广。专业市场的推广不是一成不变的，而是应随着工程进展的深入而作出有针对性的调整。

1. 项目推广目标分析

专业市场全程策略中的每一步都应先确立目标，通过这一目标指导着后面工作的开展。

【优秀案例6－37】 某建材专业市场的项目推广目标分析

参考点评：该案例的特色在于其写出了该推广方案的宗旨和实施的时间。亮点在于其推广方案的宗旨所包括的内容，既包括总目标，也包括具体目标。

（1）推广方案宗旨

提高和深化“××建材综合专业市场”在本省人们心目中的品牌形象，扩大其知名度，增加其美誉度和信誉度，促使省内外各大建材生产厂家和建材经销商产生租赁（铺）行为，并通过一系列新颖而有创意的策划，使在本省产生“我的心中只有你——××建材综合专业市场”的轰动效应，激起建材生产厂家和建材经销商对《××建材综合市场》的强烈关注和参与兴趣，使《××建材综合市场》的品牌深入厂家和经销商以及消费者人心，达到一个良好的招商目标点。

（2）目标

a. 总目标：扩大和站稳本省×阳、×里等一、二级市场，以逐步奠定其本地市场进一步提高其品牌地位为主。

b. 具体目标：主要通过对投资商投资建设的××建材综合专业市场的功能性和特点来作主要的宣传，并介绍《××建材综合专业市场》是“省级最具规模的专业管理化、经营化的专业综合建材市场”，在本省×阳、×里及其周边等一、二级市场引起一次大规模的招商狂潮。

（3）本方案实施时间

2007～2008年（时间限制在3～6个月）。

【优秀案例6－38】 某纺织品专业市场的项目推广目标分析

参考点评：该案例可借鉴的地方在于其把推广目标分成了短期目标和长期目标两种。短期目标主要是针对项目的认可度和招商销售而言的，而长期目标主要是针对项目日后的经营和提高开发商知名度和美誉度而言的。

（1）短期目标

1）强化认知，分期强力消化；

2）以热销业绩为广告轰炸重点，配合销售上升曲线不断重拳出击；

3）与事件炒作相结合，借势造市，为热销作理性支持；

4）配合强力促销，促进市场的感性购买需求。

本项目应以实力大盘的入市形象，挖掘各个市场的消费力，为买家营造每期都抢购一空的印象，吸引买家的持续追捧。

（2）长期目标

1）以经营的眼光去看待纺织市场，增强项目的生命力、活力，扩大全国区域的影响力；

2）树立明确正面的项目形象；

3）通过积极的物业形象的推广使企业品牌形象得到进一步确立；

4）为企业今后发售的物业奠下坚实基础，成为企业发展的一个良好开端；

着力塑造物业的品牌与企业的品牌两个市场亮点，使开发商籍本项目这个精品更加巩固地产界名牌开发商的地位。

2. 项目总体推广策略制定

虽然对于不同的项目，其推广策略也不相同，但总体上来说，专业市场项目的推广应注意以下几点：

（1）根据不同区域的客户，从经营者和投资者双角度制定不同的推广策略；

（2）以经营者为切入点，先旺市，后旺场；

（3）采用高密度、持续式、脉动式相结合的媒体行程策略，尽量缩短销售周期；

（4）采用多种媒体组合策略，扩大覆盖面；

（5）以新闻炒作、公关活动为主，与平面广告相结合，从不同侧面、角度进行宣传。

在制定专业市场项目推广策略时，可以从总体上制定整个项目的推广策略，也可以根据项目的需求，制定每一楼层或每一阶段的推广策略。

【优秀案例6-39】　某二手专业市场的项目总体推广策略制定

参考点评：该案例的亮点有两个。一是思路很清晰，先写策略构思，再写项目整体推广策略，最后提出推广手段的建议，值得参考。二是根据项目的特点与需要，将项目按楼层分成三个部分，分别对每个部分制定相应的推广策略。

（1）策略构思

目前区域市场的经营种类较多，未出现专业经营某种产品的专业市场。市场上对于二手专营品牌的建立尚未有意识，这是我们切入市场的机会点。结合项目的自身情况，综合分析现时××旧货商圈内新兴二手专营市场的推广招商手段，我们为项目提出具有竞争力的推广策略：三年租户保障·风险共担投资计划；××二手专营信誉品牌工程。

（2）整体推广策略

1）首层——【超低租金·信心保证】

制定“超低租金·信心保证”的推广策略，在初期为商户提供租金优惠，并作出零风险的保障承诺，承诺三年内商户可无理由退租的保证。

2）二、三、四层——【低成本经营·优质服务保障】

推行“低成本经营·优质服务保障”的推广策略，贯彻“做一层·旺一层”的宗旨，利用前期（首层）商户的商旺为后期的高楼层商场推广招商奠定基础。在招商策略上沿袭三年租户保障承诺，与商户共担风险。建立服务咨询中心，为商户、客户搭建信息平台。

3）五、六层——【信誉经营·资源保证】

“实行信誉经营·资源保证”的推广策略，承袭前期旺盛的商业氛围以及已进场经营商户的口碑，建立本案的品牌二手专营市场形象，并建立行业服务平台，针对目标商户提供优质服务承诺。

策略构想：鉴于现时的二手手机批发商户以原××旧货市场的二手通讯总汇占大部分，可否透过商谈引入该专业市场的运营商承租本案的二层至四层进行分租经营，对本案的招商及经营将带来极大的利好。

（3）推广手段

鉴于二手市场经营的现状，大量的媒体宣传未必起到有效的作用，而且投入收益比也较低。

建议：采用渗透式单张派发宣传，针对首层·二、三、四层·五、六层进行3次集中式招商。每次招商期间针对目标客户群体进行单张派发，登记意向客户，举行招商推介联谊会，以集中签约的形式营造招商成功的热烈氛围。

【优秀案例6-40】　某家具专业市场的项目总体推广策略制定

参考点评：该案例的特殊之处在于项目推广的基础手段、辅助手段和传播途径，值得参考。

（1）报纸硬性广告、阶段性电视广告、目标人群集中地点的户外广告为项目推广传播的基础手段；

（2）公关活动、宣传单为项目的重要推广传播途径；

（3）以中心城镇路演、项目图文展、招商文件作为推广传播辅助手段；

（4）以新闻报道、新闻发布、报纸软性文章炒作塑造良好的项目品牌和项目形象。

3. 项目推广区域确定

专业市场项目应根据不同的推广区域、不同的目标客户群而采取不同的营销推广方式。所以在进行宣传推广前，有必要写出项目推广的区域。如某建材专业市场的推广区域：

以贵阳、××黔东南州为中心、省内周边地区湖南、广西以及遵义、安顺等为辅。

【优秀案例 6－41】　某文体用品专业市场的项目推广区域

参考点评：该案例可参考借鉴的地方在于其不仅指出了每种广告投放的区域，还指出了各区域的投放量。

（1）电视广告：×车、×克苏、×尔勒、×雅、×城、×和；

（2）报纸广告：×克苏（偏重）、×尔勒（适度）；

（3）印刷品广告：×车（偏重）、×克苏（适度）、×雅、×城、×和（补充）；

（4）户外广告：×车（为主）、×克苏、×雅、×拜、×城、×和（少量）。

4. 项目营销阶段划分

对专业市场的营销阶段进行详细的划分，有利于针对不同的营销阶段制定不同的推广策略。不同的专业市场其营销阶段划分也不同。

【优秀案例 6－42】　某服装专业市场的项目营销阶段划分

参考点评：该案例的特色在于其用时间节点来对营销时期进行了划分，突出了开盘和开业这两天。同时，该案例还简单地介绍了各个时间的媒体策略，值得参考借鉴。

时期	时间节点	媒体	诉求	诉求对象、目的
蓄水期	2004 年 12 月 18 日～2004 年 12 月 28 日	报广	硬广形式，以突出消息为主	面对异地（北京、温州）商户
	2005 年 1 月 4 日～2005 年 2 月 6 日	报广	硬广：形象宣传，开始介绍项目卖点 软广：配合硬广宣传造势	主要面对本市商户层面宣传
		电视台	突出项目整体形象，为蓄水期间主要媒体	
		户外	营造项目周边商业气氛	
	2005 年 2 月 16 日～2005 年 2 月 28 日	报广	硬广：全面招商宣传，项目细致介绍 软文：项目概述，卖点剖析	诉求对象为本市商户；注意与开盘活动和开盘后的广告配合
		电视台	项目阐述，卖点介绍	
		户外	营造项目周边商业气氛，引导商户到达现场	
开盘	2005 年 3 月 1 日	活动	大型活动 1 次，风暴营销的开始，树立形象，展示开发商实力，给商户信心	
开盘期	2005 年 3 月 1 日～2005 年 4 月 15 日	报广	硬广：突出项目招商情况 软广：项目概述，招商分析（火爆）	诉求对象为本市商户，加大宣传外埠成功招商，全面树立商户信心，完成招商工作
		电视台	形象宣传、招商情况（火爆）介绍	
		户外	营造项目商业气氛	
开业筹备期间	2005 年 4 月 16 日～2005 年 4 月 30 日	报广	开业倒计时，明确开业时间等	诉求需要商户和消费者兼顾
		电视台	开业倒计时，明确开业时间等	
		户外	开业形象宣传，引导消费者和商户到达	

续表

时期	时间节点	媒体	诉求	诉求对象、目的
开业	2005年5月1日	活动	小型活动3次，突出商户与服装品牌宣传，促使消费群认同	
养市期	2005年5月8日~2005年9月30日	报广	硬广：项目商户、品牌介绍，吸引消费群 软广：市场全面介绍	
		电视台	市场全面介绍	诉求全面倾向消费者，所有宣传烘托市场经营红火
		户外	盛装开业，经营红火	
		促销活动	每双周1次，培养、吸引消费群	
		车身	盛装开业，经营红火	

5. 项目各营销阶段推广策略制定

专业市场的项目推广是指针对确定的目标群体，根据不同的销售阶段和相应的广告策略，按计划、分阶段、系统地对项目的整体形象和“卖点”集中进行宣传和推介。不同的专业市场其划分的营销阶段也有所不同，在这里笔者把专业市场的营销阶段分成八个部分，向读者介绍各部分的推广策略。

（1）蓄水期推广策略制定

蓄水期也叫做引导期、筹备期或品牌形象期。这个阶段的主要任务是告知目标客户群有关本项目的信息，树立本项目的形象，对有意向购买本项目商铺的客户进行登记。

【优秀案例6-43】　某建材专业市场的蓄水期推广策略制定

参考点评：该案例的推广策略是针对于树立市场品牌和企业形象的，这种推广策略适合于蓄水期的前期。该案例的亮点在于它的推广策略写得很详细，包括了报纸、电台、杂志、网络、节日活动、展览会和公车广告七大部分。

1）原因：品牌形象一直是商品成功的关键，只要有竞争，它就一直是笼络及巩固目标消费群的最佳方法。就以往的调查统计，能够稳住及吸引消费者的是市场的“品牌”地位及企业形象，让消费者觉得市场不仅仅是在销售商品，而且还有别的市场、商家不可比拟的特点。据市场规律及以往的经验而言，各类型的广告及公关活动是树立企业品牌形象的最有效的方式。

2）时间：2月~5月。

3）目的：树立市场品牌及企业形象。

4）策略：

a. 报纸

a）广告：主要以明确市场为××地区最大建材市场为根本，延续“走百家不如逛一家”、“多、快、好、省”的广告诉求点。向外界告知市场不但种类齐、品牌多，而且市场的规范管理等多方面的条件，保证出售商品质量，是消费者及商家信得过的市场。

b）软文：主要策略上配合报纸广告，广告炒作诉求点也应以“走百家不如逛一家”、“多、快、好、省”，“大而全、品牌齐”为主，主要版块应设于主要目标消费群较感兴趣的及集中的报纸楼市版及建材版面。

b. 电台广告：

电台广告“质优价廉”，并且受众面广，波及面大，司机、乘客、目标消费群、潜在消费者，城市，农村都听得到。持续时间长，频率高，拥有不可估量的效果。主要的广告诉求点也应以“走百家不如逛一家”、“多、快、好、”等，主要的目的是在把握目标消费群的基础上挖掘潜在潜费者。

c. 每月、每期的商情杂志（《××》、《新家》）应照常出版，由于该方式主要是针对目标消费群，短期是不见效果的，应坚持办下去才见其显著效果。

d. 网络电子商务开通

21 世纪是网络经济的时代，开展电子商务，有助于扩大市场的知名度，也利于市场各品牌的销售。计划要求每户业主缴纳一定的费用，由公司帮助设计主页，建立一个自己的数据库及信息平台，发布市场各品牌信息。公司则负责网页及终端的维护。

e. “3·15”消费日与市消协及市场业主配合今年的“绿色消费”主题及切合市场上的热点有关话题作系列促销及宣传活动，扩大市场的知名度及忠诚度，拉近市场与经营户及消费者之间的距离。

f. 参加于 4 月份在××举办的全国建材展览会：

地点：××展览馆。

此次博览会是建材行业的一次盛会，与会商家多，参观的消费者也多。参展一方面显示市场的实力，另一方面又扩大了市场的知名度，挖掘潜在消费群。

g. 公车广告：公共汽车流动性强，注目率高，是扩展市场品牌的良好媒介。

5）媒介选择：

a. 《××早报》、《××商报》、《××日报》。

b. ××经济广播电台、××电台。

c. 《××商情》。

d. 公共汽车。

6）效果预测：

这一阶段也属于销售淡季，多方面的广告攻势及公关活动主要是希望通过一次强势的、连续性的广告诉求，把市场的品牌及形象树立起来，为后期各项工作的开展作好铺垫。相信经过一段时间的投放及实施，一定能够拉动市场内品牌的销售，提升市场的亲和力，达到预期的目的。

【优秀案例 6-44】　某服装饰品专业市场的蓄水期推广策略制定

参考点评：该案例的亮点是它将蓄水期分成了三个阶段，分别制定了各个阶段的推广策略。

蓄水期（2004 年 12 月 18 日 ~2005 年 3 月 1 日）

1）第一阶段：2004 年 12 月 18 日 ~2004 年 12 月 28 日

此阶段推广目的为市场信息发布，媒体主要选择××日报和本市当地平面媒体，推广形式为硬广和软文宣传，主题均为市场面世，以新闻为主。

2）第二阶段：2005 年 1 月 4 日 ~2005 年 2 月 6 日

此阶段推广目的为市场感知，主要通过对市场全面介绍，使得商户对项目有所了解，并且加入部分项目卖点介绍。媒体选择以当地电视台、报纸和户外为主。

电视台：广告片 30 秒，主要为市场介绍、形象宣传。

报纸：硬广——突出项目形象宣传；软文——项目全面介绍，并且加入形象炒作，简单介绍卖点。

户外：主要选择道旗、大型路牌；道旗——市场周边道路两侧，用于营造市场所在区域商业气氛；路牌——选择在本市地区各主要路口，人口流动大，视野好的位置，突出市场自身形象。

3）第三阶段：2005 年 2 月 16 日 ~2005 年 2 月 28 日

此阶段逐步进入市场认知，对项目卖点进行充分挖掘，使商户对市场认同度提高，最终促成招商。媒体选择以当地电视台、报纸和户外为主。

电视台：广告片30秒，对项目卖点进行介绍、分析，并保留形象宣传。

报纸：硬广——项目卖点阐述，招商方式简介；软文——项目卖点推敲，配合项目进度进行炒作。

户外：选择重点路牌更换为卖点介绍，其余形象宣传保留。

项目卖点：本市规模最大，商品最齐全，开发商最具实力，政府最支持，影响面最广。

（以上三个阶段中，DM和楼书的散发以本市为中心，辐射南昌、武汉、黄冈、安庆等区域）

（2）开盘期推广策略制定

开盘期也叫做引爆期、招商期或公开销售期。这一时期的任务是通过广告策略和开盘策略，吸引客户购买或租赁本项目的商铺。

【优秀案例6-45】　某纺织品专业市场的开盘期推广策略制定

参考点评：该案例可参考借鉴的地方在于其内容，包括了目的、渠道、策略和推广重点四个部分。

引爆期（5月28日~6月28日）

1）销售目的

将前期积累的客户在开盘一天引爆，进一步明晰项目形象：将卖点链进行细化，通过炒热概念来吸引各方的关注，为引爆销售作铺垫。此时将客户范围由本地扩大到全省及全国范围。

2）行销渠道

本阶段以TV、报纸和户外等作为传播重点，加强电视的新闻曝光率，同时以报纸广告传播为主，广播、车体、宣传单页等媒介为辅。

按照其报道化、新闻化、情节化、人性化原则，在媒介形式上主要以报纸软体广告、硬体广告、户外媒介广告、印刷品为主，以现场展示广告、杂志广告为辅。前期作好公关活动，通过DM、省市级报纸广告、广播电台、潍坊电视台、专业媒体作全方位信息传递。

a. 报纸方面：分为软文和硬广。软文计划在×坊晚报设置专栏。第一部分内容从各个不同角度宣扬物业卖点，第二部分对我们系列活动有个深入的报道，建议在×鲁晚报及×坊晚报进行报道，以×坊晚报为主，×鲁晚报为辅。硬广通过报纸以半版的形式对外公布宣传，主要以×坊晚报为主，×鲁晚报为辅。以上活动如有好的收效将继续利用报纸形式对此进行宣传炒作。

b. 电视方面：利用××电视台房产报道栏目和楼市金牌榜栏目对物业品质进行集中报道宣传，相应考虑部分省台（考虑省内市场的宣传及销售准备）作宣传，针对老市场客户。原则：从最坏方面考虑问题。

c. 手机短信方面：认筹信息发布。

d. 纺织信息周刊准备在5月15日左右发布一篇整版广告，主题为认筹和物业品质方面的介绍，发放对象为××纺织品市场、×邑、×村，重点为×村。

3）营销策略

使开盘活动造成市场轰动效应，聚集各类买家目光，形成第一轮市场销售热点；

做好市场开盘前的活动策划、宣传、组织工作；

把有认购意向的经营性客户组织起来进行恳谈活动，对有针对性的问题和建设性的提议进行取舍，作为今后宣传推广工作的侧重点。对经营客户的上下游进行了解，为日后的招商工作打下基础；

利用开盘机会，对等待、观望人群进行因势诱导工作；

做好聚集市场人气、完善市场管理和经营的其他工作。

a. 开盘活动

开盘当日举行抽奖活动，凡开盘当日交订金的客户均可参加，并且保证参加抽奖者都有奖品，即时设一等奖1名，二等奖3名，三等奖6名，幸运奖20名，其余为吉利奖。前50名签约者还有礼包相送，建议为赠送车位免租半年或免交半年物业管理费任选。

b. 6月22日中国儿童慈善活动日新闻事件炒作

结合慈善活动做新闻发布，拿出一期认购的部分诚意金作为捐款或其他慈善活动。

a）发布方式：在××电视台对事件进行报道，同时××晚报发新闻稿，以社会团体、个人对儿童的慈善捐助活动为切入点。

b）目的：对企业形象进行正面宣传，以诚信开发商的形象扩大知名度，展示品牌地产的实力及可信度。

c. 优秀商业地产论坛

a）发布方式：××电视台，×鲁晚报、×坊晚报发布新闻报道及通稿。

b）操作方式：由省级媒体出面组织举办商业地产论坛，与省内商业地产进行交流，对项目进行宣传。

c）主题：沟通、交流、中国商业地产投资交流展会。

d）形式：项目展示及专家点评。

e）参与人群：开发商、投资商、专家、学者、经济学家等。

4）推广重点

a. 专业市场第一桶金；b. 华北纺织行业发展的新里程；c. 财富沃土，纺织基地；d. 运筹财富，财富天下汇。

【优秀案例6－46】　某服装专业市场的开盘期推广策略制定

参考点评：该案例虽然内容单一，但对电视台、报纸、户外等三种媒体的运用做了恰当的说明。

招商期（2005年3月1日~2005年4月15日）

此阶段推广主要目的为促成招商，媒体选择仍然为电视台、报纸和户外。

电视台：市场盛大开盘活动新闻发布；招商细则公布。

报纸：硬广——招商细则介绍，招商进度随时公布；软广——开盘活动新闻稿，火爆招商渲染，提升市场2层租价，带动1层和3层价格上涨，并且推动全面租赁。

户外：道旗、路牌全部换为招商开盘内容。

（3）强销期推广策略制定

强销期是指在专业市场开盘后，通过大力度的广告投放和各种促销策略，促使持币观望的客户下定决心购买。

【优秀案例6－47】　某建材专业市场的强销期推广策略制定

参考点评：该案例的亮点在于其对媒体的安排写得很详细，有非常大的参考价值。

强销期（3月23~31日）

1）媒体选择：

主流报刊媒体：××商报、××都市报；

辅助报刊媒体：××晚报、建材商报。

2）版面安排：套红+彩版共5个版面（《××商报》3版、《××都市报》1版、《建材商报》1版）。

3）媒体投放策略：

a. 以3月23日为"××天下"媒体引爆日，选择具有报纸受众绝对优势的××商报，刊登一版彩色整版硬广告与半版套红文字相结合广告，以彩色硬广告全面烘托出建材江湖王者归来之势，加之半版套红广告以文字的方式细述××天下所具有的功能，意在第一天制造充分的市场轰动力。同日在××都市报、××晚报刊以半版广告，予以辅助商报制造"××天下——国际建汇中心"的王者归来之势。

b. 本月下旬则在商报、××都市报、建材商报上面依次刊登广告，避免广告投入重复的同时，增加对终端的传播性之初衷，又可因媒体引起的市场人气优势，增强入场商家与观势入场商家的进驻信心。

c. 建材市场尚未开业，不存在作为星期六、星期日的购物导视性，而选为星期二发布，除价格低于星期五之外，更可以脉动的广告模式恒温市场的热度，让资金在最小的额度内发挥最大作用。

d. 根据此月为市场引爆的责任，以硬性广告诉求品牌的个性，用软文广告详尽"××天下"差异核心买点，用讲故事的方式传递独特个性，软文广告与硬性广告所形成的优势互补，制造"××天下"山雨欲来风满楼的市场氛围，以期用声势制造舆论，实现此月的市场引爆之任。

（4）持续期推广策略制定

持续期有时也叫做延伸期或巩固期，这时期的广告宣传力度明显减少，但促销活动还是不少。这时期的主要目的是通过旧客户带动新客户购买商铺。

【优秀案例6-48】　某建材专业市场的持续期推广策略制定

参考点评：该案例的亮点在于其媒体投放策略写得很详细，包括了各种报刊媒介广告规格的大小、版面等，值得参考借鉴。

持续期（4月1~30日）

1）媒体选择：

主流报刊媒体：××商报、××都市报；

辅助报刊媒体：××晚报、建材商报。

2）版面安排：套红+彩版共16个版面（《××商报》5版、《××都市报》4版、《××晚报》3版、《建材商报》4版）。

3）媒体投放策略：

a. 此月的目的在于持续3个月的市场引爆，将声势力最大限度的扩散下去，同时为之后的市场开业活动做宣传。

b. 将××商报与××都市报作为传播主场，借助此报刊的市场占有量，通过硬性广告与软文广告实现品牌与销售的双赢。以××晚报的建材专版及建材商报的行业专业性，运用软性文稿将"××天下"的市场差异与品牌卖点"大声地说出去"。

c. 此期宣传，同因项目的特殊性（未开业），同可避让发布高投入，从低端走近，选择星期一、三。

d. 开业之期，对品牌个性的宣传之余，对开业促销信息的传播也显得重要起来，适时以软文形式，提高"××天下"品牌知名度与市发购买选择备案度。

(5) 尾盘期推广策略制定

专业市场项目到了尾盘期，不管是广告还是活动都变得很少，这个时期主要是自然地销售剩余的小量的商铺。下面是某纺织品专业市场尾盘期推广策略制定：

尾盘多数为位置、功能、面积等相对难销的铺位，这些铺位将利用价格优势进行强力促销。

1) 传播策略

a. 利用异型三分之一版，进行连续的促销宣传，推出优惠政策，采取增加小版面连续曝光的策略；

b. 结合年末各个媒体推出的优惠活动增加曝光率。

2) 营销策略

a. 通过适当的价格折扣式促销降价策略；

b. 开业前，尽量将已销售或未销售的商铺通过招商，必要时免租招商，避免有空置铺位，造成负面效应，从而影响剩余商铺的销售和降低物业价值；

c. 开业经营时，借开业庆典再掀起一轮销售和招商高潮，迅速消化剩余商铺。

3) 推广重点

a. 新年三重礼；

b. 错过××国际轻纺城，错过财富良机。

(6) 开业筹备期推广策略制定

开业筹备期的推广策略与前面几个阶段的推广策略不同，开业筹备期它的广告受众是针对终端消费者，而前几个阶段它的广告受众主要是针对商家。下面是某服装专业市场的开业筹备期推广策略制定：

此阶段广告开始逐渐由原来商户层面转向消费群，整体推广均为市场即将开业做铺垫，广告内容为开业倒计时和部分知名商户介绍，媒体选择仍然为报纸、电视台、户外。

1) 报纸：

a. 硬广告——开业时间公布，再次增加少量市场介绍；

b. 软广告——视整体招商情况进行补充，另外增加市场和商户的介绍。

2) 电视台：与上阶段相同，以招商内容为主。

3) 户外：与上阶段相同，以招商内容为主。

(7) 开业期推广策略制定

对于专业市场来说，开业与开盘都是一个非常重要的时间节点，开业期推广做得好，使市场形成火爆场面，有利于剩余商铺的租赁和销售。

【优秀案例 6-49】　某专业市场的项目开业期推广策略制定

参考点评：该案例的亮点在于其选择了“五·一”当天开业，由于是小黄金周，容易造成专业市场开业那天火爆的场面。同时，该案例还对开业后接下来的一个月媒体的投放做出了详细的计划。

开业期 (5月1~31日)

1) 媒体选择：

主流报刊媒体：××商报、××都市报；

辅助报刊媒体：建材商报。

2) 媒体安排：套红+彩版共9个版面(《××商报》6版、《××都市报》3版)。

3) 媒体投放策略：

a. 此月已迎来了市场开业期，广告的目的之重也明显的表现在，从品牌的市场宣传转为对目标消费群与潜在目标消费群引导型购买的广告宣传中来。

b. 5 月第一个星期为传统的“五一黄金周”，市民忙于外出，对报纸的关注度降到最低，此星期的投入显得没有多大必要性。从第二个星期开始此月的报媒广告投入，利用商报的硬广告及××都市报的软文广告并配以建材商报的图文并茂，将品牌的形象及开业前的酬宾活动传递出去，引起市面的广泛关注。第三个星期的 18 号为市场开业之期，为此在商报上刊以全版广告，从视觉直面告之王者今日归来，并在此星期之内以连续刊登的方式制造市场强烈反响效应，持续地将开业炒作信息蔓延到市场中去。

c. 开业阶段适时配以文稿，以新闻的手法成为更为纪实的广告，以软硬广告相结合的两条腿走路的广告模式，起到轰动市场氛围，全面保航“××天下”开门红。

媒体	规格	版面	单价（元）	总价（元）
商报	全：35×48 彩	B 版	117585	117585
商报	横：35×24 彩	B 版	50652	101304
商报	横：35×24 套	B 版	4314	43148
商报	横：35×20 彩	B 版	43416	43416
商报	横：35×20 套	B 版	36984	36984
华西	横：35×20 彩	其他	34125	34125
华西	横：35×20 套	其他	29250	58500

开业期报刊媒介费用为：435062.00 元。

（8）养市期推广策略制定

专业市场开业后，就进入日常经营的阶段，在这个阶段推广做得不到位，会影响到专业市场的经营状况。下面是某手工艺品专业市场的养市期推广策略制定：

项目进入养市阶段后广告推广重点全部更换为面对消费群，内容为市场经营情况、产品丰富、价格公道等方面，媒体选择除电视、报纸、户外再增加车体广告一项，另外根据市场经营情况开展小型促销活动。

第七章　专业市场项目租售执行策划

在前面一章讲到了专业市场项目的整合推广策划，主要是各种营销策略的制定，在制定完各种营销策略后，接下来就要去执行这些策略。本章包括的内容有：项目租售执行策略、项目租售执行人员组织策划、项目租售价格制订、项目招商执行策划、项目销售执行策划、项目优惠促销策划、项目租售执行物料准备、项目租售执行费用估算。

一、项目租售执行策略

对于大部分的专业市场来说，都是租售结合的，故这部分是讲租售结合的专业市场是如何执行营销策略的。在后面笔者将会分别针对租赁和销售谈到项目招商执行策略和项目销售执行策略。

1. 项目租售模式确定

专业市场项目的租售模式可以分成两种，一种是租赁，另一种是销售。若要详细的划分，也可以分成：整租、零租、整售、零售（以租代售）和返租销售。不同的租售模式，都有他特有的运营条件，所以在确定本项目的租售模式之前，应该对各种租售模式进行分析：

（1）不售、整租（零租）模式

经营运营条件：开发商资金实力非常雄厚；成功的招商；专业的商业管理公司作为长期合作伙伴。

不售、只出租无疑是目前最合理可行的销售模式。这种租售模式利用商业经营带动自身物业、周边土地的迅速增值，将会形成良好的社会效益和经济效益。香港的商业物业基本都采取这种形式，开发商自己持有物业产权，租金收益非常可观。

（2）零售、零租模式

1）经营运营条件：开发商比较有实力；主力商户成功引入；地段优越。

2）利弊总结：

这种租售方式是低层商业项目和商业步行街的通常做法，有利于资金的迅速回笼，商铺产权分散到客户，滞销商铺则作为出租物业。但是此种方式不利于扩大企业资产规模和统一经营的定位。因为产权分散，难以统一经营管理，如果楼层较高，则极易出现一楼经营火爆，二楼以上冷冷清清的局面。如果楼层不高则风险较低，适合于商业步行街。

（3）返租销售模式

作用：令投资型客户购买本项目拥有足够的信心（可分为即返、期返）。

由于竞争的激烈，在推售过程中商家们各出其谋，以其吸引买家的注意力，“返租回报”是一个重要的推售手法，现实买家最为看重的始终都是商场的前景。因此，各商家利用“保租回报，统一经营”，以低租金将主力商家直接引入，带动小业主的追捧。

对各种销售模式分析完后，接下来就应该根据本项目的特点选择适合本项目的销售模式。

【优秀案例 7-1】 某家居装饰专业市场的租售模式选择

参考点评：该案例选择了以租代售和直接销售两种模式，还分别对这两种模式进行了详细的说明。该案例的亮点在于对这种组合方式可行与否进行了分析，同时对置业者或投资者的投资回报率进行了分析。

此次本项目商铺销售的主要目的是为尽快回笼资金，回笼资金越多越好，最低控制在500万元左右。商铺现余38户，每户按60平方米计算，销售均价以3800元/平方米计算，则此次商铺应回笼金额为866.4万元。

根据市场分析，销售模式主要采取以租代售和直接销售两种方式。

（1）以租代售（主要是针对经营户的销售方式，降低其经营门槛）

以租代售，就是客户一开始先付总房款的30%作为购铺定金，并与开发商签订1~2年的租赁合同，租金按市场价计算，一次性付清一年租金；租赁合同期满后客户如有意购买此商铺，则可缴纳剩余价款（总价款减去定金和已交租金），并与开发商签订正式购房合同；若客户无意购买，则向客户返还开始缴纳的购房定金。

以租代售这种方式降低了置业者门槛，首付大概6.8万元（$60\times3800\times0.3=68400$）即可，缩短了销售周期，有利于打开市场形成人气，带动以后商铺的销售。

根据我们对××县市场的实地调查发现，××县商铺月租金为12~28元/平方米不等。本县域内的月租额可以分为12元/平方米的低价段，16~20元/平方米的中价段，24~28元/平方米的高价段。虽然16~20元/平方米占主体部分，但考虑到每个物业本身存在的缺陷、租期长短、业主和顾客的关系等外部因素，这部分价位相对有些保守。本项目的商铺属于新建市场，配套设施完善，故取中段价位的均价16元/平方米和高价段的均价26元/平方米为其变化幅度，因此我们的商铺租金定价取其中高价位的均价16元/平方米。

针对这个租金定价，对于我们这个项目，以租代售这种销售方式在租赁套数上应有限制，若全部以这种方式销售，则回笼资金才达303.69万元（租赁合同以一年为期限）。

（2）直接销售（主要是针对投资户的销售方式，打消其投资回报的顾虑）

我们这里所说的直接销售包括三种具体形式：

1）一次性付款（采取此种方式购房可以给予一定优惠）；

2）分期付款（签订合同时先付总房款的40%，房屋封顶时再付40%，交房时最后付20%）；

3）按揭（首付为总房款的50%，剩余房款客户向银行贷款付清）。

这一方式能最大限度地回笼资金，加快其总体项目工程进度；但提高了置业者门槛，延长了销售周期，时间上大大影响了开发商资金回笼。

因此，结合现在商铺销售上存在的实际情况，建议采用这两种销售方式相结合的销售方案。对此我们对这一销售方案的可行性进行了相关分析。

（3）销售方式组合分析。

一次性付款和按揭对于开发商回笼资金来说是一样的，而对于分期付款方式，因工程进度不同而有异，故只以第一期款额计算资金回笼。（据保守估计，计划销售占总户的85%，计32

户）

下表：租售月租金以16元/平方米收取，租赁合同以一年为期限

方式	户数（户）	面积（m^2）	房款（元）	备注
以租代售	12	720	82080，房款30%	一年租金
一次性付款（含按揭）	8	480	1824000	
分期付款	12	720	1094400，总房款40%（一年内封顶可收回总房款的80%）	
销售总计	32	1920	7296000	

（4）投资回报分析

无论是置业者还是投资者都很关注自身的投资回报。本项目是新兴市场，市场人气有待提升，所以租金不宜定得过高，但也不宜定得过低，因这样不利于商铺地位的提升，也不利于高档品牌市场的形成。但是随着发展和市场的壮大，商铺租金增长幅度一定会更大。

下表是投资一年后投资的回报率：

5年期月利率为4.650‰，10年期月利率为4.800‰

月租金（元/m^2）	投资回报率（一次性付款）	投资回报率（按揭）10年期	投资回报率（按揭）5年期
18	5.54%	9.79%	9.00%
22	6.77%	11.96%	11.00%
26	8.00%	14.14%	13.01%

投资者供款一年或购买一年后，房价上涨一定幅度，则回报更可观。

根据上部分投资回报率的分析，可以看出为更快形成市场，增加人气，利于下一期商铺的销售。开发商可以代替那些投资客户吸引经营户来租赁经营商铺，并保证可以给其一定的回报率，如6.00%。这样从表面上看可能会给开发商带来一定风险，如达不到一定的回报率，开发商每平方米可能要承担200元的风险，但随着市场逐渐完善，房价上涨，这种风险将降到最低。对于我们这个项目，这种销售方式是可行的。因此针对这种情况，开发商就要采取积极合理的招商策略，更快吸引经营户进驻，这样既加强了投资户的投资信心，还可以更快提升项目的知名度和影响力。

（5）具体的招租方式

不管是以租代售还是为投资户进行招商，开发商都必须积极的吸引经营户进驻商铺，针对商铺市场的初步定位——高档品牌家居装饰区，因此建议采取一些主动出击的招商方式，可以更好地吸引经营户。具体操作如下：

1）推出品牌商家进驻优惠策略

品牌商家的品牌效应能给投资者及经营者增强置业的信心，从而有力地促进销售，所以建议对于有意进驻的品牌装饰材料商及装饰公司设立办事处，在售价或租金上给予一定比例的优惠，如在售价上给予一定的折扣或在租金上给予3个月或半年的免租期，利用其品牌效应来带动其他商铺的销售与招租。

2）“客户领袖”奖励计划

针对目前地区商铺人气不足，为达到带动人气，建议对此推行“客户领袖奖励计划”。凡已认购的客户若能带领其他客户，进行认购并成交者，开发商将按所规定的标准奖励给予领袖客户，如：按其所购买的商铺总价的1%作为优惠奖励，可以转化为经营商业时的2个月税收全免或其他形式。

3）针对目标客户采用DM策略

对于一些目标客户，可以通过直邮（DM）或直接派人上门向各商家派发单张、海报等方式将有关资料传给客户，这也是招商的有效方式。

4）设置专职人员

对于售楼处可以设置一个销售商铺的专职人员，主要负责商铺的一系列问题和情况，也包括售前、售中及售后的各种服务。

对于一些选择了租赁与销售相结合的专业市场来说，还要考虑租售次序的问题。常用的租售次序有：先租后售、边租边售、先售后租。

【优秀案例7－2】　某纺织品专业市场的租售次序

参考点评：该案例的特点在于先对客户群进行分类，然后将各类型目标客户群按对本项目利益的大小顺序进行排序，最后根据这种排序结果对三种租售次序进行分析，选择最适合该项目的租售次序。这种分析方法既科学，又简单明了，非常值得参考借鉴。

（1）目标客户分类：

1）按照物业经营运作的方式我们把目标客户分为出售和招商两部分。

2）按照购买目的不同我们将目标客户分为：

a. 自主经营——经营性客户购买后自行经营。

b. 自由投资——投资型客户购买后返租回报，由商业运作公司统一经营。

根据对本项目销售利益的大小顺序，不同客户群带来的回报可依次排为：自买自用型、售后返租型、租用型。

那么在租金较低的前提下，针对不同消费意向的客户群，应该实行怎样的租售次序才能使利益最大化呢？

（2）租售次序分析：

1）先租后售

先租后售是实力雄厚的开发商常采用的一种方式，他们对后期的经营很有信心，等到市场做旺，物业出售自然不成问题。

由于本项目需要回收资金，想做到旺场，必定以前期低廉的租金作为诱惑，这样虽然对经营者具有很大的吸引力，但不利于促进客户群的购买。

2）边租边售

面对租金和售价，购买者很容易选择投入较低的租用形式，当他们放弃购买，选择租用的时候，带给我们的是较低的前期收益。

3）先售后租

综合上面两种方式的分析，对于本项目来说比较合适的是先售后租。首先尽量挖掘自买自用型的客户群，保证盈利的最大化；其次满足纯投资型客户的购买需求；把出租（招商）相对延后，将出租（招商）对销售成交的影响降到最低。

这样做的优点是：快速回笼资金；平衡整体收益；业态的长期统一，创品牌效应；便于统一管理。

2. 项目租售区域划分

对于选择了租售相结合的专业市场来说，接下来就要进行租售区域的划分。租售区域的划分对专业市场来说非常重要，租赁区划得多，销售区划得少，将会影响资金回笼的速度；租赁区划得少，销售区划得多，将会影响到项目的整体总收益。同时，租售区域的划分还要考虑到市场的需求。

【优秀案例 7-3】　某小商品专业市场的项目租售区域划分

参考点评：该案例的思路很清晰，先确定租售区域，再确定销售控制和租售比例，最后还对这种方案进行评估，有一定的参考价值。

（1）销售招商区域

1）一、二期外街沿街铺面全部出售，不租赁；

2）内街（南、北两翼）一层铺面全部出售，不租赁；

3）一期中街（街道中心商铺）除已经确定的家电、通讯大户以整体引进方式招租外，其余商铺底层原则上只销售，不租赁。如引进有品牌影响力、有长期发展意向的大户，针对中街一层商铺执行相应的承租政策，可以承租方式招商；

4）二期B座针对餐饮业、娱乐业销售，不租赁；

5）二期D座针对小商品经营户销售，不租赁。

（2）租赁或免租引进区域

1）一期内街（南、北两翼）二、三层以租赁为主，在市场形成规模以后，逐步引导二层经营户购买，三层长期租赁经营；

2）一期中街（街道中心商铺）二层以上铺面长期租赁；

3）二期D座二层以上铺面租赁招商，在市场形成规模以后，逐步引导经营户购买。

（3）销售控制

1）一层：20%招商，80%销售，目标为大户或品牌户，不针对散户招商；

2）二层以上：50%招商，50%销售，目标以散户为主；

3）中城：90%招商，10%销售，目标以大户整体租赁为主。

（4）租售比例

1）开业阶段：出租率占入住率的70%，销售率占入住率的30%；

2）销售完成阶段：出租率占入住率的50%，销售率占入住率的50%。

（5）营销评估

1）本方案已经确定销售和租赁的基本区域，实际租、售面积在销售执行过程中以现场销售控制表方式申报，每星期申报一次。

2）当市场入驻率达到70%以上，且销售控制符合本方案提出的控制比例、租售比例时，应视为营销成功。

3）营销评估以面积为单位核算。

3. 项目租售执行总策略

专业市场项目的租售执行策略在营销执行中起着纲领性的作用，营销执行中各项工作的开展都是以租售执行总策略为依据。如某美容化妆品专业市场的租售执行总策略如下：

（1）先招商与后销售：以租带售，以售带租。

(2) 先造市，后旺场。

(3) 分层销售，分压销售，以便把握客户的动向，把握市场的反映，以便调整和完善销售策略。

(4) 大量单张覆盖。

(5) 组织大型现场促销活动。

【优秀案例7-4】 某小商品专业市场的租售执行总策略

参考点评：该案例中“招商先行，以租带售”的租售执行总策略在专业市场中是比较常见的，同时，该案例采用“返租”的方式，也能吸引不少客户。

(1)“招商先行，以租带售”，最大可能降低客户投资风险。

(2) 改变定价策略，将一层、二层约10000平方米物业重新定价，三层以赠送形式交业主使用（具体约价：一层：4000元/平方米，二层：2600元/平方米）。

(3) 降低门槛原则，以“返租”的方式吸引客户前来购买—向购铺者提供一次性3年租金的返还，用以来增强客户对于商区经营前景的信心。

4. 项目租售执行阶段划分

在专业市场项目营销执行实施前，要对租售执行的全过程进行统筹安排，确定在哪个阶段要做什么工作，使专业市场项目的租售执行能有条不紊地开展。

【优秀案例7-5】 某小商品专业市场的项目租售执行阶段划分

参考点评：该案例把租售执行分成五个阶段，对每个阶段内所要做的工作都写得很详细，值得参考借鉴。

(1) 筹备阶段（9月1日~9月10日）

1) 现场包装，包括售楼处、一期现房和二期工地功能牌、导视牌、形象识别、大卖场店面和门头等；

2) 销售人员工作分工和潜在客户摸底；

3) 制订详细的广告和促销计划；

4) 销售物料到位，包括海报、楼书、招商手册、销售手册；

5) 广告创意、设计；

6) 售楼员现场接待，部分招商展开。

(2) 前期招商阶段（9月10日~9月30日）

1) 市场招商，采取先大户、后小户，先品牌户、后一般户的招商策略；

2) 市场营销，针对招商商户展开广告、推广和促销；

3) 市场管理，做好商户入驻工作、管理工作和市场规划工作；

4) 开业筹备，完成开业活动策划和筹备工作，做好开业准备；

5) 使市场招商率达到30%，市场商户的进驻率（招商和销售）达到40%，初步具备开业条件。

(3) 市场开业筹备阶段（9月30日~10月18日）

1) 做好市场开业前的活动策划、宣传、组织工作；

2) 配合市场开业，进一步针对大户进行热势宣传工作；

3) 利用开业机会，对等待、观望人群进行引势诱导工作；

4) 做好聚集市场人气、完善市场管理和经营的其他工作；

5) 在开业前，使市场招商率达到40%，入驻率（招商和销售）达到60%。

（4）市场开业和销售阶段（10月6日~11月5日）

1）借助大户、品牌户进驻形成的感召力，充分利用开业期间良好的市场经营氛围，扩大散户招商成果；

2）计划在10月18日开业，做好开业期间的广告和促销，形成旺盛的人气和良好的经营氛围；

3）做好开业后的市场管理、广告促销和活动推广，保证市场旺盛人气的持续；

4）在市场开业以后，每天策划、组织促销和群众性文化活动；

5）完成工作重点由招商向销售的转移，加大销售力度，扩大销售成果；

6）充分利用大户进驻、市场开业等有利点，进行营销推广，促进销售；

7）市场招商率达到50%，商户进驻率达到70%；

8）市场按计划顺利开业，市场经营管理步入良性循环；

9）使一期市场（剩余面积）销售率达到20%，二期市场销售率达到10%。

（5）销售重点期（11月15日~1月15日）

1）一期销售全方位、大力度展开；

2）二期销售推广全面展开；

3）二期开业筹备和市场开业；

4）到12月15日，使一期销售率达到40%；到1月15日，使一期销售率达到50%；

5）到12月15日，使二期销售率达到25%；到1月15日，使二期销售率达到40%。

【优秀案例7-6】　某汽配专业市场的项目租售执行阶段划分

参考点评：该案例将租售执行分成四个阶段，其亮点在于它对每个阶段的招商和销售工作都作了详细说明，值得参考。

（1）市场铺垫期：（2004年12月20日~2005年1月31日）

1）招商

a. 招商步骤：

（a）通过直销方式，针对本项目的重要客户进行电话预约，预约后直接上门拜访，把项目的前景和优势充分展示给客户，吸引客户进驻本项目。

推出货量：以三层展示厅和三楼餐厅为主，如有意向客户想要其他楼层或写字楼部分，可根据“先大后小”的原则进行客户筛选。

（b）采用公开招商的方式，在知名商业网点设立现场接待处，利用各方的媒体对项目前景和优势进行有效传递，配合相关的活动举办，把项目推向市场。

推出货量：推出负一层西面（约2500平方米）；五楼半层可销出租部分和六楼西面半层（约4000平方米）。同时暗推其他楼层。

b. 招商推广范围：初步设定为珠三角的重点客户（包括几大保税区），在完成这部分客户后，再进一步向外扩散，范围扩散至整个华南地区。

2）销售

a. 销售步骤：推出部分货量进行公开内部优惠权登记，通过优惠权登记，客户可在公开发售时获得相应优惠，并优先选择单位。如市场反应良好，出现超额认购的现象，根据市场的实际情况，考虑加推部分货量，带动销售。

b. 推出货量：推出五楼半层（约2000平方米）可售货量进行内部认购，如预购反应热烈，暗推六层西面的半层写字楼（约2000平方米）

c. 销售推广范围：宣传推广范围以珠三角为核心（包括香港），向外辐射至整个华南地区。

（2）蓄势待发期：(2005 年 2 月 1 日 ~2005 年 2 月 15 日)

1）招商

a. 招商步骤：

（a）内部招商部分的工作继续延续，不断跟进意向客户，提醒客户继续对本项目进行考察、参观，并发布春节后开始公开发售的信息。

推出货量：以三层展示厅和三楼餐厅为主，如有意向客户想要其他楼层或写字楼部分，可根据“先大后小”的原则进行客户筛选。

（b）积累更多散客和落实前一阶段的意向客户，同时通过倒计时的方式把公开发售的信息发布出去。如客户反应情况热烈，可考虑加推。另一方面要分析前期的招商情况，为后期的策略调整作准备。

推出货量：推出负一层西面（约 2500 平方米）；五楼半层可出租部分和六楼西面半层（约 4000 平方米）。同时暗推其他楼层。

b. 招商推广范围：以珠三角为核心，省港两地为重点，向外辐射至整个华南地区。

2）销售

a. 销售步骤：本阶段进入公开发售倒计时阶段，为了营造紧张的气氛，除了每天进行倒计时的报时宣传工作外，当倒数时间达到一定阶段时，相应的优惠政策将减少（初定从倒计时开始当天算起，每倒数五天算一个阶段，总共经过三个阶段便开始公开发售），利用该做法强迫意向客户提前内部认购登记，为后续公开发售积累客户。

b. 推出货量：推出五楼半层（约 2000 平方米）可售货量进行内部认购，如预购反应热烈，暗推六层西面的半层写字楼（约 2000 平方米）。

c. 销售推广范围：以珠三角为核心，省港两地为重点，向外辐射至整个华南地区。

（3）集中引爆期：(2003 年 2 月 15 ~2003 年 3 月 31 日)

1）招商

a. 招商步骤：

（a）继续采用直销方式进行内部招商工作，一方面可以保持与客户间的沟通，另一方面可以通过相互沟通擦出火花，从而产生更多的市场机会。同时，采用直销方式能够体现项目高标准的服务体系，对项目的形象建立具有一定的辅助作用。

推出货量：以三层展示厅和三楼餐厅为主，如有意向客户想要其他楼层或写字楼部分，可根据“先大后小”的原则进行客户筛选。

（b）针对项目汽车展示部分的客户进行公开招商推广，整合前期招商的客户资源，利用意向客户进驻作为炒作新闻点，借此吸引更多商家，承接前期的招商势头，推出汽车展示厅。

推出货量：推出二层全层（约 4000 平方米），主要功能是国际品牌车展示、销售。同时暗推其他楼层。

2）销售

a. 销售步骤：

（a）本阶段除了汽车展示的客户以外，汽车办公客户也是重点，对写字楼部分展开全面招商，利用媒体对项目的开发理念和核心竞争力进行炒作，结合大型商家的进驻以及项目良好的投资环境和投资前景，针对性地推出写字楼部分。

推出货量：推出六楼东面半层（约 2000 平方米），五楼半层销售部分区域（约 2000 平方米)，主要功能是汽车办公。

(b) 在公开认购期间（初定2005年2月16日~3月2日）强势公开推出部分写字楼，务求在市场上营造出热销的火爆场面，如超额认购，可加推部分货量。在前期进行优惠权登记的客户，可在认购期内优先选取单位，并获得登记表上相应的优惠。若在公开认购当天未能认购单位，可在公开发售期内继续认购单位，并继续享受登记表上相应的优惠。若在公开发售期仍未能认购单位，便退还内部认购诚意金和取消内部认购权。

推出货量：推出五楼半层可销售部分区域（约2000平方米）；六楼西面半层（约2000平方米），主要功能是汽车办公。

(c) 公开认购期过后（初定2005年3月3日~3月31日），对写字楼剩余部分进行限量发售，并通过媒体炒作和相关活动进行宣传推广，带动项目销售。

推出货量：推出六楼东面半层（约2000平方米），主要功能是汽车办公。

(d) 在写字楼销售后期（初定为2005年3月15日~3月31日），为引出下一个销售阶段展示性物业的销售话题，推出部分展示中心进行内部认购。

推出货量：推出二层展示中心（约2000平方米），主要功能是国际品牌车展示、销售。

(4) 引导提升期（2005年4月1日~2005年6月31日）

1) 招商

a. 招商步骤：

(a) 写字楼招商主要是减轻"返租回报"所带来的资金回报压力，同时增强购买客户的信心，解除"空城"的疑惑。本阶段除了消化前期的剩余货量，同时推出剩下的货量，如有客户想要其他楼层的单位，可采用"暗箱"方式操作，便于整个项目顺利进入经营阶段。

推出货量：推出四层全层（约4000平方米），主要功能是汽车办公。

(b) 本阶段除了消化前期的剩余货量之外，推出展示厅部分区域进行公开招商，由于前期不断进行内部招商，部分大型商家已进驻本场地，根据进驻的情况筛选出未出租的部分区域推出市场，并利用大型商家为卖点协助租赁，把剩余的全部货量消化掉。

推出货量：推出首层（约4000平方米），主要功能是国际品牌车展示、销售。

b. 招商推广范围：初步设定为珠三角的重点客户（包括几大保税区），在完成这部分客户后，再进一步向外扩散，范围扩散至整个华南地区。

2) 销售

a. 销售步骤：

(a) 通过媒体阐述展示性物业的珍贵带出展示性物业的价值，并利用"返租回报"的方式进行销售，从而得到整合投资价值的最大化表现。本阶段前期先推出二层展示中心（约4000平方米）初探市场，如销售额未能达到预期的资金回笼计划，根据市场实际情况及时调整策略。

推出货量：推出二层（约4000平方米），主要功能是国际品牌车展示、销售。

(b) 加推负一层西面展示中心（约2500平方米），由于负一层西面的地理位置较为优越，市场吸引力较大，对销售具有一定的帮助，如有意向客户需要全层时，经开发商同意后可接受客户的需求，推出全层，但价格方面要合理，而且客户经营的内容必须与项目的整体档次和定位相容。(备选方案一)

推出货量：负一层西面（约2500平方米），主要功能是国际品牌车展示、销售。

(c) 备选方案初步推出负一层东面，以汽车精品为主，面向汽车精品或高档汽配的客户。该方案的采用虽然能够快速回笼资金，但汽车精品或高档汽配销售，对整个项目的档次和该区

域同层的展示区域具有一定的影响，必须衡量资金回笼和经营状况两方面的得失。（备选方案二）

推出货量：负一层东面（约2500平方米），主要功能是汽车精品销售。

b. 销售推广范围：宣传推广范围以珠三角为核心（包括香港），向外辐射至整个华南地区。

【优秀案例7-7】　某纺织品专业市场的项目租售执行阶段划分

参考点评：该案例的特点在于其把项目的商铺分为街铺和内铺来考虑。街铺和内铺的租售计划各不相同。此外，该案例的认筹期销售细案写得很详细，值得参考借鉴。

（1）销售计划

街铺一层内铺、二层内铺及三层分期分批对外销售，前期街铺和一层内铺率先对外销售，二层及三层销售与招商工作相辅相补，根据不同阶段，及时调整工作重点。

（2）实施条件：客户群对本项目街铺和一层内铺的认知度较高，对二、三层内铺认知度不高（现阶段）。

（3）实施方案：

1）租售策略

前期街铺和一层内铺对外出售，二层内铺以销售为主，对外出租（招商）为辅（据目前所搜集信息判断如此安排，待后期出现新情况再作调整），三层内铺以对外出租招商为主，销售为辅。根据时机的不断成熟，市场的商业气氛不断成熟，带动二、三层的销售工作。

a. 商家直接支付租金、商场管理费，自行经营。

b. 投资型客户全权委托物业管理公司代为出租和管理，实行产权和经营权的分离。

2）销售档期安排

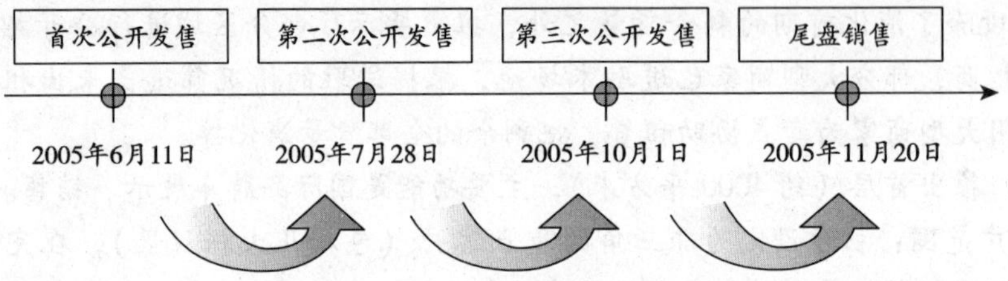

（4）认筹期销售细案：

将街铺、一层内铺和二层、三层内铺合成两个阶段和方式处理。

1）整体物业采用大量的正面宣传手段，提高物业价值的认知度，街铺和一层内铺由销售人员在卖场着重从物业品质、物业价值等方面向客户进行销售。

2）二、三层内铺采取侧面迂回，欲擒故纵的策略。先期先向客户介绍发售的信息及售价范围，只是将一层内铺作为标尺，同二、三层内铺相比较，分析在交通、运输、经营等方面并不处于劣势的可行性，待其基本接受这方面的销讲，对二、三层产生一定的认知度后（这时间段暗中积累意向客户），在认筹期后期，由销售人员将业态分布、纺织品价值空间强力推广，随着一层销售的火爆的良好销售氛围及招商工作的支持，推动二、三层的旺销。

3）集中约多个意向客户到卖场洽谈选购事宜，应保证卖场热烈的选购气氛，如当时真实客户数量有限，就要事先安排多名房托协助。

4）为取得更多的销售成果，在认筹期结束的前5天，在卖场醒目的位置摆放两个易拉宝，上面将二层（三层）内铺的震撼价清晰地公布出来，以此来刺激客户群的购买欲望。

二、项目租售执行人员组织策划

专业市场租售执行中的人员组织包括招商人员的组织和销售人员的组织。专业市场租售执行的人员组织应当先制定人员构架，然后进行分工，并对他们的工作提出要求，最后还要对租售人员进行有针对性的培训。

1. 人员构架

在执行租售策略之前，先要完成人员配备，并说明每个岗位的工作职责，使他们责无旁贷。如某钟表专业市场的人员构架：

营销中心人员组织（共计10人）：（1）营销策划总监：1人；（2）营销策划副总监：1人；（3）销售经理：1人；（4）招商经理：1人；（5）行政经理：1人；（6）招商代表：2人；（7）销售代表：3人。

【优秀案例7-8】　某珠宝专业市场的人员构架

参考点评：该案例的亮点在于其按楼层来划分招商分部，同时对每个楼层的人员数和责任都有明确的规定，这种做法适合于较大型的专业市场，值得参考。

招商部人员招聘计划：总人数为28人（暂定）按楼层分招商分部：

（1）招商1部：B1层，4人，设招商主管一名。

负责对珠宝包装材料、仪器设备、首饰加工的招商工作。

（2）招商2部：一层，4人（暂定），设招商主管一名。

负责对璀璨美钻石、宝石、翡翠玉器、珍珠、黄金饰品、铂金饰品、名牌钟表、品牌专卖中心的招商。

（3）招商3部：二层，4人，设招商主管一名。

负责时尚银饰、人造宝石、翡翠玉器、珍珠、水晶、珠宝首饰批发市场等的招商。

（4）招商4部：三层，4人，设招商主管一名。

负责民间收藏、古玩字画、赌石、奇石、工艺礼品等的招商。

（5）招商5部：四层，4人，设招商主管一名。

名设计师艺廊、中国金都馆、中国饰品馆、拍卖中心、信息中心、展示中心等的招商。

（6）招商6部：五层4人，设主管一名。

负责餐饮、娱乐、珠宝商会所的招商。

（7）国际招商部：4人，设主管一名。

负责国际商品的招商，任务是填充一、四层的招商工作。

【优秀案例7-9】　某手工艺品专业市场的人员构架

参考点评：用这种“树根图”来表示人员的构架，能清晰明了地反映出上下级的隶属关系，值得参考借鉴。同时，由于该项目销售的目标客户群中包括了韩国人，故对销售专员有会双语的要求。

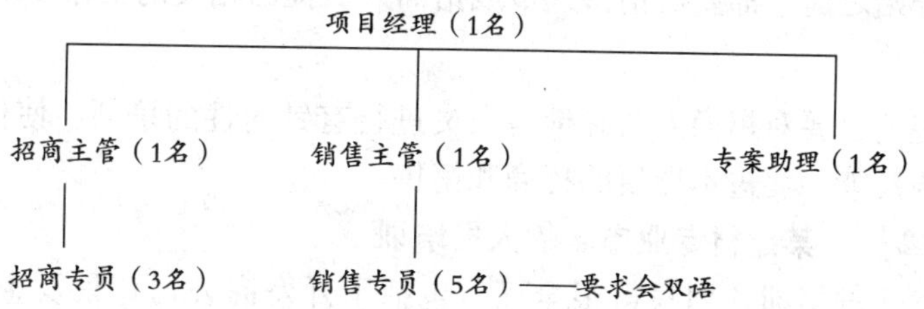

【优秀案例7－10】 某家居装饰专业市场的人员构架

参考点评：该案例的特点在于其考虑到日后经营管理的问题，设立了经营管理公司，并明确了经营管理公司与招商部是上级与下级的关系，值得参考借鉴。

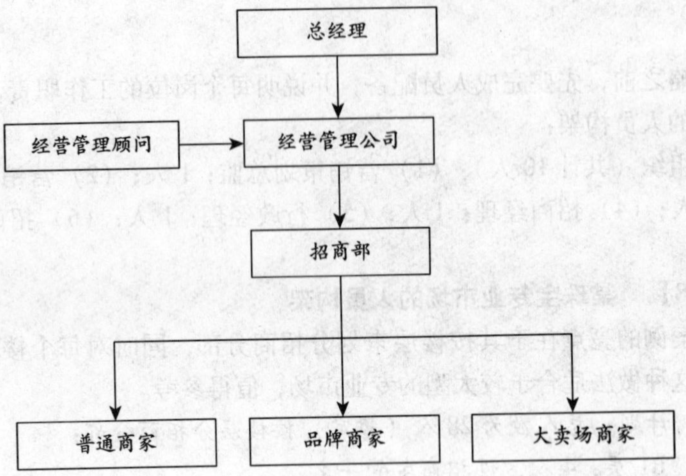

2. 人员分工

确定了人员构架后，接下来就要进行人员分工，落实每个工作岗位的工作职责。如某家具专业市场的人员分工：

项目经理：负责整盘销售、招商的掌控及各方协调工作。

专案助理：负责案场销售情况、客户资料的管理。

销售主管：负责案场销售工作及现场日常销售控制。

销售专员：具体负责日常销售工作。

招商主管：负责招商计划的制订、安排、执行。

招商专员：具体负责招商工作的执行。

【优秀案例7－11】 某生产资料专业市场的人员分工

参考点评：该案例不仅明确了各职位的工作职责，还对人员的能力和工作经验有所要求，这将有利于人员招聘。

项目经理1名：负责项目的整体操作，要求对商业地产及生产资料市场有所了解，执行力强并对项目策划有一定的了解；

案场主管1名：负责项目现场的协调，要求组织管理能力强，有2年以上主管工作经验；

内勤兼行政1名：负责客户管理、行政事务及后勤管理事务；

营销人员4名：负责现场营销，要求有一年以上营销经验，最好有商业地产营销经验。

3. 人员要求

在销售和招商开始之前，都要对销售人员或招商人员提出相关的工作要求。

4. 人员培训

在开始招商销售前，要对招商人员和销售人员进行有针对性的培训，使他们更了解本项目，更好地掌握各种业务技能，促进本项目的招商和销售。

【优秀案例7－12】 某建材专业市场的人员培训

参考点评：该案例的培训计划写得很全面，包括了开发商公司背景及企业文化培训、产品培训、业务操作流程培训、针对性业务技能培训、业务演练。同时对每部分的内容都有详细的说明，非常值得参考。

（1）开发商公司背景及企业文化培训

开发商背景、公众形象、公司目标（项目推广目标和公司发展目标）。

（2）产品培训

1）项目规模、定位、设施、买卖条件；

2）物业周边环境、公共设施、交通条件；

3）该区域的城市发展计划，宏观及微观经济国家对物业区影响情况；

4）项目特点：

a. 项目规划内容及特点：包括景观、外立面、建筑组团、容积率等；

b. 平面设计内容及特点：包括总户数、总建筑面积、总单元类、单套面积；

c. 户内面积组合：户型优缺点、进深、面宽、层高等；

d. 项目的优劣势分析；

e. 项目的营销策略、包括价格、付款方式、策略定位、销售目标、推广手段；

f. 竞争对手优劣势分析及对策。

（3）业务操作流程培训

1）销售基本执行流程

2）营销工作执行流程：

a. 销售前期宣传部署工作流程；

b. 售楼部工作流程；

c. 签约办理流程；

d. 售后流程；

e. 购房指引流程；

f. 发售程序流程等销售业务方面。

（4）针对性业务技能培训

1）最新房地产的政策法规、税费执行规定；

2）房地产基础知识巩固；

3）银行按揭知识、涉及房地产交易费用、投资建议与个人理财；

4）销售接待技巧专业培训；

5）销售认购、合同签署专项培训。

（5）业务演练

1）顾客购买心理分析

a. 详细研究所需购买的产品；

b. 探究有关资料（价格、企业形象）；

c. 依靠已有的经验进行判断并采取行动；

d. 等待机会；

e. 模仿他人的判断（根据广告的暗示）；

f. 用投机心理作冒险尝试；

g. 抽样方式选购（没有时间考虑）；

h. 满足最小限度的条件即可。

2）楼盘情况介绍

a. 项目和规模、定位、设施、买卖条件；

b. 物业周边环境、公共设施、交通条件；

c. 该区域的城市发展计划，宏观或微观经济因素对物业的影响；

d. 项目特点（强化优点、淡化劣势）：

规划设计内容及特点，包括景观、立面、建筑组团、容积率等；

项目基本数据包括建筑面积、总户数、总单元数、单套面积、整体面积、商业面积等；

户内面积组合、户型优缺点、进深、面宽、层高等；

项目优劣分析；

项目营销策略包括价格、付款方式、策略定位、销售目标、执行手段；

竞争对手优劣势分析及对策。

e. 结论：在楼盘情况介绍时强调优点，树立形象，锁定唯一可让客户满意的一套房子，促其下决心购买。

3）签订认购书

认购协议书内容培训；

认购协议书签署演练。

4）客户档案汇录

5）签订正式合同

认购协议书内容培训；

认购协议书签署演练。

6）正式合同公证

7）办理银行按揭

对于一些特殊类型的专业市场，如珠宝玉石专业市场、古玩专业市场等等，要求租售人员对行业比较了解，故除了一般的培训以外，还要针对行业知识进行相关的培训。下面是某珠宝专业市场招商人员培训时所用到的工具书：

《中国珠宝首饰企业名录大全》、《国际黄金珠宝首饰企业萃集》、《2006 中国钟表珠宝企业名录》、《2006 世界宝玉石进出口商名录》、《中国文具玩具工艺礼品珠宝钟表大全》、《香港珠宝玉石厂商会名录》、《深圳黄金珠宝玉石展场刊》、《珠宝设备及用品供应商名录》、《2006 中国金银珠宝首饰行业企业黄页》、《珠宝首饰外商企业名录》、《金银珠宝首饰企业名录光盘》。

5. 人员考核与薪酬

在招商和销售执行之前，有必要先制定上岗考核表和薪酬计算方法，做到赏罚分明。下面是某二手专业市场的上岗考核表：

上岗考核表

项目	参考内容	分值	分值	分值	得分
		优	中	差	
工作态度 25%	1. 遵守制度，准时上下班，不迟到、早退、无中途外出现象				
	2. 严守职责，坚守岗位，上班时不串岗，不聊天				

续表

项目	参考内容	分值 优	分值 中	分值 差	得分
工作态度 25%	3. 季编班当值，不擅离职守，无私自调班，换岗现象				
	4. 服从上司安排，按时保持完成任务				
	5. 工作积极主动，踏实肯干，认真负责，能承担突发超水准工作量				
业务能力 30%	1. 能快速、准确回答出客户提出的业务问题				
	2. 熟练、准确地计算客户意向楼价并熟悉同客户签约				
	3. 能较好协助业务员做好业务工作如按揭、办证等				
	4. 对已初步接触客户，下次接触时能马上记起对方姓名，并作出反应				
	5. 能通过恰到好处的业务推介，与适当的引导，吸引客户，稳定潜在客户				
	6. 做好接待记录，事后对客户及接待情况进行分析，协助做好潜在客户				
服务态度 15%	1. 友善、以微笑接待客人和同事和睦共处				
	2. 礼貌、热情、任何时候都能以貌待人，工作中主动为客户着想和服务				
	3. 耐心、对客户的要求认真聆听，不厌其烦地认真作出解释、介绍				
仪表态度 15%	1. 上班前做好情绪调整，精神饱满地投入工作				
	2. 着装得体、头发整齐干净、精神好				
	3. 上岗时站姿挺直、坐姿端正，面露自然微笑，无论坐、与站				
协调沟通 5%	善于并乐于上下沟通，能排解纠纷，诱导合作，能协助他人完成任务				
勤勉 5%	工作勤奋，有始有终，能积极主动求改进，能提出一些合理建议				
成本意识 5%	平时注意节约，成本意识强，能想方设法降低成本，避免浪费				

三、项目租售价格制订

在第三章的专业市场项目定位分析中，已经涉及项目价格定位，但这里的项目租售价格制订与第三章的项目价格定位不同。第三章的项目价格定位是指确定项目的价格策略和项目的均价或者是价格范围，而这里的项目租售价格制订精确到不同楼层、不同位置、不同朝向的商铺的价格。

1. 项目定价原则

在对专业市场项目进行定价之前，要先确定项目定价的原则，然后才按照这个原则进行定价。下面是某专业市场的项目定价原则：

主要按期房价、现房价、综合价、集团购买价，并考虑地段位置、铺面朝向等因素综合定价。突出项目“卖点”和项目整体环境、地段位置、铺面朝向等购房因素的差异。

2. 项目租金制订

在确定专业市场项目的租金之前，应先对专业市场项目周边的竞争者或可比项目的租金进行调查分析，了解商圈内商业地产的租金水平。

【优秀案例 7-13】　某二手专业市场的租金调查分析

参考点评：该案例可参考借鉴的地方在于其在调查时不仅分开每一层来调查，还将柜位和铺位这两种形式区分调查。同时该案例在分析竞争者租金水平时，也分析得比较到位。

（1）××商圈新兴二手旧货市场租金情况（手机经营楼层）

<table>
<tr><td>商场名称</td><td colspan="4">×讯旧货市场</td><td colspan="4">×贤旧货市场</td><td colspan="4">×印二手城</td><td colspan="2">×达电器城</td></tr>
<tr><td>经营层数</td><td colspan="2">一层</td><td colspan="2">二层</td><td colspan="2">负一层</td><td colspan="2">一层</td><td colspan="2">一层</td><td colspan="2">二层</td><td colspan="2">一层</td></tr>
<tr><td></td><td>柜位</td><td>铺位</td><td>柜位</td><td>铺位</td><td>柜位</td><td>铺位</td><td>柜位</td><td>铺位</td><td>柜位</td><td>铺位</td><td>柜位</td><td>铺位</td><td>柜位</td><td>铺位</td></tr>
<tr><td>租金（元/月）</td><td>1000</td><td>2000</td><td>700</td><td>185 元/（m^2·月）</td><td>800、1300、1600</td><td>1400、1700、1900</td><td>1000、1300、1600、1900</td><td>1900</td><td colspan="4">柜位 800、1000 元/月；商铺为 1400～1800 元/月</td><td>约 650</td><td>约 950</td></tr>
<tr><td>管理费（元/月）</td><td>300</td><td>600</td><td>300</td><td>60 元/（m^2·月）</td><td colspan="10">租金已包含管理费</td></tr>
</table>

（2）分析

目前市场上的租金水平以×贤旧货市场最高，其次为×讯旧货市场，而×达电器城的租金最低，但由于×达电器城不属于我们的主力竞争对手，其租金水平影响程度不大。

柜位租金因不同位置其租金水平不同，首层租金区间在 800～1900 元/月之间，均值约为 1350 元/月；×贤旧货市场有负一层，租金区间在 800～1600 元/月之间，均值为 1233 元/月；二层租金区间在 700～1000 元/月之间，均值约为 850 元/月。（租金已包含管理费）

铺位租金相对柜位较高。首层铺位租金均值约 2033 元/月；负一层租金均值约为 1667 元/月，二层租金均值约为 2025 元/月。（租金已包含管理费）

	柜位	铺位
负一层	1233 元/月	1667 元/月
一层	1350 元/月	2033 元/月
二层	850 元/月	2025 元/月

对项目周边竞争对手的租金水平有所了解后，接下来就要用各种方法算出本专业市场的租金。

【优秀案例7－14】　某家居装饰专业市场的项目租金制订

参考点评：该案例的特点在于其思路很清晰，先用市场比较法和投资回报率的方法来算出项目的租金，然后根据使用率的变化来调整用投资回报率算出来的租金，最后根据两者的结果和四条原则得出该项目的租金建议。此外，该案例还给租期和管理费提出了建议，这些都是值得参考的。

商场各层租金估算及租金价格表制定

（1）最理性租金——市场比较法租金

通过对可比商场的租金分析比较，利用市场比较法来确定本商场的最理性租金。“可比”的定义是：规模、经营品种相似的商场（如×丽、×江）或地理位置接近的商场（如×晖）的租金也有一定的参考价值。

各主要可比商场租金价格比较表　　表1

名称 / 楼层	×丽（元/m²）	×江（元/m²）	×家（元/m²）	×雅（元/m²）	×晖（元/m²）	×利（元/m²）
一层	120	158	130	80～98	118～138	100
二层	70	98		48	90	
三层	45	88			58	
四层	30	48			不详	

通过对主要可比商场租金的比较，本项目最理性、市场可接受、风险性较小的一种租金价格制定如下：

楼层	价格
一层	110元/m²
二层	90元/m²
三层	40元/m²
四层	35元/m²

（2）按照年8%回报率推算出的理论租金

按照公式：月租金＝销售单价×8%/12推算租金则：

理论租金表　　表2

	均价（元/m²）	租金（元/m²）
一层	24674	160
二层	16022	106
三层	12016	80
四层	11415	76

(3) 由于改变商场使用率所引起调整后的租金

由于商场原来设计的通道宽度为1.8米和1.5米，现在调整为1.2米和1.5米，减低了商场的公摊面积，同时由于招租重新划分了商场铺位，使原来的部分通道改变成为新的铺位，也增加了使用面积，两者影响的结果相加，经粗略计算将增加5%的使用率，新增的使用面积换算成租金再除上每层的总面积，则每平方米租金约下降了6元钱。

因此，上述之每层租金价格改为：

调整后的理论租金表 **表3**

	租金（元/m^2）	租金（元/m^2）
一层	160	154
二层	106	100
三层	80	74
四层	76	70

(4) 总结：显然，上表通过回报率推出的理论租金值与市场比较法得出的最理性租金值相差很大，尤其是一层和四层的租金明显偏高市场价，如果按照表3的租金进行实际招租的话，市场、商家势必不接受，会对招商工作很不利。因此，本着以下4条考虑我们建议本商场的租金为：

第一条：放水养鱼，培育市场是招租工作的关键，需要给商家以信心，毕竟我们是市场的开拓者，有一定的风险。

第二条：租金偏高即使可以招满并开业，但是商场很难长久兴旺，因为在市场还不成熟的情况下，高租金无疑使商家生意难做，这无异于“杀鸡取蛋”。

第三条：由于租金每年有6%~8%，甚至是10%的租金递增，因此，第一年商场的租金可以适当定低些，等第二年市场做旺之后，再提租金也不迟。

第四条：如果租金定得高，与×丽、×江等知名家居商场持平，甚至还高于他们，那么，我们的竞争优势在哪儿呢？很可能出现招租周期长，推广难度大等问题，风险大，不宜采取。

建议租金表 **表4**

	市场比较租金（元/m^2）	理论租金（元/m^2）	建议租金（元/m^2）
一层	110	154	120
二层	90	100	90
三层	40	74	60
四层	35	70	45

上表的建议租金仅为内部认购价，在内部认购期内视市场反应及时作出调整，如果市场不接受，则仍需调低；若市场反应良好，则租金马上涨价。另外，租期建议为1年。租约1年1签的好处是：可以及时、灵活地根据市场变化对租金进行调整，而且对于租客来讲也放心（担心

每年的租金递增值太高，承受不起)。管理费按照市场的调查情况，多数在30~40元之间，我们建议本商场的管理费为30元左右，空调费、水费全包，电费自理。

【优秀案例7-15】　某纺织品专业市场的项目租金制订

参考点评：该案例是用市场比较法和客户心里价位法来计算出该项目的租金，其特殊点在于该案例针对的是内铺的租金。

(1) 街铺

由于街铺经营业态基本不受限制，且目前市场反应很好，因此对于街铺的销售将不采用返租方式。所以街铺的招商租金不需要制定。如果后期业主需要代租，可根据当时市场情况另行制定。

(2) 内铺

内铺租金定位主要运用两种定价原则，一是市场比较法，二是客户心理价位法。

a. 市场比较法

本项目周边各内铺租金水平如下表：

编号	项目名称	月租金［元/(m^2·月)］
1	老纺织市场	东区、中区：25 北区：20 西区一层：20 西区二层：15
2	小商品城	一层：20~45 二层：18~35 三层：15~25
3	×丰家居	一层：65~80 二层：40~50 三层：35~40
4	×康汽配城	22~30
5	××香港汽配城	二层连租：18

注：此租金皆按使用面积收取。

本项目周边内铺租金水平在20~30元/(平方米·月)之间，只有×丰家居和小商品城等项目租金较高。××纺织市场目前的租金也在15~25元/(平方米·月)的范围内，整体水平不高，且近期有通过降低租金与本项目竞争的趋势。本项目作为专业的纺织品批发市场，其销售招商经营等各方面的成功与否关键在于如何将内铺搞活，因此，在目前竞争激烈且内铺又不被看好的情况下，内铺租金不宜过高，可基本维持×纺织市场现有水平，待商场作旺后，再陆续将租金调高。故内铺租金可定位在15~25元/(平方米·月)左右。其中内铺一层租金在25元/(平方米·月)左右，二层在15元/(平方米·月)左右。由于三层相对滞销，建议采取错位经营的方式主营家纺。鉴于三层的招商难度要远远大于一、二层，所以可采取一定期限内免租金的优惠措施，待市场做旺后，再根据市场情况相应收取。

b. 客户心理价位

租金范围［元/（m^2·月）］	20以下	20～25	25以上
客群数量	62	198	40
所占比例	21%	66%	13%

如上表所示：客户选择内铺租金在20～25元/(平方米·月）范围之间的比例占到近7成，这与目前×纺织市场租金水平基本相同。

c. 招商价格定位

内铺租金的定位通过市场比较法和客户心理价位所得出的结果基本相当，所以建议内铺一层平均租金25元/(平方米·月)，内铺二层平均租金15元/(平方米·月)，但所有租金在招商初期均按此价位的9折计算，即内铺一层为22元/(平方米·月）左右，内铺二层为13元/(平方米·月）左右。内铺三层将采取一定期限的免租期，待市场做旺后再相应收取租金。此招商价格定位的根本目的是为了市场做旺，如开业不能达到旺场则对市场后期运作极为不利，商业气氛一旦形成，租金必然提升。

【优秀案例7－16】　某服装专业市场的项目租金制订

参考点评：该案例不仅写出了项目租金和管理费的建议，还写出了项目其他费用的建议，有一定的参考价值。

(1) 项目费用建议

定价基础：项目价格低于目前××当地街铺的一般租金水平及目前转让费水平，给投资商户留一定的增值空间，以利于项目的销售进程。

商铺合约年限是3年。

临时定金标准：3000元以上，保留铺位7天，如遇特殊情况临时定金低于标准，保留铺位时间为4天。

(2) 项目租金及管理费建议

一层：50元/（平方米·月）；

二层：38元/（平方米·月）；

管理费用＋市场推广费用：4.5元/（平方米·月）；

水电费及办理证照等相关费用由客户自理。

3. 项目售价制订

与项目租金制订一样，在确定专业市场的售价前，先要对项目竞争者的售价进行调查分析。

【优秀案例7－17】　某建材专业市场的项目售价制订

参考点评：该案例是通过对比加权法来确定专业市场的售价。该案例的计算过程写得很详细，先计算出该项目每楼层的售价，再根据一些因素对售价进行调整，最后还根据折扣算出该专业市场各楼层的真实售价。同时，该案例在对比和计算时都采用表格的形式，让决策者看起来不会感觉太繁琐。这些都是值得我们学习的。

我们主要采用的定价方法是对比加权定价法来进行定价。我们在参考了同类物业及周边商业物业的价格后，通过科学的计算方法最后形成了我们的定价。在价格执行上，我们采用低开高走的价格执行策略，最大限度的拉拢消费者。根据建筑施工的不同进度，相应的调节价格，形成效益的最大化。

(1) 市场售价核定

评分指标设定

销售状况	入市时机	对周边经济的影响	对周边行业的影响
85%以上 10分	佳 10分	能积极带动周边经济发展，形成区域的经济领导 10分	有效带动行业的发展10分
70%~85% 8分	较佳 8分	对带动区域经济发展，有一定经济影响力，但不具备明显领导特征 8分	对行业的发展有一定的影响 8分
55%~70% 6分	一般 6分	对周边经济有一定影响，具备丰富区域经济形态的特征 6分	对行业的发展有影响，但不大6分
55%以下 4分	较差 4分	对带动周边市场经济有影响，但不大 4分	

地段	人流	规模	业态及配套	市场定位	价格		
一环路内 10分	100人/小时以上10分	10万m^2以上 10分	品种全 10分	物流兼零售 10分	一楼均价10000元/m^2以下 10分	二楼均价5000元/m^2以下 10分	三楼均价3000元/m^2以下 10分
一环路与二环路之间 8分	80~50人/小时之间 8分	10万~8万m^2之间 8分	品种较全 8分	批发兼零售 8分	一楼均价15000~10000元/m^2之间 8分	二楼均价8000~5000元/m^2之间 8分	三楼均价5000元~3000元/m^2之间 8分
二环路与三环路之间 6分	50~30人/小时之间 6分	8万~6万m^2之间 6分	品种单一 6分	超市 6分	一楼均价20000~15000元/m^2之间 6分	二楼均价10000~8000元/m^2之间 6分	三楼均价8000~5000元/m^2之间 6分
三环路外 4分	30人/小时以下 4分	6万m^2以下 4分		零售 4分	一楼均价20000元/m^2以上 4分	一楼均价10000元/m^2以上 4分	三楼均价8000元/m^2以上 4分

价格计算评分表

指标项目	××天下	××精品饰材城	512建材市场	××家居	××桥饰材城	××装饰城	××鞋都	××金荷花
地段	6	6	6	4	6	10	8	8
人流	10	4	8	10	6	10	10	10
市场定位	8	6	8	10	8	6	10	10
入市时机	10	10	10	10	6	10	10	10
业态及配套	10	6	6	6	6	10	8	10
规模	10	8	10	10	10	4	10	10

续表

指标项目	××天下	××精品饰材城	512建材市场	××家居	××桥饰材城	××装饰城	××鞋都	××金荷花
销售（租赁）价格	10	10	10	10	10	8	4	4
销售（租赁）状况	8	6	10	10	10	10	10	10
对周边经济影响	8	6	6	6	6	4	8	8
对行业市场影响	8	6	6	8	8	8	10	10
总分	88	68	80	84	76	80	88	90
比值（××天下/各项目）	1	88/68 = 1.29	88/80 = 1.1	88/82 = 1.07	88/76 = 1.15	88/80 = 1.1	88/88 = 1	88/90 = 0.97
一楼价格（项目价格×比值）	12000 元/m^2	11000 元/m^2 ×1.29 = 14200 元/m^2	10000 元/m^2 ×1.1 = 11000 元/m^2	10000 元/m^2 ×1.07 = 10700 元/m^2	13800 元/m^2 ×1.15 = 15870 元/m^2	15000 元/m^2 ×1.1 = 16500 元/m^2	32000 元/m^2 ×1 = 32000 元/m^2	30000 元/m^2 ×0.97 = 29100 元/m^2
项目周边建材市场的一楼价格均值	（14200 + 10500 + 10200） ÷3 = 12000 元/m^2							
项目周边商业市场的一楼价格均值	[32000 + 29100 + 22000（××池大成市场）] ÷3 = 29000 元/m^2							
该区域地段及市场定位的权重差异比值	2005 年底该区域内的××精品饰材城与××大成市场的入市价格比（一楼）：11000 元/m^2 ÷22000 元/m^2 = 50%							

评分指标设计

本项目一楼参考价	（12000 元/m^2 + 29000 元/m^2 ×50%） ÷2 = 13250 元/m^2							
二楼价格（项目价格×比值）	6000 元/m^2	6000 元/m^2 ×1.29 = 7740 元/m^2	无	无	6800 元/m^2 ×1.15 = 7820 元/m^2	7500 元/m^2 ×1.1 = 8250 元/m^2	20000 元/m^2 ×1 = 20000 元/m^2	19000 元/m^2 ×0.97 = 18400 元/m^2
项目周边建材市场的二楼价格均值	（7740 + 7820 + 8250） ÷3 = 7900 元/m^2							
项目周边商业市场的二楼价格均值	（20000 + 18400 + 11000） ÷3 = 16500 元/m^2							

续表

该区域地段及市场定位的权重差异比值	2005年底该区域内的××精品饰材城与××大成市场的入市价格比（二楼）：6000元/m² ÷11000元/m² =54%							
本项目二楼参考价	（7900元/m² +16500元/m² ×54%） ÷2 =8400元/m²							
三楼价格（项目价格×比值）	4000元/m²	4000元/m² ×1.29 = 5160元/m²	无	无	无	5000元/m² ×1.1 = 5500元/m²	10000元/m² ×1 = 10000元/m²	9000元/m² ×0.97 = 8730元/m²
项目周边建材市场的三楼价格均值	（5160 +5500） ÷2 =5330元/m²							
项目周边建材市场的三楼价格均值	（10000 +8730） ÷2 =9365元/m²							
本项目三楼参考价	（5330元/m² +9365元/m² ×54%） ÷2 =5200元/m²							

（2）针对销售、租赁及市场招商的价格调整

1）调整因素：

统一市场定位、统一市场规划，保证市场招商的完整性；

杜绝小业主为私利损害市场整体利益；

解决投资客户对前期投资回报保障及未来投资利润、回报周期的疑虑；

周边市场一楼租赁价85～120元/平方米，均价80～90元/平方米；

确保一楼满租均价为70元/平方米，确保二楼满租均价为35元/平方米，确保三楼满租均价为25元/平方米，确保四楼满租均价为15元/平方米。

2）调整实施：

所有商铺采用如下市场策略的前提下进行价格调整

a. 买者自行经营或自行出租的，必须服从开发商或开发商引入的管理公司的统一业态规划和管理，并交纳相应的管理费用。

b. 买者选择在物业办理入伙交接手续之日起3年内，由开发商或开发商引入的管理公司统一经营或出租，所获收益归开发商或开发商引入的管理公司。

c. 开发商每年按购房者购房总款的8%向购房者支付投资回报。期满后同等条件下开发商或开发商引入的管理公司有优先经营或承租的权利。

d. 购房者委托开发商或开发商引入的管理公司代其租赁。

3）租赁售价折算

注：此表根据3年包租策略统一计算，3、4楼初始价格根据市场售价已经先进行初调整，初调后3楼售价3800元/平方米，4楼售价3000元/平方米。

本项目售价调整计算表

单位：元/m²

楼层	合同标价	现提价	调整后售价	提价百分比
一	12000	1200	13200	10%
二	6000	480	6480	8%
三	3600	264	3864	8%
四	2800	222	3022	8%

一层按8%投资回报贴补计算售价，租金收益不扣减售价

单位：元

现销售均价	按8%投资回报计算应付月租金	三年包租租金贴补	贴补售价	预计三年包租100%满租月租金		三年每平方米实收租金总额	实际销售均价	提价额度
				前1年租金	后2年月租金			
12000	80	2880	2880	0	70	1680	14880	1200

二层按8%投资回报贴补计算售价，租金收益不扣减售价

单位：元

现销售均价	按8%投资回报计算应付月租金	三年包租租金贴补	贴补售价	预计三年包租100%满租月租金		三年每平方米实收租金总额	实际销售均价	提价额度
				前1年租金	后2年月租金			
6000	40	1440	1440	0	40	960	7440	480

三层按8%投资回报贴补计算售价，租金收益不扣减售价

单位：元

现销售均价	按8%投资回报计算应付月租金	三年包租租金贴补	贴补售价	预计三年包租100%满租月租金		三年每平方米实收租金总额	实际销售均价	提价额度
				前1年租金	后2年月租金			
3600	24	864	864	0	25	600	4464	264

四层按8%投资回报贴补计算售价，租金收益不扣减售价

单位：元

现销售均价	按8%投资回报计算应付月租金	三年包租租金贴补	贴补售价	预计三年包租100%满租月租金		三年每平方米实收租金总额	实际销售均价	提价额度
				前1年租金	后2年月租金			
2800	19	672	672	0	15	450	3472	222

(3) 针对销售折扣的价格调整

1) 本项目销售折扣建议

付款方式	按揭付款		1年免息分期付款		一次性付款	
优惠折扣	住宅	商铺	住宅	商铺	住宅	商铺
	1%	5%	无分期付款	3%	3%	8%

2) 针对销售折扣的价格调整

单位：元/m^2

楼层	调整前销售单价	平均折扣	返算公开销售均价	调整公开销售均价
1	13200	6.5%	14058	14100
2	6480	6.5%	6901	6900
3	3864	6.5%	4115	4120
4	3022	6.5%	3218	3120

【优秀案例7-18】　某服装专业市场的项目售价制订

参考点评：该案例是用市场比较法来算出专业市场的售价，相对来说比较简单。该案例是先对周边竞争项目进行调查，然后再对交易情况、交易日期、区域因素和个别因素进行修正，最后得出该专业市场的售价。

(1) 市场已售、在售铺位价格参照：

价位表

单位：万元/m^2

××时尚广场				×国城
楼层	一等位	二等位	三等位	均价
一层街铺	3.5（临××南路） 3.48（临××街）	3.28（临××街）		
一层内铺	2.48	2.38		
二层内铺	1.68	1.48	1.38	2.0
三层内铺	1.28	1.28	1.08	1.8
四层内铺	1.08	0.98	0.88	1.5
五层内铺（写字间）	0.96			出租，单位：万元/月
六层内铺（写字间）	0.88			
七层内铺（写字间）	0.80			
八层内铺（写字间）	0.78			

注：一至四层拐角商铺每平方米加收500~1000元。

(2) 商铺的价格一般通过两种方式计算得出，即市场比较法和租金返算法，本项目宜采用市场比较法计算：

1）比较因素修正：

项目可比实例	A××大厦	B×国城	C××广场
交易价格（元/m^2）	8800	25000	26000
交易情况修正	100/100	100/100	100/100
交易日期修正	100/100	100/100	105/100
区域因素修正	100/90	100/165	100/165
个别因素修正	100/80	100/145	100/133
修正后价格（元/m^2）	12222	10449	12440

2）交易情况修正：A、B、C三个实例皆为公开市场交易，土地的取得方式也与本项目雷同，因此无需修正。

3）交易日期修正：A、B与本项目皆为当前销售，××广场为去年销售，根据统计今年的地产市场特别是商业地产市场比之去年同期有约5%小幅上升。

4）区域因素修正：B、C位于本市很成熟的批发商圈，A与本项目地域类似，设本项目所在地的区域因素指数为100，通过分析，测算得可比实例A为90、B为165、C为165。

5）个别因素修正：对本项目和三个可比实例之个别情况进行分析、测算，综合判断A为80、B为145、C为133。

6）价格测算：

根据以上修正，比准价格＝（12222＋10449＋12440）÷3＝11704元/平方米。

7）同理可得其他楼层价格，根据商业用房楼层价格变化规律及顾客心理，可得商场各楼层价格如下：

单位：元/m^2

负一层	10000
首层（会展层）	12000
一层	12000
二层	9000
三层	7500
四层	6000
五层	5500
六层	5000
六层半	4500

4. 项目付款方式

在确定了专业市场项目的租金和售价后，接下来就要确定项目的招商付款方式和销售付款方式。

【优秀案例7－19】　某纺织品专业市场的销售付款方式

参考点评：该案例除了常用的一次性付款、一年分期付款和按揭付款外，还多了诚意金购买和优惠卡购买这两种方式，值得借鉴。

（1）一次性付款

一次性付清全部购房款时，在现行销售价格的基础上，最高可给予6%的优惠权利。

（2）一年分期付款购买

首付40%；一个月后30%；封顶25%；交钥匙：5%。

（3）按揭购买

首付40%，银行提供60%的10年期按揭贷款，在现行销售价格的基础上，最高给予4%的优惠。

（4）诚意金购买

在预售许可证发放以前，对意向客户按购房款的10%收取预订款，在现行销售价格的基础上，预订合同签订后，预订房屋予以保留。

（5）优惠卡购买

持有优惠卡购买，除了可以享有同期与其他客户同样的客户优惠外，还可以享有2% ~3%的优惠。

【优秀案例7-20】　某农产品专业市场的销售付款方式

参考点评：该案例的特点在于除了涉及最常用的3种付款方式外，还写到了小订和定金。

（1）小订：

客户看好某个底店，但当时没带足够的定房金可交纳200元钱小订保留，每套底店可排1、2、3三个号，1号最具有优先购买权，2号其次。

（2）定购：

客户看好某个商铺，并确定购买，可交纳1万元定金，并签定购协议。

（3）签买卖合同、付款：（分三种方式）

一共有三种付款方式：

1）一次性付款，可优惠3%；

2）分期付款：

a. 一年分期付款：

首付50%，余款自签合同之日起一年后付清。

b. 二年分期付款：

首付50%，自签合同之日起一年后付30%，自签合同之日起二年后付20%。

c. 三年分期付款：

首付50%，自签合同之日起一年后付20%，自签合同之日起两年后付20%，自签合同之日起三年后付10%。

3）银行按揭贷款：首付50%，余款贷款。

【优秀案例7-21】　某珠宝专业市场的招商付款方式

参考点评：该案例的亮点在于其写出了三种租金交纳方式，并对每种交纳方式写得很详细，同时还写出了备选方案，考虑得很周全。此外，该案例还写出了提出这些交纳方式和优惠政策的理由。

（1）租金交纳及优惠政策有以下三种方式：

1）一次性交纳3年的租金。从第四年起租金递增5%；第五年租金递增6%；第六年租金递增7%；总体租金递增比例不超过原租金水平的20%。

2）首期交纳5年租金的30%，正式开业前再交齐5年租金全款。从第六年起租金递增5%；第七年递增6%；第八年递增7%；总体递增比例不超过20%。可签定租约合同期为20年。

若首期就一次性交纳5年租金，可获得6年实际使用权的优惠政策。从第七年起租金递增6%；第八年递增7%，总体递增比例不超过20%。除享受以上优惠政策以外，还可以获得挑选一间商铺位置的机会。

3）首期交纳10年租金的30%，入驻前交齐10年租金全款。可获得12年实际使用权的优惠政策。可签定租约合同期为20年。若10年租金在首期就一次性交齐，除享受以上优惠政策以外，还可以获得挑选两间商铺位置的机会。

（2）租金交纳及优惠政策2（备选方案）：

1）同上。

2）第一段同上。

首期一次性交纳5年租金，可获得赠送6个月无偿使用权的优惠政策。从第7年起（含第6年后半年）租金递增6%；第8年递增7%，总体递增比例不超过20%。除享受以上优惠政策以外，还可以获得挑选一间商铺位置的机会。

3）首期交纳10年租金的30%，入驻前交齐10年租金全款，可获得11年实际使用权的优惠政策。可签定租约合同期为20年。如10年租金在首期就一次性交齐，除享受以上优惠政策以外，还可以获得挑选两间商铺位置的机会。

注：以上方式并不是机械地推出，而是视市场反应情况进行穿插，也可以在尾铺招商过程中，对尾铺招商的优惠力度增加时运用。

（3）租金交纳方式及提供优惠政策的理由：

考虑到项目的招商不但要符合公司的总体定位，同时还要兼顾公司的成本回收，并且回收期越短，产生的运营财务费用支出就越少。同时，及时还贷将有利于公司信用等级的提高，对将来公司的发展极其有利。上述方案一方面可以起到将缺乏实力小商户挡在门外的作用（及抬高门槛），达到自然淘汰的目的。同时，根据“现金是王”的原则，运用对我们影响极小的使用年限的优惠，让利商户，做到先期既给出优惠又不会使应收现款产生丝毫损失。

另外，兼顾将来中心商铺升值，我们可以充分享受到升值的利益，方案设定是为了尽量引导商户去选择5年一次性交纳租金的方式。

四、项目招商执行策划

和大型商场一样，一个专业市场项目的开发、经营也涉及开发商、小业主、承租经营者、经营管理公司、物业管理公司、消费者等六个利益主体，因此只有实现了“六方共赢”，专业市场才能算是真正的成功。如果只是依靠炒作各种概念、编造种种诱人的馅饼来吸引买家，那最终只会落得“销售满堂彩，经营冷清清”的下场，开发商的大赢建立在其他各方利益的大损之上，项目仍然只能算是失败。实现六方共赢的根本在于“开业即火”且后续经营稳步上升。由此倒推，即可知专业市场招商推广的核心在于找到一系列能确保开业成功的措施又能保证对市场长期经营有持续促进作用的措施。

1. 项目招商三字诀

项目招商三字诀中的三个字分别是：招、引、挖，具体介绍如下：

(1)“招”字诀

招，即“招狼入市”。市场能否顺利开业的关键就看有多少经营商家来捧场，而经营商家进驻的数量首先要看行业大户对市场的态度。因为在批发环节，经营户们“羊群现象”十分突出——行业大户走向哪，散户小户多半会紧跟而至。因此，专业市场要成功，先得攻下行业大户。但行业大户往往相互守望、伺机而行的心理很重。这时候，要晓之以理，诱之以利，以特殊的优惠政策吸引其购买进驻，如果效果不明显，则可瞅准时机，“招狼入市”，去上一级城市、上一级市场招更大的甚至是全国或区域内经营效益最好、规模最大的商家入驻，让凶狠的外地“狼”来强烈地冲击本地经营商户，形成“狼入羊群”效应。为了抢地形、占山头、卡位置，本地商家自然也就闻风而动。

例如银川某批发市场，由于项目位置有点偏、规模又极大，当地经营户对其普遍心存疑虑。于是策划公司采取先赴银川的上游城市西安、兰州招商的策略，在两市大张旗鼓、广造声势，待银川本地商户得知后，为了防止外敌入侵、防止实力更强的外地“狼”来蚕食市场，纷纷积极购买。

(2)“引”字诀

引——引全国或行业最好或最先进的市场管理模式和商业推广手段。

引——引本地周边商业辐射地的政府、商会、工商职能部门等同市场建立商品流通渠道、沟通渠道和商品推广联合模式。

引——引上游厂家和特约经销商到市场考察，为商户争取区域市场代理权和经营权，帮助购买商户由散户、小户成为区域代理商、经销商。

引——引行业展会与项目联动，以市场的商户资源与展会的厂商资源互相促进。

引——引入专业广告策划公司为市场包装、宣传推广提供长期服务，定期开展客户专项商业推广活动，定期进行多形式的项目形象宣传。

引——引入网络平台，建设网上市场，让客户能同时在两个市场做生意，获得更多的信息、更多的客户。

这些“引水灌田”的承诺、举措，不仅将在市场后续经营中发挥相当的促进作用，在销售阶段其对客户购买信心的增强更非同小可。

(3)“挖”字诀

挖，即“挖地三尺”。有些项目在销售至70%~80%左右时陷入停滞状态，原因极可能是项目规模偏大，按常规手段挖掘的消费者还不能将项目完全消化。这时候，就需要拿出“挖地三尺”的劲头，千方百计扩大客户面，吸引按传统方法界定中购买可能性甚小的客户。

挖——挖区域市场的投资户和周边下级城市的投资户。

挖——挖市场其他片区的经营户和周边城市市场的经营户。

挖——挖区域市场经营户和已购买客户的投资潜力，引发其投资热情。

挖的方式则有：

针对投资户和经营散户，多形式推广和宣传前期经营户入驻的比例数据和品牌号召力、消费市场交易数据，展现经营前景。

针对下级城市甚至县、镇，制作明白易懂的电视广告，向目标区域集中投放。

针对已购买客户，推出老客户介绍新客户赢大奖、得大优惠的措施，用最让人信服的广告形式——客户口碑宣传，促销效果往往出人意料。

专业市场最常用的招商政策是会员制招商，其基本思路是：成立会员俱乐部，制定会员俱乐部章程，明确会员的权利、义务，规定要想入市经营，首先必须先交纳会费，申请成为会员（会费可以退）。但是，要建立一个会员考察筛选制度，会员不一定都能进入市场，只有与项目市场定位相符的会员才能进入市场经营。这样做有两个目的：

（1）变商户挑选项目为项目选择商户，实现真正意义上的“招商”。

（2）通过筛选保证了专业市场的形成，避免了招商过程中炒铺位和与市场定位不相符的商户进入市场，保证市场招商的质量。

2. 项目对手招商策略分析

在对本项目制定招商策略之前，要先对本项目竞争对手的招商策略进行分析，吸取他们的精华，并在他们招商策略的基础上创造出适合本专业市场的招商策略。

【优秀案例 7-22】 某摄影器材专业市场的项目对手招商策略分析

参考点评：该案例对竞争对手调查分析的内容包括收费及标准、铺面选择政策、优惠政策三个方面，这是值得参考借鉴的。同时，该案例调查的范围包括北京、上海、杭州、成都和郑州，范围比较广，而且都是比较大型的城市，他们的收费标准对本项目有一定的参考作用。

（1）其他市场的收费及标准

摄影器材市场通常的做法是：押金+铺租+管理费+水电费。

1）押金一般为一个月房租或者固定数额（2000 元以上），主要为了防止退场后还拖欠市场或者客户的各种费用，押金大都由签订入驻意向时交纳的定金转换而来，也有进场后交纳的，在退场若干时间以后返还。

2）铺租按照每平方米每月多少元收取，最高 120 元/（m^2·月）（如北京、上海、杭州），最低 30 元/（m^2·月）（如成都、郑州），一般省会城市的标准在 50 元左右。个别过低的铺租收费标准无一例外是后开办的市场或者先开办但在竞争中已经明显处于劣势的市场，其共同点是面积较小、硬件设施差、经营者经营水平低。

3）营业房的计价面积一般都是净使用面积，不包含过道、楼梯等公共面积（即营业房以内的纯面积）；也有的将混凝土墙壁的一半厚度和营业房装修墙面的占地面积计入出租面积（即营业房外线以内的面积）。

4）管理费的计价也是按照营业房的合同面积收取，一般为每月 5~10 元/（m^2·月）。有的市场为了吸引客户不收取管理费或者部分减免。

5）电费是市场根据商户用电的多少按表收取，水费根据市场的总表平均分摊，按户收取，公共用电一般也是按户或按面积收取，有的市场（如北京）的管理费中包括了公用水电费。正常情况下，每个市场的水电费收入总是大于实际开支。由于这个行业的各个产品用电量大相径庭，很少有市场不是每户一表，比如婚纱店每平方米每月用电量在旺季时可达到 10 度左右，而像框相册类却不足 1 度，有的彩扩设备功率 20 多千瓦需要三相电源，影视灯具每一盏都是 300 瓦以上。

6）一般市场的铺租和管理费是同时交纳，一般是半年一交，有的是一年（如市场兴隆时），有的是 3 个月（如市场起步或市场萧条时），没有按月收取或跨年收取。水电费是按月收取。除此以外还没有听说市场收取其他什么费用。

（2）其他市场的铺面选择政策

市场的招商政策一般分为两种：租金统一、先进先选；租金差别，地段选择。

1）在第一种方式下，有意向入驻的厂商根据签约交费的先后选择经营档口，而所有的档口的租金单价都是相同的。这样做的目的是商户为了得到最好的口岸不得不尽快交费，有人进场后，其他观望的客户为了得到次好的口岸也会尽快交费。在前期招商中采用这种方式避免了商户的观望，容易造成招商火爆、争抢租赁的局面。弊端是市场产品布局不尽合理，以后经营麻烦重重，最差的铺面无法出租造成死角，市场总体租金收入降低。

2）第二种方式可以很好地解决产品布局、铺面死角、总体收入等问题，但是在前期招商中效果不如第一种，而且还有可能因为商户观望时间过长发生其他变化。

（3）其他市场的免租等优惠政策

各个摄影器材市场为了吸引客户进场经营，都会对各地商家有不同程度的优惠政策，优惠幅度的大小千差万别，方式一般是免租、装修、赔偿。

免租是各个市场常用的主要招商促销方法，都是从某一时间起到某一时间为止的免租，比如从开业之日起免租×个月或某月某日前免收租金等等。新市场开业免租期最长的是11个月，最短也是3个月，经营户刚刚进场经营，对市场前景并不明了，几个月的免租期用以减少商户的经营风险。

在具体操作中，各个市场对各个商家的政策都是保密的暗箱操作，根据商家的谈判能力和其他原因，商户得到的实际优惠大相径庭。暗箱操作对于大部分外地客户和谈判能力较差的客户来讲市场更容易得到收益，但是从长远来讲却失去了所有客户的信任，得到最大优惠的客户总是认为它是最吃亏的，得到优惠较少的客户会造成以后市场工作人员的工作阻力。

3. 项目招商现状分析

对于一些比较大型分几期开发建设的项目，有可能之前已经有一、两期开始了招商活动，在制定本期招商执行策略之前，也要对前几期的招商进行分析，做到扬长避短。

【优秀案例7-23】　某古玩专业市场的项目招商现状分析

参考点评：该案例的亮点在于其分析了现有的商家组合，并分析了业主的来源比例，本期的招商可以到上期业主来源所占比例较大的地区进行专门招商。

××专业市场自立项之日起，招商是本项目成功之关键，取得各方的认同。动工之日即由××地产先行招商，经过一波三折后，招商方面已经取得一定成绩，截至2005年1月4日，进场商家40家（9家为自营），经营铺位商铺103套，占一期铺位数的68%左右，商家主力8成以上来自本市，或者在木市有朋友、业务联系人员的商家；进场的商家经营内容基本都是以古典家具或仿古家具为主。

（1）商家组合：

1）本市商家合计17家，占用44间商铺。主要商家：

集关林、嘉华居、宝华、双龙、艺苑、溢美、古之美、宝艺圆、柏灵古玩、创新家私、艺宜轩、明古轩、广瓷轩、永艺、永嘉、云峰画苑、瑞云。

2）其他区域商家：

a. ××市7家占9套商铺，包括：一居、盛源、雄业、华丰、博雅、华原等。

b. ××省3家占用3间商铺，包括：龙祥轩、艺海、东阳木雕。

c. 广州1家占用1间商铺，名称：天然编织。

（2）业主来源比例见下表：（总共152套商铺、110位业主）

区域	澳门	香港	三乡	石岐	珠海	神湾	广州	上海	北京	韶关
人数（位）	30	21	33	8	10	1	4	1	1	1
比例（%）	27.3	19.09	30	7.28	0.91	0.91	3.64	0.91	0.91	0.91

4. 项目招商目标制定

制定各个阶段的招商目标，有利于检查现有的招商政策是否有效，若发现招商结果达不到阶段性的招商目标，就应该检查哪个地方出了问题，及时补救，必要时还要修改现有的招商策略。

【优秀案例7-24】　某专业市场的项目招商目标制定

参考点评：该案例把招商分成三个阶段，并制定了每个阶段要完成的任务。该案例的亮点在于写出了通过怎样的方法可以达到目标，值得参考借鉴。

达成目标是按照商业项目招商的程序安排制定的最低限度招商进展要求。实际招商过程中，必须超额或提前完成此目标，否则将影响整个招商的成功。

(1) 2007年2月18日~2007年5月1日第一阶段完成招商任务的20%。

此阶段主要操作方案是通过项目广告宣传及内部预登记商户，进行提炼筛选，采用电话及DM营销方式。从商业项目对投资者的吸引程度分析，达成此目标较有保障，之所以设定20%任务的目标，是为了保证项目招商质量，只假设登记客户中存在低于20%的商户是达到我们招商标准的。

(2) 2007年5月1日~2007年8月1日第二阶段完成招商任务的30%。

此阶段进入招商成熟期，由于前期招入商户的口碑相传作用，会吸引同行或相关联的商户进驻；另外第一阶段的电话、DM营销的滞后反应将在此阶段收效；同时外埠招商赴当地设点的大规模展开；以及国际招商部分预计于此阶段到达见效最明显阶段；以上四方面支持本阶段完成30%的任务指标。

(3) 2007年8月1日~2007年11月1日第三阶段完成招商任务的50%。

此阶段由于建筑主体已出地面，结构达到封顶前阶段，商户对项目的信任度大大加强；招商比例中设计50%的生产型商户（厂商及隶属厂商营销机构），40%的产品代理商及经销商，10%的普通经营商户，前两阶段主要针对对象为比例设计中的前50%，此阶段由于接纳其余50%类型商户，标准降低，招商难度相应减小；通过招商进展顺利、商户踊跃等方面的事件公关活动，对剩余招商起到催化作用；恰当的时机运用精品商铺拍卖会的形式，用夺标宣传刺激招商的最后阶段工作；完成最后阶段任务是具有一定可行性的。

5. 项目招商原则确定

对专业市场来说，并不是所有的客户都可以进入到市场。专业市场应根据本项目的各种定位，设立招商门槛，并制定相关的招商原则。专业市场的一般招商原则是：先大户、后小户，先品牌商户、后一般商户的原则。

6. 项目招商对象确定

确定了项目的招商原则后，应根据这些原则确定本专业市场的招商对象，做到有目标地招商。

【优秀案例7-25】　某汽车专业市场的项目招商对象确定

参考点评：该案例值得参考借鉴的地方在于其先确定了本项目的招商对象。并明确了各类对象所占的比例，还对本市的重点招商对象有明确的规定。

招商对象：畅销品牌、知名品牌及企业为主，大众化品牌为辅。

具体为：

(1) 保证国际、国内知名品牌不少于5%。

(2) 精选组合好的畅销品牌不少于65%。

(3) 安排好主动上门的大众化品牌。

同时，根据项目定位和市场的需要，率先在本市各成熟市场有选择地开展招商工作，重点招商对象如下所示：

(1) 拥有知名品牌的代理商及生产企业；

(2) 认同本项目经营理念的新型企业，包括代理商及生产企业；

(3) 具有市场拓展能力的代理商及生产企业；

(4) 经营诚信、实力雄厚的代理商及生产企业。

【优秀案例7-26】　某水产品专业市场的项目招商对象确定

参考点评：该案例不仅写到了招商对象，还写到了招商范围、方式和其他建议，有一定的参考价值。

(1) 招商对象：经营水产品批发、海鲜餐饮、旅游产品、渔具渔需用品的业户和大的经营业户乃至有意投资的大财团；

(2) 招商范围：全国沿海省份，本省内各城市，本市及周边县区；

(3) 招商方式：在上述地区相关的经营场所发放宣传单，重点大客户当面洽谈；在本市召开招商大会，宣布招商优惠政策，吸引经营业户入驻，迅速启动市场。

(4) 其他建议：为带动市场的快速形成，市场经营管理公司可率先选择优越位置开店经营，营造市场气氛，等招商结束，市场形成后，根据实际情况继续经营或对外承包。

7. 项目招商策略制定

招商策略的制定，可以有多种方式，分别如下：

(1) 按不同的身份制定不同的招商策略

由于招商对象身份和定位的不同，针对其的招商策略、招商方法和优惠政策也有所不同，如某小商品专业市场的项目招商策略制定：

1) 大户、品牌户招商主要采用直复式营销模式：

目标客户收集——准客户确定——销售顾问拜访——进行项目推介——现场看房——合作洽谈——达成合作意向（未合作处理）——签定合作合同书。

2) 散户招商采用常规推广模式：

目标客户确定——派发招商手册和宣传页——确定准客户——准客户回访——达成合作意向（未合作处理）——进行商户资格审查——与合格商户签定租赁合同。

(2) 按不同的区域制定不同的招商策略

由于专业市场辐射范围大，故专业市场的招商除了要考虑本省的招商外，还要考虑外地的招商。由于本地和外地都有其各自的特点，故应分别对其制定不同的招商策略。如某珠宝专业市场的外埠招商策略制定：

外埠招商以产业基地城市为主要目标。以下为招商（及广告辐射）目标城市：深圳、浙江义乌、云南等产业基地、汕头无语珠宝、法国法华工商联合会、新亚投资、厦门漆线雕有限公司、南非冯泉钻石有限公司、比利时扬氏钻石有限公司、韩国金东燮矿石珠宝研究所、俄罗斯钻石集团、缅甸珠宝协会、日本crossfor co.，ltd. 等国际国内知名厂商和投资公司，新疆和田玉、青海昆仑玉、缅甸翡翠、辽宁岫玉、辽宁阜新玛瑙、山东蓝宝石、江苏水晶、浙江珍珠等珠宝玉石原产地。

除此之外，考虑到全国各经济区域中心城市的辐射作用，在以上城市有针对性的招商计划以外，同时包含对典型中心城市的招商工作安排。主要有：天津、武汉、成都、重庆、杭州、南京、济南、沈阳、大连、福州、厦门、郑州和长沙。

国际招商部分通过中国工商联、贸促会的协助联合各国驻华使馆商务参赞、外商驻华机构、有关外资企业及行业协会。主要针对的地区及国家有：中国香港、中国台湾、韩国、日本、美国、德国、法国、意大利、英国、澳大利亚等。

在初期由公司自行进行外埠招商工作，每月总结。同时委托代理公司做招商计划，1~2个总结期之后，若在外埠自行招商进展欠理想的情况下，全面考虑将外埠、国际部分招商进行委托，同时公司的招商计划继续进行。

(3) 按不同的楼层制定不同的招商策略

对于层数多的专业市场来说，不同楼层的人流量差别比较明显，所以不同楼层的招商难度也不一样，有必要针对不同的楼层制定不同的招商策略，如某二手专业市场的首层招商策略制定：

策略构思：考虑到首层的招商面积不大，不建议投入较多资源进行宣传推广，建议将项目的整体建筑进行形象包装，结合宣传单张的派发。

形象包装：对项目的整体立面进行广告包装，以期达到亮点市场，吸引目标客户的关注。

宣传手段：以单张派发为主，针对目标客源的经营场所进行地毯式派发，提高目标客户的信息到达率。

(4) 按不同的业态制定不同的招商策略

若专业市场层数不多，但占地面积很广，且业态规划比较好，可以根据不同的业态制定不同的招商策略。

【优秀案例7-27】 某婚纱摄影专业市场的招商策略制定

参考点评：该案例的亮点在于其不仅指出了哪些业态先招商，哪些业态后招商，而且还分析了这种策略的优点。

根据整个行业的特点和各个细分种类的不同特点，结合市场的工作进程，制定本项目的招商策略为：先照相机后婚纱用品，先外地后内地。在方法上实行欲擒故纵。

1) 招商工作从行业来讲先难后易：先照相机、摄像机、照相机配件、数码产品，后影楼耗材、婚纱礼服等等。从进场先后来讲可能会是先婚纱礼服、影楼耗材，后照相机、数码产品等等。因为照相机类产品的经销商思想保守谨慎，招商难度最大，需要相当长时间，在他们考虑的过程中给予了公司充足的招商准备时间，根据市场反应决定下一步的行动，可以避免大的招商经营风险。而且提前招商照相机可以在市场经营布局中优先考虑照相机经营户的档位安排，在对外形象和客户感觉会很好，有利整个市场的发展。即便照相机厂商最终没有全部进场，预留给照相机的较好档位也可以以较好的价格出租，获得较大的经济收益。

2) 招商工作从地域来讲先外地后内地：先在外地厂家、外地专业市场招商，后本市厂商、最后是本市的专业市场。

招商信息的发布首先从知名厂家开始个别访谈，然后他们通过人际交流传播市场的招商信息，不仅可以树立市场的定位，也为二期营造奇货可居的氛围。大批广告投放要等到招商基本尾声时进行，促使观望商户签约，而且此时的广告效应起到了相当大的市场宣传效果。

(5) 按不同的阶段制定不同的招商策略

不同的招商阶段都有其不同的特点，应根据其特点制定不同的招商策略。如某手机专业市场的后阶段招商策略制定：

目的：以目标客户群体为核心，以集中爆破式签约完成首层招商。

策略：举行“珠江同乐夜暨××手机城招商推介会”。

邀约客户：已登记的意向客户以及在宣传推广时登记的客户。

形式：与珠江日夜游联系，租用游船进行推介会活动，在与邀约客户进行珠江游的同时进行项目推介，并结合××广场的利好前景，以及亲身在游船上观看项目的立面形象，在客户之间建立良好的印象，并促进客户现场签约定租。

宣传：以单张宣传为主，针对××旧货市场的商户进行渗透式派单。向之前已登记的客户或派单时进行登记的商户（档主）派发活动邀请券（每张券2~3人为单位），活动前再打电话给客户落实参加。

除了以上所提到的招商策略外，还有其他很多的招商策略，策划人员在制定招商策略时可以多采用成语或典故。

【优秀案例7-28】　某古玩专业市场的招商策略制定

参考点评：该案例是一个招商策略写得非常好的案例，它先写出了招商策略的总思路，然后再对四个策略进行详细的分析。而且这四个策略所涵盖的内容也很全面，有项目自身的软硬件完善，有行业的细分，有招商的行业，有主要招商区域，也有紧跟政策导向。这些都是非常值得我们参考借鉴的。

招商策略思路：四大策略，四大步骤；汇集南北商家，建立古玩王国。

四大策略：

1）完善本项目软硬件及经商环境，让商家主动进驻，即“筑巢引凤”；

2）通过商家的关系，将商家业界朋友拉进来，即“以商带商”；

3）用贸易带动南北古玩商，即“以贸带商”；

4）对古玩市场在功能规划有针对性的行业细分，寻找新的边沿商家，即“细分行业市场招商”。

四大步骤：

1）筑巢引凤，让商家主动进驻；

2）细分行业市场，寻找新商家；

3）攻陷珠海、石岐，借力城市影响力；

4）引进来走出去，外拓港澳市场。

（1）招商策略一：筑巢引凤。

1）夯实基础，步步为营：

本镇的古旧家具交易市场是自发形成的，已经存在了近20年，云集了大批的商家，也引来了众多的客户。本项目位于市场范围内，要充分利用自己的地理位置优势、规模优势，吸引这些商家进驻。同时从实质性的软硬件上充分体现，如银行、物流、广告、安管等，表现出要将古玩行业做强做大的决心，同时加强招商把关，在招商上错开××市场低档次的定位，做出特色。

2）逐渐完善各种机制，梳理市场渠道：

按照“营商攻略”，将广告渠道、顾客渠道、商家渠道和城市渠道进行系统实施，特别是广告渠道，通过系统的软文报道，使本项目对外承载力转移的城市、网站，让商家主动进驻。

3）合理利用活动，敏锐捕捉社会热点，进行借力打力：

如利用这次“震惊世界的东南亚海啸”事件，举办“慈善拍卖会”将会起到事半功倍的效果。

(2) 招商策略二：细分行业市场，边缘行业为招商新方向。

1) 说明：

a. 一期招商从操作上覆盖面很广，但是实质性进驻商家还是以本市为主，或者是在本市有业务联系的商家，比例占到80%以上，虽然在全国各地的古玩城、各地的古旧家具市场进行了大范围的招商，但是效果并不理想。

b. 实际进入商家9成以上以古典家具为主，主要是仿古家具。

c. 仿古家具及装饰品必定会围绕在“古玩的光环内”，而且目的比较明显，就是借助本项目商业渠道拓宽市场。

2) 操作：

a. 针对古玩行业进行细分，如：古币、邮票、钱币、青铜、雕塑等，凡是有“艺术影子”的行业都可以适当引进；

b. 对装饰品类，涉及仿古或有艺术意识的行业可适当引进。

(3) 招商策略三：主推珠海、中山两个城市。

1) 说明：城市是综合政治、经济、文化为一体的载体，有巨大的辐射和沉淀功效。古玩，是上层建筑标榜荣耀与身份的象征，也是文化素养、经济实力到达一定程度的表现，用城市和古玩相互嫁接，将是本项目下阶段市场突破的重点。

2) 选取：珠海为主，中山为辅。珠海毗邻澳门，环境优美，是一座国际级的旅游城市，众多的港、澳、台、韩等国际人士云集于此，许多国际友人也留连忘返。通过本项目营商环境的打造，配合媒体的强势宣传，吸引珠海的商家和买家对本项目的关注。中山是孙中山先生的故乡，有8万多侨胞，海外影响力巨大。×鹤、×陇自发形成的古旧家具市场已经享誉世界，×涌、×芙等聚集了许多的家具企业，要继续挖掘中山的商家，使本项目真正成为中山市古旧家具、古玩行业的龙头老大。

3) 操作：

a. 主流平面媒体：《××特区报》、《××日报》，走连续软文报道宝贝形式。

b. 重点位置广告位：

a) 珠海：九州港、拱北、九州城；

b) 中山：中山港、步行街、大信新都汇。

(4) 招商策略四：政策引导，外拓港澳商家。

1) 香港专营古玩的古玩街，是香港目前古玩比较集中的地方，适时到该区域招商相信会吸引港人到本项目置业或者经营；

2) 利用本项目已有澳门商家的行业或社会影响力，对澳门的古玩商家进行招商。

【优秀案例7-29】 某家居装饰专业市场的项目招商策略制定

参考点评：该案例的亮点在于其对不同身份的商家，采取不同的招商策略。除了这种差异化策略外，还可以采取铺面不同，策略不同的方式，或者是商品种类不同，策略不同的方式。

1) 对于普通承租商家：

每次签定租约期为2年，首次租赁应交纳三个月租金及三个月的押金，交满三个季度即第四季度给减免租金优惠。

2) 对于有一定影响力的品牌商家：

在以上政策的基础上，可享受更为优惠的措施，可免一年市场管理费，或免头三个月的租金，或后三个月租金减半等，以此尽量吸引其品牌进驻市场经营。

3）对于整层楼层承租大商家：

每次签定租期为3年，首次应交纳一年押金，免一年租金，第二年租金为当时市场租金的2/3，第三年租金为当时市场租金的4/5。免一年的物业管理费、市场管理费和宣传费。

【优秀案例7-30】　某手工艺品专业市场的项目招商策略制定

参考点评：该案例的亮点在于其将客户分成三类，其中两类是允许进入本市场的，一类是要通过销控加以排除的。该案例分别对前两类客户制定不同的招商方式，这种面对不同等级的客户群，采取不同的招商方式是值得参考的。

（1）根据客户的实际情况不同，初步将客户分为A、B、C三类：

1）A类，即为标准的目标客户，在当地有一定的影响力和发展潜力的客户，他的入驻将带动下一步的招商工作，促进项目未来的经营收益。

2）B类，即为潜力客户，具有一定的发展潜力或实力，对下一步招商以及经营工作促进作用的一般客户。

3）C类，需要过滤出局的客户，该类客户可能由于企业实力、信誉等方面问题未能达到我方的招商标准，对今后的经营效益无促进意义的客户。

（2）面对不同等级的客户群，应采取不同的招商方式。为了提升整体客户层的质量，保证项目未来的经营效益，总体招商原则为：

1）首选A类客户，次选B类客户，坚决排除C类客户。

2）对于A、B类客户，均可采取正式的拜访流程操作。函访、电访、预约拜访沟通、邀请参观并在这环节锁定客户。对于两类客户在操作手法上可以区别对待。

3）A类客户的拜访：在项目正式公开前，开始前期接洽、函访，使之在第一时间了解项目概况；在正式公开后，在强大的媒体攻势之时，及时电访或与其主要负责人预约见面沟通，了解其需求及投资意向；最后组织统一的参观、来访，并在这一过程中签约、锁定客户。通过A类客户购房协议的早期签定，树立良好的产品形象与口碑。总之使其在项目前期了解产品，并可以在商场中选择优势位置。当然，在同一区域可能并列存在几家A类客户，其拜访顺序、签约次序可按照由易到难的原则进行。

4）B类客户的拜访：根据前期与A类客户的接洽情况，以及意向情况，在正式公开之后，采取接待或有选择性的拜访接洽，增加去化。

5）C类客户主要通过完善的销控机制配合协会控制机制加以排除、筛选。

8. 项目招商时间安排

在制定了项目招商策略后，接下来就要确定招商的时间安排，根据专业市场的特点，可将招商时间分成2~5个阶段。

【优秀案例7-31】　某古玩专业市场的项目招商时间安排

参考点评：该案例把招商分成三个阶段，还明确了各个阶段的人力编排、招商范围、招商目标和招商手段及政策，有一定的参考价值。

（1）第一阶段：

1）时间：2004年6月29以前；

2）人力编排：以经理为主，外加5名招商人员；

3）招商范围：本市；

4）招商目标：×成、××画苑、×利、××古玩、21世纪×家、×艺、×瓷轩等商家；

5）招商手段及政策：

a. 工具：楼书；

b. 政策：租金15元/平方米，免租三个月；

c. 活动支持：奠基典礼，××首届古文化艺术节。

（2）第二阶段：

1）时间：2004年7月1日~2004年11月13日；

2）人力编排：以副总牵头，外加12个招商人员；

3）招商范围：以珠三角为中心，最远至浙江、北京；

4）招商目标：×华居、×堂、×苑、×古轩、×观林、×宜轩；

5）招商手段及策略：

a. 工具：楼书；

b. 政策：租金15元/平方米，免租3~6个月；

c. 活动支持：古研会。

（3）第三阶段：

1）时间：开园营业后；

2）人力编排：以副总为首，共13人；

3）招商目标：广州古玩小商家；

4）招商政策：免租，押金500元，水电商家自负（原定2000元/半年）。

9. 项目招商工作安排

这部分的工作安排与前面的时间安排有点相似，项目招商工作安排也会涉及到招商的各个时间段，但这部分的重点在于对各阶段工作的安排。

【优秀案例7-32】 某小商品专业市场的项目招商工作安排

参考点评：该案例的亮点在于明确了阶段性的工作内容和工作重点，并用表格的形式对营销筹备期的工作进度进行了监控，既清晰地表达了各项工作内容，也能对工作进度进行监控，非常有参考价值。

（1）营销筹备阶段（9月8日~9月20日）

1）阶段性工作重点：

a. 行销前期的准备工作；

b. 招商工作部分展开；

c. 销售推广跟进。

2）阶段性工作内容：

a. 本方案审议通过，并展开执行；

b. 我公司房地产营销公司人员到位，进行项目销售房源和目标客户的交接；

c. 销售人员到位，进行工作分工和现场培训、市场摸底；

d. 售楼员展开现场接待和大客户摸底，部分招商展开；

e. 项目包装、售楼中心包装工作展开；

f. 宣传物料创意、设计和印刷，包括海报、宣传单、招商手册、楼书、销售手册；

g. 户外广告创意、设计和制作，包括现有广告牌画面的更新，楼顶广告牌的制作和楼面巨幅的悬挂；

h. 影视广告创意、制作，包括30秒形象广告和专题片；

i. 配合商户的装修和市场入驻。

3）营销筹备期工作进度监控表

作业项目	完成时间	责任人
本营销执行方案审议通过	9月10日	
本营销执行方案展开执行	9月10日~10月30日	
项目销售房源交接	9月10日	
项目目标客户交接	9月10日	
销售人员分工、市场摸底	9月10日	
销售人员现场培训	9月10日~9月12日	
售楼员展开现场接待	9月10日以后	
招商工作展开	9月10日以后	
招商手册（四折页）创意、设计、印刷	9月16日	
海报（三期）、宣传单创意、设计、印刷	9月18日	
楼书创意、设计、印刷	9月25日	
售楼中心门头和门头广告牌；项目形象主背板；项目推介展板；POP挂旗创意、设计、制作	9月20日	
户外广告（广告牌、巨幅）创意、设计和制作	9月20日	
T型旗创意、设计、制作	9月20日	
工地围墙广告创意、设计、制作	9月20日	
彩带、布标、空飘设计、制作	9月20日	
影视广告创意、制作	9月25日	
商户的装修和市场入驻	9月15日以后	
商业街商品分区功能牌、导视牌、大卖场店面和门头创意、设计、制作	9月25日	
商业街内外街户外广告位、商业招牌创意、设计、制作	9月25日	

（2）市场招商阶段（9月20日~10月10日）

本阶段策略目标在于充分利用项目竣工的有利时机，进行宣传推广，配合公关活动和新闻炒作，促进销售；同期进行大规模的招商推广，使市场招商率达到40%以上。

（3）开业筹备阶段（10月10日~10月15日）

本阶段销售工作基本完成，主要进入阻力盘清理阶段，因此重点工作也将从销售转入经营，委托专业的商业物业公司进行物业管理，并配合开业前的筹备及炒作工作成为我们营销的重点。阻力盘的销售借助经营炒作，以自然销售为主。

10. 项目招商流程确定

事先确定专业市场的招商流程，有利于项目招商工作能有条不紊的开展。

【优秀案例7-33】　某建材专业市场的项目招商流程确定

参考点评：该案例的特点在于用箭头表示项目的招商流程，清晰明了。亮点在于其明确了每个流程由哪些部门负责，做到责任明确。

市场调研和目标客户分析（招商部）——客户信息归档完善、招商资料准备就绪（招商部）——目标客户开发，拜访、接洽（招商主管）——客户分类、确定重点客户（招商部）——填写招商意向表（招商部、客户）——客户资格考察、评估核准（招商部）——确定合作对象、签定招商意向书、交纳定金（招商部、财务部、客户）——与客户沟通、谈判、方案修改与认可（招商主管、对口部门）——招商协议正式签定（招商部、总经理室、客户）——提供装修方案及电脑效果图（客户）——提供租赁面积认定书、租赁许可证和装修入场证（总经理室、物业中心）——进行装修、备货、上柜、营业（客户）。

【优秀案例7-34】　某纺织品专业市场的项目招商流程确定

参考点评：该案例是一个针对商户的有关租赁手续的案例，所以它与前面两个案例的不同之处在于它没有涉及到招商人员的幕后工作。该案例在写租赁程序时用方框加箭头的形式，比仅用箭头更美观。该案例的亮点在于它还明确了签订《认租书》和《租赁合同》时要提交的资料和费用。

（1）租赁程序

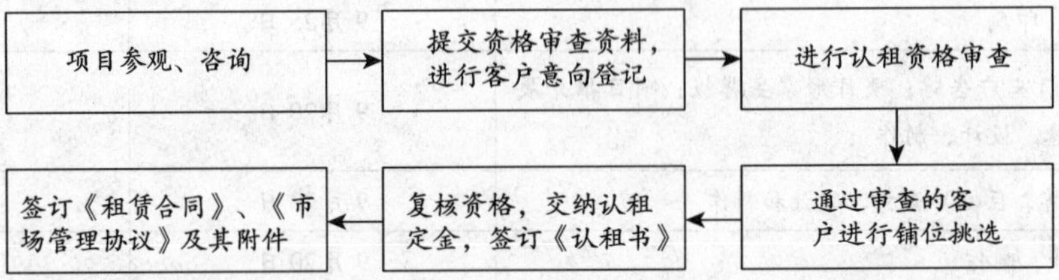

（2）签订《认租书》时须提交的资料和费用

通过本公司资格审查的客户应由法定代表人或者授权人亲自到场签订《认租书》，并提交以下资料：

1）营业执照副本及复印件（港澳台及境外企业提供公司注册证、商业登记证）；

2）法定代表人（负责人）身份证原件、复印件，经办人的身份证原件、复印件（港澳台人士则提供回乡证或通行证原件、复印件，境外人士提供护照原件、复印件）；

3）法定代表人（负责人）证明书及经办人授权委托书原件（需加盖公章或者经公证处公证）；

4）租赁、进场经营资格审查说明中要求提交的其他资格证明文件；

5）签订《认租书》时，每间首层商铺须交付认租定金现金人民币伍仟元整，其余各层每间商铺须交纳认租定金现金人民币叁仟元整。

（3）签订《租赁合同》时须提交的资料和费用

1）《认租书》原件；

2）认租定金收据；

3）三个月租金的租赁保证金及一个月租金；

4）按政府房地产租赁管理部门的规定双方缴纳房屋租赁登记费及印花税。

（4）租赁期限

1）租赁期限最低一年，最长五年；

2）租金每半年预付一次，即每半年的年末预付下一半年的租金。

11. 项目招商问题预测

事先预测招商时可能出现的问题，想好应对措施，防止当出现突发事件时不知所措，影响整个招商工作的进行。

【优秀案例 7－35】 某古玩专业市场的项目招商问题预测

参考点评：该案例是从招商费用、人力资源、招商政策、招商门槛、功能分区五个角度去预测招商中可能出现的问题，角度比较多，值得参考借鉴。

（1）费用失控，花费庞大：

客观评核要花的招商费用，估计也不下 400 万元，从以上商家来源看，8 成以上为本市地区。因此，我司认为可能因招商目标不明确而导致费用急剧膨胀，事倍功半。

（2）执行乏力，人力资源欠缺：

可能由于人力资源社会经验、能力等因素导致执行乏力，招商方案执行层层打折，结果不言而喻。

（3）政策不统一，商家要求一让再让：

招商政策朝令夕改，飘浮不定，可能让商家没有感觉到灵活性，反而感到很乱，得寸进尺。如免租方面，从 3 个月到 6 个月等，如此下去，商家有可能要求免租 12 个月。

（4）门槛把控不严，商家与买家关系没处理好：

招商过程的门槛没把握好，如处理业主自营的关系。可能出现与本项目定位不相符的情况。

（5）功能分区未到位：

如古典、古旧家具系列为主导，应将陶瓷、藤制品等划定到专门区域。

五、项目销售执行策划

专业市场销售执行中的很多工作都与招商执行差不多，只是在一些细节上有区别。

1. 项目销售前准备工作

在销售正式开始前，有很多准备工作要做，如各种宣传物料的准备，销售人员的培训等等，准备工作做得越足，越有利于销售工作的开展。下面是某汽配专业市场的项目销售前准备工作：

（1）铺位面积划分：4 月 16 日前完成

以建筑面积 10 平方米为划分单位，若使用率为 55%，则使用面积以 5.5 平方米为划分单位。

（2）楼书文案、设计：4 月 16 日～4 月 19 日，共 4 天

（3）5、6 号楼现场包装方案：4 月 20 日～4 月 22 日，共 3 天

包括空中围墙、永久性墙体广告位、休闲广场、条幅等的设计。

（4）销售系列法律文件：4 月 19 日前

《认购须知》、《临时定金凭据》、《付款方式》、《30% 一次性抵扣协议》、《委托经营管理协议》和各类《价格表》的制定、印刷。

（5）培训工作：4 月 18 日～4 月 30 日，共 13 天

包括《项目培训教材》、《销售百问》等文件的撰写、销售人员的培训。

（6）媒体投放工作

《××岛晚报》、《视听之友》、电视台、电台、短消息等媒体的投放计划、文案撰写、设计

等系列工作。

2. 项目销售现状分析

对于分期开发且前面已经有一期或几期进行销售的专业市场来说，在本期销售前要对前几期的销售现状进行分析，根据市场的反应来预测本期的销售情况。下面是某家具专业市场的项目销售现状分析：

（1）销售状况：一期商铺152套全部售磬！销售金额：5541.9万元。二期正火热登记中！

（2）资金回笼状况：①已经回收：4949.2万元；②首期款还差268万元；③银行按揭还差324万；④其中一次性付款业主43位，占28.1%，银行按揭业主67位，占71.9%。

3. 项目销售目标制定

确定阶段性的销售目标，有利于检查销售策略是否合适于本项目。当某个阶段达不到该阶段的销售目标时，应及时分析原因，有必要时对销售策略作出修改。

【优秀案例7－36】　某建材专业市场的项目销售目标制定

参考点评：由于该案例希望资金快点回笼来支持工程后期的建设，故其销售目标都是用销售额来表示。该案例的亮点在于明确了总销售目标后，还规定了各个阶段的销售目标，并且采用表格的形式，直观、明了。

（1）总目标：完成商铺销售3.2亿元，住宅销售0.6亿元的项目销售总任务及分阶段的销售指标，并根据工程建设需要，制定各阶段的销售计划，确保工程建设在各阶段的资金需求，力争销售产值最大化。

（2）分阶段目标：

单位：万元

时间 / 比例 / 物业	2004年6月28日～2004年7月28日	2004年7月28日～2004年10月28日	2004年10月28日～2005年4月28日	2005年4月28日～2005年7月28日
商铺	10000	11400	13200	3400
住宅		4200	1800	

4. 项目销售原则确定

不同的项目，它的销售原则也不相同。专业市场项目在销售执行之前，应根据自身的特点制定项目的销售原则。某纺织品专业市场的项目销售原则确定：

1）应坚持每类商铺进行市场细分，确定主要目标客户群及次要目标客户群的销售原则。

2）应坚持各种品质的商铺、铺位合理匹配，优化组合对外推出的销售原则。

5. 项目销售时间安排

制定专业市场销售的工作计划，使每项工作都尽量按部就班地进行，尽量减少意外事件发生的几率。

【优秀案例7－37】　某建材专业市场的项目销售时间安排

参考点评：该案例用表格的形式写出了项目各个时间段的工作安排，既清晰又明了。同时，还写出了每项工作的具体操作，值得参考借鉴。

时间	工作内容	具体操作
2004年5月31日~2004年6月21日	项目蓄势期，向客户传达信息，告知下一步营销计划	对客户进行日常接待，宣传已制定的下一步计划，储备客源，实行项目的直销阶段
2004年6月22日	项目正式亮相，同时进行一、二楼的正式派筹	向所储备客源及来访客户正式发放一、二楼派筹券
2004年6月23日~2004年6月25日	持续性派筹	继续发放一、二楼派筹券
2004年6月26日~2004年7月10日	做三、四楼派筹蓄势，以及集团客户的谈判	日常客户的接待，向客户介绍即将进行的三、四楼派筹活动
2004年7月11日~2004年7月18日	一、二楼集中认购日	通知已排号的一、二楼客户进行认购
2004年7月19日~2004年7月23日	持续一、二楼的认购，完成三、四楼的派筹蓄势	向其他散客户进行一、二楼的持续认购，并完成所储备的三、四楼派筹客户的通知
2004年7月24日	三、四楼的集中派筹	进行三、四楼的集中派筹及散客户的接待
2004年7月25日~2004年7月28日	三、四楼的正式认购及散客认购	进行三、四楼的认购及散客户的认购
2004年7月29日	正式合同签定日	同已进行认购的客户签定正式合同

6. 项目销售策略制定

策划人员应根据专业市场的不同销售阶段制定不同的销售策略。同时，策略的内容应根据专业市场本身的特征来定。

【优秀案例7-38】　某手工艺品专业市场的项目销售策略制定

参考点评：该案例分别对蓄势期、公开期、炒作期、强销期、清盘期这五个时期制定了不同的销售策略，并详细地阐述了各个时期的具体操作。同时预测了通过这种销售策略，各时期能达到的销售量，值得参考。

本案为商业地产项目，建议切入市场后前期迅速推出产品卖点，进行大范围集中推广，迅速建立产品知名度，在一定阶段内形成市场热点。后续销售根据市场变动采取不同销售策略，配合各销售分期的主要销售计划顺利实现，寻求与市场的平衡点，达到整盘去化目的。

(1) 蓄势期

销售策略：此阶段运用优势房源锁控、VIP金卡销售两大策略，锁定并筛选客户。

项目动工之后，售楼处开始营建，建立案场销售网络和项目网站（和×阳招商馆建立链接，同时利用网站和国内同行建立链接，扩大宣传）。销售人员专案培训、考核结束，进场开展销售工作。同时项目进行第一次大规模集中宣传，发布项目形象广告，迅速扩大项目在市场中的受众面。通过对产品推广，树立产品在目标客户心目中的形象，在市场内制造项目炙手可热的形势。

利用VIP金卡策略，积累意向客户，每张卡卖1000元人民币，每张卡可预订一套房源，对意向客户进行登记，每套房源最多登记三组客户。客户持卡到签定购房合同时可享受一定的价格优惠和优先购买权。开通看房车，有计划组织市内人员看房。

针对目标客层开展直销营销推广，利用多种沟通方式与客户进行交流，把握意向客户。

在以上对目标客户的接待过程中，建立客户资料库，进一步展开分析研究，并且通过价格征询再进一步的调整定价、推广以及销售策略，更好的增加项目操作的把握。

后期对部分容易去化的优势房源进行锁控，根据推广期预约征询情况通知客户持卡前来选房，客户选定房源交纳50000元人民币作为权益认购金，签订《认购协议书》。至公开销售时期客户在接到通知后一周补足首付款，前期交纳权益认购金抵冲在首付款内，签订购房合同；过期视为客户自动放弃，房源另行销售且权益认购金不予退还。

预估推广两个月可以达到商铺20%预定，写字间10%以上登记。

(2) 公开期

销售策略：阶段性主力价策略、公开涨价策略、优势房源锁控策略

参加2005年××住交会，邀请政府领导和韩方代表高层进行开盘剪彩仪式和业主酒会活动，结合一系列广告推广及宣传造势，进一步扩大产品知名度和热销形象。利用公开涨价策略，加强前期客户对产品增值的认同，给观望客户施加心理压力，催化成交。此阶段有目的地选择部分优势房源进行锁控，达到均衡去化效果。结合产品规划，卖点的推广以及促销活动，营建第一次销售高峰为下阶段销售做准备。网站宣传及时更新，并且可以通过业主论坛把握客户，引导客户。此阶段项目的形象推广和品质树立应该已经被市场广泛接受。

此阶段另一工作重点就是稳定有序的进行前期认购客户的签约工作，争取尽快地回笼第一笔银行资金。

本阶段写字间客户经过4个月的客户积累，可以在后期广告宣传上进行品质推广和促销，下一阶段开始正式销售。

预估开盘后两个月可以达到商铺30%预定、20%签约，写字间30%登记。

(3) 炒作期

销售策略：价格销控策略、阶段性主力价策略。

此阶段预估到达春节期间，加上气候、消费心理等客观原因和主观行为，客户购买欲望会降低，因此本阶段主要工作是作产品卖点的深化与形象提升，对产品进行持续性、系列性宣传，在前期基础上把产品的形象潜移默化的传递到目标客户的消费意识中，实施“炒作”的过程，在下阶段客户购买欲望集中释放阶段达到“炒作”的目的，保证现阶段产品的快速去化。在炒作过程中可开展系列促销活动，打好公关牌，利用已成交客户直效销售扩大客源。

此阶段同时达到写字楼的公开期，利用前期的客户积累，尽快促使客户签约，以保证产品整体的市场热度和资金回笼。后期注重从商铺购买自用和租赁客户两方面发掘自用购买和投资购买写字楼用户，加快写字楼的销售进度。

本阶段会对价格进行一定的调整，用价格因素来掌控产品去化的方向，去化部分前期比较难去化房源，整合房源构架，至本阶段结束达到优化销售结构的目的。

预估商铺以及写字间销售可达到50%预定、40%签约。

(4) 强销期

销售策略：价格销控策略、阶段性主力价策略。

此阶段为整盘销售最重要阶段，客户所积累的消费欲望和房产新政影响下的市场都会在此阶段释放和反弹，销售工作应该高效利用前期炒作所营造的效应。产品销售力度加强，营造第二次销售高峰。把前期销控房源放开，在价格提升过程中，拉开优势房源和普通房源的价格，用价格因素来掌控产品去化的方向，尽快去化比较难去化的房源。此阶段销售至为重要，到本案第二个销售高峰，会安排系列性广告、促销活动以及参展活动，营造市场热点，利用已成交客户直效销售扩大客源。

预估商铺以及写字间销售可达到90%预定、85%签约。

(5) 清盘期

销售策略：阶段性主力价策略、团购策略、购房优惠策略

针对剩余房源引入团购策略，通过前期成交客户带动其身边的潜在客户，利用直效销售概念开展指向性销售。同时利用一定优惠策略吸引人气，以求最大化去化房源，带动前几个销售分期剩余房源去化速度。后期根据产品销售情况着重宣传产品招商进度、开发进度以及试营业等可以在客户心中形成具体感知的卖点。

预估商铺以及写字间销售可达到100%预定、95%签约。

7. 项目开盘策略制定

不管是对于专业市场还是其他商业地产来说，开盘都是非常重要的一件事。开盘开得好，专业市场的销售可以说已经成功了一半。

【优秀案例7-39】　某服装专业市场的项目开盘策略制定

参考点评：该案例的亮点在于其对各楼层开盘先后顺序的策划，并说明了采取这种开盘策略的好处，同时指出了当蓄水量达到1500人时，各楼层可以同时开盘，非常值得参考。

开盘：先开2层，服装档口，然后开1层百货档口，最后3层，交纳定金即押金2000元/每标准档口，一个人限2个，凭身份证登记交款。

如果开盘前，蓄水量达到足够情况下，即1500人，可同时开。如在1000人左右，则分批开，分批开的目的是通过短期的炒作包括炒摊和外部电视媒体，报纸软广的大幅炒作，使其短期价格提升，从而让观望者迅速下定决心，加入抢租中，电视和报纸软广的内容均为铺位热租，升值为卖点。在第二天，即报纸和电视热播完，立即开第一层（因趁热打铁），使1层租完，随后可紧接开第三层，第三层的开盘也可滞后2~3天，这样便于提升价位。在第三层的开盘前尤其需要报纸硬广宣传和软广的推广，这样可以使其在1周内，收定金阶段结束。

【优秀案例7-40】　某纺织品专业市场的开盘策略制定

参考点评：该案例在两个不同的城市同时开盘的策略非常新颖，特别适合以外地招商为主的专业市场。

南京温州两地同时开盘，互相压迫销售。

在两地同时销售，并及时互相通报最新销售动态，对另外一地的销售进行压迫，造成铺位很抢手的热销场面，加速其购买决心。通过上述开盘策略，达到提升项目档次和升值信心，引导项目在温招商销售的全过程。

在专业市场正式开盘之前，销售人员都会对有意向购买的客户进行登记，并收取一定的诚意金，这种行为叫做认筹。到了开盘那一天，已经交了诚意金的客户可优先选铺，这种行为叫做解筹。下面是某钟表专业市场开盘当天的解筹销售细案：

（1）解筹日期：

解筹日期目前初步定为5月28日。

（2）施工条件：

解筹时，项目施工应全面展开，施工场面应热烈、忙碌。

（3）内业条件：

解筹时，待发售的铺位已于前日全部意向确定，本公司和开发商相关业务领导已全部知晓并同意。

（4）解筹当日的操作执行（开盘仪式）：

1）售楼处门前采用架子管搭设选购客户通道。

2）早9：00开始，午12：00左右结束。

3）售楼处门前安排3~4名人员维持秩序，每次允许5~10人进入，周边安排5人维持秩序，其中1人手持扩音器组织人流并进行选购宣传。

4）售楼处内有人在大型销控表前做销控，另安排1人手持迈克，每成交一户即通报给销控，适时增加现场选购气氛。

5）以上是对解筹的安排，仅作简单描述，待内部认购期展开后，据实际认筹情况再做详细的解筹方案。

6）解筹后，应立即通过媒体向外公布，所有第一期推出的商铺已经全部售罄，徇众要求加推保留商铺，即日起接受登记。

7）认筹期的最后1~5天举行售楼处开张的签约仪式（开发商与本公司及物管公司签约），然后新闻媒体对外公布，正式拉开销售帷幕。

8. 项目销售现场工作流程

不管是专业市场还是其他商业地产，其销售现场的工作流程都是大同小异的，只是在一些小细节上有所不同而已。

【优秀案例7-41】　某数码专业市场的项目销售现场工作流程

参考点评：该案例采用表格的形式，虽没有流程图那么清晰明了，但采用表格的形式，可以反映出更多的内容，如该案例的“所需资料”。这种方式也值得采用。

阶段	事项	所需资料
参观咨询	参观、咨询	
（预约）	选定产品、付款方式、交付预约金、签预约单	预约人身份证
定购	选定铺位、付款方式、交付定金、签定单	定购人身份证
签约	根据约定的时间付首期、签购铺合同	定单、签约人身份证复印件、私章
贷款	和银行签定贷款合同，办理按揭手续	身份证、户口簿、首付款收据、收入证明、婚姻证明等客户资料

【优秀案例7-42】　某建材专业市场的项目销售现场工作流程

参考点评：该案例的亮点在于其写得很细致，很齐全，包括了销售接待的整体流程、排号流程、选房流程、退订流程和换房流程，同时每个流程都写得很细致，非常值得参考。

(1) 本项目销售接待流程（整体）

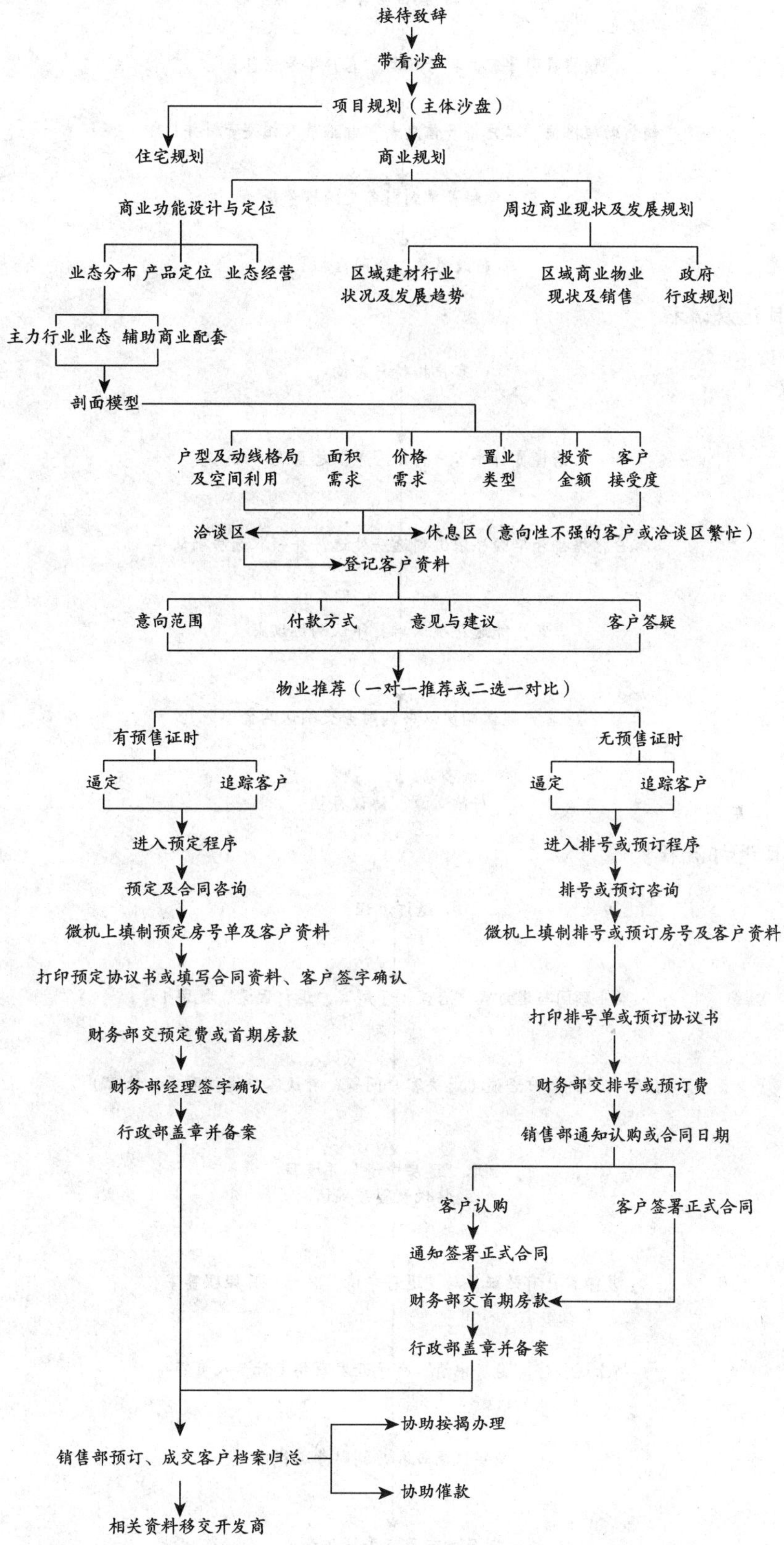

（2）本项目排号流程

客户接待与咨询

↓

销售员引导客户排号填写“客户排号信息表”

↓

销售助理根据“客户排号信息表”电脑录入相关资料并打印

↓

客户凭排号单到财务交纳排号费

↓

行政盖章、合同存档

（3）本项目选房流程

客户接待与咨询

↓

销售员引导客户将排号单汇总至选房处

↓

客户根据排号单顺序依次到选房处选房并领取选房确认单

↓

客户凭选房确认单打印认购协议书

↓

客户凭认购协议书到财务交纳认购金

↓

行政盖章、协议存档

（4）本项目退订流程

退订流程

↓

置业顾问与退订客户洽谈（了解客户退订因素，挽留）

↓

项目经理与退订客户洽谈（解决客户问题，确认客户退订因素，挽留）

↓

领取“退房申请”并填写
销售代表签字确认

↓

复印客户有效证件与“退房申请”交予项目经理签字

↓

携上述签字“退房申请”交予开发商指定批示人员签字

↓

销售代表带客户到财务退钱

↓

财务收回原有手续并存档

（5）本项目换房流程

置业顾问与换房客户洽谈（了解客户换房要求）

↓

确定所换房号，领取“换房申请”并填写（原则小换大，低换高）

↓

交经理签字确认

↓

带客户到财务电脑先做收银退单

↓

履行选房程序打印新选房定单

↓

带客户到财务退还原定房收据、财务部重开新定房收据

↓

行政部盖章、拿协议

六、项目优惠促销策划

这里的优惠促销活动与第六章的项目活动策划不同，第六章的活动其目的是通过活动来提升开发商和专业市场的知名度和美誉度，而这里的促销活动是通过让利的方式来促进专业市场的招商和销售。专业市场项目的优惠促销一般包括：打折、免租、减免相关税费和其他变相优惠。

1. 项目打折优惠

打折优惠是最常用的优惠促销之一，其目的是让购铺的客户多采用一次性付款和一年分期付款等方式，少采用按揭付款，最终达到快速回笼资金的目的。某家具专业市场的项目打折优惠如下：

（1）一次性付款，优惠5%～8%；

（2）一年分期付款，优惠3%～5%；

（3）银行按揭付款，优惠2%～4%；

（4）展销会期间，优惠8%～10%；

（5）业主二次购房，在首次购房者的优惠基础上再优惠1%。

某纺织品专业市场的项目打折优惠如下：

序号	优惠方式	优惠内容
1	付款方式	一次性付款的优惠幅度最高6%
2	集团购买	一次性购买五户以上可视为集团购买，给予优惠6%
3	选择购买	对购买较大面积商铺、产权市场或购买偏僻位置的客户给予4%优惠
4	特殊消费对象	重点客户、关系客户等给予优惠4%～5%
5	其他措施	展销会期间优惠促销价

2. 项目减免租金优惠

对于以租赁为主的专业市场来说，通过减免租金的方式，可以降低客户进入市场经营的门

槛，最终达到促销的目的。某农产品专业市场的项目减免租金优惠如下：

为便于招商和启动，第一年房租免房费，第二年、第三年均以优惠价格面向经营业户招商招租。可适当收取少量履约保证金（如5000元），约定经营业户后两年继续租赁。

【优秀案例7-43】　某小商品专业市场的项目减免租金优惠

参考点评：该案例的亮点在于其针对不同类型的客户，制定不同的免租年限，有一定的参考价值。

（1）大户：卖场面积在400平方米以上，带动市场人流作用显著，且对散户进驻具有较强感召力的，可一次性免租两年。

（2）品牌户：卖场面积在120~400平方米之间，对散户进驻具有较强感召力的，在一次性签订三年租赁合同时，免租两年。

（3）散户：卖场面积在120平方米以下，一次性签订租赁合同在两年以上时，免租一年。

【优秀案例7-44】　某纺织品专业市场的项目减免租金优惠

参考点评：该案例的亮点在于其在启动期内，采取优惠额逐渐减少的优惠方式，到了第三年就已经采用标准租金。这种优惠方式既可以让客户获得一定的优惠，又能保证开发商的利润空间，真正做到互惠互利。

三年市场启动期内租金优惠策略：根据我公司以往操作商业项目的经验，在中心的启动期，一般采取租金优惠策略，“放水养鱼”，降低利润，共同把中心做旺，达到“多方共赢”，在启动期过后达到中心的标准租金水平，优惠方式为：

第一年：免租；

第二年：标准租金9折（50元）；

第三年：标准租金。

就市场调查反馈信息来看，本市各类交易场所和专业市场招商也有免租的先例，如：××时装城免租一年、×国城免租六年，但可以征收管理费。因此，对于这样一个较大规模的主题项目来说，采取优惠租金的措施非常必要，根据实际情况制定合理的免租优惠策略。

3. 项目其他变相优惠

专业市场项目的其他变相优惠主要包括抽奖、送礼品、送仓库、送商务旅游考察、送抵扣券、抽奖送现金、送经营权、现金返还、送车等等。另外可以按照不同的销售时期，举行不同的优惠活动进行变相优惠促销来吸引买家。某水产品专业市场的项目其他变相优惠如下：

鉴于×利港距离东西城位置较远的实际情况，对于一次性购买300平方米商铺或400平方米市场摊位的业主，可以赠送一辆价值25000元左右的微型车。

又如某专业市场项目在排号期的其他变相优惠如下：

排号期（5月26日~6月14日）

1）活动主题：建材财富领地——××国际建汇中心盛情排号。

2）内容组织：

a. 盛情排号，来就有礼：

排号期间，所有排号者均有礼物派送，前50名排号者认购后获特别惊喜大礼；

所有排号者均派送消夏饮品，前50名排号者派送惊喜大礼包（商务通、精品火机、名牌钢笔）。

b. 幸运抽奖，（上海、广州）建材商务考察七日游：

所有排号集中幸运抽奖，抽出一、二、三、幸运奖若干名；

排号集中抽奖，抽出一等奖10名，参加本项目组织的商务考察7日游；二等奖20名，获取

2000元抵扣券；三等奖30名，1000元抵扣券；纪念奖若干，赠送消夏饮品。

c. 外场露演，精彩纷呈：

销售中心外场举行精彩露天演艺活动，吸引关注，营造氛围。

d. 助兴娱乐活动，获取意外大奖

所有排号者参与俄罗斯轮盘游戏，赢取现金。

3）现场要求：现场主题宣传品统一，具备优秀视觉效果；现场人员着装、形象统一；营造现场强烈人气气氛。（物料配备：横幅、彩旗、海报、展板、吊旗等）。

4）活动意义：旨在通过有奖刺激，激发排号热情，配合与之相关的建材商务考察活动，让有意向投资购买者切实感受到本项目受追捧气氛，从商务考察到投资细节给予投资者最好的服务和经营理念，进而激发其投资购买欲望。

七、项目租售执行物料准备

在专业市场营销执行前，要准备好各种各样的物料。这些物料主要分成以下几大类：开发商的各种营业证书、项目开发的各种批文、项目说明书、关于价格计算的各种物料、各种招商执行手册和各种协议、合同文本等等。

【优秀案例7-45】　某电脑城的项目租售执行物料准备

参考点评：该案例的特点在于其将各种资料文书分成了四大类，并且采用表格的形式来表示，既表达得很全面，又清晰，值得参考借鉴。

序号	资料分类	详细资料
1	批文	公司营业执照 国有土地使用证 建设用地规划许可证 建设工程规划许可证 建筑工程开工证 《房屋质量保证书》 商品房销售（预售）许可证
2	项目说明书	项目统一说词 项目平面图 交楼标准 选用建筑材料 物业管理内容
3	价格体系	价目表 付款方式 按揭办理办法 利率表 办理产权证有关程序及费用 入驻流程 入驻收费明细表 物业管理收费标准
4	合同文本	预定书（内部认购书） 销售合同标准文本 个人商品房抵押合同 个人商品房商业性借款合同 保险合同 公证书

【优秀案例 7-46】 某皮革专业市场的加盟代理招商手册

参考点评：该案例是项目开发公司邀请销售代理公司加盟的加盟招商手册。全册共分为十个部分，包括公司简介、加盟优势、项目优势、加盟条件、加盟支持、市场管理规定、奖金提成、效益分析、加盟方案和加盟流程，涵盖的内容很全面，值得参考借鉴。

（1）公司简介：（内容略）

（2）加盟优势：

1）系统化培训服务：

由专业的高级营销人员对客户心理、消费分析、市场走向、宣传口径等进行统一正规的培训。

2）全程协助营销策划：

在整个营销策划过程中，我们有专业的营销队伍协助您分析市场，制定最有效的营销方案。

3）专业化经营模式：

专业的营销模式，让您的销售队伍在营销过程中逐步走向成熟。

4）著名设计师经典设计：

从整个皮革商城的布局，到公司形象 CIS 设计，无不透露出大师典范。

5）保障加盟商合理利润：

严格遵守特约营销中心加盟协议书所规定事宜，按时结算佣金，有良好的信誉保证。

6）全程经营指导：

在营销中遇到的问题，都会有专业的营销人员帮您出谋划策。

（3）项目优势：（内容略）

（4）加盟条件：

1）具备独立的公司实体，有固定的经营场所。

2）具备房地产或相关经验，有良好的社会关系并熟悉当地房地产行情。

3）具有良好的团队合作精神。

4）有专业的形象，优质的服务。

5）愿参与跨地区性的投资，并有充足的营运资金。

6）有健全的房地产管理机制。

7）遵守关于加盟的各项规定。

8）持有中介商营业执照和相关的资质证书。

9）加盟商支付一定数量的加盟金，在签定特约营销中心加盟协议书后 15 天内，完成 5 套销售指标，并全额一次性付款，公司将返还加盟商 50% 加盟金。完成前 3 个月指定销售指标，返还其余 50% 加盟金。

（5）加盟支持：

1）广告支持

公司聘请了专业的广告代理商进行全面的品牌形象宣传。公司根据其年度销售指标额的 1% 进行广告费用返还并免费提供（部分收取成本）POP、吊旗、广告气球、宣传单、挂历、VIP 卡、喷哙、服务手册、产品画册、手提袋、定金合同范本、销售合同范本等。

2）形象支持

a. 提供 CIS 设计方案，公司统一为加盟商制作，以保证特约营销中心的形象统一和品牌形象统一。

b. 公司对特约营销中心销售人员进行统一着装设计并佩戴相应的标识卡，统一服务形象。

c. 公司配备完善的营销手册，对营销人员销售技巧、专业知识进行系统培训，配合品牌形象。

3）销售支持

价格支持：按公司规定的统一价格销售。加盟商的销售价格必须按公司统一建议的价格销售。

4）促销策划支持

公司派专业营销人员协助加盟商策划节假日的促销活动，并为特约营销中心宣传配备一些广告礼品，借以配合加盟商的促销活动，提高宣传影响力。

（6）市场管理规定：

1）严禁损害本公司利益及形象；

2）统一配备网络销售系统；

3）统一价格范围；

4）统一宣传口径；

5）特约营销中心宣传材料等统一制作；

6）支付一定数量的加盟金；

7）严格遵守特约营销中心加盟协议书中的各项规定；

8）及时为客户提供优质服务。

（7）奖金提成：（按区域划分）

奖金提成按区域划分，可分为省级、市级和区域级，奖金提成公式为：奖金提成 = A × C +（B − A）× C + D。其中 A 为代理销售价格；B 为实际销售价格；C 为佣金提成比例；D 为年度分红。代理销售价格、佣金提成比例和年度分红按代理区域级别不同而制定不同的方案。

（8）效益分析：（以省级特约营销中心为例）

1）投资预算

加盟金 18 万元。

2）启动基金

初期三个月启动期的人员工资：

a. 销售人员 5 人 ×1000 元/月 ×3 个月 =1.5 万元。

b. 打字录入员 1 人 ×800 元/月 ×3 个月 =0.3 万元。

c. 办公室人员 1 人 ×1000 元/月 ×3 个月 =0.3 万元。

d. 办公设备（电脑、传真机、办公家具、房租……）1.5 万元。

e. 当地第一年广告投入（印制宣传册、广告单、海报等）20 万元。

f. 总共投入 23.6 万元。

3）收入分析

a. 销售业务考虑到特约营销中心刚刚起步，采用较为保守的估计，假定平均每月达到 20 ~ 25 套的销售业绩，按平均 17 万元/套（市场均价）计算，每月约有 40 万 ~ 50 万元的毛收入。

年销售收入 =40 万元/月 ×10 月 =400 万元（年销售收入按 10 个月的工作期计算）。

b. 初期第一年总收入为 400 万元（不含前期费用）。

4）收支预算

第一年总投入 = 广告基金 + 人员工资 + 办公设备/5 年 + 当地广告投入 + 税收 + 水电 + 人员

奖金

a. 广告基金 =50 万元/年；

b. 人员工资 =10 万元/年；

c. 办公设备 =1.5 万元/5 年 =0.3 万元/年；

d. 当地广告投入 =20 万元/年；

e. 水电 =2000 元/月 ×10 月 =2 万元；

f. 税收 =47.5 万元/年 ×5% =2.4 万元/年；

g. 人员奖金 =20 万元/年。

第一年总投入 =50 万元 +10 万元 +0.3 万元 +20 万元 +2 万元 +2.4 万元 +20 万元 =104.7 万元；

第一年收支比：年销售收入 - 各项费用支出 =400 万元 -104.7 万元 =295.3 万元。

(9) 加盟方案

1) 申请阶段

a. 索引资料：

申请人先向公司营销中心总部或所属区域特约营销中心索取××皮革商城特约营销中心加盟申请表及相关资料。

b. 提供参考资料：

申请人在索取相关的资料后 7 天内向公司营销中心总部提供《市场分析报告》、《自然经营情况表》、《企划方案》。

2) 审批阶段

a. 初级评估阶段

公司营销中心总部对收到申请人提交的参考资料进行初级评估，2 天内回复申请加盟商，特约营销中心地点初步确定好后，公司营销中心总部派人去当地勘察，并于 3 天内报公司营销中心总部作最后评估（期限最长 20 天）。

b. 申请批准阶段

公司营销中心总部自收到上述资料 2 天内审核、确认。若条件符合即正式批准，签定特约营销中心加盟协议书，并统一制作相关的宣传材料等物品。

3) 开始销售阶段

a. 前期准备

公司营销中心总部自批准特约营销中心加盟 7 天内，将宣传材料寄出，县镇级售楼处可视情况由公司营销中心总部指定装修，加盟商按公司形象设计要求，并指定材料制作公司 VI，并安装统一的网络销售系统。

b. 销售准备

公司营销中心总部在正式销售前 7 天派专人到加盟商所在地对营销人员进行统一培训，统一宣传口径；

正式销售前 2 天由公司营销中心总部派人到现场协助工作。

c. 正式销售（略）

(10) 特约营销中心加盟流程

填写特约营销中心加盟申请表传真或发 Email 到公司总部；

双方进行意向交流；

加盟方将具体情况及可行性实施方案传真或Email到公司营销中心总部；

公司营销中心总部对加盟商进行评估或实地考察；

双方签定特约营销中心加盟协议书；

加盟商支付加盟金；

公司营销中心总部提供宣传必要的材料（如：POP、海报、宣传单、加盟招商手册等）；

员工培训，统一宣传口径；

开始销售。

招商手册与加盟代理招商手册的区别是招商手册主要是针对目标客户群的，而加盟代理招商手册主要是针对代理商的，面向的对象不同，其内容也不同。下面是某家居专业市场招商手册的目录：

（1）招商目的；（2）项目介绍；（3）功能定位；（4）项目优势；（5）平面效果图；（6）功能分区；（7）招商对象；（8）招商要求；（9）优惠政策；（10）合作方式；（11）招商流程。

在专业市场开始销售前，销售部要制作本项目的投资分析书，通过投资分析书中所体现的高投资回报率来吸引商家。

【优秀案例7－47】　某工业品专业市场项目的投资分析书

参考点评：该投资分析书用三楼商铺为例，通过一步一步的计算，很直观明显地给商家呈现出投资本项目所获得的利润空间有多大。该案例的亮点在于用表格的形式对现金流量进行分析，可以让商家清楚地看到投资本项目从哪一年起就可以收回投资，开始营利。

经济学家认为，最稳妥的投资是“不动产”，而最有价值的“不动产”是商铺，回报最高的则是“旺铺”。本项目位于××区×牌路黄金口岸。大市场、人商贸、人流通，可谓炙手可热商机无限。然而，本项目推出的宽松付款方式，可令每一位意欲跻身本项目的投资者轻松理财。

如：以三楼商铺为例

（1）面积：50平方米；

（2）售价：150000元；

按“交一缓二按七”付款方式购买，在签定购买合同时只需付10%，即15000元，交房时再付10%即15000元，交房后半年内再付10%，余下70%房款通过农行按揭支付，20年按揭每月支付银行的按揭约为735元。

（3）投资分析：

1）交房前投资款：15000×2＝30000元；

2）开业半年内投资：15000元；

3）每月支付银行按揭：735元，折合14.7元/平方米·月。

（4）回报分析：

根据市场调查，目前同区域同档次的市场租金在30～40元/平方米·月之间，而相对于租金的经营利润在40%～50%之间（即扣除租金后，还有相当于租金40%～50%的利润），我们市场租金的下限30元/平方米·月。取经营利润的下限40%，那么商铺的月户出值为30×（1＋40%）×50＝2100元，年产出值为25200元。

（5）流量分析：

项目 \ 时间	第1年	第2年	第3年	第4年	第5年	第6年	第7年	第8年
购房款（元）	-3000	-15000	0	0	0	0	0	0
按揭款（元）	-8820	-8820	-8820	-8820	-8820	-8820	-8820	-8820
年产出（元）	+6320	+25200	+25200	+25200	+25200	+25200	+25200	+25200
上年结转（元）	0	-32520	-31140	-14760	+1620	+18000	+34380	+50760
净流量（元）	32520	-31140	-14760	+1620	+18000	+34380	+50760	+67140

从上图可以看到，按照目前本区的平均经营下限水平，在本项目购买一个50平方米的商铺，最大投资只有32520元，而4年后就可以收回投资，开始稳步盈利。

（6）物超所值的双赢秘笈

以上测算是对商家投资经营本项目作出简略的投资分析，而更重要的意义在于提示其物超所值的双赢——投资3万余元，即可拥有一个价值约5倍的黄金口岸旺铺，它不仅为商家赚钱提供源源不断的商业支持，更将在发达新兴的××商业经济中带来丰厚的物业升值回报。

【优秀案例7-48】　某家居建材专业市场的项目开盘执行手册

参考点评：该案例的亮点是对开盘当天计划得很详细，不仅包括了开盘当天的整体流程、解筹流程和人员的分工安排，还对售楼部现场的布置进行了精心的规划，并用示意图表示出来，直观明了。

（1）现场整体流程执行

时间	内容
08:00	所有工作人员到位
08:30~09:00	各外部点接送车拉客人陆续至现场
09:00~09:30	来宾陆续签到、礼仪接待、投掷抽奖券
9:38	公开发售庆典正式开始
9:38~10:00	各领导人发言
10:00~10:18	主持人讲话宣布剪彩仪式开始，剪彩，同时鞭炮点响
10:20	选铺大会开始、组织内部认筹客户排队顺序，销售人员按号优先接待、销售经理统按号喊柜成交，当日非认筹客户购买选铺则排队等待认筹客户完毕再选铺
10:20~11:20	记者招待会及现场咨询
10:35~12:00	由销售经理主持第一轮抽奖活动，目标客户群针对现场所有来宾的大型抽奖活动，时间随现场气氛而定，尽量在嘉宾、领导、媒体在场时举行第一场抽奖
11:20	主持人宣布记者招待会结束、售楼资料及礼包派送
11:30~13:30	安排招待到场嘉宾、领导、媒体就餐
12:00~14:00	上午活动结束、午休时间；为愿意留在现场的认筹、购铺客户安排午餐
11:30~14:00	参加本项目招标会的来宾陆续到场、签到
14:00~14:30	现场销售人员派发资料、项目介绍

续表

时间	内容
14：30～14：50	专车接送招投标供应商管委材料科
16：00～16：30	由销售经理主持第二轮抽奖活动，目标客户群针对现场所有来宾，务求令整个现场销售活动达到高潮
18：00	安排接送车陆续接送到场嘉宾回去

（2）拟邀请主要领导名单

本市市政府：××市长

本市开发区管委会：××主任

开发区公安分局：×局长

本市建设局：××局长

本市计划局：××局长

本市土地局：×局长

（3）现场包装布置（图略）

（4）开盘当日售楼部现场布置

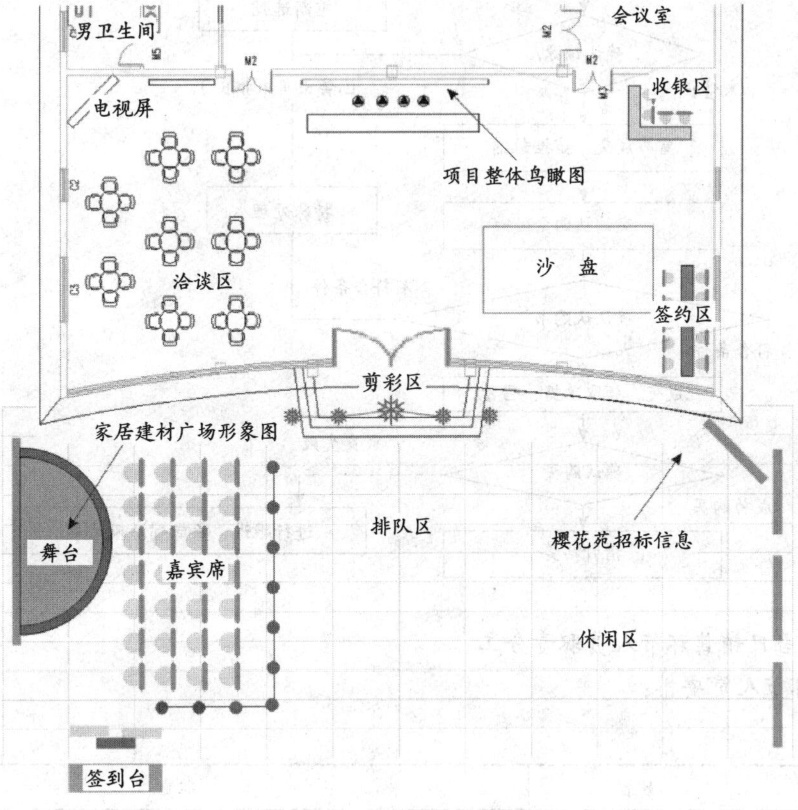

（5）外聘、协助单位人员安排（图略）

备注：第一轮抽奖开始时，如记者招待会在举行的话，则把抽奖区临时设在休闲区，待嘉宾、领导离场后，则把舞台设为抽奖台。

(6) 开盘当日解筹流程

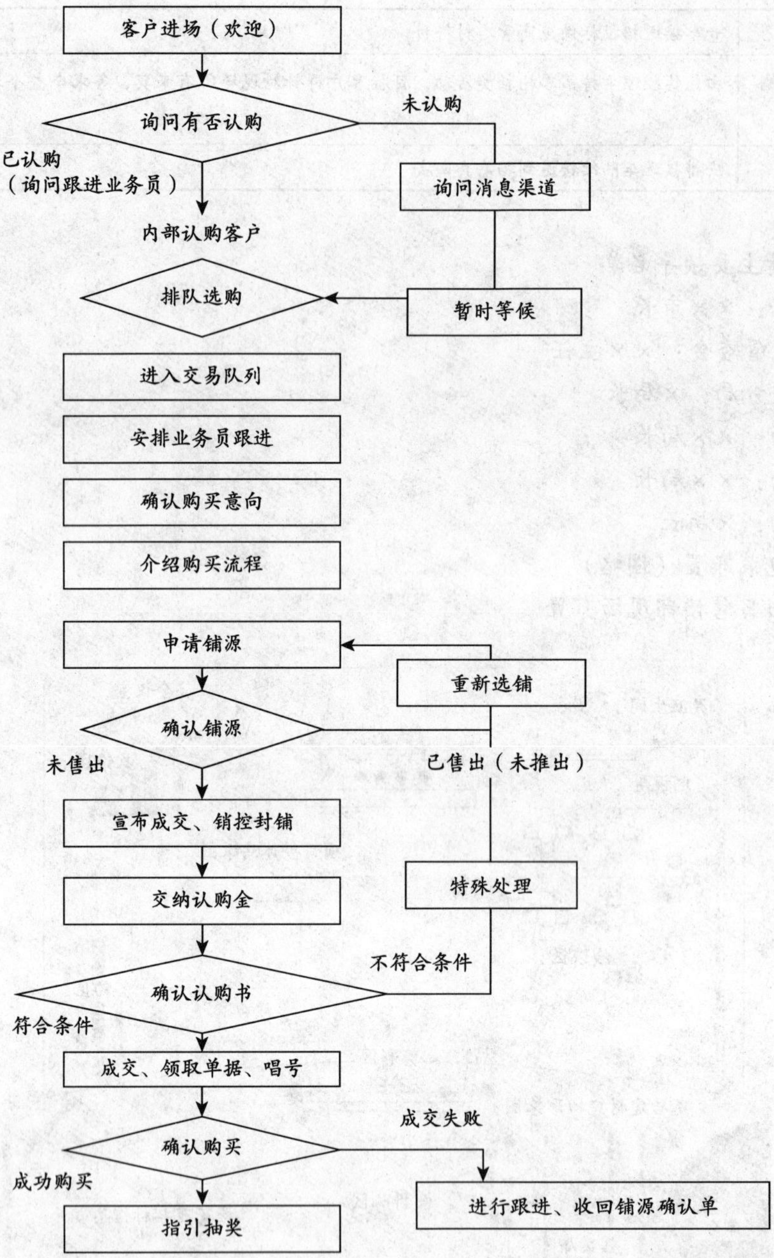

(7) 开盘当日销售环节人员职责分工:

1) 总控环节人员安排:

职能	姓名	职责
总协调		整个开盘活动总控及媒体接待
		开盘流程控制及领导接待
		开盘物料、礼仪、现场秩序维护组织

续表

职能	姓名	职责
		摄影
		保安、停车、餐饮
		本项目材料招标会
嘉宾签到		迎接领导到场，指引领导签名

2）销售环节人员安排

职能	姓名	职责
现场总控		现场调节、处理应急事件
主柜手		喊柜进行逼定、渲染现场气氛
副柜手		与销售代表沟通、与主柜手对接进行逼定
销控助理		协助主柜手查找销控、办理落定销控
销售代表		与客户洽谈下定单
销售助理		协助销售代表办理客户交款签约
签约手		为成交客户签定认购书
财务		办理收款、开付收据
保全（警察）		维持现场秩序
××协调人员		售楼部场外客户排队维持
抽奖人员		领奖人资料登记、奖品发放
嘉宾签到		迎接领导到场，指引领导签名

（8）本项目招标组工作流程和注意事项

时间要求	工作内容	责任人	注意事项
9.26前	电话客户邀请约100个客户，确定到达时间和集合地点，制作到会现场客户名录（实到人数）。		要求9月27日，上午9:00前集合到达工程部，提前说明当日返程自理。
9.26前	开盘销售执行手册以及现有本项目规划、户型、相关调研报告、统一说辞；复印本项目平面图、技术指标等资料200份。		本次招标客户到场，××已前期与客户达成默契，主要任务是烘托开盘现场气氛以及部分材料抵房客户签约，其次是初步招标事项洽谈和基础资料提供。
9.27前	租赁或借用25座以上客车两部（含司机），制作条幅两幅，条幅文字：国际家居建材广场济南订房团。		9月27日，车早8:30前到位售楼现场，本日全天专用，至送走客户（客户回程自理）。
9.27前	预定9月27日午餐酒店和9月27日下午13:30开发区管委会议室2个（2楼1个，7楼1个，可分别容纳约30人和70人）。其中30人会议室制作条幅一条，条幅文字：国际家居建材广场购房团签约仪式。		招待范围：已先期签定抵房合同的客户和施工单位领导以及大客户，9月26日前报行政部，就餐标准由公司确定；会议室使用时间约2~3小时。

续表

时间要求	工作内容	责任人	注意事项
9.27	10:00客户由车辆载送，陆续到达现场。客户到达现场后，到售楼处会议室（会议室需补充30把椅子）。待下批客户到达时，上批客户送至酒店就餐，最后在酒店集中，12:00就餐。		9:30前，客户可集中于工程部，10:00后陆续到达现场；注意：统一口径“济南订房团”，勿提材料抵房。 礼品发放范围：已先期签定抵房合同的客户和施工单位领导以及大客户，9月26日前报行政部主任；另9月27日上午，上述礼品集中售楼处一角。
9.27	下午13:30客户由车辆载送，陆续到达开发区管委会议室。客户主要分为两类，一类已先期签定抵房合同的客户，约30人，集中一会议室签定正式合同。另一类施工单位集中另一会议室。		客户签约责任人： 会议开始，×总全面介绍工程情况。 招标说明、资料收集汇总责任人：×××、×××。 签约现场资料拍摄：××等。
9.27	安排客户主流返程交通。		

八、项目租售执行费用估算

专业市场租售执行所产生的费用主要包括以下几个方面：装修费、固定资产投入、广告费、差旅费、办公费和其他费用。其中装修费是指对租售中心和样板商铺进行装修的投入。固定资产投入是指对租售中心的电梯、办公桌椅、电脑等的投入。广告费是指为了对本项目进行推广、宣传而投入到各种媒体中的费用总和。差旅费一般进行外地招商才有。办公费用包括工作人员的工资支出和各种办公耗材的支出。在营销执行费用中，广告的制作和投放所支付的费用占了大部分，所以在估算营销执行费用时，有必要对广告制作和投放的费用进行详细的估算。

【优秀案例7-49】　某婚纱摄影专业市场的项目租售执行费用估算

参考点评：该案例值得参考借鉴的地方在于其将各项费用分成了四大类，并对各项费用作了简单的说明，同时采用了表格的形式，思路清晰，表达简明，值得参考借鉴。

序号	类别	费用项目	说明	金额（元）
1	装修费和固定资产投入	地砖费用	5000×25	12.5万
2		吊顶费用	5000×25	12.5万
3		隔墙费用	5000×60	30万
4		楼梯改造	由马路直通二楼，二楼天井达三楼	13万
5		照明布线和电表	每户一表，配电房	12万
6		交换机及布线	100门	5万
7		门头店招	4m×4m，7个霓虹灯	5万
8		其他标牌	各个门，外墙	5000
9		办公桌椅、箱柜	保险柜、文件柜	8000
10		电脑设备、传真	含打印机扫描仪等	7000
11		收款机、验钞机		1万
		合计		102万

续表

序号	类别	费用项目	说明	金额（元）
1	广告费	报纸广告	商、华、晚、日，半版1次	12万
2		专业报刊	人、友、大各4次整版	12万
		门头店招维护	电费、维修	3万
3		其他DM广告	发、北、每期	1万
4		内部刊物	3期，各8000元含邮费	2.5万
5		讲演会	3期，半数名人	6万
6		活动赞助	摄协、影赛	2万
7		媒体关系协调	新闻、红包	1.5万
		合计		40万
1	差旅费	外地招商	2人20天，每天150元+车费	1万
2		省内县市影楼	2人15天，每天60元+车费	8000
3		客户招待	（略）	5000
4		公司考察	（略）	2.2万
5		其他差旅费	（略）	5000
		合计		4万
1	办公费	人员工资	9个月的工资	10万
2		通讯费	（略）	2.7万
3		办公耗材	（略）	1.3万
4		政府关系协调	（略）	5万
5		税金		
		合计		19万
	预备金			5万
	总计			160万

第八章　专业市场项目经营管理策划

专业市场建成后，开发商往往只销售一部分的商铺用于资金回笼，另一部分的商铺会自己持有经营或者是对已经出售的商铺实行统一的经营管理。经营管理是开发的延续，能使物业保值增值，并使商场人气不断上升。专业市场的经营管理不仅是指物业管理，而且还需采取各种营销手段，不断增强商业物业的吸引力，并根据市场环境变化不断调整经营策略，满足商圈消费者的需求。经营管理的主要内容包括：租户管理、营销管理和物业管理。竞争环境及消费者需求的变化都可能会导致商业物业租用率下降，甚至陷入经营困境，而良好的经营管理可以使商业物业不断地适应外界的变化，并不断增强自身的竞争力，从而使商业物业能够长期保持较高的租用率。

一、项目经营管理现状调查

在制定专业市场经营管理之前，先要对项目所在区域的专业市场的经营管理现状进行调查，做到取其精华，舍其糟粕，发现空白点，改善不足的地方，做到人无我有，人有我精。下面是某灯具专业市场的经营管理现状调查：

本市主要专业市场经营管理现状及特点：

(1) 功能分区模糊性

现有专业市场的功能分区不够明确，绝大多数都是杂乱无序。这对市场形象、物业管理带来很大问题。

(2) 市场规划滞后性

现有专业市场的规划，很多未具前瞻性目光。市场内道路规划、店铺格局、仓储方面出现了车无法通行、店内拥挤、仓储较远等问题。这类市场有被淘汰改造的趋势。

(3) 物业管理疏忽性

现有专业市场物业管理疏忽性比较普遍，市场中包装袋、泡沫饭盒、瓜皮果壳随处可见。一些方便客户和顾客的配套设施极度匮乏，公厕、休闲椅难觅踪迹，极大地影响了购物环境和市场形象。

(4) 自发市场的无序性

×经路地板门框市场、×山路机电五金市场、×阳路机电水暖市场这些颇具规模但自发形成的市场，虽然多年来已形成了一定的商业氛围和知名度，但受到临街条件的制约和城市规划的影响，加之自身经营管理的无序性，发展前景不容乐观。

对于一些之前已经开发有一期或几期的专业市场，应对其前几期已经进入经营的专业市场经营管理现状进行分析，找出不足的地方进行改进，为本期专业市场的经营管理提供借鉴。

【优秀案例8-1】 某古玩专业市场的经营管理现状调查

参考点评：该案例由于上一期开发的专业市场在经营管理方面出现了问题，所以应先对其进行调查分析，找出问题的所在。该案例先分析了专业市场的经营现状，然后再通过商家反馈的意见找出需要马上解决的问题，最后指出解决问题的方法。这种分析思路很清晰，值得我们参考借鉴。

现场商业氛围不浓厚，安保措施不到位。开发商向商家承诺的许多市场配套和功能不能兑现。开发商出现信任危机，两个月内必须扭转局面，否则将面临商家集体退场的危险。

（1）进驻商家经营状况：

1）商家新客源少，靠熟客来维持经营。

2）自开业进场以来现场客流量少，现场清冷。

3）经营内容上与××一带没有错开，商家经营的档次、规格以中低档次为主。

4）经营内容90%是古典、古旧家具，其他为陶瓷、铜雕和竹编及手工艺饰品等少量关联行业。

5）物业管理松散，安全措施急切需要改善。特别是安保系统不能满足商家经营需要。

（2）商家反馈意见

经过对本专业市场20几位核心商家进行一一拜访，反映出的问题惊人，主要有以下9种：

1）物业管理混乱，安全监管不严密。

保安是从社会上聘请，综合素质差；安全管理不严密等问题导致商家不敢将宝贝放在商铺里，从而影响本项目的深度和广度，底蕴不够。

2）现场商业氛围差，不许商家将货物摆出街。

建议划定区域范围，允许商家将档次高的产品摆在走廊。

3）活动组织不严密，针对性不强，每次活动都“虎头蛇尾”。

如“国宝展”，展览一天后就没了后文，第二天就冷冷清清。

4）广告宣传断断续续，没有连贯性，没有主流媒体。

每次推广都是以“新闻发布会”为题，导致广告宣传时断时续，珠海、中山的很多业内人士都不知道。

5）户外广告指引系统不清晰。

如××古玩城一带（有1块指引系统，但太高又小没作用）、××收费站等；

6）商家参与性不强，导致积极性、主动性受到影响。

如这次“旅游文化节”，到活动第二天才通知，很多商家都不知道，又是旺场不旺商。

7）推广无系统，缺乏明确策略。

每次综合推广都是“雷声大、雨点小”，这种现象等于“掩耳盗铃”，策略性不明确，逻辑不严密。

8）强调放大“××运营策划公司”，强调要“强化运营公司，弱化开发商”。

古玩行业的商家都是自认为很清高，既想赚钱又对钱好像看不起。但强调商业项目与古玩分离还是很必要的，将××运营策划公司分离出来，进行人力、财务独立核算和运作是正确的。

9）厚度不够，加强人为艺术建设，给本项目套上光环。

建议本项目加快建“蛇艺术馆”、百米“古典家具艺术长墙”和树立“鲁班铜像”，每年形成一次较大规模的朝拜仪式。

(3) 当务之急需解决四大矛盾：

从商家态度反映，若××在2个月内还没有什么值得他们有信心的动作，年后大部分商家将有退出的意念，纵观以上8大矛盾，核心问题最终还是"经营问题"，主要反映出四方矛盾关系链：

1)"已进商家"想群策群力做好××，但现实问题反映商家信心不足，如安全监管等，运营公司作用没发挥，导致与开发商发生第一层的矛盾；

2)"外围商家"在开发商大力招商下无动于衷，一直处于观望：已经进的商家都没生意做，又组织不了这些商家共同发展，还是先等等，条件成熟后再进去也不迟。这是外围商家观望与开发商招商的第二层矛盾；

3)"古玩、古典家具购买者"由于××没有"宝贝"，因此不来现场，即使到现场看到这种场面下次再也不来，这样一传"××没什么特别，不值得观赏和购买"，市场就显得更糟糕。这是××商家同买家之间的第三层矛盾；

4) 开发商招商与营商、进驻商家却在守望孤独、外围商家在观望、购买者觉得没艺术观赏性和购买不到好产品，四个矛盾交织在一起，谁是这个矛盾关系链的核心？最终的"解铃人"还是××运营策划公司！

二、项目经营模式的确定

专业市场项目的经营模式主要有两种，分别是产权式经营模式和自主经营模式。

产权式经营模式是指商业物业全部销售，所有权由投资者所有，投资者自主经营，或者独立招商，分散经营，物业管理公司只有最简单的物业管理职能，租金收益全部归投资者所有。这种经营模式的好处是开发商投资回收较快，风险较低，操作简单。但由于产权分散，不便后期的商业管理，缺乏长期收益最大化的能力。

自主经营模式又分为两种，一种是将物业部分产权销售给个人投资者，但由于专业商业管理公司负责统一管理，投资者自主经营或委托经营，并享受商业管理公司固定投资回报的一种销售模式。另一种是开发商预留部分商业物业，不出让产权，以引进核心主力商家带动零散商家进场经营，商业管理公司负责统一管理，实现租金收益与资产增值的一种经营模式。自主经营模式通过专业商业管理公司的专业化管理，能实现商业价值的最大化，但后期风险大，投入增加。

在确定本专业市场项目经营模式前，先要调查项目所在城市的商业地产的经营模式有哪些。下面是某电脑专业市场对城市的商业地产操作模式的调查：

目前本市商业地产的模式和国内其他地方的模式基本相同，主要有以下两种方式：

(1) 产权和经营权统一销售的形式。这类商业地产由于经营者的自主性大，管理困难，开发商缺乏对项目的整体控制力，散户自身调节的经营风险很大，出现了许多失败案例。因此这种方式越来越不为开发商和消费者看好。同时，也阻碍了部分不懂经营的投资者参与投资的兴趣。目前，本市的商业地产运用这种模式的越来越少。

(2) 产权与经营权相对分离的销售、管理形式。即产权所有者至少在一定的年限内不能自己进行经营，在这期间由商业地产的开发方或经营方按一定的比例以返租的形式回报给购铺者，这是目前本市商业地产的主流操作模式。这种模式实质上把有形的商业地产延伸成了一种投资工具，它的广泛运用虽然可以降低投资者进入壁垒，增强投资者的信心。但同时，这也使开发商的风险增加，带来了风险，使开发商的经营管理能力面临更大的考验。

现在，越来越多的专业市场选择连锁经营的模式，因为建立连锁式的专业市场，形成品牌效应，其影响力可以波及全国，广州太平洋电脑城就是一个好例子。

三、项目经营管理公司的确定

专业市场项目开发商可以聘请专业的商业管理公司来经营，也可以自行成立经营管理公司对本项目进行经营管理。下面是某水产品专业市场项目经营管理公司的确定：

成立专门的市场经营管理公司，可在省外注册，如浙江某某渔产品市场经营管理公司，名义上是与开发商没有任何关联的外来公司，但实际上由开发商控股，该公司负责与投资业主的具体接洽，签定三年租赁协议，统一经营管理市场。

【优秀案例8-2】 某家居装饰专业市场项目经营管理公司的确定

参考点评：该案例的特点在于其给出了三种组建经营管理公司的建议，由决策者来决定。这三种组建方式适合于任何类型的专业市场。

产权式商场经营管理的好坏对投资者获取投资回报有着重大的关系，而经营机构的选择及建立也成为产权式商场销售中重要的环节。经营管理机构的组建有以下三种方式：

（1）引入本土知名专业市场经营管理公司，如：“××美家居”的经营管理公司等。

（2）引入本土知名商业经营管理公司的品牌，自行组建商业经营管理公司。

（3）自行在本市注册商业经营管理公司，负责项目的经营管理。

对于自行组建经营管理公司的专业市场，在成立经营管理公司后，要确定公司的人员架构。

【优秀案例8-3】 某手工艺品专业市场经营管理公司的人员架构

参考点评：该案例的亮点在于它写出了各部门的人员数目和工作职责。

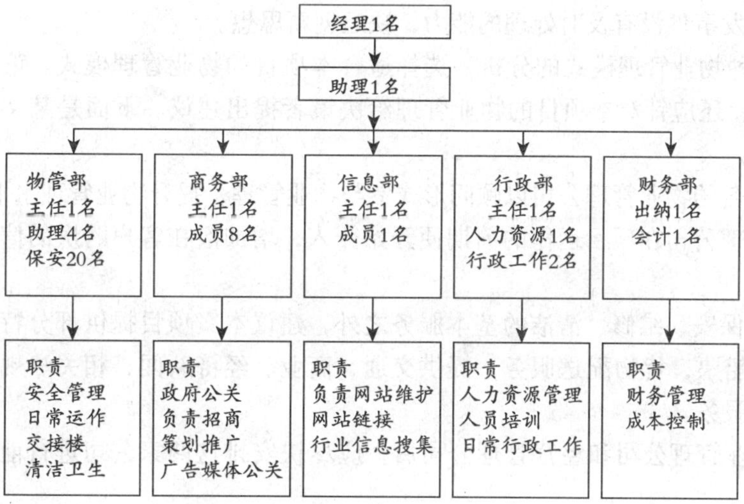

【优秀案例8-4】 某家居专业市场经营管理公司的人员架构

参考点评：该案例把专业市场管理机构分成物业管理公司和商业经营管理公司两个部分，并写出了各个公司的人员架构，值得参考。

（1）物业管理公司

1）总经理；2）工程维修部；3）财务部；4）消防部；5）保安部；6）保洁部。

（2）商业经营管理公司

1）总经理部；2）市场推广部；3）财务部；4）招商部。

四、项目物业管理模式建议

专业市场项目的物业管理模式主要有以下三种：

（1）全权委托管理

1）优势：

（a）充分发挥物业公司专业服务功能，提高项目的服务档次；

（b）减少开发商的管理人员数量。

2）劣势：

（a）费用较高，因而业主负担增加；

（b）如果服务质量差，则会直接影响开发商的声誉。

（2）聘请专业的物业管理公司作顾问

1）优势：

（a）经验丰富，能够解决各种突发事件，其对于项目宣传也是一个卖点；

（b）能够为本公司培养一批人才，对于开发商的长远发展有战略意义。

2）劣势：

能否同开发商的管理体制接轨是一个最大问题

（3）自行管理

1）优势：

充分发挥对项目开发建设、管理、服务的一条龙作用，实现高效率服务。

2）劣势：

（a）缺乏经验，容易走弯路；

（b）对于突发事件没有及时处理的能力，缺乏创新思想。

通过以上三种物业管理模式的分析，选择适合本项目的物业管理模式。策划人员在选择了物业管理模式后，还应针对本项目的物业管理给决策者提出建议。下面是某文体用品专业市场的物业管理建议：

（1）聘请知名的物业管理公司以顾问形式参与物业管理，提升物业管理水平。

（2）物业管理公司在项目运作的前期便开始介入，增加潜在客户购房的信心和对客户的亲和力。

（3）除提供保安、维修、清洁的基本服务之外，建议本案项目提供部分特别服务内容：如代订飞机、车、船票，货物配送服务，提供交通、商业、经济新闻、相关法规、政府关系处理等方面的信息和服务。

在确定了物业管理公司和经营管理公司后，应尽快安排这两家公司进行前期介入，介入的时机应越早越好。

物业管理公司前期介入的工作有：①就楼宇结构设计，设备配置和功能分布提出建议；②拟订管理项目服务内容；③参与工程监理；④参与设备购置；⑤参与工程验收；⑥拟订管理文本；⑦拟订管理公司财务预算；⑧确定管理费用标准。

经营管理公司前期介入的工作有：①制定商场开业计划；②制定招商策略；③制定商场租金方案；④确定商户结构构成；⑤制定商场推广活动计划；⑥制定管理架构；⑦拟订管理文本；⑧确定管理费用、宣传费用标准。

五、项目经营利润估算

策划人员应对专业市场日后经营利润进行估算，让开发商知道本项目的盈利能力。一提到利润，就会考虑到成本的问题。虽然专业市场有别于生产企业或制造企业等其他类型企业，但从性质上来说，专业市场是属于企业性质的。追求利润最大化是每个企业的特征，因此专业市场也不例外，为求利润最大化，有必要对专业市场经营成本进行控制。美国会计学会所属的“成本概念与标准委员会”将成本定义为：成本是指为达到特定目的而发生或应发生的价值牺牲，它可用货币单位加以衡量。这就是说，成本是为了实现一定目的而支付或应支付的以货币计量为代价。成本这一定义已经大大超越了产品生产成本和各种经营业务成本的内容和概念。有关一般企业的成本构成由生产成本（包括直接原料、直接人工、间接制造费用）和费用项目（包括管理费用、经营费用、财务费用）等，这就是传统的成本构成。然而，专业市场是经济发展中出现的新生事物，专业市场与制造企业相比，专业市场不存在产品生产，它从事房屋的租赁工作，因此它更加侧重于费用的范畴。

在估算项目经营利润之前，先要清楚明白本项目经营收入的来源。

【优秀案例8－5】　某婚纱摄影器材专业市场的项目经营利润估算

参考点评：该案例值得参考借鉴的地方在于其采用表格的形式，分别估算了该项目开业9个月以后的收入和支出，然后再算出利润。思路清晰，表达简明易懂。

预计市场开业9个月后的年收支表

（9个月后场地完全使用，开始收取租金。以下为概算，要根据招商状况进行进一步预测）

收入	合计			310万元
	固定房租		2500×40元/月×12月	120万元
	超市提成		1000平方米，200万元/月×8%×10月	160万元
	仓库费		1000平方米×15元/月×12月	18万元
	水电费			2万元
	通信费			1万元
	内刊广告			4万元
	讲演会收入			2万元
	其他活动收入		采风活动、培训等	3万元
支出	合计			90万元
	广告费	报纸广告	年投放2次，通栏	4万元
		专业报刊	每刊年投放15版次	18万元
		门头维护		4万元
		其他广告	DM，摄协，网站，社区	4万元
		内部刊物	年12期，5000份，含邮费	6万元
		讲演会	年5次	6万元
		活动赞助	摄影比赛等	3万元
		媒体关系	新闻	2万元
		合计		47万元

续表

	差旅	展览考察		2万元
		县市影楼		2万元
		客户招待		2万元
		合计		6万元
	办公费	人员工资		15万元
		通信费		1.5万元
		办公耗材		1.5万元
		水电维护		2万元
		通信维护		1万元
		政府关系协调		3万元
		合计		24万元
	计划外支出			13万元
利润	合计			220万元

六、项目经营中的宣传推广

想让专业市场在日常的经营中获得更多的收益，就必须通过对专业市场进行宣传推广，从而达到旺场的效果。下面是某二手专业市场旺场策略措施：

（1）策略构思：为保持商场有持久、良好的经营氛围，保障租金收益。

（2）策略措施：针对在二手市场消费的客户，以小家电、餐饮券或免费维修服务等作为奖品定期举行抽奖活动。

（3）宣传策略：联系主流媒体，定期进行报纸媒体的宣传炒作，宣传形式以新闻缮稿的形式为主，结合一定的平面广告作形象宣传。

（4）媒体建议：在××都市报、××日报刊登软文缮稿，针对××旧货商圈及本案的经营进行宣传炒作。

对于专业市场进行宣传推广的方式主要有以下几种：

1. 在报刊杂志上登广告宣传

在报刊杂志上登广告是专业市场在日常经营的宣传推广中用得最多的一种方式。下面是某婚纱摄影专业市场项目经营中的宣传推广：

（1）当地报纸

在当地报纸的广告投放主要以开业硬广告、新闻、影赛、秀场活动和少量的节日广告为主。开业时在五家报纸各刊登一次最少四分之一版广告，用以函告省内客户，尤其针对零售市民。同时，经常性地根据行业特点制造一些有新闻价值的事件，通过各大报纸进行免费的宣传（比如：从法国进口每件价值上万元的原版极品婚纱寻找最适合身材的女性，免费赠送）。和一些单位（如妇联、公交公司等）联合举办省级摄影比赛来挖掘市场的潜在客户。

（2）专业杂志

《人像摄影》、《大众摄影》等专业摄影杂志是绝大多数大中型婚纱影楼和专业摄影工作者长期订阅的参考资料，各个市场在这方面的广告投放一直占第一位。市场开业初期要至少在3种杂志上连续投放3期广告，以后可以选择交叉投放。

除了有刊号正式发行的杂志、报纸以外，还有很多诸如《北国广告》《发现资源》等DM广告，可以用广告互换或者其他方式长期投放。

2. 建网站宣传

随着网络时代的来临，越来越多的专业市场选择建立网站对本项目进行宣传推广。

3. 办内刊宣传

专业市场可以定期印刷自己的内部报纸或杂志，通过邮局寄给本项目的客户和全国厂商，保证长期的联络，不停地向他们传达本市场以及行业的近况、活动、产品等信息。下面是某古玩专业市场的项目经营中的宣传推广：

×龙月刊：每月一刊，定期发放，把×龙商家的特色藏品、最新商品和×龙的相关活动、讯息，针对目标客户群传递出去。

主要渠道目标：家具业协会；珠三角、港澳地区星级酒店；收藏爱好者协会；珠三角、港澳台商会；领事馆；外事办、外资企业；球会；各地侨联；私营企业协会；全国各地古玩城等。

4. 开办电视栏目宣传

对于有经济实力的开发商，可以为专业市场开办一个与本专业类型有关的电视栏目，通过电视栏目的播出，达到对专业市场进行宣传的目的。

【优秀案例8-6】　某古玩专业市场开办电视栏目宣传

参考点评：该案例通过开办《鉴宝》栏目对古玩专业市场进行宣传推广，比较有创意。同时，该案例还写出了开办电视栏目的作用和具体操作方法，值得参考借鉴。

（1）作用：

1）通过中央电视台2套《鉴宝》栏目，辐射全国各地的古玩收藏者、爱好者的庞大市场；

2）让××“艺术馆”打响社会知名度，并向深度和广度递进，展示××实力；

3）使商家增强信心，关注的商户能进驻××，达到招商目的；

4）让民间、社会的宝贝能流进××，构成互动作用，形成真正的贸易平台。

（2）操作：

1）采用现场录制方式，再播出；

2）组成××方阵，直接到现场竞猜“宝石灯”；

3）赞助各方阵衣服，打上××字样，背景板同样操作。

5. 利用协会宣传

协会是该领域内最多人关注的群体，若专业市场能够利用协会进行宣传推广，必能事半功倍。下面是某摄影专业市场项目经营中的宣传推广：

各个摄影协会是专业摄影者聚集交流的场所，这个群体对于市场中的照相器材销售有着非常重要的作用。可以考虑在各个协会的内部资料上投放广告，与协会合作举办各种摄影活动、讲座等，甚至可以向他们提供良好的办公场地，让他们搬到市场内办公或设立办事处，市场通过经济赞助、合作等方式享受他们的资源优势。

6. 开演讲会和培训班宣传

免费开办演讲会和培训班，表面看上去没收益，但实际上通过这些方式对专业市场进行宣传推广，等旺市后专业市场经营收益的增加将是巨大的。下面是某婚纱摄影专业市场项目经营中的宣传推广：

摄影化妆讲演会和培训班是各个市场必备的宣传手段之一，随着不断的偷工减料，宣传效果也是每况愈下。由于它是长期以来的做法，新市场也必须保留。本项目邀请在摄影化妆界有一定知名度的人到市场来讲课，同时请婚纱影楼、摄影爱好者来听课学习，他们可能会购买产品，至少是亲自到市场来参观产品。他们通过讲座，技艺提高后对所用工具也会有更高的要求。

两者不同的就是讲演会是不定期召开，而培训班是长期开办。相同的都是通过对客户的增值服务来培养客户、稳定客户。

7. 办展览会和拍卖会宣传

通过办展览会和举行拍卖会对专业市场进行宣传，能很好地增加专业市场的知名度和美誉度。下面是某摄影器材专业市场项目经营中的宣传推广：

积极地参加各种展览会，对到场参展的商家进行招商、对到场参观的客户进行宣传、甚至公司直接购买展位参加展示，这些都是非常有效的方法。在时机成熟以后市场组建自己的展览公司到各地举办展销会，从而进入整个会展行业。在销售淡季可以组织商户到省内外各地进行巡回展销和技术讲座，主动送货上门，扩大销售范围。

8. 其他方式宣传

除了以上所提到的宣传方式外，专业市场还可以根据自身的特点，采用其他的宣传方式。下面是某古玩专业市场项目经营中的宣传推广：

(1) 打造艺术基地：

通过建造××艺术馆、百米古典家具发展艺术墙、鲁班铜像，增加现场营商氛围和对业内外人士的吸引力，把××打造成名副其实的艺术基地。

(2) 打造民俗文化基地：

中华民族有着悠久的历史，众多的民风民俗、民间艺人和民间手工艺术。××二期可划定一些区域，专门吸收民间艺术表演，以及民间工艺现场制作等，兼容并蓄，使自己成为民俗文化的基地，集聚人气，吸引越来越多的人前来××参观和游览。

第九章　典型专业市场项目全程策划要点

本章由六节组成，每节介绍一种专业市场类型的全程策划中的要点。被介绍到的专业市场有：服装专业市场、建材专业市场、汽配专业市场、家居装饰专业市场、农产品专业市场和纺织品专业市场。

第一节　服装专业市场项目全程策划的要点

随着生活水平的提高，人们越来越注重外表打扮，正是由于这样，各种服装店应运而生，这也给这类专业市场的开发提供了基础。对于服装专业市场来说，它与其他类型的专业市场存在着共性，但也有它的特殊性。

一、服装专业市场行业分析要点

服装专业市场项目的行业分析主要分析服装专业市场演变过程、特点、存在的问题和解决的方法。

1. 服装专业市场演变过程分析

根据我国服装专业市场在流通业中的发展特点将中国服装专业市场分为三个阶段：

1）第一阶段，20 世纪 80 ~ 90 年代中叶，基础发展期。

这一阶段，商品短缺，流通渠道单一，消费者购买服装基本上是到国营商业和供销合作社购买，还有一些摊档式的小商品市场及农贸市场。随着经济发展，服装专业市场开始萌芽，并呈现地摊式服装专业市场的初级形态，但是尚未形成规模性的批发商圈。

2）第二阶段，20 世纪 90 年代中后期，升级发展期。

这一阶段，商品种类开始丰富，服装专业市场开始第一阶段的升级，并发挥主导性作用。表现为由路边的摊档式转为进入大棚经营，大棚转向大厦式经营，将服装小个体经营集中起来，由政府统一规划引导。到 90 年代，开始渐趋规模化，出现了以广州白马、东莞虎门富民等为代表的服装专业市场，其四通八达的庞大网络覆盖能力拉动了服装企业的快速发展。

3）第三阶段，迈入 21 世纪，发展蜕变期。

这一阶段，商品多样化，并强调个性化，商品生命周期缩短。

随着服装行业的不断发展、新型营销渠道的不断渗透、品牌意识的觉醒，服装专业市场经营也日渐艰辛。服装专业市场也开始重新定位，提供差异化服务，打造市场特色。服装专业市场必须要找到新的突破点，每个服装专业市场要根据自我特点进行分析，找到适合自己发展的差异化模式。

除了从服装专业市场的发展特点来分析其演变过程外，还可以从业态变化的角度来分析其演变过程。我国服装专业市场业态演变过程有以下几个阶段：

1）第一代：最早的服装市场是露天衣架展示形式，最常见是农村集贸市场。

2）第二代：第二代服装专业市场是街铺式服装专业市场。

3）第三代：集中式服装专业市场，以虎门服装市场为代表。

4）第四代：综合式服装专业市场。

5）第五代：专业个性化服装专业市场。

6）第六代：SHOPPING MALL 式服装专业市场。

2. 服装专业市场特点分析

我国服装专业市场经过改革开放 20 多年以来的迅猛发展，已经初具规模，并有走出国门的趋势。2004 年阿联酋的沙迦将建设一个中东最大的批发、仓储与转口服装专业市场——中国（石狮）服装专业市场。但我们还应该看到，市场规模、形式发展极度不平衡：有具有全国辐射力、营业额千万元以上的知名专业市场，如虎门富民大厦、辽宁西柳服装市场、广州白马服装市场等，也有濒临关闭的服装市场；有设施齐全、环境一流的大厦式服装专业市场也有脏乱差的地摊大棚式服装专业市场。由此看来，我国服装专业市场现阶段各个发展形态并存，经营形式也各异。此外，我国服装专业市场也呈现出明显的产业集群现象。马丁贝克曼（Martin Beckman）认为服装产业集群有两种路线：（1）专业化集群；（2）都市化集群。

由此，我国服装专业市场布局特点是“点面结合”。点是指由单个点状辐射服装专业市场所形成的区域，如：河南郑州的银基商贸城、黑龙江哈尔滨的红博广场等。面是指由几个地域相近的服装专业市场形成的面状辐射区域。

服装专业市场不断升级，传统专业市场依旧存在，这就形成了多种经营模式混合化的现状。也就是传统批发、代理、加盟等经营模式交叉使用。因此，服装专业市场要根据商户不同，给予必要的服务。

3. 服装专业市场问题分析

我国服装专业市场所处的发展阶段，所具有的特点，也相应的暴露了很多问题。我国很多服装专业市场可能存在以下问题：

（1）服装专业市场仍处于自发阶段，市场形象差、制度混乱，市场信用度低，缺乏能领导本专业市场的龙头企业、龙头品牌，市场缺少统一的规划和专业化服务。

（2）制约因素明显。商户对该市场的意见集中于两个不到位：

1）硬件环境不到位（交通、房地产开发、金融、物流、环境、治安）；

2）软件环境不到位（政策支持不力，税费过重，市场混乱，假冒伪劣严重，信息服务差）。

（3）很多传统型服装专业市场由街道或地方政府掌控，缺乏市场管理经验，市场运作水平低，只注重税收不注重整个市场的发展规划。

（4）市场大部分仍处于现金、现货、现场交易方式的初级阶段。服装的交易、运输、库存成本高。市场的供货与交易方式柔性小。

4. 解决问题的方法分析

服装专业市场要做大做强就必须分两步走：第一步，硬件升级——营造适合本专业市场的交易环境和市场形象特色；第二步，软件升级——为商户提供个性化、专业化服务，加强品牌孵化功能、渠道营销功能，形成更具价值的“无形市场”，营造市场的营销服务特色。成功的新型服装专业市场模式也许可以得到很多借鉴意义，如广州海印缤缤广场模式、哈尔滨红博广场模式、麦德龙模式等。可借鉴的新型模式：

（1）产业集群型专业市场

这里以××毛衫专业市场为例说明产业集群型专业市场的发展模式。

1）××市羊毛衫市场特点与现状

××市现有毛衫针织企业3725家，较大规模的有820家。1988年兴建毛衫交易市场，现有商铺4603家，是全国知名的毛衫交易市场。该市场由本市场管理委员会管理，主要还是由地方政府掌控；市场主要依托周围毛衫企业产业，商铺大多为企业的直营点、批发代理点、贸易门市部等；市场在淡季关门率较高，经营状况良莠差异很大；市场为两层建筑，呈长条街道状，由十个交易区组成。

2）市场规划模式

政府提供有力政策，不再过分干预市场和企业实际运作。政府投入完善毛衫产业链结构，形成产业与市场共同繁荣的局面。打中国××市的地方牌，形成地区知名度；打明星企业牌，支持优秀企业打造名牌，打造出几个全国毛衫知名品牌，形成以点带面、以产业带动专业市场的局面。对市场交易区重新划分，合理区分经营品类和档次，更加突出每个交易区的经营特色。市场形象重新规划，在主干道设立巨型广告牌。市场内部的宣传广告牌要规范化，导购地图和服务标志要醒目明确。进一步规范市场秩序，交易流程简洁流畅；提高商户进入门槛，引入高层次的经销商、代理商和加盟商。

引入专业品牌策划机构、市场营销规划机构，逐步打造集展示、检测、信息平台、品牌孵化、市场开拓等服务为一体的一流毛衫专业市场；建立专业毛衫网站，提供信息收集与分析服务，提供电子商务功能。市场正逐步加强以下功能：a. 产品展示功能；b. 信息服务与市场预测功能；c. 国内外贸易功能；d. 现代物流仓储功能；e. 标准化权威检测认证功能；f. 政策服务功能。

（2）品牌孵化型专业市场

服装批发从摊铺走入了大厦，具有现代化的商务环境，具有现代化流通业的很多先进元素。专业市场不仅仅是传统意义上的分销场所，更是一个品牌形象的展示平台、一个品牌推广策划中心。此新型专业业态已经显示出其勃勃生机，如广州海印缤缤广场和北京百荣世贸商城等。

缤缤广场由现货流向品牌流行文化、品牌经营理念、品牌形象经营等信息流的转化，创办成以服饰品牌营销为主的时尚发布、品牌展示、品牌贸易的中心。无疑创造了全新的服装专业市场经营理念，拉开了以服饰品牌经营为主要内容的营销方式革命。

品牌孵化型批发市场特点：

1）集中众多商户优势，集木成林，打造专业市场整体品牌，形成规模与信誉优势。

2）具有现代化的交易环境与交易方式。

3）提供品牌推广方案，更加注重品牌形象展示，创造各种机会为品牌造势。

4）提供品牌策划与维护的解决方案。

（3）营销渠道开拓型专业市场

以红博广场为代表的服装专业市场专业化地为服装品牌提供快速营销渠道开拓方案，着重于营销网络建设，把服装专业市场经营从“卖”转向了“买”的思维，把服装专业市场经营看作是对服装品牌专业化的经纪，提出了“红博服装经纪人”的营销模式。

营销渠道开拓型专业市场特点：

1）“星探”式开发服装品牌，并对其进行转化和包装推广。

2）对营销网络掌控有限的服装品牌，提供“倍速经营”方案。

3）对营销网络进行深入挖掘，具有多种营销推广网络，具有电子化网络。

4）“服装经纪人”式营销总体规划，提供完善的品牌孵化方案，使得企业专注于产品开发，专注于营销渠道开拓与品牌推广。

（4）现代批发型

现代批发是区别于传统批发的一种形式，它是采购式批发超市，如麦德龙。不过麦德龙不是专做服装业务的，但这种模式对我国服装专业市场的发展有很大的借鉴意义。

现代批发型服装批发市场特点：

1）采购式、大型连锁批发经营。

2）针对专业顾客，会员式管理客户，适合多品种小规模批发。

3）电脑选题控制物流、交易、结算，单据明细透明。

4）依靠先进的管理系统，实现高效率低成本运作，与供应商形成双赢。

二、区域环境分析要点

这部分的区域环境分析涉及两个内容，分别是：城市条件分析和区域商业地产分析。

1. 城市条件分析

对于服装类专业市场来说，城市条件分析可以分析城市的地理位置、发展规划、交通运输、服装行业发展到什么程度等。城市条件分析的思路有：

（1）先分析城市的地理位置和交通优势，然后再分析服装行业在该城市的发展情况，最后才分析该城市的其他情况。

（2）分别从过去和现状去分析服装业在该市的发展情况。可以通过两者的变化，寻找出问题所在。

（3）围绕着服装行业在当地的发展情况，先谈到了服装业及其配套产业的发展情况、经营方式、服装专业市场在该地形成的原因等，最后作出综述，起总结的作用。

2. 区域商业地产分析

对区域商业地产的分析有两种分析方法。一种是分别对各个商业物业进行调查分析，然后再总结出该区域商业地产的发展状况；另一种是将各个商业物业进行对比分析，从而反映出该区域的商业地产状况。

三、项目自身情况分析要点

服装专业市场项目自身情况分析包括项目基本情况分析、项目建设条件分析、项目周边环境分析、项目周边配套分析。这里主要介绍其中的几点。

1. 项目基本情况分析

对服装专业市场项目的基本情况进行分析，分析的内容主要包括：土地状况地理位置、总投资额、建设规模以及开发涉及的企业等。

【优秀案例9-1】　某服装专业市场的项目基本情况分析

参考点评：该案例的亮点在于其在分析项目地理位置时，还说到了项目所在地的区位历史，并且分析了区域服装市场日渐衰微的原因，非常值得参考。

（1）就微观层面而言

本项目位于本市××区×博路与×仙湖路交界处，地理位置优越、交通方便，其区位历史曾为中国著名的服装集散中心之一，然而由于诸多方面原因本区域服装市场日渐衰微，而这种局面的造成并非区位的问题，而是一方面由于全国大气候的影响，各地服装城蓬勃发展，周边异军突起，而本项目的管理者视而不见；另一方面是政府和经营者缺乏有力的支持和引导，致使市场仍处于初始经营阶段，从而使市场经营者素质得不到提升，高素质的商户外流，低素质的商户要么关门要么缺乏商业诚信，要么经营低档产品，给本区市场造成不良影响，更主要的是主体市场的建设滞后于市场需要，而并不是说本区的战略位置有什么问题。

（2）从本项目的发展规模来看

本项目规划用地260余亩，居全国第一，首期规划用地60余亩，建筑面积10万平方米，按实际使用面积50%算占5万平方米，再按20平方米/间商铺计算，则商铺约2500余个，而目前服装市场的所有室内商铺仅1027个，不到项目的一半，是广州最大的服装市场——白马服装城（建筑面积60000平方米、商用面积30000平方米）的1.7倍多。因此，按常规操作和惯性思维肯定走不通，而必须要有一个超常规发展思路，方能撬动如此大型商业项目。

【优秀案例9-2】　某服装专业市场的项目基本情况分析

参考点评：该案例与其他案例不同，它是通过测试客流量来说明项目所处的地理位置十分优越。这种分析方法十分新颖，非常值得参考借鉴。

客流量分析：根据××区人口数、人员结构及客流量已大大超过同时段的其他竞争对手来看，××作为商业中心的位置是不容置疑的，说明该项目所处的地理位置十分优越，具有商业旺铺具备的基本条件。

本项目附近客流量图例（车流不计）

测算地点	与本项目距离（m）	测算时间	客流量（次/分钟）
银泰百货	1000	2000年10月13日14:00	98
北行轻工	500	2000年10月13日15:00	122
北行书店	500	2000年10月14日10:00	120
北行商场	800	2000年10月14日11:00	133
麦当劳快餐店	800	2000年10月14日10:00	92

2. 项目周边配套分析

服装专业市场项目周边的配套分析可以从交通运输配套、金融服务配套、餐饮服务配套、休闲娱乐配套、医疗卫生配套、文化教育配套这几个角度去分析。

3. 项目对区域的影响分析

建成一个服装专业市场，多多少少也会对区域造成一定的影响，或许成为地区的新地标，或许拉动经济的发展，或许增加就业等。因此，有必要分析服装专业市场对区域的影响。某服装专业市场项目区域政治、经济、文化的影响分析：

(1) 将成为市场与商品集散的物流中心

本项目的开发和实施，将有效地实现人流、物流、商流、资金流、信息流和技术流的聚集与扩散；成为资金循环的吞吐中心，服装品牌商品的展示与贸易中心以及进出口货物的中转枢纽和物流配送基地。

(2) 将成为国际国内著名服装品牌的汇集地和进出口中心

本项目的开发和实施，将成为一大批国际、国内著名服装品牌及大中型企业、生产厂家地区总部的汇集地和进出口贸易中心；通过这些企业的决策定位指挥，产业配置和经济贸易的相关组织功能，将有效推进本市、区及山东省的商贸发展和经济腾飞。

(3) 将成为一个永不落幕的企业品牌展示贸易中心

本项目的开发，将使本区成为一个极具特色的集服装企业品牌展示贸易文化、商贸旅游观光文化等综合文化于一体的区域性中心文化；本项目的开发与其后续的长期运作，使其成为一个永不落幕的服装企业品牌展示贸易中心，极大地提升区域的政治地位和重要性，在海内外投资者中建立独树一帜的区域形象。

四、项目竞争者分析要点

对项目竞争者进行分析的内容有：基本指标、总体规划、功能分区、铺位分割、租赁情况和其他综合性分析。服装专业市场应根据自身的需求，选择分析的内容。不仅要对现有竞争对手进行调查分析，还要对将建成或未来将要建的竞争对手进行分析。

【优秀案例9－3】　某服装专业市场的项目竞争者分析

参考点评：该案例的亮点在于其分析竞争对手的业态定位、形象定位、档次规模定位等，然后通过建议本项目的功能规划、业态定位、档次定位等方面减少与竞争对手正面竞争。

本项目基本定位为全国一流的实行标准化统一管理和高水准服务的服装（成衣）批零、布料（辅料）批零、服装（制服）加工订制的商业中心。基于此，该项目构成市场竞争接触点有这样几个目标：

(1) ××春天：从事服装（成衣）零售。所经营的品牌知名度较高，与本项目竞争承租业户。

(2) ××市场：服装（成本）、布料（辅料）批零，所经营的服装、布料档次混杂且主要对外埠具有较强的辐射力，与本项目竞争的也是承租业户。

(3) ×展：服装（成衣）以休闲装、运动装为主打，多数业户经营的是东南沿海“三来一补”企业生产外单而余下的尾货，进货成本较低，市场竞争力较强，与本项目竞争的是最终的消费者。

尽管存在竞争对手，但本项目仍然有足够的优势立于不败之地。其一，××春天和××市场虽有规模和地利优势，但××市场不是服装专营市场，缺乏专业优势；它们只经营服装、布料批零、缺乏服装定做业务，功能单一，品种档次不一；个别摊主以次充好，损害了市场形象；其二，二者离本项目较远，商圈不会重叠；其三，×展等其他小市场虽有价格优势，但存在品种少、规模小等缺陷，难以构成本项目的竞争对手。

鉴于此，本项目在功能规划上只要与上述竞争对手进行错位设计，不进行迎头竞争，以现代化管理、高档次、高质量和良好的服务赢得顾客，就要减低竞争风险，加大投资回报，获取行业竞争优势。

【优秀案例 9－4】 某服装专业市场的项目竞争对手分析

参考点评：该案例的特点在于其将竞争对手的特点一一地写了出来，而且写得很详细。其中还写到了该专业市场拥有自己的时装模特队，这对服装专业市场非常重要。

××时装批发市场堪称中国第一号乡镇时装批发商。××时装批发市场的整体设计合理实用。1993 年 11 月建成，总建筑面积 4.5 万平方米，楼高九层，共有铺位 1400 个，内设电梯 11 台，扶手电梯 6 台，并采用旋转式上落通道，运货小车可直抵各层铺位，非常方便，作为××镇服装批发市场的代表，××时装批发市场有很多特点：

（1）以经营中低档服装为主，分为时装区、内衣区、睡衣区、牛仔区、手袋区、箱包区等。

（2）有自己的大型商务网站“××时装网”电子商务运作，通过网站订货、咨询。

（3）有自己的品牌设计推广室，有自己的足球俱乐部。

（4）推行全国首批 ISO9000 质量认证。

（5）工商、税务、托运、信息系统完善。

（6）有自己的时装模特队。

（7）出版有自己的刊物。

（8）租户转让或转铺面，××管理委员收取费用，根据铺面不同收取价格不等的费用。

（9）有自己的布料批发市场。

（10）每个商铺基本上都是前店后厂形式或厂商合一或几家厂同时为一家商铺供货。

（11）设有仓库。

（12）××镇的商铺多以定税制，应该说税金较少，税金为 1.28 元/（平方米·月），管理费为 15～25 元/（平方米·月）（包括中央空调、保安、卫生、水电、宣传、广告等）；租金为 55～88 元/（平方米·月），尚可打折。

五、项目 SWOT 分析要点

在前面的第二章第六节中，已经详细地介绍了如何从多个角度对项目 SWOT 进行分析，这里就不再详细述说了。这里仅介绍针对于服装专业市场的项目 SWOT 分析。

1. 项目优势分析

对于服装专业市场来说，地理位置和物流配送是最重要的。由于服装具有体积小、质量轻、不易摔烂等特点，一般较多采用货车配送，所以可以从地理位置、物流配送等方面发掘服装专业市场项目的优势。

2. 项目劣势分析

服装专业市场项目劣势分析跟其他类型专业市场的项目劣势分析差不多。

【优秀案例 9－5】 某服装专业市场的项目劣势分析

参考点评：该案例的亮点在于其分析到了消费者购买力薄，多需求 50 元左右的衣服。同时，该案例还从该项目的收租方式发现对该项目不利的地方，考虑得很细致周全，值得参考借鉴。

（1）商圈人口素质较低，主流为本区域常住人口、企业职工和学生。

（2）商圈商业支持力弱，现为 100 商户，商圈内商户存量太少。

（3）区域消费者购买力薄，需求为 50 元左右的服装。

（4）该项目总体供应量相对过大，该区域商户消化量小、过程慢，周期长。

(5) 本项目700多商户供应量，将区域商户数量短期内放大5倍，供应量过大，造成区域内消费者支撑力不足，使租价和流水量不足，使招商期和养市期过长。

(6) 本项目的年租收取方式在短期内会大幅吸纳区域内整体资金量，但区域整体的资金量短期内有限，难以支撑如此大的资金量需求，短期内形成矛盾点。

(7) 市场推广宣传以及市场的支撑力需要外埠商圈力量来支持。

3. 项目机会分析

服装专业市场的项目机会分析也是分析外部因素给本项目带来的机会。

【优秀案例9-6】　某服装专业市场项目机会分析

参考点评：该案例有两个地方值得我们学习。一是从项目所在城市为全国五大服装批发城市之一来发现本项目的机会点。二是从其他服装市场的不足发现本项目可取而代之的机会。

(1) 本市作为全国五大服装批发城市之一，行业市场发育已经十分成熟，但目前本市还没有一个规划完善、档次较高、功能齐全的大型商贸批发中心，这为本项目提供了良好的契机。

(2) 项目处于规划中的长、株、湘一体化的中心部位，是连接长沙、株洲、湘潭三市的"金三角"，未来发展前景看好。

(3) ××服装大市场因交通瓶颈、物流不便、环境杂乱、防火设施差等因素而使其暗藏隐患，其相对滞后的硬件条件已经不适合现代化商业发展的需要，本项目可借此机会取而代之。

(4) 本项目可凭借较低的价位推向市场，形成巨大的升值表象，吸引本地下岗人士及外来投资者。

(5) 周边地区浙江、广东、长沙等地的投资、经营人士众多，这使本项目拥有广大的目标客户群。

(6) 由于受本地经济大环境的影响，本市居民投资等方面意识还较为薄弱，易于受舆论导向、媒体宣传影响，这意味着对本项目来讲，推广造势十分重要。

4. 项目威胁分析

服装专业市场的项目威胁与机会一样，都是由外部因素引起的。

【优秀案例9-7】　某服装专业市场项目威胁分析

参考点评：该案例的亮点在于其在分析完项目的威胁后，还提出了解决的方法。

(1) ××城市广场在5·1开业，这15万平方米的供应量和我们700户商户供应量存在客户争夺。

(2) ××大市场对区域内低端商户的分流。

解决办法：

(1) 针对劣势主要降低价格，加大外埠招商和商户引进。

(2) 养市期间加大在外埠宣传的投放量，吸引各区县消费者来此购物。

(3) 室外台阶加宽，不要形成高差。

(4) 加大服务业态的引进和管理，促进市场综合性发展，加大人流量。

(5) 停车场对各区县车辆免费停放，引进各区县商户和消费者。

六、项目整体定位要点

专业市场的定位包括类型定位、主题定位、形象定位、档次定位、规模定位、产品定位、业态定位等。由于这些定位在前面已有讲述，这里仅选择几种与服装专业市场关系密切的定位进行分析。

1. 项目产品定位

对于服装类专业市场，项目产品定位是指建怎么样的一个服装专业市场。在很多情况下，服装专业市场的项目产品定位仅用一句话来表述。

【优秀案例9－8】　某服装专业市场的项目产品定位

参考点评：该案例的亮点在于其对服装专业市场进行项目产品定位后，还对该定位进行了诠释，让决策者能够更好地理解该定位。

立足本市，辐射全省、中南地区的现代化、规模化、多功能、多媒体服饰展贸交易中心。

（1）立足本市，辐射全省、中南地区：位于本市主干道××北路旁，长株潭一体化结合部，背靠××火车站，距高速公路仅2公里，地理位置优越。即本项目位置的优越性及项目的大规模造就了其具有向周边市场的强辐射能力。

（2）现代化服饰展贸交易中心：配备高标准的商业设施，设有自动扶梯、中央空调、货梯等系统，以及照明、消防、保安、水电、通信等全方位现代化设施。

（3）规模化服饰展贸交易中心：本市规模最大、集展贸、材料、成品交易于一体。

（4）多功能服饰展贸交易中心：地下一楼设有大型日用品超市、地下车库；一楼商业配套区设有展览厅、大型休闲广场、室外停车场、服饰展贸交易中心，以及托运中心、搬运中心、银行、电信、餐饮等设施；七楼半商务配套区设有大型仓储区、商务中心、会议室、洽谈室、经营管理办公室及服饰品牌推广中心等。

（5）多媒体服饰展贸交易中心：建立网站；网站建设分三步走，一是配合招商，提高中心的知名度；二是在开业之后，将企业资料集中在网站上，帮助企业走向世界；三是联合银行和相关单位，协助进驻商家走电子商务之路，实现网上远程交易。

2. 项目功能定位

与项目产品定位不同，服装专业市场的项目功能定位一般有多个。如某服装专业市场的项目功能定位：

（1）构建21世纪中国最大的国际国内服装企业品牌展示贸易商务平台；

（2）构建以家庭为单位的休闲购物、商贸旅游观光消费平台；

（3）构建以××地产为主体的招商引资、外引内联、经济开发、资本运作平台。

3. 项目形象定位

形象是受众对该项目的感知。形象定位定得好，将有利于日后工作的开展。

4. 项目业态定位

对于服装专业市场来说，常以楼层为单位对专业市场进行业态定位。

【优秀案例9－9】　某服装专业市场的项目业态定位

参考点评：该案例采用表格的形式，简单易懂。同时，案例还对每层的租金、押金、价格调整等作出了规定。

楼层	业态	标准摊位（m^2）	租金基价［元/（m^2·月）］	月租金（元/月）
外门脸	服装、鞋、品牌主力店		150	
1层	小百货	6	120	720
2层	男女服装	9	110	990

续表

楼层	业态	标准摊位（m^2）	租金基价［元/（m^2·月）］	月租金（元/月）
3层	鞋包、家居用品、音像电器、游戏厅、网吧、书店、儿童游乐场	9	60 服务业态30	540
4层	餐饮			
备注	每标准铺位收押金2000元，20年使用权。 定3年合同，期满后续，2年价格不变，第三年递增10%，三年后市场行情适当调整。 系数视铺位位置优劣乘1～2.0的系数。			

5. 项目其他定位

除了上述所提到的定位外，服装专业市场还可以根据自己的需求对项目的其他方面进行定位。如某服装专业市场的项目差异化定位：

(1) 打服装品牌展示贸易文化牌

解决市场缺口，开创国内先河，形成以服装品牌文化产业为主导的国际商贸城。

(2) 打国际标准软件服务工程牌

通过服装品牌展示贸易、国际商务平台、多媒体权威发布中心，××国际商贸服装论坛，物流体系及国际性商业氛围，营造特色商业文化，与其他服装城拉开距离和档次，达到差异化的竞争优势。

(3) 打商贸旅游观光文化牌

在总体规划设计上，八大组团三大区与五大体系三大中心的关系和地位是以物流中心、五大体系、综合商业文化娱乐城——吸引人流；商务活动区有效辅助，服装品牌展示贸易城——形象推广、服务为特色，以相互依存、相互促进。因此本项目一开始我们将其设定为一个以服装品牌展示贸易文化、商业娱乐文化、商贸旅游文化，物流综合服务文化为产业的大型综合服装城和示范单位。因此，其目标景观性是非常重要的。

(4) 打行业协会牌

取得上级支持，成立××国际商贸服装论坛，并与行业协会合作，定期举办行业国际盛会，并成立行业协会，建立会章，以达到聚焦、聚集人气和财气的目的。

(5) 打资源整合综合服务牌

有利于用新闻媒体，行业协会，海内外大中型服装企业，交通运输、仓储，旅游景点等资源进行合理有效的整合。同时构建三大中心（即物流中心，仓储中心，运输中心）及四大体系（即仓库管理体系，配送管理体系，运输管理体系，跟踪处理体系），并为其提供商情发布，全球采购与分期，网上交易，国际业务结算等综合服务。

七、项目客户群定位要点

服装专业市场的项目客户群定位可以有多个角度：可以从地理位置的角度对客户群进行定位。

也可以从目标客户群性质类别的不同来对客户群进行定位，如销售客户定位及消费者定位。

除此以外，还可以以专业市场的楼层来进行客户群定位。如某服装专业市场的项目客户群定位：

(1) F1 (地上一层) 的目标客户群是:

1) 原×二市场布料市场业户;

2) ××市场、×柳市场业户;

3) ××轻工大厅二楼服装加工户、××酒店用品市场从事服装加工业户;

4) 原在市内各大型市场 (商业城、××商业大厦) 从事服装加工业户;

5) 沈阳、大连品牌厂家 (黎富、富田洋服、赛诗哲服装厂、派羽服饰、荣仕、惠英旗袍等);

6) 散落于市内各区从事洋裁的服装业户。

(2) F2、F3 (地上二、三层) 的目标客户群是:

1) 在××春天中从事下等品牌经营，由于无法起到领导品牌的作用而效益不理想的业户;

2) 在××市场中从事较高档次品牌，但由于××市场整体定位较低而无法吸引较高层次购买力的业户;

3) 在××轻工市场、××市场中经营，但因整体管理水平过低而无法取得较高业绩的业户;

4) 在市内各大型商场经营的品牌，计划进驻××商业区，但因×泰百货和×和百货的结款程序繁琐、结款周期过长而无法进驻的业户;

5) 其他客观存在的新生品牌，极具扩张性，计划在较短时间内占领较大市场份额的业户。

【优秀案例9-10】 某服装专业市场的项目客户群定位

参考点评：该案例先分析了目标客户群来自的区域，然后再进行客户群定位。该案例的亮点在于其对客户群分得很细，把投资者分成了四类，并分别对每类投资者的主要特征和看重的东西进行了详细的分析，非常值得参考借鉴。

(1) 市场定位

根据市场调查，本项目的市场重点是在本市做生意的商人和本地的购铺者，外地的购铺者大部分来自××市，本市下属县市的潜在市场很小。

同时，鉴于投资者行为的两维性 (自用与投资并重；稳定回报与顶手费收益兼得) 和对批发行业的认识，本地与外地的购铺者的比例约为8:2。

(2) 客户群定位

1) 经营商定位

服饰成品批发商;

服饰原材料批发商;

为商城内批发商服务的商务配套商;

银行、电信、餐饮、超市等。

2) 投资者定位

a. 本市有较强经济实力的居民

其主要特征是:

(a) 对××塘，特别是×峰区及××北路非常熟悉，有较深的了解及感情，区域内的商铺会是他们的第一选择。

(b) 大部分已组成家庭，并有了下一代。

(c) 有稳定的经济收入，手头上有闲钱。

(d) 对投资可行性的综合判断往往较模糊，有购买的冲动。

(e) 期望资金回报高于银行存款、债券及购买住宅。

(f) 对品牌经营商的认知度非常高。

(g) 一般自己不经营，故对投资保障要求较高。

(h) 对商场返租的年限并不要求太长，主要看重项目以后的升值潜力。

(i) 首先考虑投资物业的总价，再考虑商铺的楼层、形状、间隔等。

这部分人多具备较强的经济能力，因无合适的投资途径，投资铺位对他们来说风险不高又相对简单，不需太多专业知识，因此只要有包装出色、前景广阔的商铺推出，他们会有强烈的兴趣。

b. 专业的商铺投资客户

该部分客户的特征是：

(a) 对本市的商业环境非常熟悉。

(b) 曾成功地进行过商铺投资，是老道的投资者。

(c) 手头资金相当充裕。

(d) 非常看重投资物业地段，希望在商业氛围浓的地段进行投资。

(e) 非常关注物业的升值潜力。

(f) 会考虑商场的规划布局、商铺的间隔、形状等因素。

(g) 对品牌经营商非常认同，品牌经营商的进驻将对他们的投资起到极大的促进作用。对是否由知名品牌的经营商来经营管理十分看重。

c. 实际用家

该部分客户比较重视：

(a) 周边商业气氛：具体为商铺所处位置人流量是否畅旺，商业气氛是否浓郁，是否已成行成市等。

(b) 物业自身素质：具体为物业规模、内部规划设施、物业管理、配套设施等。

(c) 价格：实际用家将收集多方资料，权衡周边同类物业的价格水平与经营预测，经过精密详细的预算后，再决定是否购买。

(d) 铺位形状、间隔是否实用：实际用家非常关心铺形是否方正、实用，门面是否宽敞，进深是否适合等。

(e) 商场是否能如期开业：实际用家将非常关心所购商场是否能按预定开业时间使用，因为这直接关系到其经营获利、回收成本的时间长短。

d. 实际用家和投资客之间的游离阶层

这部分有闲钱的投资者可能购铺的目的不同，或是想置一份固定资产以防不测、养老，或是为下一代留下点产业，或是感觉生意不好做，没有投资途径等。在包装推广过程中，须逐个击破，促使其下决心投资，尤其需注意“创业”、“为下一代留产业”等概念的炒作。

根据市场调查结果和经验可得，自用者与投资者的比例约为：乐观：5∶5；保守：6∶4。

八、项目产品规划设计

服装专业市场项目的产品规划设计包括功能规划、总平面规划、建筑风格设计、商铺格局规划、内部通道设计、外部道路规划、装饰装修设计、配套设备设施等。

对于服装专业市场来说，项目总平面规划也主要是写占地面积、建筑面积、容积率、建筑密度、项目总投资等。在建筑风格上，要根据服装专业市场的整体定位来设计。在配套设备设施方面，对于服装专业市场来说，物流配套是最重要的，其次为各种平台的配套。

【优秀案例9-11】 某服装专业市场的项目产品规划设计

参考点评：该案例的特色在于其对项目产品规划设计写得很详细。先写出了总体规划，然后分别对各个部分的功能进行了详尽的解释。同时，还对项目的第一期规划进行了详细的说明，值得参考借鉴。

（1）总体规划：八大组团，三大区，十五大体系，三大中心。

1）八大组团：即女装城，男装城，童装城，休闲服饰城、布匹城、鞋帽城、小商品批发城、文化娱乐城。

2）三大区：即自由贸易区、文化娱乐区、商务活动区。

3）五大体系：即仓库管理系统、配送中心管理系统、运输管理系统、跟踪处理平台、营销渠道管理系统。

4）三大中心：即运输中心、仓储中心、物流中心。

（2）三大区功能分解

1）自由贸易区主要包括：女装城，男装城，童装城，休闲服饰城、布匹城、鞋帽城、小商品批发城、文化娱乐城。

2）文化娱乐区主要包括：美食广场、酒店、夜总会、贵宾俱乐部、电玩游戏厅、服装文化博物馆、图书音像城、精品专卖店、电影院、休闲咖啡厅。

3）商务活动区主要包括：国际商务平台、行业协会及多功能会议厅、多媒体传播中心、新闻发布中心、一站式服务窗口、国际业务结算中心，全球采购与分销系统中心等。

（3）三大中心功能：

1）运输中心：由整合客运站、货运站、铁路中转、国际航空、特快专递等构成运输网络体系。

2）仓储中心：由整合保税仓库、成品仓库、小商品仓库等构成。

3）物流中心：由计算机中心、商务中心、国际业务结算中心、全球采购与分销系统中心等构成。

（4）五大体系功能分解

1）仓库管理系统：仓库管理系统是提升传统仓储企业进行货物管理和处理的系统。系统分为入库、存货、出库、运输、账单结算、统计查询等多个功能模块。通过这一系统，可以实现仓储作业流程的电子化。系统同时支持多种类型的入库、多个公司或仓库运作、多种类型的计费方式。系统同时配备模拟仓位图，可以对货物存储和出货等进行安排，系统同时可为客户建立数据接口，可以根据客户的要求实现客户的远程货物管理。

2）配送中心管理系统：配送管理系统是进行配送中心作业流程和物流管理的系统。系统除了实现基本的仓储管理功能外还包括仓库管理、自动补货、拣货、定单计划、定单拣取、包装、库存控制、配送安排、线路优化和跟踪等功能模块。系统可以与R系统建立接口，实现配送中心的现代化物流配送。系统可以与供应商建立管理接口，实现供应商主动补给功能，可以与EDI/XML平台实现数据交换。

3）运输管理系统：运输管理系统是在全面衡量、分析、运输作业流程的基础上，运用现代物流管理方法设计的先进的标准的运输管理体系。系统主要有议价、估价、调度跟踪、委托、单证管理、账务管理、制造业优化功能模块组合。系统良好的扩展性还可根据客户的具体情况和要求进行个性化的定制。采用先进的软件技术实现计算机优化辅助作业，特别是对于网络庞大的运输体系，TMS能够协助管理进行资源分配，作业匹配路线化等操作。

4）跟踪处理平台：跟踪处理平台除了对集装箱及车辆进行监控、保护车辆的运输外，还可以与货运公司的工作流程紧密结合起来，提供适用且必需的服务。用户可以定时查询当前被跟踪车辆运输货物情况，实时了解被跟踪车辆的运输计划情况；实时了解跟踪车辆的事故记录情况，实时调度，实现双向通信功能。

5）营销渠道管理系统：营销渠道管理是物流中心电子商务四大体系中的一个组成部分与系统中心其他有着内在灵活的关联，便于企业统一规划，分步实施，根据企业循序渐进地实现终端现代化管理。网上营销渠道管理系统包括系统管理、产品管理、营销管理、客户管理、库存管理、日常事务管理等六个组成部分。采用先进的管理，帮助企业在全国范围内建立高效的营销体系；更加灵活地开展业务活动；减少库存的积压和资金占用。

(5) 项目规划并联图（此图略）

(6) 项目规划图说明

八大组团，三大区与五大体系，三大中心的关系及地位是以服装品牌展示贸易、市场与商品集散批发为龙头，以企业文化、商务活动、商贸旅游为辅助，以运输中心、仓储中心、物流中心及四大体系为核心配套，以吸引人流、资金流、技术流、信息流，形成以服装企业为主体，以家庭和个人为单位的循环消费，聚焦本项目，吸引社会公众关注，全面推动整个服装城的良性发展。

(7) 第一期项目规划

1）主要经济技术指标：

a. 占地规模4万平方米；

b. 建筑面积10万平方米；

c. 商铺面积5万平方米；

d. 容积率2.2；

e. 绿化率：沿张博路30米绿化带；

f. 停车位：1.5个/100平方米。

2）总体规划

一轴两区三组团。

a. “一轴”为地块中部走向的展示轴线，包括入口中心广场、展示中心、精品服装展示长廊、酒店办公等功能形成整个服装批发中心的一条立脉。

b. “两区”是轴线南北两个区域，相对集中聚集服装批发城部分，一边为女装批发，另一边为男装批发和童装批发。

c. “三组团”是指服装城批发组团、商务配套及休闲组团和货运物流配送组团。

3）建筑规划

服装批发城分为南北两个规模不等的区域，隔中央规划景观组团相望，每个区域是独立的建筑群，建议各建筑之间用天桥连成一个整体，形成品牌文化展示长廊，既可方便服装分期建设与招商又可形成独特的文化景观和商业氛围。

由于项目所处位置与两个规划景观和广场毗邻，建议在建筑造型和立面上增加些动感色彩和水景营造，以打造一道亮丽的风景形成城市景观。

建议楼层为四层，同时设地下和广场停车库。在立面造型上采取现代手法，结合服装城的形象定位，同时又作为本市的标志性建筑。

4）交通组织规划

建议人车分流。这样既可以保证道路畅通又可以保障行人安全。在建筑内部交通组织上，人流可以通过楼层电梯进入各层平面，通过相邻建筑的天桥以及步行街进入各栋建筑。货车可以从侧面车行入口进入地下车库或进入层面停车场，使之方便货物装卸与运输。

5）整体装饰风格

突出服饰文化特色，从造型、色彩、材料等方面结合商城定位使用设计特色：包括各类装饰品、艺术雕刻、字画、灯具、广告牌、花卉设计制作等，注重夜间灯光照明，每一层叠放位置配以黄色泛光聚集等照明；营造一种特色旅游文化与国际商贸的和谐氛围。

室内装修设计以简约为主，强调空间和材料的搭配、体现开阔、明亮、艺术氛围特色，体现各楼层功能经营特色，并充分将室外景观自然过渡到室内增强整体感。

所有商铺广告招牌、户外灯箱、吊旗、POP、指示导向牌等设置由商场统一规划，按CI形象统一制作，力求完整统一形象。

6）展示中心及景观绿化设计

a. 展示中心设计

展示中心朝入口中心广场，处于整个批发中心的核心位置。因此，它应该是一幢精彩、独特的标志性建筑。在设计构思上我们着意突破对均衡的布局，力图创造一座充满动感和活力的现代建筑。展示中心是对服装品牌的展示，同时也是一个可以作为新闻发布、时装展示表演、聚会等多功能用途的大厅。围绕中央大厅是5个扇形的展厅，光线充足，也适合布展，地面一层为分展厅及商务信息中心、银行、休息椅、咖啡等服务功能。同时，东西为布展的货运出入口。

本方案最具特色的是它展厅的立面设计。一片金属屋面从地面围绕中央大厅呈螺旋形升起到三层展厅，极具动势，同时也喻义着服装批发中心事业蒸蒸日上。

b. 景观绿化设计

一座高起点的服装批发城一定要有出色的景观绿化，即让人赏心悦目、烘托商业气氛，能创造别具一格的标志性。首先，设计中我们突出营造入口中心广场，广场两侧入口设计了两片风帆状膜结构大厅，喻义一帆风顺，同时膜材也与服装布料有相通之意，在广场的中央，建议布置大片的音乐灯光喷泉能够汇集人气，营造出喜庆的商业气氛。在广场两侧设计了人们休息的场所。

强调中央轴线两侧道路的带状的绿化，形成两条林荫大道，使整个中央展示区成为一条宜人的绿化休闲带。同时重点处理批发城部分的步行街系统，通过小品、绿化、灯光及休息设计的布置充分烘托气氛，给购物者带来良好的心理感受。

7）展示中心功能及功用设计

a. 展示中心功能设计

建设展示中心的目的就是为了吸引人流、物流、营造商业气氛。展示中心要突出四大功能：

（a）四季服饰展示和模特表演；

（b）设立中国服装博览馆，现代服饰展示窗；

（c）举办大型文艺演出；

（d）召开服装新闻发布会。

b. 展示中心的功能及功用

其主要功能及功用如下：

(a) 引领潮流：展示国际服装生产国的最新信息和成果，展示国内具有代表性的时装，收集发布流行服饰信息。

(b) 常年展示：不同于一般的博览会，不是“临时搭台”，而是长期与服装市场融合一起，相互依存、相互促进、相辅相成。

(c) 交易结合：中心为入驻会员商户提供远程交易系统，客户在中心直接可以完成选择，包括询价、订（购）货、下订金、封样等交易程序。

(d) 委托服务：会员展商无须派人常驻，所有展销信息、交易由中心代理厂家只需建立即可，把销售费用降到最低，零距离接触市场。

(e) 系统策划：展示中心会经常性地组织策划专业活动，包括服装设计、大赛、模特表演、专业会议，服装文化沙龙等，集窗口、展会、市场交易、广告效应于一体。

(f) 保护产权：中心将严格恪守“为商户保密”原则，对参观者有一定的要求，未经商户许可“不剪板、不送板、不许拍照”等。

九、项目整合推广策划要点

服装专业市场的整合推广策划主要包括项目广告策划、项目媒介策划、项目包装策划、项目活动策划和项目推广策划。这里主要讲服装专业市场的项目包装策划、项目活动策划和项目推广策划三个部分。

1. 项目包装策划

项目包装的目的是为了营造气氛，渲染情绪，激发投资欲望，促成销售。古语云：“皇帝女儿不愁嫁”是因为他有皇帝作为后盾的一个出身高贵的形象包装。服装专业市场也一样，想招商和销售开展得比较顺利，就要对项目进行形象包装。服装专业市场的项目包装策划应该分两步走。包装，包括现场工地包装，彩绘楼盘围墙包装，招商中心包装，宣传资料、销售代表的包装等；第二步是从项目的内涵进行形象提升塑造，包括项目投资者的背景，入驻项目的客商，项目的软件工程及影响力的塑造等，以达成大气势，大氛围，大效应。

【优秀案例9-12】　某服装专业市场的项目包装策划

参考点评：该案例分别从外围包装和内涵包装两个方面对服装专业市场进行了包装，同时该案例的项目包装策划处处围绕着该项目的形象定位，值得参考借鉴。

(1) 外围包装

1) 工地现场布置建议

突出主题——国际商埠、物流中心与商务联合国的概念，将整个工地现场，以建筑设计的特色配置，使参观者一目了然。

除配置得体大方、美观、具有国际商贸氛围及服装文化氛围之外，还拟设置接待中心，服装城印象馆和样品馆。在接待中心两边设立高大方形旗杆旗帜，标志性建筑，以显示声势浩大。现场四周矗立喷绘制作的大型灯箱广告及迎风招展的广告彩旗漂浮气球、拱门等，以营造热烈的国际商业氛围。同时，制作精美豪华的形象手册和招商手册，赠送所有前来咨询的客户。

2) 彩绘楼盘围墙布置建议

以“商务联合国”本省“形象工程”，××国际商贸服装论坛，全球商情权威发布窗口，“黄金走廊，投资宝地”的口号为形象，将地盘以前瞻性的开发思路和推广理念包装起来，这样做的主要好处在于：

a. 对××服装城美化包装十分有利，体现了开发商的不凡实力和超前理念；

b. 具有广告宣传的张扬力，使项目形象得以具体化，丰富了其内涵。

3）招商中心的建议

a. 用现代电子传媒的多变功能，影响客户对本项目的兴趣及投资欲望；

b. 在招商接待中心设置项目印象馆、商品馆、各区样品馆；

c. 设计样板工程供客户参考；

d. 招商接待中心采用电子媒体的图文并茂的中英文介绍；

e. 制作精美豪华的形象手册和招商手册赠送客户。

（2）内涵包装建议

1）突出高贵血统：以国家经贸委、中国服装协会、中国总商、中国名牌战略推广委员会及××地产联合发起为主要单位的联合招商背景。

2）突出软件工程：包括全天候国际商务平台、国际业务结算窗口、全球采购分销中心、商情权威发布中心、物流配送中心等。

3）突出全程服务：包括一站式服务窗口、市场营销与推介，为客户提供采购分销，为客户提供运输、仓储与保管等。

2. 项目活动策划

这里的项目活动策划是指通过策划组织一些公关活动来达到提高服装专业市场项目知名度和美誉度的目的。这些活动可以分成好几类，在前面已经有涉及，在这里不再述说。

【优秀案例 9－13】　某服装专业市场的项目活动策划

参考点评：该案例的亮点在于其成立了一个服装论坛。由于服装论坛是定期举行的，它对本项目的宣传推广是长期的，它与其他一般的活动有着很大的差别。

成立××国际商贸服装论坛，以政府名义出面联合中国贸易促进会和中国服装协会、中国总商会，中国名牌战略推广委员会等为共同发起单位，并邀请国际服装行业组织进驻，共同成立××国际商贸服装论坛，力求打造一个类似亚洲博鳌经济论坛的效果，以此与米兰、巴黎等世界知名服装商都进行互动。

3. 项目推广策划

在写服装专业市场的项目推广策划时，第一步也是应该写推广的目的与目标，如某服装专业市场的推广目的与目标：

（1）营销推广的目的：

1）推出“购物即享受”的消费新概念。

2）使本项目成为本市以“运动、休闲、青春、时尚”为主题商场的第一品牌。

（2）营销推广的目标：

1）开业前达到50%以上在目标消费者中的知名度。

2）第二阶段达到70%以上在目标消费者中的知名度。

3）第三阶段达到85%以上在目标消费者中的知名度。

4）优先提及率达到60%以上。

在写完目的和目标后，接着应写总体推广策略。如某服装专业市场的总体推广策略：

打出首创品牌展示贸易城，商务联合国，国际商贸服装论坛和示范开放单位及自由贸易窗口的新概念。与中央电视台、凤凰卫视合办本项目商情发布节目，以形成海内外辐射之效应。

十、项目营销执行策略要点

服装专业市场的项目营销执行策略与其他类型专业市场差不多，下面介绍项目招商策略、项目开业策略、项目优惠促销策略和项目营销执行文书。

1. 项目招商策略

对于服装专业市场来说，先招商引进一些知名的服装品牌，有利于项目后期的招商与销售。所以招商策略对服装专业市场来说特别重要。

【优秀案例 9－14】　某服装专业市场的项目招商策略

参考点评：该案例的特点写得很详细。既写出了招商引资的总体策略，又对各策略进行了具体的分析说明，非常详细。

（1）招商引资策略主体及模式

1）将项目纳入山东省政府的“形象工程”及重点建设工程项目。

2）与中国服装协会、中国总商会、国家经贸委合作，促进联合招商。

3）与中央电视台、凤凰卫视合办节目，形成强大有力的辐射效应，吸引眼球，聚焦本项目。

4）统一规划，将本项目进行专业板块或组团划分，然后根据专业组团与相对应的企业进行合作。

5）先造势，再做市。先做基础设施，现场包装，样板工程，然后以出售楼花先行落订，回笼一部分资金。

6）发挥国内国际著名服装企业的融资功能，逐步形成以××地产为主体，与国内国际服装龙头企业和专业公司共同联合开发为主体的投资开发模式。

7）在招商模式上采取“组装拼盘”，“大项目带动小项目”，“内引外联”，“大中小项目联动”开发相结合的方式。

（2）招商引资策略

1）招商引资总体策略

a. 南打——北打——海外打策略：

与中国服装协会、中国总商会、国家经贸委、省政府、本市政府合作，展开“南打——北打——海外打”的全方位招商引资战略。

b. 反弹琵琶策略：

反弹琵琶，与中央电视台、凤凰卫视合办节目，将本项目送出去，把中国和海外的投资者请进来。

c. 搭建平台策略：

将项目硬件和软件工程进行专业细分，并提出达成的标准和要求及项目公司介入的条件，同时公司可采取控股，联营合作、独资、转让、出售、BOT 等多种方式以达成服装城的全面发展和平台构建。

2）策略具体分解

a. 组装拼盘，以楼招商

（a）将本项目进行完整的主题组团规划拼盘，使其既是一个主题项目的组合又不失其一个完整的服装城规划，以便投资者根据自己的需要而进行各个项目的投资。

（b）同时抓住项目本身的建设，不失时机地推出招商和促销活动，以吸引国内外著名服装品牌企业的进驻和专业公司的合作。

b. 外引内联，项目促建

(a) 以本省为驻点，在华北地区展开全方位招商引资战略。

(b) 以项目整体包装为特色，展开“南打——北打——海外打”的招商战略。

(c) 南打广东、浙江、江苏；北打大连，海外至中国香港、米兰等举行大型招商活动和宣传推广活动。

c. 预埋管线，以地卖地

考虑到本项目一旦成功，聚集人流、物流、资金流、信息流和技术流，周边环境必定寸土寸金，地价暴涨，到时必定引来“百鸟朝阳”之势。因此，在本方案实施前，要较好地控制周边地块环境，以求“有凤来仪”之时能够以土地折价参股或高价售出。

d. 联动开发，以城出世

(a) 为使项目利益最大化，我们建议将本项目纳入省政府和本市政府招商引资重点工程，同时利用中央各部委为本项目的建设推波助澜。

(b) 利用国家开发银行、当地政府、国家行业协会和权威媒体进行联合招商引资，与行业国际组织进行合作。

(c) 同时以合作、合资和独资方式，吸引服装界龙头企业和专业公司共同参与投资兴建，最大限度地发挥社会资源优势。

(3) 招商模式

1) 与服装企业合作形成招商主体，其方法可以采取合作分成、股份、土地出售转让等多种方法。

2) 与专业公司合作兴建软件工程，如与第三方物流公司合作成立物流配送中心，与媒体公司合作成立商情发布中心，与服装连锁企业合作成立商品分销中心，与电子计算机公司合作成立全天候国际商务平台等。

3) 与代理销售合作对整个楼盘进行全程策划和销售代理、力求将项目发展成为一个真正意义上的国际商埠和商务联合国及物流中心。

2. 项目开业策略

对于任何类型的专业市场来说，开业都是非常重要的，服装专业市场也不例外。对于服装专业市场来说，在开业当天举办一些时装秀、服饰展示会最适合不过了。

3. 项目优惠促销策略

对于专业市场来说，常用的优惠措施为打折或减免部分租金和税费，但是这些优惠措施并不是针对所有客户的，仅针对有利于本项目的目标客户群。如某服装专业市场的项目优惠促销策略：

租售优惠支持：本项目对以下商户入驻、购租商铺给予租售折扣优惠：

1) 获“中国驰名商标”、“中国名牌产品”、“省级著名商标”、“省名牌产品”的服装生产企业；

2) 纳税超50万以上的服装生产企业；

3) 代理、经销“中国驰名商标”、“中国名牌产品”、“省级著名商标”、“省名牌产品”企业产品的经营者；

4) 代理组织入驻服装城经营的商家；

5）服装城开业前租购并按时开业的经营者。

4. 项目营销执行文书

服装专业市场的营销执行文书主要包括各种招标书、协议书、合同和各种规范、规定等。

下面是某服装专业市场的招商优惠举措：

为体现高端专业市场的经营特性，突出本项目在经营管理方面的优越性，培育毛衫名品港的品牌知名度，保证入驻商家的品牌发展更为顺畅，特制定本优惠举措。

（1）适用范围

本优惠举措适用于所有有意进驻本项目的毛纺织企业和个体经营者。

（2）统一优惠举措（入驻即可享受）

第一条：开业后自市场实际上缴税收起，按其当年上缴增值税、营业税、所得税地方财政实得部分全额予以返回奖励，连续三年享受（出自桐委［2005］5号文件第五项第39条）。

第二条：对进场经营户的工商管理费第一年全免，第二、第三年减半收取，有关地方性行政规费三年内按标准的50%收取（出自桐委［2005］5号文件第五项第39条）。进场经营户享受市场管理方提供的工商、税务一站式登记服务。

第三条：进场经营户享受一定的税收优惠（具体待定）。

第四条：符合条件者，优先推荐加入浙江省羊毛衫协会，免第一年会费，优先享有中国毛衫联盟的信息知情权和活动参与权。

第五条：试营业期间，免收物业管理费。

第六条：从装修开始至统一开业之日期间免收租金。

第七条：享有《中国毛衫》报、《毛衫世界》杂志各1期指定版面和规格的免费宣传。

第八条：购买产权式客房的有优先认购权。

第九条：为本项目中心招商提供实质性帮助的商家入驻可协议优惠。

（3）认购优惠举措

第一条：购铺后，返租期租金总额可直接冲抵部分购房款。

第二条：“先租后售”，承租人在以后规定的承租期内，有购买意愿，累计租金可以作为部分购房款或购买时房价的预付款（房价按购买时市价计）。先租后售、租售并举的，可通过协议方式以租金充抵房价。根据购房资金的到位情况，给予一定的优惠。

第三条：获赠国际贸易中心大酒店消费贵宾卡。

第四条：一次性付清商铺所有款项，享受总价9.7折优惠，购铺的毛衫品牌商家可享受总价9.5折优惠。

第五条：认购面积较大的商家可协议优惠。

（4）租赁优惠举措（期限3年）

第一条：对品牌自愿入驻经我方审核符合条件的实行一年免租、两年交租的政策，装修自行解决。

第二条：对省羊毛衫协会会员自愿入驻的或省羊毛衫协会常务理事以上介绍入驻的品牌，经我方审核确认后可免一年半房租，装修自行解决。

第三条：对国内外著名、知名品牌企业或其代理经营户入驻，经我方审核认可，可按下列标准享受不同的优惠：

1）著名品牌、企业入驻（年度中国“十大毛衫品牌”等，如×竹、×尔多斯）：

a. 铺面租金第一年全免、第二年减半，物业管理费第一年全免。

b. 享受20期《中国毛衫》报、6期《毛衫世界》杂志指定版面和规格的免费宣传。

c. 享有入驻楼层店面位置的优先选择权。

2）中高档知名品牌、企业入驻（获省级行业荣誉、如年度“十大男装、女装品牌”等行业荣誉的毛衫企业）：

a. 铺面租金第一年减半，交纳2年物管费用享受3年物管服务。

b. 享受10期《中国毛衫》报、3期《毛衫世界》杂志指定版面和规格的免费宣传。

3）品牌代理商、经营商户如不选择1、2两种优惠方式，则可协议优惠。如：按其品牌公司要求的装修风格送装修、代付每年的品牌代理费等。

第四条：租赁面积较大的商家可协议优惠（如租赁费可享受前三年对半减租，后两年四分之一减租的优惠。租赁期满后，承租者享有该房屋优先优惠租赁权）。

备注：如公司与××公司就关于租赁1~4层B区、收购5层的意向未能达成协议，则能否退而求其次，双方协商，对未纳入我公司统一对外招商经营范围的铺面出租（电力部分），实行租赁指导限价，以便保障整体的经营运作。

下面是某服装专业市场的客户准入规定：

为体现市场的差异化竞争力，彰显项目的整体经营定位，应建立起系统的市场准入标准，作为实际招商引进工作的把关依据；同时在后期经营过程中建立相应的管理制度和奖励机制，保障进驻品牌商家的利益，同时做好市场培育，促进国贸中心品牌的成长和发展。

第一条：为了维护国际贸易中心的品牌形象，培育市场主体，规范市场准入，增强市场的整体实力和竞争力，促进毛衫业繁荣，满足产业升级的行业需求，制定本规定。

第二条：本规定适用于毛针织企业、经营者进驻国贸中心的资格审查及监督标准。

第三条：本项目准入资格审核小组为本规定的制订和执行组织，直接对××中心管理有限公司（筹）负责。准入资格审核小组人员组成如下：（略）

第四条：报名资格审查：

（1）须出具营业执照等能证明从事毛衫行业的相关合法证件，并提交复印件备档。

（2）外资公司须出具在中国境内从事经营活动的合法证件，并提交复印件备档。

（3）个体经营者须出具合法的品牌代理授权书，涉及外贸业务须出具按照国家有关法律、法规办理的相关手续原件，并提交复印件备档。

第五条：准入对象范围：

引进对象根据规定的业态布局划分如下：

（1）1F系列：汇集向系列化、组合化、多元化发展的毛衫知名品牌（限制女装）。

（2）2F男装：引进男装毛衫知名品牌。

（3）3F女装：引进女装毛衫知名品牌。

（4）4F羊绒：以极具行业引领性的品牌企业的羊绒产品为主。

（5）5F商务配套：

1）会展交流中心：用于承办行业会展活动及学术论坛活动。

2）资讯发布中心：收集发布产业链各环节的实效资讯、商机，承办企业新闻发布会和新品发布会。同时作为中国毛衫流行色发布中心，对企业进行色彩流行趋势指导和人员培训。

3）经纬SHOW台：配设高规格T台设备，主要为大型会展、企业新品发布及行业公关推介活动的毛衫服饰SHOW提供服务。

4）商务餐厅：为整个市场人员、客商、会展活动人员提供从工作餐到商务宴会等系列餐饮服务。

5）商务休闲中心：提供商务洽谈、票务预定、公关娱乐等服务。

备注：本商务配套区同时作为省羊毛衫协会特别驻地，由市场经营管理公司统一运作，会展、餐饮娱乐业务面向社会征集业务代理和经营商。

第六条：基本规定

商家须遵守下列规定，在交纳保证金，通过准入资格审核小组审核后，由××中心管理有限公司（筹）最终确认，然后办理认购相关手续，保证金自动转为定金，可以准入，签发《准入证》。如经审核以后，客户的品牌不适合进入毛衫名品港的，将退还保证金：

（1）进驻商家的经营范围须符合市场整体定位。

（2）进驻商家须遵守市场楼层业态布局安排。

（3）进驻商家须参加经营主体准入培训班学习。由经营管理部门联合市场物业、消防等部门，对新入场的经营主体开展工商法规、场规场约和诚信等方面的知识培训，培训完毕后，经国贸中心管理有限公司审核，办理进场交易证。

（4）进驻商家须认可并遵守市场管理方制定的日常管理制度。

（5）进驻商家应积极参与、配合市场经营管理公司合理的促销、推广活动。

（6）进驻商家有义务配合市场经营管理公司为提高市场的整体竞争力，根据行业发展趋势而引进新服务系统的建设，如电子化信息服务建设、电子商务交易平台等。

（7）进驻商家须服从、遵守市场管理方制订的经营秩序以及会同工商或有关职能部门开展商品质量巡查监管，包括12315申投诉的处理等系列监督机制。

第七条：优先准入：

符合下列条款规定之一者，在交纳保证金，通过准入资格审核小组审核后，由××中心管理有限公司（筹）最终确认，然后办理认购相关手续，保证金自动转为定金，优先准入，签发《准入证》：

（1）著名品牌、企业（如×王、×尔多斯）；

（2）独家经营者，外地品牌在本区域独家经营者；

（3）经营大户；

（4）产品质量、市场占有率居同类产品前列者；

（5）产品年销售额、实现利税居行业前列者；

（6）企业的生产装备、技术创新、产品开发能力居行业前列者。

第八条：准入审查内容与评估标准：

由准入资格核准小组研讨制订详细的审查内容与评估标准，对预登客户进行综合审查，形成评估报告，由××中心管理有限公司（筹）最终确认。

（1）企业规模及经济效应占30%

1）企业资证：占5%

a. 产品性质与范围；

b. 注册资金和流动资金额。

2）生产运营：占10%

a. 年产能力和年经营量；

b. 生产规范和质量控制。

（主要针对入驻企业，如ISO9000管理认证、ISO14000环保体系认证等行业规范）

3）经济效应：占15%

a. 年销售额；

b. 利税。

（2）市场开拓及品牌知名度占30%

1）市场拓展：占10%

a. 营销网络；

b. 市场占有率。

2）品牌和产品：占20%

a. 品牌定位（须中高端）；

b. 品牌知名度；

c. 产品市场竞争力。

（3）企业管理占15%

1）设备管理水平：占5%

2）产品执行标准与质量：占5%

3）生产安全管理与劳动用工状况：占5%

（4）发展规划占15%

1）产品研发：占5%

2）品牌推广：占5%

3）品牌发展前景：占5%

（5）行业信誉占10%

1）法人代表经济劳资信誉（银行信用等级）：占5%

2）产品质量与保障信誉：占5%

十一、项目经营管理要点

服装专业市场往往是建设容易经营难。经分析，成功经营运作的服装专业市场都具有以下特征：

（1）充分发挥地产与商业相互结合的优势，形成清晰的商业地产盈利模式。

（2）服装文化是活力源泉，市场需求是服装市场发展的基本动力，那么服装文化的不断创新与传播才是服装市场生生不息的火力。

（3）优秀的企业家团队是服装市场成功的灵魂。

（4）政府支持引导形成产业聚集效应是服装专业市场成功的重要环境。

（5）连锁经营是现代服装专业市场的必由之路，信息化与知识管理手段是连锁经营管理的关键。

（6）用高新技术武装服装产业，不断满足客户个性化需求。

1. 项目经营管理策略

事先制定经营管理策略，有利于服装专业市场的日后经营。同时，还要考虑服装专业市场的经营管理模式。如某服装专业市场的项目经营管理策略：

借助于××集团的综合功能，将物业管理与商业服务紧密结合，采用国际化的商业服务标准，并按国际惯例组织经营，重点宣传顾客（承租业户）满意。

2. 项目经营管理公约

在制定了服装专业市场的经营模式和经营管理策略后，接下来应制定项目的经营管理公约，使日后的经营管理做到有约可依。

3. 项目经营中的宣传推广

服装专业市场在日常经营中，也要经常举办一些活动，刺激人们的消费欲。其中在节日举办各种各样的促销活动是最常见的。

第二节　建材专业市场项目全程策划要点

随着房地产业的发展和人们对居住条件要求的提高，建材的需求量也越来越多。由于建材具有体积大，比较笨重的特点，故建材专业市场多建在城市的边缘或郊区。

一、建材专业市场行业分析要点

对建材专业市场的行业分析主要分成三步，第一步是对我国建材专业市场的现状分析，第二步是对我国建材专业市场的发展趋势分析，第三步是对本市建材专业市场的现状分析。

1. 我国建材专业市场现状分析

对我国建材专业市场的现状进行分析，要从宏观的角度去分析，同时要多用一些指标、数据来说明问题。

【优秀案例 9－15】　某建材专业市场的我国建材专业市场现状分析

参考点评：该案例的亮点在于其分析完我国建材专业市场的现状后，还分析了国际建材装饰材料进入国内市场的必然性。当国际建材进入中国市场后，会打破现有的格局，竞争变得更激烈。

（1）国内建材装饰市场的现状

1）建材装饰业加速发展（具体分析略）。

2）装修建材需求有望突破7000亿元（具体分析略）。

3）建材装饰业市场规模在扩大（具体分析略）。

（2）国际建材装饰材料进入国内市场的必然性

1）市场发展的结果（具体分析略）。

2）市场的空间吸引国际建材装饰材料进入国内市场（具体分析略）。

3）市场发展缓慢（具体分析略）。

【优秀案例 9－16】　某建材专业市场的我国建材专业市场现状分析

参考点评：该案例的特色在于其对国内两个比较知名的建材市场进行了分析，值得参考借鉴。

1）佛山的建筑陶瓷卫生洁具市场的形成

a. 佛山建陶市场周边的产业结构特色：

佛山地区的建筑陶瓷产量已占全国总产量的55%以上，因而佛山在全国建陶行业以石湾、南庄、西樵为中心，并向周边的市镇延伸，形成了庞大的产业规模。目前，佛山地区已有300多条陶瓷生产线，建筑陶瓷的年产量可达13亿平方米。随着佛山陶瓷业的快速崛起，与佛山陶瓷有关产业也得到了快速发展，陶瓷燃料供应企业、陶瓷机械企业、陶瓷产品包装企业、陶瓷进出口公司的经营规模和效益也得到了迅猛的发展。

b. 市场特色：陶瓷为主要产业，形成了集生产、销售为主的一个个龙头企业，在国内乃至国外已经享有盛誉。

2）山东淄博建材工业园的形成

a. 山东淄博建材工业园周边的产业结构特色：

工业区规划面积达7平方公里，目前区内已入住×泉建陶厂、×龙建陶厂、×沣建陶厂、×炳建陶厂、××方建陶厂、××水泥厂、×山水泥厂等近十家建材企业，水泥年产量达200万吨，墙地砖年生产能力1亿平方米，建材产品质量好、档次高，畅销全国各地，市场前景广阔，发展潜力大。工业区建成后，水泥年产量达800万吨，墙地砖年生产能力1.8亿平方米。工业区地理环境优越，东、南、北三面环山，石灰石、煤炭资源丰富，建材原料充足，是一处适合发展建材业的风水宝地。

b. 市场特色：以原材料开采、开发为主，在成本上有很大的优势，已形成资源充足，销售渠道健全的兴旺的市场氛围状态。

2. 我国建材专业市场发展趋势分析

一个建材专业市场的生命周期长达十几年甚至几十年的时间，若对建材行业的发展趋势把握不准，有可能导致建材专业市场因经营不善而倒闭。

【优秀案例9－17】　某建材专业市场的我国建材市场发展趋势分析

参考点评：该案例列举了建材专业市场的五大发展趋势，所涉及的方面很广，值得参考借鉴。

发展趋势之一，批发零售分工将逐步清晰。

发展趋势之二，城区建材的零售市场将向错位经营发展。市场布局比较密，为避免盲目竞争，在商品定位上将以特色来锁定各自的消费群。超市经营的中档偏高的商品和门店租赁商铺定位将向两极发展，城市中心的地区，向经营高、精、新商品，或向有特色的专业市场发展。在城市边缘地区的市场，商品定位为中档偏低和常规商品。一些品牌产品将开设专卖、专营店，在居民集中社区开设便民店，从而形成不同档次，不同营销方式，互为补充的新商区。建材超市是专业的零售型业态与批发业态相结合，是目前最新、最现代的一种商业形态，是未来占主导地位的市场。

发展趋势之三，批发市场都盲目扩大经营面积，云集众多小商小户的状况将发生变化。通过竞争，一批经营有方的经营户将不断扩大，形成大经营户群，而经营乏术的小商小户将逐渐被淘汰。市场中的各大经营户与零售商、大户之间，逐步建立起相对稳定的营销网络，各自经营做大不同品牌商品。市场更加规范有序，交易环境、市容场貌得到根本的改善。

发展趋势之四，市场将向有特色的专业市场发展。而建材广场特色的专业市场将越来越受到消费者的欢迎而得到发展。

发展趋势之五，物流一向作为独立的产业将越来越被人重视。建材商品的一个重要特点是用量大、价值高、物流费用在商品成本中占一定比重。降低物流成本，是提高竞争能力的重要途径。同时配送中心的发展，也呼唤高效率，低成本的物流产业。因此，物流从市场中的附属地位，将形成一个独立的专业化、现代化、社会化的产业，建材超市的物流成为竞争的实力基础。

3. 本市建材专业市场现状分析

在分析完全国建材专业市场的现状和发展趋势后，还要分析本市建材业的现状，因为就算国内建材专业市场如日中天，也不代表在本市适合开发建材市场。

【优秀案例9-18】　某建材专业市场的本市建材专业市场现状分析

参考点评：该案例在分析完本市建材专业市场的开发现状后，还分析了本市建材专业市场销售现状，得出的结论是有65%的建材专业市场只租不卖，有30%的建材专业市场既租又卖。这些结论都有利于开发商对租售比率的确定。同时，该案例还采用了立体饼状图，做到图文并茂。

（1）本市建材类专业市场开发现状及分析

近几年来，本市的建材市场依托本市蓬勃的房地产市场得到了很大的发展。从其分布来看，建材市场大多集中在北门。在我们的市调中发现，本市的建材市场逐渐向规模化、专业化、物流化发展，而分布区域也呈扩展之势。主要的新开项目有：××纪装饰广场、××·美家饰、××建材、××装饰城系列，以及一些区域内的拟建项目：××高笋塘博美项目、××家园高笋塘项目、××饰材精品城二期等项目。

（2）本市建材类专业市场销售现状及分析

建材市场作为商业地产项目，其目的是为了满足消费者的需求，这里的消费者是集投资者，经营者与终端消费者为一体的群体。从本市目前的建材市场来看，特别是单层市场式的建材市场，多数还是采用只租不卖的经营模式；新开发的多层商场式建材市场则采用了租售相结合的经营模式，从而达到更好的资金回收效果。

从目前市场上出售的项目来看，其价格与一般性的商业地产的价格有很大价格差空间，一般来说，区域项目的价格差在2000~5000元/平方米之间，个别区域更大。这一方面反映，建材市场的整体品质不高，无法从产品硬件本身及产品附加价值上提升商铺售价；另一方面，反映了建材经营行业的租金承受力相对薄弱。针对本项目，在市场定价等方面要根据实际进行科学定价。但从销售情况来看，进入商业地产市场进行销售的建材市场，其市场表现都较好，一般销售率在60%以上，说明本市建材类专业市场还有很大的市场空间。

二、区域调查分析要点

建材专业市场可以根据自己的需要在区域内开展一些调查，收集一些有用的信息，如某建材专业市场对钢材经销公司的调查统计：

单位	经营品种	交易量（万t）	交易额（亿元）	所在地	渠道	备注
××集团	建材	100	30	三区	外地市十个办事处	
××钢材总公司	建材	100	30	三区	外地市五个办事处	
××贸易公司	二手钢轨板材	12	3.6	河东	进口为主 全国销售	

【优秀案例9-19】　某建材专业市场的区域调查分析

参考点评：该案例通过用调查问卷的形式对不同行业的人员进行调查，所问的问题很有针对性，并对得出的结果进行了分析，值得参考借鉴。

本市市区内拥有数量不少的临街商铺，这些临街铺位多是民房改建，普遍较为陈旧，基本以出租为主，铺位租金在10~25元/平方米之间。我们对×民路、×修路、×山路、×云路、×

民路等地的建材商铺进行随机抽样调查，抽样调查结果如下：

（1）对供货途径的调查：

1）访谈形式：随机抽样

2）走访时间：2004 年 11 月 16 ~ 20 日

3）走访样本量：138 个

4）涉及行业：10 种

5）抽查行业类型一览表：（略）

6）访谈涉及的问题共分为七类，分别是：

a. 第一类问题：经销产品的来源；

b. 第二类问题：经销产品的种类和价格；

c. 第三类问题：经销产品的主要销售对象；

d. 第四类问题：经销产品的仓储解决办法；

e. 第五类问题：经营场所的获得方式；

f. 第六类问题：如何看待“中海壳牌”对大亚湾的影响；

g. 第七类问题：如何看待规模化行业经营。

7）访谈要素列表：（略）

8）结论分析：

a. 各类建材产品的产地都不在本地，商家多采用代理的供货形式，经营规模小，难以形成行业优势。

b. 消费对象是终端市场，没有中间商，销货的量不大，大量货物交易都是由厂家直接发货，仓储量小，难以形成货源优势。

c. 经营者多以租赁方式经营，月租金多在 1000 元/月（以 1000 平方米铺面计），经营成本相对较低，生存风险小。

（2）对于华南建材城的了解情况调查表：（样本量：138 个）

结论分析：

1）项目对于本市人来说，知晓的程度比较高；

2）经营者对于项目了解的程度比较低；

3）要使经营者对项目产生兴趣，并愿意进场经营，必须做大量的市场推广工作。

三、项目自身情况分析要点

对于建材专业市场的项目自身情况分析，笔者在这里只介绍建材专业市场的项目基本情况分析、项目开发涉及企业分析和项目开发建设意义分析。

1. 项目基本情况分析

对建材专业市场的项目基本情况分析，主要是分析项目的一些经济技术指标和地理位置。

2. 项目开发涉及企业分析

若投资商资金雄厚，则有利于建材专业市场的开发建设；若开发商实力雄厚，则有利于建材专业市场的销售。

3. 项目开发建设意义分析

这里所说的项目开发建设意义即项目开发建设的社会效益，是指建材专业市场建成后对社会所带来的好处。

【优秀案例9-20】 某建材专业市场的项目开发建设意义分析

参考点评：该案例从九个方面写了该项目开发建设的意义，其中“盘活国有土地资源”、“为城区的交通减轻负担”和“提高城市品位”这三点很有特色，值得参考借鉴。

建设国际新型建材装饰材料市场的意义

(1) 可盘活国有土地资源

使闲置的“××”土地得到最大限度利用，为本市和××新区产出巨大的经济效益和社会效益。

(2) 促进本市建材装饰市场的进一步发展

韩国来的产品以及新的经营模式，会激活和促进本市当地市场的竞争，从而使得其他市场得到发展。

(3) 带动地方产业以及第三产业的蓬勃发展

××国际新型建材装饰材料大市场的建设，促进××新区经济建设和城市建设，如房地产业、饮食服务业、邮政通信业、公交水电业、物流业等产业迅速繁荣起来。

(4) 推动本市城市化进程

××国际新型建材装饰材料大市场的建设，带动周边城市化建设，为××新区的建设大道北部城市化建设填补了一项空白，并为××新区的经济建设增添强大后劲。

(5) 为城区的交通减轻负担

本市一些建材装饰材料市场所处的位置基本上在市区中，严重影响着本市的交通，如：×路市场，许多车辆为其而来，为其而去，使得交通堵塞，我们的××国际新型建材装饰材料大市场位于××街上，处于城郊结合部，等我们市场建设后，许多车辆就可以通过一环、二环以及东西干道来去，为城区的交通减轻负担。

(6) 扩大就业机会

随着我们市场的建立和发展，第三产业的蓬勃发展，不但为地方政府增加巨大财政收入，而且为广大的下岗职工提供上百个就业岗位。

(7) 形成本市建材装饰材料市场带

与×路市场、×江市场、×方家园一起形成本市最大的建材装饰材料市场带，与××新区的发展目标相一致，推动××新区发展。

(8) 促进金融发展

我们市场建成后，为韩国各地建材生产与其他地区连锁超市营造出一个良性的投资环境，可引入大笔流通资金，为当地的银行等金融机构增添活力，大大增加存贷款业务。

(9) 提高城市品位

我们的市场建成后，可以促进本市和韩国的经济交往和友好往来，促进两国的友谊，对提升本市城市品位具有深远的意义。

四、项目客户群分析要点

对目标客户群的一些特性进行分析，可以为此后的项目营销推广提供依据，做到有针对性地开展宣传推广工作。

【优秀案例9-21】 某建材专业市场的项目客户群分析

参考点评：该案例的亮点在于其把目标客户群分得很细，先分成两大类，然后又对隐性目标客户群分成了四大类，最后又将商业地产投资者细分为六类，层层细分，非常值得参考借鉴。

此外，该案例还分析了各类目标客户群的投资能力、投资注重点、投资形式，并根据这三个特点提出了引导他们投资的建议，这也是值得参考借鉴的。

随着商业地产业的飞速发展和市场的快速变化，商业地产项目的同质化现象日趋明显、严重。项目本身的无差别性，导致无法囊括所有的客户群体。因此，只有充分的把握市场，深入研究区域特征和项目的自身长处，扬长避短；深入分析潜在客户的心理需求以及影响消费者需求的因素，认真解决“5W1H”的问题，才会取得良好的市场表现。

（1）项目目标客户群体描述

针对本项目的市场研究发现，项目的目标客户群可划分为隐性目标客户群和显性目标客户群（又可称为终端消费群体）两类。

1）显性目标客户群体

即进入市场购物的消费者，作为批发零售兼营的专业市场，本项目具有很大的终端消费群体。其辐射范围包括本市市区、周边郊县、西南二级城市以及陕西、贵州、重庆、云南、西藏等邻省消费者。从消费者性质来看，本市及周边郊县的消费者多以散购为主，是市场零售的主要目标消费者；二级城市及临省市的消费者多以批发团购为主；一些大的装饰公司也是批发团购的主要消费群体。所以，在后期的经营管理过程中，要合理的控制商品价格构成和整体宣传，从而达到吸引人流，培育市场的目标。

2）隐性目标客户群

项目的隐性目标客户群体主要有：建材经营者、商业地产投资者、建材生产厂商、经营集团以及职业炒家等。本项目定位于专业建材批发零售市场，最大的开发目标是出售、出租。所以其销售主打客户应该是原建材经营者和了解区域情况的投资者。所以，本案针对项目的具体情况及市场状况，重点对这部分隐性目标客户进行深入的细化分析。

（2）项目目标客户细分研究

1）建材经营者：

这是本项目的主打客户，他们对市场了解透彻，清楚本市建材市场行情。长期从事建材经营，对本市建材市场的热点区域和市场极为清楚和敏感，其投资欲望较强，但同时相当重视市场的商业氛围和财富气质。投资额有高有低，一般在20万~80万之间。但多数采用租赁经营的方式。对待这类客户，项目的经营效益是最好的说服因素，其次解决好租金成本与购买成本之间的阶段性利益冲突，采用多方位的销售手段、付款方式、降低入市门槛是拉动此类客户产生购买行为的关键。

2）商业地产投资者：

这是本市近年来商业地产火爆的主要因素，投资者构成复杂，投资原因明确，升值或收租金是其主要追求。其中包括：改变银行存款方式的投资者、拥有大量闲置资金并且无自主经营能力或主观愿望者、专门从事不动产购买及出租者、私营企业业主、国企及大公司高层管理者、部分政府官员（有灰色收入者），投机投资者、职业炒家，有境外资金支持的个人、有稳定且高租金回报者、周边县市的投资者（单位、个人）等。他们看中的是项目的良好出租率，自己的稳定投资回报和市场兴旺的经营效果，以及项目的升值潜力。因此以物业品质、市场招商为主体，合理划分商铺面积，设定多总价区段的商铺，满足不同资金实力客户的投资需求是项目能否成功销售的关键。

因商业地产投资者在本项目销售过程中所占比例较大，以下对这部分客户群中的大部分主体进行个体研究并提出实行针对性引导的方式：

a. 改变银行存款方式的投资者（拥有大量闲置资金并且无自主经营能力或主观愿望者）：

（a）投资能力：15 万~40 万元之间。

（b）投资注重点：投资总额，稳定的投资回报，项目的升值潜力，良好的市场出租率，在情急状况下能否将物业迅速转让或抵押。

（c）投资形式：按揭较多，部分采用一次性付款。

（d）针对性引导：突出低总价高回报商铺项目的租售两旺的状态。宣传推广中引导其改变存款方式并选择本项目，引导无投资欲望的人群产生投资冲动。

b. 专门从事不动产购买及出租者：

（a）投资能力：15 万~60 万元之间。

（b）投资注重点：是否具有可投资的一般特征及与其他可投资型地产项目的比较优势，而且更看重其比较优势，进行选择式投资。

（c）投资形式：多以按揭方式，以租养供，并尽量追求租大于供。

（d）针对性引导：突出优势点，并将主优势点放大，用本项目在一般特征的基础上所具有更优势的点去吸引其投资。

c. 私营企业业主，个体工商户业主：

（a）投资能力：30 万~80 万元之间。

（b）投资注重点：在项目具有可投资一般特征的同时，拥有更大的升值空间和短时间内升值的预期，项目的市场知名度、认可度及热销度。

（c）投资形式：期待升值类投资者一般采用按揭方式，便于转让，并且可以增大其投资额，部分会采用一次性付款方式将其作为不动产长线投资。

（d）针对性引导：运用对升值空间的大胆预期和阶段性的升值宣传，让其既能听到又能看到升值的现在进行时。在推广过程中加大并渲染市场知名度、认可度、热销度的宣传，聚集更多的此部分意向客户，并增大下单率。

d. 国企及大公司高层管理者、部分政府官员（有灰色收入者）：

（a）投资能力：30 万~200 万元之间，或者更大。

（b）投资注重点：具有可作为不动产投资的一般特征，有升值空间及独立产权，易转让套现，前景看好。

（c）投资形式：多以一次性付款为主。

（d）针对性引导：推广独立产权式的商业大卖场及本市少有的建材类独立产权的专业市场，使其对项目前景充满信心。

e. 职业地产炒家：

（a）投资能力：30 万~200 万元之间，或者更大。

（b）投资注重点：项目的升值空间和升值速度，短期内能够获得较大收益，易转让，变现能力快。

（c）投资形式：少量投资多以一次性付款为主，大量投资则多以按揭为主。

（d）针对性引导：项目售价提高的迅速告知，热销形势的放大描述，营造热销场景及热销氛围的强烈视觉效应。

f. 投机投资者、小型炒家：

此部分虽不是项目的准客户，但对于商业地产项目，有其存在的必要性，而且此部分人群的存在会对现场气氛及下单速度产生明显的有利影响，但销售方要注意绝对控制此部分客户的比例，以免对正常销售产生负面影响。

（a）投资能力：一般只参与前期排号阶段的炒作，投资额度较小。

（b）投资注重点：项目极大的市场需求及热销度。

（c）投资形式：购买排号优先权或获得活动优惠权。

（d）针对性引导：可不进行故意式引导，但要进行绝对控制。

3）建材生产厂商

这类客户主要是一些国内外不同档次的建材品牌生产企业，为了更好地进入本市市场和更多的抢占市场份额，它们选择有影响力的专业性商场进行品牌展示和宣传。其办事处一般也设置于该商场内。这类客户的投资额在50万~200万之间。他们看中的是市场品质感，经营水平，市场档次，以及市场的基础配套等。因此以物业品质、市场招商为主体，解决品质化、低成本、高效率经营是引导其购买的关键。

4）经营性商业集团

主要是商业经营公司，代理多个品牌和产品，在多个市场都设有门市，选择新的市场门市是为了扩大经营，获取更大的经营利润。他们一般采用租赁商铺的模式，如果一定要购买商铺，看中的是商铺的升值潜力和商场的整体经营水平。其投资额在30万~100万之间，同建材生产厂商一样，以物业品质、市场招商为主体，解决品质化、低成本、高效率经营是引导其购买的关键。

五、项目竞争者分析要点

建材专业市场项目对竞争者的分析内容可以包括多个方面，如基本指标、总体规划、功能分区、铺位分割情况、租赁情况以及其他情况分析。这里仅介绍对竞争者的规模、商铺面积及租金的分析。

1. 项目竞争者规模分析

反映竞争者规模的大小除了占地面积外，还有其他的一些指标，如摊位个数、年交易量、年交易额等。下面是某建材专业市场的项目竞争者规模分析：

本市钢材市场交易统计表

市场	占地（亩）	摊位数（个）	交易量（万t）	交易额（亿元）	交易钢种	销售地域	备注
××九曲钢材市场	1000	500	400	120	生产用材 二手材	鲁、苏、豫、皖、浙、沪	迁移
××钢材市场	1000	300	200	5	二手材	鲁、苏、豫、皖、浙	
××区钢材市场	300	30	60	20	建材 板材	鲁、苏、豫、皖、浙、沪	迁移
××钢材市场	200	80	80	30	建材	鲁、苏	
×路钢材市场	100	15	50	20	建材	鲁、苏	
×庄钢材市场	100	20	30	10	建材	鲁、苏	
其他市场			180	50	建材		
合计			1000				

2. 项目竞争者商铺面积及租金分析

对竞争者商铺面积及租金进行分析，有利于建材专业市场的商铺规划设计及价格定位。

【优秀案例 9－22】　某建材专业市场的项目竞争者商铺面积及租金分析

参考点评：该案例最大的特色在于其对竞争者调查得很详细，并用表格的形式写出了各竞争者中各专业市场所经营的商铺面积及租金，既详细，又清晰。此外，该案例还对所调查到的结果进行了总结分析，值得参考。

（1）××饰材精品城（16 家）

该市场位于××塘汽车站旁，占地面积 15 亩，已经开业 1 年半，但是目前的经营状况不容乐观，商场人气不足，空置率高，很多商家都对目前该市场的经营状况表示不满（具体调查表略）。

（2）××建材市场（15 家）

该市场位于本市二环路北四段三号，占地面积 300 亩。该市场虽然配套及规划相对落后，但是他以较低的租金价格吸引了一大批商家（具体调查表略）。

（3）×南建材洁具中心（7 家）

位于二环路北三段，约有 6000 平方米，与××建材市场一样，该市场也是用比较低的租金来吸引经营者，目前该市场的经营状况良好（具体调查表略）。

（4）××美家居（37 家）

位于三环路与×陕公路的交界处，占地面积 1000 亩，规模大，品种齐全，是目前本市最大的建材批发直销市场，经营状况良好，商家都比较满意。

业态	品牌	面积（m^2）	租金（元/m^2）	备注
板材类	朗步地板	100	45	由于是西部最大的板材批发市场，所以该市场内的经营者都比较满意目前的经营状况。有些连锁经营者表示若有机会他们会继续扩大自己的经营面积，寻找经营口岸
	国栋地板	90	35	
	升达地板	200	40	
	富林地板	200	50	
	圣象地板	180	35	
	柏高地板	100	40	
	东方红日板材	600	55	
	富森地板	300	不详	
	新众杰	700	45	
	鸿基木业	120	40	
	新红旗	400	45	
	富利木业	600	40	
	天利高木业	500	45	
	银海木业	120	40	
	强升木业	120	35	
	将军木业	120	35	

续表

业态	品牌	面积（m^2）	租金（元/m^2）	备注
油漆类	紫荆花油漆	120	40	对该市场充满了信心，对新建市场的看法是要看该市场的口岸及人气
	名匠漆	120	35	
	立邦漆	350	45	
	美国花漆	350	45	
	好彩好漆	100	35	
墙地砖	花都陶瓷	450	45	对该市场的前景充满了信心，经营状况良好，但很多都是连锁经营形式，都希望在友好的口岸下继续扩大自己的经营规模，但租金不要太高
	罗马瓷砖	700	50	
	诺贝尔瓷砖	600	45	
	白塔瓷砖	250	30	
	劳伦斯瓷业	120	35	
	维也纳瓷砖	120	35	
	东鹏陶瓷	350	40	
	利化陶瓷	300	30	
	冠珠陶瓷	450	40	
洁具卫浴类	TOTO 洁具	300	45	该区域在该市场内位置较偏，一些比较小的品牌都对经营状况不满意，有些已经表示要转让店铺
	箭牌洁具	200	40	
	科勒洁具	200	35	
	唐人洁具	200	35	
	宜都洁具	200	30	
	英皇卫浴	350	30	
	雅仕卫浴	200	30	
	大禹洁具	120	25	

（5）××装饰城（×升店 25 家）

××装饰城（×升店）位于××南路，属于本市比较高档的建材装饰城，卖场状况比较火爆。大多数商家都比较满意目前的经营状况（具体调查表略）。

（6）总结

1）本次调查商家有 100 家，其中板材地板类有 28 家，墙地砖类 23 家，洁具卫浴类 27 家，油漆类 7 家，装饰公司 9 家，其他 6 家。

2）板材地板类有 28 家，租金价格在 30～65 元/平方米之间；墙地砖类 23 家，价格在 15～60 元/平方米之间；洁具卫浴类 27 家，价格在 45～120 元/平方米之间；油漆类 7 家，价格在 30～50 元/平方米之间；装饰公司 9 家，价格在 20～40 元/平方米之间。从租金段可以看出洁具卫浴类和少量的地砖及地板一般可以规划在一楼，板材地板类以及墙地砖类可以规划在二楼或者三楼，油漆电器灯具类可以规划在三楼。四楼规划为装饰公司。

3）从调查的结果看，100 家经营者对租金比较满意的有 80 家，不满意的 12 家，有 8 家不发表意见。大多数对租金不满意的商家主要集中在××饰材精品城，这主要是该市场经营状况不佳，商家的利润没有达到预期目标。

4）经营状况满意程度

从经营状况上看，100家经营者有80家都对目前的经营状况表示满意，大多数集中在××美家居、××装饰城及××建材市场。这主要是由于这些市场的知名度比较高，人气比较旺以及管理科学的缘故。而剩余的20个都不满意营业状况的商家主要集中在××饰材精品城。

对项目竞争者进行分析时，策划人员往往只注意对直接竞争者的分析，而忽略了对间接竞争者的分析。其实间接竞争者对建材专业市场的影响还是很大的，因为其对商业地产投资者起到截流、分流的作用。

六、项目 SWOT 分析要点

对于任何类型的专业市场来说，SWOT 分析是必不可少的，建材专业市场也不例外。通过项目的 SWOT 分析，可以了解该项目存在的风险有多大。

1. 项目优势分析

分析建材专业市场的优势，可以从区位、交通、政策、规模、产业支持这几个方面去考虑。

【优秀案例 9－23】　某建材专业市场的项目优势分析

参考点评：该案例提到了项目的规模优势，这对建材专业市场来说非常重要，因为建材相对来说体积大而笨重，其所需求的商铺和仓储面积较大。该案例的亮点在于其谈到了整合营销优势，这种想法比较有创意，值得参考借鉴。

（1）区位优势

（2）口岸优势

（3）原生经济圈（成熟市场）优势

“×电建材市场”是本市的传统建材市场，形成了一定的社会影响力和知名度。项目在“×电”原址上建设，必将继承原“×电市场”的商脉，并且更新过后的本项目更会引起区域的整体更新提升。

（4）规模优势

项目总建筑面积90000多平方米，在建材类专业市场开发历史上少有出现。是本市建材市场规模最大的内街式购物场所，项目气势宏伟、体量巨大、设计现代、设备先进，建成后将是西部建材市场的旗舰。

（5）建筑规划优势

（6）大环境优势

城北经济的逐渐升温，形成了良好区域的发展前景和投资前景。城北整体经济、生活环境的改善，会促使消费者目光的转移，必将推动城北城市的发展进步。项目的建设，顺应了城北城市化发展的潮流。

（7）交通优势

（8）增值潜力优势

（9）消费群体优势

项目所在的××塘区域是本市传统的建材消费商圈，具有很好的市场口碑和知名度，具有很多固定的忠实顾客；原×电建材市场更是有很好的客户基础；同时该区域处于××火车交通枢纽，××公路等穿境而过的地带，人流可以很好的送达。

（10）“IMC”资源优势

即“整合营销”优势，由于项目的营销过程中，集中了开发商、专业咨询机构、专业媒体等的所有强势资源，所以可以形成良好的市场推广和项目形象，可以对潜在的投资型目标客户群体有很好的传播作用。

2. 项目劣势分析

在分析建材专业市场的项目劣势时，要考虑得比较全面，否则将会影响判断该项目风险大小的结果。

【优秀案例 9－24】　某建材专业市场的项目劣势分析

参考点评：该案例的特点在于其考虑得很全面，既包括了同类或非同类专业市场对本项目的影响，也包括了工期紧张准备不足、上市时间不适宜等各个方面，值得参考借鉴。

（1）区域同类竞争市场的强力促销

（2）区域异类竞争项目的客户分流

项目区域内，特别是××池区域的投资性商业地产项目，有很大的抢夺客户资源实力，特别是近期入市的××金池项目，以及××花项目的存量商铺会借助××池的商业气氛，对投资性客户资源形成很大的抢夺和分流，这是项目销售的一个必须面对和解决的问题。

（3）规模巨大加大操作难度

由于项目的体量大，业态分布于 1～4 层，2～4 层受同类竞争项目规划及租赁价格的影响，销售难度增加。

（4）建材商品属性的特殊要求

由于是专业的建材市场，建材商品有其特殊的特性和属性要求，作为批发市场，大量的库存和展示是必要的，而项目在规划设计上采用行列建筑多层设计，项目在统一的业态规划上要求较高，必须全面考虑，合理规划，才可以达到项目楼上物业的良好销售。

（5）经营管理商的品牌号召力弱

（6）项目上市时间不合时宜的影响

项目的上市时间是 6 月，正是房地产市场的“疲软期”，由于天气等自然因素的不良影响，将对项目的销售产生不利影响。

（7）同类竞争物业开发模式对销售的影响

项目整体以销售为主，与传统建材市场租赁优先的开发模式形成较大差异，经营者投资购买比例的多少直接影响项目销售进度。

（8）工期紧张引起的销售准备期过短

由于项目开工时间晚，工期紧张，同时由于营销机构介入项目的时间晚，销售前期的准备期也相对过短，对项目的理解认知，与项目甲方的合作都需要磨合，所以可能出现一些影响销售进行的不利“噪声”。

（9）项目规划单位及公摊对项目销售的影响

因项目的规划设计使得项目公摊率在 35%～45%之间，折算单位面积绝大部分集中在 45～60 平方米，面积划分档次过于集中，间隔形式单一，客户可选择性小，1 层标准单位平均售价集中在 70 万～85 万之间，总价偏高，对投资及经营客户的购买行为均会产生一定影响。

3. 项目机会分析

在分析建材专业市场的项目机会时，同样也要从外界的各个因素去寻找对项目有利的地方，从而找出项目的机会。

【优秀案例9-25】 某建材专业市场的项目机会分析

参考点评：该案例有两点值得参考借鉴。一是从新地标来发现本项目的机会，二是从商圈的更新发现本项目的机会。

（1）高端建材消费市场补充机会

本项目定位于高端的、国际化的建材批零市场，而本市原生的建材市场多属于低端市场，不成规模、不上档次，所以项目的开发针对高端市场形成主打，有其自身的核心竞争力优势。

（2）区域地标项目影响力因素机会

项目的建筑形象高尚、大气、现代，是区域的地标性建筑，这样无疑会在××塘片区形成中心聚焦，项目本身的核心建筑影响力会对项目的销售及租赁经营形成良好的市场吸引。

（3）××塘商业圈更新性项目机会

×北商圈的回归与复苏已经是历史必然，××塘商圈的升级也是发展所需。而项目顺应了历史潮流，并且项目的上市是××塘区域的先驱者，所以项目不但共享了商圈的更新趋势，也成为商圈的领袖旗帜。

（4）价格对比机会

在项目的销售上，与同区域及周边区域的商业项目相比，项目的定价有很大竞争优势，这也是项目能够取得成功的必然因素。

（5）原市场影响力及口碑机会

项目所在地的××屯建材市场，是本市历史悠久的建材市场，有很好的影响和口碑。项目可以借助原市场的口碑优势，借势宣传推广，形成很好的口碑销售。

（6）以租带售机会

在我们的营销策略上，"以租带售"是一个销售策略，项目在前期的良好招商可以很好的形成市场氛围，从而吸引投资者的关注和兴趣，从而促使其果断下单。

（7）城市规划机会

项目顺应了城市规划的方向，项目区域的建材商圈性质规划，有利于项目的经营和发展，其他区域建材类市场的旧城改造和拆迁，更有利于项目的销售和招商。

4. 项目威胁分析

分析建材专业市场的项目威胁，其目的在于知道这些威胁的存在，并针对每个威胁制定相对应的措施，尽量降低这些威胁对项目的影响。下面是某建材专业市场的项目威胁分析：

（1）周边商业投资性项目的潜在威胁。

（2）整体市场饱和形成的威胁。

由于很多商业项目陆续上市，本市整体商业地产市场，特别是投资性项目的数量剧增，使得整体市场形成饱和之势，这样会对项目销售形成威胁。

七、项目整体定位要点

专业市场的项目整体定位包括很多个方面，这里仅介绍建材专业市场的类型定位、产品定位、档次定位、功能定位和其他定位。

1. 项目类型定位

对于任何专业市场来说，并不是一开始就已经决定开发哪种类型的专业市场，而是心目中有几种开发方案，通过进一步的论证与思考，才决定开发哪种类型的专业市场。下面是某建材专业市场的项目类型定位：

立项之初，曾考虑做人才市场、引进家居专业卖场、百货超市等类型的商业项目，但通过我司全面考察和市调，无论从建筑结构还是市场情况方面进行分析，最适宜的项目都是建材卖场类的项目。所以，我们最终定位为建材家居卖场，并进一步细化定位为以装饰装修施工建材为主，家居、装饰设计及关联产品为辅的建材广场。

2. 项目产品定位

项目产品定位即要开发建造一个怎么样的产品。下面是某建材专业市场的项目产品定位：

（1）项目产品定位：

1）西部建材旗舰；

2）国际建筑材料汇展中心；

3）西部最大、最高档、最时尚、最先进、最具人性化的建材批发零售市场；

4）西部建材消费中心。

（2）定位诠释：

1）项目本身的规划设计的先进、科学、人性化为项目的高端定位设置了载体和标准；

2）项目区域的市场更新领袖市场的责任驱使，为项目的旗舰品质提出了课题；

3）项目后期经营的国际化接轨，理念先进、手段科学，国际惯例的引入和实施，将真实展现“国际”品质。

3. 项目档次定位

建材专业市场的项目档次定位应该以项目客户群定位为依据，同时要参考周边同类专业市场的定位情况，尽量减少正面竞争。下面是某建材专业市场的项目档次定位：

目前，本市市场中的大型家居建材卖场除××汇建材广场外，还有××乐、××居、××特等属于规范的超市，其他超市的综合性和专业性还有待规范，而且商品价格偏高。经过市场细分可知，××汇建材广场已经打破这种经营方式，商品全面化，突出实惠实用、保质节约、倡导平价等特色，使其能在激烈的市场竞争中立足。××汇建材广场应凭借已有的强大号召力，增加服务品种，坚持高质量低价位，平民大众化消费，开拓强大市场。

4. 项目功能定位

现代化的专业市场，除了具有商业功能外，一般还具有办公、展览等其他功能。某建材专业市场的项目功能定位如下：

××建材家居广场是集商用、办公、居住三位一体的大型多功能建材家居商贸中心。功能定位以购物为主，餐饮、休闲、娱乐为辅，包含了家居建材超市、专卖店、专业店和厂家直销中心等多种业态。根据不同家居建材产品的特性，选择不同的销售方式，涵盖了高、中、低档不同的商品层次，经营范围涉及陶瓷、卫浴、五金、油漆、涂料、橱柜、木地板、木材、板线、布艺等十余种家居建材行业产品，同时还有家居设计中心、装饰公司，能满足各种消费层次多方面的需求。

5. 项目其他定位

除了一般常规的定位外，建材专业市场还可以根据自身的特点来作出其他定位，如某建材专业市场的项目的其他定位：

在总体环境营造上和设计上追求“大、全、廉、美”四字情调，并努力使之成为本项目的环境特色。

(1)“大”，是指本建材广场的规模在本镇（项目的主要目标客户群范围）是最具规模的，招商的主体对象（特别是首层）是大型的建材商铺。

(2)“全”，是指建材销售服务项目和经营范围的全面和专业，物流、银行网点的全面等。

(3)“廉”，是指尽可能的多招以批发为主的建材经营业主、直接代理商或厂家直销的商家。建材商品性价比高，同规格、同质量的产品在市内价格是最低的。

(4)“美”，指产品质量过关，抵制劣质产品和污染严重和环保不达国标的产品。市场的环境、装修装饰等突现文化气息和高雅大气的人文理念，使休闲和购物在一个档次，在文明卫生、闲舒的环境中互动，打造“现代规范化建材广场”的模式。

八、项目产品规划建议要点

对于建材专业市场来说，由于建材品种的多样化，而且在体积、材质等各个方面差异很大，故业态规划对于建材专业市场来说是重头戏。业态规划不合理、不科学，将影响到建材专业市场日后的经营。在进行业态规划之前，可以先将专业市场按照功能的不同划分为几个功能区，然后再对每个功能区进行业态规划。如某建材专业市场的功能区划分：

(1) 商品区（包括各类装饰材料分类布局，各项服务区和收银网点等）

(2) 家装区（包括设计和施工的家装公司及其分支部门）

(3) 流通区（包括商品的采购、仓储、流通）

(4) 办公区（包括建材广场的物管、保安职能部门的办公场所）

在功能分区结束后，就可以进行业态规划，业态规划可以按区为单位进行规划，也可以按层为单位进行规划。

【优秀案例9-26】　某建材专业市场的业态规划

参考点评：该案例的亮点在于其思路很清晰，先写业态定位，再写业态规划的原则，最后根据业态定位和业态规划的原则来进行业态规划，值得参考借鉴。

(1) 业态定位理念

对宽泛的市场对象进行细分，在明确相应的目标市场的基础上，创造需求、并引导需求，从而有针对性地进行业态的整体规划，最大限度的提升商业物业的价值。

本项目定位是关键，位置地处××工业区与××镇交界地带，离市场核心区域超过500米，所以绝对不能人为定位失准。建议本项目一楼针对边缘市场进行定位，在操作上与三楼拉开差异，以避免招商和后期经营的失败。

(2) 业态规划的原则

1) 有利于降低改建工程费用的原则；

2) 有利于资产增值的原则；

3) 有利于物业升级的原则；

4) 有利于物业可持续性发展的原则；

5) 有利于降低公摊率的原则；

6) 有利于商家互补的原则；

7) 有利于商家共荣的原则；

8) 有利于商家竞争的原则；

9) 预留新业态的原则。

（3）具体规划：

1）首层业态分布：木材甲板店、瓷砖品牌店、涂料油漆店、各大品牌旗舰店。

2）次层业态分布：五金装饰品店、建筑装饰工具店、木地板形象店、洁具卫浴旗舰店。

3）三层业态分布：家居灯饰独立店、地毯窗帘布艺店、品牌门窗形象店、专业壁柜厨柜形象店。

4）四层业态分布：家具及部分电器。

5）五层业态分布：装饰公司、家居设计公司、设计室、工程图纸晒图复印服务。

在业态规划结束后，接下来就要进行商铺面积划分。商铺面积划分应遵守以下原则：

（1）以各种业态对面积需求的基础参数及项目标准单位套内使用面积的大小考虑商铺面积划分与间隔；

（2）以客户接受销售总价款的难易程度与商铺实用率为基础考虑商铺面积划分与间隔；

（3）以各价位段商铺数量的百分比及销售目标客户群的细分为基础考虑商铺面积划分与间隔。

在项目产品规划建议这部分，策划人员应附上建材专业市场的平面效果图、总平面图、商铺户型图等，以供决策者参考。

九、项目整合推广策划要点

这里仅针对建材专业市场，谈谈项目媒介策划和项目活动策划两个方面。

1. 项目媒介策划

对于建材专业市场来说，媒体也是主要选择报媒、户外媒体、电波媒体这三种，但在投放时应尽量找与建材专业市场有关的媒体，如报媒选择建材专牌或房地产专栏，选择一些建材杂志等等。

【优秀案例 9－27】　某建材专业市场的项目媒体策划

参考点评：该案例是一个针对户外媒体和电台媒体的安排策划。该案例的亮点在于其写得很详细，包括了选择哪条路线的公交车、哪个公交车站、哪些电台频道和哪些电台节目等等，值得参考借鉴。

（1）户外媒体安排

1）建材业界近期广告发布情况：

a. 建材市场车身广告投放情况：

名称	投放线路	投放数量	投放时间	备注
××纪装饰广场	52/27/79/111/18/8/94/19/303	11 台	1 年	发布期间
××家	53/25/77/8/45/59/303	9 台	4 个月	开业期间发布，已下线
××装饰城	93/57/32/47/60/59	7 台	6 个月	刚发布，车身两侧
××建材城	53/77	8 台	1 年	刚下线
××饰材精品城	83/85	4 台	6 个月	发布期间
×倍德	43/16/45/47/69/78/79	15 台	6 个月	刚发布
××建材城	68/85	3 台	6 个月	发布期间

b. 建材市场候车亭广告投放情况：

现阶段在本市市场之内，建材行业以候车亭为推广媒介的，在统计之内暂为零。

2）媒体投放策略

在项目开业前期（5~7月份）的市场轰动效应中，地面广告将是赢得这场战役的主要攻击手段。以平面的视觉冲突与本案建材市场独特的市场优势，借助24小时不落幕的候车亭广告及流动的公交车身广告为平台，引爆“××天下”建材市场到来后的销售市场新格局。

为此，我们的媒体安排主要在这个特殊时期，选择在途经市区繁华路段、小区楼盘密集型区域及其他大型建材卖场周边，发布注重展示品牌，并相对避开过度的广告干扰，起到指引和诱导作用，直接促进销售，和全面、广泛的在最大多数公众中快速形成知晓度。

a. 以公交车身流动广告为视觉冲击点（2005年5月~7月）

公交车身广告所具有的强流动性，能够迅速并最大区域内实现眼球吸引，具有强效的品牌提升度与销售增长力。

线路	选择理由	价格［元/（台·月）］	台数	制作费（元）	总费用（元）
81	全长13.45千米，每台每天共有6次往返于市内繁华商业地段及×倍德等建材市场，此线为本市黄金主干线，意在提升品牌形象。	11000	3	36000	11000×3×3+36000=135000
16	全长11千米，行程每台/每天/7次往返在城市南、北两面，行径在一、二环路之上，将一环、二环与市区的主要交通路口及繁华地段辐射在内，路线站台目的为品牌形象提升的优势平台。	11000	3	36000	11000×3×3+36000=135000
52	全长13.1千米，每台/每天/9次往返的行程，贯穿了二环路西、北面的主要交通路口，覆盖二环路周边的×河建材市场、×泰建材市场、×方家园等建材市场。中心线路的区域位置，决定了它对于销售的支撑力度。	6600	3	36000	6600×3×3+36000=95400
其他路线（略）					

费用合计：619050.00元。

公交车身广告价格计算：发布刊例价×55%+合同制作单价=计划费用。

公交车身广告提供单位：××公交广告有限公司。

b. 以户外广告为市场引爆的强力支撑（2005年5月~7月）

点位配置：30个大牌

序号	编号	尺寸	站名	公交站名	走向
1	26L2	大	××华广场	中医附院	东
2	49L1	大	×城广场	顺城大街北	北
3	63L2	大	××园	大小南街北	南
4	87L1	大	××寺大型综合市场	大一环路白马寺路口	北

续表

序号	编号	尺寸	站名	公交站名	走向
5	99L1	大	××商业广场	大新南路	南
6	113L2	大	××特金沙店	大青羊大道南	南
7	173L2	大	××装饰材料市场	大九里提路口站	西
8	184L1	大	汽车交易中心	大红牌楼站	北
9	189L1	大	××花园大型社区	大二环路东五段东站	北
10	198L1	大	××饰材精品城	高笋塘站	西
其他（略）					

费用合计520200.00元（大写：伍拾贰万零贰佰圆整）（不含画面制作费）；

候车亭广告价格计算：发布刊例价×85%＝计划费用（不含画面制作费）；

候车亭广告提供单位：广东省广告有限公司、广东省白马户外广告有限公司；

综合以上两大项，总费用为1139250.00元。

（2）电台媒体安排（5月~6月）

媒体选择：调查显示，我国车载听众比例不断上升。车载听众层次高，广告价值极大。车载移动听众中大专以上文化程度者占41.5%，比全体听众平均高17.8个百分点。车载移动听众的人均月收入比全体听众高30.2%。车载移动听众专业技术人员比例10.8%，比全体听众高3.6个百分点；公务员比例9.4%，高5.1个百分点；厂长经理比例5.8%，高3个百分点。可以说，车载听众是"有思想、有财富、有权利、有前途"的四有新人，是广告的主要诉求对象。

媒体投放策略：以广告所代来的针对目标消费群的直接性，对"××天下"品牌的推广，同时以讲述的直观性，将开业信息用最直观的语言表达出来。形成人气提升与品牌价值提升的双重表现形式。

1）相关数据内容分析

据了解，××人民广播电台交通文艺频道（交通广播）在一天中的不同时间段都出现了锯齿状曲线，这说明，该频道的不同节目都受到了听众的喜爱，一天中出现多个小高峰。收听率最高的时段出现在7：00~10：00之间，在这段时间内该频道一直保持较高的收听率。

a. 收听曲线（略）

b. 主要电台广告千人成本（10分）（略）

c. 住房预购者的广播收听情况

本市未来一年打算购买住房的人群中，高达11.8%，8.4%和6.7%的人过去一周收听过××人民广播电台交通文艺频道、经济频道和新闻频道，表明××人民广播电台，特别是交通文艺频道，在住房预购者这一特定群体中的到达率相对较高。

2）《飞哥欢乐派》节目介绍

×城最有影响力的方言广播节目品牌。是×城饮食业的风向标、是×菜的指路牌。每天下午17：00~18：00交通流量高峰时间，《飞哥欢乐派》节目准点开始。节目通过诙谐幽默的××方言，表述×菜的经典味道：品味×菜，品位人生。

《飞哥欢乐派》节目自开办以来，有几百家餐饮、娱乐、休闲、房产、家装、投播专题广告，飞哥的节目中得心应手地应用口语以及贴心的阐述，用非商业的语言，人性化地传达商业内容，能够更好地被听众所接受。节目在全天下午掀起了又一轮收听高潮，并且带动后面的节目进入收听高峰期。节目给人以活力尽现、有滋有味的感觉，节目在驾驶人士心目中有广泛的影响，又因其参与性特别强，所以个人电话参与节目的比例很高；节目结合时尚话题巧妙推出商业品牌。本市众多知名企业是该节目的长久客户。

3）投播计划

投播时间：5月7日~5月27日。

频道	时段	方式	刊例价格	折扣	执行价格
交通广播（FM91.4AM1485）《车行天下》	9:00~10:00节目插播广告	9:00、9:30插播30秒广告	1600元/天×21天=33600元	6折	20160元/21天
《飞哥欢乐派》	2分钟专题	节目中插播2分钟口语直播商家优势宣传内容7000元/21天 高峰收听时段单点8:20、8:45，30秒品牌广告各一次	1960元/天×21天=41160元	6折	24696元/21天
全天12次半点路况特约	7:30、8:30、9:30、10:30、11:30、12:30、13:30、14:30、15:30、16:30、18:30、19:30		4200元/天×21天=88200元	6折	52920元/21天
制作费用			1000元/条×4条=4000元	6折	2400元/条

14次/天×21天=294次30秒广告。12次/天×21天=252次10秒路况特约。全天3+2分钟专题，21次5分钟专题。几乎全天每半小时就有一次广告宣传。

总执行价格为：107176.00元。

综上所述：报媒、户外、电波媒体广告推广总费用为：230581.00元。

2. 项目活动策划

现在人们越来越注重健康，建材都提倡绿色与环保。因此，建材专业市场可以借此来举办活动，提高市场知名度。如某建材专业市场的项目活动策划：

××建材市场发起××县建材市场绿色革命，树立本项目倡导的建材公园理念形象。通过图片、多媒体全面展示本项目与国际接轨的先进规划理念和11000平方米绿化面积，邀请投资者、经营户、购物者共同参与本项目绿化项目规划和建议，并结合招商推介会，多方位整合有利资源平台。

活动意义：本项目倡导的绿色生态建材市场，打造本市首座建材公园，投资者不仅购买的是本项目超值旺铺，更是一份绿色生态产业和生态环境。

此外，还可以举办一些以建材为主题的展览会或博览会。

十、项目招商经营策略要点

在策划完成整合推广策略后，接下来就要进入招商阶段，在招商执行前，先要明确招商对象。下面是某建材专业市场的招商对象：

（1）招商对象

1）全国家居建材商品品牌生产厂家；

2）各级家居建材商品品牌代理商、经销商。

（2）招商要求

1）各厂商必须持有工商部门颁发的营业执照、税务登记证、生产许可证、产品合格证及其他相关证件，并符合国家有关规定；

2）经营范围中有涉及国家法律、行政法规规定的，须提交有关部门的批准文件；

3）实行商品保真经营，严禁假冒伪劣商品入场；

4）所有经营户或经营机构均须按招商流程顺序入场。

在经营模式方面，超市模式越来越多地被采用。下面研究一下建材超市的发展过程：

（1）形成市场阶段

建材超市的初期是建立大型单体建材超市，并根据市民的消费水平和消费习惯做好市场调查和商品定位。考虑到消费者80%以上是工薪阶层，所以在商品的定位上要做到“高精、中全、低保证”，即高档商品要精良、中档商品要全面、低档商品要保证。建材超市在商品正确定位的基础上，通过发挥品种齐全、质量保证、产品配套、服务到位的优势来扩大影响和吸引客户。

（2）超市配送阶段

建材超市的发展必须是零售、批发、配送的有机结合。配送是一个相当重要的阶段。建材超市的配送对象除了零售顾客外，还可为各类工程和连锁超市配送。配送能否顺利开展主要取决于中央采购配送中心的建立和业务拓展。中央配送中心的功能包括集货、分货、加工、配送等基本环节，这些环节的正常运转将以自动化作业和电脑联网为基础。中央配送中心需同国内外的供货商建立稳定的供货关系，对于质量可靠、技术先进、价格合理、具有市场竞争力的产品，要争取做总代理和总经销，一方面可以拓宽中央配送中心和连锁店的销售品种渠道，另一方面又提高了建材超市的知名度，树立超市的整体形象。

（3）形成连锁超市

建材超市要取得规模效应，必然要走发展连锁经营的道路。起步阶段可以先在本市建立连锁网点，地点应充分考虑到交通运输的便利性。条件成熟时，可以向周边地区和全国范围扩散。连锁的方式可以是正规连锁，也可以是特许连锁（所有权分散、经营权集中的加盟连锁），一切根据资金和技术条件而定。各建材超市在统一进货、集中管理的基础上，要做到店名、店貌、服务标准、信息汇集、广告宣传、员工培训的统一，采购销售、经营决策的专业化，充分发挥现代化大型建材连锁超市的规模效应。

虽然建材超市这种经营模式具有很多优点，但由于这种经营模式在我国发展得还不算很成熟，故在选择这种经营模式前，要对其进行可行性分析，分析其是否适合本项目。

【优秀案例9－28】　某建材专业市场的超市模式可行性分析

参考点评：该案例从超市模式适合市场需要和超市模式带来的积极意义两个角度去分析了超市模式是可行的，这种分析方法值得参考。

（1）适合市场需要

流通理论认为，建材超市这种营销模式的出现，是经济发展到一定阶段的必然趋势。根据国外经验，一个国家或地区人均年收入达到600~850美元时，建材超市就会出现，并能得到迅速发展。本市人均年收入超过880美元，已超过了上述所说的水平，这为本市发展建材超市奠定了经济基础。

据了解，在本市，每年要新增450万到500万平方米的新建住宅，有5万户家庭迁入新居。据估算，在本市装修一套100平方米的新居，材料费用在3万~5万元，一年仅这方面的消费就有30亿元人民币。此外本市大量的旧住宅改造和装饰已随着产权关系的改变而启动，存量住宅装饰的总量将赶上甚至超过新建住宅的装饰，它为住宅装饰装修业提供了一个新的、更为广阔的市场。以上两方面的消费一年就能超过50亿元人民币。

(2) 超市模式进入本市市场的积极意义

1) 为本市建材装饰行业的生产和流通探索出一种与国际接轨的发展模式。

2) 借助国际建材的国际营销网络，积极推动本市产品进入世界市场，促进本市建材工业的发展提高。

3) 形成一个展现韩国装饰建材产品发展状况的窗口，推动本市企业的技术改造和开发积极性，促进本市建材工业产品的升级换代。

4) 引入韩国建材，在本市建设连锁超市，推动本市建材装饰超市的发展。

5) 吸引部分厂商随之来本市等地投资建厂，这无疑是对本市乃至本省经济发展起到积极的推动作用。

6) 在缩短了我们与韩国建材经营方面差距的同时，实行强强联手，优势互补，通过资产重组，提高自身的规模竞争实力。

7) 通过在本市市场的运作，将本项目超市的模式发展到全国，办出具有特色风格的国内建材连锁超市，在与国际建材连锁超市公司竞争中有自己的一席之地，有自己生存发展的空间和优势。

在经营管理方面，策划人员应根据本建材专业市场自身的特点，给决策者提供一些有关经营管理方面的建议。如某建材专业市场的项目经营管理建议：

(1) 高薪聘请××建材广场的总经理或副总来本商场任总经理，负责全面的经营管理工作，以快速增加管理经验及借鉴完善管理机制。

(2) 在商场外搞促销，以吸引人气。如：放置一个抽奖大转盘，凡是在本商场购买商品的顾客，都可以参加抽奖，并有精美礼品送，礼品费用由各商家分摊。

(3) 聘请一位年轻貌美的模特身着泳装在橱窗内的豪华按摩浴缸里洗澡，可以吸引人气并引起轰动效应。

(4) 进行各种各样的抽奖、促销活动，制造热卖气氛，多造节、多过节，这是很多大型建材专业市场的制胜法宝。

(5) 设置商场购物专车，并在车身做广告，在本区即将入伙和刚刚入伙的楼盘之间转悠，一方面为商场拉客；一方面可以起到很好的广告宣传作用。

(6) 商场外墙每遇本区内某楼盘入伙，即打巨型条幅祝贺，既为商场造声势、提高知名度，又可以招揽该楼盘的住户前来购物，一举两得。

第三节　汽配专业市场项目全程策划要点

近几年，我国的经济一直保持着高速的发展，人们的生活水平得到了提高，从解决温饱问题上升到追求小康生活，汽车进入家庭越来越普及。各大房地产开发商也看好汽车这一行业，汽车专业市场和汽配专业市场如雨后春笋般涌现。

一、汽车行业分析要点

编写汽配专业市场项目全程策划报告时，在对汽车行业进行分析之前，要先写本报告的编写依据。下面是某汽配专业市场的报告编写依据：

（1）×计发［2002］350号文《关于同意××汽车交易市场立项的批复》；

（2）×计委市［2002］1736号文《关于同意××汽车交易市场立项的批复》；

（3）×计委市［2003］23号文《关于同意××汽车交易市场立项更名的批复》；

（4）中共××市××区委、××市××区人民政府《关于××控股（集团）有限公司、××有限公司投资兴建××汽车交易市场的会议纪要》（第53期）；

（5）××市××区国土资源局与××汽车交易市场有限公司签定的《委托征地拆迁安置补偿协议书》；

（6）公司名称变更预核名通知；

（7）企业法人营业执照复印件；

（8）××有限公司和××控股（集团）有限公司《合作协议》。

由于汽车进入我国的时间并不长，汽车行业发展得还不够完善，想要充分了解汽车行业的发展趋势，就必须先要对国际汽车市场进行分析，然后再分析我国汽车行业的发展情况，最后才分析省和市的汽车行业现状。

1. 国际汽车行业分析

因为我国汽车行业起步晚，发展不够完善，国外汽车行业的发展现状在某种程度上可以说是我国汽车行业的未来，故分析国际汽车行业的现状，有利于预测我国汽车行业的发展趋势。对国际汽车行业进行分析，可以将全球分成好几个市场，然后分别对各个市场进行分析。

2. 国内汽车行业分析

对国内的汽车行业进行分析，可以从以下几个角度进行，分别是国内汽车行业总体情况分析、国内汽车产销情况分析、国内汽车市场特点分析。

（1）国内汽车行业总体情况分析

汽车行业的蓬勃发展，也将会为汽配行业或汽车后市场带来无限的商机。想要正确把握国内汽配行业的发展趋势，就必须先把握国内汽车行业的总体情况。

（2）国内汽车产销情况分析

在分析国内汽车供需情况时，可以仅分析当年或上一年汽车的产销情况，也可以分析过去几年内国内汽车的产销情况。

【优秀案例9－29】　某汽配专业市场的国内汽车产销情况分析

参考点评：该案例仅对2002年和2003年的汽车产销进行了分析。由于该案例是想建一个卖货车的专业市场，所以该案例的重点在于对货车销售量的分析。该案例在分析国内货车销售量时，把我国分成6个区域来分析，并采用表格的形式，值得参考借鉴。

2002年我国汽车产销量高速增长，全国各类汽车产量达到325万辆，总销量324.8万辆，均比2001年净增近90万辆。其中轿车最为突出，产销量分别为109万辆和112.6万辆，比上年增长55%和56%，轿车产销量首次突破百万辆，并创造了1993年以来的最高增幅。全年汽车行业销售收入6465亿元，同比增长30.8%；利润总额完成431亿元，增长60.94%。

2003年全国汽车需求量为380万辆左右，同比增长20.6%。其中，国产轿车需求143.5万辆，同比增长26.4%左右。进口汽车估计在17万辆，其中进口轿车9万辆左右。

我国的汽车消费结构大致经历了"公务配车"、"商务用车"、"私人购车"三个阶段。在已经销售的各类车辆中，集团消费的比例因饱和而日益下降，私人购车逐渐成为增量主体。目前我国个人购车比例已经超过50%，大中城市超过70%，轿车已快步进入家庭，个人购车从事专业运输也逐渐成为货车消费的主体。

2002年货车销售量表（辆）

产品分类	东北	华北	华东	中南	西北	西南	合计
重型载货车≥8T	13080	8815	6948	13189	5961	2040	50033
中型载货车	34747	21110	41877	229126	6541	11782	345183
5～8T	33629	13754	33686	200927	3496	5683	291175
3～5T	1118	7356	8191	28199	3045	6099	54008
轻型载货车	21129	11015	56130	41269	3675	14557	147775
2～3T	9616	963	8473	10063	515	541	30171
1～2T	11513	10052	47657	31206	3160	14016	117604
微型载货车≤1T	24	704	12461	3228	809	657	17883
年度合计	68980	41644	117416	286812	16986	29036	560874
地区比重	12.3%	7.42%	20.93%	51.14%	3.03%	5.18%	100%

【优秀案例9－30】　某汽配专业市场的国内汽车产销情况分析

参考点评：该案例分析了从1980年以来，我国汽车的产量和从1998年到2003年我国私人汽车的拥有量。由于该案例分析的时间跨度长，可以根据这些数字的变化来预测我国未来汽车的供销情况。此外，该案例还采用了立体柱状图，做到图文并茂，值得参考。

近几年，我国经济增长将保持年均7%以上，人均GDP将由1000美元增长到4000美元，预计在这期间居民汽车消费将保持两位数增长。

1）我国汽车产量情况

生产年份	1980年	1990年	1992年	1995年	2000年	2002年
汽车产量（万辆）	22	50	100	150	200	325

从以上图表分析，自从改革开放以来，我国汽车产量快速增长，80年产量22万辆，90年50万辆，在10年期间增长了2.27倍；2000年达200万辆，10年又增长4倍。特别是最近两年，产量增长速度达30%，我国汽车行业已进入了起飞阶段。汽车产业的发展，跟国民经济收入基础有着密切的联系，当人均GDP达到1000美元时，汽车将进入转型期，私家购车的

比重增大。

2）我国私人汽车情况

年份	1998 年	2001 年	2002 年	2003 年 4 月	预计 2010 年
私人汽车（万辆）	424	770	969	1000	2000

统计表明，到 2003 年 4 月，我国私人汽车的保有量已经突破 1000 万辆，平均每 130 人就拥有一辆私人汽车。汽车业专家认为，这标志着我国渡过公务购车、商务购车阶段，迈入私人购车的新时期。截至 2002 年年底，我国私人汽车达 969 万辆。2003 年 1 至 4 月，全国共销售汽车 136 万辆，私人购车至少占 80 万辆。这样，我国私人汽车保有量已经突破 1000 万辆，预计到 2010 年将达到 2000 万辆。从 2000 年到 2003 年年初，仅 3 年多的时间，私人汽车保有量就从 500 万辆增加到 1000 万辆。截至目前，我国私人购车比例达到 60%，私人汽车占整个民用汽车保有量近五成，私人汽车增幅超过单位用车 20 多个百分点。

2010 年我国私人汽车预计达到 2000 万辆，意味着在 7 年时间里净增 1000 万辆。汽车的寿命一般为 10 年，在这段时期内，至少有一半（500 万辆）要报废和换新车，即新增加 500 辆，共实现买卖交易约 1500 万次。

（3）国内汽车市场特点分析

由于我国的经济体制曾经历过计划经济阶段，致使我国的汽车市场具有其自身的特殊性，所以有必要对国内的汽车市场特点进行分析。在分析时，主要是分析我国汽车市场与外国汽车市场相比的特殊性，如我国有关汽车方面的法律法规、竞争模式、汽车研发模式等。如某汽配专业市场的国内汽车市场特点分析：

1）汽车市场增长减速

现在我国的轿车普及率是 4 辆/千人，或者 0.7 辆/百户家庭，远远低于世界的平均水平。要使普及率达到世界平均水平，我国的汽车市场容量就要增加到 1 亿辆车。因此，我国的汽车市场在西方人眼里就像一片尚未开垦的肥沃的新大陆。

2004 年我国汽车市场的总体增长速度与 2003 年相比有了较大幅度的下降，整体市场增长降到了 16.91%，其中增长速度下降最快的是轿车市场，从 2003 年的 75.28% 骤降到 2004 年的 16.9%。

汽车需求预测值（万辆）

	2003 年实际	2004 年实际	2005 年预测
汽车总需求	452	520	580
轿车需求	203	232	275

2）政策法规纷纷出台

在 2004 年我国汽车市场风云变幻的时节，政府也扮演着重要的角色，各种法规纷纷出台。2004 年 6 月 1 日，国家发改委正式发布《汽车产业发展政策》，新政策对推进我国汽车产业结构调整和升级，全面提高我国汽车产业的国际竞争力，满足消费者对汽车产品的需求，促进我国汽车产业的健康发展将发挥重要作用。在 2004 年颁布实施的其他政策法规主要有《汽车品牌管理办法》、《汽车金融公司管理办法》、《汽车金融公司管理办法实施细则》等。另外，我国也在2004年正式执行缺陷汽车产品召回制度，加入了首个全球统一的汽车技术法规——《关于门锁与车门保持件的全球技术法规》。

3）价格大战硝烟四起

我国汽车市场的价格战激烈程度，在世界汽车工业史上恐怕也是很少见的。价格大战是消费者驱动的，更是厂商面对日益成熟的市场所做出的必然举措。价格大战是我国汽车市场发展过程中的一个插曲，是我国汽车市场“成长中的烦恼”。2004年我国汽车市场的价格大战主战场是轿车市场，其中又以中级和中高级轿车市场为甚。价格大战的表现有两种：一种是“明降”，即通过直接降价、优惠促销、价格折让等方式进行的价格竞争方式；另一种是暗降，即通过推出原有车型的2004版本，以较低价格进行销售的竞争方式。这两种方式的本质都是价格竞争，其结果都必将促使我国汽车市场的价格水平逐渐下降。

4）竞争形势升级换代

2004年汽车市场总体减速增长给在2003年踌躇满志的汽车厂商带来了较大的压力，迫于这种压力，汽车厂商纷纷使出十八般武艺。价格大战是2004年汽车市场的主流竞争方式，同时各厂家的产品更新也不甘寂寞，产品更新有常规的新老更替，也有对原有产品的创新和发展，更有战略性的产品线转移。另外，2004年汽车厂商还在产品、价格和促销手段等方面竞争，开始强调品牌在市场竞争中的突出作用，塑造与目标顾客的需求相符合的汽车品牌形象，以求获得产品价格溢价，抵御市场价格竞争。

5）重组并购涛声叠起

汽车行业的重组并购在前几年达到了一个高峰，2004年这种势头并没有消减。2004年，北京CARCENTER汽车工业（集团）公司收购韩国双龙汽车公司48.9%股份的最终合同正式签署；长安集团控股江铃汽车；而从哈飞汽车与昌河汽车相互换将，到哈飞汽车借壳东安动力上市，中航二集团在2004年启动了中国微型车行业最大的重组。重组并购的结果必将促使中国汽车企业规模进一步扩大，整个汽车产业的国际竞争力也必将得到加强和提高。目前，全美国只有3家汽车制造企业，而我国共有125家整车汽车厂，再加上零部件生产企业将近千家，而总产量仅160万辆。只相当于美国一个跨国公司的规模。美国通用汽车参股上汽集团五菱公司，占重组后公司34%股份；接着，一汽集团和天汽集团通过股权转让方式联合重组，天汽集团将其持有的天津汽车84.97%股权中的60%转让给一汽集团，天汽集团同时还将其拥有的下属华利公司75%的中方股权全部一次性转让给一汽集团。

6）从引进－复制－淘汰－再引进，到有针对性地自主开发适合我国市场的新车型，国际汽车制造商正在改变投资我国汽车行业的战略，开始在我国设立研发中心，进行本土研发和生产。

a. 东风日产在广州组建研发中心（具体分析略）

b. 上汽通用本土研发采用泛亚模式（具体分析略）

7）新政策指引汽车产业的发展方向

与今年整体车市比较低迷相比，相关汽车政策的频繁推出成为今年车市的一大亮点，在我国入世三年以及汽车高速增长之际，完善的法规将会使我国汽车产业逐渐受益。而《汽车产业发展政策》等政策的推出，会对国内汽车业的未来发展产生深远影响。《汽车产业发展政策》与1994年《汽车工业产业政策》相比较，新的政策主要有六大变化，提出了品牌战略，鼓励自主开发具有自主知识产权的产品，为汽车工业自主发展明确政策导向，促进国内汽车企业集团做大做强，引导现有企业兼并重组。

（4）国内二手车市场分析

二手车市场比较发达的国家，其汽配行业也发展得比较好。那是因为二手汽车相对于新车来说，其需要更换汽车配件的几率更大，所以在投资开发汽配专业市场前，有必要先对国内二手车市场进行分析。

【优秀案例9－31】　某汽配专业市场的国内二手车市场分析

参考点评：该案例先分析了国内二手车市场的现状，然后再根据现状分析二手车市场存在的问题。该案例在分析国内二手车市场现状时，较多地分析到了国家政策的出台，这是由我国的特殊性决定的，行政干预将会影响到一个行业的发展前景，所以在分析国内二手车市场时，要注重对出台有关法律法规的分析。

总的来看当前出现的市场好形势，是政府、企业和行业组织共同努力的结果。我们注意到在市场需求和消费政策的拉动下，整个汽车市场的变化方向正开始呈现四大趋势，即从经济发达地区向欠发达地区扩展；从东部地区流向西部地区；从中心城市流向乡镇；从高收入者流向低收入者。目前美国、德国、瑞士、日本、中国台湾等二手车的销售分别是新车销售的3.5、2、2、1.4、2倍，其中美国旧车利润占利润总额的45%。

2002年全国二手车累计交易量比2001年增长32.6%，特别是一些政策出台后，二季度比一季度的交易量增长六成。在北京旧机动车交易市场，每天办理过户手续相当于过去的4倍，北京CARCENTER的交易量同比增长43.7%。

（1）国内二手车市场的现状

1）我国二手车市场起步晚发展快。自1998年，国内贸易部颁布了《旧机动车交易管理办法》后，我国旧机动车市场开始步入规范化轨道。短短的5年时间，旧机动车交易量就翻了一翻。以平均每年25%的速度增长，特别是2002年旧车交易量与新车交易量实现了同步增长，同比双双超过了30%。旧车交易量占新车交易量的三分之一，北京、北京CARCENTER两地旧机动车交易市场是我国启动最早、交易量最大的省份。目前两个市场的交易量总和占全国交易量的20%左右。我国制定了到2020年经济翻两番的目标，作为支柱产业的汽车市场在一个较长时期内保持快速发展的势头，其中二手车市场可能会发展得更快一些。

2）二手车市场发展潜力巨大。2002年我国汽车保有量同比增长3.9%，而私人汽车保有量同比增长26.04%，私人汽车保有量的增长速度快于全国增长速度。目前私人汽车保有量占全国保有量的比重为47%。北京、成都、广东等地私人汽车保有量超过了50%，特别是人们生活水平的提高和消费观念的改变，公路建设、城市基础建设的大发展以及旅游业的发展，使汽车市场需求急剧扩大，汽车产量快速增长，带动了旧机动车交易的活跃，使车辆更新换代的频率加快。据调查，广州每百人有20人有私人轿车，北京每百人有19人有私人轿车，而发达国家每百人有40~50人有私人轿车，与国外相比差距较大。近期国家统计局在10个城市5000户家庭调查，有7.7%的家庭5年内将有车，有42.9%想购车，而选择购买车辆在7万元以下的占51.2%。这说明质量好价位低的旧机动车具有很强的竞争力。随着政府、企业、事业公务车辆的改革，以及城市车辆环保标准的提高，旧机动车市场的潜力巨大。

3）我国二手车市场交易主体单一是影响市场活力的重要因素。我国的二手车市场由于起步晚、发展快，市场管理体制的建设跟不上，所以很不健全。存在着场外交易，偷税漏税，国有资产流失以及非法车辆流入市场等现象。针对这些问题，国内贸易部于1997年下发了《关于加强旧机动车流通行业管理的意见》，1998年制定发布了《旧机动车交易管理办法》等。主要是针对当时二手车交易市场的管理，因此我国二手车市场交易主体单一，是在当时历史条件下形成的。随着我国市场经济的发展和人民生活水平的提高以及汽车工业、汽车保有量、汽车消费、汽车需求的增长，原有的办法已经不适应市场经济发展的需要，否则将严重影响市场的活力。

4）行业组织不健全是市场不成熟的标志。在计划经济转型为市场经济的进程中，加快行业组织建设成为一项重要的任务。目前北京CARCENTER、山东、湖南、福建、云南等地都成立了二手车行业组织。因此各地和企业呼吁尽快成立全国性二手车行业协会（专业委员会），加强行业自律，加强行业规划、统计、标准等工作。

（2）国内二手车市场的问题

根据对市场现状的基本认识，我国二手车市场亟待解决的问题是：交易手续烦琐、交易行为不规范、交易功能落后、交易服务不健全。这些问题也是以往历次行业会议中普遍反映出来的，具体表现为：

1）我国二手车流通管理涉及工商、公安、环保、税务、交通等诸多方面的管理，使得交易过程烦琐，近期我们进行了一次调查，一次交易过程完成最快的30分钟左右，最慢的3天。

2）由于我国基础设施落后，绝大部分尚未实现联网，因此个别地方未能有效的控制非法车辆流入市场。

3）有相当一部分旧机动车售前未进行车况的技术检测，因此很难保证车辆的安全和环保要求。

4）旧车交易中的诚信问题。对于买卖双方以及经纪公司、经纪人各自的行为约束，缺少法律依据。

5）新旧车经营权未放开，存在着不平等竞争。无论是品牌置换公司还是旧车市场中的置换公司，都存在经营权问题，前者是旧车经营权，后者是新车经营权。前者只有通过市场成立经纪公司实现置换，后者利用全国汽车连锁试点企业，可以异地销新车的优势，变相连锁获取新车经营权。市场反映个别汽车连锁试点企业形式上的连锁，实际上是在收取新车经营权的管理费。

6）个别省市没有按照地区市场规划、汽车保有量以及地区消费市场需求情况建二手车市场，出现了同一城市多个市场，如太原8家，昆明地区9家，广州市4家等，造成恶性无序竞争。

7）我国绝大部分有形市场仅限于为买卖双方提供集中交易场所，并收取一定的手续费。但由于全国没有统一收费标准，统一交易发票和凭证，造成交易后的车辆产权不清晰和税收的流失。

8）在二手车市场引进拍卖营销方式时，按照《拍卖法》中必须是具有法人资格的拍卖企业进入市场才能实现，否则无法开展。

9）目前北京等部分城市推出了二手车售后服务的承诺，大部分二手车市场存在着售后服务无保证的情况。

3. 本省汽车行业分析

分析完国际和国内的汽车行业情况后，接着应分析项目所在省的汽车行业状况，若省政府出台的有关法规能促进汽车行业的发展，将有利于汽配专业市场的开发。

4. 本市汽车行业分析

在分析完项目所在省份的汽车行业后，接下来就要分析项目所在城市的汽车行业状况。因为在同一个省内，发达程度不同的城市，其对汽车的需求量差异可能很大。一般来说，省会城市的汽车需求量大，其汽配需求量也较大。

【优秀案例9－32】 某汽配专业市场的本市汽车行业分析

参考点评：该案例是从产销量的角度去分析，其最值得借鉴的地方在于它分析的内容，先分析了该市汽车产销量在全国中的排名情况来突出该市汽车行业发展状况，然后分析了各类型汽车和各汽车生产企业的产销状况，最后再去分析该市汽车行业的前景。

（1）重庆汽车市场现状分析

经过多年的发展，重庆已经初步成为中国最大的汽车、摩托车产销基地之一。全市拥有国家目录内汽车生产企业17家，骨干企业有长安、庆铃、重汽等企业，主要生产重型车、轻型车、微型车、轿车等各类汽车；改装类企业11家，主要生产客车、自卸车、汽车起重机、高空作业车、防弹运钞车以及各种特种车；农用车生产企业4家，生产4轮农用车；摩托车生产企业12家，骨干企业有嘉陵、建设、宗申、力帆、隆鑫、精通，主要生产35～250CC的两轮及三轮摩托车；汽车发动机生产企业4家，摩托车发动机生产企业10家。其中，摩托车和微车发动机产销及出口全国第一，汽车产销量全国第三。

2000年重庆市汽车产销量以及在全国的排名情况

地区＼产销量	产量（万辆）	同比（%）	销量（万量）	同比（%）
全国	206.91	13.07	208.86	14.01
吉林	32.27	17.78	33.36	22.20
上海	25.31	－1.38	25.46	0.39
重庆	25.27	16.71	24.58	15.53
湖北	21.81	5.87	22.69	10.15
天津	10.18	－20.98	11.40	－18.61

2000年重庆货用车辆拥有量（资料来源：2001年中国汽车市场年鉴）其中："大型"指载重≥8T货车

普通载货车				专用载货车	
辆数		吨位		辆数	吨位
合计	大型	合计	大型		
96284	41478	296823	204579	1696	7925

2000年载货车分吨位地区累计销售情况（资料来源：2001年中国汽车市场年鉴）

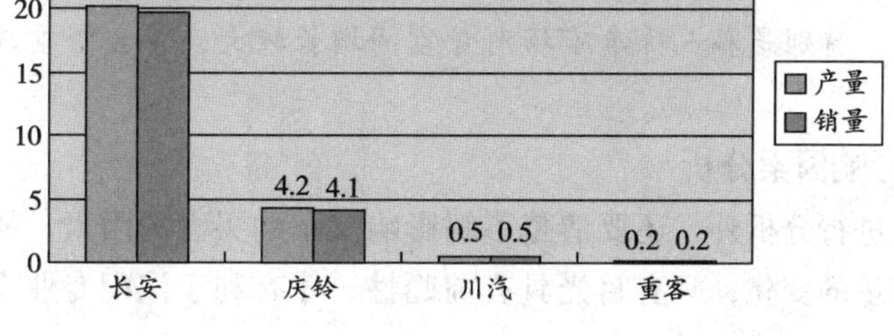

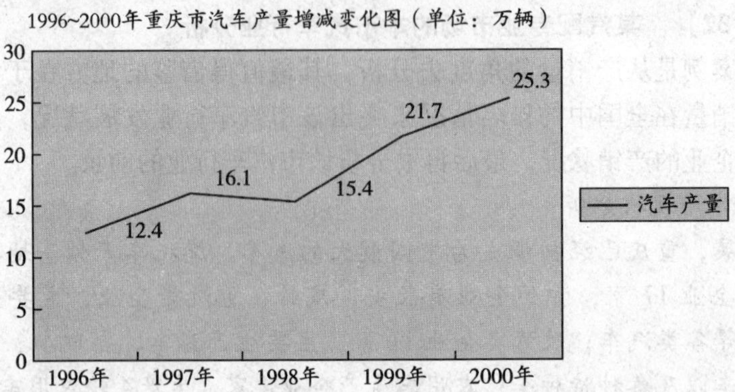

2002 年重庆市汽车拥有量约 35. 8 万辆。

（2）重庆汽车市场前景分析

1）加入 WTO 后，我国对汽车工业的保护无论是关税或非关税的壁垒都将在五年内逐步取消，有利于我国改善汽车市场环境、调整产业结构、提高开发能力。有利于促进我国汽车工业集团化道路的发展，扩大集团规模，降低制造成本，刺激汽车消费。

2）已经实施的汽车信贷消费政策和即将推行的燃油税政策等规范汽车市场的措施，将进一步促进我国汽车交易市场持续、稳定发展。

3）重庆市大力加强道路交通基础设施建设，“半小时主城”及“八小时全市”畅通工程的实现，大大改善了公路交通条件，促进了汽车消费增长。到 2003 年底，建成的渝万高速路、渝黔高速路、渝遂高速路、渝达高速路使重庆市辖区内的主要区、市、县由高速路连通。尚未有高速路的市、县将修建省一、二级公路连通。重庆市整体公路条件的改善必将引起汽车需求量的增长。据业内人士预测，未来五年重庆汽车需求量每年将保持 15% ~25% 的高速增长，五年内每年将达 8 万 ~10 万辆的交易量。

4）重庆市 2002 年 7 月 1 日开始实施的路桥收费改革措施，大大降低了车辆使用费用，刺激了重庆市的汽车消费，特别是私人轿车市场消费空间增长较大，将会给重庆市汽车交易带来巨大商机。

5. 汽车购买力影响因素分析

除了对汽车行业进行分析外，还要清楚了解影响汽车购买力的因素，从这些因素的发展趋势，来预测汽车需求量的变化，只有目光具有前瞻性，才有利于汽配专业市场的投资开发。下面是某汽配专业市场的汽车购买力影响因素分析：

（1）市场分析

目前，汽车市场形势较好，仍然处于高速增长的态势。在汽车市场高速增长的情况下，各车型的增长形势却各不相同。今年汽车产量总的增长幅度是35.77%，其中货车增长幅度为7.99%，客车增幅为15.82%，轿车增幅为87.23%，增幅相当悬殊。去年货、客、轿三大车型的产量增长幅度分别为41.34%、17.38%、44.39%，增长比较平均。与去年同期相比，轿车增幅扩大了一倍，客车相差不多，而货车大幅度回落。

（2）汽车购买力及其影响因素

汽车购买力是指消费者支付购买汽车价款的资金能力或某地区市场对汽车的消化能力，其大小则受到地区国民生产总值、居民家庭收入、人均GDP、人口基数、车辆价格、消费者消费意愿、消费者购车支付方式等多种因素的影响。

1）国民生产总值（GDP）

在其他条件不变的情况下，国民生产总值（GDP）直接决定了居民家庭收入水平，是影响居民汽车购买力的最主要因素。

2）人口基数

一切产品的制造都是为了消费，因此某地区消费者的数量也是影响汽车购买力的重要因素。

3）人均GDP及车辆价格

人均GDP及车辆价格反映为购买汽车的承受能力，国际通行惯例是当人均GDP达1000美元左右时，则是轿车进入中高收入家庭的时候。

4）消费者购车支付方式

在消费者资金充足的情况下，大多数消费者都选择以现金支付的方式购买汽车。但在消费者资金能力不足而购车欲望又很强的时候，“购车贷款”将能满足他们的愿望。

5）消费者购车意愿

消费者购车意愿也直接影响汽车购买力的大小。而消费者购车意愿主要受消费信心、市场利好消息、产品的可选择性等影响。

综上所述，观看整个西南市场的形势，在西部大开发的大环境下，汽车行业持续走高，而云南、四川则是西南地区的龙头，而昆明则是云南省政治、经济、文化、科技、交通中心，人均生活水平较高，整个西南地区没有大型综合的汽车商城，其发展前景可谓是无可限量的。

二、汽配行业分析要点

狭义的汽配仅指各种汽车配件，而广义的汽配除了指汽车配件外，还包括各种汽车用品、汽车服务，这也叫做汽车后市场。这里所谈到的汽配是指广义的汽配。

汽配行业分析的思路为：先分析汽配行业的现状，再分析汽配市场的特点，然后根据现状和特点发现汽配行业存在的问题，最后分析汽配行业的发展趋势。

1. 汽配行业现状分析

汽配行业中，汽车零部件是核心，所以要对汽车零部件进行重点的调查分析。

【优秀案例9-33】　某汽配专业市场的我国汽配行业现状分析

参考点评：该案例是针对我国零部件的现状分析，其亮点在于它对我国主要省市的零部件企业进行了详细的分析，它分析的内容有一定的参考价值。其中对研发费用和投入设备的分析可以反映出各地零部件企业对生产研发的重视，从侧面可以反映出零部件行业的发展趋势。

随着我国汽车工业发展，我国汽车零部件工业也获得了长足的进步，一批产品科技含量高、效益好、规模大的汽车零部件企业逐步成长起来。我国汽车零部件工业的发展，不仅仅体现在德尔福、博世、伊顿以及米其林等世界著名零部件跨国集团大量进入中国创办独资、合资企业，而且体现在国有企业、集体和民营企业大量引进先进的技术开发手段、加工设备、管理手段和质量认证等，这一切都大大提高了中国汽车零部件工业的整体水平。这种整体水平的提高使得通用别克、广州本田、一汽奥迪 A6、北京 CARCENTER 帕萨特等车型的零部件国产化率都在短短的 1 年左右的时间超过 40%。

据统计，1999 年我国汽车零部件工业的配套市场销售额为 1052.8 亿元人民币。这个数字包括国有企业、三资企业，更包括大量民营企业的汽车零部件产值。除了 OEM（指定配件供应商）这块市场之外，售后市场也相当可观，按 1500 万辆的汽车保有量和 1500 万辆农用汽车保有量来考虑，其市场总量达到 580 亿人民币，相当于 70 亿美元。

1999 年，有关部门还对我国 100 多种汽车零部件产品产量的前 5 名重点企业和其他 760 家企业做了调查。在被调查的企业中，零部件销售上亿元的企业有 134 家，10 亿元以上的企业 6 家，这些企业堪称我国汽车零部件工业的支柱。从调查结果来看，我国汽车零部件工业主要集中在辽宁、吉林、天津、北京、江苏、浙江、广东等地。1999 年我国主要汽车零部件销售情况及各主要省市汽车零部件企业产销情况表（略）。

2. 汽配市场特点分析

由于我国汽车行业起步晚，发展速度快，致使我国汽配市场具有与外国汽配市场不一样的特点。

【优秀案例 9-34】　某汽配专业市场的我国汽配市场特点分析

参考点评：该案例从 5 个方面写出了汽配市场的特征，其中笔者认为市场细分这一特点是最值得重视的，正是由于市场分得越来越细，带来的商机就越来越多。同时，通过对这些细分市场进行分析，也有利于汽配专业市场的业态定位。该案例除了写到汽配市场的特点外，还写到了汽车后市场的渠道和国内汽车用品的主要产地，这也是值得参考的。

（1）我国现阶段汽配市场特点：

1）汽车用品市场巨大

由于整车销售利润越来越薄，“60%的利润转向汽车后市场”之说正在被市场验证。目前汽车用品消费贯穿于新车销售、售后服务、零部件销售、二手车经营等各个方面，市场领域十分宽阔。

汽车用品涵盖范围很广，既包括车载电话、办公系统、交通信息和行车向导系统等高端车载系统、公共信息系统和软件系统，也包括多媒体音响、电视、电子游艺等汽车娱乐系统，还包括内外装饰、防盗装置等汽车配件和汽车饰品，以及防爆膜、润滑油等普通汽车养护用品等。有 10 多个大类，数万个品牌。

汽车相关用品分类详表

分类	内容细分					
汽车影音	车载显示器	车载电视	电视接收器	解码器		
汽车音响	车载 VCD	车载 CD	卡带机	汽车功放	汽车喇叭	音响线材
	汽车低音炮	汽车均衡器	车载 MP3	FM 发射器		

续表

分类	内容细分					
汽车安全防盗	摄像头	倒车雷达	ABS	车锁	后视镜	后视系统
	GPS 车载导航	安全带	汽车行驶记录仪	雷达测速器	车载灭火器	警示牌
汽车通信	车载免提	车载电脑	车载电话	车载对讲机	车载台	
汽车电子电器	车灯	蓄电池	车载冰箱	汽车胎压监视系统	逆变电源	开关
	车用吸尘器	车载电水壶				
汽车装饰	汽车内饰	汽车外饰	防爆膜	汽车精品		
汽车改装	隔音材料	大包围	保险杠	尾翼	天窗	挡泥板
	轮胎	座椅	轮毂	节油器	赛车用品	挡把头
	中网	HID 氙气灯	玻璃升降器	动力改装件	刹车改装件	底盘改装件
	强化与维护用品					
汽车护理	润滑油	防冻液	制动液	冷却液	冷媒	车蜡
	汽车漆	原子灰	密封胶	釉	海绵	擦布鹿皮
	汽车化工用品	光触媒	漆面保护膜	底盘装甲		
自驾游用品	汽车顶驾	汽车顶箱	电动绞盘	轮胎打气泵		

2）细分市场逐步形成

汽车用品行业目前有很多个小类别被细分出来，专业和细分会成为行业发展过程的一个新趋势。美国某机构曾对中国汽车售后市场的组成做了如下细分：

以引擎零部件和排气系统零件为代表的机械零件占56%，蓄电池、车灯等电气零件占30%，车内音响、安全系统等电子零件占14%。

由于在中国占主导地位的商用车全部由国内生产，电子化水平还很低。而这种差距恰恰形成了未来一段时间内的巨大商机。而2006年汽车用品行业将会出现行业细分更加明显、个性化消费走俏、汽车安全市场兴起、汽车音响市场繁荣、汽车美容行业的提升等特点。

3）细分市场走势不同

2005年汽车娱乐类产品在整体市场上表现不俗，热销产品发展方向依然是汽车影音类和汽车音响改装类。同时，车载DVD等影音类产品市场逐步进入繁荣时期。另外，通过汽车音响文化的逐步渗透，车载CD、车载MP3进展迅速，成为不少消费者的目标。

汽车美容企业开始进入淘汰、提升时期，优质的汽车美容企业、国产汽车美容产品浮出水面，汽车美容企业的专业化成为必然趋势；针对车主的健康、实用等功能性产品将大量上市，如司机眼镜以及环保类产品，包括人文关怀的宠物类用品等。汽车安全越来越受到消费者的重视，商家也对这一块投入了极大关注。与急速膨胀形成巨大反差的是，目前汽车改装正面临尴尬的瓶颈。一方面，一般外观上的改装已经不能满足发烧友级别用户动力方面的深度改装需求，另一方面，随着汽车在国内的普及，用户对于汽车改装的心态更加理性，还有在车辆保险理赔和安检验车上受阻也是汽车改装难以突破一大难题。

4）零散经营市场混乱

虽然汽车后市场发展潜力巨大，也逐渐向更专业方向迈进，但是目前汽车后市场经营的混乱。在很多地方，汽车美容市场唱主角的，仍然是“路边摊”式美容店。这些店面打着“汽车美容”的旗号，进行洗车—打蜡—交车这种简单的低水平循环，甚至采用洗衣粉、洗涤灵作为清洗原料。这些原料对车漆都有一定程度的腐蚀作用。汽车配件、百货方面经营种类繁多，品牌杂乱，鱼龙混杂，缺乏叫得响的、获得普遍认可的牌子。价格方面也是较为混乱，相差悬殊，令消费者无从选择。随着车市火爆，“路边摊”式美容店市场将日益减少，汽车美容“超级卖场”成为众望所归。这种“超级卖场”在青岛、上海等地已经出现，它实行“一站式搞定”的消费模式，汽车用户只需到卖场里，就可以满足绝大部分汽车消费方面的需求。所以“超级卖场”是众望所归！

5）规模经营前景看好

经过一段时期的市场洗牌，汽车用品市场正在向规模化、连锁店经营之路发展。在上海，美车饰、车之家这类大型汽车用品超市正在迅速发展。不久前“美车饰”又一家规模店——××路店正式开业，这是美车饰在沪投资建设的第三家汽车百货店，其规模可称上海汽车用品之最。美车饰在上海的总营业面积接近2万平方米，每年可提供20万车次的汽车装饰施工服务。按国际汽车用品超市行业标准建立起来的集汽车用品、美容、装饰、改装、维修于一体的大型汽车服务店在上海有10多家品牌，其范围涉及汽车音响、装饰、美容、养护、电子电器、胎铃、改装等各类别，超市内还专门设立了音响专区、自驾游专区、改装专区、进口产品专区等个性化专区。另外，音响专区配备了专业的试音室，所有施工安装设备采用国际顶尖配置。比起那些单枪匹马的汽车用品作坊，“规模式经营”收费合理，服务项目全面，也让车主更放心。目前美车饰商品中心拥有14000多个单品，其中不乏国际知名的龙膜、JVC、固特异、普利斯通、美孚、壳牌等众多一流品牌的产品进驻。美车饰的扩张规划在5年之内在全国42个大中城市持续投资建店120家。“成为汽车服务行业的‘家乐福’式的汽车生活服务的大卖场”是这些规模化经营品牌的共同目标。

（2）汽车后市场渠道扫描：

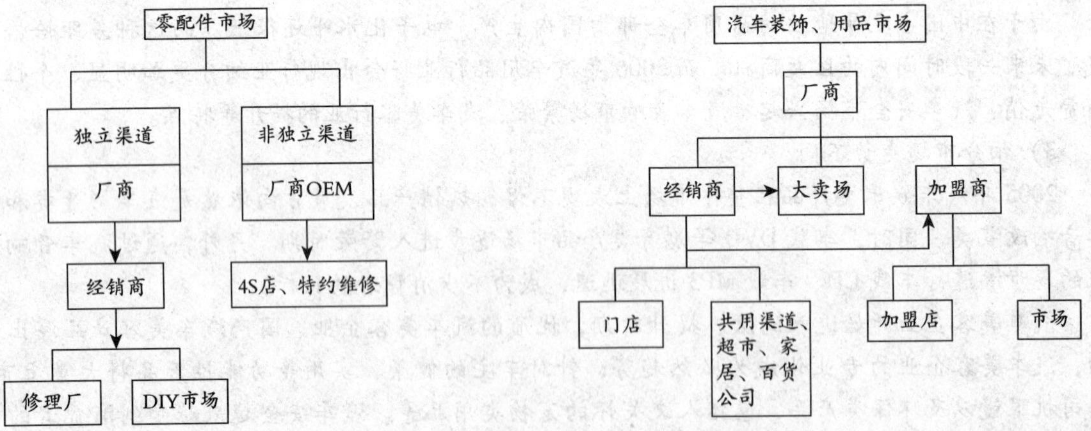

（3）国内汽车用品产地概况

汽车用品市场由于刚刚起步，大部分产品技术含量低、利润巨大，目前处于“群雄并起，一拥而上”的境地。一些生产相关产品的企业纷纷转行，在产地上主要集中在广东、浙江、福建等地。

1）电子类产品：主要集中在深圳、广东惠州、中山等地。

2）装饰类生产性客户：主要集中在浙江（瑞安、温州）和广东（顺德）。浙江地区产品主要是手工艺的小装饰品，像抱枕等，现在市场上的大部分的此类产品都来源于该地区，方式主要是通过在该地的厂家OEM贴牌加工，然后拿回销售。

3）外装饰专业改装件生产性客户：主要集中在广东（顺德）等地，产品主要是护杠、轮眉、尾气管、踏板等，大部分的厂家都有在做国内市场的同时兼做出口贸易，并且出口的份额都很大。

4）国内其他地区的装饰类的厂商，如东北地区的厂家就是以生产坐垫居多，类型主要分为亚麻、澳洲羊毛等；福建地区的装饰类厂家就是以生产汽车地毯的居多。

3. 汽配市场存在问题分析

对汽配市场存在的问题进行分析，有利于针对这些问题开发出适合市场状况的汽配专业市场。某汽配专业市场的汽配市场存在问题分析如下：

（1）与国外相比，在我国5000多家零部件企业当中，重复建设、规模小、技术落后、产品更新换代慢等一些问题还是普遍存在。

（2）一些国家、地方重点企业中重配套、轻售后的观念仍未彻底扭转。

（3）汽车零部件产品中，科技含量大、效益高的电子类产品的比例较低。

（4）虽然我国汽车零部件工业重点企业资产结构较好，但获利能力较低、投入不足，总体上难以适应产品更新换代的发展要求。

（5）我国零部件产销行业正面临着从开发到生产、从经营到市场、从销售形态到服务构架、从业人员素质到品牌意识、从市场信誉到经营理念等一系列问题，将比整车更为复杂，其面临的挑战更为严峻。

某汽配专业市场的汽配市场存在问题分析如下：

（1）国内的汽车用品行业还没有形成规范化的服务体系，缺乏品牌经营，品质良莠不齐。国内汽车用品经营基本上还处于“摆摊”水平，规模化、专业化程度明显落后。缺乏合理的规划布局，企业规模有限，抵御外来风险能力差。

（2）这一市场目前仍出于发展初期，仍存在很多不规范之处，尤其是在产品质量以及商业信誉方面。随着部分实力超群者的不断扩张以及国外投资者的进入，这种不规范将会逐渐消失，那些依靠劣质产品和服务生存的企业或者被迫转型或者退出市场，我们相信未来国内汽车用品行业的主流将是连锁经营以及国际化。

（3）传统的汽车售后服务业存在着巨大的弊端，主要表现在观念落后，项目单一，竞争无序等几个方面。行业诚信度低，竞争方式以单一的价格竞争为主。

（4）缺乏能够长期展示汽车用品的展览中心，缺乏一条龙服务的汽车后市场发展的领先模式。

（5）缺乏高层次人才，没有形成自成体系的研发能力。北京从事汽车用品相关经营的企业共有8000家。而在北京的汽车装饰店和汽配市场走一圈，就会发现：目前申城汽车用品市场普遍存在高素质专业人才紧缺，包括技术人员、市场人员、管理人员等；其次，企业的产品研发能力较差，多以贴牌生产和仿制产品为主。

4. 汽配行业发展趋势分析

我国汽配行业的发展趋势有以下几个方面：

（1）产品开发电子化

目前国外整车成本中，电子产品已经占20%，然而在我国仅有3%。在过去10多年里，国际汽车工业通过采用大量电子技术，解决了许多难题，使整车的安全性、排放性、经济性、舒适性得到很大提高。今后，汽车电子技术还会得到进一步发展，汽车电子技术的发展将主要集中在车载局域网络化（LANS）、发动机控制、ABS和行驶控制、电子控制传动系统、行车导航系统、撞击传感技术等方面。

（2）产品开发板块化

模块化是1999年底特律国际汽车工程师年会研讨和展示的重点。以德尔福、西门子为首的汽车零部件巨头，将模块车门、发动机控制模块、前端模块等众多模块产品和技术推向市场，这标明了零部件产品的发展方向。

汽车零部件系统配套、模块化供货不仅能使汽车厂将新产品开发设计费用部分地转嫁到零部件供应商，而且有利于简化配套工作量，简化整车生产工艺，有效地控制产品质量，因此国际汽车工业已经广泛采用系统配套，模块化供货。模块化供应现已风行欧美，通用、奔驰、大众、福特，都已接受并采用了德尔福、博世等公司的模块化产品。

汽车零部件产品模块化的结果将使第一层次配套零部件企业数量逐步减少、竞争更加激烈。系统配套零部件企业分担的产品工作量（含开发）越来越大，汽车零部件工业在汽车工业中的作用更加明显。

（3）产品采购全球化

面对激烈的市场竞争，降低成本、提高产品竞争力是全球汽车制造商无时无刻都在追求的目标。汽车制造商以零部件产品性能、质量、价格、供货条件为准则，面向全球零部件供应商进行采购。也许有人认为，零部件采购全球化和模块化供货将把本来已经落后的我们更远地甩在后面。其实不然，无论是全球采购还是模块供货，其结果都必将促进分工细化，最终形成一个分层次协调竞争的关系，并不是发达国家什么都做而我们只有死路一条。可以肯定地说，汽车工业需要德尔福、博世，也需要成千上万的中小零部件企业。

（4）汽车零部件工业将加速发展

加入世贸组织以后，汽车零部件的进口平均关税降到10%，汽车产品（包括零部件）配额将逐步增加，国产化率的鼓励措施将不复存在，因此除那些生产不便于运输的零部件企业及劳动密集或原材料密集型零部件企业受影响较小外，对于受关税和国产化双重保护的国内汽车零部件企业来说，将面临巨大的挑战。

但同时我们也应当看到，入世后，随着汽车零部件市场的开放，国内汽车零部件企业进入国际市场的机会也大大增加了。我们有优势的汽车零部件产品完全可以打入国际市场，参与国际竞争，我国汽车零部件工业不合理的产业结构也得到调整和优化。汽车零部件的高关税保护被取消后，新产品技术来源将受到外方控制，我国汽车零部件企业不得不加大技术研究和开发力度，这也将有利于促进国内零部件企业的技术进步。

三、区域汽配专业市场分析要点

对区域汽配专业市场的分析，这里仅介绍三个内容，分别是区域汽配专业市场面积分析、区域汽配专业市场分布分析、区域汽配专业市场特点分析。

1. 区域汽配专业市场面积分析

通过对区域汽配专业市场的面积分析，可以判断市场是否达到饱和的状态。

2. 区域汽配专业市场分布分析

了解区域汽配专业市场的分布情况，可以了解商圈分布，并明确竞争对手所在的商圈。如某汽配专业市场的区域汽配专业市场分布分析：

本市全市的汽车销售、维修、配件、装潢、美容等汽车后市场基本划分为三大集中的区域：

1）××立交桥片区——规模较大，主要集中为卡车的配件及维修。

2）×民路以北×安路上汽配一条街——零散商铺，还没有形成较有影响力的口碑效应。

3）×昌路、×杨路片区——本市最大最集中的汽车及百货交易市场，在市民中有相当知晓度和口碑，集中了一汽大众、尼桑、东风雪铁龙3家大型4S店；五羊、北美之光、驰耐普等连锁或加盟店；多家特约销售、维修的服务店；另外还有经营各类汽车配件和汽车百货的专营店。门类齐全，吸引了很多汽车用户来此消费。

3. 区域汽配专业市场特点分析

在分析区域汽配专业市场的特点时，要注重分析不好的特点，因为这样有利于开发本项目时对其进行改善，并寻找空白点。

【优秀案例9－35】　某汽配专业市场的区域汽配专业市场特点分析

参考点评：该案例分别从市场供应量、硬件、经营理念、销售服务企业、销售服务业态、龙头性市场这几个角度去分析区域汽配专业市场的特点。其中缺乏龙头性市场对于本项目来说是一个机遇，本项目可以通过各方面来把自身打造成当地的龙头性市场。

（1）政府职能部门对汽配市场布局的政策引导力度较弱

资料显示，目前全国正在兴建或者计划兴建的汽车交易市场有上百个，而且动辄就是几千亩地，上亿元的投入。上海耗资500亿元打造“亚洲第一国际汽车城”；北京投资超过百亿元的汽车城将拔地而起；广州宣称要打造“中国底特律”；浙江金华正在打造一个总体规划面积3000亩的金华汽车城。虽然在整体上有市场过热的嫌疑，但发达地区对汽车产业在市场建设方面较为前瞻性的政策引导措施，本省相比而言相形见绌。

本省地方政府在产业政策、税收政策、市场宏观规划、土地转让政策、工商管理等诸多方面对汽车市场的建设并未采取有效的政策扶持措施，本省汽车市场整体而言各自为政、低水平的市场竞争态势呈愈演愈烈之势。

（2）硬件落后是本市各汽车市场的通病

在发达地区，现有的大多数汽车市场因土地使用年限的限制，导致投资者和经销商都不愿也不能作长远规划。本市各老牌汽车市场同样面临这一重新规划的“后遗症”。新建的汽车市场因起点较低，实力不强，在规模效益和硬件建设等方面均显落后。如×银汽配商城，在开发及经营理念方面虽然借鉴了发达地区的做法，但仍摆脱不了房地产开发企业的通常思维，通过“物业销售”回收投资成本，“分零销售”式的做法导致在市场硬件建设方面无特色和前瞻性。据调查，×银汽配商城的铺位销售及招商情况并不十分理想。

（3）汽车市场经营理念与市场消费特点不一致

汽车市场形式多样，有多种品牌、不同经销商集中在一起的“集贸式”市场；有三位一体、四位一体的汽车专卖店；有多种汽车专卖店集中的汽车大道；有单一厂家的多种品牌、多种车型集为一体的汽车展示厅；有集各种汽车品牌于一体的汽车超市等。目前，本市以3S、4S专卖店形式推出的汽车销售网点越来越多，但真正意义上的集整车、零部件销售、服务、信息提供四位一体的专卖店并未出现。这是由于4S专卖店经销商必须向厂商购买特许权、服务商标使用权等，日后接受销售培训也要交费，同时由于专卖店的运营成本非常高，专卖店为客户提供维修和其他服务的费用也会很高。对于消费者来说，虽然付出了高额的维修费用，但有时得到的服务却不一定比非专卖店更好。

由于消费者在买车之前没有确定的品牌概念，常常是明确了希望购买的汽车的价位后，还不知道各价位有多少不同品牌的车型。在这当中，他必须要经过一个选择的过程，而汽车交易市场最适合消费者进行比较和挑选。所以，一个庞大的市场，多个品牌集中经营，会为汽车消费者提供一个更有利的消费环境。

(4) 业内各销售服务企业整体实力不强

目前，本市虽有汽车销售服务企业200多家，但各销售服务企业整体实力不强，主要体现在如下几个方面：

1) 注册资金少，多数汽车销售服务企业注册资金在200万~500万元；

2) 多数汽车销售服务企业经营面积集中在200~500平方米之间；

3) 卖场内车的辆数少，每个品牌一般只有1~2辆，甚至缺货。

据发达地区同业相关数据，一个真正意义上的专卖店一年需要的开支至少在400万元以上。而从销售来看，每辆车的利润在3000~5000元左右，一些成熟车型的利润只有1000~2000元，甚至不赚钱。按照每辆车利润3000元计算，专卖店每年也要销售1300辆车以上才能“保本”，但能够达到这个数量的经销商却是少之又少。而在本市，还没有具备如此实力的汽车销售服务企业。

(5) 业内各销售服务业态未能协调发展

据美国汽车后市场协会的调查，在美国，有1美元的汽车在路上跑，便伴随有8美元的相关服务。美国是世界上头号汽车大国，其直接和间接为汽车和驾车人的服务变得更加完善，使得汽车后市场的空间远远大于汽车市场的空间，所以汽车后市场要比汽车市场更为火爆。

汽车后市场是一个提供服务的市场，关键是要树立现代汽车后市场新的服务观念。

1) “大服务的观念”从提供服务的主体来讲，不仅有厂家的售后服务，也有政府部门的管理服务和各种社会机构的服务；从服务的内容上讲，不是单一汽车维修，诸如汽车资讯、消费信贷、技术培训、办证年检、加油换件、养护美容、缴纳税费、保险理赔、抢救援助、汽车文化娱乐等，凡是人们围绕着汽车的需求，都应包括在内。

2) “人性化服务的观念”服务的对象是人而不仅是车。一切要从有车人的需要出发，替他们着想，给他们提供方便，为他们排忧解难，帮助他们实现人与车的完美结合。

我国发达地区在汽车后市场的建设方面正在进行积极的探索，本市在汽车后市场的建设方面还尚未确立清晰的思路，各汽车销售服务企业的主要利润源还是通过对有形商品和有形服务来实现的。

(6) 业内缺乏龙头性或指标性市场（或企业）的领航员角色

龙头性或指标性汽车交易市场的核心是必须提供完善的配套服务设施。

首先，要选择较好的地理位置；

其次，建立和巩固新市场的经营理念，新亚市将在广告宣传上加大投入；

第三，从设计、布局、业务流程方面改善购车环境；

第四，市场要完善服务功能。将整个市场规划为一个大4S店，不仅仅卖整车，还包括保养、维修服务和信息反馈等。对驻场经销商而言，一个好的汽车市场应为他们提供良好的商务、生活条件，比如办公、通信、仓储、物流等；对消费者而言，一个成功的汽车市场里最好要提供“一站式”服务，买车、贷款、上牌、缴费全部可以就地解决，这样就需要车管所、公安检测、购置税办、银行、保险等各个单位全部驻地办公。此外，市场还要提供一些特色服务，比如修一条试车道，让消费者买车时可以亲自试车；定期举行新车发布、车展等汽车文化活动、全场让利促销活动等。显然，本市汽车市场业内缺乏龙头性或指标性市场（或企业）的领航员角色。

(7) 本市汽车销售服务业其他相关信息总结

1) 汽车交易市场、汽配市场及维修美容市场的分布特点：汽车交易市场偏向城郊，离城区较远；汽配市场聚集在×慈桥附近，属于城区；维修美容市场主要分布城内，不成规模；

2) 从汽车市场的租金分析：×慈桥（50元/平方米·月）——×角井（30元/平方米·月）——×曹司（20元/平方米·月）逐渐递减，租金不仅跟规模、配套设施、服务有关外，更重要的是地段起到决定性作用；

3) 汽配市场发展较快，仅今年增加×华汽车城10000平方米，×银汽配商城8500平方米，×银汽配商城的汽配门面出租率仅为50%，汽配市场逐渐趋向饱和；

4) 新上市项目物业管理费几乎均为3元/平方米·月；

5) 新上市项目均有优惠：×华汽车城免1年物业管理费，×银汽配商城签约在1~4年内，租金免半；

四、项目自身情况分析要点

这里仅介绍汽配专业市场的项目基本情况和项目建设必要性分析两个部分。

1. 项目基本情况分析

汽配专业市场项目基本情况同样包括项目名称、土地状况、地理位置、投资额、各种经济技术指标和开发涉及的企业、投资主体的合作方式、融资渠道等等。

2. 项目建设必要性分析

分析项目建设必要性时，可以通过分析项目建成后对区域产生的社会效益来体现，通过这些社会效益，可以寻求政府的支持，促进汽配专业市场成功开发建设。

【优秀案例9-36】　某汽配专业市场的项目建设必要性分析

参考点评：该案例从推动汽车业的发展、完善汽车流通体系、带动经济发展和市场自身发展的需求这四个方面来分析项目建设的必要性。其实对于项目本身来说，满足其自身发展的需要才是最重要的。

(1) 该项目的实施是推动本地汽车业发展的有力措施。

(2) 该项目的实施有利于建立一个完善的现代汽车流通体系。

(3) 该项目的实施可以带动××区区域经济的发展。

(4) 该项目的实施将满足其前身——××机动车交易市场拓展的迫切需要。

五、项目客户群分析要点

目标客户群的分析在全程策划中是非常关键的环节，只有了解他们的需求，才能更好地去满足他们的需求。

【优秀案例9-37】　某汽配专业市场的项目客户群分析

参考点评：该案例的亮点在于其不仅指出了本项目的目标客户群，还分析了这些客户群的顾虑，同时分析了他们的信息渠道。这都有利于广告策略和媒介策略的制定，非常值得借鉴。

(1) 目标客户描述

根据我们对汽配市场的深入调研，认为实现A区的快速销售的主要目标客户有两种：

1) 原先××汽配市场的搬迁客户，他们本身是市场的主人，具有市场的先导性，在这里有他成熟的客户网络和配送机构，他们对××市场的依赖性大，迁至新的汽配城肯定是他们的首选。

2）其他区域汽配经营户和投资客，他们深知××汽配市场行业的领导地位，一直在寻找介入机会，现在正值××市场全新规划，也会驻足密切关注或者选购。

A区因为量体有限，所以不需要对在这个片区的销售进行大规模地推广，本市的经营户搬迁就足以消化，但是作为一个28万平方米的项目，必须要有个整体的市场导入和品牌的塑造，而在捕捉客户的策略上，还是主要面对本市的经营户。

（2）目标客户需求

根据我们的市场调查，现在的经营户中对老××汽配市场的改造心理忐忑不安，有相当明确地提出了以下几个方面的顾虑：

1）旧的市场10年都没有什么发展，这样的市场肯定是不符合发展趋势的，是否应该考虑尽早地挪地方？他们一致认为原先的××汽配市场，政府几乎没有花精力去宣传过整个市场，行业的地位一直是众商家在支撑。他们表明在对外形象宣传上，一定要依靠市场（政府、开发商）做好推动工作，这样生意才能越做越好，市场才能不断地改善。

2）虽然听说这个地方要改造，不知到什么时候，是否会影响到经营？

3）312国道改道后，外地的车辆是否能开进新的××汽配城？

4）其他汽配城用很优惠的政策来吸引进驻，不知这里是否有更好的政策？

5）二楼的经营状况能好吗？这样的形式以前没有见到过，都觉得很难把它经营好。

以上几个问题是经营户比较集中的问题，也是经常困扰他们的问题，而且也有人提出，这里是否能像其他汽配城一样提供营业执照的办理，税收的减免等政策。对于他们来说是非常现实的，哪个地方能给他们带来更多的利益点，就往哪里走，所以不但在营销策略上要打消他们的顾虑，更重要的是开发商要实实在在地设身处地为他们考虑，解决一些实际的顾虑。

（3）目标客户信息渠道

根据市场调查，这些经营户有些会看《中国汽配商报》及行业的杂志，以了解最新的行业动态，其他看些晚报等地方类报刊，而其他的媒体接触得不多，像电视等媒体也接触得很少，业余时间多用来打麻将打牌等。有时上门发送的广告也会看，当作消遣。

六、项目竞争者分析要点

汽配专业市场的项目竞争者除了现存的竞争者外，还包括可能要出现的潜在的竞争者。项目竞争者分析的内容有很多，可以根据项目的需要来选择分析的内容。

【优秀案例9－38】　某汽配专业市场的项目竞争者分析

参考点评：该案例可供借鉴参考的地方在于其采用表格的形式，写出了各竞争对手的一些基本情况。同时，该案例还采用了平面柱状图来反映了机车市场四年的交易数量和交易金额。

主要竞争市场概况

交易市场名称	位置	经营规模	定位	现状
××坡汽摩交易市场	××铺二郎	占地460亩，总建筑面积10万m^2	本市最大的机动车配件交易超市，同时进行货车、轿车、专用车交易	现已完成一期面积约100亩的配件交易区项目的建设，二期约150亩的整车交易区项目还未开始启动

续表

交易市场名称	位置	经营规模	定位	现状
××汽摩交易中心	××桥与××馆之间	占地120亩，总建筑面积4万m^2	以交易微轿、微客、小型皮卡、摩托车为主，几乎没有货车	由于场地规划及建设先天不足，就其现有规模，目前较难做大做强
××汽车一条街	×中区长××一路	建筑面积3.2万m^2	以轿车市场为主，辅以汽修、酒店等。	是目前本市轿车经营规模最大、效益最好的市场
××西南汽车超市	×新区石桥××郎路口	建筑面积0.7万m^2	轿车市场	商家开发并经营，管理模式良好，麾下各公司分别代理一个轿车品牌，自负盈亏；代理品牌较其他市场高档
名车广场	×中区××坝	建筑面积1万m^2	轿车市场	开发商是国有企业，收费较低，效益一般

目前，机车市场为本市货车交易最为集中的地方，至少占据本市货车年交易总额的80%以上，其最近四年交易量与交易额见下表：

1999—2002年场内机动车交易金额（单位：亿元）

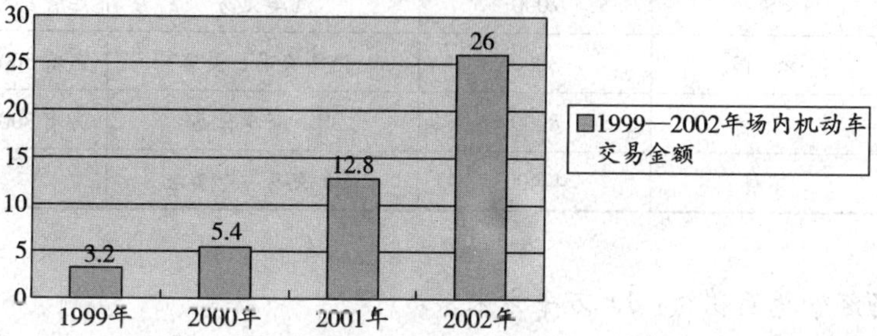

1999—2002年场内机动车交易量（单位：辆）

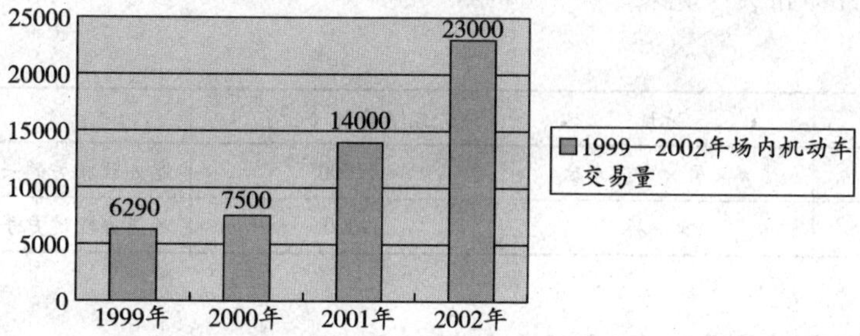

除了像上面的案例那样，对竞争对手进行综合性分析外，也可以对竞争对手的某个方面进行针对性的分析。

1. 项目竞争者位置分析

这里的项目竞争者位置分析是指以了解项目竞争者位置为主要目的的分析，同时还会涉及项目竞争者的其他特性分析。

【优秀案例9－39】　某汽配专业市场的项目竞争者位置分布分析

参考点评：该案例分别分析了该市新车交易市场、二手车交易市场和汽车后市场的位置分布，有一定的参考价值。

(1) 汽车交易市场业态分布

目前，本市汽车交易市场汇集在×溪大道，以“××汽车城”为龙头，分布在大道上下两侧，已形成气候；有刚兴起的×华汽车城，以汽车交易和汽配经营为主，位于在××桥区域，因地段优势，再加上合理经营，已成规模；其他卖场零散分布在××南路、×河、×添大道及×桃宫等地。整体而言，汽车交易市场卖场及环境较差。

1) ××汽车城

2) ×华汽车城

3) ×银汽配商城

4) 主要汽车交易市场分布情况一览表

名称	地址	经营面积（m^2）	主要经营类型	备注
××汽车城	××司	30000	汽车交易	其他2万m^2
×华汽车城	××桥	20000	汽车交易、汽配	另有1万m^2汽配美容
×银汽配商城	×角井	3600	汽配、汽车交易	另有8500m^2汽配
××金仑汽贸	×角井	2000	汽车交易	经营昌河、北斗星
××通源丰田	××园	3000	汽车交易、美容	另有3000m^2美容、维修
旧车交易市场	××桥	8000	旧、新车交易	另有8000m^2旧车市场
其他市场	不祥	43400	汽车交易、专卖店	

新车交易市场经营总面积约：11万平方米。

(2) 二手车交易市场位置分布

主要旧车市场分布情况一览表

名称	地址	经营面积（m^2）	备注
旧机动车交易中心	××司××汽车城	11000	能办理相关的一切手续
旧车交易市场	××桥	9000	不能办理过户手续，需到贵州汽车城

二手车交易市场经营总面积约：2万平方米

(3) 汽车后市场位置分布

1) 汽配经营市场

按照汽车消费市场惯例，一般汽车零配件服务市场经营面积占汽车市场经营面积的1/3～1/4，但随着汽车行业的竞争，后市场的经营面积比重有所增加，其中××汽配城总建筑面积约12000平方米，××汽车城汽配店10000平方米，×银汽配商城8500平方米，××装饰城2000平方米，××汽车城3000平方米，现汽配市场总面积估计在5万平方米左右。

名称	地址	经营面积（m^2）	月租金（元/m^2）	备注
××汽配城	××桥	12000	40	每个门面面积在20～40m^2
×华汽车城	××桥	10000	60	一层80元/m^2，二层40元/m^2
××汽车装饰城	××桥	2000	50	共60个左右门面
街道门面	××桥	1000	60	共40个左右门面
×银汽配商城	×角井	8500	25	共193个门面，出租率50%
××汽车城	××司	3000	20	面积较小，零散分布
其他	不详	13500		

汽配市场经营总面积约：5万平方米

2）装饰美容市场

汽配美容市场集中在×溪大道××桥至×角井路段，具体网点有××汽配城、×华汽配城、××汽车城等。汽车装饰美容分布零散，主要在近郊、市区，关键是方便。但经营场所的装修比汽车交易市场的装修相对高档，经营成本高。总经营面积在2万平方米左右，潜在市场较大，体现在不成规模和租金高。

名称	地址	经营面积（m^2）	备注
××汽车城	××司	5000	主要分布在各品牌专卖店
××通源丰田	××园旁	1000	因装饰美容与汽车维修没有严格界限，在此，仅作粗略估计，美容与维修共3000m^2左右
×华汽车城	××桥	1000	现进场共10家左右
××装饰城	××桥	500	共3家左右
其他	不详	12500	零散分布，不成规模

装饰美容市场经营总面积约：2万平方米

3）潜在汽车市场

据本市建设规划局（建设管理处）介绍：政府重点扶持南面，主要因为加快××新区建设，需要相关企业作为支撑，使得市场重新整合；北面侧以药业、生物为主，关于汽车市场方面的项目还未发现。目前汽车交易市场重点汇集在××溪大道、××桥和×河，××大道和××桥地段由于交通便捷，经营时间长，已聚集人气，形成气候。

××大道两侧还在继续扩建中，例如××汽车城附近、×银汽配商城旁、××桥的凤凰商住楼2500平方米（今年年底投入使用）等中小项目。

正在审批的一个靠近××7万～8万平方米的汽车城项目，由一家私营企业的房地产开发商开发，有汽车品牌商家参与投资，类似于×华汽车城，操作难度不大。

由××汽车有限公司拟定在××开发的占地60亩的4S店，目前正在紧张筹备中。该汽车销售企业为北京现代、宝马、千里马、中华汽车等四个畅销品牌的本省地区销售总代理，在本省具有较强的实力。

2. 项目竞争者服务质量分析

通过分析其他汽配专业市场所提供的服务项目和服务质量，可以在借鉴的同时发现市场的空白点，让本项目提供其他汽配专业市场没有的服务，或者是提供比其他汽配专业市场更高质量的服务。如某汽配专业市场的项目竞争者服务质量分析：

本市汽车后服务市场还处于比较低级的阶段，所用设备还比较落后。我们针对洗车、贴膜、烤漆等影响较大的加盟服务商进行了调研，发现：

(1) 只有×羊有无尘贴膜车间，而其他以及大部分路边店均为手工贴膜，不能适应高档市场的需要；

(2) 洗车只是×耐普有电脑洗车，而其他均为手工泡沫清洗，微波洗车等还未出现；

(3) 本市的4S店不多，有大量的品牌车型不得不到外地接受保养，尤其一些进口车型其车主对服务的要求较高、而本地无4S店服务，现有的美容连锁店家设备、水平有限，这应该是一块巨大的市场。

具体调研如下：

(1) ×羊：

1) 贴膜流程为：清晰玻璃——裁减——烤膜——整张贴膜——刮平烘干（整个流程有专门的净化无尘贴膜车间，都是由手工操作完成的，烘烤用电吹风手工完成）

2) 洗车：水洗——上泡沫——手工清洗

(2) ×耐普：

1) 洗车：全部采用电脑自动洗车设备。

首先用水枪将车身打湿，用超浓缩高泡洗车液、清洁香波擦拭车身，利用雾状的高压水将车冲干净，电脑感针对不同车身不同流线造形调节最佳的力度清洗所有的部位，分别用软、硬两种布刷洗。

2) 贴膜：与其他连锁店一样，全部采用手工操作完成，电吹风烘烤。

(3) ×马汽车服务有限公司：

1) 贴膜：与其他连锁店一样，全部采用手工操作完成，电吹风烘烤（本市所有贴膜都是采用手工操作结合电吹风完成，没有其他工艺）。

2) 洗车：水洗——上泡沫——手工清洗

七、项目 SWOT 分析要点

对于任何类型的专业市场来说，一定是优势和劣势共存，机会和威胁同在，通过了解本项目的优势、劣势、机会和威胁，做到化劣势为优势，最大限度地规避风险，挖掘本项目所具有的机会，将会大大地促进汽配专业市场开发成功。

1. 项目优势分析

汽配专业市场的项目优势也不外乎是区位优势、交通优势、商圈优势、实力优势、政策优势等。

2. 项目劣势分析

汽配专业市场相对于服装专业市场来说，要求的专业知识更多，若缺乏该行业的相关经验，将不利于汽配专业市场的开发和招商。在分析汽配专业市场的项目劣势时，可以从这个角度去考虑。如某汽配专业市场的项目劣势分析：

(1) 312 国道的改线后，外地车辆或许不能直达市场，这是直接影响外地配送通道的非常关键的因素。

(2) 入市时间比其他竞争对手可能会晚些，有些客户可能因等不及而分流。

(3) 本案周边环境是如此杂乱，缺乏统一的管理，因此客户对现在规划的实现表示质疑。

(4) A区的位置不突出，不临主干道。

(5) A区二层的单位可能会成为销售难点。

3. 项目机会分析

对于有政策支持的汽配专业市场来说，其开发成功的机会将会大大提升，故在分析汽配专业市场的项目机会时，可以从政策支持这个角度出发，寻找由政策支持所带来的其他机会点。如某汽配专业市场的项目机会分析：

(1) 国内特别是本地的居民收入持续增加，消费市场升温。

(2) 国家政策扶持与改善。

(3) 道路交通的不断改善。

(4) 信息沟通与传播加速，能够通过良好的市场推广提升知名度。

(5) 公司拥有庞大的业主群体是巨大的资源。

(6) 多数交易市场尚处于低水平重复建设状况。

4. 项目威胁分析

由于项目威胁是由外部因素引起的，故在分析汽配专业市场的项目威胁时，可以先从竞争对手的角度去考虑。如某汽配专业市场的项目威胁分析：

(1) 同属西部地区，但是重庆、成都等西部龙头城市比本市要有优势得多。如果商家要选择在西部地区拓展市场，选重庆、成都的可能性比选本市的大，且重庆还是直辖市。

(2) 现在本市区已建的汽车市场和汽车4S店很多，竞争对手营销方面会越来越成熟。

(3) 本市在建的汽车交易市场逐渐增多，新的竞争者不断涌现。

(4) 项目初期对周边消费城市的辐射能力有限。

八、项目整体定位要点

汽配专业市场的项目整体定位与其他类型专业市场的项目整体定位差不多，但由于汽车和汽车配件这些商品具有一些特殊性，如品牌要求更高等，这都要求汽配专业市场增加其他方面的定位。

在对汽配专业市场进行整体定位前，要先对各类型的汽配专业市场进行调查分析，为后面的项目整体定位作准备。下面是某汽配专业市场项目整体定位前的分析：

(1) 大型4S店。以其厂家直接供货，质量保证，服务全面到位而赢得了一部分忠诚度较高的消费者。但同时，其配件价格比普通汽配商店高出许多，也将很多消费者推向了其他汽配市场。但即便如此，这些大型销售航母还是能够保证每月十余台车的销售量，加上其他配件和车辆修理、保养的收入，月营业额可达数百万，经营前景稳定。

(2) 整车销售店。据调研统计，绝大多数整车销售店都是从厂家直接进货，中低档小车销售商每月可售出40~50台，且销售量基本稳定。除此之外，为吸引更多消费者，大部分整车销售商还会从厂家直接买进汽车座垫、音响等汽车装潢、百货类商品，作为随车附赠品，赠送给购车的消费者，这样就使得专营汽车装潢、百货的店家感受到不小的竞争压力。

(3) 汽车装潢、美容养护连锁加盟店。五羊、北美之光、驰耐普等专业连锁加盟店以专业、全面的服务和信誉度赢得了大批客户。×城汽车美容业正在进入一个淘汰、提升的时期，优质的汽车美容企业、品牌产品浮出水面。专业化、标准化成为必然趋势。汽车安全越来越受到消费者的重视，商家也对这一块投入了极大关注。汽车导航、汽车防盗器等市场不断有新产品推出，但是整个行业还没有呈现火爆的状态，目前还处在培养消费者和期待更多商家参与的阶段。

驰耐普加盟店，去年已经提前两个半月，超额40%完成2005年度计划。五羊成立已经超过15年，是本地最具知名度的汽车装潢美容连锁店之一，是多家知名汽车用品品牌的特许经销商，而且还是视听派影音系统的苏锡常总代理，一直保有较高美誉度和利润率。但近年来，面对越来越多汽车装潢美容店的竞争，瓜分了相当的市场份额，也甚至一度出现了亏损的局面。

(4) 零散汽车装潢美容店。经营状况不稳定，多数店内货品价格、品牌杂乱，难以形成固定消费人群。营业额都需由所在路段、位置、淡旺季来决定。部分小型店铺生存艰难，中型店铺也需要2~3年才能收回成本。

(5) 低价、核聚效应的汽配城市场空白、前景看好。在城东，"××星汽车城"周围有三家4S店，众多汽车销售、配件销售商家，已经形成了较为完整的产业链。但4S店保养费用高，汽配城的汽车配件价格一般会比4S店优惠20%~30%。这主要是因为汽配城与4S店追求的利润点不同，4S店追求的利润点在50%甚至更高，而汽配城最高利润点为30%。一般新车在规定期限内在指定的4S店保修过后，大多数车主还是愿意到汽配城进行保修。正是因为有了这部分差价，最后报给车主的汽配价格也就大不相同。此外，由于4S店的投资成本大大高于汽配城，其汽配产品上的价格也会远高于汽配城。另外，市场式的汽配城受青睐的原因是其中众多商家、品牌云集，形成一定的规模效应，提供一条龙服务，给消费者提供了方便。

(6) 大面积统一经营、一站购齐、统一服务的大型"卖场式"业态空缺。随着汽车后市场的快速发展和国际大型品牌的加入，在上海、北京等地已经开始出现美车饰、黄帽子等经营面积超过4000平方米，甚至达到上万平方米的专业汽车服务大卖场。他们相当于建材市场中的"百安居"，以统一的品牌经营、服务保证；齐全的货物品种；一站购齐的经营；以及多样的服务与其他的业态形成了差异，赢得了市场。

1. 项目功能定位

对于汽配专业市场来说，其功能不外乎是汽车及汽车配件交易，汽车检测、维修、保养、美容，此外，还可以提供信息咨询、商务办公、娱乐、食宿等功能。如某汽配专业市场的项目功能定位：

本项目定位为中国西部地区集国内外品牌轿车、货车、专用车、工程机械整车交易、配件供应、物流配送、维修保养、装饰美容、汽车会展等于一体的汽车贸易及服务中心，是西部地区规模最大、功能最全、模式最新的多功能国际化现代汽车城。

又如某汽配专业市场的项目功能定位：

集汽车、汽配贸易、展示展销、物流配送、维修检测、汽车美容、汽车租赁、售后服务、科教博览、电子商务、信息咨询、商务办公、文化旅游、娱乐、俱乐部、食宿等功能为一体，汽车美容商品超市、技能培训中心、信息交流、休闲中心、车主沙龙配备齐全，并组织车主俱乐部，汽车城内配有生态公园、茶艺馆、露天吧，饮食娱乐一应俱全。

2. 项目主题定位

主题定位就是用最简练又有感召力的方式告诉读者"我是谁"。一个项目主题定位的准确与否，会直接影响到项目在消费者心目中的形象，所以提炼一个让人一见倾心的主题定位对汽配专业市场来说非常重要。

【优秀案例 9-40】 某汽配专业市场的项目主题定位

参考点评：该案例把该项目主题定位为“28 万平方米超现代汽配航母”，虽然字数不多，仅由几个词组成，但每个词都有其代表的含义，真正做到言简意赅，非常值得借鉴。

为了寻求本项目主题定位的突破点，我们结合项目本身的特征，从规模、风格方面来陈述，经过项目组的再三分析提炼，得出本项目的主题定位为：28 万平方米超现代汽配航母。

（1）28 万平方米——突出了项目的规模之大，这样大规模虽称不上第一，但作为专业的商业地产项目来说也是规模相当；

（2）超现代——提炼出产品具有时代感的风格，这个也是与竞争物业比较的差异性所在；

（3）汽配——表明了行业的属性，更显市场的专业性；

（4）航母——突出了整个项目的气势，显示出它的行业实力。

以 28 万平方米超现代汽配航母的形象出现，本项目一定能给人气势不凡的感召力，对目标客户也有较强的吸引力。

3. 项目形象定位

项目的形象定位与主题定位往往是连在一起的。在对项目进行形象定位时，通常会用到很多形容词，而这些形容词正好是本项目所具有的特征。如某汽配专业市场的项目形象定位：

本项目形象定位：中国汽车市场的风向标，西部汽车市场的领头羊。

它积淀了我国汽车市场领域的发展成果，同时又吸取了世界汽车行业发展中的精华。从规模上讲它是我国西部一座宏大的“汽车城”；从功能上讲它是一座涵盖了汽车流通领域所有环节的“汽车贸易园”。本项目具备以下几个显著特征：

（1）现代感，国际化；

（2）功能完善，设施齐全；

（3）规模宏大，气势磅礴；

（4）全方位，全过程服务。

4. 项目客户群定位要点

对汽配专业市场的目标客户群进行定位，可以按经营商品的种类不同来进行。如某汽配专业市场的项目客户群定位：

根据项目的市场定位，该项目的目标客户主要包括以下几类：

（1）轿车经销商：主要包括各品牌专卖店、4S 店、各级代理商以及轿车经营者等；

（2）货车经销商：主要包括各类载货车、人货两用车、特种车、专用车、工程机械等经营者等；

（3）客车经销商：主要包括各品牌大、中、小型客车经营者等；

（4）汽车零配件经销商；

（5）汽车维修和美容服务行业经营者；

（6）生活服务行业经营者：主要包括餐饮、休闲、娱乐、住宿、购物等行业经营者；

（7）汽车销售“一站式”办公服务单位：主要包括税务、稽征、工商、银行、车管、保险等职能机构（办事处）等；

（8）物业投资商：专业炒卖商业物业的短线及收租的长线投资者。

5. 项目价格定位要点

在对汽配专业市场的项目价格定位前，先要根据本项目的特点确定本项目价格定位的方法和价格策略，之后才通过计算得出本项目的均价。如某汽配专业市场价格策略制定：

该项目的价格应采用竞争导向定价法和成本导向定价法相结合的原则，即通过对本市乃至全国的市场调查研究基础上，同时结合该项目的品质定位和成本的关系进行分析，所确定价格必须为项目利润和目标市场承受力之间的最佳平衡点，并具备绝对的市场竞争力和冲击力。

除了汽车相关行业的商家外，为了吸引商业物业的长、短线投资商，必须给项目创造增值空间，并为汽车城留有价格回旋的余地，建议采用“低开高走”的价格策略，即以相对而言较低价格入市、先聚集人气，再视其市场反应和销售进度来调整中后期价格，特别是开业第一年，价格优惠是销售及租赁的杀手锏。

【优秀案例 9－41】　某汽配专业市场的项目价格定位

参考点评：该案例是一个非常优秀的案例，基本上涵盖了价格定位的整个流程。该案例分别算出了该项目的租金和售价，然后通过保障系数分析，对算出来的价格进行了适当的调整，最后还根据价格策略对不同推广时期租金和售价的涨幅进行了明确的规定，并用折线图表示，直观明了。

(1) 出租价格

据调查，目前广州房地产市场上汽车城商铺经营多为租赁为主，因此，适用市场比较法。

1) 汽车城商铺出租价格市场比较法系数修正表

序号	项目名称	租金	区域因素修正			个别因素修正	修正价
			繁华度	交通	小计	档次	
1	广州汽车博览中心	270	109%	109%	119%	102%	223
2	东都大世界	142	106%	106%	112%	102%	124
3	美居中心（室内）	70	104%	104%	108%	96%	67
4	永福汽配城	116	100%	100%	100%	92%	126
5	恒福路	100	100%	100%	100%	92%	109

2) 汽车城商铺出租价格加权系数修正表

序号	项目名称	修正价	权重	基本租金
1	广州汽车博览中心	223	10%	108元/（m²·月）
2	东都大世界	124	10%	
3	美居中心（室内）	67	40%	
4	永福汽配城	126	20%	
5	恒福路	109	20%	

(2) 销售价格

考虑到目前汽车城展场商铺以租赁为主，销售案例极少的情况，故汽车城商铺的售价资料难以收集，无可参考的可比实例，因此本项目商铺的售价应依据成本核算法为主，以市场推测为辅。

一般来说，广州的商用物业价格呈现以下规律：按繁华度大致可分为三级圈层：一级圈层商用物业首层价格一般在6万元/平方米以上，其范围以步行街为主；二级圈层商用物业首层价格一般在3万~6万元/平方米，其范围一般是邻近步行街的较繁华地段；除以上两圈层以外的是三级圈层，其商用物业首层价格一般在1万~3万元/平方米。

按繁华度大致划分的商用物业价格范围：一级圈层为6万~15万元/平方米；二级圈层为3万~6万元/平方米；三级圈层为1万~3万元/平方米。

仅从地段上来说，本项目所在的××路处于三级圈层，但由于本项目的设计建设标准较高，定位高档，且距离××商务中心不远，从项目本身的素质、成本及以上提到的价格规律，再结合本市同档次商用物业的整体价格水平，建议本项目的汽车城商铺首层的价格为35000元/平方米。

通过以上分析，得出本项目目前汽车城商铺部分的市场出租价格为108元/平方米·月，销售价格为35000元/平方米。此价格建议仅仅是从市场的角度反映该项目的市场价值，因而价格可能要根据项目本身的实际情况作相应的调整，但是此价格一定程度上反映目前市场的实际情况，具有一定的参考价值。

（3）项目保障系数分析

项目的保障系数设定是为了更加紧密地结合项目的实际情况，对所测算得的市场平均基价（修正价）作一个合理的调整，以得出最终的定价。

综合本项目的各方面因素，以及开发商公司的公信力，相信本项目将受到较大的市场关注，其附加价值将可使本项目的整体价格定位比市场价值高10%以上。但从项目全程开发考虑，项目的定价必须遵循谨慎合理的原则，为项目的后续经营预留更多的空间。因此，本项目应在市场预期价值（修正价）的基础上适当通过保障系数进行调整，从而提高本项目的抗风险能力。

1）商铺租金保障系数调整表

影响因素	调整系数
本项目开发商公司的社会公信力	+5%
本项目是××路段的标志性商城，有良好的规划	+4
本项目高起点和差异化的定位，将成为广州知名的汽车城之一	+15%
本项目是市内专营国际品牌车的专业性商城	+6%
本项目所在路段竞争力不足，离相应的配套较远	-2%
市场竞争对手将会不断涌现，存在竞争压力	-5%
本项目未在广州建立品牌知名度，且市场不可预知的因素较多	-5%
合计	+20%
调整后的首层租金	130元/m^2

2）由于写字楼是本项目的一个辅助部分，由于项目的定位起点较高，写字楼部分的定价也应在基价的基础上作一定的提升，但提升的幅度不应高于商铺部分。我们认为在基价的基础上提升5%~10%较为合适。

3）建议本项目的整体价格如下所示：

商铺	首层租金	130元/（m^2·月）
	首层售价	35000元/m^2
写字楼	租金均价	45元/（m^2·月）
	售价均价	8500元/m^2

（4）项目各楼层的总体均价定为：

总体均价表

楼层	售价（元/m^2）	租金［元/（m^2·月）］
负一层西	35000	130
负一层东	16000	80
首层西	18000	84
首层东	35000	130
二层西	12000	52
二层东	17000	80
三层	11000	50
四层	8500	40
五层	8500	45
六层	9000	50

（5）项目的价格策略

整体的价格策略采用贴近市场真实现状的“平开入市、稳步拉升”策略。由于第一、第二推广阶段主要是写字楼销售为主，因此在第一、第二阶段仅对写字楼价格作出调整，在第三阶段则针对展示中心（商场部分）作出价格的调整，由于销售期的时间安排比较紧凑，没有必要对价格进行大幅度调整，具体调整见下表：

各推广阶段的均价状况

楼层	市场铺垫期和蓄势待发期		集中引爆期		引导提升期	
	租金［元/（m^2·月）］	售价（元/m^2）	租金［元/（m^2·月）］	售价（元/m^2）	租金［元/（m^2·月）］	售价（元/m^2）
负一层西	126	33950	130	35000	134	35700
负一层东	78	15520	80	16000	82	16320
首层西	81	17460	84	18000	87	18360
首层东	126	33950	130	35000	134	35700
二层西	50	11640	52	12000	54	12240
二层东	78	16490	80	17000	82	17340
三层	49	10670	50	11000	52	11220
四层	58	8245	60	8500	62	8670
五层	63	8245	65	8500	67	8670
六层	68	8730	70	9000	72	9180

根据每一阶段的销售推广，对不同楼层的不同区域进行均价的规划及发展走势。在内部认购阶段的售价和租金均略低于市场比较后得出总体均价（总体均价表），由于内部认购的时间不长，对总体均价的影响不大。在公开发售后，价格略为攀升，高于总体均价水平。由于本项目销售的物业具有展示功能，其升值潜力不可估量，在定价方面结合市场实际情况，赋予项目高回报的附加价值，使项目定价更趋合理和协调。上述价格走势是根据市场情况预测得出，在市场可以承受的价格范围之内，最终的实际价格必须根据不同时期的实际情况作出相应的调整。

6. 项目业态定位要点

在汽配专业市场业态定位前，应先明确本项目的经营范围，然后再根据经营范围来进行业态定位。

（1）项目经营范围确定

现有的汽配专业市场除了具有各种汽车交易买卖的功能外，一般还会提供汽车维修、美容等服务。下面是某汽配专业市场常见的经营范围：

1）轿车、跑车、客车、商用车、吉普车、旅游车、房车、特种车、概念车。

2）汽车维修与养护工具：各种国产和进口汽车美容产品、汽车用涂料、喷涂设备、装饰、音响、养护、传动、电子、电气、仪表、玻璃、专用油品、添加剂、线束、电瓶、胶粘剂、蓄电池、安全、防盗、保护装置、清洁设备及相关产品等；汽车的清洗设备、龙门式、隧道式大型洗车机、清洗剂、废水回收系统等。汽车保养的专用润滑油、添加剂、油漆、原子灰、密封剂、涂料、胶粘剂、加油站、加气站设备。汽车的美容、防盗、装饰、贴膜、冷媒、保养用品及塑料件修复等。各种零件、部件、备品总成，刹车片、电子电器、线束、轮胎、滤清器、电瓶以及用于维修的各类部件、总成等。

3）汽车教学设备、书籍、电脑软件、网站、光盘、汽配管理系统、汽修管理系统、汽贸管理系统、电脑综合管理软件系统、汽车相关产品的特许经营、连锁加盟系列。

4）维修检测设备：发动机综合分析仪、四轮定位仪、轮胎平衡机、轮胎拆装机、自动充电起动机、轮胎充气机、柱式、剪式举升机、喷漆、烤漆房、喷涂流水线设备、烤漆机、电焊机、车身大梁校正器、通用车身定位夹具系统、气动、手动机油机、气动、手动黄油机、喷枪、千斤顶、液压泵、焊接设备、红外线烤灯、缸盖加工设备、汽车空调维修设备、超声波清洗机、发动机免拆清洗机、缸体清洗机、零部件清洗机、刹车油交换机、自排箱油交换机、立体停车场、双层停车机、冷媒快速加注设备、油浓度分析仪、汽车转鼓试验台、电脑底盘测量仪、水箱测漏仪、喷油泵试验台、全自动灯光仪、自动变速器实验台、发动机综合诊断中心、汽车检测线、超声波电喷清洗检测仪、磁力探伤仪、喷油嘴检测清洗分析仪、汽车专用检测仪表、车身校正平台、荧光渗漏检测、汽车荧光检漏设备、汽车电脑解码器、底盘测功机、尾气分析仪、五气分析仪、烟度计、汽车制动检测设备、汽车侧滑检测设备、汽车轴重检测设备、平板式汽车检测设备、电脑全自动检测线联机系统、移动式机动车检测线、车速表检验台、大灯检测仪、刹车油质检测仪、汽车动力性能检测线、汽车全自动安全性能检测线、流动式机动车安全性能检测车、汽车发动机热试线、汽车发动机无负荷试验台、汽车发动机台架试验台、ABS 制动检测台、车身涂装质量检测系统汽车悬架装置检测台、风动工具、气动工具、电动工具、专业手动工具、钣金工具、工具箱、工具柜、工作台、工具挂板、展示架。

5）零部件：进口汽车发动机、汽车空调、传动、电子、电气、仪表、轮胎、玻璃、线束、电瓶、蓄电池、离合器、刹车片等汽车零配件。

6）汽车电子与装具美容产品：美容、装饰、音响、贴膜、安全、防盗、保护装置、美容清洗液、水腊、添加剂、油漆、涂料、胶粘剂、燃油喷射系统高效清洗剂、引擎外表清洗剂、沥青清洗剂、轮胎泡沫清洁上光剂、化油器清洗剂、超能泡沫清洗剂、空气清新剂、玻璃清洁剂、脱蜡水、泡液、仪表蜡、轮胎护理蜡、皮革上光护理蜡、手磨蜡、机械抛光蜡、洗车机、城市自动洗车设备、废水回收系统等清洗设备。车用电子控制系统、车用引导类电子通讯产品、车用安保与消费类电子电器产品、车用影音设备、车用集成电子及零部件、仪表、电动汽车系统。

7）油品及加油站设备：润滑油、润滑脂、汽车防冻液、加注抽取设备、冷媒加注机、中央管路供油系统、供油监控系统、加油站常规设备。

8）汽车制造业科技装备：汽车、摩托车模具、数控机床、模具加工设备、冲压设备、金属加工设备，成型加工工艺；压铸、铸造、锻造设备、汽车机器人、柔性制造单元、焊接及切割设备，激光技术，热加工工艺；涂装、涂料及表面处理设备；汽车车身、底盘、发动机、变速箱、齿加工等专用设备；橡塑成型设备；汽车零部件先进工艺制造装备；工厂物流技术、自动化设备；计算机辅助设计软件与制造设备等。

9）汽车空调及配套产品技术：整车空调系统、车用空调配件、车用空调用品、冷藏技术；汽车发动机及配套技术：发动机整机、发动机零部件类；清洁汽车及环保汽车科技装备：清洁汽车整车、车用零部件及专用装备、汽车排放及排放控制系统、汽车室内装饰环保材料及车内空气净化、调节技术、产品、设备、优质汽车润滑油系列及相关技术设备。

10）汽车新材料：钢板、有色金属材料、车用工程塑料、汽车玻璃、粘接材料、陶瓷、摩擦材料、复合材料等。

【优秀案例9－42】　某汽配专业市场的项目经营范围确定

参考点评：该案例的亮点在于其“五大系统工程”。这“五大系统工程”基本上已经涵盖了汽车后市场所有的范围，值得参考借鉴。

（1）汽车百货：本项目定位比较高档，货品以国内外所有著名品牌为主，涉及汽车影音、汽车贴膜、运动·改装、美容·装饰、胎·铃、安检·养护、车用电子设备等七个大类。

（2）服务、工程：本项目始终专注于将把自己打造成“汽车消费服务整体解决方案提供者”，在综合考虑了人、车需求的前提下，独创五大系统工程：

1）汽车影音系统工程

围绕视、听、多媒体、数码科技等所提供的设计、安装、调试、检测、维修系统服务。这一块是目前汽车后市场利润最高的市场。

2）汽车改装系统工程

围绕平稳性、操控性、功能改善、个性提升所提供的设计、安装、改装系统服务，包括电子、电器设备的设计、安装。

3）汽车美容系统工程

围绕车体、内外饰所提供的护理、美化系统服务、汽车贴膜工程。

4）汽车装饰系统工程

围绕舒适性、美观性、空间布局所提供的设计、安装、产品提供系统服务。

5）汽车养护系统工程

围绕功能延续、安全保障所提供的系统服务。

（2）项目业态定位

汽配专业市场的项目业态定位是指明确项目以什么经营品种为主，什么经营品种为辅。

【优秀案例 9－43】　某汽配专业市场的项目业态定位

参考点评：该案例的亮点在于其在业态定位之后，还用方框和箭头的形式表示项目的业态功能，值得参考借鉴。

本项目的商业业态定位应立足于汽车销售与服务产业多元化的做法。

项目商业业态定位：以集整车销售、零部件销售、服务、信息提供四位一体的（4S）大市场为主体，集品牌特色餐饮、汽车娱乐与文化产业为一体的大型汽车园。

业态功能如图示：

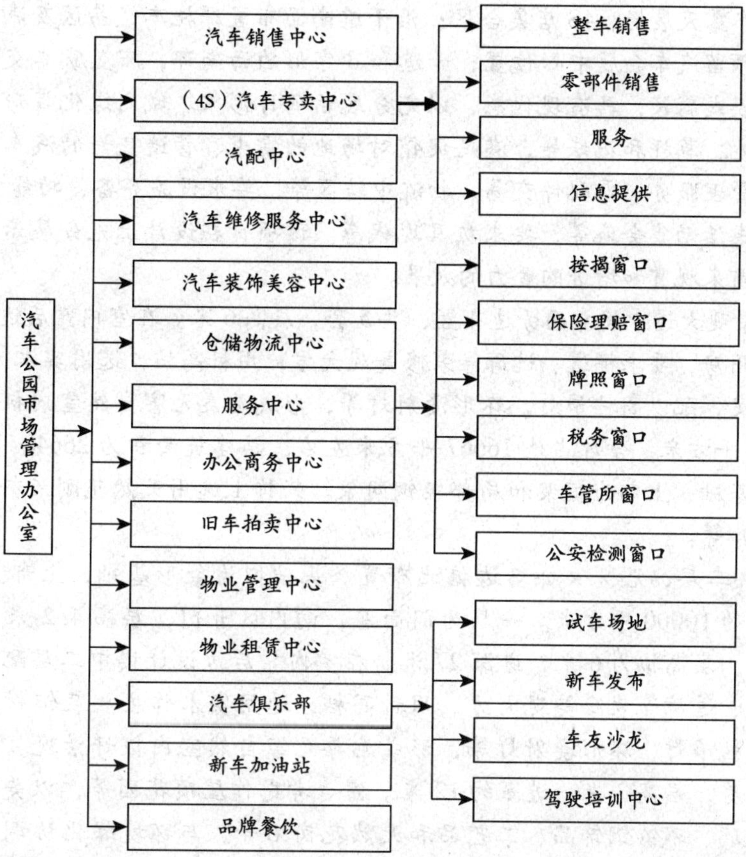

九、项目产品规划建议要点

在写产品规划设计方案时，在方案的开头要写上该方案的指导思想、依据、规划目标和总体思路等。

1. 项目总体规划建议

汽配专业市场的总平面规划主要写项目的占地面积、建筑面积、容积率、绿化率和各种用地类型的建筑面积或占地面积等，并最好用一幅简单的点平面图进行表示。

【优秀案例 9－44】　某汽配专业市场的项目总体规划建议

参考点评：该案例除了涉及项目总平面规划外，还涉及项目的建筑风格、装饰装修等方面的规划。该案例的亮点在于其对各个功能区的规划设计建议得很详细，同时其对道路交通、绿地、建筑风格的规划也很详细，值得参考借鉴。

(1) 规划布局

将用地划分为几大功能部分来进行规划设计，规划用地范围大部分规划为汽车展场及经营用房，并结合管理、服务等设置相应配套设施。主入口宽度为50米，出入口部分处理成入口广场，以便集散人流、车流。在建筑的形式上强调简洁、明快，具有现代感及高科技感，以给人视觉上的强烈冲击力。

规划布局说明如下：

1) 整个汽车城平面如d字型，d字形的一竖沿××公路南北方向展开，中央是汽车城大门，大门两侧沿××路临街布置为品牌轿车交易区；进入汽车城大门是50米宽的东西干道，沿干道北面分别布置轿车露天展场、4S店集合区；沿干道南面布置摩托车交易区及汽车摩托车配件交易区；干道西端预留汽车会展中心位置；干道和d字形的西南部，布置货车交易区。整个平面布置和建筑力争模式新颖，具有现代感，以充分展示项目形象。城内绿化带形成有机整体，配以休闲、歇息场地、草坪和花坛等，满足促销对场地的需求、营造良好的汽车经营气氛，树立市场形象。综合管理服务、零配件交易、物流中转区等，要求设施齐备，功能完善。大门按50米宽设计，且考虑活动集会地等，要求极具现代感。该项目在设计上充分展示特殊风格，达到吸引人流及商家前来观赏和增进购置力的效果。

2) 4S店沿景观大道中间靠两旁边布置，共5套，层高6米。在室内靠后边设计楼中二层配套办公室等服务用房，要求梯道、过廊等装修美观大方，用料高档，选用实木为主要装饰材料。灯具要求光照充足，配以高档吊灯、环形漫射灯等，形成无毒无害自然室内极好景观。考虑每套占地面积3333平方米，合计占地16667平方米左右，总建筑面积为26640平方米。结构上，基础拟采用带型基础，上部为框架和局部轻钢网架。装饰上选用天然花刚石料、不锈钢、工艺品、巨型落地玻璃等。

3) 门面房共二层，沿××公路边偏北布置。基础拟为条形基础，上部为框架及轻钢结构。总建筑面积约10000平方米。一层为门面房，向内区开门，层高4.2米，进深约27米。二层是平街门面，层高拟为6米，进深27米。在室内靠后边设计楼中二层配套办公室等服务用房，要求梯道、过廊等装修美观大方，用料高档，选用实木作主要装饰材料。灯具要求光照充足，配以高档吊灯、环形漫射灯等，形成无毒无害自然室内极好景观。三层设计上考虑为物业管理等用房，层高3米，进深约12米。露台考虑作屋顶花园等，以美化环境。外立面选用大型落地玻璃、不锈钢饰品、工艺品和天然花岗石等，与环境绿化协调一致，形成极好的景观。

4) 展场办公楼为2层，布置在城内货车展场旁边及门面房之后，有利于方便其办公等。共178套，60~120平方米/户，满足方便办公等要求。层高3米，进深拟考虑12米。总建筑面积20000平方米。基础为条形基础，其上为框架结构。室外考虑开大窗户，保证采光通风，明朗大方。外立面造型别致，柱头以罗马柱形式，取直线、曲线，屋顶线条明媚，与高级外墙砖形成质感对比效应。外装饰高级外墙砖，地面为高级大块地板砖，尽量考虑与环境自然相协调。

5) 汽车棚盖展场1层，靠大门近景观大道左面布置，占地面积10000平方米。轻钢网架结构，棚盖采用轻质透明玻璃钢瓦，与地面大块高级地面砖相辉映。

6) 汽车露天展场，靠近景观大道的左面城后区及门面房之后布置，总占地面积为150000平方米。地面拟以混凝土考虑，作功能分区划分线处理，以便管理。配以绿化带及花坛等，美化环境。

7) 城内设计周界防护报警系统、监控系统及音乐系统。相关房间设闭路电视及宽带网、通讯等。

8）外立面：现代、简洁、结合广告牌统一设计。考虑空调机的统一放置与外立面的协调，要求空调水统一排放。

9）卫生间按设计规范，结合实际，满足方便使用、清洁卫生、通风等要求，并要求全采用板下无管式设计。

（2）交通组织

1）在临××路上设四个出入口以解决汽车城与外部的人流、车流的交通问题。

2）汽车场城内从大门到城后区为32米宽景观大道，为人流主通道。

3）汽车城内道路主干道宽16米，次要道路宽8米，各道路相互联系，从而形成几个功能地块。

4）汽车城西面用架空道路与规划的××坝复线桥南引道连接。

（3）绿地规划

规划区内绿地规划布局结构可概括为“点”“线”“面”有机结合的系统结构。

1）点：主要指庭院绿地，展场绿地，以草坪、花卉和灌木为主。

2）线：充分利用场内道路两旁行道树和人行道两旁的带状绿地形成线性的绿化布置，行道树采用效果好的常绿乔木，带状绿地则多用树木点缀。

3）面：在汽车城入口处及会展中心旁等地方充分利用土地成片布置草坪和整型植物，同时辅以五彩花卉来点缀，形成大片绿地。汽车展场与停车场铺满草坪砖，以增加绿地面积。

（4）建筑风格

建筑风格既不拘泥于传统，也不宜一味地追随潮流，而应该选择一种经典的，富于渲染展示氛围的建筑形式，经过多次比较，初步决定采用晚期现代主义的建筑理念来指导设计。同时，借助于新型的材料、现代的处理方式，使本项目融入高科技、现代化的时代风格，做到既气派又典雅的效果。

2. 项目功能分区建议

在对汽配专业市场进行业态规划之前，最好先对专业市场进行功能分区，然后再对各个区域进行详细的业态规划。如某汽配专业市场的项目功能分区建议：

整个汽车城分为贸易园区、配套园区和服务园区共三大园区：

（1）贸易园区：包括汽车交易区、零配件交易区；

（2）配套园区：4S店集合区、会展区、物流配送、维修装饰区；

（3）服务园区：包括综合管理服务区、生活服务区。

【优秀案例9－45】　某汽配专业市场的项目功能分区建议

参考点评：该案例的亮点在于其将专业市场分成很多个区，并且对每个区进行了说明，具有一定的参考价值。

（1）汽车集中贸易展示区——主展馆

该展区经营面积约11000平方米，气势恢宏，配套设施先进齐全。可为进口、国产品牌轿车、乘用车、商务车汽车经销商提供全方位多视野的汽车展位。厅内配置了新车旋转展台和供展销活动用的先进的声光设备。厅内有自动扶梯上下相连，除经营场地外，还设交易信息发布、广告发布、电子商务区、景观小品、休闲区、洽谈区、娱乐区等。

（2）4S店专营区

车城设有4S店专区，为各类品牌汽车提供“4S”经营业务，经营面积总计约37000平方米。该区招商方式灵活，可为客户量身定做，也可由客户自行设计建设。

(3) 品牌汽车专卖区——品牌店

车城统一为入驻经销商规划设计了品牌专卖区，该区分为上下两层，大大提高了对土地的使用效率，符合各品牌店不同的销售理念，适合中型及以下各类品牌汽车和摩托车销售经营。该区经营面积约19000平方米。

(4) 旧机动车交易区

该区占地约5000平方米，主要进行旧机动车拍卖、置换交易、评估等业务，其设施及中央绿化构成具有智能化特点和花园式格调的二手车贸易园区，体现了现代二手车贸易发展的功能要求。

(5) 售后经营服务区

该区设有汽车用品店、汽车装饰美容中心、洗车房、加油站、快修站等，主要用于开展汽车装饰、美容、改装等售后服务项目，拟建××西最大的汽车用品大卖场。

(6) 综合服务区

该区为工商、税务、公安、交通、质检、银行、保险等职能部门集中办公区，为客户提供快购绿色通道和售中交易手续代理服务。

(7) 主题公园

以汽车文化为主题，在具备自然生态、绿化、水体为特点的自然风光的同时，与汽车博览展示功能相结合，有一条具有测试功能的试驾车道、介绍汽车发展史的汽车文化廊、供消费者休憩的餐饮休闲核心区、商业金三角、室外展示区以及有新型游乐设施的少儿娱乐区。形成具有会展业态功能的综合性汽车服务区，成为集汽车博览、旅游、会展、科普、休闲娱乐等多功能于一体的，具有创新理念和景观效应的现代开放式休闲空间，以互动新颖的方式把汽车文化与城市精神完美结合。

(8) 汽车文化主题公园

汽车影城、汽车用品的发布会、汽车论坛与新闻中心。定期举办国内外历史名车回顾展、中外汽车模型展、汽车性能演示等。汽车文化范围广泛，包括汽车模型、汽车体育、汽车知识、汽车报刊、汽车书籍、汽车影视、民间风俗、国际交往、服装服饰、车迷、汽车与社会等。收藏、展示国际、国内各个时期经典车、品牌车、老爷车、名人座车及新概念车的汽车专题博览馆。它将为本市增添了一个以汽车为主体文化的重要旅游景点，馆内收藏的大量极其珍贵的汽车资料和图片，配以大型声像系统，通过流动画面，全方位多层次地展示汽车文化，追溯汽车历史。

(9) 汽车展示交易区

汽车（含汽车用品）展览、汽车（含汽车用品）批发、汽车（含汽车用品）零售、汽车（含汽车用品）订单处理中心、电子交易中心、二手车交易区、零配件交易区；汽车物流配送功能区；商务车、农用车、货运车交易区、车辆检测中心、机动车美容中心、洽谈会议信息新闻发布中心；国家级进口汽车保税市场。

(10) 汽车俱乐部

汽车俱乐部有多种形式，如品牌俱乐部、车迷俱乐部、越野俱乐部、维修俱乐部、救援俱乐部等。

(11) 中转储备仓

汽车仓储区、汽车配送中心。

(12) 配套功能区

汽车改装、汽车内外装饰、汽车美容中心、验车、汽车保险、汽车俱乐部、汽车维修区、汽车体育、汽车服装、汽车旅馆。

(13) 汽车教育与研发园区

与北京 CARCENTER 大学汽车学院和同济大学合作开设汽车行业人才培训基地和设立研发中心。设立山东最大的汽车驾驶培训基地、门类最齐全的汽车行业职业技术学院和中等专业技术学校。

3. 项目业态规划建议

在对汽配专业市场进行业态规划时，应尽量详细到各种业态的建筑面积有多少及其分布状况如何，同时最好用平面图表示出来。

【优秀案例 9-46】　某汽配专业市场的项目业态规划建议

参考点评：该案例用表格来表述汽配专业市场的业态规划，算是比较清晰。该案例的特色在于其写出了在规划设计时要考虑的问题，而且有 12 点，值得参考借鉴。

本项目建筑规模 10 万平方米，暂考虑 8 万平方米，具体面积分配如下表：

序号	名称	面积分配 (m^2)	位置设置	经营
1	汽车销售中心	30000	一楼卖场附厅 二楼一半体量	分零租赁
2	(4S) 汽车专卖中心	10000	一楼卖场主厅	分零租赁
3	汽配中心	5000	一楼卖场附厅	分零租赁
4	汽车维修服务中心	2500	一楼卖场附厅	分零（或整体）租赁
5	汽车装饰美容中心	2500	一楼卖场附厅	分零（或整体）租赁
6	仓储物流中心	5000	二楼	分零租赁
7	服务中心	1200	二楼	
8	办公商务中心	5000	三楼	分零租赁
9	旧车拍卖中心	1500	二楼	委托经营
10	物业管理中心	500	一楼	
11	物业租赁中心	200	一楼	
12	汽车俱乐部	3000	三楼	委托经营
13	新车加油站	300	附属设施	委托经营
14	品牌餐饮	5000	三楼	整体租赁经营
15	员工宿舍区	5000	附属设施	租赁经营
16	其他	3300		

在规划设计时，要充分考虑如下方面：

(1) 土地平整，宜消除土地自然高差；

(2) 层高设置：不低于 4.2 米，一层层高不低于 4.5 米；

(3) (4S) 汽车专卖中心是本项目卖场规划的重中之重，要求考虑设置中庭，至少跨二层层高，中庭区域可不考虑作第三层；

（4）考虑从主楼两翼开辟车道直达第二层；

（5）考虑设置载重货运电梯二部；

（6）第一层设主入口通道（中庭位置）和两个次入口（两翼）；

（7）试车场地设置于主楼背面靠山麓沿线；

（8）汽车维修服务中心设置于第一层卖场附厅靠山麓一侧；

（9）汽车装饰美容中心设置于第一层卖场附厅靠临街面；

（10）设置地面停车场（临街沿线广场内），可同时考虑利用地块自然高差做局部地下停车场；

（11）为有利于规划好卖场，可考虑不做沿街独立门面；

（12）加油站设置考虑独立于主楼的临街地块位置，可同时对外营业。

4. 项目装饰装修设计建议

对于汽配专业市场来说，美观实用是最重要的，不需要过于豪华，所以在项目装饰装修设计时，要从美观、实用的角度去考虑。如某汽配专业市场的项目装饰装修设计建议：

近两年来，汽车市场蓬勃发展，特别是2002年发生“井喷”现象，汽车行业首次超过电子行业，成为国家支柱行业，各地的汽车城项目纷纷上马，市场竞争空前激烈。本项目并不盲目追求豪华高档，而是以“美观、实用、以人为本”为基本准则，达到“人无我有，人有我精”。

（1）室外展场：地面铺设广场砖，露天展场设置零星露天休憩区，为顾客及商家提供方便。

（2）4S店：临街及面向汽车城内部的墙壁以落地玻璃为主，既美化市场，提高交易场所的通透性，又尽量向顾客展示产品，争取更多的销售机会。

（3）展场办公室及门面：办公室可根据商家要求变更面积，天地墙简单装修。各商家在公共区域的各种展示（包括门楣、广告等）由汽车城统一规范，重点放在安全系统及电子商务系统的配备。出入口控制均采用玻璃破损红外线综合控制系统；闭路电视监视系统；保安巡更管理系统；自动感应消防喷淋系统；三A智能化系统（办公自动化DA，通信自动化CA，设备管理自动化BA）；计算机网络采用FDDI，100MBPS，可靠性规范，48/5B编码，分布式时钟；公共广播传唤系统；结构化综合布线：信道直接符合B—IS—DN设计标准，最大数据传输功率为100MBPS，能传输语言、数据、传真、图形、图像资料、电视会议与安全监视系统的信息、建筑物安全报警和空调控制系统的信息等；宽带网设置；卫星电视信号接收、调制、调解系统。

（4）公共区域：提高绿化面积及道路宽度，方便人流及车流，并营造一个舒适的购物环境。

十、项目整合推广策划要点

在写汽配专业市场项目整合推广策划时，先要写出营销策略的总体思路，给后面的广告策划、媒介策划、包装策划、活动策划和推广策划起纲领性的指导作用。

【优秀案例9-47】　某汽配专业市场的项目营销策略总纲

参考点评：该案例的亮点是它将项目营销总思路用图解的方式表示出来，表达清晰、易懂。同时，该案例还指出了通过塑造品牌来进行推广，这种推广策略值得参考借鉴。

（1）项目总体思路

本项目经过前期的市场调查、主题定位、功能布置等各方面的研究，产品在市场上的地位比较明显，由于项目规模不大，必须走“高、精、专”路线，通过充分利用项目创新的附加卖点，与传统的汽车项目区分开来，在市场上建立起自身的差异性和核心竞争力。由于开发商在项目成本方面投入比较多，为了要满足项目资金回笼的要求，必须采用高价值体现的策略，在市场上制造热点和舆论，引起轰动，最终达到树立项目形象的目的，为企业品牌形象的建立作积累。

由于本项目具有一个特殊的个性，就是集展场和写字楼于一体，除了涉及租赁和销售两方面，还要充分考虑项目日后的经营状况。因此，项目的招商引资工作在前期十分重要，招商引资工作不但把项目推向市场，让更多商家认识和了解本项目，最重要还是展示项目的发展前景，利用龙头商家的号召力，带动相关的小商户进驻，通过租赁带动销售，以便于完成项目资金回笼的任务和项目形象的树立。

考虑上述因素，项目营销的总体策略采用“招商先行、以租带售”的方式，在项目开盘前，通过一系列的招商活动拉开序幕，引入龙头商家，在开盘后，借助进驻的商家采用“返租回报”的方式进行销售。在整个销售阶段中，建议把展场部分和写字楼部分分不同阶段进行销售，写字楼先行，如写字楼的销售额没有达到资金回笼的要求，再考虑推出部分展场。

整个项目的营销策略借鉴于品牌营销的手法，在前期的主题营销推广思路中，主要通过前期的项目形象和产品推广，提升整个项目的形象和品牌知名度，通过项目品牌的提升促进销售，同时利用品牌建立和销售业绩的积累，带动相关业务的拓展，最终达到一个循环互补的效果。

整体思路图解：

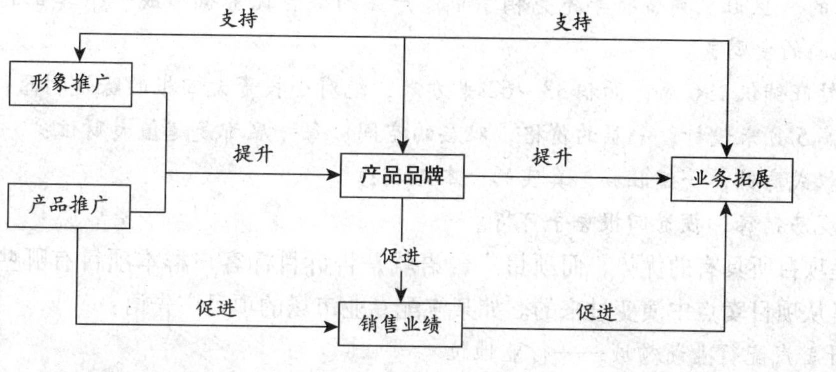

（2）项目品牌支撑

1）产品趋升国际品牌

本项目地处××商业闹区，背靠××山，从前期规划设计到材料、设备挑选，均从顶级的角度考虑，场地设计充分考虑汽车的展示性和写字楼的商务性，醒目的外立面与丰富的内部功能设置内外兼修，项目整体档次比一般的汽车城项目起点高，受到项目规模的影响，一定要摒弃传统汽车城项目“大而全”的观念，以打造“精品”为核心指导思想，结合目前汽车市场的突破口，“国际品牌”的项目档次定位顺势而出，同时为项目带来最核心的差异性，支撑整个项目“高起点、高标准”的发展体系。

2）五位一体的汽车服务平台，共创华南地区第一品牌

本项目在前期的主题功能设置上，提出五位一体的汽车服务平台，包括汽车物流、汽车资金流、汽车人才流、汽车信息流和汽车办公五大重要组成部分，在充分考虑可行性的情况下，对五大系统进行功能布置，务求为客户提供一站式的汽车服务，创建华南地区的第一品牌。

1. 项目广告策划

广告策划的第一步，就是要提炼出项目的卖点，提炼出来的卖点越多，汽配专业市场就越具有竞争力。

【优秀案例9-48】　某汽配专业市场的项目卖点提炼

参考点评：该案例是一个旧汽配城改造的案例，其亮点在于它先分析了客户的顾虑，然后针对这些顾虑有针对性地提炼项目的卖点，真正做到抓住了客户的心理，这种做法非常值得我们学习。

本项目在行业中诸多优势都是无可比拟的，如今的市场早已声名远播——中国汽配协会常任理事单位足以给人很权威的印象，××区政府的倾力打造也是很有吸引力。而从现有经营客户的调研的情况来看，客户更具有理性思考的心理，他们担心政府对规划的执行力度不足，还担心国道改建后，对他们的客户及外地车辆的进出受到影响。所以这些客户关心的问题，实质性的原因，在进行项目推广时，一定要进行深入的提炼，逐步削弱和消除客户心中顾虑，具体的卖点提炼如下：

(1) 政府重点工程，让财富视野更宽广（具体分析略）

(2) 十年铸就的成熟行业商圈（具体分析略）

(3) 超大行业规模，强势前瞻规划（具体分析略）

(4) 地尽其利，长三角快速财富通道（具体分析略）

(5) A区旺铺率先推出，点石成金就在眼前

本项目的A区旺火商铺将率先亮相于市，产品的综合优势将形成一个真正的财富磁场，带给您滚滚不断的金财气。

1) 金钻旺铺仅196席，面积33~62平方米，绝对小投资大回报的赚钱利器；

2) 挑高5.8米设计，一层的价格，双层的空间，每一席都是超值大财位；

3) 产权式商铺，一铺旺族，真实的一本万利；

4) 准现房销售，投资回报唾手可得。

卖点是项目所具有的优势，而项目广告语就是告诉目标客户群本项目有哪些优势。故项目广告语都是从项目卖点中演变过来的。如某汽配专业市场的项目广告语：

(1) 开辟汽配行业新领域——行业地位

通过对行业的地位的阐述、分析，行业地位对产品经营投资的主要作用，同时进一步稳住市场，巩固和扩大项目在行业中的影响力。

(2) 成熟汽配商圈，蓄积巨大财源——利益诉求

买铺，只选成熟旺铺！要让目标客户达成这样的共识，本项目10年的行业市场洗礼，如今已经成为行业家喻户晓的专业市场。10年的行业发展也造就了它的市场龙头地位。日渐增多的客源，不断完善的配送网络，无疑为新生的本项目积聚巨大的财富！这些对颇为理性的客户以真正的利益吸引。

2. 项目媒介策划

汽配专业市场的项目媒介选择与其他类型专业市场的媒介选择差不多，仅有小的差别，如在选择网络媒介时可以选择一些有关汽车的网站，在报刊媒介选择时可以选择一些有关汽车或汽配方面的报纸、杂志等。

下面是某汽配专业市场的媒介选择：

根据消费者的对媒介的接触情况和此物业的特点，我们对媒体投放的主次的安排如下：

(1) 一线媒体：

1) 户外广告：在本项目地周边及312国道××段车流量较大的路口。

2) 报纸：《中国汽配商报》、《现代快报》、《××晚报》。

3) 广播：通过在本省极有影响力的××交广网，常年与其合作。

(2) 二线媒体：

1) 专业杂志：《中国汽配市场》《中国汽摩配》等。

2) DM。

(3) 三线媒体：

网站：建立自己的网站，成为最快传递信息的窗口，让消费者及时了解最新动向，也可以为我们的经营户在一定时间内提供无偿宣传服务，这也是他们购铺的附加值，此网站在行业网站上做个链接，可以直接点击进入。

3. 项目活动策划

对于汽配专业市场来说，项目活动策划主要是参加或举办一些以汽车或汽配为主题的活动。如某汽配专业市场的项目活动策划：

活动营销主要通过活动让消费者产生信赖，打动他们，促进销售为目的互动性活动，具体如下：

(1) 参加全国汽配年会。

(2)“双百汽车展销会”争取在本市召开。

(3) 邀请政府、行业权威及旧市场内的大户参加“××汽配城新闻发布会”。

(4) 举办名车高峰会，邀请汽车领导人及相关行业知名人士参加，并推荐本项目。

(5) 开展外地专业板块招商会。

(6) 参加2006年春季汽配展销会。

(7) 举办相关行业评选活动或世界名车展同步发布会活动，宣传项目的信息平台和汽车展示平台的利益点，提升项目形象。

4. 项目推广策划

在各类物业信息铺天盖地的今天，推广中必须注重差异化处理，这样才能吸引目标客户群的眼球。

(1) 项目推广目标和原则

有目标就会有方向，在进行汽配专业市场项目推广策划时，应先确立项目推广目标和原则，如某汽配专业市场的项目推广目标和原则：

1) 推广目标：

①本着“稳定、发展、壮大”的六字原则，打造本项目独特的整体形象，树立本案品牌的市场地位，这种地位不仅在本市，也可以在全国，甚至可以成就一种与众不同的国际风范；

②迅速打赢A区销售战役，并为后期的销售积累品牌的无法替代市场地位的经验；

③建立与客户之间的有效沟通，及时反馈市场信息。

2) 整体推广原则：

①选择事半功倍的推广手段（先声夺人，个性鲜明）

充分利用本案的资源优势，高调入市，第一时间引起目标客户的注意，也充分体现了物业形式与品牌的差异化。

②科学分配，整合信息资源（外塑形象，内塑品质）

整体形象塑造中，应注重品牌的核心形象，而在具体的推广中，则更注重产品及附加值对目标客户的真正利益点。

③找准快速有效的推广通道（媒介整合，脱颖而出）

（2）项目推广方式

同一种媒体，可以有多种推广方式，事先确定各种媒体的推广方式，有利于推广工作的开展。下面是某汽配专业市场的项目推广方式：

媒体	主要推广方式	备注
报纸	平面广告、软性文章、新闻	
电视	形象广告、专题片、专题栏目	
电台	新闻、广告、专题节目	
户外广告	平面喷绘、布幅	
车体广告	喷绘广告、车内字体广告	
网站	项目信息发布、行业信息交流	
现场	工地及招商中心包装及宣传	

（3）项目各推广阶段策略

不同的推广阶段，其推广策略也不一样，所以应先对推广阶段进行划分，然后再制定各个阶段的推广策略。

【优秀案例9-49】　某汽配专业市场的项目推广阶段

参考点评：该案例把项目的推广阶段划分为四个阶段，并明确了各个阶段的推广方式和具体工作安排，值得参考借鉴。

根据本市汽车市场经营周期规律和本项目整体工程进度安排以及公司对招商工作的节奏安排，本推广方案将项目的推广工作大致划分为以下几个时段：

1）项目蓄势期（2005年1月15日~2005年2月15日）

本阶段主要采用寻求媒体合作伙伴、召开媒体年终联谊会、新闻记者招待会、货车经销商见面会、重点轿车经销商见面会、本市汽车市场专题研讨会等方式在媒介和业界初步树立项目的第一印象。在信息发布方面仅局限在项目VI、名称、概况等方面，让项目“犹抱琵琶半遮面”，朦朦胧胧，唤起媒介和业界求知的欲望，通过厚积薄发的方式进行前期蓄势。

2）形象塑造期（2005年2月16日~2005年3月15日）

本阶段主要通过项目新闻发布会、媒体见面会、记者招待会等新闻炒作方式和户外、报媒、电视、电台、车身等广告方式综合塑造项目形象。在信息发布方面主要包括项目识别系统、主题概念、主打广告语、项目规划设计、项目市场定位、项目简介等方面。本阶段的主要目的是树立项目的形象和初步建立项目的市场知名度和美誉度，为后期的强势推广打下基础。

完成工作：

a. 联系并确定广告合作单位、印刷品设计制作单位、模型设计制作单位、报社、电视、电台等新闻媒体单位。

b. VI 设计及 VI 系统的导入。

c. 项目宣传品设计及制作。

d. 项目模型设计及制作。

e. 户外广告选址及设计制作。

f. 项目工地及招商接待中心包装。

g. 软性新闻宣传。

h. 制作并发布项目电视形象广告。

i. 召开新闻发布会、记者招待会、货车经销商见面会、轿车经销商恳谈会。

j. 设立项目专业网站并将项目相关信息在网上发布。

k. 召开开盘典礼。

3）强势推广期（2005 年 3 月 16 日 ~2005 年 10 月 30 日）

本阶段主要通过开工典礼、开盘庆典、汽车赛事、优惠促销、开业庆典等促销推广和各媒体广告联合强势推广项目，让目标客户充分了解项目情况以激发起其交易欲望。在信息发布方面主要包括项目的各强势卖点和客户主要关心的实质性问题。本阶段推广的主要目的是全面配合和促进项目的招商工作。

完成工作：

a. 硬性广告宣传。

b. 播放电视专题片。

c. 大型户外喷绘形象广告、路牌及霓虹灯广告。

d. 展开系列 SP 促销活动广告。

4）辅助推广期（2005 年 11 月 1 日 ~2006 年 6 月 30 日）

本阶段主要通过各种促销活动、汽车交易博览会、汽车专题研讨会和专业知识讲座、汽车行业经纪人培训等方式制造新闻事件并辅以少量的项目形象维护广告，其目的主要是进一步促进项目的招商工作和维护项目的市场形象。

a. 筹办汽车城专业期刊或杂志。

b. 筹建汽车俱乐部。

c. 召开开业典礼。

十一、项目招商执行策划要点

这里主要介绍汽配专业市场的招商前调查、招商范围确定、招商时间安排、招商策略制定和优惠促销策略制定。

1. 项目招商前调查

对于汽配专业市场来说，在招商前可以通过调查访问的形式，向一些重要的目标客户进行调查，了解他们对本项目的看法和是否有意入场经营。通过这种方式，可以了解目标客户群的想法，对一些策略及时地作出调整。

【优秀案例 9－50】　某汽配专业市场的项目招商前电话调查

参考点评：该案例值得参考借鉴的地方有两个，一是采用表格的形式，表达清晰明了，二是详细记录了客户最关心最想知道的东西，了解客户真正的想法，可以针对他们的想法做出相应的对策。

<table>
<tr><th>公司名称</th><th>品牌</th><th>接听者</th><th>电话</th><th>地址</th><th>关键词</th></tr>
<tr><td>生产厂家</td><td>中华</td><td></td><td>（略）</td><td></td><td>资料、位置品牌、规模、实力、交通</td></tr>
<tr><td colspan="6">要求：在本省有1家经销商，对方想通过传真资料（招商计划书和宣传册）来了解本项目概况，并对项目提出要求：①位置：离主城区的距离；②品牌：指相关汽车品牌的档次；③规模：建筑面积、场地是否平坦；④实力：其他汽车销售公司实力；⑤交通：公交线路。</td></tr>
<tr><td>生产厂家</td><td>本田</td><td>总经销</td><td>（略）</td><td></td><td>规模</td></tr>
<tr><td colspan="6">要求：在本省有1家专卖店。类似大型汽车公园的项目，是否入场，目前公司暂无计划。根据汽车公园的规模可做考虑，时间定为明年。</td></tr>
<tr><td>贵州高山公司
专营进口汽车</td><td>三菱
本田</td><td></td><td>（略）</td><td>××司</td><td>入股
规模</td></tr>
<tr><td colspan="6">要求：想参加入股（看中规模），早已知道该项目的地理位置。</td></tr>
<tr><td>贵阳华诚汽车
销售有限公司</td><td>一汽佳宝</td><td></td><td>（略）</td><td>××司</td><td>规模、租金</td></tr>
<tr><td colspan="6">要求：该公司已在汽车城购买场地，在了解本项目规模的同时，最关心的是租金问题（当项目操作到位和租金水平能够承受时，可以考虑）。负责人认为：人们的消费习惯已倾向于××大道，当前，消费者购买能力有限，一时出现如此大的项目，等于在瓜分市场，能否操作好，要靠开发商的实力。</td></tr>
<tr><td colspan="6">其他略</td></tr>
</table>

通过12家模拟招商，只有1家由于自己正在筹建，不考虑入场，其他均有意向。从而得出有利于项目实施的结论，经销商最关心以及需要了解的问题依次是：规模、位置、交通、资料、品牌、租金、配套、服务及其他。

2. 项目招商范围确定

根据汽配专业市场的业态定位，确定本项目的招商范围，然后根据这些招商范围进行招商。下面是某汽配专业市场的招商范围：

（1）汽配类：

汽车发动机总成商家；各种汽车零配件商家；汽车、汽配计算机软件商家；汽车、汽配相关书籍、杂志的商家。

（2）汽保类：

汽车维修检测设备及工具的商家；汽车维修新技术、新产品的商家；汽车烘烤、涂装设备的商家；汽车维修计算机软件的商家。

（3）汽车用品类：

汽车装饰、美容用品商家；汽车维护保养用品商家；汽车润滑油、添加剂商家。

（4）汽车工程类：

汽车生产车间的工装、机床、通风、焊接设备的商家。

（5）休闲娱乐类：

具有云南特色的茶水商、小吃商，集旅游休闲购物于一体。

(6) 配套服务类:

银行、邮局。

3. 项目招商时间安排

事先对招商的时间段进行划分安排，有利于招商执行能有条不紊地开展。

【优秀案例9－51】 某汽配专业市场的项目招商时间安排

参考点评：该案例把每个招商执行阶段都写得很详细，同时还明确了各个招商执行阶段推出的货量，值得参考借鉴：

(1) 市场铺垫期租售时间安排

1) 招商安排

a. 内部招商：2002年12月20日～2003年1月31日；

b. 公开招商：2002年12月28日～2003年1月31日；

c. 内部认购安排：2002年12月28日～2003年1月31日。

2) 推出货量

a. 内部招商推出货量：推出的货量基本上以三层展示厅和三楼餐厅为主，如有意向客户要其他楼层或写字楼部分，可根据“先大后小”的原则进行客户筛选，先确定龙头商家，再安排散户。

b. 公开招商推出货量：负一层西面（约2500平方米），主要功能是国际品牌车展示、销售。五楼半层可销售部分和六楼西面半层（约4000平方米），主要功能是汽车办公写字楼。

c. 公开内部认购推出货量：五楼半层（约2000平方米），主要功能是汽车办公写字楼。暗推六楼西面半层（约2000平方米），主要功能是汽车办公写字楼。

(2) 蓄势待发期租售时间安排

1) 招商安排

a. 内部招商：2003年2月1～15日；

b. 公开招商：2003年2月1～15日；

c. 内部认购及倒计时安排：2003年2月1～15日。

2) 推出货量

a. 公开招商推出货量：负一层西面（约2500平方米），主要功能是国际品牌车展示、销售。五楼半层可销售部分和六楼西面半层（约4000平方米），主要功能是汽车办公写字楼。

b. 公开内部认购推出货量：五楼半层（约2000平方米），主要功能是汽车办公写字楼。暗推六楼西面半层（约2000平方米），主要功能是汽车办公写字楼。

(3) 集中引爆期租售时间安排

1) 招商安排

a. 集中招商期（汽车展示部分）：2003年2月16～21日；

b. 集中招商期（写字楼部分）：2003年2月16日～2003年3月31日。

2) 销售安排

a. 公开发售期（写字楼部分）：2003年2月16日～2003年3月31日；

b. 内部认购期（汽车展示部分）：2003年3月15～31日。

3) 推出货量

a. 集中招商（汽车展示部分）推出货量：二层全层（约4000平方米），主要功能是国际品牌车展示、销售。

b. 集中招商（写字楼部分）推出货量：六楼东面半层（约2000平方米），五楼半层非销售部分区域（约2000平方米），主要功能是汽车办公。

c. 内部认购推出货量：二层展示中心（约2000平方米），主要功能是国际品牌车展示、销售。

d. 公开发售推出货量：五、六层（约6000平方米），主要功能是汽车办公写字楼。

（4）引导提升期租售时间安排

1）招商安排

a. 全面招商：2003年4月1日~2003年6月31日；

b. 展示中心公开发售安排：2003年4月1日~2003年6月31日。

2）推出货量

a. 全面招商期推出货量（汽车展示部分）：首层（约4000平方米），主要功能是国际品牌车展示、销售。

b. 全面招商期推出货量（写字楼部分）：四层全层（约4000平方米），主要功能是汽车办公。

c. 公开发售推出货量：二层（约4000平方米），主要功能是国际品牌车展示、销售。

d. 公开发售推出货量（备选方案一）：负一层西面（约2500平方米），主要功能是国际品牌车展示、销售。

e. 公开发售推出货量（备选方案二）：负一层东面（约2500平方米），主要功能是汽车精品销售。

4. 项目招商策略制定

不同类型的专业市场，其招商策略不同，同一类型的专业市场，其招商策略也不相同。所以在制定项目招商策略时，应该从自身出发。

【优秀案例9-52】　某汽配专业市场的项目招商策略

参考点评：该案例制定了两个招商策略，其中第一个“强强联手”的招商策略值得我们去借鉴。该案例的亮点在于其对两个方案进行了总结分析，同时也考虑到竞争对手的影响，得出当今市场除了“大鱼吃小鱼”外，还有“快鱼吃慢鱼”，值得参考。

（1）方案一：强强联手的招商引资策略

“地段、品牌、服务”是经营汽车的核心要素。本省汽车市场服务较弱，认为只要将车卖出去就百事大吉，缺乏品牌经营理念。从其他行业可以发现，以北京华联、诺玛特进驻本市为代表，已寻找到了生存与发展的空间，成为两大重量级超市，人气十足，场面火爆。同理，本省汽车市场亦需要大型品牌来参与竞争，有竞争，才会有优秀的经销商，才能有效降低经营成本。

××集团汽车贸易公司（××汽贸）代理经销150多个型号的进口、国产名车，常年备有3000多辆展车供客户选择。自1997年开业以来，汽车交易每年稳步增长，总交易量已突破18万辆，高居广东省首位。

1）××汽贸的客户网络

a. 进口展厅：（具体汽车品牌略）。

b. 国产展厅：（具体汽车品牌略）。

2）引进××汽贸的优势

a. 运用品牌效益，增强市场影响力；

b. 规范管理汽车市场，容易制造新闻热点；

c. 可以减少招商费用与广告投入；

d. 可以降低操作难度和提高品牌进驻率；

e. 将带动本市其他汽车公司的进场；

f. 能真正做到4S店，给后市场做大；

g. 由于全国有连锁店，邻省特殊情况下，可以随时调货，弥补了本市定货需1个星期，甚至20多天的市场空白；

h. 由于自己有配送队伍，可减轻运输成本，在销售价格上，占优势；

i. 引进××汽贸，连锁店，可以降低社会流通成本，提高流通效率；

j. 对传统产业的结构调整与重组起到了分解、催化作用。

（2）方案二：招商计划

1）精美的宣传册：引进20家左右大型品牌汽车专卖店；

2）为生产商提供一份关于拓展本省汽车经营市场的可行性方案；

3）建立网站：××汽车网；

4）免三个月至六个月年租金，免1~2年物业管理费；

5）报纸广告及新闻操作：引进已（或待）进驻本市经营的普通品牌和经销商。

6）招商计划大致分两步进行：

a. 第一步：按1~4点的要求，直接与厂商或代理商家洽谈，引进品牌汽车专卖店；

b. 第二步：结合4、5点和大型品牌的号召力，来带动普通品牌汽车和经销商。

其中第二步又可分为两个阶段，第一阶段是让本市普通品牌汽车和经销商了解本项目，在本项目已有大型品牌进驻和给予一系列优惠措施的同时，他们不得不进场，否则显得没有实力，但此时此地只是设一个分店而已；第二阶段是当本案操作到位时，让本市普通品牌汽车和经销商把重心放在本项目上来，原来其他主力店反而成为小分店，甚至撤销。

（3）综合结论

方案一所带来的整体利益应大于方案二，但洽谈难度较大，现没有完整的可行性方案很难说服对方；方案二的招商形式受外环境影响较大，关系到国际市场、中国市场和当地消费等因素。再说大多数品牌在本市设有销售或服务点，如果其经营状况不理想，很难开分店，总体难把控。但由于加入WTO后，有诸多新品牌将要打入中国市场，他们在选店时，除了位置外，对规模、配套设施及企业形象有严格要求，本项目占有一定优势。

×阳正在规划审批一个7、8万平方米的汽车城，如果×阳项目先启动，我们会很被动；若他们与××汽贸洽谈成功，则本项目操作的难度和风险较大，因市场一时无法承受如此大规模的汽配市场，将会带来灾难性的恶果。本案规划建设速度要快，抢先机，让他们主动退出市场，改做其他的项目，或我们努力争取方案一能得到顺利实施。当今市场，不仅是“大鱼吃小鱼”，同时也是“快鱼吃慢鱼”。

5. 项目优惠促销策略制定

商业物业的优惠促销策略一般是免一定时间的租金、物业管理费、税费、打折和赠送礼品等，汽配专业市场也不例外。下面是某汽配专业市场的项目优惠促销策略：

大凡商业物业，在进行出售、招商的过程中，开发公司（政府）都开列种种相关的优惠政策及服务来吸引目标客户的眼球。针对本项目以及同类竞争对手的一般情况，我们建议在有些方面实行优惠，适当条件给予考虑和解决。概括为以下几点：

(1) 三个月免租金

考虑到新的市场要有一定的培养期，更是一个长期的过程，免租金的优惠是各大商业物业经常采用的一种方式，更迎合客户利益的心理，本项目因为交房后业主必须装修后方可经营，这样可以采用很人性化的免三个月租金的策略，并把这笔费用在房款里扣除。

(2) 注册新公司办理执照、变更工作

为客户的顺利进驻扫除障碍，做到政府、开发商以人为本的政策倾向，做好客户的前期新公司执照代办工作和新旧公司的变更工作等。

(3) 工商、税收

以免收客户在进驻后一至两年的工商和税收作为优惠政策，把培养市场放在第一的位置，加大对投资经营的吸引。

十二、项目经营管理要点

对于一个大型汽配专业市场来说，除了市场的硬件设施和商户组合素质外，市场经营管理也是十分重要的，它是体现开发商对市场经营状况的重视程度的重要指标，不仅能为投资者和经营者带来极大的信心，同时更能为项目带来不可估量的升值潜力，因此在项目的策划阶段，必须对项目日后的经营管理作出规划，便于日后项目的经营操作。

1. 项目经营模式选择

经营模式对汽配专业市场很重要，经营模式选择错误，将影响商家入场的信心，并且会影响开发商的收入。

【优秀案例 9－53】　某汽配专业市场的经营模式选择

参考点评：该案例写出了两种可以选择的方案，并且对各个方案的优势和劣势进行了分析。该案例的亮点在于其分别分析了两种经营模式后，选择了两者的折中之路，就是先加盟，后自营，再退出。这种经营模式集合了上面两种经营模式的优点，非常有创意，值得参考借鉴。

(1) 方案一：选择大卖场品牌进行加盟

成立管理公司，选择“美车饰”、“车之家”等规模、定位类似的企业进行加盟、合作。

1) 优势：

货源稳定、可以快速开业；

便于管理，经营成功概率高，利润空间大；

管理模式、经营模式成熟，可以用总店成熟的经理人。

2) 劣势：

店堂布局，与可售物业有一定矛盾。统一回报，退出比较困难（只有一个大承租方）；

受制于人，成败系于他人，而且国内连锁加盟市场不规范，有经营风险；

灵活性不够，税收、议价等问题较大，成为经营劣势；

加盟费用、合作分成费用，成为比较大的成本。

(2) 方案二：自营，“市场化经营，商场化管理”

仿照××美凯龙模式，将“大市场”的优点和“大卖场、商场”的优点结合起来，“市场型”的供应商体系，“商场型”的售后服务、品牌管理、设备支持。

1) 操作提要：

a. 按照整体定位划分业态，进行招商，商家以“单品专卖”形式出现。在目前经销商、厂家大举自建终端渠道的浪潮下，此举有市场需求，同时便于压低进货成本。

b. 自我加盟或引进专业品牌店设置“锚点”，以保证商场旺场。

c. 自营售后服务体系，引进：汽车修理、改装、养护、无尘贴膜房、电脑烤漆房、程控自动洗车、超声波无疮洗车、四轮定位仪等设备、人员。增加商家进入经营的附加值。

d. 商家议价，统一收银，在索要的情况下开发票，一般情况下开收据，降低税收成本。同时也便于将供应商集中起来以实现“整体经营优势”、“集团式促销”、“以增值服务带动销售”、“赠品、赠券促销”。

e. 以统一品牌对外宣传，自办媒体、网站。

f. 成立客户会，把握客户资源以牵制供应商。

2）优势：

a. 店堂布局，与可售物业矛盾小。统一回报退出比较容易（众多供货方、本身就以“散租”形式经营）；

b. 主导性强，对于经营、定位档次、货品组织等自主性高；

c. 提升灵活性，税收、议价等问题得到解决。

3）劣势：

a. 在单店经营情况下，物流规模小，与供货商的谈价能力低；

b. 经营管理要求高，要有较高素质的队伍负责经营、定位档次、货品组织、技术服务等工作；

c. 组织货源、招商难度大，如前期工作不成功将影响定期开业；

d. 经营成功概率受众多因素影响，有一定风险。

(3) 经营模式确定折中之路：先加盟，后自营，再退出。这是比较理想化的一种设想：

1）先加入大品牌，解决货源、资源、人力培养等问题；并结合本地的市场情况，以及“以销售为目的，日后全身退出”的情况，对经营模式做一定的调整。

2）在条件成熟后，向“方案二”过渡，由“大包租”向“分散出租”；由“统一经营”向“项目自营，创共同品牌”；由“单一供货渠道”向“多头供货渠道”过渡。

3）逐步实现方案二之后，在“商家盈利，认同经营模式”的情况下，全身而退。市场管理公司过渡到只负责经营管理、收取一定的管理费用，小业主直接与商家签定租赁合同的模式。

2. 项目经营的宣传推广

为了保持汽配专业市场在日常经营中的繁荣经营，宣传推广是必不可少的手段。下面是某汽配专业市场的项目经营中的宣传推广：

(1) 邀请知名驾驶培训中心进驻，开设驾驶、维修、保养等培训业务；

(2) 定期举行新车发布、车展等汽车文化活动、全场让利促销活动等；

(3) 委托有相关经验和影响力的人士成立“车友俱乐部”，定期组织活动、举办车会交流会，适当时机创办市场专刊，促进本汽车园市场影响力；

(4) 投资与“××都市报”或“××晚报”协作，定期在某固定版面创办“汽车沙龙”、“汽车之窗”等栏目，及时反馈市场信息和刊登广告，为经营商家创造一个高性价比的信息传播平台；

(5) 建立网站，相对费用较低。其目的主要不是为了网上销售，因为网上成交率极低，这跟中国传统的消费习惯有关。关键是为了传递反馈信息、提升项目品质，同时利于招商，引进新的汽车品牌。

除了打广告和举办各种公关活动外，还可以通过各种促销来进行宣传推广，最终达到旺场旺商的目的。

【优秀案例9－54】　某汽配专业市场的项目经营中的宣传推广

参考点评：办理会员卡、实行会员制是汽车后市场最常见的促销手段之一。该案例对会员所享有的优惠写得很详细，值得参考。

在促销上本项目重点突出了："整体经营优势"、"集团式促销"、"以增值服务带动销售"、"赠品、赠券促销"等常规市场所不具备的优势。会员卡：增值服务列表：

(1) 6项会员服务（终身）

1) 消费积分

会员持卡消费，获得支付金额5%的消费积分（有规定的特殊商品除外）。每个积分价值人民币1元。累计至300分时，可抵充消费金额（不得支取现金）。

2) 服务咨询

8小时×7天/周，会员咨询热线，随时回答会员有关车居产品和服务的任何疑问。

3) 消费咨询

会员将定期获得本项目最新商品及活动信息。

4) 预约服务

凭会员号可预约服务、预约施工位。

5) 新年祝福

每年新春来临之际，会员获得本项目送出的新年祝福（礼包）一份。

6) 会员活动

每年二次组织会员进行车居文化、汽车运动的户外联谊活动。

(2) 17项专业施工服务项目（价值1720元）

2006年××会员免费享受服务项目

1月	空调杀菌	7月	皮带安全检测、变速油箱检测
2月	引擎外清洗	8月	机油安全检测、灯泡安全检测
3月	四轮充氮气	9月	动力方向检测、刹车油检测
4月	车内空气治理	10月	水箱检测、轮胎安全检测
5月	调音季节换套	11月	雨水刮液量检测
6月	胎压检测、雨刷安全检测	12月	空调杀菌、除臭护理

(3) 每月定期向会员推出99个特价单品

根据时令的变化，推出产品，培育市场、促进消费。

1) 洗车卡

本项目引进国际上最先进的洗车理念，采用日本原装微量泵浦、柱塞式泵浦自动抛光设备装置及自动轮毂清洗刷，一般只需70秒即可完成车辆清洗，而且洗净、打蜡、抛光、表面吹干一次完成，让您体验高效率的全新洗车感受。

洗车收费标准	金额（元）	洗车（次）	相当于____元/次	省（元）
不持卡	15	1	15	0
持卡	100	8	12.5	20
持卡	680	68	10	340
持卡	980	122	8	850

三种面值的洗车卡，可自由选择。

洗车为整个市场带来了人气和可能的消费几率，是一个很好的吸引点。

2）轮胎卡

VIP轮胎卡是一张保障轮胎安全的施工服务卡，对轮胎安全关注的车主一般每年都会进行多次的施工服务，由此产生的费用累计起来价值不小。而现在，只要拥有VIP轮胎卡就可以立即获得轮胎安全检测、动平衡、轮胎换位、四轮定位等无限次免费服务。

a. 轮胎银卡：

可全年享受轮胎安全检测、动平衡、轮胎换位、充氮气（不限次数）。

b. 轮胎金卡：

可终身享受轮胎安全检测、动平衡、轮胎换位、四轮定位、充氮气（不限次数）。

轮胎是利润比较高的消耗品，而且调换周期明确。本项目可以通过"轮胎卡"锁定了一批固定客户，形成稳定的收入。

3）换油卡

本项目与世界500强排名第十位、全球第四大油品公司道达尔（TOTAL）合作成立了××换油中心。所有道达尔成品油均由道达尔公司直接提供，确保油品品质与世界同步。此外，中心提供免费的换油施工服务，可为车主省下不少钱呢！

可终身享受每年三次的引擎免拆内清洗、油路检查（价值1500元）。

轮胎卡、换油卡事实上起到了替代4S店小保养服务的功能，以低廉的价格争取了这部分的客户。

4）新车免费服务，从第一天起抓住客源

服务项目	价值（元）	服务项目	价值（元）
空气治理	680	自动变速箱油检测	50
整车封釉	480	机油安全检测	10
空调杀菌	300	灯泡安全检测	10
四轮充氮气	100	动力方向盘检测	30
引擎外部清理	150	刹车油检测	30
调音	250	雨水刮液量检测	10
季节换套	30	轮胎安全检测	30
胎压检测	10	水箱水检测	10
雨刷安全检测	10	皮带安全检测	10

对于新车提供以上免费服务，与旁边的4S店形成良好互动。抓住了“购车后”这一汽车用品消费的高峰，并抓住了客户。

除了以上所谈到的内容外，策划人员应根据自己的经验，向决策者提供一些有关经营管理方面的建议，供决策者参考。下面是某汽配专业市场的经营管理建议：

(1) 商户管理

由于本项目是一个大型品牌主题商场，作为项目的开发商仅仅是为商家提供经营场所，众多商家的进驻，容易造成各商家为自身利益而各自为战，从而形成松散的经营局面，不仅对广大消费者的利益造成一定程度的损害，而且对开发商和投资者造成一定的损失，使项目的整体形象下降，因此有必要通过对场地的统一调控，使各商家在公平、有序的环境下展开经营活动，发挥资源整合的威力。

(2) 商场运作管理

在对场地的统一调度下，明确商场的经营时间、商品陈列要求、灯光照明要求、商户员工的管理、商品的存放、运输要求、推广活动及推广渠道要求等，确保整个商场的经营活动顺利展开。

(3) 小业主管理

本项目在销售过程中，面对的客户以投资客户为主，这部分客户因为拥有经营权，其经营的内容与商场的规划可能存在一定的差距，从而影响整个项目的经营格局。因此，在销售过程中制订相应的控制措施，限制业主的经营范围或开发商通过“返租”的方式换取经营权，以确保项目的正常运作。

(4) 物业管理

商场内的各项配套设施（如电梯、照明系统、洗手间等）以及服务（如清洁、保安等）能否正常运作是商场正常开展经营活动的必要保证。商家对于物业管理公司能否配合其开展商业活动十分在意，同时信誉良好的物业管理公司对招商工作的顺利开展带来一定的帮助。另外，商家最关心商场的各项开支，特别是关心所交纳的宣传推广费的落实情况，所以物业管理公司的运营成本应具备一定的透明度。初步建议本项目部分写字楼每月的物业管理费用设在25~28元/平方米，该价格是根据目前市场的实际情况指定的，具体的价格必须以物业管理公司指定为准。

第四节　家居装饰专业市场项目全程策划要点

随着经济的发展，人们对居住条件的要求也越来越高，一部分人已经从“居者有其屋”上升到“居者优其屋”的阶段。因此，人们对家具、灯具和其他家居装饰用品的需求量也越来越大。

一、家具行业分析要点

在投资开发任何类型的专业市场之前，都应该进行行业分析。家居装饰专业市场所经营的商品一般包括家具、灯具和各种家居装饰用品。故开发家居装饰专业市场前要进行的行业分析有：家具行业分析、灯具行业分析、各种家居装饰用品行业分析和家居装饰专业市场行业分析等。这里仅以家具为例进行家具行业分析。

【优秀案例9－55】 某家居装饰专业市场的家具行业分析

参考点评：该案例先分析2005年全国家具行业的形势，然后再预测2006年全国家具行业的发展趋势，最后还分析了本市家具市场的形势，这种分析思路值得参考借鉴。

（1）2005年全国家具行业形势

1）产值、卖场发展势头强劲

2）整合资源，新卖场新销售方式浮出水面

（2）2006年全国家具行业流行趋势

1）消费者多元化，高档消费需求旺盛

目前家具消费市场兴起两类高档消费群：

a. 积极消费群属于富有阶层，在消费过程中，追求产品的档次和格调，不受价格因素的影响。比较受他们青睐的有欧式风格、中式古典或时尚前卫等昂贵家具。

b. 精品和名品消费群他们注重的是产品能否体现自己的品位和个性，在消费过程中，受价格因素的影响较小。不论从审美情趣、生活方式，还是价格观念，均走在时代潮流的前面。

2）家具商业业态多元并存，品牌独立店成未来趋势

目前，家具业态多元并存，品牌独立店、品牌店中店、家具专业市场正领风骚。不过，从无形资产的积累和管理的提升来看，品牌独立店最为业内人士看好。

（3）本市家具市场形势及流通领域现状

1）本市家具市场潜力巨大

2005年本市全年GDP为1519.90亿元，同比增长14.9%，人均GDP为25262元；城镇居民可支配收入12434元，人均消费支出9660元。本市新增房屋建筑面积639万平方米，成交销售56755套，具有较强的消费能力，消费结构向发展型、享受型升级。

经测算，本市整个家具市场预计有35亿元的年销售额，其中中高档家具市场可达17亿元。

2）家具流通领域发展滞后，高档家具市场外流严重

目前，本市仅有×百年×湖店、××凯龙×达店、×龙店、×方家园×蓉店及×家丽等几家大型中高档家具专业市场，经营总面积不到5万平方米，不仅市场少，而且限于摊位制，各品牌单店规模小，导致所谓的高档产品档次不高，对市场吸引力下降。本地高档消费者不得不舍近求远，大多进行异地采购。

二、项目自身情况分析要点

对家居装饰专业市场的项目自身情况分析主要是分析项目的基本情况、项目周边环境和项目投资开发所涉及的企业等。

【优秀案例9－56】 某家居装饰专业市场的项目自身情况分析

参考点评：由于该案例是在原有的家居商圈中经过改造而成的家居装饰专业市场，所以该案例除了分析项目的一些基本情况外，还分析了项目所在区域的人文历史状况，有一定的参考价值。

（1）本项目基本数据

1）项目名称：××家居广场。

2）区位：地处××市××一条街核心位置。

3）地理位置：××市江××三路×村一号。

4）总建筑面积：约40000m^2。

5）建筑规模：负二层，负楼以上6层。

6）工程进度：E区主体已完成，A、B、C、D区已经盖到正一楼。

7）管理商：××实业有限责任公司。

8）投资商：××房地产开发有限公司。

（2）本项目现状分析（具体略）

（3）周边环境简况（具体略）

（4）区域人文历史状况（具体略）

（5）周边道路现状及规划宽度、性质（具体略）

三、项目竞争者分析要点

一般来说，家居专业市场在对项目的竞争者进行分析时，主要分析竞争者的一些基本情况，如地址、业态、规模、租金和经营状况等。除了分析竞争者的基本情况外，还可以根据自己想要的信息作出有针对性的分析。

【优秀案例9-57】　某家居装饰专业市场的项目竞争者分析

参考点评：由于顺德乐从家私城是国内家私城的典范，所以该案例有针对性地对其进行分析，分析其能够发展起来的原因。

顺德乐从的木质装饰材料及家具市场周边的产业结构特色：

集散通畅，市场人气旺，是顺德乐从国际家私城被广东省指定为最值得参观的大型旅游购物景点之一的重要原因。顺德乐从国际家私城位于广（州）湛（江）公路即325国道乐从段最繁华的地点。这里汇集了上万家家具厂商，整个家具批发市场的面积达100万平方米，展出的家具品种有10万余款。在乐从还有广东省最大的木业装饰材料市场，荟萃了各种国产和进口的木质材料，吸引了大批消费者和国内外客商，还有旅游观光者到市场来。

成因分析：上述市场具备各自的有利条件，充分利用自身发展条件，生产厂家与市场结合，共享资源，货源充足，因厂壮市，使经济效益与付出成本成正比，对商家来说，有回报的投资才是最终的选择。

【优秀案例9-58】　某家居装饰专业市场的项目竞争者分析

参考点评：该案例分片区来对竞争者进行分析，在分析完后，还进行了总结，指出竞争者在哪些方面值得参考借鉴。这种做法值得我们去学习。

（1）××片区典型可比商场调研

×家装饰城：开业时间较长，已开一、二、三期，其中一、二期位于×卦路，为2栋相邻厂房，均为2层，每层面积约1400平方米，生意甚是红火。一层经营各种装饰材料，品种齐全，二层为众多家居设计公司，有名气的有：怡庭、雅庭、吉祥如意、居众、创典居等公司。三期位于××三路，与国际展览中心相临，只开业一层，生意一般。均独立收银，可讲价，铺位面积由20~60平方米不等，租金水平约为160元/平方米。

×居装饰城：位于××四路，已开业一至四期，与×家装饰城毗邻，生意很好，规模、布局、经营品种等均与×家相似，都是凭借××岭地缘优势、便利交通、成行成市的规模效应和廉价的仓库用地而蓬勃发展起来的，其租金水平约为128元/平方米。

××岭装饰材料城：×家装饰城对面，位于工业区内，不临街，档次较×家装饰城低，规模不大，共一层，面积约1000平方米，人气不旺，生意较惨淡。指望旁边××大厦招商使用后，能带旺生意。经营品种不十分齐全。

（2）×贝片区典型可比商场调研

×丽家居广场：×丽家居广场营业面积逾2万平方米。商品按家庭装修工序呈递进式布局。

	×丽家居广场
经营范围	1F：地砖、马桶、淋浴房、按摩浴缸、木地板、水龙头、门锁等
	2F：橱柜、木门、布艺、木地板、洁具
	3F：灯饰、布艺、床上用品、橱柜、地毯
	4F：家私、家装设计公司
管理费	30元/月全包
实用率	50%～60%
租期	1年
档次	中高档

另外，还辟出了专门的装饰设计中心，该中心由市建设局、市装饰行业协会负责管理。以老字号雅庭装饰公司为首的数十家正规家庭装修公司的资深设计师现场演示。

×丽家具广场是本市家居装饰市场的典范之作，其先进的商业管理、大量的商业宣传推广、合理的平面布局、明确的功能分区以及“一口价”的招租策略和“质量保证”等手段均显示出其自身的不凡实力，处处走在行业的前列，是我们学习的榜样。

（3）×岗片区典型可比商场调研（具体略）

（4）本区域典型可比商场调研（具体略）

（5）总结分析

本市家装市场主要集中在：××岭、×岗、×贝一带，×山目前尚无大的家装市场，本项目应很好地抓住此机会点。

目前以×家、×居为首的××岭家装市场规模最大，最具市场号召力，租金较贵，生意较好，本项目与其相比没有太多可比优势。

×丽家居广场有许多值得我们借鉴的地方，无论从商场布局、功能分区和广告推广方面都较为先进。

×雅百货在经营管理及各种促销手段方面值得我们借鉴和学习。

四、项目SWOT分析要点

家居装饰专业市场的项目SWOT分析的角度与其他类型专业市场差不多，下面仅介绍与家居专业市场密切相关的内容。

1. 项目优势分析

在分析家居装饰专业市场的项目优势时，可以从区位、规划、硬件、理念、人气这些方面去考虑。如某家居装饰专业市场的项目优势分析：

1）区位：本项目位于本县未来的城市商业中心，南北贯通，交通便捷。

2）规划：是目前本县域内唯一的高档品牌家居装饰市场，并能够形成很强的市场聚集效应；在新旧的消费观念转换上，本项目更备受现代消费者的关注。

3）硬件：项目所在的××路宽度将达25米，完全超出家居装饰业必备硬件要求的20米。

4）理念：营造出与本县原有的消费观念不同的高档次高品质的现代消费经营理念。

5）人气：本项目的周围存在大量的显性消费者和隐性消费者，利于未来市场的蓬勃发展

2. 项目劣势分析

项目的劣势也可以从区位、规模、规划和其他角度去分析，如某家居装饰专业市场的项目劣势分析：

1）项目专业市场的定位决定了市场人气不旺（相比消费性商场而言）。

2）较大的体量导致了项目的招商周期、销售周期过长。

3）交通：目前的××三路为一条宽约20米的较窄的道路，项目前停车位较少，运货车辆通行较为不便。

4）××三路的改造方案，动工之日将对人流的聚集及市场的发展产生一定影响。

5）产权商铺的操作在本市有负面的影响，出现过许多意想不到的问题，包括经营、管理、维护等方面。

3. 项目机会分析

当出现市场空白点或现在的家居装饰市场不能满足消费需求时，对于本项目来说就是一种机会。下面是某家居装饰专业市场的项目机会分析：

1）目前，本县县城内没有一个完善的高档品牌家居装饰市场，并且一些经营商户规模较小，分布零散，不易形成市场规模。

2）县城内的房地产业正在蓬勃发展，在建项目的市场容量大，而且待建的项目将陆续上演，从而形成了一个深厚的市场容量。

3）现有本县市场的家居装饰商品，多数品质已不能满足现代人的消费需求。

4）老城经营家居装饰产品，在终端消费者心目中定位为中低档产品。

5）对于家居装饰的品牌商户，在租赁和出售的价格上相对于周边的城市具有很强的合理性。

6）现在本县市场上的多数商户为追随性经营，追随的对象多数为品牌商户和有感召力的商户。

7）现在本县县城内原有商铺经营的灵活性导致商业的经营缺乏统一性，商业氛围的形成仅依靠市场的调节由经营者自发形成，商铺的换租率表现频繁。

4. 项目威胁分析

对于任何类型的专业市场来说，未来竞争对手的增加和国家政策的影响都是存在的威胁，家居装饰专业市场也不例外。下面是某家居装饰专业市场的项目威胁分析：

1）××家居装饰市场对本项目的直接威胁主要表现在终端产品的档次和市场的规模。

2）未来规划的家居装饰业，对本项目的潜在威胁，威胁的大小直接取决于定位是否同质化。

3）现本县老城的一些有影响力的经营户，对于我们市场的形成具有一定的冲淡影响。

4）国家宏观政策的调控对相关行业的影响在今后一年内会对本项目造成一定的不利因素。

除了像上面那样分别写出家居装饰专业市场的项目优势、劣势、机会和威胁外，还可以把这四个方面写在一个表格内，如某家居装饰专业市场的项目SWOT分析：

优势（STRENGTH）	劣势（WEAKNESS）
（1）位于西外开发新区干道旁，地理位置优越，交通相当便捷，便于人流、物流，有利于开设大型家居广场。 （2）项目周边已推出或即将推出的住宅项目众多，对家居装饰的需求量较大。 （3）本项目尚未正式规划设计，在建筑方面有利于科学的规划设计、明确的市场定位，为家居广场量身打造，具有很强的可塑性，使本项目具有鲜明的特色	（1）老城区已有×狮、×东、×美、××洋等同类商场，且经营状况较好。 （2）该地段的商业氛围不是太理想，对开设大型专业市场须经历一段时期的培育过程。 （3）本项目征地成本较高，减小了项目的盈利空间。 （4）住宅部分为电梯公寓，在本市当地购买者中有一定的抗性
机会（OPPORTURNITIES）	**威胁（TREATMENTS）**
（1）明年政府西迁及1500多户的公务员入住，为西外新区带来蓬勃生机。 （2）本市目前在家具市场发展还较为落后，为本市场提供了有利空间。 （3）成渝两地的同类市场众多，竞争激励，当地不少商家欲向周边二级城市寻求发展。 （4）合理的市场布局，有利于整体经营，将吸引不少现在老城区的家具经营户前来入场	（1）项目尚未正式启动，如有其他同类市场提早推出，本家居广场将受到严重影响。 （2）项目体量较大，须在资金及资源上得到有力保障。 （3）政府出台不利政策，影响项目顺利实施

五、项目整体定位要点

这里主要介绍家居装饰专业市场的类型定位、产品定位、形象定位、业态定位和其他定位。

1. 项目类型定位

家居装饰专业市场在进行项目类型定位时，可以在确定类型后分析为什么要开发这种类型的专业市场，开发这种类型专业市场有什么好处等。如某家居装饰专业市场的项目类型定位：

（1）本项目的经营业态定位——高档品牌家居装饰商业区

本项目位于××县新的规划中心——×湖路的中间地段，从×湖公园南大门到实验×小，直面实验×小。从地理位置这一角度来看，目前此地段繁华程度不够，而且已建成商铺还未形成市场规模。因此针对该项目进行细致准确的市场定位——高档品牌家居装饰材料商业区，并针对商铺的经营主题和商铺未来的经营前景进行细致和适当的宣传，从而促进和带动商铺更好、更有利的销售。

（2）定位的优势

1）可以使客户规避市场风险，坚定投资信心，增加销售热度。因为这样定位，可以减少与直接竞争对手的接触面。通过市场调查分析，我们发现在周边的群楼商铺，都以满足消费者的日常生活需求为突破口。如果本项目商铺雷同于它们，必将增加市场压力，加剧市场竞争。

2）有深厚的市场容量：我们的这个定位就目前情况，本县的房地产蓬勃发展将带动装饰业的发展，并且本项目周边在建或在售的楼盘较多，这些楼盘入伙后对家居装饰的需求量较大。

3）目前在该区域集中的家居装饰材料区（城）相对较少，且高档品牌家居装饰区更少，因此本项目有着很大的发展空间。

4）项目现在虽人气不旺，但交通条件十分理想，且商铺前面步行道空间较大，满足发展家居装饰业的硬件需要。

5）为以后在区域市场上发展树立一个品牌效应，避免了定位的同质化。

6）良好的市场操作性：我们这一定位，是基于详细的市场调查和商战实例整合出来的，有良好的前瞻性。同时，我们在定位的过程中，逐渐赋予和加深了它所包容的内涵，并准备一套有逻辑、有秩序的销售、促销准备活动。

2. 项目产品定位

专业市场的项目产品定位一般都写得比较简短，家居装饰专业市场也不例外，有必要时可以对项目产品定位展开阐述。下面是某家居装饰专业市场的项目产品定位：

本市最大的品牌家居专业市场，入场商家最多，种类最全，品牌最多，年交易额最大，专业市场配套最优。

3. 项目形象定位

在竞争越来越激烈的情况下，家居装饰专业市场往往会营造差异的形象，突出本项目的优势。下面是某家居装饰专业市场的形象差异性营造：

本项目特殊的市场背景，在市场同质化严重的情况下，形成本身的区域市场差异性：8年成熟经营，建材行业黄金口岸，家居经济领头羊，超级提款机。形象差异的营造：

（1）主力商户：主力商户的进驻有助于项目产权部分的销售和塑造实力雄厚的项目整体形象。

（2）商业前景：商业前景是吸引经营商家和投资者关注的重要条件，也是与竞争楼盘差异化最有力的手段。本项目8年成熟经营，家居商圈核心口岸，形成了竞争对手无可比拟的商业前景优势。

（3）开发商实力与信誉：开发商的实力和信誉是项目商业前景的重要保证，也是形象力差异化的有力手段。

（4）样板铺：样板一说主要用在住宅项目的营销中，在商业项目中引入“样板铺概念”，除了形成与竞争项目的差异点，还可以让经营商家和投资者提前感受本项目的经营氛围。

（5）电子商务平台：电子商务平台会带来新的经营商家和消费群体，是项目提高附加值有力的宣传和经营手段。

在对家居装饰专业市场进行形象定位后，还应该对定位进行解释，让决策者能更好地了解该定位。下面是某家居装饰专业市场的项目形象定位：

形象定位——中国家居大王××岛“旗舰店”

（1）港×绿色家居“旗舰店”；

（2）引领港×新生活的时尚家居购物中心；

（3）港×专业家居的“升级版”；

（4）××岛现代家居第一站。

物业名称是项目形象的一种体现，在给物业命名时，要与项目的主题形象定位一致。

【优秀案例9-59】　某家居装饰专业市场的项目物业命名

参考点评：该案例的亮点在于其对物业名称中的字的含义进行了解释，值得参考。

我们将本物业命名为：

集美堂·国际名店家居广场；

集美堂·家居新生活广场。

（1）集美：集美丽于一堂；

（2）堂：富丽堂皇；

（3）新生活：针对今年的新生活运动，以及本区新兴住宅区客户讲求文化品位以及情调的特点而设；

（4）集美堂·家居新生活广场组合在一起，形象现代、大气有品味。

4. 项目业态定位

对于建筑层数多的家居装饰专业市场来说，业态定位时可以按层数来进行业态定位，而对于占地面积大，但建筑层数不多的家居装饰专业市场来说，多按区域来进行业态定位。

【优秀案例9－60】　某家居装饰专业市场的项目业态定位

参考点评：该案例的亮点有两个，一是该案例在业态定位结束后，还写出了在什么情况下可以改变这种业态定位；二是该案例对三个同类型专业市场的不同经营品种商家数目和其所占的面积进行了分析，这为接下来的业态规划提供参考依据。

（1）本市场经营品种主力推荐方案：

1）1F：洁具、浴室、陶瓷、浴室五金（水龙头、毛巾架）；

2）2F：橱柜、木地板、石材、五金（把手、锁）、防火板、塑钢门、窗；

3）3F：布艺、地毯、墙纸、文化石、艺术墙面、涂料、油漆；

4）4F：灯具、饰品、铁花、艺术玻璃、艺术天花、装饰公司。

此种方案可以根据实际的招租情况进行调整，将会引起上述变化的条件有：

1）如果某层已租满，但仍有属于该层的经营品种范围的商家想进驻，原则上可以放在上面一层。如：陶瓷的商家众多，如果一层已经招满，可考虑部分陶瓷类的商家放在二层。

2）如果遇到相当知名品牌或大户欲进驻与其经营品种不相符的楼层，视其实力与行业影响力及其提出条件是否苛刻，可适当满足其要求。如：某知名品牌的木地板商家想租一层，为了提升本商场档次及增加品牌号召力，就可放宽条件满足其要求，但是此种情况应严格控制，否则会影响整个商场的经营分区状况，造成混乱。

3）正规的装修公司对家居商场是一种促进作用，有利于老百姓“装修一条龙”服务，因此，建议每层都招1～2家。

4）若招不满，则可加些辅助类的经营品种。

（2）市场各经营品种所占比例分析

1）三大家居市场不同经营品种的商家数目比例表

市场名称 商品名称	×丽	×家	×居
洁具	8.5%	12%	3.6%
浴室	4.6%	5%	3.6%
陶瓷	4.6%	15%	4.8%
木地板	17.0%	22%	18.2%
橱柜	10.8%	8%	12.1%
浴室五金	4.7%		
五金	3.9%	10%	7.3%
涂料	3.1%	7%	3.6%

续表

商品名称 \ 市场名称	×丽	×家	×居
玻璃	2.3%	2%	3.6%
布艺	10.8%	3%	2.4%
灯饰	7.7%		4.8%
铁艺	2.3%	3%	3.6%
门	8.5%	3%	6.0%
石材	1.6%		
墙纸	2.3%	5%	7.3%
天花	1.6%	2%	2.4%
地毯	1.6%	2%	1.2%
装饰品	1.6%	1%	2.4%
炉具	2.3%		

2）三大家居市场不同经营品种的所占面积比例表

商品名称 \ 市场名称	×丽	×家	×居
洁具	13.0%	15%	6.0%
浴室	12.0%	9%	6.0%
陶瓷	8.0%	18%	15.0%
木地板	15.0%	25%	18.0%
橱柜	10.0%	6%	13.0%
布艺	10.0%	10%	8.0%
灯饰	6.0%	5%	6.0%
门	9.0%	0%	12.0%
其他	17.0%	12%	16.0%

参照以上两表，可粗略制定本市场各类经营品种之比例，并依据所占比例，分配面积，且按照不同品种产品对铺位的要求条件来摆放。

5. 项目其他定位

除了以上所谈到的定位外，还有项目功能定位、品牌定位、经营定位、管理定位等。如某家居装饰专业市场的项目其他定位：

（1）功能定位：集家居用品批发、零售、仓储、展览、家居装饰设计、办公、餐饮服务器材配送于一体的新型“一站式”专业市场。

（2）经营定位：做长久生意、做平价生意、做品牌生意、做本市周边地区生意、做全省生意。

(3) 管理定位：为商家谋产品、谋市场、谋利益、谋发展。

(4) 品牌定位：本市家居装饰业的“沃尔玛”。

【优秀案例9-61】 某家居装饰专业市场的项目其他定位

参考点评：该案例是一个非常优秀的案例。首先，其定位原则用一个中心和两个基本点的形式来表达，很有创意。其次，该案例还对一些发达地区的新兴物业进行了调查分析，供该案定位参考。第三，该案例对项目的功能描述得很详细。这些都是值得我们参考借鉴的。

(1) 定位原则

1) 一个中心：

按照摩尔（SHOPPING MALL）模式打造以“家具类、装饰类、建材类、灯饰类、厨卫类等产品及配套材料及用品”为主体，包括与居家有关的其他用品在内的“一站式购物中心”（ONE STEP SHOPPING），达到以“市”聚“商”，以“商”聚“人”的目的。

2) 两个基本点：

a. 基点一：购娱互动

我们必须将“购物场所”和“休闲场所”这两类不同而又关系密切的商业物业类型有机地结合在一起，并通过项目运作的全过程，形成由这两个基本要素所构成的和谐系统，相互促进、相互影响、相互强化和反复叠加，共同将由购物场所和休闲场所所聚集的消费人流交织在一起，使整个场所的“人气”和“商气”不断提升——既确保了购物消费的“人气”，又确保了休闲消费的“人气”，从而奠定了本项目的商业价值快速提升和永续经营的基础。

b. 基点二：以大带小

运作大型商业物业开发项目的另一个基本点就是“以大带小”，即：以“中心店”聚集人气和提升商业街的商业气氛，从而带动开发项目内其他商业用房，尤其是独立商铺商业价值的提升有着极大的促进作用。

(2) 项目初步定位

本公司通过对深圳、广州、上海和北京等发达地区新兴商业物业（包括国外连锁建材超市）的调查发现：

现在的商业物业功能正朝着休闲、娱乐、文化等多元化趋势发展，顾客在商场内不是进行简单的货币与商品的交换活动，其重视的是在商场活动中的参与性。即：顾客以不为购物而购物，而为休闲、文化、回归自然、体验所追求的的生活方式而购物，也就是如前所述的“购娱互动”，这已经成为现代大型商业物业项目定位的基本规律。

现根据前文对本项目各个方面进行的分析和综述，我们认为本项目应打造成为“多品牌聚集的批零兼营的、本土化专业化的SHOPPING MALL”，具有“时尚孵化器”和“品牌推广中心”这两大功能。

1) 时尚孵化器

所谓“时尚孵化器”，是由知名主力商家、品牌店（即包括了各类专业店、专卖店和各类家居装饰行业的品牌旗舰店，在这里我们将之统称为“品牌店”）、家居商品流通孵化中心（即各类家居“品牌店”开展批发代理业务办公的集中性商务场所和相应的服务体系）、家居时尚文化与品牌传播中心（包括展示、演示和会议功能的多功能场所和相应的服务体系）和外资形象的××家居广场经营管理中心（包括了“本项目的品牌整合与整体推广”、“本项目的公共事务管理与整体经营”和“本项目营业范围内的全部物业的日常管理及服务”）等多个子系统。

2）品牌推广中心

所谓“品牌推广中心”，即：将“时尚孵化器”所聚集和“请进来”的各知名品牌通过策略整合后向外推广、辐射而“走出去”。

（3）基本功能：

1）适应现代社会高效率、快节奏的需要，满足人们对家居类商品一站式购足的要求。

2）适应现代社会多元化消费的需要，满足购物、休闲活动和体验式消费相结合的要求。

3）满足人们对购物环境舒适性与安全性的要求，能够以优良的室内人工环境，摆脱不良自然条件的影响。

4）满足人们社会交往的要求，通过商业空间的休闲化为购物者亲友之间的交往活动提供必要的条件。

结合本项目的实际，作为“时尚孵化器”和“品牌推广中心”的本项目，应该在满足上述基本功能需要的基础上，进一步扩展其在商业流通产业和企业战略发展方面的功能，具体包括：

a. 时尚示范功能

b. 经营资源整合功能

c. 市场网络构筑功能

d. 流通产业扩张功能

e. 地产升值功能

（4）项目功能分区：

对于本项目的功能分区，鉴于本项目的综合情况及控规等在尚未完全确立的情况下，我们认为本项目商业物业部分应按“家具及家居用品区”和“建材装饰区”两大部分进行划分，其总体规模不可过小，但亦不能过于庞大，初步规划在3.5万平方米左右，其楼层以两层最佳，不可超过3层。

1）家居用品区：

含家具类、厨房类、卫生洁具类、浴室类及床上用品等。目前本市家具用品经营面积虽已过万平方米，但市场仍具有较大的空间，仍未达到饱和状态。现根据对本市建材、家居等行业多个市场及各业主的深入调研和多次分析，并依据有关专家的初步分析，认为“家居用品区”的规模不可过大，应严格控制在2万平方米以内，以在本区域形成强势形象，对较小规模的经营商家形成挤压和吸引，形成归市的趋势。

2）建材装饰区：

建材、装饰材料等（如橱柜及卫浴类、地砖类、地板类、家具类、门管件、木材类、软装潢、涂料类、五金类、园艺类、电动工具、电料灯具）。目前，本市市场已有多个专业市场，但其规模相对较小，无法形成竞争优势和区域辐射力。通过策略组合的强势实施，本项目可充分运用引进新品牌和错位经营的经营策略，特别是新型商业业态的进入，将在本市市场上及社会公众心目中引起强大的震撼力和轰动效应，市场前景相当可观，潜力极其巨大。但是，该区的经营规模不可超出2.5万平方米（其中包括商业部分配套设施部分面积）。只有如此，才能充分利用本项目所拥有的良好区域优势和前景极大的商业契机，将本项目打造成为拥有鲜明的文化主题和赋予其“人性”和“人情味”的轻松、愉悦的商业服务及消费场所，形成符合国际商业发展潮流的、以建材家居为专业特色的、具有本土特色的SHOPPING MALL——“新居大世界”的独特魅力，一举占领本市市场，独领风骚。

3）项目形象定位：

时尚家居产业孵化基地；

多品牌聚集的家居品牌推广中心。

通过专业系统的形象包装，一改建材产品冰冷、凌乱、非人性的面目，塑造出本项目与众不同的购物新形象，倾心演绎一种全新的购物模式。

4）项目经营业态定位——主题商场

主题商场起源于欧美，类似于一种大型的综合性专卖店，其专攻某一大类范畴的消费市场，为特定的目标消费群体提供一站式消费的系列服务，让这个群体所有的消费需要都能在这里得到满足。

目前，主题商场在国外颇成气候，已成为一个极富生命活力的新兴业态，国内的一些大中型城市，主题商场也取得了相当不错的销售业绩和竞争力。

对于本项目，我们不能单纯的将其打造成某一大类的专业性市场，而应该按照“适度超前、引领时尚”的原则进行，即上文所述的功能及“升级版”定位模式——多品牌聚集的、批零兼营的、本土化专业化的、Shopping Mall 式的主题商场。

5）经营布局建议

家具、家居类与建材、装饰材料类商品有着极大的关联性，但在经营上又各有特色。因此，在卖场和布局上虽然将其分成两个部分，但绝不可完全隔离，是一个相对独立的有机统一体，其相连相通的规划布局，既能为消费者提供尽可能的方便，又能使其全方位的享有“购物林荫道”所带来的便利性和舒适性。

六、项目客户群定位要点

对于某些策划报告来说，在项目客户群定位这一部分仅写出了本项目的目标客户群，而没有对其进行必要、简单的分析说明，这是做得不到位的。如某家居装饰专业市场的项目客户群定位：

根据市场调查，初步把项目客户群定位为隐性目标客户和显性目标客户。

（1）隐性客户群：被本项目本身的氛围与定位的独特性吸引而来的商户，主要表现为转换行业的商户。

（2）显性客户群：可分为投资者和经营者。

1）投资者

a. 本区域的商铺投资者；

b. 看好本区域家居装饰业发展前景的其他地区的投资者。

2）经营者

a. 经营知名家居装饰品牌的加盟者或连锁店；

b. 一些准备设立办事处的装饰公司；

c. 本区域的高档品牌装饰经营者；

d. 看好本区域家居装饰材料业发展前景的其他地区经营者。

【优秀案例 9－62】 某家居装饰专业市场的项目客户群定位

参考点评：该案例先对目标市场进行定位，然后才对目标客户群进行定位。该案例的亮点在于其在目标客户群定位后，还对这些目标客户群的特征进行了分析，这有利于整合推广策略的制定，值得参考借鉴。

（1）目标市场定位：

第一目标市场：是以本市市区以及×钢集团市场；

第二目标市场：将辐射到整个本市地区（两县三区）市场；

第三目标市场：是外地来本市经商的集团与个人。

（2）目标客户群定位

1）本项目的目标客户群主要分为五类：

第一类是本市家居行业的经营者；

第二类是本市大中型企业的中高级管理阶层及其他高收入者；

第三类是生活富庶的中产阶级，包括一些退休人员；

第四类是外地来本市经商，业务集中在市中心的其他行业私人老板和集团公司；

第五类目标客户是追求货币保值，增值的投资人士。

2）前期统计数据表明

地域分布：本地70%，异地30%。

年龄：35~45岁。

家庭构成：成家80%，单身20%。

职业：大中型企业的中高级管理阶层、经商、政府机关公务员、企事业单位职工。

商铺需求面积：多数在41~50平方米。

购买商铺付款特点：按揭。

购房心理特点：稳定，灰色收入投资，安全稳定的回报。

投资经验：首次投资30%，多次投资70%。

客户买点：10年稳定回报60%，看重地段60%，交通条件56%，升值潜力48%。

七、项目整合推广策划要点

这里介绍家居装饰专业市场的项目广告策划、项目媒介策划、项目包装策划、项目活动策划和项目推广策划。

1. 项目广告策划

家居装饰专业市场的广告策划与第六章中所谈到的项目广告策划大体上是一致的，这里仅介绍与家居装饰专业市场密切相关的内容。

（1）项目广告目标确定

家居装饰专业市场广告策划的第一步同样是确立广告目标。不同的家居装饰专业市场项目，其广告目标也不尽相同。下面是某家居装饰专业市场的广告目标确定：

广告的战略目标取决于企业经营目标。本项目作为开发商真正推向市场参与市场竞争的项目，与自身的经营目标相统一的广告战略目标归纳有四点：

1）销售增长目标：本项目的一切广告活动都是为了能开拓和赢得市场，从而提高楼盘销售业绩，按开发经营计划完成销售目标。

2）市场扩展目标：通过户外广告活动，展开以本市为中心的销售市场，按渐进式广告战略拓展周边县市地区。

3）品牌树立目标：通过一系列广告活动，树立本项目的良好品牌，使项目在推广的目标市场上形象鲜明。增强目标市场消费者对项目的好感。

4）企业形象目标：树立良好的品牌，进而扩大开发商的社会影响力，加快开发商向产业化发展的进程，只有站在这个高度，我们才能对本项目的销售有深层的认识。

（2）项目卖点分析

项目的卖点主要是从项目的优势中提炼而来的，若项目的卖点不多，可以人为地营造项目卖点。

【优秀案例9-63】　某家居装饰专业市场的项目卖点分析

参考点评：该案例先分析了该项目所具有的卖点，然后再对这些卖点进行提炼。共提炼出8个，涉及的内容很广泛，值得参考。

1）本项目卖点分析

a. 本市第一代品牌家居批发城；

b. 家居商圈核心口岸；

c. 公共交通便利，汇聚人流、物流、财富流；

d. 成熟地段加成熟经营品牌，保证开业就旺，无须热场；

e. 政府城市经营战略启动，家居行业大发展契机；

f. 市场配套完善、超前，确保在本市同类物业中的领先地位；

g. 市场功能划分明确，独特的动线设计，有效的引导客流量；

h. 改造后本项目租金水平持续上扬，同行内月租金全市最高，投资回收有保障；

i. 连租约发售，即买即收租获利；

j. 全新“一站式”家居批发城，传统家居市场“升级版”。

2）本项目卖点提炼

a. 功能·定位：一站式，家居航母；

b. 地理·交通：黄金口岸，财富通道；

c. 规划·配套：合理规划，金钱矿脉；

d. 商潮·财气：领航家居，财源滚滚；

e. 政策·格局：政策保航，“钱景”无限；

f. 投资·增值：高额回报，一铺富三代；

g. 经营·制胜：8年经验，成品商铺；

h. 风险·保障：三次退出机会，投资零风险。

（3）项目广告语创作

广告语分为主题广告语和非主题广告语。这里仅介绍家居装饰专业市场的主题广告语。

【优秀案例9-64】　某家居装饰专业市场的主题广告语

参考点评：该案例的亮点在于其对项目主题广告语的含义进行了详细的解释说明，通过这样解释说明，使决策者更容易接受认同该主题广告语。

1）推广名称：40年超级提款机

创意说明：将提款机和项目的“投资回报”属性相结合，使项目的投资回报属性容易被目标客户理解。

2）推广主题广告语：40年超级提款机——投资回报快、稳、安全

创意说明：客户投资商业地产的主要目的就是获取投资回报，但由于房地产市场存在很多不确定的风险，客户的投资行为就会犹豫。如果这种投资主体是回报快、收益稳、安全性高的项目，就会吸引大批客户踊跃投资。本项目投资收两年回报——投资回报快；投资本项目享受

10 年每年 8% 滚动式回报——收益稳定；10 年两次退出机会，合同全程公证，担保公司担保——安全性高。所以，可以形象地称本项目“40 年超级提款机”。

（4）项目广告表现策略制定

广告策略是推广策略的重要内容，是广告活动中用有限费用取得最大广告效果而运用的手段和方法，在房地产异军突起，广告数量繁多，形式多样化，市场竞争日益激烈的今天，要使广告活动富有成效，必须制定广告策略。广告策略有多种，如广告目标市场策略、广告内容更新策略、广告心理策略、广告错位策略、广告投放策略、广告表现策略等。这里仅介绍家居装饰专业市场的广告表现策略。

【优秀案例 9－65】　某家居装饰专业市场的项目广告表现策略制定

参考点评：该案例的广告表现策略写得很详细，包括五个方面，特别是广告表现的创意支持点，列出了六点，值得参考借鉴。

1）广告表现策略制定

根据本项目特征及广告策略的制定，结合房地产市场最新的动态方向及推广理念，在客观理解市场的同时，强化对目标消费群的心理引述，以实际利益点与形象攻势两手抓的表现策略强化并提升本项目在市场上鲜明个性形象与品牌号召力。

2）表现策略原则与目的

紧扣商业物业特征，寻求项目独特魅力，找出与周边竞争楼盘之间的差异化优势，通过差异化的传播与表现途径，区别于竞争楼盘，更有利于消费者识别与加深印象及好感。

3）创意表现手法

差异化传播手法为核心指引，采用简洁画面及通俗易懂的语言来诉求楼盘的商业特性及卖点，理性化，条理化，人物公信力的表现手法是整个推广阶段的主要表现手法，塑造项目投资回报快、收益稳定、安全性高的最佳商业物业形象。

4）创意基本支持点

a. 家居黄金口岸，交通便利，缔造本市新财富传奇。

b. 科学的、合理的、因地制宜的专业市场规划布局，打造本市 2004 年最有投资价值商业楼盘。

c. 停车场、大型库房、物流系统、配送系统、电子商务平台，传统家居市场配套与现代化物流的完美结合，拓展了家居行业商业空间，引领本市商业物业发展。

d. 价格策略低开高走，多样化、结合本市本地经济水平的多种投资价格体系，满足不同类型投资者的投资需要，快速的、最大化的实现楼盘的销售价值。

e. 中、小商家创业服务，入场商家准入制、公示制，营造公平、公正、公开的商业经营环境，保障每一个进场商家的合法利益。

f. 组建本项目物业管理公司、经营管理公司，采取“统一管理，整体运营”的市场经营模式，做大、做旺、做强本项目，保证每一位投资者的投资回报最快、收益最稳、安全性最高。

5）核心理念包装与提升

a. 将本项目包装成为本市首席的“一站式家居中心”的鲜明个性形象；

b. 演绎出本市 2004～2005 年度最有投资价值商业楼盘。

（5）项目广告文案创作

在制定完家居装饰专业市场的广告策略后，接下来就要制作各种广告文案。下面是某家居装饰专业市场广播广告中所播歌谣的内容：

走一走，看一看，××商铺转一转；

河流拥，绿意绕，美丽风景在怀抱；

比一比，选一选，商铺优势很明显；

汽车道，火车道，交通便捷守要道；

装饰区，扮靓居，物业管理上得去；

潜力股，功能佳，升值指数无穷大，无一穷一大。

2. 项目媒介策划

在制定家居装饰专业市场的项目媒介策略时，应先对当地的各种媒介进行分析，分析各种媒介在当地的影响力或其他方面的内容。

【优秀案例9－66】　某家居装饰专业市场的项目媒介分析

参考点评：该案例分别对各种媒介进行了分析，同时采用表格的形式，表达较清晰。该案例最值得参考借鉴的地方在于其考虑到了口碑的影响力。口碑的影响力是巨大的，但也是无法直接控制的，我们应用最大的能力去利用口碑效应。

本市市场投资者信息接触渠道：

信息渠道	主要内容
报纸	《××晚报》、《××日报》与《×钢日报》是最重要的信息来源，也是本地房地产首选广告媒介，对本项目瞄准的投资目标群体而言，更有效的是《×钢日报》
户外广告	如路牌、指示牌、灯箱等，具有较大的广告影响力，尤其是对项目周边职工和住户吸引力较为明显。而营造销售气氛的现场广告如工地外墙、工地旗、灯箱、气球、售楼部外立面等则是影响过往行人与到场客户的重要媒介，如模型、楼书、户型图等共同构成焦点广告。由于本项目面临街，且紧靠交通咽喉之地——××三路南，故应特别重视户外广告的数量与质量，充分选用这一得天独厚的地理条件，争取最佳的宣传效果
次要报纸	如《××商报》、《××都市报》、《××广播电视报》等，宣传效果一般。对本项目而言，次要报纸的宣传尽量不予采用，以有效地使用广告宣传费
电视	包括电视节目的房产广告和电视台房地产专栏节目，有一定的宣传效果，为平面广告做有力补充。由于本项目规模较大，综合优势众多且宣传工作系统复杂，故应充分利用电视为一般市民所喜闻乐见的特点，将其作为信息发布的重要渠道。其中，与电视台联办公关活动应尽早纳入宣传策划
电台	宣传效果平淡，建议不纳入宣传计划
期刊	本市缺乏一本像样的杂志，而公开出版的房地产期刊更是空白，所以可以不予考虑
互联网	影响力在投资商铺的群体中微弱，但对于市场今后的经营，周边县级地区的影响较大，可以提高项目的形象，增加与竞争项目的差异点，可以考虑建设××地区首家专业家居网
销售员发单与直邮广告	有一定的影响力，但普遍给人印象不佳，缺乏信任度。由于本项目注重社会形象与美誉度，建议对这两种方式采取非常慎重的态度，即使采纳也应严格控制范围与规模
车身广告	公交车流动性使车身广告受众面大，影响力强，能有效地传达项目的特征与卖点。鉴于此，应同公交车公司合作，包装纵横南北与东西方向的公交车各一辆
房交会	宣传与促销作用均相当明显，为重要的宣传要道。本项目的建设与销售周期较长，应充分利用其宣传销售契机
口碑	作为相当重要的房地产信息源，既是无形的媒体，又是开发企业与广告公司无法直接控制的信息传播渠道。本项目无法回避口碑作用，但应最大限度地利用口碑效应。因此，公共关系活动与形象广告的作用应得到充分的重视

3. 项目包装策划

家居装饰专业市场的项目包装很重要，项目包装做得好，有利于提升项目在目标客户群中的形象与地位。下面是某家居装饰专业市场的项目租售中心包装策略：

(1) 售楼处面积：建议不用很大面积，空间小，容易积聚人气，几个客户一到，气氛就很热烈，易造成热销、火爆的销售气氛。

(2) 展板设计：一个主题是本区众多大型住宅社区，做家居装饰市场，有庞大的消费市场支撑，前景广阔，生意肯定好，给客户很强烈的视觉冲击。可在一面墙上列一张大表，注明本区八大楼盘的建筑规模、户数、入伙时间等。

(3) 展板设计：另一个主题是商圈的概念，将附近的沃尔玛、人人乐、顺电等大商场绘制成地图，向客户展示该商场所处商圈的优势和价值上升空间，以及其自身优越的地理位置和发展潜力。

(4) 售楼处背景音乐：刘德华《亲爱的马桶》和一些适合场合的音乐。

(5) VI 系统展示：在售楼处摆放一套广告公司设计出来的完整的 VI 系统册子，可供顾客翻阅和售楼员展示讲解之用。

4. 项目活动策划

成功的公关活动，对项目的销售有巨大的促进作用，并且能够很好地制作销售声势，塑造良好的楼盘形象。下面是某家居装饰专业市场的项目活动策划：

主题：“××杯”家居装饰设计大赛。

地点：本市。

策划用意：对开发商的品牌宣传及××商业街高档家居装饰区的形象定位。

目的：赛事设立一、二、三等奖，对于获奖的人士给予置业优惠或其他。

媒体组合：电视、报纸广告、DM 海报形式。

【优秀案例 9－67】　某家居装饰专业市场的项目活动策划

参考点评：该案例的特点是它对活动的策划写得很全面，包括时间、地点、主题、构思、内容、物料等，值得参考。

××家居装饰城发售日活动：

1) 活动时间：5 月 1 日（周四）

2) 活动地点：营销中心门前

3) 活动主题：××MALL 黄金周旅游购物节隆重开幕暨××家居装饰城优先认购仪式

4) 活动初步构思：本次活动有两大主题内容，一是本项目正式开始认购，二是“黄金周旅游购物节”拉开了序幕。所以活动规模一要体现盛大与档次，二是活动形式上有一定特色。考虑到韩国城即将进驻本项目，预示着本项目又向国际化迈进了一步，建议本次活动的节目可以体现“韩风”，如：

a. 韩国歌舞表演；b. 韩国明星模仿秀；c. 韩国风情时装表演；d. 奖品设置以韩国商品为主；e. 部分现场包装以“韩语”体现。

5) 活动内容：

a. ××MALL 黄金周旅游购物节开幕；b. ××家居装饰城正式优先认购；c. 邀请“居然之家”负责人和×海物流相关负责人讲话；d. 盛大表演团节目（韩国风情展示）；e. “港澳游”大型抽奖活动；f. 现场小礼品派发。

6）销售促进：

a. “投资月”之“购铺送大礼”即日结束；

b. “优先认购”期间成交客户额外享受3%的优惠；

c. “优先认购”期间成交客户均可获送×海物流送出的现金消费券，凭现金券均可在各大实体任何一家消费；

d. “黄金周”在各大实体消费当日累计消费达500元以上者，购铺凭当日发票可享受额外1%的优惠。如不购铺，可凭票据到售楼处免费领取礼品，礼品设置为：

（a）当日累计消费100~199元之内者，获送价值10元的礼品；

（b）当日累计消费200~299元者，获送价值20元的礼品；

（c）当日累计消费300~499元者，获送价值40元的礼品；

（d）当日累计消费500元以上者，获送价值80元的礼品。

通过赠送礼品刺激顾客，让在“黄金周”各大实体消费的顾客光临售楼现场以实现人气旺盛之目的。

7）宣传物料准备：

a. 活动宣传单张——活动当天和“黄金周”欢乐购物节期间派发；

b. 广告宣传牌——各大实体显赫位置发布活动信息；

c. 导视牌——有效引导顾客人流至售楼现场。

5. 项目推广策划

这里主要介绍家居装饰专业市场的项目推广思路、项目推广理念、项目推广内容、项目推广要求和项目各阶段推广策略。

（1）项目推广思路

家居装饰专业市场的项目推广思路是推广工作的灵魂，指导着整个推广工作的开展。

（2）项目推广要求

事先明确推广中各方面的要求，有利于促进家居装饰专业市场项目推广的成功，从而促进项目租售。

【优秀案例9-68】　某家居装饰专业市场的项目推广要求

参考点评：该案例在广告文字诉求、广告整体风格、推广节奏、媒体组合、广告表现上都有简明扼要的要求，同时还写到了推广要达到的目标，值得参考借鉴。

1）推广定位及要求

a. 产品定位：商业功能。

b. 形象定位：40年超级提款机。

c. 市场定位：具有20万~100万资产的客户群。

d. 价值定位：投资回报快、稳、安全。

e. 文字诉求上：创造性，简洁性，同时能够代表产品本身的定位功能。

f. 整体风格上：积极稳健性突出理性推出。

g. 节奏上：快节奏。

h. 媒体组合上：多媒体、多形式、多渠道。

i. 战略形式上：立体式集中推广策略。

j. 广告表现形态上：多形式，突出创意，但必须注意保持产品记忆功能。

2）达到的目标：

a. 不让消费者有足够的反应时间。

b. 以最短的时间占领消费者的大脑。

c. 以强势形态夺取投资人的顾虑。

d. 让本项目挖空本市商铺投资者的金钱。

(3) 项目各阶段推广策略

不同的推广阶段，其广告策略、媒介策略、活动策略不尽相同，故不同的推广阶段，其推广策略也应不相同。家居装饰专业市场应根据各个推广阶段的特点，制定不同的推广策略。下面是某家居装饰专业市场的项目各阶段推广策略。

【优秀案例 9－69】　某家居装饰专业市场的项目各阶段推广策略

参考点评：该案例的特点是“全面细致”地写出了各推广阶段的阶段特征、广告目标、广告主题、卖点诉求、媒介组合、工作内容和工作建议，非常值得参考借鉴。

时间	宣传载体	表现风格	诉求内容	预期目的	文案	版面设计大小
招商前一周	四折页	文字＋图形创意	项目定位、8大优势	树立品牌家居装饰市场形象	××家居广场——八大优势铸就本市财富传奇	（略）
招商前一周	平面图	文字＋图形创意	项目定位	让商家了解市场格局	××家居广场——本市首家“一站式”家居装饰建材中心	（略）
招商前一周	招商手册	文字＋图形创意	市场优势，业态划分、招商优惠	吸引商家进驻	××家居广场（本市首家“一站式”家居装饰建材中心） 本市家居装饰首选	（略）
招商前一周	车身广告	文字＋图形创意	项目定位	传播项目基本信息	××家居广场——本市首家“一站式”家居装饰建材中心	（略）
公开发售前	网站	文字＋图形创意	市场经营优势；投资潜力	提高项目形象；未来商家电子商务平台	让投资者赚钱；让经营者盈利	（略）
3期	《××日报》、《××晚报》、《××日报》	纯文字表现形式	规划优势 市场前景	引发联想，引起关注，推出楼盘定位形象	告本市投资经营者书	整版
3期	《×钢日报》、《××晚报》、《××日报》	纯文字表现形式	排号预订	发布认购信息	主：××家居广场——八大优势铸就本市财富传奇 副：××的历史证明，占领××家居市场就是占领投资经营的制胜法宝	B版1/2版
3期	《×钢日报》、《××晚报》、《××日报》	文字＋图形创意（渲染场面的热烈）	排号当天人气	攻占尚在犹豫的意向性客户心智。	销售现场异常火爆，投资者踊跃认购	B版1/2版

【优秀案例9－70】　某家居装饰专业市场的项目各阶段推广策略

参考点评：该案例先把推广时期分成了三个阶段，然后再把每个阶段进行细分，明确规定了各个小阶段的广告语、广告表现风格、广告诉求内容、预期目的和版面设计，做得很详细，值得参考借鉴。

1）第一阶段（2004年9月~10月）

时间	广告语	广告表现风格	诉求内容	预期目的	版面设计大小
9月17日	2004年投资风暴，本市惊现“超级财富提款机”	纯文字表现形式	楼盘意象	引发联想，引起关注，推出楼盘定位形象	本市各大报纸头版1/5
9月18日	主：即将风靡本市的“提款机”试运行…… 副：投资者请提前预订	纯文字表现形式	排号预订	发布认购信息	本市各大报纸1/2版
9月23日	销售现场异常火爆，工作人员欲打119	文字+图形创意（渲染场面的热烈）	排号当天人气	攻占尚在犹豫的意向性客户心智	本市各大报纸1/2版
9月26日	在年均超亿元消费潜量的“提款机”，绑定你的投资	稳重、大气	商圈的成熟性	引发投资决定	本市各大报纸1/4版
9月29日	主：110万家居消费群体左右了“提款机”的定位，但或许左右不了您下单的决心 副：提款机，明日全速运转	积极、稳健	发布开盘日期	强化投资者意念	本市各大报纸1/4版

2）第二阶段：（2004年10月~12月）

时间	广告语	表现风格	诉求内容	预期目的	版面大小
10月1日	××家居广场横空出世，本市建材业最终定局	稳重、大气	8大优势	引发购买势能，直接产生销售	本市各大报纸整版
10月10日	110万本市家装消费人群为你的投资参考	文字+图形创意	人流及商气	打消投资顾虑	本市各大报纸1/4版
10月16日	客户盈门，为何逾80%皆为投资	文字+图形创意	投资者心态	渲染投资风潮，引出追随者	本市各大报纸1/2（彩）版
10月22日	辐射110万消费人群的火热“财富提款机”，挡不住几千投资人的热烈	文字+图形创意，理性诉求	商业前景	打消投资顾虑	本市各大报纸1/3版
10月24日	项目年均超亿营业额锁定你的投资目光	纯文字表现，理性诉求	投资潜力	打消投资顾虑	本市各大报纸1/2（彩）版
10月30日	平均每年超过8%的投资增长率坚定您的信心	文字+图形创意，理性诉求	高额回报	诱导消费心理	本市各大报纸1/3版
11月4日	本市家居市场每年超10亿元的消费量，最充分体现“家居建材”商圈热度	稳重、大气	商圈分析	坚定投资信心	本市各大报纸1/3（彩）版

续表

时间	广告语	表现风格	诉求内容	预期目的	版面大小
11月22日	×家大型建材商家入驻，保证您稳定的投资回报率	文字+图形创意，理性诉求	招商状况	打消投资顾虑	本市各大报纸1/3版
12月4日	两面临干道，全方位的市场接触	稳重、大气	交通	让客户深入了解产品	本市各大报纸1/3（黑白）版
12月17日	下沉式环绕通道汇聚你的财富	文字+图形创意，理性诉求	建筑动线	产品的特点结合投资的前景	本市各大报纸1/3版
12月23日	专业经营管理公司、停车场、客货电梯…为您提供全面的投资配套	文字+图形创意，理性诉求	商业配套	实现销售目标	本市各大报纸1/2版

3）第三阶段（2005年10月）

时间	广告语	表现风格	诉求内容	预期目的	版面设计大小
1月2日	×名专家坐镇，为你的投资导航 专家评说，本市的家居建材市场容量究竟有多大	要求实景场面	投资的理性	为项目造势，吸引持续关注	1/3（黑白）《××晚报》、《××日报》、《×钢日报》交叉投放
1月9日	专家看好××家居广场 专家把脉，××家居广场哪种业态收益最大	要求实景场面	理性	投资分析，打消客户疑虑	
1月16日	专家评说，××家居广场的投资回报突破每年8%	要求实景场面	投资的理性	高额回报吸引投资	
1月23日	投资回报第一要稳定，第二要安全，第三要快速	文字+图表	理性	强化项目诉求主题	
1月30日	××家居广场又爆出新闻，团购风潮不断	要求实景场面	投资的理性	打消客户犹豫心理，实现清盘	

八、项目招商执行策划要点

在前面已经制定了各种策略，到这部分就应该进入招商执行阶段。在招商执行前，先要明确招商目的与招商范围，然后再制定招商策略和具体操作方法。

1. 项目招商目标制定

不同的招商时期，也应该有不同的招商目标，所以在制定招商目标时，应先制定一个总体的招商目标，然后再根据各个时期的招商特点制定各个时期的招商目标。如某家居装饰专业市场的项目招商目标制定：

（1）第一阶段：利用形象传达项目定位与品牌专业市场概念，提升项目形象、树立项目美誉度，满足目标经营客户的心理需求，提升项目的卖场档次，创造良好的招商氛围。

（2）第二阶段：利用公关活动为项目未来经营前景造势，在经营商家和消费者心目中树立不可替代的市场地位，在吸引商家入驻的同时，提高消费者的投资心理预期，创造良好的销售氛围。

（3）第三阶段：通过独特的经营优势，优惠的商家加盟政策，完成项目的招商工作。

2. 项目招商范围确定

在确定家居装饰专业市场的项目招商范围时，既要考虑到本项目的目标客户群定位，也要考虑本项目的业态定位。

【优秀案例9－71】　某家居装饰专业市场的项目招商范围确定

参考点评：该案例在确定项目招商范围时，考虑得很周全，既写到了区域范围，也写到了行业范围和行业种类，有一定的参考价值。

（1）地域范围：成都经营建材商家、昆明经营建材商家、攀枝花经营建材商家。

（2）行业范围：建材行业、家装行业、家具行业、家居饰品、餐饮娱乐休闲行业。

（3）行业种类：

1）石材、板材、管材、涂料、粉料、油漆、门窗；

2）灯饰、灯具、布艺、五金配件、电工电料、管件、电器、橱柜；

3）厨卫洁具、陶瓷墙地砖、地板、装饰园艺；

4）各种专业家具、包含卧室、客厅、书房、餐饮、办公专业家居产品；家居饰品、布艺。

3. 项目招商策略制定

招商策略的正确与否，直接影响到家居装饰专业市场的招商成果，从而影响到项目的销售，故在制定招商策略时，要小心谨慎，同时要具有前瞻性。

【优秀案例9－72】　某家居装饰专业市场的项目招商策略制定

参考点评：该案例的招商策略"一个核心，三条主线，四个要素"很有创意。同时，该案例还对招商策略进行了详细的解释说明，非常值得参考借鉴。

根据项目特质，我们认为项目应坚持"一个核心、三条主线、四个要素"的营销策略。

（1）一个核心：以"主题商场"模式定位为核心，对主力商家展开招商活动。

1）要做旺本项目，核心主力商家是关键。我们将利用广泛的商业地产运作经验及与本市商联会良好的联盟资源，优势互补和全面整合，成功引入符合"家具、家居用品、建材及装饰材料"市场定位的主力商家，"以大带小"并起到带动作用和规模效应，解决品牌效应、积聚效应、经营管理等相关问题。同时，也起到对商业规划设计、物业改进等决定性作用，以及对产权式商铺销售的促进作用。

2）招商的制胜法宝是：本项目拥有本市类似商业物业不可替代的规模优势、区位优势，以及融汇全国、辐射××的市场前景和适度超前的市场定位。

3）在商业设计规划还没有定案前，尽快敲定核心主力商家的意向性合同。

4）招商对象：畅销品牌、知名品牌商家为主，大众化品牌为辅。

5）招商手段：制作完善的招商资料，通过定向招商及媒体推广等，与知名品牌的生产厂家及代理商家直接联络。

（2）三条主线：城市线、项目线、产品线。

（3）四个要素：

1）市场和客户群的细致划分：由项目辐射面的广度、产品的复合性特质及主题的前端性来决定。

2）围绕商场主题的产品修正：包括规划设计、功能分区，特别是满足客户物业要求的配套设施设备的配置等。

3）升值空间明显的价格策略：环境现状和项目发展潜力等巨大的前景展望，以及通过"商业共荣体”的打造，让客户共享、共荣、共同承担。

4）全方位推广：在客群细分后，制定出最有针对性和影响面最广的促销策略（媒体、推广模式等），通过定向招商、政府招商、网络推广等多渠道营销策略展开。

4. 项目招商操作方式确定

在制定了项目的招商策略后，接着就应该写出招商的具体操作，让决策者能更深入地了解本项目的招商工作。下面是某家居装饰专业市场的项目招商操作方式：

（1）走出去：精心包装市场，政府搭建平台，在成渝两地召开新闻发布会，宣传本市、宣传本企业，宣传本市第一个专业市场，从而有效地实施招商，最终实现川渝合作，贸易流通的政治经济效应。

（2）请进来：充分发挥本市商业联合会这个全国性的商业行业协会的组织体系作用，与多个品牌市场联合招商，成体系地引进品牌代理企业及品牌市场进入。

（3）发挥商联会连锁经营协会的发达资讯，推荐知名品牌，保证市场的差异性经营。

（4）积极培育本土化经营资源，提高他们的经营意识及经营能力，使之成为市场的基本经营元素。

5. 项目招商手册制作

家居装饰专业市场的招商手册就像是本项目的代言人，由它来向招商目标客户群介绍本项目，故应重视招商手册的制作，既要考虑文字内容，也要考虑版面设计。

九、项目经营模式确定要点

在确定家居装饰专业市场的经营模式之前，应对本市或一定区域范围内的商场、卖场的经营模式进行调查研究，从而分析出哪种经营模式适合于本项目。

【优秀案例9－73】 某家居装饰专业市场的项目经营模式调查

参考点评：该案例对该市的三种常见的经营模式形成了比较分析，最后得出品牌自营卖场是最具有优势的。该案例的特点在于其对三种经营模式对比分析得很详细，对比的内容有：市场定位、卖场规划、购物环境、产品陈列、销售策略、品牌推广、经营成本、服务体系等，值得参考借鉴。

（1）本市家具卖场经营模式的发展与比较

目前本市家具卖场已经经历了两个阶段的发展，首先出现的卖场经营模式，是以××子家具城和××环球为代表的租赁卖场的经营模式，主要以卖场统一管理，通过场地出租的形式，吸引厂家品牌经销商的加入，这类卖场的经营主体是租赁场地的厂家或其代理商；第二种是以卖场品牌结合厂家品牌，通过卖场出具场地和管理，选择品牌厂家共同经营，卖场通过从厂家实际销售额中提取一定比率的佣金，弥补营销推广、管理费用、财务费用、服务支出等以及实现利润回报，这种类型称之为品牌专营，此种类型在本市以××年××店、××美凯龙等为代表。

××家具博览中心的出现宣告，在本市家私卖场的经营模式方面的出现——品牌自营，××名家具博览中心精心挑选全国乃至全球的知名家私品牌，自主代理、组合经营，集各大品牌之精华于一体，通过××名家具博览中心这个整体的品牌，把各品牌的咨询、营销和服务融合到一起，给用户提供一站式的、体验式的、个性化的专业服务。

以下是三种经营模式差异化对比：

	租赁卖场	品牌专营卖场	品牌自营卖场
业态代表	××子家具城、××五环球家具城	××年、××美凯龙、××家园芙蓉店	××家具博览中心
市场定位	面向中低端用户	面向中高端用户	面向中高端用户，特别满足有个性化需求的目标群体
卖场规划	实行摊位制，为卖家具而卖家具	根据不同品牌的不同需求进行规划	根据家具的风格、功用对卖场进行整体规划，同时满足用户一站式、体验式和个性化的购物需求
购物环境	给人感觉零乱、不整齐，导购人员素质参差不齐	环境优美，但不同品牌、不同风格的家私没有什么有效的分区整合	环境优美，不同风格和功用的家私进行了有效的分区管理，您不再需要为了采购一件儿童床铺而跑五六个不同的品牌店面，在这里不同品牌、不同风格，但同样功用的家具得到完美的整合
产品陈列	鱼龙混杂，不同的摊位各有摆法	各个专营店面根据品牌的风格和厂家要求，进行了精心的布置和陈列	根据整体风格的需求，合理安排风格相似的不同品牌店分区陈列，不同类型的产品错落有致地进行陈列，同时设置不同的情景，让客户得到真实的体验和快乐
销售策略	各摊位老板是八仙过海，各显神通，在促销、价格等方面没有统一机制	各专营店可能根据自己的需求有选择性的参与卖场的促销，但是价格、折扣等销售策略由厂家或经销商掌控	各店面的所有产品的销售策略都由卖场掌控，有利于形成卖场一贯的价格策略，卖场可以自由进行不同的促销、团购、联动销售等策略
品牌推广	力度比较弱，以低价促销为主	力度不大，以卖场的整体推广和促销活动为主	力度很大，主要以打造卖场“为客户提供完美、舒适的生活”的经营理念和完美服务为主，在客户心目中形成一种家居文化潮流的引导者的品牌形象
经营成本	需要支付摊位租金	需要支付一笔入场费和租金，成本较高	统一经营，平摊成本，省略中间环节，成本相对于前者要低
服务体系	初步形成统一的配送体系和售后服务体系	已经形成了售前、售中和售后完善的服务体系	具备完善的售前、售中和售后完善的服务体系。同时能为用户提供以旧换新、个性化需求的服务

（2）品牌自营卖场优势

以厂家品牌自营和专业团队管理为基础，作为品牌卖场的××家具博览中心构建了专业化经营的六大体系。即以目标市场定位为基础的品牌商品组合体系，以卖场核心能力定位为基础的规范化服务体系，以购物空间氛围及参与程度为依托的卖场购物体验体系，以品牌VI识别要素为基础的卖场VI形象体系，以品牌价值及卖场服务理念为核心的卖场文化理念体系，以及以赢得目标市场认知面和忠诚度为核心的品牌卖场传播体系。六大体系共同建立了卖场立体化的品牌形象，体现了卖场专业化管理和经营的实质，也成为卖场竞争力实现的基础。六大体系的建立，使××家具博览中心相对于传统卖场，表现出更强的竞争力。

调查分析结束后，接下来就要确定本项目的经营模式，可以照搬别人比较好的经营模式，也可以吸收众人之长来创造出一种适合于本项目的经营模式。

【优秀案例9－74】　某家居装饰专业市场的项目经营模式确定

参考点评：该案例先选择了两者中比较好的经营模式，分别是统一经营和自主经营，然后对这两种经营模式进行了分析，最后选择一种最适合本项目的经营模式。其分析过程写得很详细，值得参考。

(1)“统一经营”模式：

本处所指的“统一经营”，是特指各入驻的中心店（或主力店、品牌店等）在其所租用本项目商业物业范围内的“统一经营”，而不是××企业自已参与的“统一经营”（由××企业“统一经营”部分，我们在下文称之为“自主经营”）。

依照Shopping Mall模式的格局，以及其功能分区，按照“以大带小”的原则，对本项目以“大”（知名品牌和商家）为主展开招商工作，特别需要指出的是，“经营权的统一”，不论是对于本项目的前期、中期及后期的运作，还是“××”品牌的规模扩张，以及××企业的长远持续发展，都有着至关重要的决定作用，也是××企业开发本项目的成败及利益最大化的强力保障。

1）基点一：经营管理公司

××企业以组建“经营管理公司”为目的，首先是完善和形成“时尚孵化器”，其次就是实现本项目商业物业的快速销售和利润最大化，并完成“××”品牌扩张的任务。

××企业新组建的××经营管理公司，将拥有本项目最大的、最集中的、最具权威性的“商业物业经营管理权”和“商业物业租赁权”，所有通过招商（或主动联系）入驻本项目的各中心店（主力店，即主题商场），都将与××经营管理公司签订《商业用房租赁协议》，各中心店在其租用的商业物业范围内拥有统一经营权。

由此，××经营管理公司承担了××企业对本项目的所有权益，那么就必须确保租金收益的稳定、市场的正常运转、商家的诚信经营及本项目“孵化器”作用的逐步展开。同时，也必须较好的协调所有入驻的中心店关系，以及负责租金的收取及广告、宣传及管理费用的安排等，在丰满和完善自身建设的同时，整合并吸取各中心店“品牌战略”的优势，形成一套成熟的、行之有效的品牌聚集及扩散机制，逐步完成“品牌推广中心”的建设。

如此，通过××经营管理公司的强力运作和策略整合，对于本项目商业物业的成功租赁，有着极大的保障作用和意义。同时，也能确保本项目分零销售任务的达成。

经营管理公司的另一大任务，即：负责制定本项目商业物业租金标准的制定，以及通过此标准核算出投资业主的回报率（目前，带租约产权式商铺的年均投资回报率大多在8%~10%之间，投资回收期最短在10年左右，最长在13.5年以内），而产权式商铺投资回报率的大小，将直接影响本项目的销售价格。

2）基点二：带租约的产权式商铺

产权式商铺的操盘概要：

将本项目的所有权、物业管理权和经营使用权“三权”进行有效分离，把开发商、投资业主与经营商家的利益高效而有机地结合在一起，各取其需，各得其所。

××企业作为本项目的开发商，除了追求房地产开发的利润并使之最大化外，还需完成其多元化战略和品牌战略的各项任务，故要求我们必须在本项目的整合营销推广的过程中，打造“时尚孵化器”和“品牌推广中心”这两个企业发展的强力引擎，使其通过本项目的运作拥有强大的、具有区域辐射力的“××”品牌，以成功塑造和实现××企业除房地产开发企业外的“商业物流行业”的成功企业。

故此，××企业须将本项目化整为零，以“带租约的产权式商铺”模式向市场和投资者进行全方位推广，现就产权式商铺的操盘重点及其魅力略述如下：

a. 关于经营权部分：

产权式商铺的经营，将通过招租，将商铺委托给专业品牌的商业经营机构（即上文所述及的“中心店”或“主力店”）统一经营，以保证铺面兴旺和楼盘增值。

备注：各专业品牌及中心店等商业经营机构的策划及招商工作，将在××企业的授权下，由本公司汇同本市商联会共同实施。

b. 关于所有权（产权）部分：

我们将本项目化整为零“分割”成较小面积的商铺，与主题商场的租约（租期不可太短，一般在12年左右）一并出售给广大投资者，达到分散投资风险和快速收回开发资金的目的。在各投资者签订本项目产权式商铺的《商品房买卖合同》之后，即成为业主（拥有《土地证》和《产权证》等相关法律手续），享有投资回报，而作为产权式商铺的最大收益，并不是体现在租金收益方面，也不是投资回收期的时间方面，而是其所投资的产权式商铺物业本身和区域价值的不断攀升方面。

c. 关于物业管理权部分：

可由开发商、经营商家和投资业主（业主委员会）三方共同组成，也可全权委托××经营管理公司负责，主要任务是本项目的招商、租赁及管理、与入场经营商家（如上所述的“中心店”或“主力店”等）的沟通与协调等，以及实施“时尚孵化器”和“品牌推广中心”的各项战略部署和策略步骤。

特别说明：管理者与各商家和投资业主之间的关系，不能概以简单的租赁关系而论之，而是要将整个市场的经营活动融入具体的管理体系之中，是一种充分为经营服务的、互动式的全新管理模式。

本项目商业物业部分通过化整为零式的“分割”，按“产权式商铺”模式的销售推广，可使投资三方的利益得到最大保障：

开发商——将地产开发三大利益最大化（地产利益、商品利益和品牌利益）。

业主——享有物业的投资回报收益和物业本身的升值利益。

商家——通过商业物流的经营活动，赚取商业利益和使之最大化。

业主的投资权益保障，将由××经营管理公司负责承保，其给予各投资业主的投资收益率，也由经营管理公司根据负责制定的投资回报收益（现假定首次收租3年，以后每年收租一次），以及代扣税费后的发放等。特别需要说明的是，在业主享有的租金收益中，入驻商家在市场培育阶段（免租时期）的租金将由经营管理公司全面给付，其他时间的收益由经营管理公司承保。

（2）自主经营：

本处的“自主经营”，特指××企业旗下××经营管理公司独家统一经营，与上文述及的“统一经营”从本质上讲有一定的差异：

1）“统一经营”：是由各中心店在租赁范围内“统一”，而本项目的管理权统一掌控在经营管理公司手中。

2）“自主经营”：经营管理公司仍然行使本项目的统一管理权，但经营权通过定向招商将各品牌经营商融入本项目，各品牌经营商在其所租赁的范围内独立经营，实质上各品牌经营商在本项目内已成为“××”大品牌旗下的各“小品牌”和成立的“小卖场”。

对于本项目商业物业部分的销售工作，在前期各项准备工作落到实处之后，同样也可按照“产权式商铺”的模式将其“化整为零”，将其推向市场进行销售。

综上所述，不论是由各品牌经营企业“统一经营”模式也好，还是由××经营管理公司的“品牌经营商”模式也罢，都有其优劣势，但对于整个项目而言，都是可行的。

在此，我们可将“统一经营”模式比之为“借鸡下蛋”，而将“自主经营”模式形象地比拟为“蓄水养鱼”，而真正能够满足“时尚孵化器”和“品牌推广中心”机制的各项需求的，经过汇同专家组多次研讨，认定：由××经营管理公司统一经营的模式较符合本案，不论是从本项目开发利润最大化的角度和开发企业的现金流量需求，还是考虑到××企业长远持续发展方面，抑或是对于恒阳企业战略部署和品牌战略方针的总体布局，“自主经营”模式的优势更为明显，有着“统一经营”模式不可比拟的后续动力。也只有通过“自主经营”，才能在更好地推广本项目的同时，将“××”品牌形成凝聚力和扩散力，将旗下所有品牌聚集在“××”品牌的周围，真正实现“时尚孵化器”的巨大功效，并在本市及周边四方形成核心竞争力，全方位支持和支撑“品牌推广中心”强大辐射力，复制一个又一个“××”品牌旗下的“家居广场”，在异地落地生根并“孵化”出一批又一批当地的本土商家，实现“××”的战略版图的快速扩张和产业结构的优化与升级。

第五节　农产品专业市场项目全程策划要点

我国是一个农业大国，早在古代，就已经存在供农产品贸易的集市，发展到今天，农产品贸易集市已经演变成了农产品专业市场。现代的农产品专业市场不仅具有农产品贸易的功能，还具有加工各种农产品的功能。

一、项目市场调查要点

在投资开发任何类型的专业市场之前，都要进行市场调查，从而获得第一手资料，农产品专业市场也不例外。常用的调查方法是采用问卷调查的形式到实地进行访问。在进行调查访问前，应该写好调查计划，明确调查的时间、范围、对象、内容等。下面是某农产品专业市场的市场调查计划：

（1）竞争环境

1）调查方法：实地走访+相关人员访谈等。

2）调查样本：5~10个。

3）调查时间：5~7天。

4）调查范围：××市区范围内。

5）调查对象：对与项目有较强可比性、相似性的同类或类似不同业态的专业市场、卖场进行摸底，（如建材、灯具、家电、农机、酒店用品、通讯、陶瓷、大卖场及其他市场）。

6）调查内容：

a. 被调查专业市场或主要经营区域的现状（物业形态、租金水平、业态组合档次）；

b. 被调查区域内的不同业态的特征及与项目所在地区域的组合可能性；

c. 可能的辐射区域；

d. 大概的经营状况等。

（2）项目内现实经营者调查

1）调查方法：商家访谈。

2）调查样本：70个。

3）调查时间：7天。

4）调查范围：项目所在地专业市场内。

5）调查对象：有一定规模、不同经营类型、档次的商家，按一定的业态分布。

6）调查内容：

a. 现有的经营面积、商品类型、经营状况；

b. 现使用物业的使用性质、租金水平、相关费用；

c. 可能的经营辐射区域（郊县、城区等）；

d. 对目前这个专业市场满意与不满意的方面；

e. 在项目改造期间的经营场所选择及可接受的改造时间；

f. 未来项目改造后的理想物业形态及相关管理服务；

g. 对因为项目改造后带来经营成本增加的看法和接受程度；

h. 对未来经营的楼层、面积、开间、形态等选择；

i. 对冻库、仓库、停车场的相关需求；

j. 对酒店的需求及档次、配套要求；

k. 对项目未来发展前景的预期。

（3）市场内商户主要客户访谈

1）调查方法：深度访谈或座谈。

2）调查样本：5～10个。

3）调查时间：7天。

4）调查范围：市场内重点商家的主要客户。

5）调查内容：

a. 对市场现有状况的评价及要求；

b. 对未来项目发展的主要关注内容；

c. 对项目未来的发展前景预期。

写完市场调查的计划后，接下来就应该进行调查问卷设计。不同的调查对象，其调查问卷也应不同，下面提供对商铺经营者进行调查的调查问卷供读者参考：

（1）问卷编号：

（2）商铺经营者调查问卷

先生/女士：

您好！我是××市场调查有限公司的访问员，我们公司正在进行一项有关商业方面的市场研究，想听听您的宝贵意见和建议，可以耽误您一点时间和您谈谈吗？非常感谢您对我们工作的支持和帮助！

谢谢！

访问员保证： 本人所作问卷均按照项目操作规范完成，全部真实有效；若有发现一份问卷作弊，扣除全部劳务费。 访问员签名：

（3）以下内容在访问结束后填写

被访者姓名：______________________；　　联系电话：______________________；

商铺名称：　______________________；　　商铺地址：______________________；

访问员姓名：________________；　　访问日期：____________；
访问开始时间：______时______分；　　访问结束时间：______时______分；
访问长度：______分钟；　　访问地点：____________。

(4) 以下由调查公司人员填写

一审审卷结果：□合格　□补问　□作废　□作弊　一审签名：
二审审卷结果：□合格　□补问　□作废　　一审签名：
质控复核结果：□合格　□补问　□作废　　复核（F、T）：

甄别问卷

1）请问您是这个商铺负责人/主要经营者？
是————————1；
否————————2→终止访问。

2）市况您在这里经营______年时间了？
不到半年————————1→终止访问；
半年及以上————————2。

3）请问您的商铺、摊位有______平方米。

4）请问您在其他地方是否经营了其他商铺？
有————————1→（具体位置）；
没有————————2。

(5) 主体问卷

1）观察并记录其经营的商业类型。
蔬菜————————1；　　禽蛋————————4；
干杂————————2；　　水果————————5；
水产————————3；　　其他（请注明：______）。

2）请问您目前所经营的新产品的客户主要来源于哪些地方？
市场周边小区的消费者————1；
路过的行人————————2；
各郊县/区乡的商家————3 →其中前来批发的占______%，一般是来自哪些区域呢？
酒店餐饮业商家————————4；
周围学校/厂矿食堂————5；
其他（请注明：______）。

3）请问您目前的经营状况如何？是什么原因导致了这种结果呢？
好————————1；
一般————————2；
不好————————3。

4）请问您通常是采取什么的服务方式？它们分别占到什么样的比例？（复选）

客户直接到摊位上取货————————1	→所占比例%
为客户送上门————————2	→所占比例%
通过中介为大商家服务————————3	→所占比例%

5）请问您现在经营的商铺/摊位是通过哪种方式租赁的？

市场管理办公室——————1 其他（请注明：________）；

托朋友租赁——————2；

租金水平：________元/平方米。

6）请问您在经营的商铺/摊位除租金外还有哪些费用？

市场管理费——————1；

水电费——————2；

国税——————3；

地税——————4；

其他（请注明：________）。

7）请问您对您目前现在经营的商铺/摊位有哪些满意和不满意的方面？若被访者提到配套设施、收费及经营环境方面的满意与不满意（即选1、2、3），则需要追问。

满意的方面________

配套设施较齐全——————1；

各种收费比较合理——————2；

有良好的经营环境——————3；

在消费者心目中有较大影响——————4；

经营分区合理——————5；

停车位充足便于装卸货物——————6；

仓库容量大——————7；

其他（请注明：________）。

不满意的方面________

配套设施不齐全——————1；

各种收费不合理——————2；

经营环境较差——————3；

在消费者没有什么影响力——————4；

经营分区不合理——————5；

停车位不够——————6；

仓库容量小——————7；

其他（请注明：________）。

8）请问您当初选择目前的商铺/摊位时，您的第一考虑因素是什么？（单选）

商铺/摊位的位置——————1；

商铺/摊位的面积——————2；

市场的整体经营氛围——————3；

对未来经营的预期——————4；

相关配套设施齐全——————5；

交通条件便利——————6；

市场的影响力较大——————7；

其他（请注明：________）。

9）您觉得现在的经营场所是否能满足您的经营需求？

能——————1→续问10）题；

不能——————2→续问11）题。

10）请问您是否觉得这个市场是否需要改造？

需要——————1→跳问12）题；

不需要——————2；

无所谓/不知道——————3。

11）您愿意搬迁到哪里去呢？为什么会选择这个市场/区域呢？

访问员注意：以下的问题均为假设性的问题，请务必向被访者解释清楚。

12）如果现在的市场进行改造，在此期间，您最可能选择的经营场所是哪里？

原有市场旁边的场所——————1；

新的类似的市场——————2；

其他（请注明：________）。

具体区域：________。

13）如果市场进行改造，您觉得在什么时间范围内您还会回来经营？如果选择“1”，注明具体时间

半年以内——————1；

一年到二年——————3。

半年到一年内————————2。

14）您希望该市场未来改造成什么样的物业类型呢？

临街商铺————————1；　内街式商业广场————————3；

二层或三层的综合建筑————————2；　其他（请注明：________）。

15）就您好所经营的商品而言，您希望改造后的商铺面积在________平方米，层高________米，开间________米，进深________米。

16）如果改造后的市场修建为二层以上的物业，您会选择第几层的商铺/摊位呢？您会选择租还是买？合理的价格呢？

一层————————1	→1. 租赁　2. 购买	→单价　　元/平方米
二层————————2	→1. 租赁　2. 购买	→单价　　元/平方米
三层以上————————3	→1. 租赁　2. 购买	→单价　　元/平方米

17）a. 您认为项目改造后是否会增加未来的经营成本？b. 是否会影响未来的经营呢？

	a	b
会	1	1
不会	2	2
不确定/不知道	3	3

18）请问您希望改造后的市场采取什么样的管理方式？

自主经营，统一管理————————1；　其他（请注明：________）。

统一招租————————2；

19）请问您希望改造后的市场提供哪些方面的服务？

公平秤————————1；　集中装卸货物————————6；

价格公告栏————————2；　货车停车专场————————7；

供求信息服务————————3；　建立统一配送中心————————8；

统一开具发票————————4；　市场的整体对外宣传————————9；

统一纳税————————5；　其他（请注明：________）。

20）请问市场附近是否有冻库/仓库？

有————————1；　距离这个市场有________分钟车程。

没有————————2；

不知道————————3。

21）请问您所经营的业态是否有冻库/仓库？（复选）

需要冻库————————1　→续问22）；

不需要冻库————————2　→跳问23）；

需要仓库————————3　→续问24）；

不需要仓库————————4　→跳问25）。

22）请问您使用冻库的主要用途是什么？

海鲜类————————————1；　　　　一般食品————————————3；

肉类—————————————2；　　　　其他（请注明：________）。

23）请问您通常需要使用________平方米的冻库，并为此支付________费用。

24）请问您需要的仓库面积有________平方米，具体在什么位置________。

25）请问您进货的运输方式是怎样的？

火车————————————1；

汽车————————————2；→汽车是1自己的，2租赁的，3专门的货运车；

空运————————————3；

其他（请注明：________）。

二、项目投资环境分析要点

这里所讲的项目投资环境分析的内容与本书第二章第一节的内容不同。这里仅从农业、农产品、农产品贸易、农产品专业市场这四个角度去分析农产品专业市场的项目投资环境分析。

1. 农业发展规划分析

对于一些农业大省或者大市来说，政府都会出台一些方针政策、发展目标等，指导着农业的发展。在投资开发农产品专业市场之前，有必要对其进行分析，从而了解农业的发展方向。

【优秀案例9-75】　某农产品专业市场的农业发展规划分析

参考点评：该案例的特点在于分析了该市将要壮大的骨干产品，这有利于农产品专业市场的业态定位。若加干、出口这些骨干产品，将有利于农产品专业市场的长期发展。

根据本市农业产业优势发展规划，本市农业优势产业发展总体目标是：规划期内达到优势产业及其骨干产品突出，建成一批较大规模的具有区域特色优势的农产品基地；培育一批龙头企业群；创立一批名牌农产品；建立完善农业优势产业科技和市场创新体系；扶持兴办一批专业合作经济组织等中介组织，基本形成贸工农一体化、产加销一条龙经营的新格局。

（1）发展目标

1）农业优势产业经营水平大幅度提高。优质稻谷、大宗蔬菜、糖料蔗、荔枝、龙眼、香蕉、柑橙、西瓜、木薯、茉莉花、八角、板栗、金银花、生猪、肉鸡、肉鸭、黑山羊等传统农业优势产业基本形成一体化经营格局，产品优质品率、商品率和加工转化率大幅度提高，市场竞争力进一步增强；甜玉米、马铃薯、木瓜、菠萝、桑蚕、蘑菇、花卉苗木、速生丰产林、肉牛、奶牛、罗非鱼等特色优势产业规模大幅度扩大，成为新兴产业，初步形成一体化经营格局。

2）农业优势龙头企业进一步发展壮大。到2010年形成年销售收入10亿元、税利1亿元以上的龙头企业2~3家，年销售收入1亿元、税利1000万元以上的20家。

3）农产品交易市场体系进一步完善。到2010年，建立5家年交易额10亿元以上的国内区域性农产品专业市场。

4）农业优势产业中介组织进一步发展壮大。到2010年，发展注册会员500个以上；运作规范的农民专业合作经济组织100家。培育交易额100万元以上的农民专业合作经济组织20个以上；建立甘蔗、蔬菜、水果、畜禽、水产等主要农产品全市性的行业协会10个以上。

5）农业优势产业品牌产品市场份额进一步增加。到2010年，农业优势产业产业经营组织创国家和自治区级著名品牌产品进一步增加，并在国内外市场占有一定的市场份额。

（2）培育壮大农业优势产业及其骨干产品

规划期内着重培育优质粮食、蔬菜、水果、蔗糖、木薯、桑蚕、食用菌、中药材、花卉苗木、速生丰产林、畜牧、水产等12大农业优势产业。对已经具备相当规模的传统农业优势产业，依靠科技进步和创新，按照既定的规划、目标和措施，重点提升产业化程度，纵向深延伸产业链，提高整体效益；对已经具备较大规模，具有明显自然资源和市场优势产业，重点培育农业优势产业龙头企业和农民专业合作经济组织，增加科技投入，建设标准化农产品生产基地，打造特色品牌和名牌，建设优势农产品市场体系，推广标准化营销。

1）粮食类产业及产品开发（具体内容略）

2）蔬菜类产业及产品开发（具体内容略）

3）果品类产业及产品开发（具体内容略）

4）畜牧产业及产品开发（具体内容略）

5）水产产业及产品开发（具体内容略）

6）农业优势产业基地建设（具体内容略）

2. 农产品产量调查与预测

通过对农产品的产量进行调查与预测，可以了解哪种农产品是“朝阳产品”，从而有针对性地对其进行收购加工。下面是某农产品专业市场的农产品产量调查与预测：

（1）本省2004年农产品产量统计数据

序号	产品名称	2004年	比上年增长%
1	粮食产量	1473.2万吨	−0.8
2	甘蔗产量	5003.9万吨	0
3	蔬菜产量	1936.9万吨	3.16
4	水果产量	526.4万吨	13.9
5	肉类总产量	383.0万吨	8.4
6	禽蛋产量	1.45万吨	2.22
7	牛奶产量	4.8万吨	26.3
8	水产品产量	274.3万吨	3.7
9	全年肉猪出栏	3585.9万头	7.9
10	全年家禽出栏	5.7亿只	9.6

（2）2004年全市主要农产品产量如下：

序号	产品名称	2004年	比上年增长%	备注
1	粮食产量	170.05万吨	−3.02	
2	稻谷	133.43万吨	−5.63	
3	玉米	29.12万吨	11.78	
4	花生产量	8.32万吨	7.59	
5	甘蔗产量	858.61万吨	−7.47	

续表

序号	产品名称	2004 年	比上年增长%	备注
6	蔬菜产量	253.42 万吨	3.16	
7	木薯产量	45.91 万吨	29.50	
8	水果产量	67.04 万吨	17.13	
9	肉类总产量	41.98 万吨	9.80	
10	猪牛羊肉产量	30.91 万吨	9.10	
11	禽蛋产量	1.45 万吨	2.22	
12	牛奶产量	2.40 万吨	52.09	
13	水产品产量	15.88 万吨	9.18	
14	全年肉猪出栏	384.31 万头	8.21	
15	全年家禽出栏	6834 万只	13.79	

（3）本市市农产品产量五年及十年预测

序号	产品名称	2010 年（万吨）	2015（万吨）	备注
1	粮食产量	191.48	215.6	
2	花生产量	11.15	14.94	
3	蔬菜产量	302.59	361.3	
4	水果产量	100	151.2	
5	肉类总产量	53.12	67.19	
6	禽蛋产量	2.18	3.26	
7	牛奶产量	4.32	7.78	
8	水产品产量	23.82	35.73	
9	合计	688.66	857	

3. 农产品贸易现状分析

我国虽然地大物博，但由于人口众多，所以常与外国进行农产品贸易。在分析农产品贸易情况时，除了分析国内农产品贸易情况外，还要分析我国与外国的农产品贸易情况。

4. 农产品专业市场分析

要投资开发农产品专业市场，就必须先对我国或区域内农产品专业市场进行调查分析，所分析的内容可按照农产品专业市场自身的需求而确定。

【优秀案例 9－76】　某农产品专业市场的农产品专业市场分析

参考点评：该案例写到了我国和项目所在城市的农产品专业市场的发展现状与趋势。其亮点有两个，一是写出了本市农产品专业市场投资开发的四大模式，该项目可以参考借鉴这些开发模式。二是该案例对农产品超市这种发展趋势进行了详尽的分析，可以通过这种分析判断这种经营模式是否适合该项目。

(1) 我国农产品专业市场发展现状

1) 农产品专业市场发展的基本情况

a. 专业市场已经成为鲜活农产品流通的主渠道。我国农产品专业市场起步于20世纪80年代中期，经过十多年的建设，截止到2000年底，已发展到4532个，农业部定点的市场已发展到248家，基本覆盖了全国除西藏和港澳台以外的地区。目前，大中城市消费鲜活农产品的50%～70%是通过专业批发市场提供的，通常是城市规模越大，这个比重就越高。批发市场的发展，为搞活农产品流通，增加农民收入，丰富城镇居民的“菜篮子”和“果盘子”，发挥了重要作用，为我国进入小康社会做出了重大贡献。

随着农产品流通体制改革的不断深入，农产品市场形成了多种经济成分、多形式的竞争格局，各种农产品购销个体户、专业户、联合体不断发展壮大，显示了旺盛的生命力，成为鲜活农产品流通的主力军。

b. 涌现出了一批具有较强辐射能力的大型专业市场。例如，北京大钟寺、河北乐亭、山东寿光、深圳布吉、广州江南蔬菜批发市场，西安西北、南京农贸、成都四马桥、长沙马王堆和长春果品批发市场等，辐射能力强，社会知名度高。其中，山东寿光蔬菜批发市场年经营额100多亿元，辐射20多个省、自治区和直辖市，已经成为全国最大的蔬菜批发集散中心、价格形成中心和信息汇集、传递中心。深圳布吉蔬菜批发市场年交易额达120亿元，辐射了整个珠江三角洲乃至港澳地区和东南亚一些国家。

c. 现代化经营管理方式在部分专业市场得到应用。有些市场加入了全国性的信息网，设立了电子信息屏幕，向社会公布信息。有些市场引人了电子票据结算等现代化交易方式，提高了交易的规范性，促进了市场交易的发展。有些市场在培育市场主体，实行会员制，提高市场的组织化程度方面做了积极的探索。有些市场还借鉴国外先进经验，试行了拍卖竞价，开展了电子商务，进一步完善了商品的交易方式，增强了流通服务功能。

d. 农产品专业市场经营服务链条不断拉长。随着市场经济的发展，竞争日趋激烈，一些市场顺应形势的要求，不断加强软件、硬件配套设施建设，完善服务功能。不仅提供农产品集散场所，还逐步开展农产品包装、贮藏、运输以及信息传递、代理结算等配套服务，有的还建立了生产基地和加工配送中心，开办连锁经营网点，实行产销一体化经营。

2) 农产品专业市场存在的主要问题

从目前来看，我国农产品专业市场的发展势头是好的，但由于发展时间不长、起点低，总体水平处于初级阶段，存在着一些亟待解决的问题。

a. 缺乏统一规划，布局不够合理。我国农产品专业市场，是伴随着城乡经济的发展而发展的，通常是谁有钱、有地，经当地政府批准，甚至只是在工商部门登记、注册，一个专业市场就办起来了。由于缺乏统一规划，专业市场发展不平衡、布局不合理。

b. 经营设施简陋，交易手段落后。绝大多数的农产品专业市场经营服务设施简陋，无配套，尤其缺乏贮藏保鲜设施。许多专业市场长期停留在出租铺位的简单物业管理层次上，像个“放大”的集贸市场。交易手段落后，全国4249个农产品专业市场，98%以上基本是以传统的现货、对手交易为主，代理结算还不普遍。至于实行会员制，采取竞价拍卖、远期合约交易和期货交易方式尚处于萌芽阶段。

c. 市场主体组织化程度低，业务经营存在盲目性。目前农产品专业市场的主体绝大多数是分散的农民，他们经营规模小，经济实力弱，缺乏专门的经营知识，且大都不具备法人资格，在业务经营上存在着严重的自发性和盲目性。

d. 信息网络建设滞后，信息传播渠道不畅。从中央到地方对市场信息网络的建设是比较重视的，近年来发展也很快，但由于信息网络隶属于不同的地方和部门，资源不能共享，远未发挥其应有的作用。

（2）本市农产品专业市场发展现状

1）本市农产品专业市场市场发展现状概述

随着本市旧城改造脚步的加快，市政府有关部门将大力推进农产品市场的配建工程建设。×环路内的占道菜市将有计划地全部拆除，并按“拆一建一”的大致要求，在未来3年内，×环路内将修建80～100个永久性农产品市场（不包括大棚市场），除目前已经修建起来的包括大棚市场在内的79个，另外还需要修建50～60个永久性正规市场（不包括大棚市场）。本市将掀起一场农产品市场建设“革命”，这些农产品市场大都处于黄金口岸内。

农产品市场正经历着三个转变：

a. 地点——从室外到室内的迁徙；

b. 形态——从简陋到精致的蜕变；

c. 经营管理者——从街道办事处到民营企业的交接。

2）本市农产品市场投资开发四大模式

模式一：农产品市场＋住宅。如××桥市场。开发商在开发住宅时，将其一、二层建成了农产品市场。农产品市场作为住宅和周边居民的生活配套产品，预计经营10年左右就可收回成本。

模式二：农产品市场＋专卖店。如×设路综合市场。开发商将底楼设置了268个菜市摊位，二楼由苏宁电器租赁经营，对逛菜市的人流进行了“二次使用”，使整个市场人气更旺。

模式三：综合商场。×学路市场就将采用这种模式。除农产品市场建筑面积4000多平方米的主体外，临街还设置了一排面积从10～50平方米的综合性营业商店。

模式四：休闲中心。如规划中的×里堤市场。地下停车场＋农产品市场＋超市＋休闲娱乐中心。这也是本项目农贸市场最有可能的发展模式。

（3）本市农产品市场超市化发展趋势

所谓农产品市场超市化，是指通过政府政策的鼓励支持，引导大型流通企业或农业产业化龙头企业，对不适应经济发展、城市建设和居民消费要求的原城市农产品市场，按照超市的经营业态、经营理念对城市农产品市场进行生鲜超市化改造，使其成为经营主体组织化、经营产品标准化、经营方式超市化及服务规范化，以经营生鲜农副产品为主的超市。农产品市场超市化是本市旧城改造和整顿市容的产物，由于此类项目符合城市规划和政府政策导向，且涉及“菜篮子”工程，所以收益稳定，基本没有投资经营的压力。

1）农产品市场超市化的前提背景

经过三十多年的改革开放和经济社会发展，政府对老城区和旧城进行了大面积的改造，城乡居民生活水平迅速提高，消费观念和方式发生深刻变化，人们对食品安全的要求越来越严格。同时，城市农产品市场，特别是在大中城市市民生活中扮演重要角色的城市农产品市场开始暴露出诸多弊端。在超市消费异军突起的形势下，原有城市农产品市场再也无法坐以待毙，其改造和提升已摆上议事日程。

过去大部分农产品市场用地都是随住宅用地一起出让的，对那些开发商而言，农产品市场只是住宅的副产品，短平快是他们处理农产品市场用地的方式。现在新规划的农产品市场选址经过严格的筛选，一般都在居民繁华区，惠及数万人口，有着稳定的经营者和消费者，这对开发新型商业地产有着巨大的潜力和推动力。政府将公用配套用地在公平、公开的情况下，通过拍卖、竞标等方式，确定一些有实力的开发商，并给这些企业创造良好的投资条件。这样，新型农产品市场已不再是简单的住宅产品的配套服务设施了，而演化成一种新的商业投资。新市场的建设将按照市政府“谁投资、谁管理、谁受益”的原则，采取“政府引导、政策扶持、企业参与、市场运作”的办法，统一规划、合理布点、不占道路、方便群众、突出重点、分步实施。

本市近几年商业形态同质化严重，导致许多商家经营惨淡。作为农产品市场则不一样，首先这里已形成了人气、商气，是极有实际需求的成熟的市场。同时政府“菜篮子”工程的实施，违章占道经营的取缔，无疑是投资农产品市场的有力保证，商家的经营自然有利可图。鉴于独占性、快速成长性和投资风险小的因素使国内不少城市的室内农产品市场已悄悄成为中小投资客的新宠。

2）农产品市场超市化的经济社会效益分析

a. 促进税收大幅增长，成为税收新的增长点

以生鲜超市替代农产品市场，以企业化经营取代了原来的一摊一户经营方式，使得税务部门征收税款能够更加规范有序，征管模式由过去的定额征收逐步过渡为查账征收。

b. 带动农业产业化的发展

农产品市场超市化后，生鲜超市实行与生产基地挂钩进货，推行订单农业、合同农业，使农副产品生产基地从盲目生产走向以市场为导向的有计划生产，有效地解决了农副产品销售难的问题，把风险降到最低。超市在产销对接中也减少了中间环节，降低了经营成本，提高了经济效益。

c. 提高食品的安全，有效治理“餐桌污染”

生鲜超市对农副产品的安全性进行严格的检测和把关，从而解决了集贸市场目前存在的蔬菜有残留农药、猪肉有“瘦肉精”、水产品浸泡福尔马林等食品安全及食品质量问题，有效保证了蔬菜副食品卫生质量。此外，以往农产品市场仅仅限于“卖商品”，而生鲜超市实行“卖商品+服务”，人性化服务正越来越受到超市经营者的重视，并有利于专项检查和打假活动的开展，使假冒伪劣产品难以进入市场。

d. 增加社会就业

原有农产品市场改造为生鲜超市后，市场内的销售人员虽大幅减少（一般减少50%），但经营管理人员、采购人员、收银人员等却大量增加。因此，农产品市场超市化后生鲜超市的从业人员，还略多于原农贸市场从业人员。同时，农产品市场超市化还可间接地大量增加生鲜农副产品清洗、包装、仓储、加工、运输等行业的从业人员。

e. 优化购物环境，改善市容市貌

超市化的管理，也使市场内部购物环境大大改观。生鲜超市把农产品市场恶劣的购物环境变为有良好通风的舒适购物环境：实行开架自选、一站购全、统一结算等方式，提供便捷服务。超市营业时间较长，可随时进店购物，并为消费者提供完善的售后服务，解除了顾客消费的后顾之忧。同时，农产品市场超市化促使对占道经营的取缔，做到了还路于民。不仅改善城市卫生，而且有利于改善城市社区的交通状况，提升了城市的档次和品位。

3）农产品市场超市化的发展建议

农产品市场超市化绝对不是简单的“农产品市场”改为“农产品超市”的字面转换。它的基本特征是农产品市场公司化经营，明晰产权关系，由企业规范管理，是提升业态的有益尝试，

必须进一步加以提升和深化内涵。

a. 循序渐进，防止过度开发

目前各地在“农改超”探索过程中，正在逐步形成几种发展思路和模式：

（a）广州模式：广州农产品市场改造的早期思路是在原有农产品市场网点布局的基础上，改造和发展“室内肉菜市场”，改善农产品经营环境。但是由于“室内肉菜市场”基本沿袭原来农产品市场的经营方式，既没有从根本上改变经营环境和条件，达不到生鲜品保鲜的基本要求；又因场地成本增加而失去了农产品市场原有的价格优势。食品安全性问题也未能因此得到根本解决，如此种种注定了这是一种不成功的过渡模式；而现在“农产品市场超市化”的发展思路，以连锁生鲜超市专营公司逐步取代传统的农产品市场，进而提升农产品销售终端的档次，真正为农产品销售渠道改造找到了准确的定位。

（b）武汉模式：武汉市政府部门在农产品市场改造的过程中，以招标形式选择农产品市场原址改造后的经营公司，以大卖场为主要经营形式，满足顾客生鲜消费和其他综合性消费的多种需要。

（c）深圳模式：深圳农产品股份有限公司以原有的农产品生产基地和大型批发市场为后盾，发展连锁生鲜超市，生鲜经营的利润源跳出批零进销差价的局限，向上游的农产品生产加工环节延伸，在生鲜供应链上形成的优势令竞争对手望尘莫及。

“农改超”已在全国许多城市推出，发展热情很高，但是我们应该清醒地看到，“农改超”作为一次农产品销售渠道提升和改造运动，其源动力是经济持续增长下的消费需求。而中国之大，生鲜消费需求和水平明显存在着多层次分布和地域性差异，这就意味着“农改超”将根据各地市场特点，存在着一个逐步演进的发展过程，现有农产品市场虽然受到很大挤压，但仍具有面向低收入和传统消费阶层的市场生存空间。因此，“农改超”还需要脚踏实地，要按经济规律办事，既要符合中国国情，又要尊重老百姓的消费习惯和购买能力，根据区域经济发展的情况和社会各阶层消费特点，按照市场规律，淡化政府行为，循序渐进，防止农产品市场超市化过度扩张。

b. 加强农产品市场超市化建设的内涵

本市市农产品市场超市化工作取得了一定的成效，但在运行过程中也存在着一些亟待解决的问题，如：生鲜超市购物环境依然存在着诸多的不便，未能给顾客带来方便；市场的定位雷同，缺乏经营特色，容易形成恶性竞争；大部分企业普遍缺乏品牌意识，尚未创立自有品牌；缺乏精、深加工产品，不能形成集约化、规模化、多元化、产业化的发展格局。加强农产品市场超市化建设的内涵主要有以下几点：

（a）发展连锁经营，实现规模效益。通过连锁经营取得规模效益，是超市发展制胜的重要秘诀。因此，要通过不断整合，鼓励实力雄厚、有经营经验的企业，兼并重组那些经营不善、实力不强的企业，最终形成5~6家大型连锁企业，真正实现统一采购、统一配送、统一管理、统一核算，通过规模经营降低经营成本，坚持微利原则，向顾客提供低价格、高质量的商品，做到价低、货全、便民，从而赢得最广大的消费群，实现可持续发展。

（b）加快发展生鲜农副产品配送中心。统一配送是统购分销、降低经营成本的重要手段，是提高生鲜农副产品安全卫生质量和拓宽销售渠道的有效途径。为此，要鼓励一批有经济实力、富有经营管理经验的大型连锁超市，加快建立和发展生鲜农副产品加工、包装、存贮、运输于一体的与生鲜超市相配套的统一配送系统，保证生鲜商品的新鲜度和质量，降低损失率，把经营成本降到最低程度，使生鲜超市所经营的生鲜农副产品真正做到价廉物美，提高竞争能力。

(c) 增强品牌意识，提高市场竞争力。要突破传统的零售业经营模式，改变由原来的单一零售向“产、加、销”一体化转变，向生产领域渗透，与生产企业合作，定牌生产与居民生活相关的热销生鲜食品。这样既有利于降低成本，又有利于创造出自己的品牌，形成品牌效应，提高市场竞争力。

c. 规范生鲜超市经营管理，巩固提升农贸市场超市化成效

要针对农产品市场超市化建设中所出现的部分已改造的市场中未达到生鲜超市的标准要求、经营管理和经营理念比较落后、业态不够规范等问题，加强督促检查工作，促其自我完善，严格按照超市业态标准经营，加强行业自律工作，树立品牌意识，培育一批富有地方特色的连锁超市。

三、项目自身情况分析要点

这里仅介绍与农产品专业市场关系紧密的项目建设条件和项目建设意义分析两个部分，其他的部分如项目基本情况分析、项目周边环境分析、项目周边配套分析在此则不再述说。

1. 项目建设条件分析

由于农产品具有保鲜期短、运输时易于摔烂的特点，要求农产品专业市场在选址时应尽量接近产地，同时项目所在地的气候要有利于农产品的保鲜。

2. 项目建设意义分析

对于农产品专业市场来说，一般具有以下的建设意义：

（1）适应东盟农产品交流

东盟正在成为我国的重要贸易伙伴，近年来每年农产品贸易额达到30多亿美元。我国政府认识到，进一步扩大和优化与东盟的农产品贸易规模和结构，对发挥我国农业比较优势，扩大我国农产品国际市场占有率具有重要的意义。随着中国——东盟自由贸易区的正式启动，为我国与东盟各国全面的农业合作奠定了良好的基础，我国与东盟各国的农业经济将融为一体，区域内的农产品流通将加速发展，市场争夺将更为激烈，区域经济一体化进程将加快，成员国之间的关税和非关税壁垒将大大降低，成员之间的贸易量将得到更大的发展。

（2）提高食品安全

目前农产品销售市场多以传统式的摊贩销售为主，消费环境较差，对农产品的终端销售中的肉、菜质量不能保障，或多或少均存在“短斤少两”的问题，消费者只能被动的接受这样的农产品销售。而通过本项目的建设，将使农产品的市场准入得到有力的监测和检验，并通过标准化加工和配送，使放心菜、放心肉有序地配送到销售终端，让消费者因没有选择权而吃上不合格的肉、菜的局面得到终结。

（3）带动农业产业化的发展

建设大型农产品专业市场，易于发挥其在农产品集散交易、价格发现、仓储运输、信息传播、农产品标准与质量检测、市场配套服务等方面的功能，引导带动当地农业和农村经济的发展。信息在市场经济条件下对农业发展起着日益重要的作用，特别是在引导农民生产，帮助农产品销售方面的作用越来越突出，专业市场集信息、物流、交易功能为一体，本项目建成后将以信息化带动农业产业化，提高农业市场流通效率，增加农民收入，提高农民素质水平，并促

进特色区域经济发展格局的形成，从而带动整个农业的发展。

（4）加强农民市场竞争能力

加入WTO后，面对农产品市场开放，要不断增强农民的市场竞争能力，提高产品质量，而提高产品质量的核心，就是要按标准化规范进行生产。专业市场以“公司+基地+农户”的方式，以市场为导向，围绕区域优势产业，从产前、产中、产后和产业链进行系列开发，实行产供销、农工商结合，把农民、龙头企业和市场结合起来，形成经济利益共同体，增强市场竞争能力。一是面对分散的一家一户小农经济和传统落后技术，把规范化高新技术传授给农民，使其按照规范化技术操作，生产出符合市场，特别是符合国际标准的高质量产品；二是面对龙头企业技术不规范、产品质量低、市场竞争力弱、经济效益低的实际，进行技术改造，实行规范化、标准化生产。

（5）有效治理“餐桌污染”

以生鲜超市逐步取代农贸市场，使农贸市场公司化经营，由企业规范管理、统一合理配置资源，企业法人接受政府、社会和消费者的监督，承担法律责任。目前，投入经营的生鲜超市中，明码标价和童叟无欺等诚信制度得到了有效的推广。同时，“农改超”对农副产品的质量、安全提出了更高的要求，生鲜超市对农副产品的安全性必须进行严格的检测和把关，从而解决了集贸市场目前存在的蔬菜有残留农药、猪肉有“瘦肉精”、水产品浸泡福尔马林等食品安全及食品质量问题，有效保证了蔬菜副食品卫生质量。同时也有利于专项检查和打假活动的开展，使假冒伪劣产品难以进入市场。

四、项目竞争者分析要点

若在区域内没有同类型的竞争者或可比项目，可将分析范围扩大到全国，对全国较有名气的农产品专业市场进行分析，对其进行参考借鉴。下面是国内较出名的农产品专业市场的介绍，供读者参考借鉴。

（1）广西盛大农产品加工物流中心

广西盛大农产品加工物流中心是广西壮族自治区为迎接“南博会”而兴建的重点项目，规模宏大，起点高，是广西农产品国际物流中心、国际农产品交易的大平台。

该项目位于南宁市兴宁区三塘镇，规划用地3000多亩，主要建设农产品竞卖批发市场、农产品仓储中心、农产品加工配送中心等以及相应的配套服务设施。

一期项目招商内容：计划征地500亩，作为项目经营场所用地，投资总额为20215万元。其中农产品竞卖批发市场为10万平方米，包括农产品竞卖大厅及500间铺面，预计投资8200万元。仓储中心为7万平方米，包括常温、冷藏及冷仓库，设计储藏能力为1万吨，预计投资7940万元。此外，建设农产品加工配送中心2万平方米，配置16条加工生产线及配送车辆，设计加工能力27000吨/年，预计投资3700万元，相应配套设施停车场为2.5万平方米，可提供500个车位，预计投资375万元。

（2）西南最大的农产品批发市场——昆明三宝小屯大型农产品批发交易市场

该项目于2002年12月中旬建成并投入试营运。这个大型农产品批发交易市场占地面积105.7亩，建有占地28亩的生猪定点屠宰、鲜肉交易市场，8000平方米的交易大棚。

据悉，这个市场不仅在西南地区规模最大，其配套设施也最先进、交易品种也最全。它一头连着基地、农户，有稳定的货源；一头连着全国市场，吞吐能力强。试营业那几天，日均农产品交易量达3000吨左右，预期正式营运年交易额可达15亿元。

(3) 东北亚农产品物流中心

由长春粮食集团与德隆集团共同建设，该物流中心总投资12亿元，分两期施工，2003年12月8日首期建成开业。一期工程占地面积15万平方米，建筑面积4.8万平方米，拥有150个门市和库房，年经营量100万吨，年交易额30亿元，交易品种以粮食和成品粮油为主，辐射吉林省的长春、四平、松原、白城等地区，并延伸到辽宁、黑龙江、内蒙、新疆及沿海各省。其设施先进、功能齐全、交易方式现代化、市场管理信息化、辐射范围网络化，是与国家粮食交易网及全国35个大中城市粮油信息中心联网的专业性粮油批发市场。

(4) 海南农产品物流中心

位于海南海口市龙华区龙泉镇，2004年2月开始兴建。这一大型农产品物流中心建成后将具备200万吨的气调保鲜冷藏库和相应的分级加工包装车间，具有日运输能力1万吨的保鲜物流机构等，主要引用先进的农业技术，重视农产品保鲜、储藏、包装等，采用现代的保鲜技术进行农产品的储藏，形成大规模的农产品经营中心。据了解，一期工程计划投资18亿元，完成20万吨气调保鲜冷藏库和日运输能力2000吨的保鲜物流系统的建设。

(5) 中国（红星）现代农业博览交易中心

位于长沙市107国道、韶山路、京珠高速公路的交汇处，四周紧邻二、三环线，处于长株潭三市的中心地带，交通十分发达。该项目由政府策划、市场运作、红星实业公司斥资19.112亿元，规划用地3069亩，建筑面积151万平方米，是省、市农业产业化一号重点工程，是长沙市的一项标志性工程。该中心划分为五大功能区：即博览会展中心、农产品交易中心、科技信息发布中心、物流配送中心、现代农业观光休闲中心，以及星级酒店、住宅小区、餐饮娱乐等三大附属功能区，形成一个高起点、高品位、大流通、大商贸，具有国际现代化管理水平的农业博览交易中心。主体工程于2002年建成并每年召开具有全国品牌的“农博会”。

(6) 常德农产品物流中心

由香港泛华国际投资公司与常德市联手打造，投资总额为2.5亿元人民币，于年初已经破土动工，该市场建成后，将使常德成为我国中南地区较大的农副产品物流中心。据悉，已有200个珍珠专业户、100个茶叶专业户、150个干货经销商、150个水果商及1000多家农副产品加工企业在这里预订了专柜。总计已经招来了邻近4省2000多个客商和企业。

五、项目SWOT分析要点

对于农产品专业市场来说，项目的SWOT分析主要围绕着区位、交通、资源、政策这几个方面进行分析。

1. 项目优势分析

对于水产品专业市场来说，区位优势非常重要。水产品专业市场应选择在离港口或湖泊不远的地方建设。

由于农业是富国兴邦的基础，同时我国的“三农问题”又比较突出，故农产品专业市场大都能得到政府的支持，在分析农产品专业市场的项目优势时，除了要分析区位优势、交通优势外，还要重点分析项目的政策优势。

2. 项目劣势分析

农产品专业市场的劣势分析可以从市场需求、区位、道路交通、地块形状、规模、配套、管理等方面去分析。如某水产品专业市场的项目劣势分析：

项目周边暂时不能形成规模庞大的人流、物流和商流：

一是项目位置偏远，水电路讯等基础设施相对落后，近期难以形成良好的周边环境；

二是×利港常驻人口较少，近期难以吸引资金和人才；

三是本市近海海洋资源较少，养殖规模小，养殖业品种单一。

对于一些已经进行了几期开发的农产品专业市场来说，也可以从已开发建好的产品中发现本项目的不足。如某农产品专业市场的项目劣势分析：

（1）本项目作为新建项目，选址既不处于产地也不处于销地，又没有老市场作为基础和依托，其在历史上也不是一个传统的商品集散中心，因而市场缺少一种其赖以生存的历史基础，需要较长时间的市场培育过程。

（2）现已建好的一期工程，市场的布局不尽合理。物流中心须具备容大广纳的特征和开放式的气势，现有市场过分重视临街门面的收益，临街门面设计太多，道路与内部的交流感觉受滞；建筑物密度过大，间距太小，很多通道只能容纳一辆小车通过，与大物流货车畅通行驶的要求相距甚远；临街店面稍大约30平方米，内部店面面积约20平方米，面积太小，不适合部分产品的大进大出；店面结构单一，不适合综合性产品的经营要求；市场内没有规划面积足够大的停车场。

（3）本县及周围地区形成产业化产品趋势不明显。农产品生产基本以水稻为单一品种，蔬菜、水果的种植主要满足本地消费，尚未形成专业化生产的农产品，其商品化程度不高，影响到农产品的集散和品牌的形成。

（4）物流、运输、交通成本较高。京珠高速的带动作用明显，但收费较高，从本县到××市和×阳市的小车过路费均为30元，大车的过路费更高，导致很多本地及周边地区来往于××市和×阳市的车辆均绕道与京珠平行的国道。

（5）泰国水果进场需要有冷库等技术支持。本镇虽有冷库，但在市场之外，泰国进口水果价格较高，属高档消费，本地缺少消费基础，两头在外，难度不小。

3. 项目机会分析

项目的机会点都是由于外界一些因素的变化而带来的。在分析农产品专业市场的项目机会时，应从政策法规的出台、市场的变化趋势和其他因素的变化等几个角度进行分析。

4. 项目威胁分析

在分析专业市场项目的威胁点时，策划人员经常忽略了信贷政策改变带来的威胁。由于农产品专业市场的开发建设需要大量的资金，信贷门槛的提高对于项目来说是一大威胁，绝对不能忽视。下面是某农产品专业市场的项目威胁分析：

（1）近期，中国人民银行对于房地产开发信贷的门槛进一步提高，并将房地产开发的资本金由原来的20%提升为35%。这对需要大量开发资金的本项目来说，是个很大的威胁。

（2）一期工程已经定形，档次低，规划设计滞后，对后期的招商及统一经营带来一定的困难。

（3）在我国云南、广西已有类似项目，在本省有关类似项目也在陆续推出，这对本项目的招商和销售带来一定的挑战。

六、项目整体定位要点

这里仅从类型定位、主题定位、规模定位这三个方面介绍农产品专业市场的项目整体定位。

1. 项目类型定位

在进行专业市场的项目类型定位前，开发商往往心目中早已想好开发什么类型的专业市场，但这种想法不一定采用。当策划人员进行了市场调查后，若发现本项目不适合建该类型的专业市场时，应及早与开发商沟通，并提出开发类型建议，供开发商参考。

2. 项目主题定位

农产品专业市场开发主题的确定应先进行市场调查，然后根据调查的结果来确定本项目的开发主题，最后还要说明确立该开发主题的理由。

【优秀案例 9－77】　某水产品专业市场的项目主题定位

参考点评：该案例从地理位置、专业市场开发情况、新闻角度、策划角度这四个方面去说明该开发主题确立的理由，值得参考借鉴。此外，该案例还写到了湖产品将会取代山珍海味，非常有创意。

（1）主题确立：开发以水产品为主题的专业批发市场。

（2）确立理由：

1）从地理位置方面来看：到目前为止，本县一直没有一个专业市场。原因是营商环境不够理想，县城位置闭塞，缺乏对周边县市的辐射力和影响力。而××公路和××大桥的开工建设，将改写这一历史，本县对周边县市的辐射力和影响力一下子得到了大幅度的提升，大桥一旦建成，本县就被纳入到了省会××市的范围之内。本镇地处××湖边，水上资源得天独厚，水质优良，除了常规水产品种外，还盛产鲫鱼、银鱼、甲鱼、乌鱼、黄鳝、泥鳅、虾、田螺、茨实等特优水产品，年总产量高达近 10 万吨。银鱼的晶莹剔透；鲫鱼的雍荣华贵；甲鱼的珍稀；乌鱼、黄鳝和泥鳅的鲜嫩可口；青虾河蟹的鲜美；田螺、茨实的原野风味等在人们崇尚自然、返朴归真的今天，市场身价不断看涨。许多产品已经打入欧盟市场。“明太祖”牌酒糟鱼荣获国际农业博览会金奖，“××湖”牌风味真贡鱼、凤尾鱼成为走俏的旅游食品，鲜虾米远销东南亚、欧盟等地市场。从另外一个角度来说，人们已经吃腻了山珍海味，湖产品属于天然生态食品，将会取代山珍海味。

2）从专业市场的开发情况来看：不但本县没有水产品专业批发市场，整个大××湖区也没有一个上规模上档次的水产品批发专业市场。××湖作为一大淡水湖，是一个盛产许多珍稀水产品的大湖，完全可以开发一个与其相匹配的专业批发市场，形成××湖区甚至全省全国的水产品商贸区。就商品流通方面来说，也需要这样一个集散地，辐射全国。

3）从新闻角度来看：水产品专业批发市场在本县甚至××湖区都属于空白，仅此一点就足以形成房地产界甚至整个商业领域的新闻点，不仅会受到新闻界的重视，而且会受到社会的广泛关注。一日之间就可家喻户晓，创造知名品牌。

4）从策划角度来看：策划的精髓就是找出社会需求（空白），然后满足它。而水产品是人们生活中的必需品，是一种社会的共同需求，而且无法得到很好的满足，全国没有一个很叫响的水产品集散地。如果策划开发一个水产品批发市场，打开水产品流通渠道，势必受到人们的普遍喜爱。

确立了项目的开发主题后，接下来就应该确定项目的物业名称。从名称的内涵和外延来说，都应有利于传播和形成记忆点，有利于品牌的铸造和延伸。下面是某水产品专业市场的项目名称设定：

（1）名称确立：项目名称建议采用“××湖水产品批发市场”，简称为“××湖水产市场”。

（2）名称释义：××湖是一大淡水湖，天然水产资源丰富，取之不尽，用之不绝。在全国乃至全世界均有着很高的知名度，尤其在国内几乎尽人皆知，名称中冠以“××湖”之名，可以起到借势造势的良好作用，能借××湖之名传播专业市场的名气，从而树立专业市场的品牌。

更为重要的是，在全国的专业市场中，没有类似的名称，避免了重复和雷同。

3. 项目规模定位

农产品专业市场的开发建设规模并不是越大越好的。规模过大，市场很难消化，规模过小，不利于农产品专业市场自身的发展。在确定项目的建设规模时，应使用大量的数据来支持。如某农产品专业市场的项目规模定位：

根据分析与预测，到2010年，本市农产品产量将达到688.66万吨（主要包括粮食、水果、蔬菜、肉类、水产品等），按50%进入本市场计，每年有344.33万吨；整个省2010年农产品产量预计达到5377.01万吨，按2%进入本市场计，每年有107.54万吨；另每年从外地进入本市场的水果、蔬菜、粮食等农产品预计达到30万吨，近年来每年与东盟农产品贸易额达到30多亿美元，预计每年东南亚各国的果蔬产品进入本市场的量不低于13万吨，那么市场每年的交易量将达到494.87万吨。

综合各种因素，拟定本项目年交易量为495万吨/年，其中加工配送120万吨，电子网上交易175万吨，实物交易200万吨，批发市场月吞吐量为33万吨，建设规模拟定占地面积983261平方米，建筑总面积732089.5平方米，配备农产品包装、贮藏、运输以及信息传递、代理结算、电子拍卖等配套服务，以及农产品农药残余检测、特色产品加工配送服务等。

七、项目产品规划建议要点

农产品专业市场涉及农产品加工、储藏、交易、配送等方面，同时农产品在加工时要使用到许多各种各样的机器，还会产生一些废弃物等等，正是由于农产品专业市场具有这些特点，这部分仅从项目规划设计依据、项目总平面规划、项目配套设备设施这三个方面讲述农产品专业市场的项目产品规划。

1. 项目规划设计依据

由于家禽从进入加工区到被屠宰有一段时间，在这段时间内家禽会产生粪便和废气，同时在家禽和各种蔬菜水果加工过程中会产生固休废弃物和废水。因此，农产品专业市场在规划设计时还要考虑到废体、废水、废气的处理，其规划依据除了一般专业市场常用的规划设计依据外，还有关于各种废弃物排放的标准，如某农产品专业市场的项目规划设计依据：

（1）环境质量标准

1）《环境空气质量标准》GB 3095—1996；

2）《城市区域环境噪声标准》GB 3096—93；

3）《建筑施工场界噪声限值标准》GB 12523—90。

（2）排放标准

1）《污水综合排放标准》GB 8978—1996；

2）《大气污染物综合排放标准》GB 16297—1996；

3）《饮食业油烟排放标准》（试行）GB 18483—2001。

2. 项目总平面规划建议

在为决策者提供项目总平面规划建议前，应写明项目总平面规划的原则，如：

（1）满足市场物流线路，配套工程，交通运输，行业规范要求。

（2）符合防火、卫生、方便安全等有关规范的要求，并充分利用土地的原则。

（3）与城镇和建设企业规划统一的原则。

(4) 因地制宜，适应场区地形，地质，气象等自然条件。

(5) 要体现时代特点，努力创造一个现代化市场的新形象。

在写项目总平面规划建议时，除了用文字去说明项目的总平面布置外，最好附加上一幅简单的总平面规划布置图，让决策者更清楚明白本建议。

【优秀案例9-78】　某农产品专业市场的项目总平面规划建议

参考点评：该案例的亮点在于其为决策者提供了项目总平面规划的两个建议方案，并对每个方案都作了详细的说明，最后还对这两个方案进行了优缺点比较，这种做法给决策者留有选择的余地，非常值得我们学习。

根据总平面布置原则中与城镇规划统一的原则，市场设计中保留这两条道路，所以本项目可划分为四个分区。

(1) 方案一

四个分区分别为：市场服务、水果蔬菜和东盟特色农产品交易区，加工区和仓库区，冷库加工和水产品加工及交易区，禽畜肉交易区。

1) 市场服务、水果蔬菜和东盟特色农产品交易区：

布置在用地的东南面。该用地为梯形，较为规整。交易区的建设内容包括交易行和市场的办公服务，市场的停车场等。

a. 设计把办公服务布置在分区的西北，位于市场的中心，便于管理和服务，在专业市场的建筑物中，以交易服务大楼为主要的标志性建筑，建筑层高较高，外墙装修高档，布置在用地的中心位置上，有利于形成良好的市场景观，显示现代化市场的形象。

b. 停车场为生态停车场，布置在办公大楼的南面，既不占用沿路的商业价值，又方便车辆的出入。

c. 其余用地布置为交易行，分别为水果蔬菜交易和东盟农产品交易。沿×梧二级公路和城镇规划道路设计沿街交易行，平行道路设计，以获取最大的商业价值。充分利用了用地沿街的商业价值，可以吸引人流，提升市场的人气。市场内部的交易行采用背靠背的平行布置方式，节约用地，提高建筑密度。两排交易行之间距离为15米，交易行设计2~3层。

2) 加工区和仓库区：

布置在用地的东北面。用地规整为方形。建设内容包括各专业加工车间及仓库（水果保鲜，粮油加工车间，净菜加工车间，干货加工车间和仓库等）。

3) 冷库加工和水产品加工及交易区：

置在用地的西北面。用地规整为方形。建设内容包括交易行，冷库及加工车间，水产品加工，停车场。

a. 设计把机房、肉类加工车间及配套设施由西向东并排，在南侧横向布置冷库，这4个部分组合成一个大型建筑，节省用地及运输的消耗。西、北侧有规划过的城镇道路经过，交通方便，在冷库的南面设计了大型的货车装卸场，可满足冷库的装卸需要。

b. 水产品加工及仓储布置在肉类加工冷藏区的东北面，离肉类加工冷藏较近，方便水产品的冷藏，同时尽量减少对市场的气味干扰。

c. 在分区的东北面，布置仓储物流和水产品加工包装车间，其余的用地被布置为4行2列的水产品交易行。两排交易行之间距离为15米，交易行设计2~3层。

4) 禽畜肉交易区：

布置在用地的西南面。用地规整为梯形。交易区的建设内容包括交易行、冷冻冷藏加工区。

设计把冷冻冷藏加工区布置在冷库的南面，平行东西向规划道路布置。北侧有规划过的城镇道路经过，交通方便，其余的地块布置交易行。

本专业市场项目设计为开发式的市场，每个分区的四面沿街都设置了两个以上的出入口，交通方便，疏散快捷。尽量减少人流，物流之间的相互干扰。专业市场的主干道车行道宽12m，次干道车行道宽8m，可满足专业市场运输及疏散的要求。方案中设计了三个停车场，一个小车停车场布置在交易服务大楼的北面，为专业市场服务区服务，一个货车停车场呈长方形布置在专业市场南部的东侧，有规划道路与×梧二级公路相连，距离很近，进出方便，不影响交易活动，为整个专业市场的机动车停车服务。另外在加工车间及配套设施与水产品加工包装车间之间布置了一个货车停车场，为加工仓库的物流停车服务。每个分区都设计了公共厕所和垃圾收集点，在用电负荷较大的冷库，交易服务大楼和生产车间附近设计了变电箱。本项目设计了两个地磅房，一个在冷库附近，另一个在仓库区的附近，方便货物的过磅；减少交通流线。

（2）方案二

四个分区分别为水果蔬菜和东盟特色农产品交易区，粮油干货交易区，肉类加工和水产品交易区，服务和畜肉交易区。

1）水果蔬菜和东盟特色农产品交易区：

布置在用地的东南面。用地为梯形，较为规整。交易区的建设内容包括交易行、交易大棚及加工仓库（水果保鲜车间、净菜加工车间、净菜仓库、水果暂存库、饮料仓库等）。

设计把加工仓库布置在水果蔬菜和东盟特色农产品交易区的西北角，把水果保鲜车间、净菜加工车间、净菜仓库、水果暂存库、饮料仓库等分成两排平行布置。西、北有规划过的城镇道路经过，交通方便，有较大的装卸场地。其余的用地布置交易行和交易大棚，沿×梧二级公路和城镇规划道路设计沿街交易行，平行道路设计，以获取最大的商业价值，充分利用了用地沿街的商业价值。可以吸引人流，提升市场的人气。市场内的交易行采用背靠背的平行布置方式，节约用地，提高建筑密度。两排交易行之间距离为15米，交易行设计2~3层。

2）粮油干货交易区：

布置在用地的东北面。用地规整为方形。交易区的建设内容包括交易行、交易大棚及加工仓库（粮油干货仓库、粮油加工车间等），停车场。

设计把加工仓库布置在粮油干货交易区的西南角，把水果粮油干货仓库，粮油加工车间南北两排平行布置，之间有连廊衔接。西、南侧有规划过的城镇道路经过，交通方便，在用地的东南面设计了大型的货车停车场，可满足粮油干货交易区和水果蔬菜和东盟特色农产品交易区的停车需求。

3）肉类加工和水产品交易区：

布置在用地的西北面。用地规整为方形。交易区的建设内容包括交易行、冷库及加工车间、停车场。

设计把加工仓库布置在肉类加工和水产品交易区的东面，把机房、加工车间及配套设施由西向东并排，在南侧横向布置冷库，这4个部分组合成一个大型建筑，节省用地及运输的消耗。西、北侧有规划城镇道路经过，交通方便，在冷库的南面设计了大型的货车装卸场，可满足冷库的装卸需要。其余的用地被布置为4行2列的交易行。两排交易行之间距离为15米，交易行设计2~3层。

4）服务和畜肉交易区：

布置在用地的西南面。用地规整为梯形。交易区的建设内容包括冷冻冷藏加工区和交易行、服务区（交易服务大楼和宾馆餐厅楼）。

设计把冷冻冷藏加工区布置在冷库的南面，平行东西向规划道路布置。北侧有规划过的城镇道路经过，交通方便。在用地的东南面设计了服务建筑（交易服务大楼和宾馆餐厅楼），在专业市场的建筑物中，以交易服务大楼为主要的标志性建筑，要求布置在用地最靠近道路交叉口的边角上，有利于形成良好的沿路景观，显示现代化市场的形象，也使交易服务大楼可以直接对外交通，不受市场内交通的干扰。所以，设计中把交易服务大楼布置在专业市场南侧的中部，面向×梧二级公路与东西穿越用地的规划道路的十字交叉口。在交易服务大楼的西侧布置宾馆餐厅楼，对内可为专业市场，对外可为来往的车辆提供餐饮住宿服务，体现出临街的商业价值，在交易服务大楼和宾馆餐厅的北面设计的大型的小车停车场，可停280辆小车，满足服务区的停车需求。由于交易服务大楼为专业市场主要的标志性建筑，而宾馆餐厅需要良好的环境，设计在建筑的周围布置了大片的绿地，配合绿化景观，又采用大树、篱笆等园林隔离措施把服务区与周围的交易环境隔开，避免了干扰，创造良好的服务环境。其余的用地则布置交易行。

（3）方案比选结论

两个方案比选的基本要求是充分合理利用土地及符合现代化专业市场运作的要求。

方案一：道路顺畅，各分区功能明确，干扰少，道路系统合理，充分利用了沿×梧二级公路用地的商业价值，整个专业市场的加工车间及仓库冷库等设计在用地的北面集中布置。交通方便，规划符合现代批发市场要求。缺点：各车间与外部的交通流线角长，与各自的专业交易行联系不紧密。

方案二：道路顺畅，各分区功能明确，干扰少，道路系统合理，整个专业市场的加工车间及仓库冷库等设计在用地的中部集中布置，但又与各自的专业交易行联系紧密。缺点：车间和仓库等建筑占用了较有商业价值的用地，物流对交易活动有一定的影响。

综上所述，方案一总平面设计交通流线便捷，总平面布置紧凑有效。用地利用合理，符合现代化专业市场的总平面布置原则。所以，把方案一作为推荐方案。

3. 项目配套设备建议

农产品专业市场除了一般专业市场所要求具有的设备设施外，还需要各种农产品加工的设备，具体如下：

（1）净菜加工设备

农产品专业市场的净菜加工设备主要包括：检选输送带、清洗机、分级机、振动沥水机、风干输送带、包装输送带、电子秤、包装封口机、自动封箱机、喷码机等。

（2）水果保鲜设备

农产品专业市场的水果保鲜设备大致上与净菜加工设备相同，主要包括：检选输送带、喷淋清洗机、分级机、人工拣选台、振动沥水机、风干输送带、保鲜上蜡机、电子秤、包装封口机、自动封箱机、喷码机等。

（3）水产品加工设备

农产品专业市场的水产品加工设备主要包括：提升机、清洗装置、形态处理操作台、沥水装置、多功能包装机、片冰机、输送带、隧道式食品速冻装置、电子秤、喷码机等。

（4）禽类加工设备

禽类加工可以分为两条生产线，分别是禽类屠宰生产线和禽类分割肉生产线。其中禽类屠宰生产线主要包括的设备有：悬挂输送机、电晕机、浸烫机、电锅炉、脱毛机、浸蜡机、蜡冷却装置、脱蜡机、挂钩清洗机、自动卸禽装置、胴体冲洗机和预冷装置等。禽类分割肉生产线主要包括的设备有：双层输送带、圆盘分拣台、剔骨工作台、斜坡输送带、切丁机、多功能切肉机、隧道速冻机、电子秤、包装封口机、自动封箱机、喷码机等。

（5）畜类加工设备

畜类的加工设备与禽类的加工设备差不多，但由于畜类相对来说体积更大，所以常用到锯。畜类加工设备主要包括：双层输送带、DK1200 大锯、圆盘分拣台、单层剔骨工作台、斜坡输送带、切丁机、多功能切肉机、带锯系列分割机、隧道速冻机、电子秤、包装封口机、自动封箱机、喷码机等。

（6）粮油、干货加工设备

大米、油料和面粉的加工设备各不相同。大米的加工设备主要包括：圆筒形初清筛、平面回转筛、分级比重去石机、型袭谷机、提升机、输送带、白米分级机、白米抛光机、电子定量秤、包装封口机和喷码机等。油料加工设备主要包括：立式蒸炒锅、螺旋压榨机、板框过滤机、精滤机、包装机、喷码机等。面粉加工设备主要包括：双仓高效平筛、清粉机、提升机、输送带、电子定量秤、包装封口机、喷码机等。

（7）检测仪器设备

除了以上的加工设备外，农产品专业市场还应具备一些检测仪器，常规的检测仪器设备如下：

检测仪器设备（台/套）

序号	设备名称	用途
1	气相色谱仪	残药测定
2	液相色谱仪	残药测定
3	原子吸收分光光度计	重金属元素测定
4	原子荧光仪	重金属元素测定
5	农药残留检测仪	农药残毒测定
6	电子天平	样品称量
7	电子分析天平	精确称量
8	台式干燥箱	农药残毒检测
9	电热鼓风干燥箱	样品处理、玻璃仪器干燥
10	恒温水浴振荡机	样品处理
11	旋涡混合机	样品处理
12	冰箱	样品、药品存储
13	冰柜	样品存储
14	电导率仪	电导测定
15	酸度计	pH 测定
16	离心机	样品处理
17	食品粉碎机	样品处理
18	旋转蒸发仪	药残检测样品浓缩
19	循环冷却水泵	药残检测样品浓缩
20	超纯水系统	提供试验用水

续表

序号	设备名称	用途
21	氢气发生器	气相色谱检测时用
22	空气发生器	气相色谱检测时用
23	测汞仪	汞测定
24	紫外分光光度计	甲醛测定、砷测定
25	酶标仪	兽药残留测定
26	可调节加样器	酶标仪用
27	可调节加样器	酶标仪用
28	微波消解炉	重金属样品处理
29	真空泵	样品处理
30	微量定氮仪	挥发性盐基氮测定
31	固相萃取仪（24 孔）+真空泵	样品处理
32	水浴氮吹仪	样品处理
33	可调单道加样器（20μL，50mL，200μL，5000μL）	药残试剂盒检测
34	八道加样器	药残试剂盒检测
35	恒温箱	样品前处理
36	组织匀浆机	样品前处理
37	循环冷却水	样品前处理
38	烘箱	样品前处理
39	医用离心机	样品前处理
40	通风系统	实验室前处理、仪器废气排放
41	超声波清洗机	实验室器皿清洗
42	电脑	实验室数据出路、办公室材料处理
43	冷库	样品保存
44	试验台桌	
45	试管、移液管、烧杯、量筒、量杯、离心管、滴定管等各类器皿	实验室常规设备
46	试剂、药品	实验室常规药品
47	水蒸气蒸馏仪	甲醛测定
48	其他玻璃器皿	样品前处理
49	其他辅助设备	

八、项目整合营销策划要点

整合营销策划包括广告策划、媒介策划、包装策划、活动策划、推广策划、项目定价、租售计划、租售管理等方面。这里仅介绍农产品专业市场的项目广告策划和项目租售策划两个方面。

1. 项目广告策划

广告策划首先要对项目的卖点进行分析，这为以后的核心价值、核心概念的提炼，主题广告语的创作作准备。下面是某水产品专业市场的项目卖点分析：

（1）“无忧置业”。投资后由专业公司统一租赁，并给予投资者每年6%的三年租金回报；

（2）本市唯一的大型渔产品批发零售市场；

（3）本市唯一的大型专业经营海鲜的美食街。

分析完项目的卖点后，接下来就要确定广告的总概念、总基调和总策略。为了使项目由始至终都保持一个完整统一的形象，以后的宣传推广始终都要围绕着广告的总概念、总基调、总策略来开展。下面是某农产品专业市场的项目广告总概念、总基调和总策略：

（1）广告总概念：根据市场定位，本项目最具震撼性的优势就是概念优势（现代农产品交易市场的标版）、价格优势以及与竞争对手的销售时间差优势。在此基础上，我们确定的广告总概念就是围绕着“传统农产品交易市场升级版，现代农产品交易市场的标准版”做文章，对消费者的观念施加影响，引导和影响他们对农产品市场的看法、偏爱和最终的选择。

（2）广告总基调：本项目推广所采用的广告表现手法宜采用符合目标客户品味的表现手法，以务实为主，强调简明，可信。以单刀直入的方式表明项目的利益点和支持点，不追求前卫创意和过度的艺术表现。

（3）广告总策略：在广告总概念和基调下，以“西部地区最大最先进的农产品交易平台”、“步步高的价格”、“当前时间坐标上独一无二的市场选择”三大卖点，以媒体品牌塑造和产品性价比两大推广线，构成本项目的总体营销推广策略。

2. 项目租售策划

对于农产品专业市场来说，大多用于出租，然后对其进行统一管理，而对于想快速回笼资金的农产品专业市场来说，多采用先销售，由经营管理公司统一经营，并对购铺者实行返租。项目租售策略策划得不好，将会影响到项目的招商和销售，其所带来的危害是难以估计的。

【优秀案例9－79】　某农产品专业市场的项目招租策略

参考点评：该案例写出了四个方案，其中第三个当达不到招商目标时，把剩下的区域做成农副产品批发超市这种想法很有创意，值得参考借鉴。

（1）方案一：分散招租

散户招租采用登记排号的方式，并按区域分类集中登记排号。建议先把市场东区或中区拿出来作为散户招租区，分调料区、蔬菜区、副食区、生肉区、熟肉区、小商品区，以及东区靠南一排水产区，其他区域作为大户承租区域。

租金按1.5米为一个单位计价，均不包含水、电、暖费、工商管理费、税金。

1）西区租金为2256元/米/年；（188元/月）

2）中区租金为2016元/米/年；（168元/月）

3）东区租金为1896元/米/年。（158元/月）

4）租金至少按年度交纳，租金交纳分一年、二年、三年、五年、十年几种。

a. 一年交按照基本标准；

b. 一次性二年交优惠2%；

c. 一次性三年交优惠3%；

d. 一次性五年交优惠5%；

e. 一次性十年交优惠10%。

（2）方案二：分区整体招租

大户（承租单位米在一个摊位区以上）承租优惠方案：

1）承租一年优惠3%；

2）承租二年优惠4%；

3）承租三年优惠5%；

4）承租五年优惠10%；

5）承租十年优惠15%。

（3）方案三：部分区域改成批发超市

在以上两种方案都达不到招商目的的情况下，利用××市场现有的客户资源，把剩下的区域做成农副产品批发超市。

（4）方案四：出售产权

如果公司打算回笼资金，则可以出售产权。按照市场4320平方米的建筑面积，预计可回收资金1200万元（扣除返租部分）。

【优秀案例9-80】　某农产品专业市场的项目销售策略

参考点评：该案例对沿街商铺和海鲜市场采用不同的销售策略。其亮点在于它对先销售后承租回报的销售方式和传统销售方式进行了比较分析，并且用表格表示，让人很清楚明白地看到先销售后承租回报销售方式的优势。

（1）沿街商铺销售策略

为了体现开发商在市场启动的可靠性和保证性，以给予投资业主一定比例的租金回报，来打消其关于市场启动的顾虑。具体是引进一家市场经营管理公司，与投资业主签订租赁协议，全面负责运营市场，并向业主支付固定的租金，即“返租回报”方式。

“返租回报”启动市场的销售方式与传统销售方式的比较：（以100平方米商铺为例）

对比内容	“先销售后承租回报”方式	传统销售方式
市场形成	确保市场的启动和形成，第一年向社会招商免租金，市场迅速形成，第二年和第三年收取租金合计收18000元（保守）	自发形成有难度，且业态混乱，房价偏低
建筑面积（m^2）	100	100
建筑成本（元/m^2）	相同，800左右	相同，800左右
定价（元/m^2）	1750	1600
总售价（元）	175000	160000
额外回报	带三年租赁协议，固定租金回报31500元	无
销售速度	快，资金迅速回笼	慢，且无法预料
价值分析	收入：房价差15000+租金收入18000=33000元；三年租金支出：31500元，有盈余	
结论	采用“先销售后承租”方式，以启动市场促进商铺销售的方式，销售利润基本是相同的，如果根据市场反映及时调整销售价格和租金收入两个敏感点，将获得意外收获，具体运作方式和价格根据实际情况调整	

（2）产权式海鲜市场的销售

销售策略采取“先出售产权、后整体租赁”的运作模式，对整个市场进行整体经营，统一对外招商招租。操作方法是将市场按区域划分为10～50平方米的小产权进行销售，回收大量资金，然后通过返租的方法从购房者手中取得经营权。其返租利率一般定为总投资的5%～7%。市场整租模式对中小投资者具有极大的诱惑力，他们购得海鲜市场小户产权，由专门的市场管理运营公司（开发商控股）返租整体经营，降低了投资者的投资风险，将大大提高项目销售速度。

九、项目经营管理策划要点

对于大型的农产品专业市场来说，除了提供农产品交易的场所外，还会具有农产品加工配送的功能，这就要求有经营管理公司对市场实行统一经营管理，才能有利于市场的运作。

1. 项目经营管理企业人员组织

对于有实力的开发商，笔者建议开发商自己组建经营管理公司，对农产品专业市场实行统一的经营管理。少部分管理人员由组成项目法人的公司委任，大部分管理人员，工程技术人员、生产工人、服务人员等，可直接向社会公开招聘。

不同的经营管理公司，其组织构架也不相同，但也有值得参考借鉴的地方。下面是某农产品专业市场其经营管理公司的组织构架：

本市场实行董事会领导下的总经理负责制，直接对××有限责任公司负责，重大决策由公司董事会批准。总经理负责整个项目的日常经营和生产活动，设常务副总协助总经理工作。专业市场辖下设有市场管理办公室、财务部、信息系统中心、检验检测中心、交易批发市场、农产品加工业务部、配送中心几个大部门，对本专业市场的环卫、行政、综合服务、保安、物业管理、财务、电子商务、大宗农产品物流、农产品深加工配送等进行全面运作管理。具体组织机构图如下图：

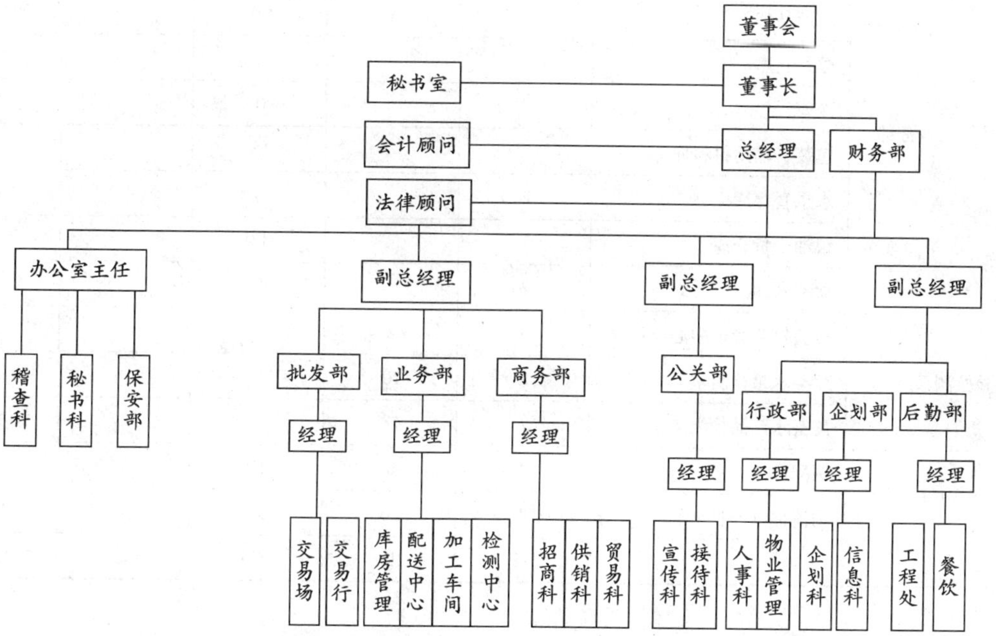

其中，各部门的人员安排如下：

部门			管理人员	技术人员	工人	服务人员	合计
总经理办公室			3				3
财务部			2	6			8
市场管理办公室	环卫处		2		15		17
	行政部		2			6	8
	综合服务大楼		3	2		9	14
	保安部		2			15	17
	物业管理部	管理部	3				3
		配电		4			4
		污水处理		1	4		5
		物业维护			6		6
信息系统管理中心			2	8		2	12
交易批发市场			3		20		23
农产品加工业务部	业务调度室		4				4
	采购部		2			18	20
	原材料仓库		2		20		22
	禽肉加工部		3	4	120		127
	畜肉加工部		3	4	180		187
	蔬菜加工部		3	6	150		159
	粮油加工部		4	7	64		75
农产品加工业务部	水果加工部		2	3	145		150
	水产品加工部		2	5	90		97
	净菜仓库		2		12		14
	冷库				0		
	包装、辅助材料库		2		18		20
	水果暂存库		2		8		10
	粮油干货仓库		2		13		15
	饮料仓库		2		8		10
检验检测系统	检验检测管理中心		3	2			5
	蔬菜水果检测室		2	10			12
	禽畜水产品检测室		2	18			20
配送中心	调配部		3	0	10		13
	物流部（车队）		4	26	90		120
合计			71	106	973	50	1200

2. 项目交易模式的确定

对于农产品专业市场来说，常用的交易方式有合约交易、拍卖交易、网上交易和订单交易四种。下面简单介绍这四种交易模式，供读者参考借鉴。

（1）合约交易：通过市场信息的采集、编辑，了解服务范围内各地对农产品的需求品种、需求量、价格等信息，确定交货时间、运输方式、交货方式、结算方式之后，通过本市场的各种资源进行货源组织、运输配送，最终完成交易。合约交易流程如下：

信息采集——签定合同——组织货源——运输配送

在这个交易模式中，本市场了解需求信息后与需求方签定合同，本市场的租户作为独立运作的单元，由本市场统一管理、组织，统一提供信息，然后对经营户进行招标，中标者作为本市场的代表完成合同。其间本市场提供货源信息、运输方案，对经营户进行规范管理，以使合同顺利完成。

（2）拍卖交易：通过买方对同一批产品实行竞价购买，以竞价形式进行集中交易。拍卖交易提高了交易效率，由于拍卖交易具有便于快速批量进行的特征，缩短了农产品的交易时间，能够有效地提高效率。

（3）网上交易：货主将需交易的商品样品在展厅展出，供客户看样以进行网上交易或竞价拍卖交易，可到种植地直接上货，也可将货物暂存于仓库内，通过网上寻找买主。交易大厅内可设置大型电子显示屏，及时对外公布显示货源与市场行情。现代化的网络系统将本市场与全国各大市场有机地联系在一起。

（4）订单交易：根据订单，按照订单要求组织货源，进行加工、包装、配送。

订单交易流程如下：签订订单——信息采集——组织货源——加工——包装——贮藏——配送。

3. 农产品加工总体流程建议

不同的农产品专业市场其产品加工流程也不一样，策划人员应多参考借鉴其他同类型专业市场的产品加工运作流程，然后再给决策者提出建议，必要时可以参考借鉴外国农产品专业市场的加工流程。下面是某农产品专业市场的农产品加工总体流程：

采购部与供货商进行对接，将原材料采购分类入库。业务调度办公室根据订单，决定农产品深加工的程度。配送到农贸、超市等市场销售终端的产品在进行一系列的深加工并完成最后程序（包装、贴标）后进入配送中心配送到终端市场；配送到对农产品深加工程度要求不高的酒楼、饭店、学校、机关饭堂的产品则对入库的农产品进行检验检测，并经完成洗净、称量的程序后直接进入配送中心进行配送。具体流程如下图所示：

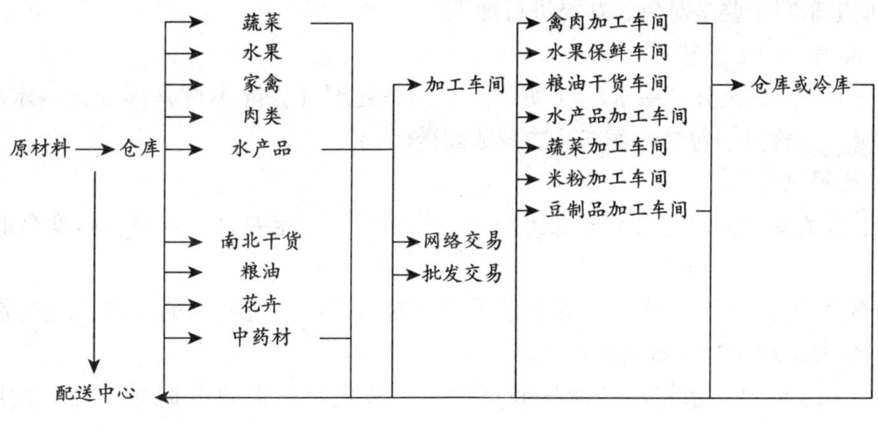

4. 各种农产品加工方案建议

下面是净菜加工、水果加工、水产品加工、肉类加工、粮油干货加工的加工方案，供读者参考。

（1）净菜加工车间：

1）净菜生产工艺流程：

新鲜蔬菜→检验→拣选→清洗→吹干→装袋或装盘称量→贴标签→配送或入库。

2）净菜工艺说明：

新鲜蔬菜进厂后在净菜生产车间内进行清洗，叶类蔬菜采用人工清洗，豆类、瓜果类蔬菜则在果蔬清洗机内清洗，清洗后沥干水分，必要时采用机器吹干。吹干后称量装袋或装盘，贴上标签即可进行配送或入高温冷库暂存。

3）生产车间布置推荐方案：

净菜加工车间主要是对原料进行拣选、清洗、包装等操作，车间内部留有一定的空间作为原料暂存间、成品暂存间，以及相配备的辅助间、更衣消毒间等。按工艺流程进行直线布置，把前处理和包装的人员区分开来，以避免人流、物流的交叉污染。

（2）水果保鲜车间

1）水果保鲜工艺流程：

原料→检验→拣选→清洗→保鲜处理→分级→称量→包装→冷库或暂存库→配送。

2）水果包装工艺说明：

a. 检验：加工之前对水果进行农药残毒和农药残留的检测。

b. 拣选：应选果形大而美观的果实，剔除病果、虫果、弱果、劣果、破损果、畸形果、过小果、裂果、过熟果。

c. 清洗：拣选后进行原料的清洗与整理，洗去其中的灰尘碎叶等杂物。

d. 保鲜处理：清洗干净的水果在水果保鲜生产线上进行上蜡或用一定的保鲜剂、杀虫剂对果品进行预处理，以延长果品的保存期。

e. 分级：经过粗选后的鲜果按要求进行分级，根据水果的类型选择分级设备或采取人工进行分级。可以按果实的大小或者颜色分出不同级别的果品，提高水果的商品价值。

f. 称量、包装：按照配送的规格进行称量、包装。

g. 冷库：包装好的水果在不马上进行冷链配送的情况下，立即放入冷库中储存，冷库中注意温度、湿度的控制，保证水果良好的贮存环境。

（3）水产品加工车间

水产品加工车间主要是对鱼、虾类进行加工。

1）水产品速冻加工工艺：

原料→鲜度的选择及分级→水洗（沥干）→形态处理（去除不可食部分）→水洗（沥干）→挑选（分级）→称量→包装→速冻→冷藏或配送。

2）工艺流程说明：

a. 原料：作为水产品冷冻食品的加工原料，其新鲜度一定要好，选择新鲜度高的水产品作原料。

b. 鲜度选择及分级：选择新鲜的水产品原料，对水产品进行初步的分级（主要指标是水产品的大小），以对水产品进行不同的加工。

c. 水洗：用1%的盐水浸泡、清洗新鲜的鱼，防止鱼体退色和眼球白浊。使肌肉紧缩，减少解冻时汁液的流失，增强鱼的风味。清洗干净的鱼沥去除了大部分水以方便下一道工序加工。

d. 形态处理：主要根据不同产品的要求进行处理

形态名称	处理方法
全鱼	原状不加处理，大型鱼去鳃
半处理	除去鳃及内脏
全处理	除去头、内脏、鳍、虾去壳
纵切片	三片法（鱼体沿着背纵向切出鱼肉，分上、中、下三片），除中骨之两片净肉
横切片	用刀将鱼肉与背骨成直角切成1.5厘米肉片
细肉	将鱼肉切细
大肉块	各种鱼贝肉集合成型，呈板状去冻结

e. 水洗：经过前处理的鱼肉用添加了一定抗氧化的洁净水清洗，去除因整形处理产生的残渍、碎块。清洗干净的鱼肉捞起沥去分水。

f. 分级：对前处理的鱼肉针对不同的包装、种类进行分级。

g. 包装：称量好的鱼肉装入内衬聚乙烯薄膜的冷冻盘内进行初包装。

h. 冷冻：包装好的产品立即放入快速冻结装置内速冻，15～20分钟内其中心温度达到－18～－25℃。

i. 冷藏或配送：对加工好的产品进行冷藏或直接进行配送。

3）生产车间布置推荐方案：

水产品加工车间包括暂养池、前处理间、速冻间、包装间和成品暂存间。暂养池水产品暂养量能满足一班生产所需的量。前处理车间配有更衣消毒间，速冻间配有辅助间和维修间，包装间配有包装材料库和更衣消毒间。按工艺流程进行直线布置，把前处理和包装的人员区分开来，以避免人流、物流的交叉污染。

（4）肉类加工车间

肉类加工车间分禽类加工和畜类加工。

禽肉加工：

1）禽屠宰生产线

a. 禽屠宰工艺流程：

检验→活禽吊挂→电晕→宰杀→沥血→浸烫→脱毛→浸蜡→冷蜡→脱蜡→取内脏→胴体冲洗→预冷。

b. 禽屠宰工艺说明：

（a）活禽吊挂：经检验检疫合格的活禽逐一吊挂在连续禽屠宰生产线上。

（b）电晕：用麻电机电击活禽的头部将活禽电晕，麻电所需电压为15～45伏、电流0.3安、频率为50～60赫兹，麻电时间2～3秒钟。

（c）宰杀、沥血：活禽电晕后马上进行宰杀，在电晕后2～5分钟内放血完全。

（d）浸烫：放血完全后，在吊挂输送机上输送到浸烫锅内进行烫毛，浸烫温度控制在85～90℃。浸烫热水采用蒸汽加热。

（e）脱毛：浸烫完全禽体在自动脱毛机进行脱毛，脱毛不完全的部分采用人工进行辅助脱毛。

（f）浸蜡、冷蜡、脱蜡：对于茸毛较多的禽类则放入浸蜡箱中进行裹蜡，取出后进行冷却，使蜡质在禽体表面凝固，以利于彻底的脱毛。蜡质冷却完全后即可把蜡质连同细毛一同除去。

（g）取内脏：开膛取出禽的内脏，内脏处理则单独在一个处理间完成。

（h）冲洗、预冷：除内脏后用水冲洗干净，在挂钩上输送到预冷间内进行预冷。预冷后胴体中心的温度达到7℃。

2）禽肉分割生产线

a. 禽肉分割车间工艺流程：

禽胴体→检验→分割→抗氧化处理→称量→包装→冷却→入冷库或配送。

b. 禽肉加工工艺说明：

（a）在屠宰车间宰杀、脱毛、去内脏完成后洗净，经检验合格的禽胴体作为分割车间的原料肉。

（b）分割：分割肉的形态依据市场需求和客户要求可以分割成翅、腿、胸脯等。

（c）抗氧化处理：切割后的肉制品中的肌红素很容易被氧化变色，在切割后加入适量的抗氧化剂，保证分割肉制品的感观质量。

（d）称量：按照配送包装的规格进行称量。

（e）包装：内包装采用PVC塑料袋进行包装，包装规格根据市场需要和客户要求而定。

（f）冷却：经内包装的分割肉立即放入SS系列食品速冻装置中进行冷冻，控制包装中心温度达到－18℃时完成冷却。

（g）冷藏：冷却完全的肉制品要在完善的冷链中输送到消费者手中，不能及时在冷链中配送的立即放入冷库中进行存放。

3）生产车间布置推荐方案：

禽肉加工车间包括屠宰、分割车间。屠宰车间污染较大，很容易造成生产污染。因此，屠宰车间与分割车间要进行严格的划分，严禁两个车间的人流、物流的交叉流动。车间内设置消毒间、排污水沟和防蝇防尘设施等。按工艺流程进行直线布置，以避免人流、物流的交叉污染。

畜肉加工：

a. 畜肉加工工艺流程：

畜胴体→检验→分割→抗氧化处理→冷却→称量→包装→入冷库或配送。

b. 畜肉加工工艺说明：

分割车间用于冷却肉的分割生产。工艺流程与禽肉分割相似，而且设备上也没有太大的区别。猪胴体经冷却间冷却至中心温度为7℃后进入分割车间，胴体由输送带送入分割车间内各分割生产线上进行各部位的分割剔骨和包装。冷却肉在肉制品冷却间内进行冷却，冷冻肉则经过速冻机将分割肉制品进行冷冻。

c. 生产车间布置推荐方案：

畜肉加工车间主要是对原料进行分割、包装等操作，车间内设磨刀间、悬挂胴体的叉档和不锈钢挂钩的清洗消毒设施。按工艺流程进行直线布置，整个车间布置简洁流畅，人流、物料各行其道，互不干扰。

（5）粮油、干货加工车间：

粮油加工车间主要有稻米加工车间、油料加工车间、面粉分装车间。主要工艺流程如下：

1）大米加工车间工艺流程：

稻谷→清理→垄谷→垄下物分离→碾米→成品整理→大米。

2）油料加工车间工艺流程：（主要是花生油、大豆油）

原料→蒸炒→压榨→过滤→精滤→成品油→包装。

3）面粉分装车间工艺流程：

面粉→清粉→称量→包装。

4）生产车间布置推荐方案：

粮油加工车间主要包括大米加工车间、油料加工车间、面粉加工车间。各个车间分区设置，相互之间没有影响以及人流、物流的交叉。对每个加工车间的工艺流程按照直线布置，车间内部留有一定的空间作为原料暂存间、成品暂存间，以及相配备的辅助间、更衣消毒间等。

第六节　纺织品专业市场项目全程策划要点

由于纺织行业是一个劳动密集型行业，随着全球经济一体化的发展，西方发达国家纷纷把纺织业向东方转移。而我国劳动力资源丰富，又是纺织原料的生产大国，自然而然地成了西方发达国家的纺织品生产基地，纺织品专业市场也随之出现。

一、纺织行业分析要点

1. 世界纺织行业发展现状与趋势

（1）现状

纺织工业是一个典型的传统产业，自产业革命以来，它一直在全球制造业和国际贸易中占有重要的地位。近年来，世界纺织工业得到了迅速发展，全球纺织工业的规模急剧膨胀。2005年，世界纺织纤维产量为4400万吨，预计到了2020年，世界纺织纤维产量将达9200万吨。在纺织工业规模扩张的同时，世界人均纤维消费量也增加到8.13千克，增加了2.17倍。在传统产业中，纺织工业是增长最快的部门之一。

纺织行业属于一个劳动力密集型，利润相对较低的产业。西方发达国家近年来纷纷把纺织产业向东方转移。美国纺织品生产商协会指出，美国纺织业自2002年9月迄今已经减少了数万个工作机会。目前该行业平均每个月约有4500名劳工失业。在欧洲，纺织业者的发展形势同样不容乐观。意大利服装配件网络协会公布说，2003年意大利大约有70%涉及纺织业和服装配件的企业产量低于上年，64%的纺织企业2003年接到的订单数量大大低于上年。意大利纺织业的从业人数也比去年减少了4%～5%。欧洲第二大纺织市场德国2003年上半年纺织品、服装和鞋类产品的销售额比上年同期减少了10亿欧元，市场的不景气致使德国纺织业处境艰难。相比之下，西班牙纺织业2003年的经营状况略有改善，预计年产值将比上年增加1%。在美洲，墨西哥纺织业受到走私贸易的严重影响。秘鲁业由于不敌亚洲进口产品的竞争，目前每天的经济损失高达40万美元。巴西纺织业成为美洲市场少有的亮点，2003年全年巴西纺织品业的贸易顺差将达到近11年来顺差最多的一年。亚洲纺织业得益于地区内经济普遍向好以及低生产成本的优势，稳步向前发展。印度纺织业在经过一段时期的调整后，竞争力逐渐恢复，但日本、韩国和印尼纺织业的表现欠佳。

（2）发展趋势

一是技术发展趋势。20世纪90年代以来，世界纺织工业的技术进步非常明显，其未来的主要发展趋势表现为以下几个方面：

1）随着石化工业技术的进步，纺织工业的纤维结构发生了根本性的变革。化纤工业的发展及其产量的增加，极大丰富了纺织工业的加工对象。如果考虑到化纤的成本、资源以及着色性能等方面的优势，大力发展化纤生产，是世界纺织工业发展的普遍趋势。在化纤工业高速发展的同时，生丝、亚麻等传统纤维品种，由于加工技术尚难有重大突破，则呈现出萎缩的态势。

2）纺织工业的产品结构发生了重要变化。伴随装饰、产业用纺织品生产制造技术的进步，使其在纺织品中比重不断增加。

3）纺织机械有了重要的改进，大大提高了纺织工业的劳动生产率。在印染、服装等行业中，由于技术装备的改进，产品的附加价值有了明显的提高。

4）新的工艺层出不穷。纤维的混纺技术、精梳技术、印染行业的后整理工艺等，以及印染、服装行业的诸多技术诀窍，已经成为提高纺织工业产品质量和附加价值的重要途径。

5）在全球纺织贸易快速增长的同时，新的管理技术和营销方式，已经成为企业追求更大的市场份额和高额利润的主要手段。

二是全球化趋势。近年来，世界纺织工业的全球化趋势已充分显现，主要表现在：

1）世界纤维制品的贸易额迅速增加。在纺织工业规模不断扩大的同时，世界纤维制品的贸易量也在迅速增长。据有关资料显示，1960年世界纤维产品的出口额仅为79亿美元，1997年猛增到3923亿美元，增长了49.7倍，年均增长11.1%，远远高于同期国际商品贸易的增长速度。

2）亚洲已成为世界主要纤维制品的生产地区。随着国际间产业转移，亚洲的中国、印度、巴基斯坦等国家的纺织工业快速增长，现在亚洲已成为世界主要的纺织品生产地区。

3）当今世界纤维制品的主要市场在欧美地区。

4）在亚洲等新兴工业化地区纺织工业迅速增长的同时，欧美等工业发达国家的纺织工业仍保持了很大规模。由于这些国家的工业技术雄厚，一般来说，其产品的附加价值普遍较高。

5）在纺织工业全球化的进程中，市场的区域化倾向日益显现。随着区域性经济组织的出现，在区域内的贸易实现了自由化，而关税及非关税壁垒成为区域间贸易的障碍。

6）全球的纺织品贸易增长，有赖于国际经济秩序的健康发展。

2. 我国纺织行业发展现状与趋势

（1）发展现状

纺织行业是我国重要的产业门类。1997年到2005年，我国纺织业销售收入年均增长10.67%。其中，国内销售增长速度达18.80%，我国纺织在国际市场的占有率以每年8.9%的速度递增，并于1995年起，连续10年保持世界市场占有率××的位置，呈现出持续、强劲的增长态势。2005年，全国规模以上的纺织工业企业产品销售收入达到19794亿元，年均增长18.9%；全社会口径纺织纤维加工量达到2690万吨，化纤、纱、布、呢绒、丝织品、服装等大类产品产量均居世界×位。

纺织品出口额实现1175亿美元，占世界纺织品出口额的24%，贸易顺差突破1000亿美元。全行业直接就业人数1960万，其中70%以上来自农村，每年就业农民的实际收入就在1000亿元以上。纺织工业每年使用国产天然纤维原料700多万吨左右，直接关系到1亿农民的生计。

（2）发展趋势

1）我国是纺织原料的生产大国和加工耗用大国。纺织行业依托自己本身丰富的纺织原料资源，得以快速、持续的增长。但是发展到现在，我国目前自身的资源已不足以满足我国纺织企业的发展。

我国纺织原料消费情况

纤维	生产量（万吨）	占世界比例（%）	加工量（万吨）	占世界比例（%）
棉花	632	26.3	759.9	34.70
羊毛	8.7	14.1	37.4	27.3
山羊绒	1.4	74.13	1.1	57.89
亚麻	3.23		12.24	
黄麻	1.57		6.42	
蚕丝	10.04	70.37	11.11	84.57
再生纤维	96.61	42.62	1556.03	58.9
合成纤维	1147.20	32.17		
合计	1909.90	34.81	2393.17	43.66

2）我国是纺织品的消费大国，占全国零售总额17%。

3）我国还是纺织品出口大国，并且纺织行业也是我国国际贸易顺差的主要来源。以下两表可作例证。

1980～2003纺织服装销售情况

年份	全球总商品（亿美元）	全球纺织品服装总销售		我国纺织品服装出口	
		（亿美元）	占总商品（%）	（亿美元）	占世界纺织品服装（%）
1980	19194	955	4.98	44.1	4.62
1990	33956	2189	6.44	138.5	6.33
2000	62526	3564	5.70	520.8	14.61
2003	73214.8	3953.6	5.40	789.6	19.97

2004～2005纺织品服装进出口情况

分类	2004年		2005年	
	金额（亿美元）	占全国比例（%）	金额（亿美元）	占全国比例（%）
出口	973.85	16.41	1150.3	15.1
进口	168.04	2.99	171.4	2.6
顺差	805.81	251.97	978.9	96.1

4）产业的中西部转移正在形成。国家统计局2006年上半年资料显示，我国的纺织产业正在经历一个结构性的变化，由于东部地区各项成本，比如土地、能源、才力成本等都在上升，环保的要求也越来越高，一些纺织业投资开始向中西部转移。我国纺织工业协会的数据是，2006年第×季度，东部地区完成固定资产投资99.75亿元，同比增长27.5%，而中部地区完成投资17.29亿元，同比增长105.7%，西部完成投资5.71亿元，同比增长97.1%。而在国家的“十一五规划纲要”中，我国将在“十一五”期间，积极推进纺织工业梯度转移，促进东部沿海和中西部地区产业链衔接，积极发展新型产业集群，构筑产业链新体系。在国家政策调控下，产业转移正在逐步深入。

5）产业集群化发展成新势。我国纺织工业的“产业集群化”在“十五”期间得到快速发展。从2002年底启动试点工作以来，已先后命名了100多个集群试点。这些纺织产业集群分布在全国，在沿海各省市形成了极有活力的纺织集群经济带，其中以长江三角洲、珠江三角洲、环渤海三角洲这三大经济圈最为集中，全国规模以上的纺织工业中，76.38%的纺织企业，60.97%的从业人员，86.04%的出口交货值都聚集在这里。产业集群已成为现阶段纺织工业组织结构的重要形式，利用产业集群战略进行产业空间结构再造已成为提升中国纺织产业核心竞争力的有效途径。未来5年，国家《纺织工业“十一五”发展纲要》中，明确提出“积极发展新型产业集群，构筑产业链新体系”。

同时，我国纺织工业所存在的原料资源不足、整体纺织水平不高、东西部地区的资源配置存在结构性矛盾等方面的问题，将在一个时期会更加明显。

3. 本省纺织行业发展现状与趋势

我国的纺织服装行业，目前已形成珠江三角洲、长江三角洲和环渤海湾三个产业带，若项目所在的省份刚好在这三个产业带中，那么相对来说更具有产业优势。不同的省份，其纺织行业发展的程度和发展趋势有可能相差很大，有必要对本省的纺织行业进行分析。

4. 本市行业优势分析

若本市具有发展纺织产业的优势，那么将有利于纺织品专业市场的开发与经营，故有必要对项目所在城市的行业优势进行分析。

【优秀案例9-81】　某纺织品专业市场的本市行业优势分析

参考点评：该案例分别分析了该市与沿海地区的优势比较和该市与周边地区的优势比较。值得参考借鉴的地方在于其分析的角度。由于纺织行业是劳动密集型行业，故它分析的角度有劳动力这一方面，同时还分析了能源，因为这会直接影响到生产成本。当与周边地区比较时，由于能源、劳动力、原材料都相差不大，故该案例把分析的角度转为物流、政策、科研人才，这些分析角度值得借鉴。

本市作为纺织业的传统重镇，无论是与沿海发达地区比较，还是与周边城市比较，在当前国际国内纺织行业发展呈现新特点新趋势的背景下，均有综合的比较优势。

(1) 本市与沿海地区优势比较分析

本市作为中部地区的城市，虽然在海外贸易、整体素质等方面与沿海纺织业发达城市和地区有一定的差距，但综合土地成本、劳动力成本、原料运输成本等方面，本市的比较优势是明显的。具体比较分析如下表：

比较项目 / 地区	能源	劳动力	原材料	市场
本市	本市处于长江中游，市内共有大小湖泊164个，合计面积645.2平方公里，水资源极其丰富。三峡工程和市内的××电厂可以为市内提供低廉的电力资源。工业用水价格1.65元/立方米，工业用电价格约为0.62元/度	中部地区的经济发展水平低，农村劳动力人口众多，劳动力资源非常丰富。一个纺织企业普通工人的工资水平约为800元/月	本省的棉花总产量为58.1万吨，在全国居第3位，而且位于中国三大产棉区的长江流域中，纺织行业所需要的原材料极其丰富	本市作为华中枢纽，区位优势明显，有“九省通衢”的美誉，对于全国的辐射范围很广，辐射能力十分强大。中国纺织行业目前内销增长已经超过外销，可以预测的是：今后，内需无疑会是国内纺织行业可持续发展的主要动力
沿海地区（江浙闽粤等）	沿海地区由于城市化的程度很高，人口的密度相当大，再加上制造业的集中分布，相应的就带来了用电和用水的紧张。工业用水2.3元/立方米工业用电1.1元/度	当地的劳动力资源主要依赖于中西部地区的劳动力转移，但是由于区域经济发展程度高，工资水平也较高，约为2300/月	沿海地区不属于中国的棉花产区，纺织行业所需要的原材料匮乏，基本上依靠铁路和陆路从中西部地区进行运输转移	纺织行业在早期的发展中，面向国外的出口是市场的主要导向，因此纺织企业自发的在沿海地区形成了产业分布，满足了当时市场的需求，但现在由于受欧美纺织品配额限制、原材料、劳动力价格、汇率上调等多方面因素影响，纺织品出口增长放缓，前景更不容乐观
分析比较	本市的能源资源相比于沿海地区，是非常丰富的，水电的价格要比沿海地区便宜很多，这对于“大耗水、大耗电”的纺织企业来讲，是非常关键的	本市地区的劳动力资源对比沿海地区，不但多，而且相当便宜，这就直接影响作为劳动密集型行业的纺织企业的综合成本	本市地区丰富的原材料供应吸引着所有的纺织企业，特别是原材料供应有着巨大缺口的沿海纺织企业	从长远发展看，国内市场将是纺织工业发展的主要依托，长期依赖国际市场的现状将被改变。本市的区位优势正好满足了纺织企业面对国内内需市场增长而做出产业布局调整，进行产业转移的需要

（2）本市与周边地区比较优势分析

本市作为华中地区特大中心城市，无论是在交通、市场、人才、劳动力等方面，与周边城市比较，均具有较强的优势，适合作为周边城市特别是城市圈各城市发展纺织行业的核心区。具体分析如下图所示：

比较 / 地区	物流	政策	科研人才	市场
本市	本市是中国铁路四大枢纽中心之一，亚洲最大的铁路编组站——本市北编组站与××港的港口物流、××机场的航空物流一起，将本市建设成为了现代国际物流平台。市内的物流企业依托这种区位优势，发展相当迅速，也更加促进了本市交通运输的发展	本省十一五规划中已经将本市定位为一个综合性的纺织生产服装加工产业集群基地，力争打通纺织产业链条的断层，建立起完整的产业链	本市的科研综合实力在全国名列第四位。连接我市的×湖地区是中国第二大智力密集区，在通信、生物工程、激光、微电子技术和新材料等五大领域，处于全国领先地位	本市作为整个华中地区最大的省会城市，对于华中五省乃至全国市场都有巨大的辐射能力
周边地区（襄樊、荆州、仙桃、宜昌、黄石等地）	周边地区都处于二级县市，物流和外贸均通过本市来实现	周边地区主要定位为纺织行业原材料的提供及初级产品的加工基地	周边地区基本没有科研及教育资源，对于高级人才也没有吸引力	周边地区无论市场规模、消费、辐射能力都不能跟本市相比

二、区域环境分析要点

对于纺织品专业市场来说，区域环境分析主要是描述项目所在区域的一些基本情况，如城市条件、供求状况等。由于这是一个纺织品专业市场，所写的内容应与纺织品有关。如某纺织品专业市场的区域环境分析：

本市是一个纺织业比较发达的地区，特别是服装业，现在本市总共有700多家纺织相关生产厂家，其中有426家服装生产厂家，300多家辅料和配件生产厂家。但是，到目前为止，本市还没有一家上规模，有档次的纺织业集中市场。而本项目建成后，能够为本市及周边地区的纺织生产商提供一个共同营业、共同竞争的商业平台。根据本市目前纺织业如火如荼的发展状况，这样的一个国际型轻纺城在本市的建立，肯定是一个大项目。因此，这些生产厂家将成为我们市场的目标客户，纺织市场将呈现出一片明亮的经济前景。

【优秀案例9－82】　某纺织品专业市场的区域环境分析

参考点评：该案例虽然篇幅不长，但包含的内容有很多，如项目所在镇的地理位置、交通状况、该镇的基本情况、该镇毛织行业的发展情况等。我们在写区域环境分析时，可以参考借鉴这些角度。

本项目位于“中国羊毛衫第一镇”的××镇，该镇地处穗港经济走廊腹地，北通广州，南达深圳，紧靠××火车站，毗邻××湖科技产业园，地理位置优越。×深高速公路和正在规划建设的×虎高速公路、省道×惠公路和本市至××湖科技产业园快速干线横贯而过，交通便利。

全镇总面积144平方公里，下辖27个村（居）委会，常住人口6万多人，外来人口20多万人。本镇年产毛衣超过2亿件（套），生产总值超过60亿元，本地市场年交易额达20多亿元，是全国著名的毛针织产品生产和销售的基础。近几年来纳税一直占全镇工商税收的60%以上。

1996年，本镇党委、镇政府实施以毛织业为龙头产业的发展思路，建成广东最大的毛织品和原料集散地——广东毛织市场；在上海举办“沪粤针织国际流行创意展”，本镇毛织品一举走红；成立广东第一个民营毛织商会——××毛织商会，通过组织会员出国考察洽谈生意，抢滩国际市场。

目前，本镇以个体私营为主的毛织实体就已超过1000家。据不完全统计，年产毛织品已远远超过6000万件（套），其中销往欧美等国际市场的占40%，外销量超过中国毛织业的“老大”上海。而且在国内华北和东北地区也占有相当可观的市场份额。“十年磨一剑”，毛织业终于成为本镇经济中起支柱作用的特色产业。毛织业的崛起，为本镇经济结构特别是产业结构的优化并带动整个工业的兴旺创造了先机。现在全镇已投产的外资企业共有507家，来自港、台、美、英、日等10多个国家和地区，形成了五金、毛织、电子行业为主的外向型经济格局。

2001年12月成功举办广东（××）毛织产品展示会，共有来自台湾、香港、上海等地和本地的500多家企业和经销商参展，参观人数达20多万人次，交易金额达2亿多元。企业数量和规模不断扩大，全镇有个体私营毛织企业近2000家，年生产能力超过百万件（套）企业数十家；拥有较为完善的行业体系，已形成毛衣生产、辅料、机械、洗水、漂染、印花等产业链，从业人员达10多万人，具有较强的技术创新能力，全镇机械织机20多万台，世界最先进的电脑织机近300台，具备自行设计开发产品能力，实行网上销售；拥有一批较为知名的品牌，产品以中档为主，不断树立品牌意识，革新产品，涌现了一批在国内外较为知名的品牌；市场日益国际化，产品除了销往国内东北、华北、华东等地外，40%以上的产品销往欧美、日本、东南亚等国际市场。

三、项目自身情况分析要点

项目自身情况分析包括项目基本情况分析、项目建设条件分析、项目周边环境分析、项目周边配套分析和项目建设意义分析。这里仅介绍纺织品专业市场的项目基本情况分析、项目周边配套分析和项目建设意义分析。

1. 项目基本情况分析

项目基本情况包括土地状况、地理位置、总投资额、建设规模和开发涉及企业等。

2. 项目周边配套分析

当纺织品专业市场项目的周边配套比较完善时，会增加市场的无形价值，吸引更多的商家入场经营。

3. 项目建设意义分析

当纺织品专业市场建成后会产生巨大的社会效益时，可以借此向政府申请更多的支持和优惠，这样就更有利于纺织品专业市场的开发建设，故项目建设意义分析也是非常必要的。下面是某纺织品专业市场的项目建设意义分析：

在我国纺织行业外迁西进日益明显、国家大力实施“推进纺织工业梯度转移”重大举措、加快产业结构调整步伐的背景下，中部地区要抓住这一重大机遇，必须以园区建设模式推进纺织工业规模化、集约化发展。建设本项目正是时势所需，必将为本市及周边地区的上游产品如棉纺、织布提供深加工平台。同时提升并完善本市作为全国服装交易中心的交易效率和交易水平，为本市×正街功能的转型和服装交易提供新的发展机遇。另外，在政府、企业双赢理念指导下，本项目的成功建设，一方面会为企业带来巨大发展机遇，创造良好效益；另一方面，在增加地方税收、促进扩大就业、刺激居民消费乃至优化本市经济结构方面，都将产生巨大的社会效益。

四、项目 SWOT 分析要点

任何类型的专业市场项目都具有其特有的优势、劣势、机会和威胁，只有充分利用优势、最大限度地规避风险，才能更好地促进纺织品专业市场开发成功。

1. 项目优势分析

当项目所在地块地势平坦，拆迁量小时，对于项目来说也是一种优势。因为这样可以减少工程量，降低开发成本，加快开发速度。

2. 项目劣势分析

当目标客户群所在意的一些条件，而本项目不具有，这就是本项目的劣势所在。分析项目劣势时，可以从目标客户群在意的因素这个角度去考虑。下面是某纺织品专业市场的项目劣势分析：

（1）经验劣势

在本市缺乏可直接借鉴的案例，经验不足。

（2）周边地区还是一片荒地，配套很少，要成为成熟区域尚需时日，将对本项目的开发有一定的影响。

又如某纺织品专业市场的项目劣势分析：

（1）规划条件

规划条件受到政府方面的限制。

（2）经营

与江浙、广东等纺织贸易大省相比，本省现阶段尚不完全具备支撑纺织交易的相关产业链，影响力较弱，知名度较低，市场覆盖面也比较有限。

(3) 租金

项目周边老纺织品市场目前租金较低，不足以支撑本项目较高的售价。

(4) 环境影响

×康街改造期间会对本项目的前期认购销售造成一定影响。

(5) 交通

地块东侧××铁路专线经常会对周边交通车流造成影响。

(6) 承受力

商铺产权销售总价一般都很高，与招商类项目相比入市门槛较高，从而限制了一部分中小业户的进入。

(7) 签约年限

目前老纺织品批发市场中有部分业户签约年限较长，短时间内退租有一定困难。

3. 项目机会分析

第一个吃螃蟹的人虽然具有很大的风险，但也会存在着许多的机遇。若本项目是区域内唯一一个纺织品专业市场，这种稀缺性对于本项目来说是一个机会点。如某纺织品专业市场的项目机会分析：

(1) 稀缺性

本项目建成后将成为本市第一家国际轻纺城，会吸引许多本市及周边地区的纺织生产商的入驻，从而对树立项目品牌是一个绝佳的机会。

(2) 市场机会

本市的商业基于城市规划的不断推进以及深入，呈现出全面铺开以及进一步调整优化目前已有商业形态的发展方向。轻纺城是未来发展的趋势，通过新闻媒体的推广将此理念灌输于消费群体，从而将轻纺城打造成为一个突现“新时代主题、新功能特色、新景观形象”，引领二十一世纪的新概念市场。

又如某纺织品专业市场的项目机会分析：

(1) 产业

目前我国纺织品行业发展基本稳定，前景十分看好。

(2) 市场

综观华北或本省地区，缺乏大规模的高档次纺织品交易、物流基地，这与本省是产棉大省的地位不相称，本项目的出现将会填补这一空白。

(3) 借势

项目周边老纺织品市场已经营多年，在当地及周边地区已具有一定的影响力和知名度，使得该区域已形成一定的纺织品交易氛围。

(4) 准客群

老纺织品市场业户多数对当前经营使用的商铺现状不满，有换铺意向。

(5) 交通环境

×康街改造后将成为一条生态大道，对本项目的地位带来提升。

4. 项目威胁分析

未来国家政策的出台和未来竞争对手的出现对于专业市场来说是最大的威胁，对于纺织品专业市场也不例外。这些威胁的出现我们无法控制，我们唯一能做的就是预测到有哪些威胁可能出现，并事先想好这些威胁出现时应怎样应对。下面是某纺织品专业市场的项目威胁分析：

（1）宏观调控

国家对房地产开发土地、金融等宏观调控力度的加大，使得开发项目的难度也增加了。

（2）同业态竞争

受到包括老纺织品市场及在建的农机公司等市场竞争的威胁。

（3）客户群竞争

受到本地其他投资型商业项目竞争的威胁。

（4）潜在竞争

受到省内例如×博、×沂等城市纺织品市场竞争的威胁。

除了像上面那样，把纺织品专业市场的优势、劣势、机会和威胁分开来写外，也可以将四者写在一起。如某纺织品专业市场的项目SWOT分析：

优势 （1）地处鄂东、鄂东南、江汉平原等原料基地。 （2）华中机场、火车站、国际港口的交通物流中心。 （3）国际化定位，前瞻项目	威胁 （1）苏州工业园建设投产。 （2）××纺织工业园深度运营。 （3）蔡甸纺织工业园建设及投产
劣势 （1）地处内陆，出口贸易不便。 （2）印染产业生产环节断层。 （3）本地产业分散。 （4）品牌企业市场分销能力弱	机会 （1）世界纺织中心向亚洲地区特别是中国转移。 （2）东南沿海纺织服装企业西移。 （3）本市政府政策的支持。 （4）都市工业园低层次经营

五、项目整体定位要点

若详细地分，项目的整体定位应该包括：类型定位、产品定位、功能定位、主题定位、形象定位、档次定位、规模定位、价格定位、客户群定位、业态定位等。这里仅介绍纺织品专业市场的功能定位、主题形象定位、客户群定位和业态定位。

1. 项目功能定位

纺织品专业市场常见的功能定位有：仓储物流中心、电子商务中心、商务会展中心和管理服务中心等。在对项目进行功能定位时，应参照国内成熟纺织品专业市场的功能定位，同时要考虑本项目目标客户群的需求特征。在对这些方面进行整合分析后，得出初步的功能定位，然后将初步定位通过客户访谈的形式加以修正和确认，最终得出本项目的功能定位。

【优秀案例9－83】　某纺织品专业市场的项目功能定位

参考点评：该案例的亮点是它定位前的分析做得很足。它先分析了我国纺织服装业三个产业带的发展现状，然后通过分析得出华北产业带发展不起来的原因是没有自己的核心市场，没有大规模、高档次的现代纺织品物流基地。故本项目就按照市场的空白点来进行定位。这种定位方法非常值得学习。

（1）三个产业带分析

综观国内纺织服装业，目前已形成珠江三角洲、长江三角洲和环渤海湾三大产业带。目前华南板块（即珠江三角洲）和以盛泽、苏州、杭州、柯桥等为核心的华东板块（即长江三角洲）已经走在了全国的前列，不但其市场群的数量、产品种类、年交易量等指标均为全国之最，而且贸易范围也已辐射全国，甚者打入国际市场。而作为产棉重要基地的华北地区（即环渤海湾）

的纺织业却始终没有形成较高档次的产业链。甚至没有一个上规模、上档次的物流批发基地。最终造成了很多北方客户流向华东、华南一带的局面。

三个产业带发展现状示意图：

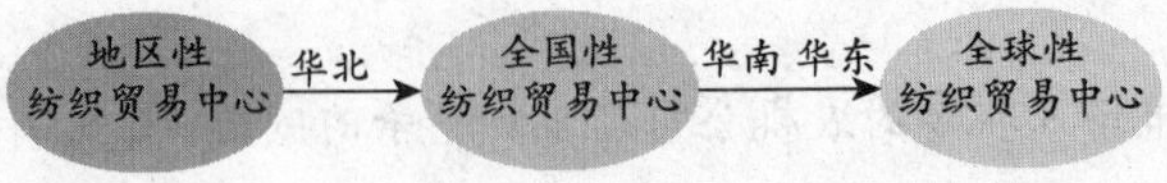

如上图所示，华南、华东地区以一级批发（即生产厂家向一级批发商供货的过程）为主，业务范围覆盖全国，目前正向国际化发展，有望成为全球性纺织贸易中心；而华北地区以二级批发（一级批发商向二级批发商供货的过程）和三级批发（二级批发商向三级批发商或零售商供货的过程）为主，影响力和业务范围还很小，只能辐射周边几个省份。华北纺织业要想发展，只有扩大业务面，在产业做稳的同时，力求要做大做强，否则就将被前两个产业带甩下一大截。

（2）结论

华南、华东全国领先，华北地区发展缓慢；华北纺织业要发展，业务要扩大。

（3）华南有中大——华东有柯桥——华北有我××

每一个产业带内部都不是孤立发展的。细看华南、华东都是以点带面的发展模式。这个点就是核心点，即产业带内最有代表性的、知名度最高的核心市场。像广州中大为全国第二大纺织品批发基地，它是华南地区纺织业的核心，围绕着这一点发展有很多纺织业基地，例如中山、东莞、南海等。这些城市依托核心市场发展就形成了面，即华南产业带。同样浙江的柯桥也是这种模式，柯桥被誉为“中国轻纺城”，是我国唯一受此尊称的市场，它也是全国最大的纺织品批发基地。依此形成的杭州、苏州、常熟、盛泽等市场共同组成了一个面，即华东产业带。而华北地区的市场规模普遍偏小，市场之间缺乏联系，缺乏较有影响力的核心市场，缺乏知名度高的王牌市场，相比之下群龙无首、像是一盘散沙。华北要想改变这种现状，就必须挖掘出自己的核心市场，打造出自己的知名品牌。呼唤大规模、高档次的现代纺织品物流基地的出现，本项目顺应这一要求，应运而生。这是行业发展的需要，同时对项目而言也是一个难得的历史机遇。

（4）提示

华北纺织市场缺乏互动、像一盘散沙；

呼唤有代表性的核心市场出现；

本项目的出现将会改变这种现状，起到以点带面的作用。

（5）总结论

本项目功能定位为：华北地区纺织品贸易的核心物流基地。

【优秀案例9-84】　某纺织品专业市场的项目功能定位

参考点评：该案例的特点在于其在功能定位结束后，还写出了功能定位的依据，做到有据可依，更有说服力，值得参考借鉴。

（1）功能定位：

1）中西部地区规模最大的现代化生产加工基地。

2）中国最大的纺织服装新技术新材料应用基地。

3）亚洲排名前列的纺织服装展示交易物流中心。

（2）规划依据：

1）中部地区要抓住崛起机遇，利用沿海经济发展中出现的劳动力资源紧张，土地、能源和

管理成本大幅上升的时机，成为承接东部纺织业转移的重点区域。（摘自《中国纺织工业“十一五”发展纲要》）

2）以集群园区为依托，引导纺织服装企业向园区和集群地区集中，形成一批销售收入过50亿元的集群园区。（摘自《××省纺织服装产业十一五发展纲要》）

3）本市纺织服装业列为全市六大优势产业之一，5年内本市纺织服装业销售收入将达到180亿元。2010年前，本市将建成国家级的纺织服装基地。（摘自《××市经济社会发展第十一个五年规划主要目标和措施》）

2. 项目主题形象定位

项目的主题定位可以通过项目的物业名称来反映，项目的物业名称既要具有内涵，也要便于记忆，易于传播。下面是某纺织品专业市场的项目物业名称确定：

项目物业名称：××毛纺织交易中心

定义诠释：鉴于××镇是中国国内最大的毛纺基地之一，并被称为“中国羊毛衫第一镇”，已经超过国内的羊毛衫传统基地——上海，拟将该项目打造成以毛纺品“交易+展会”为主的国内最大交易平台。

纺织品专业市场的项目形象确定可以从三个方面来考虑。一是建筑风格外在的表现，二是内在功能布局和使用的合理性与发展前景，三是性价比和投资回报率。对于以销售为主的项目，其客户群中有很大一部分是投资者，那么其形象定位应侧重于性价比和投资回报率；对于以出租为主的项目，其形象定位应侧重于布局的合理性和发展前景，如某纺织品专业市场的项目形象定位：

（1）分析

1）投资型商业项目——注重性价比和投资回报率

投资型客户最为关注的是能够买到物美价廉、高性价比和投资回报率较高的物业。但这种项目往往由于经营不善而存在很高的风险。

2）经营型商业项目——注重功能布局的合理性和发展前景

经营型项目面对的客户群多为直接经营户，即商铺购买者就是最终的经营使用者。这种项目的风险性较小，开发商和业户最注重商铺的实用性和后期市场的培育。

3）广州国际轻纺城以原有中大市场为基础，开发现代化贸易平台。商铺只租不售，重在经营，属于典型的经营型商业项目，其形象定位也围绕后期经营为核心。

4）本项目虽以销售为主，但客户群多为直接经营户，属于经营型项目。因此形象定位也应该按照其特点去考虑。

（2）结论

本项目形象定位：华北地区功能完善、规模最大的纺织品批发市场。

3. 项目客户群定位

在做客户群定位之前，首先将本项目潜在的各类客户群一一列出，然后再依照产业特点、市场现状和本项目的实际情况逐个去分析，最后根据分析结果分别得出主要客户群、次要客户群和边缘客户群等定位。客群定位分析示意图如下：

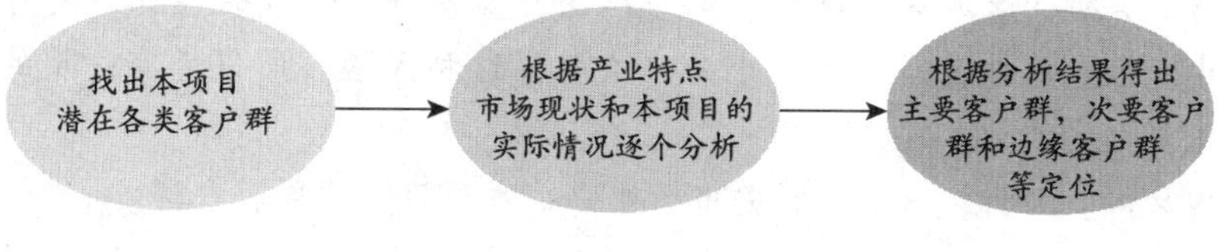

下面以某纺织品专业市场的项目客户群为例，让读者更加了解这种定位方法。

(1) 本项目潜在客户群

1) 原有批发市场业户

项目周边原有纺织品批发市场内约有300户经营业户。他们大多已经营多年，拥有稳定的业务链及市场覆盖范围，且经营状况基本良好。但随着业务的发展和规模的扩大，目前陈旧、落后的贸易平台已不能满足经营发展的需求，特别是新建的西区与北区由于管理混乱和设计不合理遭到了众多业户的不满，换铺的需求比较强烈。这种巨大的强烈需求将是本项目客户群最大最重要的组成部分，而且这类客户群也是营销层面最便捷的客户群，有助于本项目后期经营管理。如果招商顺利，会形成大业户带动小业户和新业户的以点带面的联动效应。

结论：原有批发市场业户是本项目的主要客户群。

2) 小商品城内同业态业户

××小商品城已形成多年，且覆盖面和影响力都很广。与纺织品市场不同的是小商品城的经营种类比较广泛，主要包括小商品、服装针织和家纺等，其中也不乏有一些轻纺、家纺行业。本项目的开发建设，市场的专业性和规模以及众多优势将会产生聚集效应，这种效应会吸引这一部分同业态业户，以及新加入到纺织品贸易的经营性业户。

结论：小商品城内同业态客户是本项目的主要客户群。

3) 本地投资型客户群

本市作为山东半岛重要的城市之一，其综合经济实力较雄厚，消费购买力较强。随着房地产业的发展，不少人的投资意识也在不断地加强。从原始的银行理财、买股票证券开始涉足房地产。据目前本市许多投资型商业项目的较为火爆的销售场面可以看出，有一类消费层面是认可投资商铺高额返租这种理财方式的。并且本项目与本地其他商业项目相比优势十分明显，故投资型客户群也占据重要位置。

结论：本地投资型客群是本项目的主要客户群。

4) 回迁户

地块原沿×康街拆迁户，虽然主要经营汽配，但由于本项目设计部分沿街铺，所以也有回迁意向的。

结论：回迁户是本项目的主要客户群。

5) ×邑、×子等周边地区纺织品市场业户

本市周边也形成了一些中小型的纺织品市场。例如×邑纺织品原料市场、×子区纺织品市场等。这些市场因历史原因已形成多年，具有较高的知名度和纺织印染层面的许多经营业户。例如位于×疃镇的中国轻纺城××原料市场，依托×疃镇印染基地这条产业链的支持，经营状况基本稳定。本市纺织品批发市场中的多半业户都来自于此。但这些市场普遍规模偏小，无法形成商业氛围。且无论是从影响力还是从交通、配套等方面都无法与本市相比，所以本项目的运作还是有望吸引该地一部分经营性业户的。

结论：×邑、×子等周边地区纺织品市场业户是本项目的主要客户群。

6) 省内×博、×沂、×城等相关市场业户

省内的×博、×沂、×城等市场有一定纺织品交易基础，本项目在此也有可能吸引到一部分客户群。但由于涉及跨地市，很多中小业户不会冒这种风险，所以会有一定的障碍，而且外地市招商的成本要远远大于本地。

结论：省内×博、×沂、×城等相关市场业户是本项目的次要客户群。

7）省内纺织品相关企业

本省是产棉大省，也有不少大型棉纺企业，例如×州的魏棉等。如果定位和招商措施得当，会吸引一部分企业的办事处到市场中来。但本省棉纺企业不同于南方的民营和个体，多数为大中型国营企业，一般直接面对订货商，而不在市场内设办事处，这就限制了一大部分企业的进入。

结论：省内纺织品相关企业是本项目的次要购买客户群，招商的主要客户群。

8）省外纺织品相关企业及经营业户

由于南方市场商业氛围已相当成熟，业务覆盖全国甚至国外，属一级批发。所以南方业户来本省经营的可能性并不大，而且省外招商的成本会更高。但是也不排除有些企业为了业务方便在本省设办事处，或是有个别在竞争中遭淘汰，考虑另谋发展空间的中小业户，又或是很多给大业户打工的具有丰富经验的业户来到本省这块非常有发展潜力的市场来创业。重点在如何打通关节，以本市为战略点，构建华北纺织体系。

结论：省外纺织品相关企业及经营业户是本项目的销售次要客户群，招商主要客户群。

9）省外投资型客户群

省外投资型客户群这两年的发展也是相当迅猛的，最有代表性的就是众所周知的“温州炒房团”。他们从最早的本地炒房已经发展成全国性的，本省也是他们的重点关注对象之一。况且这些客户群往往会形成联动效应，也是可以挖掘的。

结论：省外投资型客户群是本项目的边缘客户群。

10）其他未提及客户群

除了上述提到的各类客群外，肯定还有少量未提及的客户群体，例如冲动型购买客户群等，当然这只是很小的一部分。

结论：本项目边缘客户群还包括其他未提及的各类客户群。

（2）本项目客户群定位

1）主要客户群：

a. 原有批发市场业户；

b. 小商品城内同业态业户；

c. 本地投资型客户群；

d. 回迁户；

e. ×邑、×子等周边地区纺织品市场业户。

2）次要客户群：

a. 省内×博、×沂、×城等相关市场业户；

b. 省内纺织品相关企业；

c. 省外纺织品相关企业及经营业户。

3）边缘客户群：

a. 省外投资型客户群；

b. 其他未提及客户群。

从上述定位中可以看出，主要客户群、次要客户群和边缘客户群基本是按照“本市——省内——省外”这种由内及外、由小到大变化的。

除了像上面的案例那样把项目客户群分成主要客户群、次要客户群和边缘客户群外，还可以把客户群进行等级划分，其中级别越高，越是本项目的主力客户群。系列的招商优惠措施和招商步骤也基本按照级别由高到低的原则来执行。如某纺织品专业市场的项目客户群定位：

一级：本市老纺织品市场现有经营业户；

二级：本市小商品城家纺经营业户，本市地区实力纺织生产企业、经销商，有意向加入纺织经营行业的客户群；

三级：本省内本市地区以外实力纺织生产企业、经销商，较为集中的纺织品市场实力经营业户；

四级：本省外实力纺织生产企业、经销商，较为集中的纺织品市场实力经营业户；

五级：本市地区普通纺织生产企业、经销商，普通纺织品经营业户。

4. 项目业态定位

对于纺织品专业市场来说，其业态定位一般在低层卖各样原料，高层一般卖已经是成品或者是半成品的各样家纺、窗帘等布料。这是由于原料在加工时，损耗大，买家单次买入较多，定位在低层有利于原料的搬运。下面是某纺织品专业市场的项目业态定位：

一层：面料交易中心

以经营各类天然面料（棉类、花布）、丝绸为主。

二层：面料交易中心

以经营各类化纤面料、混纺交织类面料、毛麻面料、原料为主。

三层：家纺交易中心

以经营各类家纺、针织面料、窗帘、床上用品等辅料为主。

六、项目产品规划建议要点

这里仅从总平面规划、功能分区建议、业态规划建议和项目配套建议这四个角度来讲述纺织品专业市场的项目产品规划建议。

1. 项目总平面规划建议

项目总平面规划包括的指标有：宗地面积、建筑面积、容积率、建筑密度、绿化率等。这些指标在拿到地块前政府早已规定了的，策划人员应根据这些指标对总平面进行规划，除了用文字表述总平面规划的建议外，还应该用简单的示意图表示出来，让决策者更加了解策划人员提供的项目总平面规划建议。

2. 项目功能分区建议

项目功能分区是指把项目划分成几个区域，每个区域发挥着不同的功能，满足不同的需求。下面是某纺织品专业市场的项目功能分区建议：

（1）项目规划

本项目地处当今中国经济最为发达、市场经济最为活跃的长江三角洲枢纽，为宁（南京）、沪（上海）、杭（杭州）三角地带之中枢。本项目建筑面积472984平方米，约709亩。其中包括有309亩的商业区，100亩的中心商务区及300亩的配套住宅区。集服装、面料交易中心、博览展示中心、信息交流中心、仓储物流中心、时尚文化中心、轻纺科技中心、商业休闲步行街为一体的现代化专业批发市场。一个突现“新时代主题、新功能特色、新景观形象”的三大特点，引领了21世纪新概念的市场。

（2）功能分区

本项目依其主导功能与空间区位的不同，依次分为A、B、C三区。

1）A区是该地区的核心主导功能区，为商业区，用地面积为约303亩地，总建筑面积为202135.62平方米。

2）B区是中心商务区，用地面积约103亩，总建筑面积68712.76平方米。其中主要为宾馆商务中心（三星级大酒店）23000平方米、办公展示中心27000平方米和信息物流中心16711平方米。

3）C区是配套住宅区，基地面积为303亩，总建筑面积202135.62平方米，容积率设计值约为1.8，绿化率约为35%。

【优秀案例9-85】　某纺织品专业市场的项目功能分区建议

参考点评：该案例把项目划分成七大区域，其特点在于它分别介绍了各个区域的功能和规划的面积范围，值得参考借鉴。

本项目计划分为：专区交易市场（占60%）、电子商务中心、网络运营中心、品牌展示中心、多功能会议中心、小型商务洽谈中心和物流中心等。各分区的具体功能如下：

（1）专区交易市场

主要划分为面料区、服装区、棉纺区、毛纺区、丝绸区、麻纺区、纱线区、纺织机械区、纺织助剂区、化纤区。专区交易市场主要是毛纺和纺织专业的展示区域和交易场所，拟在项目中占60%的面积。相关配套设施布局主要是围绕专区交易市场而设，为市场的需求设置一站式的服务，满足企业及经营客户的经营需要和市场发展要求。

（2）电子商务中心

本项目将和中国纺织网、××之窗等服装行业知名网络媒体联谊，建立电子商务中心，电子商务建设分三步走，配合本项目的招商和推广，提高本项目的知名度和影响力。

本项目将企业资料发布在网上，协助企业和商户进行市场推广。建立电子商务平台，为市场企业和商户提供最佳的商战平台。厂家或商户通过本项目电子商贸平台发布产品信息，收取购货定单和接收付款；买家通过本项目电子商贸平台查阅产品资料，收取报价单，发送购货定单，实现网络化的电子采购。

使用面积：50~100平方米。

（3）网络运营中心

配合本项目的网络营销推广，主要负责本项目网络的信息更新、信息发布等，最大化的发掘生意机会；并配合本项目各类活动的需要，进行相应的网络宣传推广及网络支持。

使用面积：50~100平方米。

（4）品牌展示中心

在本项目三楼中庭设立纺织名品展览中心。在市场运营部门的统筹安排下，定期在市场举行新款服装、服饰产品展示会。同时，配合本商场举办的各类专题采购会的需求，为商家带来源源不断的定单。

位置：中心三楼中庭。

使用面积：1000平方米以上。

（5）多功能会议中心

三楼还将设立多功能会议中心。为厂家提供产品展示、新产品新闻发布会及市场举办各类沙龙活动的场所，也是行业协会举办各种行业联谊会的主要场所。通过各类产品展示活动、沙龙活动，为业内人士洽谈生意、信息交流、代理加盟提供服务。

使用面积：300平方米。

（6）小型商务洽谈中心

三楼配套区设立小型商务洽谈中心。举办业主小型会议，或为商户提供商务谈判、品牌产品征代理商、经销商见面会等的场所。

使用面积：100～200平方米。

【优秀案例9－86】　某纺织品专业市场的项目功能分区建议

参考点评：该案例的亮点在于其写出了各交易中心所经营的产品范围，这有利于接下来将要进行的业态规划。

依托项目本身的优势和当地政府对于纺织行业上的支持，结合本市各企业的生产情况以及本省的贸易优势，构建一个集纺织品交易、产品展示、商务谈判、国际贸易、物流中心等全方位为一体的纺织产品交易集散地。以当地企业为基础，吸引本省乃至全国的纺织企业和公司入驻该交易市场，建成以专区交易市场、电子商务中心、网络运营中心、品牌展示中心、多功能会议中心、小型商务洽谈中心、物流中心为主的综合专业功能区域，使入驻该交易中心的客户能够同时完成产品采购、产品销售、品牌展示、设备采购、产品运输、产品出口等多项业务。

(1) 总体规划分区

项目以专业经营为核心，设置完备、合理的功能分区，总体包括：

1) 专区交易市场；

其中本专区交易市场布局主要划分为：a. 面料交易中心；b. 辅料交易中心；c. 精品面料交易中心；d. 家纺展示中心。

2) 网络运营中心；

3) 多功能展示中心；

4) 小型商务洽谈中心；

5) 物流中心；

6) 餐饮中心。

(2) 交易功能

1) 面料交易中心

具有纺织及相关产品的展示、交易、信息资讯交流、批发等功能。专区交易市场主要以纺织行业的展示区域和交易场所为主，拟在项目中占60%的面积。其中面料交易中心根据不同的产品可划分为：棉纺区、化纤区、装饰布区、混纺区以及综合区域等。

a. 产品划分

棉纺系列面料；麻类系列面料；混纺、交织类面料；坯布；化纤面料、里料；非织造及工业用布。

b. 作用

依托本地纺织市场的产业链布局，在已有的行业市场基础上提升高度，建设成为华北地区纺织品的重要交易平台及纺织信息发布、推介中心。

c. 运作

在规划上以零归整，推广上以面概点；

整合企业自身资源，在自身网络中优化部分产业结构；

在本省纺织行业的龙头性区域进行推广招商，如×沂、×南、×博等地；

引入纺织行业的强势企业；

功能划分比例，按照市场需求的优势产品及一般性产品所需的经营面积，从大到小的顺序，集中分区。

2) 家纺交易中心

a. 产品划分

床上用品；装饰用纺织品；厨房用纺织品；毯子；毛巾；纺织、编结工艺品；皮革及人造皮革；生皮、毛皮；皮革助剂；皮革废料；箱包、袋、皮具。

b. 操作建议：

最好能够引入知名品牌的产品分销中心，有效利用领头羊的带动作用。利用这些公司的交易、配送、办公和新产品推介。在构成上以中高档为主，在考虑市场与资源的条件下均衡各档次比例。

3. 项目业态规划建议

对于大型的纺织品专业市场来说，要进行严谨的业态规划。对项目进行业态规划有以下好处：

（1）有利于统一管理，统一经营。

（2）有利于保证物业的整体形象。

（3）有利于根据市场经营态势进行分区调整。

（4）有利于差异化经营，尽量避免相同类别的产品分布在不同的楼层，实行专区专用。

【优秀案例 9-87】　某纺织品专业市场的项目业态规划建议

参考点评：该案例最大的特点在于其写得很详细。它分别对每一个楼层进行了业态规划，还对这些规划解释得很详细。此外，在进行业态规划时，要考虑到各种经营产品的特殊性。如在该案例的第二层业态规划中，考虑到了化纤面料对自然光线的要求很高，故将经营化纤面料的商铺规划到二层的主通道两侧。

（1）一楼经营业态规划建议

1）经营分区

从西至东分别为：A 区、B 区、C 区；

各区编号从南至北分别为：A1……A17，A18……A32；B1……B17，B18……B34；C1……C16，C17……C34。

2）分区说明

a. 以一条主通道和两条次通道为区域划分的基础，将总平面划分为三个区域，每条通道前悬挂区域名称，一目了然，方便人们理解和迅速查找。由西往东设为 A 区、B 区、C 区符合人的察看习惯。

b. 各区标号均从南向北设置，与市场的正门方向保持流线一致，也便于日后进行销售控制时区域的划分。

c. 内部认筹期开始后，根据经营性客户群针对经营面积的具体使用要求，可将内部的面积分隔做一定范围的调整，相应的铺位编号据调整后最终确定。

3）经营分区的实际操作

a. 地面制作识别标示。

b. 铺位正面粘贴识别标示，统一门牌设计。

c. 南门入口右侧制作、悬挂一、二、三、四层产品经营业态平面分区展板。

d. 南门入口左侧设置一块电子信息公布显示屏，滚动播放产品经营信息，轻纺城内的服务信息，物流信息及投诉电话。

e. 楼梯口（电梯口）、舆洗室、入口、入口走廊上方制作导视系统。

4）产品业态分布

a. 一层内铺所有区域经营棉纺面料。

b. 产品经营业态分布说明：

（a）依据前段市调结果，本市纺织品市场的产品最有竞争优势的产品为纯棉印花布，所以印花布也将是本项目今后市场运作的优势产品。

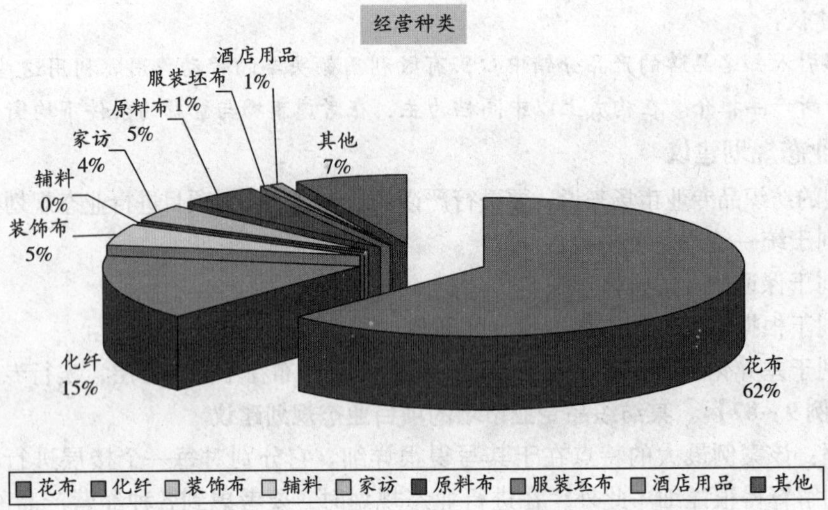

（b）一层主通道两侧的铺位是位置较好的区域，此区域可以划为精品面料区域。此区域的客户应该进行资质考察，选择实力较强的印花布、装饰布生产厂商、经销商及经营业主进驻。

（c）如果一层的铺面面积不能满足印花布经营面积的需求，那么二楼将预留印花布作为经营区域。

（2）二楼经营业态规划建议

1）经营分区

从西至东分别为：A 区、B 区、C 区；

各区编号从南至北分别为：A1……A18，A19……A33；B1……B18，B19……B35；C1……C16，C17……C33。

2）产品业态分布

A 区——印花布、装饰布、色织布、色布经营区域；

B 区——化纤面料和混纺面料经营区域；

C 区——经营坯布、酒店布料及面料市场的其他产品。

3）产品业态说明

A 区：为一楼富余的印花布营业者预留区域，同时经营各种色织布，如装饰布、条格布、被单布、绒布、线呢等。

B 区：化纤布是本市纺织品市场的第二大优势产品，现有纺织品市场中化纤布经营业主的数量约为花布经营业主的24%，总市场中占有15%的份额，而且化纤面料对于自然光线的要求较高，所以二层的主通道两侧的铺位比较适合作为化纤面料区。

C 区：以坯布为主，包括棉布坯布、混纺坯布，及其他酒店类面料、服装面料、工业布等其他市场占有份额较少的产品。

（3）三楼经营业态规划建议

1）业态分区

从西至东分别为：A 区、B 区、C 区；

各区编号从南至北分别为：A1……A36，A37……A51；B1……B21，B22……B38；C1……

C18，C19……C55。

2）业态分区说明

由于三层比一、二层多出了南面的一排铺位，所以南排在每个区域里按顺时针与相对应的西排进行排序。

3）产品业态分布

A 区——窗帘专营区，其他如沙发布、门帘、装饰布等；

B 区——床上用品专营区，包括被套、被单、床罩、枕套、靠垫、蚊帐、席子、枕巾、被褥、床单、枕芯、床垫；

C 区——厨房用纺织品专营区，如围裙、袖套、揩布、台布、茶巾等；毯子包括毛毯、地毯、挂毯等；毛巾包括面巾、浴巾、沙滩巾、手巾、地巾、茶巾、枕巾等；纺织、编结工艺品；皮革及人造皮革；辅料专营区包括染料、纺织、印染助剂、带、绳、线、流苏、穗（视招商情况而定）。

（4）四层经营业态规划建议

1）功能分区

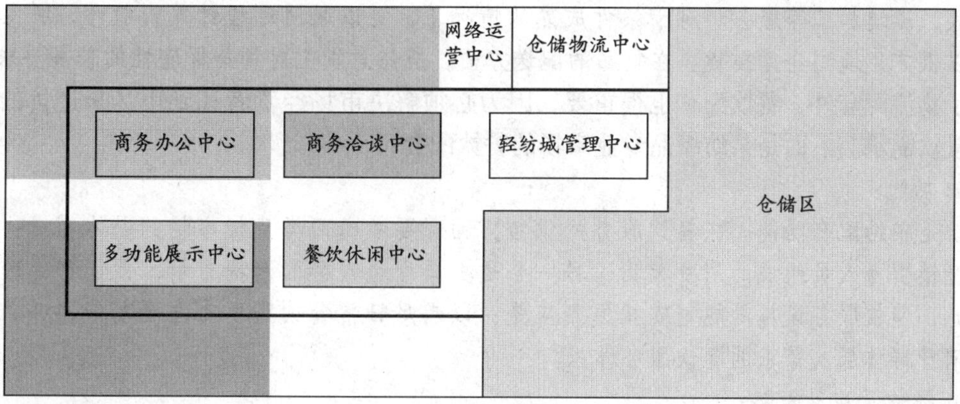

2）功能分布

商务办公中心（出租或者出售给厂家、业主）：2000～3000 平方米；

商务洽谈中心：50～80 平方米（2 个）；100～150 平方米（1 个）；

多功能展示中心：1000～2000 平方米；

敞开式餐饮休闲中心：200～300 平方米；

网络运营中心：100 平方米；

物流中心：200 平方米；

轻纺城管理中心：300～150 平方米；

其他为预留机动区域及仓储区域。

3）功能分布说明

a. 功能分布原则

（a）功能互不干扰；

（b）动静分区明确，确保办公空间不受干扰；

（c）服务性区域分布在客梯与楼梯周围，确保客户的便捷性；

（d）尽量将机动区域化零为整，保证将来划分功能的预留空间及划分区域的整体性。

b. 分区说明

(a) 仓储区应划分在货梯附近的区域，便于走货。

(b) 网络运营中心与管理服务中心同为服务性区域，同时与物流中心保持紧密联系，所以他们应与仓储区域化为一个区域。

(c) 商务办公中心与商务洽谈中心，是封闭式区域，并尽量远离仓储区，以免人流和货运流线的交叉。

(d) 餐饮休闲中心，设置在周围，为周边各个区域配套服务。

4. 项目配套建议

上文功能分区的例子中所提到的划分出来的品牌展示中心、多功能会议中心、小型商务洽谈中心等等，这些都属于项目的配套。对于项目专业市场来说，最重要的配套为物流配套，纺织品专业市场也不例外。下面是某纺织品专业市场的物流配套：

(1) 物流中心功能：

仓储、运输、配送功能和包装、装卸、保管、流通功能。

(2) 构成：

单独设立仓库区主要是为厂家的大量存货考虑，物流公司提供仓位租赁、托管、存货、包装、装卸、流通加工等服务。对于条件成熟的情况下，可以采用远程计算机管理，买主交款开票后可以很方便地到仓库提货。在货品的配送方面，应注意货主对货物保密性的较高要求。

除了物流配套外，餐饮配套也很重要，因为必须解决市场经营者和到市场来进货的消费者他们的餐饮需求。下面是某纺织品专业市场的餐饮配套：

(1) 功能：

餐饮是辅助配套功能。在餐饮服务的供给方面，要考虑两类目标市场的基本需求：一类是主要由经销贸易人员组成的消费市场；另一个是少量周边人群的消费市场，他们都比较注重实惠。因此，餐饮服务设施的规划安排原则应是：以满足日常餐饮需要为主要功能，并且能够照顾不同消费群体层次需求的餐饮服务体系。

(2) 操作及启动策略：

采取出租物业的方式来经营餐饮。前两年可以采用相对低的租金进行出租，待项目做旺后，可考虑提升租金，或进行销售。

对于新开发不久的纺织品专业市场来说，都比较注重项目的软件配套。较为常见的是建立各种电子平台。如某纺织品专业市场的项目软件配套：

本项目将和中国纺织网、中华纺织网、中国纺织经济信息网、纺织交易网等行业知名网络媒体联谊，建立电子商务中心。电子商务建设分三步走：

(1) 配合本项目的招商和推广，提高本项目的知名度和影响力；

(2) 在本项目开业后，将企业资料发布在网上，协助企业和商户进行市场推广；

(3) 建立电子商务平台，为市场企业和商户提供最佳的商战平台。厂家或商户通过本项目的电子商贸平台发布产品信息，收取购货定单和接收付款；买家通过本项目的电子商贸平台查阅产品资料，收取报价单，发送购货定单，实现网络化的电子采购。

除了上面所提到了配套外，还有银行、邮政、医疗卫生、教育等方面的配套。由于在第四章中已经对这些配套有详尽的介绍，这里不再述说。

七、项目整合推广策划要点

广告策划和包装策划对于任何专业市场来说都大同小异，这里仅介绍纺织品专业市场的媒介策划、活动策划和推广策划三个内容。

1. 项目媒介策划

选择媒体必须掌握有效性和高性价比这两个原则。不同层次的目标客户群和不同类型的产品与之匹配的媒体是不相同的，所选媒体必须契合目标客户群的定位和产品的特性，这样才能做到“传播路径最短”，并且花最少的钱办成最大的事。纺织品专业市场所选择的媒介与其他类型专业市场所选的媒介差不多，都是报纸广告、电视广告、户外广告、平面印刷广告、车体广告和网络广告等，不同的是纺织品专业市场在选择杂志和网络媒体时，会选一些关于本行业的杂志和网站。如某纺织品专业市场的项目媒介策划：

（1）电视广告

媒体选择：××电视台专题栏目。

（2）平面印刷广告

1）宣传单页，30天为一个更新周期，进行大力度派发；

2）海报、DM定向客户发放；

3）招商手册，向目标商户派发。

（3）户外广告

利用广告牌、灯箱、布标、刀旗等户外广告，对项目周边地区进行包装，渲染商业气氛。

位置选择：长途汽车总站周围，××高速路口、××火车站。

（4）报纸广告

依据推广要求适当发布，建议选用媒体：××晚报、××广播电视报。开盘及开盘一个月后，随着招商工作的展开，专业报刊的广告开始发布，建议选用媒体：中国纺织信息周刊、中国纺织报。

（5）车体广告

根据销售进程进行形象更新，选择路线为市内主要交通要道的公交车。

（6）网络平台

具有辐射区域大的特点，选用媒体：中国纺织网、中华纺织网、中国纺织经济信息网、纺织交易网等。

【优秀案例9－88】　某纺织品专业市场的项目媒介策划

参考点评：该案例在媒介选择时，写得很详细，分别列出了各种媒体。此外，该案例还对部分的媒体进行了介绍，有一定的借鉴价值。

本项目的定位是以“展会＋交易”为互动平台，所以媒体选择就必须要具备专业性、权威性并具有最好的传播途径，达到打造本项目品牌形象的要求。

（1）媒体选择列表

1）报纸

《××特区报》；《××都市报》；《×州日报》；《×莞日报》。

2）杂志

《毛纺科技》；《纺织导报》。

3）户外

本镇公共汽车车身广告；

户外高炮广告。

4）网络

《中国毛纺网》；《中国毛纺织网》；《中华纺织网》；《中国服装交易市场》。

（2）部分媒体介绍

1）本镇公共汽车车身广告

在本镇当地的公共汽车上做车身广告，交通工具的夺眼广告会使本地居民牢牢记住毛纺交易中心，相当于一张活地图，将交易中心的会展信息、交易市场情况不断的传播给当地居民和当地毛纺企业以及前来参观考察的企业代表，对塑造本项目在当地居民和企业的形象起到至关重要的作用，给本项目创造良好的口碑传播途径。

2）户外高炮广告

在高速公路口设置高炮广告，会使过往的企业家，纺织行业人士知道本镇有个全国最大的毛纺交易中心，提高企业知名度，为本项目的发展不断带来准客源。

3）国内知名的网站

《中国毛纺网》、《中国毛纺织网》、《中华纺织网》、《中国服装交易市场》四家网站属于国内比较专业的毛纺专业网站，点计率平均可达到3000人次/日，国内外毛纺企业均会在上面查询资料和发布相关行业信息，推荐在其上面发布招商信息和设立交易中心专业网页，为交易中心聚集人气。

2. 项目活动策划

不同的时期，应该组织不同的活动，以达到不同的阶段性目标。如某纺织品专业市场在正式招商前的项目活动策划：

新闻推广：

邀请服装行业协会，中国纺织协会、本市和本镇政府领导等部门，参加本项目新闻发布会，进行市场招商前期预热，并发布商场信息，扩大市场的影响力。

推广方式：

及时报道项目招商进展以及现场抢铺情况；

以举办研讨会和新闻发布会等形式，进行透视性的商场经营定位优势发展前景报道等。

在开盘当天可以举行抽奖活动，为现场营造人气。如某纺织品专业市场的活动策划：

开盘大抽奖，设置丰厚奖品，为开盘营造声势。

在开盘前举行一次“交易中心开盘有奖问答活动”，在参与项目的各大媒体上发布问卷，于开盘当天邀请到场嘉宾进行抽奖，设置丰厚的奖品，并将结果公布于各大媒体。

在招商期间，可以组织一些重点招商对象到国内的一些出名纺织品专业市场进行考察。如某纺织品专业市场的项目活动策划：

黄金之旅：与旅行社合作，组织客户去广州中大纺织品批发市场考察。从去柯桥开始邀请电视媒体（××电视台）进行全程录像，策划小组全程参与，搜集要点，整理包装后形成文字资料与电视形成录像制成一份完整的宣传资料用于DM直投。

在很多地区都会定期举行一些相关的展会，如房展会、服装交易会和纺织品交易会等。项目要充分利用这些展会来达到对自己宣传的目的。如某纺织品专业市场的项目活动策划：

参加今年近期举办的服装交易会，设置展位进行推广，发布招商信息，吸引本地厂家、珠三角厂家、及参展的全国各地生产企业进驻。

若在项目招商期间刚好与展会开办的时间不重合，则本项目可以通过与有关政府领导合作，创办一些节日或活动。如某纺织品专业市场的项目活动策划：

以政府牵头，为本项目成立一个专门的官方节日——纺织节，成为本市每年一度的博览会。

目的：突出本项目对于纺织行业的展示交流的核心作用。

又如某纺织品专业市场的项目活动策划：

(1) 联合中央电视台举办两年一届的“××国际纺织节暨世界小姐大赛”，扩大本市场在国际国内影响。

(2) 联合中国服装设计师协会，举办“服装艺术设计博览会”，一方面利于加快国内服装设计行业的成长，另一方面也为本市场的服装加工企业引进服装设计方面的人才。

【优秀案例9-89】　某纺织品专业市场的项目活动策划

参考点评：该案例的活动策划写得很详细，写出了目的、目标和具体手段。它的这些具体手段都非常具有代表性，适合于任何的纺织品专业市场，可以参考借鉴。

(1) 市场公关目的：清晰梳理和界定产品的存在价值并建立项目的核心价值体系，有效促使目标客户对本案产生关注乃至最终的青睐。

(2) 活动目标：利用现场推广促进销售、积累招商资源、扩大项目在全国范围内的影响力。

(3) 具体手段：

1) 利用联谊会现场气氛，邀请本地准客户及生产厂家参加，创造交易平台，促进成交；

2) 与纺织行业权威组织或商会联合举办纺织品行业产品博览会（每年一度），扩大市场营销力和招商成果。利用大量品牌商户参展，进行炒作，凸显项目商业价值，提升项目形象；

3) 制造一个平台邀请政府官员和商业知名人士进行交流，提高项目的感召力和宣传影响力；

4) 创办民间纺织行业商会，进行创造商业交流平台；

5) 纺织行业信息交流论坛，邀请专业人士举行讲座。

邀请各行业协会领导、行业专家、各毛纺企业家、各大新闻媒体参加，使市场招商成为整个行业关注的焦点。行业信息论坛的举行，会使行业内的企业加速设点的步伐。

【优秀案例9-90】　某纺织品专业市场的项目活动策划

参考点评：该案例的亮点在于其对每一个活动都写出了其发布形式，具体写出所要用到的媒体，值得参考。

(1) 华北纺织业合作发展论坛

由本市招商局及政府领导、中国纺织工业协会与本项目联合，组织华北方纺织行业论坛，进行事件炒作。

发布方式：邀请××电视台对论坛进行报道，由××晚报、中国纺织信息周刊、中国纺织报、中国纺织信息网、中国纺织网刊登新闻、××晚报进行软文广告宣传。

目的：提升项目的权威形象。

(2) 成立××纺织工业协会

发布方式：××电视台、×东电视台对省市级政府领导及纺织工业协会领导进行采访并作新闻发布，×东电视台、×鲁晚报、×坊晚报、中国纺织信息周刊、中国纺织报、中国纺织信息网、中国纺织网发布新闻报道及通稿。

操作方式：借华北纺织业发展论坛的影响力，通过政府、招商局、中国纺织工业协会牵头以及本市纺织行业知名厂商、区域代理商参与，成立××纺织工业协会，本项目设协会办公室。促使政府出资成立纺织行业科技创新基金，鼓励本市纺织产品的创新，从而促进本市的纺织行业产品档次的提升。

目的：通过××纺织工业协会对本项目形象作有力支撑。

3. 项目推广策划

就算前面的广告策划、媒介策划、包装策划和活动策划都做得很好，而到最后的推广策划做得不好，都将会严重影响到项目的招商和销售，导致所做的工作没有取得预期的效果。所以项目推广策划很重要，要多花时间和精力去策划。

（1）项目推广总策略

项目推广总策略所包含的内容应很广泛，既要包括广告和媒介，也要包括包装和活动，但在语言上应要高度概况，对整个推广策划起到总领和指导性的作用。如某纺织品专业市场的项目推广总策略：

针对消费者做出购买决定所需时间较长的特点，主要选择能为客户群提供信息量大、易于主动接收信息、并有充分空间进行创意表现的媒体——平面媒体为主。结合项目的具体情况和当地媒体的影响力及传播优势，制定媒体的投放策略，以期达到财尽其用的目的。同时，为了加大覆盖面，也将选择电视媒体作为辅助宣传工具。

只有挖掘核心竞争力，超越同质化，才能在市场中独树一帜，从而达到物业的个性形象定位。对于本项目应采用整合营销传播的手法，将实际销售与广告、DM、公关等紧密结合，强调战术上的高度统一性，传播的主要力量放在对功能、经营平台、服务管理以及信心保证的大力渲染方面，其次是对投资价值进行理性分析，要点是攻破消费者的心理防线。

（2）项目推广原则

事先制定推广原则，有利于指导推广策略的制作。下面是某纺织品专业市场的项目推广原则：

推广原则：虚实结合；文武并用。

“虚”意指项目概念打造、形象包装；

“实”意指项目通路建设、网络行销；

“文”意指项目事件行销、公关活动；

“武”意指项目 SP 活动、广告攻势。

（3）项目推广目标

对于纺织品专业市场来说，推广的目标可以分为短期目标和长期目标两种，短期目标主要是增加项目的知名度和美誉度，最终促成出租或出售。而长期目标就是树立项目的品牌。下面是某纺织品专业市场的项目推广目标：

1）利用不同媒体进行传播组合，并借助新闻炒作和其他公共宣传等活动增大传播力度及覆盖范围；

2）力求达到 90% 的覆盖面；

3）力争有效接触率在 70% 以上；

4）深入传播本项目的投资价值；

5）让消费者认知并接受本项目的经营特色及服务功能；

6）建立和提升本项目的项目品牌形象及知名度。

（4）项目各阶段推广计划

纺织品专业市场的推广一般会划分成好几个时期，各个推广时期所选择的媒体、广告的诉求也有所不同。在写推广计划时，可以从不同的角度去写，角度不同，其侧重点也不同。

从广告文案所包括的内容这个侧重点去写，可以针对目标客户群的心理特点，宏观地把握整个推广阶段需要告诉目标客户群哪些信息。这有利于检查每一个时期的独特销售主张是否符合目标客户群的心理变化。下面是某纺织品专业市场的项目各阶段推广计划：

内容 \ 时间	~4.30（筹备期）	5.1~5.28（内部认购）	5.28~6.28（一期开盘）	6.28~7.28（调整期、一期招商）	7.28~10.30（二期开盘、二期招商）	10.1~11.20（三期开盘）	11.20~（尾盘）
宣传物料	广告片 ①项目总体； ②本市纺织品市场升级在即； ③卖点； ④投资焦点	1. 海报：××国际轻纺城——财富之城 ①项目总体； ②本市纺织品市场升级在即； ③卖点； ④投资焦点。 2. 楼书《投资秘笈》	招商单页：南柯桥，北××，纺织行业新格局。 1. 本市纺织市场前景； 2. 交通； 3. 政府支持； 4. 硬件平台； 5. 软件平台； 6. 招商政策； 7. 业态分布	宣传单页：商业地产传奇——××国际轻纺城 1. 专业市场投资前景； 2. 政府支持； 3. 行业协会支持； 4. 投资回报； 5. 经营理念； 6. 专业资源	招商海报：万商汇聚，百代旺铺 1. 行业前景； 2. 物流管理； 3. 硬件平台； 4. 软件平台		
DM	2005 开启财富“织”门		华北纺织市场航母，织就财富未来	商业地产经典传奇——××国际轻纺城	万商汇聚，百代旺铺		
公关活动	大客户恳谈会	1. 认购客户南方考察旅游； 2. 旺市承诺发布会	1. 开盘有奖活动； 2. 华北纺织业合作发展论坛； 3. ××纺织工业协会成立； 4. 商业地产论坛	物业管理、仓储物流措施听证会	1. 大型演出活动＋有奖问答； 2. 繁华市区促销宣传； 3. 秋季房展会促销； 4. 淘金之旅	1. 淘金之旅； 2. 圣诞暨迎新年万件礼品大赠送活动	
新闻事件炒作	“强强联手共创辉煌”新闻发布会	1. 铺王拍卖新闻炒作； 2. 黄金之旅	1. ××纺织品协会； 2. 6月22日中国儿童慈善活动日	××纺织节概念炒作	聚焦商业地产	投资、自营——本市商业房产逆市走红市场	
报纸	软硬结合（整版）：巨鲨——××酝酿大动作 1. 企业实力； 2. 政府； 3. 规划； 4. 策划； 5. 业户	1. 硬广（半版）：财富——拍到就是你的； 2. 硬广（整版）××国际轻纺城——200万万铺之尊； 3. 硬广（整版）开市“布”公	1. 软文（半版）：南柯桥，北××纺织论坛； 2. 攫取专业市场第一桶金； 3. 硬整版：商业地产传奇——××国际轻纺城	1. 软硬结合（整版）：两巨头共同打造纺织市场，您还犹豫什么？ 2. “布布”为赢，升值在即	1. 软硬结合（整版）：天时·地利·人和篇； 2. 硬半版：他们都来了，你还在等吗？ 3. 软硬结合（整版）：从××国际轻纺城论商业投资； 4. 硬整版：芝麻开门倒计时	1. 十一淘金之旅； 2. 硬半版：今日寸金购铺，明日寸铺成金； 3. 软半版：创富时代，完全攻略	1. ××国际轻纺城这相有礼——新年一重礼； 2. 新年二重礼； 3. 新年三重礼； 4. 最后一班财富列车，还要错过吗？
信息周刊			硬整版：南柯桥，北××，财富沃土，纺织基地	1. 硬整版：华北纺织市场形象广告； 2. 软硬结合跨版：硬广、物业管理、物流； 3. 硬广整版（招商）	招商广告		
车体	1. 2005 财富领地，开启财富“之门”；2. 华北纺织市场航母，产权旺铺，财富引擎				1. 万商汇聚，百代旺铺；2. 华北纺织市场航母——万铺之尊		

从广告投放版面的角度去写各阶段的推广计划，有利于检查各个阶段广告的投放力度是否足够，同时也有利于估算广告投放费用，有利于成本控制。下面是某纺织品专业市场的项目各阶段推广计划：

蓄势期					引爆期			调整期		强销期								尾盘			
媒体选择	规格	4月		5月		6月		7月		8月		9月		10月		11月		12月		1月	
		1～15	16～30	1～15	16～31	1～15	16～30	1～15	16～31	1～15	16～31	1～15	16～30	1～15	16～31	1～15	16～30	1～15	16～31	1～15	16～31
××晚报	23×33		√				√	√√		√	√		√	√						√	
	23×16			√	√√	√	√			√				√	√	√					
	7.5×33																	√		√	√√
	新闻炒作				√		√√		√	√				√							
纺织信息周刊	跨版								√												
	整版				√		√		√√			√	√		√			√			
中国纺织报	半版						√														
	1/3版							√		√				√		√		√			
×鲁晚报	整版				√				√				√								
	半版													√							
	异型1/3版						√√	√	√		√		√								
广播电视报	整版													√√							

开盘前期媒体投放主要针对本地客源，主要采用省内平面媒体，开盘后一个月招商工作展开，媒体应用由本地走向市外，针对投资客群，媒体应用范围扩大到省内。

注：上述销售时间及广告模拟须根据销售实际情况做适时调整。

从综合性的角度去写项目各阶段的推广计划，可包含的内容有各阶段媒介的选择、广告投放的方式与力度等。由于其所包含的内容比较多，所以能让决策者更好地了解项目的推广计划。

八、项目营销执行策划要点

这里从项目营销执行前的市场分析、项目营销执行总策略制定、项目招商策略制定、项目招商步骤制定、项目招商方式确定、项目招商资格审核和项目优惠促销策略制定这七个方面讲纺织品专业市场的项目营销执行策划。

1. 项目营销执行前市场分析

在制定纺织品专业市场营销执行总策略前要对市场进行分析，分析的内容可以包括区域内可招商对象的数量，招商对象的地区分布，不同招商对象所占的比例，不同招商对象的特点等。分析的具体内容可根据纺织品专业市场自身的需求来确定。如某纺织品专业市场的项目营销执行前的市场分析：

本市现在已经拥有××家具市场、建材市场，而且这些市场在消费者的心目中已经确立了不可动摇地地位，但本市目前还没有一家纺织产品市场。因此，本项目建立后，一定能够吸引大量本市及周边地区的纺织生产厂家的入驻，也一样能够像家具市场和建材市场那样，树立起自己的品牌。本项目商业区主要分为服装区、辅料区、纺织机械区、纺织成品区，其中辅料区分为面料辅料区和配料辅料区。根据对本市纺织类厂家的调查，本市服装厂426家，辅料厂5家，纺织机械厂32家。将2003年、2004年纺织产品统计如下表格：

产品名称	计量单位	2003年	2004年
纱	t	8688	10253
布	万m	3590	2816
呢绒	万m	262	345
丝	t	112	197
服装	万件	17556	20373

从上表中数据对比来看，除了布的产量稍有下降外，其他纺织产品产量均呈现增长的趋势，本市的纺织业呈现一片良好的发展前景。

又如某纺织品专业市场的项目营销执行前市场分析：

（1）招商目标商户分布

A类：本镇本地厂家；

B类：本市本地厂商；

C类：珠三角主要服装厂商；

D类：全国主要服装产地的生产商。

（2）预计厂家和经销商代理商比例

经销商代理商：40%；

厂家：60%。

（3）预计商户来源比例

珠三角：20%；

本镇：70%；

全国：10%。

2. 项目营销执行总策略制定

大多数的纺织品专业市场都采用租售结合的方式，项目营销执行总策略的其中一个目的就是要确定租售比例和解决是先租后售、先售后租还是租售同步。

【优秀案例9－91】　某纺织品专业市场的项目营销执行总策略

参考点评：该案例值得我们参考借鉴的地方有两个。一是采用了示意图，直观明了地反映了租售区域的分配。二是为了防止招商和销售的相互影响，制定了相应的策略。

临街独立商铺及一层内铺全部对外销售，以求能实现利润的最大化；二层内铺以销售为主、出租为辅，三、四层内铺以出租为主，为企业提供长期的稳定的现金流，等待周边商业气氛成熟和周边物业升值后再伺机售出，以追求利润的最大化。对投资型客户群出售的铺位都采用返租的形式，增加投资型业主的信心，返租以5年为宜。

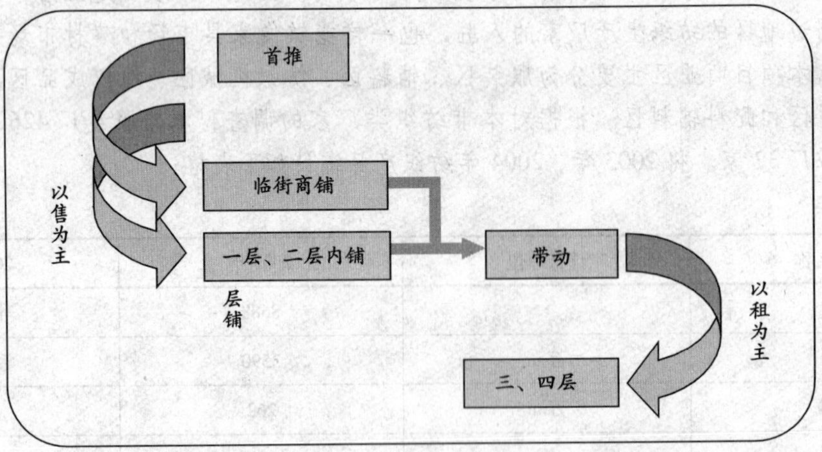

为避免大规模招商对项目销售可能带来的不利冲击，招商宣传应滞后于销售宣传之后，具体策略如下：

(1) 前期招商手册等资料的派发仅针对主力目标商户展开，不得对其他商户派发招商手册；

(2) 中期充分利用销售推广和宣传，来提高招商的影响力；

(3) 配合销售状况在第二轮的强销期后，采用招商手册、宣传页派发和人员推广的方法扩大宣传面。

3. 项目招商策略制定

招商策略的制定在项目营销执行中占据比较重要的地位。项目招商成功，有利于营造商业气氛，从而有利于项目的销售。

【优秀案例9－92】　某纺织品专业市场的项目招商策略

参考点评：该案例在国内纺织产业基地设立办事处，实行点对点的招商策略，有利于逐个击破，促进招商成功，但这种做法所需要的招商成本较高，对开发商的经济实力要求也较高，应谨慎采用。该案例在选择电视媒体时，选择招商区域的主要电视频道，这是值得参考的。

(1) 点对点招商：为了更好地吸引纺织服装行业的大中型知名企业入驻本项目，我们计划在全国各主要纺织服装大省、国家纺织服装产业传统基地、国家新型纺织产业基地如广州、福州、上海、浙江、江苏、山东等地设立本项目区域性招商办公室，实现点对点的集中招商机制，拟成立的办事处有：

序号	省份	城市	特点
1	江苏	常熟	服装板块
2		江阴	毛纺板块
3		吴江	丝绸板块
4		张家港	毛纺毛衫板块
5		海门	家纺板块
6		常州	武进织造板块
7		宁波	全国服装行业百强企业产业集群
8	福建	泉州	国内重要的纺织服装生产基地之一
9		石狮	"中国休闲服装名城"
10		晋江	"全国纺织产业基地市"
11		福州	"中国纺织产业特色基地"福州长乐
12		南安	中国流行面料工程（南安扶茂岭）产业基地
13	广东	东莞	全国纺织产业基地
14		中山	全国纺织产业基地
15		普宁	"中国纺织产业基地市"
16		开平	全国纺织产业基地
17	上海	上海	全国纺织服装贸易出口基地
18	山东	淄博	"全国纺织产业基地市"
19		潍坊	"全国纺织产业基地市"

（2）品牌策动招商

在中国中央电视台一频道、二频道，四频道，浙江卫视、上海东方台、广州卫视、湖南卫视，以及凤凰卫视和台湾东风台进行强势传播，树立本项目在区位、交通、环保、资源、金融和技术等各个方面的领先形象，便于本项目在沿海发达省份和香港、台湾地区的招商，同时开辟本项目门户网站配合招商。

【优秀案例 9－93】　某纺织品专业市场的项目招商策略

参考点评：该案例最大的特点是写得很全面，写到了招商定位、招商途径和具体的招商方式。其中该案例具体的招商方式涉及的面很广，而且具有普遍适用性，可以参考借鉴。

（1）本项目招商定位：立足本市、辐射全省、面向全国。

（2）对于招商途径，将主要通过三种渠道来进行。一种是自主招商，即利用自身优势及对市场的把握和掌控能力直接进行招商；另外一种是利用目前与中国纺织工业协会的关系基础，借助其在业内的权威势力和资源优势间接的为本项目的招商工作服务，而这两种渠道招商在实际的开展过程中也是相互交融、不可分割的；第三种是有效利用官方资源，进行招商。

（3）具体招商策略

1）与纺协密切合作，构筑高档平台

本项目作为专业市场，无论从定位、客户群、经营管理等方面与普通商业都不同，都有其相对的专业性和专一性。因此招商推广也与传统商业不同，将不会采用大范围铺天盖地式的推广手段，而是集中精力针对客户群集中的区域作大量工作。这就离不开与各级纺协的密切合作，因为他们是最具威信和最有经验的，这其中包括成立××纺织工业协会。

2）争取当地政府最大支持

这其中包括给予本项目一系列的优惠政策，提升投资者的信心，对成立纺协表示支持并起到带头作用，从而真正使本项目对本市纺织业起到带动作用。

3）本地媒体与全国媒体，专业媒体与大众媒体结合进行

对于举办的公关活动，媒体的跟踪报道要跟上步伐。在活动前大造声势，形成一种轰动效应；在活动中现场报道，让论坛或是座谈的动态尽展社会；在活动后跟踪报道，扩大影响。在宣传推广方面本地媒体主要针对当地一级客户群，全国性的专业媒体主要配合全国招商。

4）做成样板市场

不管是纺织品批发市场也好，现代物流也好，经营者和投资商是不会掏钱去买一个概念的，他们要买的是概念带给他们的回报，这是商业项目不同于住宅项目的一个重要特征。明确的利益点切入市场，找准市场的上下游关系，为经营者提供更加完善便捷的交易平台。这种定位目标准确，命中率高。

通过对南方成熟的纺织品批发市场进行考察及对全国相关市场的研究后，提出将本项目做成一个“样板市场”的招商策略，从而形成口碑效应。

5）参加业内展会

广泛参加由纺协主办的在业内较有影响力的纺织展会进行招商。

6）完善的商业手册

完善的商业手册会对招商起到事半功倍的效果。

4. 项目招商步骤制定

对于一般的纺织品专业市场来说，其招商的步骤是先易后难，招商地区是先小后大。

【优秀案例9－94】　某纺织品专业市场的项目招商步骤

参考点评：该案例采用“先内后外再到内”的招商步骤有点特殊。其目的是先在本地区内招有实力的商家，然后再到全国招有实力的商家，最后又回归到本地区招普通的商家进行补充。这种招商步骤值得参考借鉴。

为了避免招商的好坏可能给销售带来的影响，建议开盘后一个月后才开始招商。本项目的总体招商步骤从招商区域方面遵循“先内后外再到内”的原则，从商户的实力方面遵循“先大后小”的原则。

目的：增强业主经营信心，保证开业旺场。尽量挖掘主力商户，普通商户作为补充。

第一步：首先在本地进行招商，利用销售信息积累客户，进行一级商户、二级商户的筛选。

第二步：借助纺协在本省内本市以外进行招商；对知名生产企业、经销商进行针对性的宣传。通过DM直邮进行推广，然后采用直访及招商洽谈会等方式进行招商。

目标：筛选主力商家

第三步：借助纺协在全国范围内招商，参加全国大型纺织界展会，针对纺织市场、特色镇等举办招商推介会或其他形式，挖掘意向商户。

第四步：进行本地范围商户的第二轮筛选；

第五步：进行本省内及外省的商户的筛选。

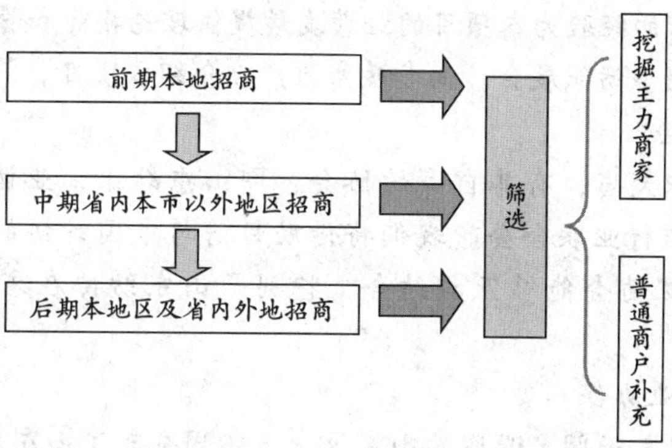

招商步骤示意图

5. 项目招商方式确定

对于大部分的商业物业来说，多采取自主招商的方式，但对于专业市场来说，除了自主招商外，还可以借助一些协会或组织进行招商。

【优秀案例 9－95】 某纺织品专业市场的项目招商方式

参考点评：该案例借助三级纺织协会来进行招商，是一种不错的招商方式，定能有利于招商，值得借鉴。该案例的特色在于写出了自主招商的流程，可供我们参考。

招商将采取自主招商和借助纺协招商两种方式。在实际招商过程中，这两种方式将会结合起来进行。

(1) 自主招商

1) 知名生产企业、经销商、代理商主要采用直接招商的形式：

目标客户收集——准客户确定——销售顾问拜访——进行项目推介——合作洽谈——达成合作意向——签订合作合同书。

2) 散户招商采用常规推广模式：

目标客户确定——派发招商手册和宣传页——确定准客户——准客户回访——达成合作意向——进行商户资格审查——与合格商户签订租赁合同。

(2) 纺协招商

借助协会招商将会提升本项目的可信度，同时会将协会广阔的客户资源整合利用。在合作中将会涉及三级协会，而与这三级协会的合作也是相互结合的。

1) 中国纺织工业协会

中国纺织工业协会是全国性的纺织行业联合会，其前身为中国纺织部，是业内最具权威和代表性的机构。由于其地位的特殊性和多年的产业背景，协会与国内各大纺织生产企业、贸易商、经销商、代理商，与国内各大纺织产业基地、特色镇，与国内各大纺织市场均有良好的沟通及业务往来。与中国纺织工业协会的合作将通过以下几种方式展开：

a. 以与协会共同合作的方式举办全国性的项目招商推介会，整合利用协会广阔的资源，号召国内各大纺织生产企业、贸易商、经销商、代理商，国内各大纺织产业基地、特色镇等参加。通过全国性高水平的推介会，扩大本项目在业界的知名度，提升其地位，争取吸引到知名的企业或商户，从而起到带动作用。

b. 以与协会共同合作的方式到省内外知名纺织市场进行招商推广，同时邀请有意向的客户到本市参观考察。

c. 以协会多年来丰富的经验为本项目的经营发展提供理论指导和管理顾问。

d. 参加纺协主办的大型纺织展会，向参展商推广、介绍本项目。

2）山东纺织工业协会

山东省作为国内纺织大省，有其自身的协会，即山东纺织工业协会。该协会与中国纺协性质一样，为省级的纺织行业联合会。我们将借助目前与中国纺协的关系基础，继续发展同山东纺协的合作。使两级协会能够互相结合，特别是山东纺协在省内的招商中将发挥更大作用。

3）成立××纺织工业协会

以"南苏州、北×县"而闻名遐迩的山东××，四周分布了山东主要的纺织服装企业，而××居于核心位置，现已成为化纤、棉纺织、印染、针织、毛纺织、麻纺织、服装及纺织机械等门类齐全的重要的纺织工业基地，各项指标稳居全省前两名，产品行销全国。作为这样一个重要的纺织工业基地，成立纺织工业协会是很有必要的。它不仅可以改变目前本市纺织业一盘散沙群龙无首的局面，也符合南方成熟市场的发展道路。本项目作为专业的纺织批发市场将是成立该协会的积极拥护者和受益者。具体的运作模式是：

由本项目提议，由本市市政府及相关部门牵头，中国与本省纺协支持，最终成立本市纺织工业协会。

协会负责人由本市纺织行业管理部门领导兼任，由中国与本省两级纺协认可，该负责人在本市业内将是非常有威望和影响力的人物。

本市纺协的办公地点前期可由本项目免租金提供，后期可根据实际情况相应收取租金。

本项目在本市的各类招商活动可与本市纺协合办，以提升本项目的信服力，例如可以联搞信息发布会、客户恳谈会、纺织展会、纺织论坛等。

与本市协联合成立电子商务信息平台，利用纺协的背景来开展本项目的电子商务。

利用本市纺协的驻场优势，陆续建成检验检测、新品发布、流行趋势等服务机构，完善本项目的服务功能。

6. 项目招商资格审核

为了确保商场进场经营者的素质并与项目定位一致，同时为商场的可持续经营提供有力的保障，需要对进场商户的资格进行一定的审查和控制。下面是某纺织品专业市场的项目招商资格审核：

（1）进场商户需具备条件：

1）有自己的生产工厂；

2）有自己的注册商标；

3）区域一级代理商或经销商。

（2）具体审核过程

第一步：通过项目的初步招商，对不同经营分区的铺位确定其经营品种，厂家需提供营业执照复印件及相关证明文件，有自己商标的需提供商标注册证明及相关证明文件。

第二步：若买铺商户为投资客户，需保证其承租商户具备以上进场经营条件，在进场装修时提供相关证明文件

（3）审核要提交的资料

租赁及进场经营资格条件	必须提交的资格证明文件	其他参考资料
纺织行业生产商	营业执照复印件 法定代表人（负责人）身份证明	注册商标、专利、版权的注册证书或使用许可证明文件；品牌、名牌商品证书；其他评优获奖证书
纺织行业经销商	营业执照复印件 法定代表人（负责人）身份证明 经销许可证明资料	
纺织行业代理商	营业执照复印件 法定代表人（负责人）身份证明代理许可证明资料	
潍坊老纺织品市场经营业户	营业执照复印件 法定代表人（负责人）身份证明	
国内其他纺织品市场商户	营业执照复印件 法定代表人（负责人）身份证明	
境外（含港澳台地区）从事纺织生产、贸易的企业或个人	公司注册证、商业登记证、回乡证、通行证、护照	

为保证本项目管理的统一，对所有的楼层和区域的功能及经营品种进行了科学的分区，入驻客户必须严格遵守本项目的功能及经营品种分区规定。

7. 项目优惠促销策略制定

几乎所有的房地产在销售或招商时都会进行或多或少的优惠促销，纺织品专业市场也不例外。通过优惠促销，可以吸引更多的目标客户群，从而达到招商或销售的目的。

【优秀案例 9－96】　某纺织品专业市场的项目优惠促销策略

参考点评：该案例把优惠政策写得很详细，分成了总体优惠政策、针对性优惠政策和按租期实行优惠三种。其亮点在于按租期实行优惠这一点。在合同期内租金不变，合同到期后的第一年在原有租金基础上递增 10%。这种做法将促使租户增长签约的期限，非常值得参考借鉴。

（1）总体优惠政策

据本市××区人民政府专题会议纪要

市场试营业期为 1 年。试营业期间，各项费用享受新开办市场的一切优惠。有关部门要按照国家规定的经营范围和审批权限抓紧为经营业户办理各种证件，只收工本费。国税、地税等部门要及时对业户提供税务服务。市场试营业期满后，在国家政策允许的范围内，各项费用从低收取。其中，劳动合同签证费只收工本费，卫生监测费按收费标准底限减半收取，健康查体、培训费等有关费用按最低收费标准收取。区人事局对人事代理费每人每月按成本缴纳，并免费参加区里组织的招聘会。实行区级领导包靠制度，进一步做强做大本项目。××路街办要抽调专人负责协调调度，及时帮助解决本项目在建设、招商过程中遇到的困难和问题。××路街办要加强计划生育、社会治安综合治理等区域管理工作，切实为经营业户搞好服务。

（2）针对性优惠措施

1）知名生产企业、经销商、代理商

主要是指在纺织业内享有一定声誉及影响力，带动市场人流作用显著且对散户进驻具有较强感召力的知名生产企业、经销商、代理商等。对于此类客户群可根据具体情况给予一定免租期使用，或一定期限内酌情减收租金。

2）具有“领头羊”作用的纺织经营大户

主要是指本市老纺织品市场及本市以外专业纺织市场中具有“领头羊”作用的纺织经营大户。所谓“领头羊”作用是指他的一举一动会影响周边一群客户的跟进，从而形成以点带面的效果，同时又因为它是实力经营业户，其良好的经营业绩将树立榜样、增加其他经营户信心，也有助于吸引新的客户群加入本行业。例如本市老纺织市场中经营多年较有威望的大户，或是×邑、×村、北京等纺织市场中对于散户的进入有号召力的经营大户。对于此类客户群可根据具体情况给予一定期限内的租金优惠，同时享有租赁商铺的优先选择权。

3）前50户进驻的客户

在所有优惠政策的基础上，再享受招商租金的9.5折优惠。

4）51～100户进驻的客户

在所有优惠政策的基础上，再享受招商租金的9.8折优惠。银行为租、售客户提供融资支持；按揭贷款、小额流动资金贷款利率从低，担保形式可更灵活。

(3) 按租期实行优惠

租金优惠按租约年限不同，优惠程度不同。一年租约后第二年将在原有租金基础上递增10%，两年租约的租户第三年租金将递增10%，以此类推。

九、项目经营推广策划要点

纺织品专业市场开业后，各种宣传推广并没有结束，相反，它们进入了一个新的阶段。在日常经营阶段，若宣传推广做得到位，将有利于商户的经营，从而提升纺织品专业市场的价值，增加开发商的收入，实现多方获利。

【优秀案例9－97】 某纺织品专业市场的项目经营推广策划

参考点评：该案例把推广策略写得很详细，有些还写出了具体措施，其中最值得参考借鉴的地方是成立了相关专业团队。每个团队负责他们专有的工作，做到分工明确，有针对性，应参考借鉴。

(1) 创办商场相关信息专业杂志，树立商场在本镇同类市场中良好形象

策划设计《××毛纺织交易中心》专刊，报道市场经营动态，作为市场对外展示形象的媒介。发布商户广告，给商户带来更多生意机会，创新××品牌，发布商户代理的经营信息，为品牌商户及生产企业寻求各区域的代理商、经销商，为商户开拓更广阔的市场，占领更多的市场份额。

(2) 与《中国纺织报》等相关媒体合作，共建“××中心”专栏，展示本项目形象及市场动态

与“××中心”、“中国纺织网”等网络媒体合作建立“××中心”网站，建立网上市场平台。设计个性鲜明的视觉系统，使之在本镇乃至全国同类市场中耳目一新，别具一格。

(3) 通过国内纺织类打通本项目向国内市场的通道，为厂商建立完善的产品经营渠道

纺织类一向是各大服装生产厂家争相展示自己产品，树立企业形象的盛会。通过这种形式搭建了一个面向市场的舞台，让厂家跳出了地域的限制，获得通向全国市场的契机。通过本项目的整体运作，除参加本镇每年一届的服装交易博览会之外，还定期参加全国各地如上海、青岛、大连等地举行的服装博览会，整体展示本项目的实力，并为本项目生产厂家寻找代理商，

为本项目的代理商寻求下一级代理商，在让商户赚得盆满钵满的同时，为其产品寻求更多、更好的经销渠道。

具体推广措施

措施一：在各大展览会上派发本项目市场专刊；

措施二：在展览会上举办模特秀等促销活动；

措施三：在各大展览会会刊上，刊登本项目广告；

措施四：收集各地展览会参观商名录，形成中心客户资源库。

（4）直接面向终端消费群，健全零售分销网络

各大服装生产企业在寻求定单批发的同时，零售终端市场也不容忽视。各大百货、超市，不仅是企业创立品牌进行长期展示的舞台，也有利于借助百货、超市来完善终端销售网络和产品的经销渠道。

具体推广措施

措施一：在全国各大百货、超市建立长期联谊关系，定期向服装专柜商户派发本项目专刊；

措施二：举行××毛纺织服装采购节，邀请全球零售巨头、全国连锁企业、各地百货商场、超市经销代理商进场代理、采购产品；

措施三：成立采购俱乐部，与各百货商场、零售店主建立联谊关系；

措施四：在中心品牌展示中心定期举行品牌服装展示及新闻发布会；

措施五：与国内知名电视媒体时尚栏目合作，扩大本项目的影响力，树立本项目的良好形象，创新本项目品牌，带领本镇毛纺织军团登上国际舞台。

（5）本项目是全国的毛纺织之乡，多年来的不断发展，形成了大批自有品牌，本项目不但吸引了新加坡、马来西亚等东南亚的商户目光，而且远销欧美、南非等地，事实上证明本项目具备走出去的实力。在参加世界各地展会的同时，与外贸局联谊，即时、准确咨询和了解政府促使更多本市纺织服装企业走出去的优惠政策，配合各项活动，把握时机促进本市毛纺织服装产业挺进国际市场。

具体推广措施

措施一：在外贸局、纺织行业协会联合运作，在世界各地纺织服装博览会上订购大型展位；

措施二：在展览会上向世界各地的纺织服装商户派发本项目专刊资料；

措施三：在展览会的会刊上刊登广告；

措施四：收集各地展览会参展商名录，形成中心客户资源库等；

措施五：积极参加外贸局举办各种采购商和供货商“紧密对接”的专业采购会，在采购会上设展示点；

措施六：加入外贸局建立的“跨国公司采购服务中心数据库”，通过这个信息平台，促使本市纺织企业打入跨国公司采购网络，使有着巨大采购量的国际跨国公司与本市纺织服装企业有一个通畅对接的机会。

（6）成立相关专业团队，推广持续不断，中心永续经营

1）专业展览组：主要负责参加全国、世界各地纺织服装行业展览会，并联合市场商家举行商城的推介活动，收集、整理全国及世界各地展览会客户信息，并建立生产厂家及采购商档案，作为中心开展各类活动的联谊对象，把世界各地的客商带到本项目来。

2）专业定货会：主要负责有条不紊地在全国大、中城市举办毛纺织品定货会，为进驻厂家带来更多的定单。

3）专业客户联谊组：主要负责各地厂家各类代理商、贸易商联谊，定期邀请他们参加在本项目举办的各种沙龙活动和新闻发布会，增强业内信息的交流，创造更多的生意机会。

4）专业编辑组：策划设计《××毛纺织中心》专刊，随时报道本项目、本镇服装行业及市场的动态信息，并配合本项目的各种推广活动策划设计宣传资料。

（7）广告推广

1）在全国毛纺织服装各主要媒体建立《××毛纺织交易中心》；

2）与全国各地纺织服装专业杂志，定期以新闻与广告形式组合推广；

3）定点推广。

每月定期出版《××毛纺织交易中心》月刊，向全国各主要服装批发市场商户及厂家寄送，传递本项目的最新动态信息，吸引旺盛人气，增加生意机会。

尊敬的读者：

感谢您选购我社图书！建工版图书按图书销售分类在卖场上架，共设22个一级分类及43个二级分类，根据图书销售分类选购建筑类图书会节省您的大量时间。现将建工版图书销售分类及与我社联系方式介绍给您，欢迎随时与我们联系。

★建工版图书销售分类表（详见下表）。

★欢迎登陆中国建筑工业出版社网站www.cabp.com.cn，本网站为您提供建工版图书信息查询，网上留言、购书服务，并邀请您加入网上读者俱乐部。

★中国建筑工业出版社总编室　电　话：010—58934845

传　真：010—68321361

★中国建筑工业出版社发行部　电　话：010—58933865

传　真：010—68325420

E-mail：hbw@cabp.com.cn

建工版图书销售分类表

一级分类名称（代码）	二级分类名称（代码）	一级分类名称（代码）	二级分类名称（代码）
建筑学（A）	建筑历史与理论（A10）	园林景观（G）	园林史与园林景观理论（G10）
	建筑设计（A20）		园林景观规划与设计（G20）
	建筑技术（A30）		环境艺术设计（G30）
	建筑表现·建筑制图（A40）		园林景观施工（G40）
	建筑艺术（A50）		园林植物与应用（G50）
建筑设备·建筑材料（F）	暖通空调（F10）	城乡建设·市政工程·环境工程（B）	城镇与乡（村）建设（B10）
	建筑给水排水（F20）		道路桥梁工程（B20）
	建筑电气与建筑智能化技术（F30）		市政给水排水工程（B30）
	建筑节能·建筑防火（F40）		市政供热、供燃气工程（B40）
	建筑材料（F50）		环境工程（B50）
城市规划·城市设计（P）	城市史与城市规划理论（P10）	建筑结构与岩土工程（S）	建筑结构（S10）
	城市规划与城市设计（P20）		岩土工程（S20）
室内设计·装饰装修（D）	室内设计与表现（D10）	建筑施工·设备安装技术（C）	施工技术（C10）
	家具与装饰（D20）		设备安装技术（C20）
	装修材料与施工（D30）		工程质量与安全（C30）
建筑工程经济与管理（M）	施工管理（M10）	房地产开发管理（E）	房地产开发与经营（E10）
	工程管理（M20）		物业管理（E20）
	工程监理（M30）	辞典·连续出版物（Z）	辞典（Z10）
	工程经济与造价（M40）		连续出版物（Z20）
艺术·设计（K）	艺术（K10）	旅游·其他（Q）	旅游（Q10）
	工业设计（K20）		其他（Q20）
	平面设计（K30）	土木建筑计算机应用系列（J）	
执业资格考试用书（R）		法律法规与标准规范单行本（T）	
高校教材（V）		法律法规与标准规范汇编/大全（U）	
高职高专教材（X）		培训教材（Y）	
中职中专教材（W）		电子出版物（H）	

注：建工版图书销售分类已标注于图书封底。